아동 · 청소년을 위한 예방적 개입

Handbook of Preventive Interventions for Children and Adolescents

Lisa A. Rapp-Paglicci • Catherine N. Dulmus
John S. Wodarski 공편
오인수 역

학지사

Handbook of Preventive Interventions for Children and Adolescents
by Lisa A. Rapp-Paglicci, Catherine N. Dulmus and John S. Wodarski

역 • 자 • 서 • 문

우리 속담 중에 "호미로 막을 것을 가래로 막는다."라는 말이 있다. 미리 손을 쓰면 쉽게 해결될 일도 그냥 내버려두면 더 큰일이 된다는 뜻이다. 아동과 청소년이 경험하는 다양한 문제에 이 속담은 예외 없이 적용된다. 동일한 문제의 경우 미리 예방하거나 보다 일찍 개입하면 개입의 효과성은 훨씬 높아지게 마련이다. 한번은 초등학교 3학년과 6학년 학생에게 학교폭력 예방 교육을 동일하게 실시한 적이 있었다. 똑같은 따돌림 피해 사례를 학생들에게 설명하는데 학년에 따라 학생들이 보이는 반응의 차이는 충격적이었다. 피해 학생의 이야기를 듣는 3학년 학생들은 쉽게 감정이입을 해서 어린 눈망울에 눈물을 글썽거리는 아이들이 더러 있었다. 마치 자기가 피해 학생인 양 이야기의 전개에 따라 감정 변화가 표정에 그대로 나타났다. 그러나 6학년 학생들의 분위기는 전혀 달랐다. 전체적으로 나와는 상관없다는 태도를 보였고 심지어 "그런 애들은 원래 그래요."라며 피해자에게 책임을 전가하는 학생들이 더러 있었다. 스펀지처럼 내용을 빨아들이는 3학년 학생들과 타일 벽에 튕겨져 나오는 느낌을 주는 6학년 학생들 중 어떤 경우에 예방 프로그램이 효과적일지는 자명한 사실이다.

이처럼 예방과 조기개입이 그 어떠한 중재보다 효과적이라는 것은 분명하지만 문제가 심각해진 후에 뒤늦게 개입하는 경우가 대부분이다. 우리는 문제가 표면적으로 드러나야만 개입하는 어리석음을 아직 뛰어넘지 못하는 것처럼 보인다. 눈에 보이는 현재의 문제 해결에 급급하여 근본적인 원인에 대한 예방과 조기개입에 신경을 쓰지 못하고 있는 실정이다. 아무리 현재의 문제가 시급하고 심각하다 할지라도 일정 부분 예방과 조기개입을 병행하지 않는다면 우리는 영원히 청소년이 겪게 되는 다양한 문제의 뒷마무리만 하는 데 그칠 것이다. 지금까지 문제가 발생한 후 접근하는 반응적 접근(reactive approach) 방법이 현장과 연구 분야에서 지배적이었다면, 이제는 예방과 조기개입에 초점을 둔 선제적 접근(proactive approach)으로 패러다임을 바꿀 시기라고 생각한다.

그런데 이처럼 예방과 조기개입에 초점을 두어 접근을 변화시키고자 할 때 우리는 다양한 도전에 직면하게 된다. 이러한 도전 중 하나는 예방과 조기개입에 관한 축적된 지식과 노하우가 매우 부족하다는 점이다. 예를 들어, 청소년 사이에서 증가하고 있는 섭식장애(eating disorders)를 예방하기 위해 프로그램을 실시하고자 하는 경우, 이미 섭식장애를 보이는 청소년에 대한 접근은 많지만 이를 예방하기 위한 프로그램은 훨씬 적으며 이러한 프로그램 중에서 실증적 연구를 통해 효과성이 입증된 프로그램을 찾는 것은 더욱 어려운 실정이다. 섭식장애를 효과적으로 예방하기 위해서는 일회적 프로그램을 넘어 섭식장애와 관련된 위험요인(risk factors)과 동시에 관련된 보호요인(protective factors)에 대한 축적된 지식을 바탕으로 체계적인 개입을 해야 하는데, 이러한 지식이 아직 충분하지 못한 상황이다. 이러한 상황에서 이 책은 아동 및 청소년이 경험하는 다양한 문제에 대해 이를 예방하는 데 도움이 되는 지식과 다양한 정보를 제공해 주기 때문에 매우 유용하게 사용될 수 있을 것이다.

이 책은 다양한 문제와 관련된 위험요인과 보호요인에 관한 종합적인 문헌 연구 결과를 객관적으로 제시하고 있다. 특히 Gordon의 예방 모형에 기초하여 예방의 수준을 보편적(universal) 예방, 선택적(selective) 예방, 지시적(indicated) 예방으로 구분하여 각각의 예방 접근에서 활용될 수 있는 선행연구와 효과성이 입증된 프로그램을 소개함으로써 그 유용성을 높여 주고 있다. 예를 들어, 또래 사이의 따돌림(peer group rejection)의 경우 모든 학생을 대상으로 실시하는 보편적 프로그램과 따돌림의 가능성이 높은—공격성이 높거나 반항 성향이 강한—학생들을 대상으로 실시하는 선택적 프로그램 및 이미 따돌림의 경험이 있는 학생들을 대상으로 실시하는 지시적 프로그램을 구별하여 제시하고 있다. 이처럼 이 책은 개입 대상의 특성에 따른 맞춤형 예방 프로그램의 제공을 위한 정보를 제시함으로써 개입의 효과성을 최대화시킬 수 있는 장점을 지니고 있다.

예방에 관한 체계화된 문헌이 많지 않은 시점에서 이 책을 읽고 번역하는 동안 지적 호기심이 채워지는 희열감을 느낄 수 있었고, 부디 이 책의 정보들이 다양하게 활용되었으면 하는 기대감을 가지게 되었다. 한편, 영어를 쉽고 명료한 국어로 다시 풀어내는 것이 얼마나 어려운지를 실감하기도 하였다. 함께 이 책을 읽고 토론에 참여했던 이화여대 교육상담·심리 연구실의 모든 학생(김건아, 김신아, 김아현, 박정희, 백인혜, 우라미, 이수경, 이은지, 이지은, 이호은, 장가람, 최임순)에게 감사를 표하고 싶다. 또한 교정을 도와준 김정현 학생과 이 책의 출판 과정에서 친절하고 꼼꼼하게 편집해 주신 이하나 선생님과 편집부의 모든 분들, 그리고 늘 소박한 웃음과 진심으로 대해 주시는 김진환 사장님께도 감사를 드린다.

2013년 2월
따뜻한 겨울 사우스 캐롤라이나 컬럼비아에서
오인수

편 · 저 · 자 · 서 · 문

아동과 청소년의 정서적 · 신체적 · 사회적 문제는 이 사회에 만연해 있고 이러한 문제는 종종 아동과 가정 및 지역사회에 치명적인 영향을 미친다. 예를 들어, 미국 청소년의 80% 이상이 고등학교를 졸업하기 전에 마약을 시도하며, 여자 청소년의 11~80%가 한 가지 이상의 섭식장애 증상을 보인다. 58만 1천 명에 가까운 아동이 현재 위탁가정에서 지내고 있으며, 해마다 약 5만 명의 아기가 알코올과 관련된 선천적 결함을 지니고 태어나고 있고, 아동의 12.9%는 정신적 혹은 정서적 문제를 지닌 것으로 보고된다. 이러한 문제들은 청소년에게 장기적인 영향을 미치며, 미국은 해마다 이러한 문제로 수십 억 달러의 비용을 치르고 있다.

결과적으로 이러한 심각한 문제를 예방하기 위해 예방적 개입의 개발이 시작되었다. 이와 같은 문제들은 정서적 · 신체적 · 사회적 영역에 걸쳐 있는데, 몇 가지 예를 든다면 미해결 슬픔, 공격성, 학업 중단, 선천적 결함, 비만, 십대 임신, 데이트 폭력, 가정위탁의 실패와 같은 구체적인 문제들이 있다. 예방적 개입은 이러한 문제들을 방지하는 데 효과적인 것으로 확인되었다.

이와 같은 사회적 문제가 치명적인 영향을 미치고 있고 이에 대한 연구가 많은 진척을 보였지만 지금까지 예방에 초점을 둔 책은 거의 출판되지 않았으며, 아동과 청소년을 위한 다양한 유형의 예방적 개입을 자세하게 다룬 책은 없는 실정이다. 이 책이 의도하는 바는 아동과 청소년의 정서적 · 신체적 · 사회적 문제를 다루는 가장 효과적인 최신의 예방적 개입을 제공하는 것이다. 각 장은 문제에 대한 간단한 소개로 시작하여 경향과 발생률, 위험요인을 제시하였고, 보편적 · 선택적 · 지시적 개입과 미래를 위한 방향을 제시하였다.

이 책에서 제시한 것처럼 우리는 이제 다양한 문제를 예방할 수 있는 능력이 있기 때문에 더 이상 청소년, 가족 및 지역사회가 다양한 신체적 · 정서적 · 사회적 문제를 참고견딜 이유는 없다. 정책입안자, 행정가 및 현장의 실무자들은 아동과 청소년을 위한 효과적인 예방적 개입에 대한 인식을 높여야 하며, 문제가 발생하는 것을 기다릴 것이 아니라 이러한 예방적 전략을 활용해야 할 것이다.

Lisa A. Rapp-Paglicci
Catherine N. Dulmus
John S. Wodarski

차 • 례

⊙역자 서문 _ 3
⊙편저자 서문 _ 7

제1부 서 론

제1장 예방과 적응유연성 ············ 17

예방에 대한 재개념화 18
위험 감소 모형 19
적응유연한 아동 20
적응유연성 증진 21
심화 연구 22
예방적 개입 24
책의 개요 25

제2부 아동과 청소년의 정서적 문제를 위한 예방적 개입

제2장 또래 집단 따돌림 ············ 31

또래 집단 따돌림의 구인 31
또래 집단 따돌림의 유병률과 발생률 37
위험요인 41

예방적 개입의 모범 사례 45
미래의 방향 59

제3장 미해결 슬픔 71
정 의 72
청소년 미해결 슬픔의 경향과 발생률 73
청소년 미해결 슬픔의 위험요인 75
보편적 예방 개입 78
선택적 예방 개입 80
지시적 예방 개입 84
실행 및 정책적 함의 86
미래의 방향 87

제4장 청소년 정신건강 95
경향과 발생률 97
일반적인 위험요인 98
충분한 근거는 무엇인가 99
효과적인 보편적 예방 프로그램 100
효과적인 선택적 예방 개입 102
효과적인 지시적 예방 개입 105
실행 및 정책적 함의와 미래의 방향 109

제5장 청소년 자살 예방 117
경향과 발생률 118
위험요인 119
청소년의 우울 및 자살 행동 평가 121
치 료 122
실행 및 정책적 함의와 미래의 방향 128
결 론 129

제6장 공격적 행동 135

아동기와 청소년기 공격적 행동의 유병률 137

발달 및 생태적 접근 139

위험요인과 보호요인 관점 143

3가지 예방 전략 145

효과적인 8가지 예방 프로그램 149

실행을 위한 함의 157

제3부 아동과 청소년의 건강 문제를 위한 예방적 개입

제7장 선천적 결함 173

선천적 결함과 알려진 행동적 선행요인 174

제 언 187

제8장 성장장애 193

경향과 발생률 194

위험요인 198

성장장애 아동과 가족들을 위한 개입 계획 202

효과적인 보편적 예방 개입 203

효과적인 선택적 예방 개입 204

효과적인 지시적 예방 개입 216

정책 및 실행을 위한 함의 217

미래의 방향 219

제9장 화학물질 노출 225

아동의 취약성 226

사회적 취약성: 빈곤 아동 227

인종 차별적 환경 정책: 위험한 폐기장 근처에 사는 소수민족 아동 228

환경오염물질 229

신체적 부담 234

아동기의 질병 237
예방과 개입 239
정책과 실행 245
미래의 방향 247
결 론 249

Children 제10장 Adolescent
약물 남용 253
유병률 및 발생률 254
위험요인 257
보편적 · 선택적 · 지시적 예방 개입 259
실행을 위한 함의 274
향후 연구 방향 275

Children 제11장 Adolescent
십대 임신, 성병, 에이즈 287
청소년의 성적 위험 행동: 경향과 발생률 288
영향을 미치는 요인: 다중체계적 관점 290
예방적 개입의 이론적 근거 297
효과적인 예방 개입 299
향후 연구와 프로그램 개발을 위한 함의 309

Children 제12장 Adolescent
담배 이용 319
경향과 발생률 321
위험요인 322
예방 전략 325
요 약 335

Children 제13장 Adolescent
섭식장애 343
경향과 발생률 343
위험요인 345
효과적인 보편적 예방 개입 348
효과적인 선택적 예방 개입 352
효과적인 지시적 예방 개입 353
실행 및 정책적 함의와 미래의 방향 355

제14장 비 만 ······ 375

비만의 유행 375
비만의 결과 376
아동 · 청소년 비만의 원인 377
유전 대 생활 습관 18
비만의 예방과 치료를 위한 종합적인 중재요인 378
예방에 집중하기 389
미래의 방향 390
요 약 391

제4부 아동과 청소년의 사회적 문제를 위한 예방적 개입

제15장 가정위탁 표류 ······ 401

경향과 발생률 402
위험요인 404
효과적인 보편적 예방 개입 405
효과적인 선택적 예방 개입 407
효과적인 지시적 예방 개입 411
실행 및 정책적 함의 412
미래의 방향 413

제16장 학교폭력 ······ 419

경향과 발생률 420
위험요인 422
효과적인 예방적 개입 426
함의와 미래의 방향 436

제17장 학업 중단 ······ 445

경향과 발생률 447
위험요인 450
효과적인 개입 453

실행 및 정책적 함의 462
미래의 방향 464

제18장 아동학대 471
경향과 발생률 473
개념적 기초 474
보편적 예방 개입 479
선택적 예방 개입 480
지시적 예방 개입 485
실행 및 정책을 위한 함의 500
미래의 방향과 도전 502

제19장 데이트 폭력 513
발생률 514
위험요인 514
개인적 위험요인 515
예방적 개입 522
실행 및 정책에 대한 함의 530
미래의 방향 531

제5부 결 론

제20장 예방의 미래 543
도전과 제언 543
미래의 방향 546

⊙부록 _ 549
⊙찾아보기 _ 556

Children

제1부

서 론

Adolescent

Children Adolescent

제1장

예방과 적응유연성[1)]

*Catherine N. Dulmus & Lisa A. Rapp-Paglicci

오늘날 아동과 청소년들은 정신질환(mental illness)에서 비만과 당뇨에 이르는 다양한 일련의 장애들을 보다 이른 시기에, 보다 자주 진단받고 있다. 십대의 임신, 약물 남용과 학교폭력 이외에도 우리의 청소년들은 수많은 정서, 신체 및 사회적 문제의 위기에 처해 있다.

이러한 문제를 갖게 되면 결과적으로 발달이 지연되고, 학교에서 학업을 중단하게 되고, 장래 취업에 어려움을 겪으며, 빈곤을 경험할 가능성이 높다. 또한 이러한 문제들로 인해 구속되어 수감되거나 심지어는 예기치 않은 사망에 이르기도 한다. 사회적인 수준에서 보면 이러한 문제들을 해결하기 위해 더 많은 경제적 비용이 들고, 유능한 시민이 줄어들게 되며, 부모의 효율성이 떨어져 결과적으로는 보다 많은 문제를 낳게 되는 셈이 된다. 즉, 아동과 청소년의 장애 및 다양한 문제에 대해 적절히 대처하지 못하면 미래에

*Catherine N. Dulmus, PhD, ACSW University of Tennessee-Knoxville College of Social Work
Lisa A. Rapp-Paglicci, PhD, MSW University of South Florida-Lakeland School of Social Work

1) 역자 주: 적응유연성(resilience)에서 Resilience는 국내 문헌에서 적응유연성, 탄력성, 회복력, 복원력, 자생력, 레질리언스 등으로 다양하게 번역된다. 이 책에서는 환경에 상관없이 개인의 특성을 의미할 때 사용되는 resiliency는 '탄력성'으로 번역하고, 개인을 둘러싼 위험요인에서도 긍정적인 적응을 이끌어내는 과정을 의미하는 resilience는 '적응유연성'으로 번역하였다.

더 많은 문제를 양산하는 악순환이 발생하는 것이다(Dulums & Rapp-Paglicci, 2000).

그러나 이러한 문제에 대해 예방적 접근(preventive approach)을 취하면 문제가 일단 발생한 후에 대응하는 경우보다 훨씬 더 경제적으로, 또한 개인적으로 효과적인 결과를 낳게 된다. 지난 20세기 후반 미국에서는 공중보건 모형(public health model)[2)]이 예방에 대한 지배적인 접근이었다(Institute of Medicine, 1994). 만성질환 위원회(Commission on Chronic Illness, 1957)는 최초로 질병분류 체계를 제안하였고 이 제안에는 3가지 체계 유형의 예방적 중재, 즉 1차, 2차 및 3차의 예방적 중재가 포함되어 있다. 1차적 수준은 장애나 질병을 미연에 방지하는 것이다. 2차적 수준은 일단 장애나 질병이 발생하면 이를 효과적으로 치료하는 것이다. 반면 3차적 수준은 재활(rehabilitation)에 초점을 두는 것이다. 사실 이러한 접근은 전염성이 있는 질병을 예방하기 위한 노력의 일환으로 시작되었다. 이 접근은 성공적이었기 때문에 이후에는 전염성이 없는 질병과 신체적 질병에 이르기까지 확대되어 적용되었다(Institute of Medicine, 1994). 이처럼 예방에 대한 공중보건 모형의 시작은 효과적이었지만 장애와 문제를 예방하기 위한 모든 노력에 초점을 맞추지는 못했다(Dulmus & Wodarski, 1997).

예방에 대한 재개념화

미국 의학 연구소(Institute of Medicine)(1994)는 예방(prevention)을 장애가 최초로 나타나기 이전에 개입하는 것으로 정의하였다. 따라서 진단이 가능한 장애나 문제가 발생하기 이전에 그것이 발생하는 과정에 대한 연구와 개입에 초점이 맞추어지게 되었다. 반면 일단 발생한 장애에 대한 치료는 관리(maintenance)로 정의하였다. 우리는 공중보건 모형이 아닌 이러한 접근을 지지하며 이 접근은 장애나 문제가 발생하는 것을 미연에 방지하기 위한 개입 활동에 초점을 둔다(Gordon, 1983, 1987). 이러한 개입 활동은 3가지 영역, 즉 보편적(universal)/선택적(selective)/지시적(indicated) 개입으로 구분할 수 있다.

2) 역자 주: 공중보건 모형(public health model)은 집단이나 지역사회의 건강을 연구하는 예방의학으로서 18세기 중엽부터 산업혁명에 의해 도시화 현상이 일어나고 콜레라나 결핵 등이 유행한 후 이에 대한 대책으로 탄생하였다. 그러나 최근에는 공중보건의 주된 목적이 전염병 대책에서 암, 뇌졸중, 심장병, 당뇨와 같은 생활 습관으로 인한 병에 대한 대책으로 옮겨 가는 추세이다.

1. 보편적 예방 개입은 일반 대중이나 모든 사람을 대상으로 장애나 문제에 관해 개입하는 것으로 그러한 장애나 문제가 위험으로 인식되지 않은 경우에 개입하는 것을 말한다.
2. 선택적 예방 개입은 특정 장애나 문제를 갖게 될 위험이 높은 개인이나 집단들을 대상으로 개입하는 것을 말한다. 예를 들어, 성별, 연령, 가족력 등과 같은 특성이 특정 장애나 문제와 상관이 높을 경우 고위험 집단을 대상으로 개입하는 경우를 말한다.
3. 지시적 예방 개입은 특정 장애나 문제를 지니고 있다고 진단할 수는 없지만 관련 장애의 초기증상이나 이상행동 등을 통해 문제의 확인이 가능한 고위험 개인을 대상으로 개입하는 경우를 말한다(Institute of Medicine, 1994). 예를 들어, 평소에 충동적이고 산만한 학생이 주의력결핍과잉행동장애(ADHD) 학생으로 진단받지 않았지만 이러한 문제 행동을 줄이기 위해 개입하는 경우를 말한다.

이러한 관점에서 보면 다음에서 설명할 위험 감소 모형(risk reduction model)은 예방에 대한 Gordon의 접근을 보완해 준다.

위험 감소 모형

위험 감소 모형은 예방에 매우 도움이 되는 접근으로 위험요인들을 확인한 후 이러한 요인들을 줄이기 위해 경험적으로 입증된 개입을 시도한다(Institute of Medicine, 1994). 위험요인(risk factors)이란 한 개인이 지닌 특징, 변인 내지는 위험요소를 의미하며, 이러한 요인을 지니지 않은 사람들에 비해 특정한 장애를 일으킬 가능성이 높은 경우를 의미한다(Werner & Smith, 1982). 위기 집단(risk groups)은 특정 장애의 발병과 관련이 있는 것으로 알려진 신체적 · 심리적 · 사회적 위기 요인들에 기초하여 확인된다. 일단 특정 장애가 발생할 가능성이 높은 위험 집단으로 확인되면 선택적 예방 개입을 시도할 수 있다(Institute of Medicine, 1994).

생물학적 요인과 사회적인 조건은 함께 작용하여 아동의 위험 상태를 고조시키는 것처럼 보인다(Garmezy, 1993). 다양한 위험요인에 노출되는 아이들은 그만큼 다양한 문제 증상을 나타낸다(Hauser, Vieyra, Jacobson, & Wertlieb, 1985). 아동기에서 청소년기를 걸쳐 이른 성인기에 나타나는 심리사회적 문제들은 수많은 특정 사건과 지속적인 환경 및 타고난 개인의 강점 및 약점에 의해 형성된다(Hauser et al., 1985). 그중 특정한 사건과 환경들은 이러한 문제를 야기하기도 한다. Cowen과 Work(1988, p. 591)는 다음과 같이 이야기했다. "여러 스트레스를 주는 생활 사건들과 환경들이 미치는 부정적 심리 효과는 마치 중금속이 몸에 축적되는 것과 같다." 그러나 이러한 상황은 매우 다양하기 때문에 이와 같은 위험요인들이 감소하거나 다른 요인으로 대체되고 동시에 보호요인(protective factors)이 증가되면 위험군에 속한 개인이 특정 장애나 문제를 갖게 될 가능성은 줄어든다(Dulmus & Rapp-Paglicci, 2000).

적응유연한 아동

연구자들은 특정 장애에 대한 위험요인에 노출되었음에도 불구하고 정신적으로 또한 신체적으로 건강한 모습을 보이는 아동들에 관심을 둔다. 문헌에서 이러한 아동들은 '적응유연한(resilient)' '강인한(invulnerable)' '자아탄력적(ego-resilient)'인 아동으로 불린다. 적응유연성(resilience)은 '공이 다시 튀어 오르는' '이전의 상태로 되돌아오는' '용수철이 원래 상태로 돌아오는', 그리고 '회복되는 능력'과 같은 성향으로 정의된다. Garmezy(1993)는 한 개인이 속한 연령대에서 요구되는 중요한 적응의 기대나 요구를 성공적으로 충족하여 성취를 이룰 수 있는 것은 역량(competence) 때문이라고 보았다. Rutter(1981, p. 323)는 적응유연성을 스트레스를 경험함에도 불구하고 이를 잘 이겨내는 사람들의 특성으로 보았다. 대부분의 사람들은 그러한 스트레스로 인해 부정적인 결과를 얻지만 적응유연한 사람들은 스트레스를 잘 극복한다.

Arnold(1990)는 아동들이 스트레스를 경험하면 그로 인해 성장을 하거나 효능감을 향상시킬 수도 있는 반면, 반대로 행동, 사회, 학업 및 신체화의 문제로 나타날 수 있음을 지적하였다. 스트레스에 노출되어 부정적인 결과를 낳을 가능성이 높은 아동들을 '취약하다(vulnerable)'고 한다. 따라서 적응유연성은 취약성(vulnerability)과 역량(competence)의 2가지 관점에서 정의될 수 있다. 즉, 취약하지만 역량을 나타내는 아동을 우리는 '적응유연한' 아동이라고 부를 수 있다. Cowen과 Work(1988)는 다음과 같이 말했다.

아동이 경험하는 다양한 스트레스와 환경의 영향을 이해하고 어떤 요인이 아동의 정

> 신적 문제를 예방하는 데 도움이 되는지 파악해야 한다. 스트레스를 이겨내는 아동의 특성이 무엇이며 이들의 어떠한 요인이 아동을 강하게 하는지 이해해야 한다. 이러한 지식이 있어야 심각한 스트레스를 겪는 아동의 건강 증진을 위한 예방적 개입을 만들 수 있다(p. 596).

다양한 형태의 역경에 처한 대다수의 아동이 건강한 생활을 한다는 것은 다행이다(Hauser et al., 1985). 그러나 위험에 처한 소수의 아동들은 그들의 성격과 신체 발달에서 심각한 어려움을 경험한다(Garmezy, 1981).

병리학(pathology)에 초점을 두고 있는 현재의 흐름을 건강(health)과 안녕(wellness)으로 바꾸기 위해서는 적응유연한 아동의 특성을 반드시 이해해야 한다. Cowen과 Work(1988)는 예방의 첫째 목적을 적응력 신장의 기술(adjustment-enhancing skills) 함양으로 보았다. 스트레스를 경험하는 많은 아동들은 이러한 기술이 없기 때문에 그들이 처한 환경에서 부적응을 경험한다고 볼 수 있다. Garmezy(1993)는 다음과 같이 말하였다.

> 우리가 만약 적응유연한 행동을 활성화시키는 생물학적 · 심리적 · 사회문화적 기제를 확인하고 이러한 기제에 작용하는 핵심적인 발달 과정을 이해하게 된다면 위험요인에 노출된 아동들의 적응유연한 행동을 증진시키는 효과적인 프로그램을 만들 수 있을 것이다(p. 133).

이러한 개입 프로그램들은 평가 과정을 통해서 그 효과성을 경험적으로 입증하는 것이 필요할 것이다.

적응유연성 증진

Garmezy(1993, p. 129)는 다음과 같이 말하였다. "적응유연성에 관한 연구의 핵심적 요소는 스트레스를 받기 이전인 원래의 적응력과 역량의 상태로 되돌아가는 능력, 즉 회복하는 힘과 관련이 있다." 실무자, 정책입안자 및 연구자들은 건강과 적응유연성을 증진시키는 보호요인을 반드시 탐색해야 하며, 혜택을 누리지 못하는 많은 아동들의 생활과 환경에 내재된 위험요인들을 보호요인으로 채워야 한다. 적응 혹은 부적응 행동의 발달을 유발시키는 개인, 가족 및 지역사회 요인들에 초점을 두어야 한다.

그렇다면 어떻게 적응유연성을 증진시킬 수 있을까? 단 한 번의 시행을 통해 인생의 전반적인 문제를 예방하는, 그런 포괄적인 개입이란 존재하지 않는다. 최적의 예방을 달성하기 위한 궁극적인 목적은 매일의 삶에서 일상적인 활동을 통해 예방하는 것이며 예방적 활동이 전 생애에 걸쳐 지역사회의 기반으로 정착할 수 있도록 하는 것이다. 위험요인은 다양한 영역에서 발생한다. 즉, 가정, 학교, 또래 집단, 이웃 및 직장에서 위험요인이 발생하기 때문에 이러한 모든 영역에서 개입이 필요하다. 아동들은 다양한 프로그램을 통해 혜택을 누릴 수 있다. 예를 들어, 아동에게 직접적인 서비스를 제공할 수도 있고 부모교육이나 부모지원을 제공할 수도 있다(Bradley et al., 1994).

원인에 대해서 더 많이 알면 알수록 그러한 원인의 고리를 끊을 수 있는 예방적 개입을 더 많이 적용할 수 있다. 미국 의학 연구소(Institute of Medicine, 1994)에서는 다음과 같은 내용을 소개한다.

> 대부분의 위험 및 보호 요인은 특정한 하나의 장애에 영향을 미치는 것으로 보이지는 않는다. 따라서 예방적 개입을 위한 가장 효과적인 접근은 위험 감소 모형을 적용하고 보호요인을 증가시키는 동시에 다양한 사람들에게 적용하는 것이다. 물론 몇몇 정신장애를 일으킬 가능성이 높은 위험요인에 초점을 맞추어 개입하는 것이 필요하다. 다양한 종류의 위험요인을 확인할 수 있다면 예방적 개입 연구의 발전에 크나큰 기여를 할 수 있을 것이다.

심화 연구

적응 과정에 대한 심화 연구는 정상 및 병리적 발달에 대한 보다 나은 이해를 제공해 줄 것이다. 또한 현존하는 개입과 예방 프로그램을 향상시키는 데 필요한 관련 정보를 제공해 줄 것이다. 역경을 겪으면서도 자신감을 잃지 않고 주변인들과 지지적 관계를 유지하는 사람들이 어떠한 과정을 통해 그러한 능력을 보이는지 이해하는 것은 효과적인 개입 및 예방 전략을 개발하는 데 매우 중요한 요소이다(Rutter, 1990).

연구자들이 그러하듯 우리는 선행 문헌에 기초하여 지속적으로 연구를 진행해야 한다. Cicchetti와 Garmezy(1993)는 다음과 같이 말했다.

> 요즘 관심을 받고 있는 적응유연성의 개념은 실제로 이러한 적응유연성을 입증하는 연구 결과를 넘어선 인기를 끌고 있다. 적응유연성은 연구를 통해 확증되지 않은 채 인기몰이를 하고 있기 때문에 오히려 위험스럽다고 볼 수 있다. 다시 말해, 과학계에서 적응유연성은 신뢰성을 잃고 있는 위험에 처해 있다. 이러한 현상을 예방하기 위해서는 적응유연성을 연구하는 이론가들이 적응유연성을 경험적으로 입증하는 데 노력을 기울여야 한다(p. 449).

적응유연성에 대한 표준화되고 타당성이 높은 측정 도구의 개발은 시급하다. 연구자들은 아동기의 적응유연성에 관한 실증적 연구를 지속적으로 수행해야 하며 아동 및 가족의 적응유연성 신장을 위한 프로그램을 개발하고 실행하는 것에 몰두해야 한다.

예방 전략에 대한 요구는 매우 시급하다. 예를 들어, 정신적 장애와 관련하여 예방적 개입을 실시하면 장애 아동의 가족이 전략을 세울 수 있도록 도와줄 수 있고, 시간이 지나면서 그들의 자녀들이 정신적 장애를 겪지 않도록 예방하는 것이 가능하게 된다. 또한 잠재적으로 자녀들의 적응유연성 신장을 돕게 된다(Beardslee & MacMillan, 1993). 비록 아동 우울증을 치료하는 부분에서는 상당한 진전이 있었지만 이러한 청소년 우울의 예방에 초점을 맞추는 프로그램은 거의 없는 실정이다(Beardslee & MacMillan, 1993). 인지치료(cognitive therapy)의 원리들이 예방의 형태로 사용될 수 있을 것이다. 왜냐하면 인지치료에서 사용하는 기술과 기법의 유형은 스트레스에 대한 저항력을 신장시켜 준다고 보고되어 왔기 때문이다(Hauser et al., 1985). Shure와 Spivack(1978)은 아동을 위한 1차적인 예방적 개입 활동은 대인관계에 있어 인지적 문제 해결 과정에 바탕을 두어야 한다고 제안하였다. Dubow와 Tisak(1989)은 사회적 지지와 사회적 문제 해결 능력은 스트레스가 미치는 부정적인 영향을 완화시켜서 아동의 기능을 향상시킨다는 것을 발견했다. 행동주의적 전략 역시 삶의 위기로 인해 불안을 겪고 있는 환자들에게 가르칠 수 있으며, 스트레스 관리(stress management) 역시 환자로 하여금 삶에 대한 통제력을 회복시켜 주고 그로 인해 자아존중감의 향상을 돕는다.

이와 관련하여 Osborn(1990)은 다음과 같이 말했다.

> 아동의 적응유연성을 가장 잘 설명하는 방법은 그들의 부모들이 가지고 있는 적응유연성을 이해하는 것이다. 적응유연한 부모들은 경제적 어려움, 넉넉하지 못한 주거 문제와 다른 스트레스요인에도 불구하고 이러한 삶의 문제에 성공적으로 대처한다. 물론

적응유연한 아동의 내적 특징도 주 관심사이지만, 적응유연성을 신장시키고 함양시키는 외적 · 환경적 요인 역시 우리의 관심 대상이다. 왜냐하면 이러한 외적 · 환경적 부분은 개입을 통해 변화시킬 수 있는 영역이기 때문이다.

예방적 개입

원인론(etiology)에 관한 최근 지식에 비추어 볼 때, 예방을 위한 보다 의미 있는 접근은 위험요인들을 파악하고 이러한 위험요인들에 취약한 사람들에게 초점을 두어 개입 프로그램을 개발하는 것이다(Fraser & Galinsky, 1997). 1차적인 정신건강관리 예방에 관한 경제학, 임상학 및 사회의료학적인 논쟁이 부상하고 있다(Murray, 1992). 정신건강 분야에서 예방에 초점을 둔 교육 캠페인이 부족하다는 사실은 다양한 정서장애에 영향을 미치는 생리적 · 성격적 · 교육적 · 사회적 및 행동적 원인에 관한 합의가 이루어지지 않고 있음을 반영한다(Murray, 1992).

아동의 정신장애의 예방과 관련하여 의학 연구소의 정신장애 예방 위원회(Committee on Prevention of Mental Disorders)는 정신 장애를 예방하기 위하여 국가가 나서서 의미 있는 프로그램을 개발할 것을 다음과 같이 강력하게 권고하였다(1994, p. 467). "과거 그 어느 때에도 시도되지 않았던 노력을 이제는 예방에 기울여야 한다. 지금이 바로 정신건강의 예방이라는 매우 유망한 연구를 착수할 시점이다. 현존하는 지식을 활용하여 효과적으로 대응할 수 있는 좋은 기회이다." 이 위원회는 정신건강을 예방해야 하는 필요성이 너무도 시급할 뿐만 아니라 예방할 경우 성공할 가능성이 높기 때문에 향후 5년(1995~1999) 동안 정부 기관은 다음과 같은 3가지 주요 영역의 연구 주제를 활성화해야 한다고 권고하였다.

1. 연구와 활동 프로그램을 조직화하는 기반시설(infrastructure)을 마련하고 새로운 연구자들을 훈련시키고 지원하는 것
2. 예방적 개입의 지식 기반을 확장하는 것
3. 엄격하게 평가된 예방적 개입 활동을 실행하는 것

이 위원회는 예방적 개입에 관한 효과적인 연구를 위해서는 연구 훈련(research training)

이 시급하다고 판단하였고 결정적인 것으로 보았다. 왜냐하면 이를 통해 연구자들이 예방적 연구 기법을 개발하여 전문성을 신장하고 그로 인해 예방적 개입을 위한 지식 기반을 확충할 수 있기 때문이다.

물론 이러한 권고들이 시의적절하고 중요하지만, 예방적 개입은 개인과 가족만의 수준이 아니라 지역사회의 수준에서도 고려되어야 한다. 빈곤, 주거 불안정과 건강관리 및 폭력과 같은 사회적 이슈들은 아동과 그 가족들에게 부정적인 영향을 줄 수 있다. 이와 관련하여 Rappaport(1992)는 다음과 같이 말했다.

> 우리는 살면서 겪는 문제들에 대해 사회기관을 비난하기보다는 사람을 비난하는 경향이 있다. 미국의 경우 국립 정신보건원(National Institute of Mental Health)은 1980년 이후 사회적 문제에 대해 개인의 책임을 강조하였다. 특히 그러한 사회적 문제는 사회적 조건보다는 특정한 장애와 관련된 것들이었다(p. 97). 이러한 현상이 일어난 것은 개인적 차원에서 장애를 일으키는 요인들을 찾고 이에 대해 개입하는 것을 예방이라고 규정해 왔으며 정부가 이러한 견해를 지지했기 때문이다.

따라서 개인의 정서적 스트레스에 영향을 미치는 사회적 요인을 다룰 필요가 있으며 사회적 변화를 통해 예방을 시도하고 지역사회의 정신건강에 초점을 두는 예방학자들을 길러내는 것이 매우 중요하다(Baker, 1982). 이와 관련하여 Albee는 다음과 같이 말하였다(1982). "예방을 위한 노력은 인본주의에 기반을 둔 이념적 결정을 요구한다. 다시 말해, 교육과 컨설팅의 효과를 믿고, 인간의 신체적 · 정서적 불행을 예방할 수 있다고 믿으며, 개인의 역량을 최대화시킬 수 있으며, 또한 사회적 변화를 이루어 낼 수 있다는 인본주의자(humanists)들의 이념을 필요로 한다."

책의 개요

이제는 아동의 신체 및 정신적 건강을 증진하기 위하여 진정으로 예방적 접근을 취해야 할 시점이다. '아동 · 청소년을 위한 예방적 개입'의 집필을 위해 저명한 학자들이 모여서 다양한 장애 관련 실증적 문헌을 바탕으로 Gordon의 모델에 기초하여 예방적 개입을 위한 지침을 제시하였다. 이 책은 실무자들과 정책개발자들이 청소년의 예방적 요구에 부합한 활동과 정책을 개발하고 실행하는 데 도움을 제공할 것이다.

참고문헌

Albee, G. W. (1982). Preventing psychopathology and promoting human potential. *American Psychologist, 37,* 143-150.

Arnold, E. L. (1990). *Childhood stress.* New York: Wiley.

Baker, F. (1982). Effects of value systems on service delivery. In H. C. Schulberg & M. Killilea (Eds.), *The modern practice of community mental health.* San Francisco: Jossey-Bass.

Beardslee, W. R., & MacMillan, H. (1993). Preventive intervention with the children of depressed parents. *Psychoanalytic Study of the Child, 48,* 249-276.

Bradley, R. H., Whiteside, L., Mundfrom, D. J., Case, P. H., Kelleher, K. J., Pope, S. K. (1994). Early indications of resilience and their relation to experiences in the home environments of low birth weight, premature children living in poverty. *Child Development, 65,* 240-260.

Cicchetti, D., & Garmezy, N. (1993). Milestones in the development of resilience. *Development and Psychopathology, 5*(4), 497-502.

Commission on Chronic Illness. (1957). *Chronic illness in the United States* (Vol. 1) [Published for the Commonwealth Fund]. Cambridge, MA: Harvard University Press.

Cowen, E. L., & Work, W. C. (1988). Resilient children, psychological wellness, and primary prevention. *American Journal of Community Psychology, 16*(4), 591-607.

Dubow, E. F., & Tisak, J. (1989). The relation between stressful life events and adjustment in elementary school children: The role of social support and social problem-solving skills. *Child Development, 60,* 1412-1423.

Dulmus, C. N., & Rapp-Paglicci, L. A. (2000). The prevention of mental disorders in children and adolescents: Future research and public policy recommendation. *Families in Society, 81*(3), 294-303.

Dulmus, C. N., & Wodarski, J. S. (1997). Prevention of childhood mental disorders: A literature review reflecting hope and a vision for the future. *Child and Adolescent Social Work Journal, 14*(3), 181-197.

Fraser, M. W., & Galinsky, M. J. (1997). Toward a resilience-based model of practice. In M. W. Fraser (Ed.), *Risk and resilience in childhood* (pp. 195-215). Washington, DC: National Association of Social Workers Press.

Garmezy, N. (1981). Children under stress: Perspectives on antecedents and correlates of vulnerability and resistance to psychopathology. In A. I. Rabin, J. Aronoff, A. Barclay, & R. A. Zucker (Eds.), *Further explorations in personality* (pp. 196-270). New York: Wiley.

Garmezy, N. (1993). Children in poverty: Resilience despite risk. *Psychiatry Interpersonal and Biological Processes, 56*(1), 127-136.

Gordon, R. (1983). An operational classification of disease prevention. *Public Health Reports, 98*, 107-109.

Gordon, R. (1987). An operational classification of disease prevention. In J. A. Steinberg & M. M. Silverman (Eds.), *Preventing mental disorders: A research perspective* (pp. 20-26). Rockville, MD: Department of Health and Human Services.

Hauser, S. T., Vieyra, M. B., Jacobson, A. M., & Wertlieb, D. (1985). Vulnerability and resilience in adolescence: Views from the family. *Journal of Early Adolescence, 5*(1), 81-100.

Institute of Medicine. (1994). *Reducing risks for mental disorders: Frontiers for preventative intervention research.* Washington, DC: National Academy Press.

Kiely, B. G., & McPherson, I. G. (1986). Stress self-help packages in primary care: A controlled trial evaluation. *Journal of the Royal College of General Practitioners, 36*, 307-309.

Murray, J. (1992). Prevention and the identification of high risk groups. *International Review of Psychiatry, 4*, 281-286.

Osborn, A. F. (1990). Resilient children: A longitudinal study of high achieving socially disadvantaged children. *Early Child Development and Care, 62*, 23-47.

Rappaport, J. (1992). The dilemma of primary prevention in mental health services: Rationalize the status quo or bite the hand that feeds you. *Journal of Community and Applied Social Psychology, 2*, 95-99.

Rutter, M. (1981). Stress, coping and development: Some issues and some questions. *Journal of Child Psychology and Psychiatry, 22*, 323-356.

Rutter, M. (1990). Psychosocial resilience and protective mechanisms. In A. Rolf, A. S. Masten, D. Cicchetti, K. H. Nuechterlein, & S. Weintraub (Eds.), *Risk and protective factors in the development of psychopathology* (pp. 181-214). New York: Cambridge University Press.

Shure, M. B., & Spivack, G. (1978). *Problem-solving techniques in child-rearing.* San Francisco: Jossey-Bass.

Teare-Skinner, P. (1984). Skills not pills: Learning to cope with anxiety symptoms. *Journal of the Royal College of General Practitioners, 34*, 258-260.

Werner, E. E., & Smith, R. S. (1982). *Vulnerable but invincible: A longitudinal study of resilient children and youth.* New York: McGraw-Hill.

Children

제2부

아동과 청소년의 정서적 문제를 위한 예방적 개입

Adolescent

Children 제2장 Adolescent

또래 집단 따돌림

*Gary W. Ladd, Sarah L. Herald, Carly B. Slutzky, & Rebecca K. Andrews

또래 집단 따돌림[1)]의 구인[2)]

또래 사이의 따돌림은 또래 집단에서 집단의 구성원들에게 부여되는 사회적 역할 혹은 관계적 지위의 한 형태로 인식되어 왔다. 우정(friendship)이 자발적인 둘 사이의 관계에 기초한 반면, 또래 따돌림은 아동이 거의 통제할 수 없는 또래 집단의 구성원(예: 학급 친구)에 의해 만들어지는 사회적 위치를 가리킨다. 대부분의 연구자들은 집단 따돌림을 정의할

*Gary W. Ladd, EdD Arizona State University Department of Psychology and Department of Family and Human Department

Sarah L. Herald Arizona State University Department of Psychology

Carly B. Slutzky Arizona State University Department of Family and Human Development

Rebecca K. Andrews Arizona State University Department of Psychology

1) 역자 주: 집단 따돌림은 'Group Rejection'을 번역한 것이다. 일반적으로 외국 문헌의 Bullying을 국내에서 따돌림 혹은 괴롭힘으로 번역한다. Bullying은 신체적 괴롭힘, 언어적 괴롭힘, 사회적(관계적) 괴롭힘으로 나누어진다. 이 책에서 사용된 Rejection은 사회적(관계적) 괴롭힘과 유사한 개념으로 볼 수 있다.

2) 역자 주: 구인(construct)은 물리적으로 직접적인 관찰은 불가능하지만 이론적으로 가정하는 심리적 개념으로 '구성 개념'이라고도 한다. 개념(concept)이 보다 사실에 기초하여(factual) 추상화시킨 것이라면 구인은 보다 가설에 기초하여(hypothetical) 추상화시킨 것으로 설명된다. 예를 들어, 지능, 적성, 학업 능력, 독해력 등이 대표적인 인지적 구인이며, 정의적 구인으로는 동기, 사회성, 직업흥미도 등을 들 수 있다.

때 집단에 속한 특정 아동에 대한 집단 구성원의 정서적 관점에서 규정한다(Bukowski & Hoza, 1989; Ladd, 1999). 다시 말하면, 아동이 따돌림을 받는다는 것은 자신이 속한 또래 집단 대다수의 아이들이 싫어한다는 것을 의미한다. 또래 사이의 집단 따돌림(group rejection)이라는 개념은 그 반대에 해당되는 또래 사이의 집단 수용(group acceptance)의 개념과 관련하여 이해할 수 있다. 아동은 또래들의 대다수가 좋아한다는 증거가 있을 때 친구들에게 수용되는 것으로 여겨진다. 이 장의 후반부에서는 아동이 또래 집단 내에서 어느 정도 선호되는지 혹은 반감을 갖는지에 따라 집단 내의 사회적 역할이나 지위가 부여될 수 있다는 것을 살펴볼 것이다.

또래 집단 따돌림 구인의 측정

사회측정법(sociometry)[3)]은 또래 집단 수용과 따돌림의 구인을 측정하는 데 주요하게 사용되어 오는 접근법이다. 1930년대부터 시작하여(Moreno, 1932) 지난 수십 년 동안 연구자들은 또래 집단에서 아동의 사회적 지위를 표시하는 수단으로써 다양한 종류의 사회측정법을 개발하여 평가해 왔다(Bagwell, Coie, Terry, & Lochman, 2000; Cillessen & Bukowski, 2000; Ladd & Coleman, 1993). 사회측정법은 지금까지 발전을 거듭하여 아동이 집단 내에서 수용되는지 혹은 거부되는지를 파악하기 위한 사회성 측정의 도구로 자리를 잡았다. 이러한 도구는 보통 평정에 기초한(rating-based) 방법 혹은 또래지명(nomination)에 의한 방법을 사용한다.

평정에 기초한 사회측정법(rating-scale sociometrics)을 학급에서 사용하는 경우, 학생에게 학급의 한 친구에 관해 생각하게 한 후 그 친구와 어울리는 것(예: 같이 노는 것, 학교에서 같이 공부하는 것)을 어느 정도 좋아하며 싫어하는지를 각 개인에게 평정하도록 실시한다. 평정은 연속적, 2분적, 리커트 척도 형태로 만들어진다. 전형적으로 1~5점 척도는 고학년 아동에게 사용되고 1~3점 척도는 저학년 아동들에게 사용된다(예: 1=나는 그 친구와 함께 노는 것을 매우 싫어한다; 3=나는 그 친구와 함께 노는 것을 매우 좋아한다). 모든 학급의 친구들이 평정하고 나면 학급 학생의 전체 평균을 산출하게 된다. 이 평균점수들

3) 역자 주: 사회측정법(sociometry)은 인간관계나 집단의 구조(structure) 및 역동(dynamics) 등을 경험적으로 측정하는 이론과 방법을 일컫는다. 즉, 집단 내의 구성원들 사이에 서로 좋아하거나 싫어하는 감정을 파악하여 분석함으로써 집단의 구조, 인간관계, 집단 구성원의 사기 등을 측정하는 기법을 말하며 대표적인 방법으로는 집단 내의 인간관계를 추정하는 소시오그램(sociogram)이 있다.

은 학급별 혹은 다른 규모의 또래 집단과 통계적으로 비교할 수 있도록 표준화된다(예: Z 점수로 변환한다). 주어진 또래 집단 내에서 높은 평균 평점을 받은 아동들은 친구들이 매우 좋아하거나 친구들에게 수용되는 것으로 여겨지며, 낮은 평균 평점을 받은 아동들은 덜 수용되거나 거부되는 것으로 간주된다.

또래지명에 기초한 사회측정법(nomination sociometrics)을 학급에서 사용할 때 또래들이 학교에서 가장 어울리고(예: 함께 놀거나 함께 공부하는 것) 싶은 친구와 가장 어울리고 싶지 않은 친구를 지명해야 한다는 것을 제외하고는 평정법과 같은 방법으로 실시된다. 사회성 측정에 관한 다른 대안적인 접근법도 존재하고 사용되기도 하지만(Asher & Dodge, 1986; Newcomb & Bukowski, 1983), 최근 또래관계 연구에서 가장 널리 사용되는 또래지명 사회측정법은 Coie와 동료들에 의해 만들어졌다(Coie & Dodge, 1983; Coie & Dodge, & Coppotelli, 1982). 이 검사의 구조는 또래에게 학급 친구들 중에서 가장 어울리고 싶거나 가장 어울리고 싶지 않은 친구를 지명하게 하고 각각의 아이들이 집단에서 받은 긍정적(좋아하는) 점수와 부정적(싫어하는) 점수가 합산된다. 그리고 선호되는 긍정적 점수와 거절되는 부정적 점수를 각각 표준화시킨다. 가장 좋아하는, 그리고 가장 싫어하는 점수의 표준화된 결과는 사회적 영향력 점수(social impact score)를 만들기 위해 합산이 되고 두 점수의 차를 구하여 사회적 선호 점수(social preference score)를 생성한다. 사회적 선호와 영향력 점수 결과는 학급 혹은 동료 집단 내에서 자신의 위치를 파악할 수 있는 표준화 점수이며 이를 바탕으로 아동들에게 5가지의 지위 유형 중 하나를 부여하게 된다. 이 5가지 유형은 따돌림 당한(rejected), 무시된(neglected), 논란이 있는(controversial), 보통의(average), 인기 있는(popular) 유형으로 명명된다. 또래들에게서 따돌림 당한 학생으로 분류되는 아동들은 낮은 사회적 선호 점수를 받는 아동들이고(집단의 평균 사회적 선호 점수에서 1 표준편차 이하의 점수를 보인 경우) 동시에 긍정적인 또래지명을 거의 받지 못한 경우이다(즉, 또래지명의 선호 점수를 평균 이하로 받은 경우). 또한 부정적인 또래지명의 점수가 높은 경우이다(즉, 또래지명의 비선호 점수를 평균 이상으로 받은 경우). 따라서 따돌림 당한 학생으로 분류되는 아동들은 긍정적인 지명을 거의 받지 못하고 또래들에게서 부정적인 지명을 많이 받는 경향을 보인다. 다른 유형의 또래 집단을 어떻게 결정하는지 그 계산하는 방법을 제시하기보다는 다음과 같이 지위 분류에 따른 특징을 요약하고자 한다.

1. 무시된(Neglected): 긍정적 혹은 부정적 지명을 거의 받지 못한 아동들(예: 또래들에

게 주목받지 못하는 경우)

2. 논란이 있는(Controversial): 많은 긍정적 지명과 많은 부정적 지명을 받는 아동들
3. 보통의(Average): 긍정적 지명과 부정적 지명을 적당히 받는 아동들(예: 또래들이 매우 좋아하지도 않고 매우 싫어하지도 않는 경우)
4. 인기 있는(Popular): 긍정적 지명을 매우 많이 받고 부정적 지명을 거의 받지 않는 아동들

또래 집단 따돌림에 대한 예방적 개입

또래와의 관계가 아동의 발달 과정에 영향을 미치고 또래관계에서 경험하는 발달 초기의 문제가 그 이후에 부적응을 일으킬 수 있다는 사실이 주장되어 왔다(Berndt & Ladd, 1989; Kupersmidt, Coie, & Dodge, 1990; Parker, Rubin, Price, & DeRosier, 1995). 이러한 사실을 증명하기 위해 연구자들은 아동이 또래와 형성하는 관계 형태를 유형별로 구별하고, 이러한 유형이 아동의 심리적 적응과 부적응에 영향을 미치는 과정을 확인하고자 노력해 왔다. 현재까지 경험적으로 가장 주목할 만한 것으로 여겨지는 또래 사이의 관계 형태는 우정, 가해-피해 관계, 또래 집단으로부터의 따돌림이다(Ladd, 1999, 2003). 이 3가지의 관계 형태 중에서 또래 집단으로부터의 따돌림이 가장 주목을 받는 부분으로 여겨지고 있다. 경험적인 연구 결과에 따르면, 또래로부터 따돌림을 당한 것이 생애 과정에서 부적응 문제를 일으키는 주요한 위험요인이라는 것이 확인되었다(MacDougall, Hymel, Vaillancourt, & Mercer, 2001; Parker & Asher, 1987). 초창기의 연구들은 부적응 문제와 정신병리의 발달에서 또래 집단 따돌림이 어떠한 역할을 하는지 밝히기 위하여 학교나 임상적 상황에서 주로 남학생을 대상으로 연구를 시도하였다(Kupersmidt et al., 1990; Parker & Asher, 1987 참조). 초기의 추적연구(follow-back studies)에서 얻어진 증거(보다 정확한 내용을 위해서는 다음의 문헌을 참조하기 바란다. Parker & Asher(1987))의 대부분은 학교와 병원 기록의 회상적인 분석에 토대를 둔 것이었다. 이러한 자료들을 통해 정신적으로 장애가 있는 많은 사람들은 아동기에 또래로부터 따돌림을 당하였거나 또래와의 관계가 취약했음을 확인할 수 있었다. 요약하자면 초기의 종단연구의 결과들은 아동기에 또래로부터 따돌림을 당한 경험이 이후 청소년과 성인기에 여러 범위의 다양한 부적응 문제(자살, 알코올 중독, 청소년 비행, 품행 문제, 범죄, 군대에서의 불명예 제대를 포함하여)와 연관되어 있다는 것을 알 수 있다(Kupersmidt et al., 1990; Parker & Asher, 1987).

통제 집단을 사용한 종단연구의 최근 자료들 역시 집단 따돌림에 관한 초기의 연구 결과를 지지한다. 다시 말해, 아동기에 따돌림을 경험하는 경우 따돌림을 당하는 상황은 비교적 지속되는 경향을 보이고 따돌림을 당한 경험은 아동기의 후기 및 청소년기에 경험하는 내재화 및 외현화 문제를 예측한다는 것이다(Ladd, 2003; MacDougall et al., 2001; Parker et al., 1995). 예를 들어, Ollendick, Weist, Borden 및 Green(1992)은 9~14세의 서로 다른 집단(즉, 인기 있는(popular), 따돌림 당한(rejected), 보통의(average), 무시받는(neglected), 논쟁적인(controversial))에 속한 아동들을 추수 조사하였는데, 따돌림 받은 아동들이 인기가 많은 아동들에 비해 품행 문제, 비행, 약물남용과 같은 외현화된 문제들을 더 많이 일으키는 경향이 있다는 것을 발견하였다.

종단연구에서 나타난 또 다른 중요한 발견은 또래로부터 만성적으로 따돌림을 받게 될 경우 이들의 내재화 및 외현화 문제들의 심각성이 증가된다는 사실이다. 즉, 단기간보다 장기간 또래들에게 따돌림 받은 아동들이 내재화 및 외현화의 부적응 문제를 겪을 위험성이 더 높다는 것이다(예: DeRoiser, Kupersmidt, & Patterson, 1994; Ladd & Burgess, 2001; Ladd & Troop-Gordon, 2003). 내재화 및 외현화의 부적응 문제가 나타나는 것 이외에 연구자들은 아동기 초기에(Cassidy & Asher, 1992) 경험한 따돌림이 초기와 중기 아동기에(Asher, Hymel, & Renshaw, 1984; Crick & Ladd, 1993) 외로움(loneliness)을 예측한다는 것을 발견하였다.

그 밖에도 아동기에 경험하는 또래 집단 따돌림이 학교적응 및 교육적인 성장을 나타내는 지표와 연관성이 있다는 증거들이 점점 증가하고 있다. Parker와 Asher(1987)가 요약한 것과 같이 초기 연구를 통해 발견한 사실들은 또래 사이에서 거부되는 것이 나중에 학교 부적응, 특별히 고등학교 과정에서의 학업 중단과 중요한 상관을 가진다는 것을 보여 준다. 최근에 더욱, 연구자들은 이른 시기에(학교를 입학할 당시) 따돌림을 당하는 것이 부정적인 학습태도, 등교회피, 초등학교 1학년 과정에서 능력보다 낮은 학업 성취에 영향을 미친다는 것을 발견하였다(Buhs & Ladd, 2001; Ladd, 1990; Ladd, Birch, & Buhs, 1999). 또한 입학한 이후 초등학교를 다니는 동안에도 또래로부터의 따돌림은 외로움, 또래 상호작용의 어려움, 낮은 정서적 안녕감, 학습 결손과 연관된다(Ladd & Burgess, 2001; Ladd, Kochenderfer, & Coleman, 1997; Parker & Asher, 1993; Vandell & Hembree, 1994). 그 밖에 다른 종단연구의 결과를 통해 또래로부터의 따돌림이 초등학교에서의 장기결석(예: DeRosier et al., 1994; Hymel, Rubin, Rowden, & LeMare, 1990)과 중학교로 진급하는 시기의 졸업유예 및 적응상의 어려움을 예견한다는 것을 알 수 있다(Coie, Lochman,

Terry, & Hyman, 1992).

다른 연구의 연구자들은 또래 집단 수용과 따돌림에 영향을 미치는 요인들을 아동의 일탈 행동(예: 공격성, 수줍음(shyness), 사회적 은둔(social withdrawal))과 같은 잠재적 위험 요인과 그 밖의 다른 관계적 요인(예: 또래 간 우정, 가해–피해 관계, 교사–학생 관계)과 구별하려는 시도를 하였다. Coie와 동료(Coie et al., 1992) 및 Hymel과 동료(Hymel et al., 1990)들은 공격성과 또래 따돌림은 이후의 부적응을 예측하는 데 있어 서로 다르게 영향을 미친다는 것을 입증하였다. 더 나아가 Ladd와 동료(Ladd & Butgess, 2001; Ladd et al., 1999)들은 아동의 행동과 다른 또래 집단에의 참여 및 교사–학생 관계를 통제한 후에도 또래 집단 따돌림이 아동의 교실참여를 예측하는 가장 강력한 예측요인임을 발견하였다. 또한 Buth와 Ladd(2001)는 학교에 입학할 당시 보였던 아동들의 또래 수용 정도가 이후 교실참여의 변화들을 예측한다는 것을 확인하였고 이러한 참여가 결국에는 아동의 정서와 학업의 적응에 영향을 미친다는 것을 발견하였다. 이러한 연구 결과들은 다른 위험요인이 영향을 미친다는 맥락을 감안하더라도 또래의 집단 따돌림이 아동의 대인관계적 · 심리적 · 학업적 적응에 영향을 미치는 중요한 선행요인(antecedent)이라는 가설과 일치함을 보여 준다.

이와 같이 축적된 연구 결과의 관점에서 보면, 또래 집단 따돌림은 예방적 개입의 개발 및 보급을 위한 적절한 연구 대상이 될 수 있다. 그 첫 번째로, 실제 자료를 통해 또래 집단 따돌림은 복합장애(multiple disorders)의 원인이 되며 뿐만 아니라 아동기의 또래 집단 따돌림은 그 당시 혹은 그 이후의 부적응 행동으로 나타남을 보여 준다. 두 번째, 또래 집단 따돌림은 잠재적인 위험요인을 나타내는 지표인 동시에(예: 공격성과 수줍음(shyness) 및 은둔(withdrawal)과 같은 행동적 장애의 위험요인, Ladd, 1999, 2003; MacDougall et al., 2001) 그 자체로 아동의 적응 문제를 일으킨다는 것을 입증하는 많은 연구들이 있다. 끝으로 다년간의 또래 집단 따돌림 연구와 여러 연구자 및 정책입안자들은 또래 집단 따돌림이 실행과 연구에서 예방을 위한 적절한 주제라는 결론을 내렸다. 이는 또래 집단 따돌림이 예방과학(prevention science)의 중요한 주제가 되었음을 뒷받침해 준다(Coie et al., 1993).

다음에서는 연구자들이 또래 집단 따돌림을 위한 예방적 개입을 개발하고 프로그램을 평가하는 것에 영향을 미친 요인들이 무엇인지를 살펴볼 것이다. 이에 우리는 다음과 같이 확인할 수 있는 증거들을 검토하고자 한다. (1) 연구 대상의 범위(예: 학령기 아동 중 또래 집단 따돌림 유병률에 대한 실증적인 예측치)와 (2) 또래 집단 따돌림을 일으키는 다른 요소들(즉, 실증적으로 나타난 아동과 환경적 위험요인)을 검토하고자 한다. 다음으로 또래 집단 따돌림을 위한 기존의 개입들을 조사하고 보편적인, 선택적인 혹은 지시적인 예방 프로그램으로 시행된 모범적인 예시들을 확인하고자 한다. 또한 또래 집단 따돌림의 예방을 위한 접근의 효과성도 살펴볼 것이다. 이 장의 목적에 따라 보편적인(universal), 선택적인(selective), 그리고 지시적인(indicated) 예방 개입들의 용어들은 각각 다른 형태의 집단에 적용된다. 모든 아동이 또래 집단 따돌림을 당하지 않도록 예방하는 경우(보편적인), 또래 집단 따돌림의 위험에 처한 아동이 따돌림에 노출되지 않도록 예방하는 경우(선택적인), 또한 현재 따돌림을 경험하고 있는 아동들이 그러한 따돌림을 완화하도록 예방하는 경우(지시적인)로 나누어 설명하였다.

또래 집단 따돌림의 유병률과 발생률

역학(epidemiological)의 관점에서 유병률(prevalence)은 "주어진 시간 안에 특정 대상에게서 나타나는 질병이나 상태의 경우"로 정의된다(Last, 2001, p. 140). 반면 발생률(incidence)은 "주어진 기간 동안 특정한 대상의 사람들이 병에 걸리거나 어떤 병이 생겨나는 경우의 숫자"로 정의된다(p. 91). 전자의 경우(일반적으로 비율), 질병이 특정 대상에게 얼마나 널리 퍼져 있는지에 대한 정보를 제공해 주는 반면, 후자는 질병이 어느 정도 빠르게 퍼지고 있는지에 관한 대략의 정보를 제공한다. 그러나 또래 집단 따돌림은 하나의 질병이 아닌 대인관계의 문제이기 때문에 이 장에서는 따돌림 문제의 발생률보다는 유병률을 살펴보고자 한다.

또래 집단 따돌림의 유병률에 대한 연구는 다양한 면에서 예방 연구자들과 관련 종사자들에게 가치를 지닌다. 첫째, 유병률 측정은 전문가들이 사회적 문제의 하나인 또래 집단 따돌림의 범위를 측정 가능하게 한다. 또한 따돌림의 발생이 수립된 기준 이상인지 혹은 이하인지를 판단하는 실제적 근거를 제공한다(예: 또래 집단 따돌림이 지역사회 안에서 유행하는 정도인지 혹은 거의 드문 현상인지를 구분하는 기준을 제공). 이러한 정보는 사회 및 공중 보건의 관점에서 이 문제를 예방하고 치료하는 데 필요한 서비스와 적합한 자원에 대해 책임을 진 전문가들에게는 매우 유용하다. 이처럼 정책입안자들은 특정 보건 문제의 중요성에 대해 일반인들과 지역사회의 인식을 증가시키기 위해 질병의 유병률 정보를 종종 사용한다. 동일한 표본을 종단적으로 수집할 경우 유병률 정보는 또래 집단 따돌림을 경험한 학령기 아동의 비율 증가나 감소에 관한 정보를 제공해 주고 동시대적 흐름과 시간에 따른 변화 유형을 발견하는 데 유용하다. 유병률의 실용성은 정확도에 의해 결정된다. 즉, 표본 추출상의 오류를 감소하기 위해 충분한 크기의 표본을 사용하여야 정확도가 향상되고 표본의 참여자들은 모집단을 대표하여야 한다(여기서는 학령기 전체 아동이 모집단이 된다). 모집단에 대한 하위 집단의 유병률을 가늠할 수 있을 경우에는 이러한 층화추출표본(stratified samples)의 사용이 특히 가치를 지닌다. 이 방법을 통해 어떠한 아동들이 가장 많이 집단 따돌림을 받고 있는지 확인할 수 있다(예: 남학생과 여학생의 비율, 특정 인구학적 배경 혹은 인종 등에 따른 아동의 비율 등을 고려하여 층화추출을 실시하는 경우).

아동기의 또래 집단 따돌림 유병률을 측정하기 위해 수집하는 자료들은 주로 사회성 측정법을 활용하여 수집된 것이고 대부분 교실 상황에서 아동들의 또래 수용과 또래 집단 안에서의 지위에 관한 자료들이다. 미국 아동의 90% 이상이 학교에 다니고 있기 때문에(Coie et al., 1993) 교실이 주로 또래 집단 따돌림의 연구 장소로 사용되어 왔다. 또한

표 2-1 학년별로 예측된 또래 집단 따돌림의 유병률과 사회적 지위 유형

연구	표본 크기	학년	또래 지위 측정도구	유형별 백분률				
				Rej	Neg	Con	Pop	Ave
Bagwell, Coie, Terry, & Lochman(2000)	824	4	CD	16	15	07	14	48
Brendgen, Little, & Krappmann(2000)	746	2~5	CDC	12	04	03	15	45
O'Neil, Welsh, Parke, Wang, & Strand(1997)	345	K	CDC	19	10	06	19	28
Crick & Grotpeter(1995)	491	3~6	CD	11	14	05	13	31
Volling, Mackinnon-Lewis,	1, 318	1~4	CDC	14	07	06	14	59
Rabiner, & Baradaran(1993)			CDC	13	07	07	13	60
Terry & Coie(1991)	1, 119	3~5	AD	15	15	05	13	52
			NB(adj)	13	08	07	13	58
Kupersmidt & Coie(1990)	112	5	CDC	17	10	04	13	56
Coie & Dodge(1983)	96	3	CD	22	20	05	22	31
	122	5	CD	20	19	08	24	29

* 비율값은 반올림하여 제시되었다. 또래 지위 평균에 대한 유병률 측정은 연구에 걸쳐 상당히 다양한데, 그 이유는 특정 유형에 속하지 않는 학생들을 분류하는 방식에 있어 연구자들 사이에 차이가 있기 때문이다. AD=Asher와 Dodge(1986)의 척도; Ave=또래 지위 평균; CD=Coie와 Dodge(1983)의 척도; CDC=Coie, Dodge와 Coppotelli(1982)의 척도; Con=논쟁적인 아동 유형(controversial peer status); NB(adj)=수정된 Newcomb와 Bukowski(1983)의 척도; Neg=무시된 또래 유형(Neglected peer status); Pop=인기있는 또래 유형(Popular peer status); Rej=따돌림 당한 또래 유형(Rejected peer status).

표 2-2 성별 및 인종에 따른 측정된 또래 집단 따돌림의 유병률

또래 지위 (표본 수N=824)	남자 n(%)	여자 n(%)	남자+여자 n(%)
A. 또래 집단 유형별 표본 분포			
보통의(average)	205(25%)	191(23%)	396(48%)
인기 있는(popular)	39(5%)	79(9%)	115(14%)
무시된(neglected)	50(6%)	72(9%)	122(15%)
논쟁적인(controversial)	39(5%)	23(3%)	62(8%)
따돌림 당한(rejected)	81(10%)	48(6%)	129(16%)
B. 행동유형에 따른 따돌림 당한 아동 분포			
공격적인(aggressive)	19(15%)	14(11%)	33(26%)
비공격적인(nonaggressive)	62(48%)	34(26%)	96(74%)
C. 인종에 따른 따돌림 당한 아동 분포			
백인(Caucasian)			61(47%)
흑인(African American)			68(53%)

출처: Bagwell, Coie, Terry, & Lochman (2000).

아동들이 교실이라는 맥락에서 다양한 또래 집단의 역동을 경험하기 때문에 교실맥락에서 따돌림을 연구해 왔다.

또래 집단 따돌림의 유병률에 대한 과거와 현재의 연구들에 나타난 측정 결과가 〈표 2-1〉과 〈표 2-2〉에 제시되어 있다. 표와 같이 각 하위 유형별 아동의 비율이 제시되었다. 우리 학문 분야의 연구자들은 역학 연구에서 사용된 수치만큼 엄격한 표본설계(sampling designs)를 일반적으로 사용하지 않는다. 따라서 유병률의 값은 어림값으로 제시된다. 또한 표에 포함된 연구와 표본들에 제시된 자료는 절대적인 것은 아니다. 〈표 2-1〉과 〈표 2-2〉에서는 연령대를 초월한 유병률의 비교를 허용하고 있고, 보다 큰(대부분의 경우) 지역표본(community samples)[4]을 적용한 계산된 수치의 특징을 지닌다. 이에 성별 및 인종별로 비교한 연구 중에서 가장 최근에 출판된 연구의 하나를 〈표 2-2〉에서 추가로 제시하였다(Bagwell et al., 2000).

〈표 2-1〉에서 측정된 유병률의 세부 사항을 보면, 조사자들이 세운 여러 가지 분류

4) 역자 주: 지역표본(community samples)은 모집단의 하위집단에서 표본을 추출하지 않고 한 지역에서 표본을 추출하는 방식이다. 예를 들어, 우울장애의 유병률에 관한 연구의 경우 치료를 위해 정신과를 방문한 내담자들 중에서 자료를 구하지 않고 한 지역사회에서 무작위로 자료를 수집하는 경우에 해당된다. 따라서 치료표본에 비해 지역표본의 유병률은 낮게 측정된다.

기준의 하나로 또래 집단에 의해 따돌림을 당한 유형의 경우, 지역표본(community samples)에서 대략 11~22%의 범위에 나타난다. 그러나 표본의 수가 증가하면(즉, n> 500), 유병률의 범위는 12~16%로 줄어든다. 또래 유형 분류를 보면, 대부분의 표본에서 인기 있는 아동의 수만큼 따돌림을 당한 아동이 있는 것으로 측정되고 있으며, 종종 따돌림 당한 학생의 수는 무시된 학생의 수보다 많은 경우를 차지한다.

〈표 2-2〉에서 나타난 유병률은(Bagwell et al., 2000) 단일 표본과 단일 연령대(4학년)에 기초하지만, 유병률이 아동의 성별, 공격성(aggressiveness)유형 및 인종에 따라 어떻게 다른지를 보여 준다. 〈표 2-2〉의 A부분을 보면, 전체 표본(n=824)에서 따돌림 당한 아동의 비율이 대략 16%인데 따돌림 당한 남학생 10%의 비율은 따돌림 당한 여학생 6% 비율의 약 2배에 해당된다. 또한 따돌림을 당한 아동 129명에 대해 또래들은 이들의 26%가 공격적이라고 인식하고, 74%는 비공격적인 것으로 인식하였다(〈표 2-2〉의 B부분 참조). 따돌림을 당하면서 공격적인 아동으로 분류된 집단(n=33)의 남녀 비율은 각각 15%, 11%로 비슷한 비율로 나타난다. 따돌림 당한 아동 129명 중 약 47%가 백인이고 53%가 흑인이다. 여학생보다 남학생이 또래 집단 따돌림을 더 많이 당하는 것으로 밝혀진 이 결과는 선행연구의 결과들과 일치하고(예: Coie et al., 1982; O'Neil, Welsh, Parke, Wang, & Strand, 1997; Volling, MacKinnon Lewis, Rabinner, & Baradaran, 1993), 이는 남학생들이 여학생들보다 또래 집단 따돌림에 있어서 보다 큰 위험에 처해 있음을 의미한다. 비록 남학생에 비해 여학생들이 또래로부터 따돌림을 적게 당하지만, 따돌림 당하는 여학생들은 따돌림 당하는 남학생만큼 공격적인 성향을 갖고 있는 것으로 여겨진다(French, 1990). 이 연구에서 표집된 아동들이 그들의 인종을 대표한다고 가정하면, 백인과 흑인의 하위표집에서 또래 집단 따돌림의 유병률은 크게 다르지 않다는 결과가 나타난다.

표에는 나타나지 않았지만, 종단연구의 자료에서는 또래 집단 따돌림을 당하는 아동의 유형은 시간이 지난 후에도 같은 상태를 유지하는 것으로 나타났다(Coie & Dodge, 1983; Newcomb & Bukowski, 1984; Cillessen & Bukowski, 2001). Coie와 Dodge는 5년간의 종단연구를 통해 따돌림 당한 아동의 30~40%가 4년 넘게 같은 유형의 집단으로 유지되었다는 결과를 제시하였다. 성별과 인종에 따라 비교하였을 때에도 유사한 결과가 나타났다. 그러나 따돌림을 당한 시기가 보다 어릴 경우에는 따돌림을 벗어날 가능성이 높은 것으로 확인 되었다(예: 5학년과 3학년에서 따돌림 당한 경험을 비교하였을 경우).

위험요인

"어떤 아동들은 또래 집단의 구성원들에게 따돌림 당하거나 꺼려지는 반면 다른 아동들은 수용되거나 환영받는 이유는 무엇인가?"라는 질문은 아동들의 또래 집단 관계를 조사하는 연구자들의 지속적인 도전이었다(Ladd, 1999). 이 질문을 해결하기 위해, 많은 연구자들은 또래 집단 따돌림과 관련된 위험요인들을 식별하기 위해 노력해 왔다. 위험요인의 개념은 역학 분야에서 시작되었고(Pellegrini, 1990), 개인의 특성(즉, 개별 아동), 환경(예: 또래 집단, 학교, 가족, 또는 아동이 속한 사회의 다른 요소), 그리고 이런 속성들의 변화 또는 역동적인 결합(예: 아동과 환경적 속성 사이의 상호작용, 환경적 상호작용에 의한 아동)이 적응력을 줄이고 뒤늦은 혼란의 가능성을 증가시키는 것과 관련이 있음이 지적되었다(Coie et al., 1993; Ladd, 2003). 반대로 보호요인들은 개인적, 환경적, 혹은 2가지의 복합적인 속성이 질병이나 역기능에 대한 저항을 증가시키는 것으로 여겨진다(Coie et al., 1993; Pellegrini, 1990).

또래 집단 따돌림의 위험요인에 관한 초기 연구의 대부분은 횡단연구로 수행되었고, 결과적으로 이 문제를 일으키는 선행요인을 밝히기보다는 그 문제와 동시에 수반되는 요인들을 더 많이 알게 되었다(Ladd, 1999). 그러나 종단연구의 출현으로 실제적인 위험요인의 발견이 가능해졌다. 다시 말해, 이전부터 존재했던 아동의 특성, 아동의 양육 환경, 또는 이 2가지 모두가 또래 집단 따돌림의 발생을 예측한다는 것을 발견한 경우이다. 이런 발견의 일부는 다음에서 보다 자세하게 설명할 것이다.

다음에서는 또래 집단 따돌림에서 나타나는 대표적인 위험요인들을 4가지 범주로 분류하여 제시하였으며 이러한 요인들은 종단연구의 결과를 통해 입증된 것들이다. 이처럼 분류한 영역은 학령기 아동들을 위하여 예방적인 개입을 개발하는 것에 중요한 시사점을 줄 수 있는 위험요인들로만 제한하였다. 또래 집단 따돌림에서 아동들의 위험을 증가시키거나 감소시키는 요인들에 대한 보다 철저한 분석은 다른 출판물에서도 찾을 수 있을 것이다(Ladd, in press; MacDougall et al., 2001 참조).

아동요인

아동의 다양한 속성이 또래 집단 따돌림의 위험요인 혹은 잠재적인 선행요인으로서 연구되어 왔다. 이 속성들은 또래들에 대해 직접적으로 행하는 행동(behavior), 사회적 상황을 해석하고 정의하는 인지(cognition) 및 또래들과의 상호작용 중에 표현하고 반응하는 감정(emotion)으로 나누어 볼 수 있다.

또래와 함께하는 아동의 행동

새롭게 형성된 또래 집단(예: 최근에 형성된 놀이 집단이나 새롭게 편성된 학급)에서 아동들이 보이는 행동에 관한 연구 결과에 따르면, 또래 사이에서 행하는 행동의 유형이 또래 집단 내에서의 사회적 지위에 영향을 미친다. 미취학 아동과 초등학생을 표본으로 실시한 종단연구에 따르면, 공격적으로 행동하는 아동들은 또래들로부터 훨씬 따돌림 받기가 쉽다(Coie & kupersmidt, 1983; Dodge, 1983; Ladd, Price, & Hart, 1988). 놀이 집단에서의 또래 지위에 관한 최근의 연구를 보면, Dodge는 또래들에게 빈번하게 공격성을 드러내는 남학생들의 경우 집단을 분열시키는 것처럼 보였고, 결국 놀이 집단의 구성원들에 의해 따돌림 받는다는 것을 발견하였다. 반면 또래들과 친사회적(prosocial)으로 상호작용하는 소년들은 놀이 집단의 구성원들에게 인기를 얻거나 선호되는 경향이 있었다. 다른 연구자들은 아동이 공격적인 상호작용을 얼마나 자주 경험하는지의 정도가 따돌림을 예측할 뿐만 아니라 이들이 공격적으로 강요하는 집단원의 숫자 역시 따돌림을 예측한다는 것을 발견하였다(Ladd & Price, 1987). 다른 연구들은 또한 다양한 형태의 공격성, 즉 직접적인 표현과 간접적 또는 드러나지 않는 표현들이 또래의 집단 수용과 상관이 있음을 밝혀냈다(Cairns & Cairns, 1994; Crick & Grotpeter, 1995). 특히 남학생들은 도구를 사용한 공격성이 높을 경우 다른 유형에 비해 또래 따돌림의 가능성이 높았다(Coie, Dodge, Terry, & Wright, 1991).

비록 연령에 따라 큰 차이를 보이지만, 은둔 행동(withdrawn behavior)이 또래 따돌림을 초래한다고 입증하는 증거도 있다. 미취학 아동 표본의 경우 연구자들은 또래들이 은둔 아동들을 따돌리지 않는 경향이 있다는 것을 발견했다(Ladd & Burgess, 1999). 그러나 중기 아동들을 대상으로 할 경우 은둔과 같은 사회성이 떨어지는 행동이 또래 따돌림과 관련되어 있다는 연구는 더 많은 편이다. 이것은 아마도 상급 학년에서는 은둔 행동을 표준에서 벗어난 행동으로 판단하는 경향이 강하기 때문인 것으로 보인다(Rubin, LeMare, & Lollis, 1990). 다른 결과들에서는 은둔 아동들이 또래 따돌림보다는 오히려 또래로부터 무시받는(즉, 또래로부터 선호나 비선호 지명을 적게 받는 것) 경향이 있다고 제시한다(Dodge, 1983). 그리고 또래들로부터 빠르게 고립되는 것은 저학년과 고학년 모두에서 낮은 또래 수용과 연관이 있다(Hymel, Rubin, et al., 1990).

반면에 친사회적 행동은 또래 집단 수용의 선행요인으로 알려져 왔다(Coie & Kupersmidt, 1983; Dodge, 1983; Ladd et al., 1988). Coie와 Kupersmidt는 질문을 적극적으로 하고 긍정적인 대답을 하는 남학생들의 경우 또래에게 더 선호되는 것을 발견하였고, Ladd와 동료들(1988)은 또래들과 협동적으로 놀이하는 미취학 아동들이 진학 후에도 또래에 보다 잘 수용될 수 있음을 발견했다.

요약하면 아동이 대인관계에서 보이는 행동은 이들이 또래 집단에서 형성하는 지위와 상관이 있다는 유력한 증거를 찾은 것이다. 일반적으로 아동의 행동은 이들이 만들어내는 관계 형성에 중요한 역할을 한다고 볼 수 있다. 그러나 일단 관계가 이루어져 평판이 형성되면 그것에 미치는 행동의 영향력은 상대적으로 적다고 볼 수 있다(Hymel, Wagner, & Burler, 1990).

아동의 사회적 인지

여러 증거에 따르면 아동들의 사고, 믿음, 또래에 대해 생각하는 것, 자신만의 방식으로 목표를 설정하는 것, 이를 실천하는 전략 및 사회적 관계에서 형성하는 기대들이 또래 집단에서의 수용과 따돌림과 관련이 있음을 알 수 있다. 수많은 연구 결과에 따르면, 또래에게 따돌림을 당하거나 인기가 없는 아이들은 또래와 성공적으로 상호작용하는 방법에 대해서 일반적이지 않은 생각을 하는 경향이 있으며, 방어적인 방식으로 또래상호작용을 해석하는 경향이 있다. 또한 또래의 동기를 해석할 때 부정적으로 왜곡하여 인식함으로써 갈등을 야기하거나 관계 형성에 도움이 되지 않는 방식으로 이해하는 경향이 있다(Crick & Dodge, 1994). 예를 들어, 사회적 문제 해결 과업(social problem-solving tasks)에 대한 연구 결과에 따르면 또래들에게 잘 수용되는 아동과 비교하여 따돌림을 당하거나 잘 수용되지 못하는 아동은 비우호적인 목표를 가지고 있으며, 또래들과의 상호작용을 적대적인 관점에서 해석한다. 또한 반사회적이거나 이기적인 방법으로 또래와의 갈등을 해결하려고 시도하며 이들은 공격성이 그들의 목표를 성취하는 데 효과적인 수단이라고 믿고 있다(Crick & Ladd, 1990; Dodge, Murphy, & Buchsbaum, 1984).

아동의 감정 및 감정 조절

다른 사람들과 성공적으로 상호작용하기 위해서 아동들은 그들 자신의 정서를 조절하는 방법을 알아야 할 뿐만 아니라 또래의 감정을 확인하고 조정할 수 있어야 한다. 몇몇 연구자들은 정서 이해와 사회적 능력의 관계에 대한 실험을 했다. 이 실험에 따르면, 자신의 정서 조절과 또래의 정서 해석에 어려움을 가진 아동은 또래들에게 따돌림을 당하거나 친구들에게 선호되지 않는 경향을 보였다(Bierman & Wargo, 1995; Cassidy, Parke, Butkovsoky, & Braungart, 1992; Dodge et al., 1984; Eisenberg et al., 1993; Fabes et al., 1999). 다른 사람의 정서를 인지하고 그것에 적절한 반응을 할 수 있는 아동은 사회적으로 적절한 방법을 통해 또래들과 원만하게 상호작용하게 되며 그로 인해 따돌림에 대한 위험도 감소하게 된다는 것을 알 수 있다.

사회화 및 환경적 요인

아동이 사회화(socialization)되는 방식이나 사회적 환경에서 보이는 차이 역시 또래 집단 따돌림과 관련되어 있다. 이 영역과 관련하여 아동이 속한 가족의 생활과 부모-자녀 관계 및 학교와 학급 환경의 맥락이 주로 연구의 관심 분야였다.

가족관계와 과정

가족의 생활과 부모-자녀 관계와 관련된 수많은 요인들은 또래 집단 따돌림에서 아동들의 위험을 증가 혹은 감소시키는 요인으로 작용한다(Ladd & Pettit, 2002). 이것은 부모의 양육 방식이나 훈육의 방법, 아동이 또래와 비공식적으로 하는 놀이에 대한 관리 등 부모의 행동과 사회화된 관습을 포함한다. 덧붙여 가족 환경 내부의 관계, 특히 아동에 대한 양육 방식은 아동들의 사회적 능력이나 또래 문화에서의 성공과 관련이 높다. 여러 연구들은 강제적인(coercive) 양육 방식을 접한 아동들이 또래 집단 내에서 공격적이고 반사회적인 행동을 보일 경향이 더 높다는 것을 지지한다(Patterson, Reid, & Dishion, 1992). 그리고 거칠고 가혹한(punitive) 훈육 방식을 접한 아동 역시 또래 집단 따돌림을 포함한 사회적 문제를 경험할 가능성이 높다(Pettit, Bates, & Dodge, 1997; Pettit, Dodge, & Brown, 1988). 뒤집어 말하면, 또래관계를 중시하는 부모에게서 양육된 아동들은 적절한 대인관계 능력을 배울 수 있으며, 비공식적인 놀이 집단에 참여하도록 격려되는 아동들은 학급과 같은 상황에서 우정을 쌓고 긍정적인 평판을 보다 수월하게 얻게 된다(Clark & Ladd, 2000; Ladd & Hart, 1992; Mize, Pettit, & Brown, 1995).

학교교육과 또래 집단 요인들

연구들은 또한 학교의 특성과 또래 집단의 특징이 또래 집단에서 아동이 성취하는 지위와 연관이 있음을 지지한다. Hallinan(1976)은 전통적인 학급보다 개방적인 학급(또래 상호작용이 허용되는 장소이며 학생들이 그들의 자리를 선택하는 행동 등이 허락되는 곳)의 경우 또래 집단 사이에서 누구를 더 좋아하고 누구를 더 싫어하는지의 차이가 많지 않음을 확인하였다. 전통적인 학급에서의 배치와 비교했을 때, 개방적인 학급에서는 최고로 인기 있는 학생의 수가 적었고 반대로 사회적으로 고립된 수 역시 적은 경향이 나타났다.

아동과 아동이 속한 또래 집단의 사회적 역동이 얼마나 조화를 이루는지의 정도는—때때로 개인-집단 유사성(person-group similarity)으로 정의된다(Storshak, Bierman, Bruschi, Dodge, & Coie, 1999)—그 아동이 경험하는 또래 수용 및 따돌림과 관련이 있다(Ladd, Buhs, & Troop, 2002). 예를 들어, 공격적인 행동을 하는 것이 허용되는 또래 집단에서는 공격적인 행동의 아동도 또래들로부터 배척되거나 따돌림 받지 않는다는 결과가 있다(Wright, Giammarino, & Parad, 1986). 이와 비슷하게, Stormshak과 동료들(1999)도 공격성이나 은둔과 같은 특정한 행동에 대한 아동들의 포용력이 그들이 속한 또래 집단의 기준에 따라 차이가 있음을 확인하였다.

예방적 개입의 모범 사례

또래 집단 따돌림에 관한 예방 프로그램은 보편적(universal) · 선택적(selective) · 지시적(indicated) 개입이라는 3개의 범주로 분류된다. 이렇게 개입을 분류한 목적은 예방을 위한 3가지 다른 접근법이 지향하는 목표들이 다르기 때문이다.

각각의 목적을 위해 개발된 개입의 대부분은 따돌림 당하는 아동이 또래 집단의 수용을 촉진하는 사회적 기술이 부족하다는 것을 가정하고 있으며 또래 집단 따돌림이나 관계의 어려움을 일으키는 속성을 한 가지 혹은 그 이상 많이 소유하고 있다는 점을 가정하고 있다(예: 기술 부족과 행동의 과잉 성향에 대한 가정들은 Ladd(1999)를 참조). 이러한 가정에 바탕을 두어 연구자들은 아동들을 도울 수 있는 방법을 다음과 같이 개발하려고 했다.

1. 또래 집단 수용에 도움이 되는 기술을 습득하여 역량을 신장시킴(예: 친사회적 관점을 배우고 관련된 행동적 기술을 학습)

2. 또래 집단 따돌림을 촉진하는 경향들을 감소시키거나 제거시키는 것(예: 반사회 적 관점과 행동들, Bierman & Montminy, 1993; Ladd et al., 2002)

이와 같은 목표를 달성하기 위하여 고안된 치료법과 교과과정은 주로 사회적 학습 원리에 기초를 두어 설계되었는데 이 원리는 다양한 방식들로 조직되고 실행될 수 있다(Ladd & Mixe, 1983).

사회적 학습 원리를 다양하게 적용하는 과정에서 연구자들은 모델링(modeling), 행동조형(shaping), 코칭(coaching)과 같은 단어를 차별적으로 사용한다. 일반적으로, 모델링이란 아이들에게 기술을 효과적으로 사용하는 모범적인 사람들을 따라 하도록 격려하거나 또는 어떻게 부정적인 사고와 행동을 억제하고 참는지의 예시를 보여 주는 중재 방법이다. 행동조형은 목표로 하는 기술을 수행하거나, 목표로 하는 사회적 기술이나 행동을 성공적으로 수행한 아동에게 보상을 제공하는 방법이다. 경우에 따라 부정적이거나 반사회적 행동을 강화시키는 요인들을 제거하는 절차와 함께 사용될 수도 있다(예: 부정적인 행동을 무시하거나 그것을 소멸시키는 방법). 코칭이라는 용어는 아동들이 실습에 초점을 둔 교육을 받고 이를 연습하며 지속적으로 평가를 받는 일련의 훈련 과정에 참여시키는 방식이다. 이를 통해 아동은 능숙하게 수행할 수 있는 사회적 기술을 습득하게 된다.

보편적 예방 개입

보편적 예방 개입은 보통 또래 집단 따돌림의 발생을 낮추려는 의도에서 아동 집단의 모든 구성원들에게 적용된다. 또래 집단 따돌림을 없애기 위한 개입들 중에서 모범적인 예가 될 만한 보편적인 예방적 개입의 수는 제한적이다. 아동들의 또래 수용과 따돌림을 다루는 보편적 개입들 중에서 오직 적은 수의 개입만이 향상된 결과를 낸 것으로 알려져 있다.

Rotheram, Armstrong 및 Booraem(1982)이 수행한 연구의 경우, 한 학교의 모든 4학년 학생과 5학년 학생들(일부 6학년 학생들을 포함)을 무작위로 3가지 상황에 배정했다. 3가지 상황은 자기주장 훈련(assertive training), 개입 통제(intervention control), 그리고 비처치 통제(nontreatment control) 상황이다. 자기주장 훈련은 자기관리를 포함하여 사회적 상황에서 문제를 해결하는 기술을 가르치고 그것들을 실제로 연습해 볼 기회를 제공해 준다. 또한 자기주장적인 반응들을 강화하기 위한 기술들을 사용해 볼 수 있도록 기회를 제공한다. 반면 개입 통제 상황에서는 교사의 평가를 바탕으로 아동들을 사회적 반응성의 정도에 따라 두 집단으로 나누었다. 그리고 사회적 참여를 독려하기 위해서 더 반응적이거나 덜 반응적인 집단 사이에 경쟁적인 게임을 시켰다. 자기주장 훈련을 받은 집단의 아동들은 훈련을 받지 않은 집단의 아동들과 달리 자기주장이 향상되었고, 훈련 후에 또래로부터 인기를 더 얻는 것으로 나타났다. 그러나 자기주장 훈련을 받은 아동들이 훈련 후에 또래로부터 더 인기를 얻었다는 사실의 신뢰도는 확실하지 않다. 왜냐하면 아동들이 또래 집단 내에서 차지하는 지위의 변화를 교사들의 보고를 통해 알 수 있었기 때문이다. 교사들의 보고가 아닌 또래들의 보고를 통한 사회측정학의 방법이 보다 신뢰할 만하다고 볼 수 있다.

Hepler(1994)가 수행한 한 연구의 경우, 5학년의 두 학급이 선택되었고 그중 한 학급은 무작위로 사회적 기술 훈련 프로그램에 참여하였다. 반면 다른 학급은 통제 집단으로 아무런 훈련을 받지 않았다. 이 프로그램에 대한 평가를 명확하게 내리는 것은 힘들다. 왜냐하면 모든 참가자들(즉, 아이들, 교사들 그리고 부모들)이 실험 중에 자신이 어떤 집단에 참여하고 있었는지를 미리 알고 있었기 때문이다. 즉, 자신이 통제 집단인지 아니면 실험 집단인지의 사실을 참가자들이 이미 알고 있었다. 훈련에 참가한 학생들의 사회성 측정 평정결과, 통제 집단의 학생들에 비해 높은 수준의 사회성 기술을 보였지만 통계적으로 유의하지는 않았다. 아동들을 다시 하위 유형으로 나누어 분석하였을 때(예: 각 학급에서 또래 내 지위가 다른 아이들) 통제학급의 경우 지위가 낮은 아동들에게서 향상이 나타났으며 실험 집단의 경우 평균 지위를 보인 아동들에게서 향상이 나타났다. 또한 실험 집단과 통제 집단 모두 부정적인 또래지명이 감소하는 효과가 나타났다.

유사한 방식을 사용한 Choi와 Hechenlaible-Gotto(1998)은 2개의 학급을 대상으로 실험을 실시하였다. 2학년 아이들의 또래 수용 평가를 바탕으로 학급 단위로 실시하는 사회적 기술 중재의 효과를 평가했다. 기술 훈련을 받은 학급에서, 아동들은 모델링, 행동적 역할 놀이, 그리고 사회적 지지(기술 수행에 대한 칭찬)를 통해 친사회적인 기술을 학습했다. 조정된 사후 검사 점수의 분석 결과(사전 시험에서는 두 학급의 동료평가가 동등하지 않았기 때문에 직접적인 비교를 위해 점수의 조정이 필요한 상황), 두 집단의 차이가 발견되지 않았다. 이 실험에서 아동들은 두 가지 관점에서 평가되었는데 또래 지명을 통해 함께 놀고 싶은 친구(playmate)로 지명되는 것과 함께 공부하고 싶은 친구(workmate)로 지명되는 선호 정도를 평가하였다. 두 학급 사이의 차이는 발견되지 않았지만 학급 내에서의 사전 · 사후 검사 결과 실험 학급의 경우에서는 함께 공부하고 싶은 친구로 거명되는 학생의 수가 증가하였다. 그리고 통제 학급에서는 두 점수 모두 향상이 없었다.

Hepler와 Rose(1998)는 대인관계의 3가지 영역에서 아이들의 능력을 향상시키기 위해 기술 훈련 중재를 설계했고 이것을 2개의 5학년 학급 중 한 학급에서 시행했다. 두 학급의 사전, 사후 및 추수 평가의 비교를 했는데 통제 집단에 비해 기술 훈련을 받은 학급의 아동들은 사후 평가 및 추수 평가에 이르기까지 또래 수용의 정도에서 분명한 향상을 보인다는 것을 알 수 있었다. 각 학급의 하위 집단별로 또래 수용의 변화가 있었는지를 확인하기 위해 2차 분석을 실시하였는데, 이 분석은 실험을 시작할 때 각 학급에서 지위가 낮았던 학생들이 시간이 지남에 따라 변화가 있었는지를 파악하였다. 분석 결과, 중재를 실시한 학급의 낮은 지위 학생들은 통제 집단의 낮은 지위 학생들에 비해 부정적인 지명을 덜 받거나 학급친구들이 덜 싫어하는 것으로 확인되었다.

요약하자면, 또래 집단 따돌림을 예방하기 위한 보편적인 중재의 효과를 지지하는 증거는 제한적이다. 종종 연구자들이 연구 결과를 바탕으로 도출하는 결론이 제한성을 갖는 것은 이러한 연구들이 통제 학급을 사용하여 개별 처치를 한 후 학생들에게 일어난 변화에 기초하기 때문이다. 이처럼 분석의 수준이 몇 개의 학급 수준에서 이루어지면 이 결과를 일반적인 학급의 수준으로 적용하는 것에 한계를 지니기 때문에 보편적인 중재의 효과가 있다고 말하기가 쉽지 않다. 보편적인 또래관계 개입의 효과성을 입증하기 위해서는 연구자들이 더 큰 아동의 표본을 사용하는 것이 필요하다.

비록 이러한 목표를 향한 움직임이 있기는 하지만(Conduct Problems Prevention Research Group, 1999a, 1999b), 큰 규모의 보편적인 개입을 바탕으로 한 연구 결과들은 그다지 고무적이지 않다. 예를 들면, 패스트 트랙(Fast Tack)[5] 예방 프로그램은 학급 수준의 사회 및 정서적 기술의 지도를 포함하는 보편적인 개입이다(Conduct Problems Prevention Research Group, 1999b). 패스트 트랙은 지금도 지속적으로 시행되고 있는 다면적인 예방 프로그램으로, 행동적으로 문제가 있는 아이들과 그 가족들을 대상으로 한다. 아이들은 유치원에서 연구 대상으로 선정되며 1학년에서부터 개입이 시작된다. 비록 이 중재가 1학년을 마칠 즈음 공격적 행동이 감소되고 학급 분위기가 향상된다는 점에서 효과가 있는 것으로 증명되었지만, 3학년에 실시한 추적 점수에서는 학급 또래관계에서 유의미한 결과가 발견되지 않았다(Conduct Problems Prevention Research Group, 2002).

5) 역자 주: 패스트 트랙(Fast Track) 예방 프로그램은 초등학교 1~6학년 고위험군 학생들을 대상으로 반사회적 행동들을 감소시키기 위한 중재 프로그램이다. 보다 자세한 정보는 http://www.fasttrackproject.org에서 확인할 수 있다.

선택적 예방 개입

선택적 예방 개입은 또래 집단에서 현재 따돌림을 당하고 있지 않지만 앞으로 이 문제를 경험할 위험을 갖고 있는 개인이나 그럴 가능성이 높은 하위 집단을 대상으로 실시한다. 선택적 개입을 위해 모집된 아이들은 또래 집단 따돌림과 관련하여 명백한 위험 요인들을 가지고 있다(예: 공격적 행동이 일반적인 수준을 초과한 아이들이 해당).

또래 집단 따돌림과 관련된 많은 위험요소들은 넓은 관점에서 보면 정신병리의 발현과 관련이 있다(예: 내면화 문제들과 외현화 문제들). 이러한 위험요소를 다루는 대부분의 개입 프로그램들은 그야말로 또래 집단 따돌림을 예방하였는지의 관점에서 평가되기보다는 특정한 위험요소를 감소시켰거나 개입을 통해 아동들이 정신병리학적 궤도에 진입하는 것이 감소되었다는 차원에서 평가되었다. 이러한 관점은 예방 프로그램을 평가할 때 아동들의 또래 수용의 정도가 바뀐 것을 평가한 것이 아니라 아동들의 위험요소의 변화에 초점이 맞추어졌음을 의미한다.

또래 집단 따돌림과 관련하여 위험요소에 초점을 둔 예방적 개입의 예시는 다음과 같은 것들을 포함한다.

1. 아이들의 공격적 · 적대적 행동들을 감소시킨다(Kellam, Ling, Merisca, Brown, & Ialongo, 1998; Webster-Stratton & Hammond, 1997).
2. 아이들의 사회 인지적 편향(social cognitive biases)을 수정한다(Hudley & Graham, 1993).
3. 부정적인 정서에 대한 아이들의 통제력을 증가시킨다(Lochman, Burch, Curry, & Lampron, 1984).
4. 가족의 기능을 향상시킨다(Lochman, 2000).

이러한 중재들은 다음과 같이 3가지로 요약된다. Webster와 Hammond는 품행 문제를 갖고 있는 아동들(4~7세)을 아동 훈련 집단, 부모 훈련 집단, 그리고 아동 및 부모 훈련 집단으로 구분하였다. 아동 훈련 집단의 경우 문제 해결과 사회적 기술, 그리고 정서 통제를 향상시키는 것에 초점을 맞춘 반면, 부모 훈련의 초점은 긍정적인 양육 기술을 습득하고 강압적인 훈육을 약화시키는 것이었다. 대기자(wait-lists) 통제 집단과 비교했을 때 모든 3가지의 훈련 조건에 속했던 아동들은 사후 조사 결과, 실험실 놀이 상황에서 갈등 관리 면에 향상을 보였다(Webster-Stratton, Reid, & Hammond, 2001). Hudley와 Graham(1993)은 사회적 인지 중재를 실시했는데 이 프로그램에서 아동들은 의도(intention)나 모호함(ambiguity)과 같은 개념을 학습하였다. 이들은 또래의 의도를 파악하고, 의도된 결과와 의도하지 않은 결과를 구분하며, 애매모호한 상황에서 의사결정 규칙을 사용하는 기술을 연습했다. 프로그램 참가자들은, 통제 집단과 비교했을 때 그들의 교사들에게 눈에 띄게 덜 공격적이라는 평가를 받았고 가상적인 상황이나 실험 상황에서 적대적인 편향(hostile bias)의 감소를 보였다. Lochman과 동료가 수행한 분노 대처 프로그램(Lochman & Lenhart, 1993; Lochman et al., 1984)에서 공격적인 남학생들은 상대의 입장을 이해하는 기술을 훈련 받았고, 화를 인식하며 사회적 문제를 해결하는 기술을 익혔으며, 충동을 억제하는 훈련을 받았다. 중재 후 결과에 따르면(Lochman, Dunn, & Klimes-Dougan, 1993), 프로그램은 효과적으로 공격적인 행동을 감소시켰고 학급의 과제수행(on-task) 행동을 증가시켰다. 그러나 7개월 후의 추수 조사 자료에 따르면, 과제이탈(off-task) 행동에 대한 중재 후 감소는 유지되지 않았다(Lochman & Lenhart, 1993).

이러한 연구 결과의 실험적 가치를 뛰어넘는 새로운 증거들이 제시되고 있는데 선택적인 수준에서 실시된 중재가 아동들을 또래 집단 따돌림으로부터 보호한다는 결과들이다. 패스트 트랙의 예방적 시도를 통해 발견한 초기의 결과들은 보편적인 중재와 선택적 중재를 결합하여 실행할 때 유치원생들의 또래 집단 따돌림이 감소된다는 것을 보여 준다. 1학년 기간 동안 위험군 아이들의 약 절반이 선택적인 중재(예: 아이들을 위한 우정 집단 기술 훈련, 부모들을 위한 양육 기술 훈련)와 더불어 보편적 중재(예: 학급 수준의 교육과정을 통해 감정, 자기조절, 학부모를 위한 양육 기술을 제공)에 참가했다. 나머지 절반의 학생군은 통제 집단에 참여 했다(절차상의 자세한 내용을 파악하려면 Conduct Problems Prevention Research Group, 1999a, pp. 635-636 참조). 1학년 말에 수합된 평가 결과에 따르면, 중재 프로그램에 참가한 아동들이 통제 집단과 비교해 또래 수용의 정도가 향상되었다. 또한 중재 프로그램에 참가한 아동들은 품행 문제를 덜 경험했고, 프로그램에 참여하지 않은 1학년 친구들 보다 높은 수준의 긍정적인 상호작용을 한 것으로 나타났다. 그러나 이 프로그램의 효과 검증에서는 다중조작(multiple manipulations)이 사용되어 보편적인 중재와 선택적인 중재의 상대적인 영향력을 구분하는 것은 불가능하다.

지시적인 예방적 중재들

지시적인 예방 프로그램의 목표는 현재 어느 정도 또래 집단에서 따돌림을 경험하고 있는 아이들에게 개입하여 이러한 사회적 문제의 심각성을 제거하거나 경감시키는 것이다. 연구자들은 1930년대에 최초로 또래 집단 따돌림 문제를 위한 개입의 효과를 실험을 통해 검증하였다. 그 이후 이러한 목적에 기여할 수 있는 많은 프로그램들을 개발해 왔다(Asher, Parker, & Walker, 1996; Ladd & Mize, 1983; Ladd et al., 2002; Schneider, 1992). 연구자들의 오랜 노력 덕분에, 지시적인 예방을 위해 개발된 중재 프로그램의 수가 보편적/선택적 예방을 위해 만들어진 중재 프로그램의 수보다 훨씬 많다. 연구자들은 또래 집단 따돌림이 치료에 반응하는지 그 여부를 알고 싶어 했기 때문에 다른 유형의 예방 목표들을 다루기보다 지시적인 예방적 중재들을 우선적으로 다루어 왔다.

이러한 중재 연구들이 공통적으로 지닌 하나의 특징은 학급의 또래 집단 사이에서 인기가 없거나 약간 싫어한다고 알려진 아이들을 대상으로 수행된 점이다. 거의 예외 없이 이러한 연구들에서 시행된 중재들은 '사회적 기술 훈련 프로그램'을 실시하였다. 왜냐하면 또래 집단 따돌림이 사회적 기술의 결핍에 의해 유발되었다고 가정하였기 때문에 사회적 기술을 훈련함으로써 아동의 또래 수용을 높일 수 있을 것이고 믿었기 때문이다(예: 인기 있는 또래들이 사용하는 기술을 배우고 이를 촉진시키는 훈련, Ladd, 1999).

코칭

많은 조사 연구들의 결과는 코칭(coaching) 중재가 또래 집단에게 인기 없고 따돌림 당하는 아동들에게 도움을 줄 수 있음을 시사한다. 이러한 유형의 중재에 관한 첫 번째 연구는 Gottman, Gonso 및 Schuler(1976)가 수행한 연구인데, 이들은 2명의 인기 없는 3학년 학생에게 코칭 전략을 사용해서 긍정적인 또래 상호작용에 참여하도록 훈련시켰다. 이 훈련 과정은 비디오 테이프에 녹화된 설명을 사용하였고, 역할극을 시도하였으며 듣기 기술이 필요한 과제에 참여하는 것을 포함하였다. 통제 집단의 인기 없는 아이들과 비교해서 훈련받은 아이들은 또래 수용의 정도에서 의미 있는 향상을 보였고 이 변화는 9주간에 걸쳐 지속되었다. 보다 큰 규모의 조사로는 Oden과 Asher(1977)의 연구가 있는데, 이들은 또래 수용의 정도가 낮은 3학년과 4학년 학생들을 대상으로 대인관계 상호작용의 4가지 영역에 상응하는 기술(의사소통, 협력, 참여, 정당한 지지)을 코칭 기술을 사용하여 훈련시켰다. 통제 집단의 아동들과 달리 코칭을 받은 아동들은 일련의 훈련 기간에 참여했는데, 이 훈련에서 아동들은 사회적 기술을 목표로 하는 가르침과 또래 파트너와의 기술 예행 연습 기회를 가졌다. 그리고 어떻게 그들의 기술을 높일지에 대해 피드백을 받았다. 통제 집단의 아이들과 비교했을 때, 코칭을 받은 아이들은 중재 직후 및 1년 후의 후속 평가에서 교실에서의 또래 수용 정도가 크게 개선되었음을 알 수 있었다.

Ladd(1981)는 Oden과 Asher(1977)의 연구를 확장하여 적용했는데 또래 수용의 정도가 낮은 3학년 아동들을 세 집단으로 나누었다. 실험에 참여한 집단 이외에 관심통제(attention control)[6] 집단과 치료받지 않은 통제(no-treatment control) 집단을 비교하였다. 또래 수용의 정도가 낮은 아동들은 구체적인 또래 상호작용 기술을 훈련하였고(예: 또래에게 질문하기, 또래들을 이끌기, 또래에게 긍정적인 지지해 주기), 예행 연습을 하였으며 이를 통해 사회적 기술의 수행을 높일 수 있는 기회를 제공 받았다(예: 예행 연습은 효과를 높이기 위해 교실과 비슷한 상황에서 실시되었고 기술의 실패를 최소화하기 위해 수행에 대한 피드백은 개별적으로 이루어짐). 사회적 기술과 또래 수용의 변화가 측정되었는데 사후 검사와 4주 후 추수 검사에서 코칭을 받은 아동들은 코칭을 받지 않은 통제 집단의 아동들에 비하여 유의미한 변화가 있었다. 훈련받은 3가지의 기술 중 2가지 기술의 신장을 보였으며 또래 수용의 정도 역시 향상되었다.

후속 연구에서 연구자들은 다른 나이의 집단을 대상으로 다른 종류의 사회적 기술을 훈련하는 코칭을 시행하였고 그 효과를 다른 치료 조작의 효과와 비교하면서 보다 다양한 코칭 절차의 효과성을 검증하였다. 예를 들어, Csapo(1983)는 Ladd(1981)의 코칭 과정을 수정하여 심각하게 어울리지 못하는 은둔형 아이들에게 적용하였고 참가자들이 일정 수준의 기술을 숙달할 때까지 훈련을 시켰다. 연구 결과에 따르면, 참가 아동들은 사회적 기술뿐만 아니라 또래 수용의 정도에서도 개선을 나타내었으며 이러한 유형의 중재가 은둔형 아동들에게도 효과가 있음을 시사하였다.

코칭 중재는 어린 아동들에게도 수정되어 적용되어 왔다. Mize와 Ladd(1990)는 인기가 없는 유치원생들에게 4가지 사회적 기술을 코치했다(이끌기(leading), 질문하기, 지지하기, 논평하기). 그리고 관심통제 집단과 비교하여 참가 아동들이 사회적 지식과 4가지 훈련된 기술 중 2가지 기술에서 상당한 변화가 있었음을 알아냈다. 또래 수용의 정도에서

6) 역자 주: 관심통제(attention control)는 위약(placebo)효과의 여부를 검증하기 위하여 사용되는데 실험 집단과 유사한 형태의 처치를 받지만 실제로 이들이 받은 처치는 실험과 무관한 내용으로 구성된다. 관심통제 집단의 점수와 실험 집단의 점수를 비교함으로써 실험자가 관심을 가지는 처치의 독특한 요인이 효과를 일으켰는지를 파악하기 위하여 사용되는 실험 설계이다.

일어난 변화의 경우, 중재 바로 이후에는 명백하게 나타나지 않았지만 2주 후에 수행된 후속 평가에서는 효과성이 확인되었다.

초등학교 저학년 아이들에게 개입하는 대신, Bierman과 Furman(1984)은 또래 수용의 정도가 낮은 사춘기 이전의 아동들(예를 들어, 5~6학년 학생들)을 대상으로 개입을 실시하였는데 이들을 4가지 실험 조건 중에 하나의 조건에 배정하였다. 대화 기술 코칭 집단, 긍정적인 또래 경험 집단, 대화 기술 코칭 및 긍정적인 또래 경험 집단, 그리고 통제 집단의 4가지 경우이다. 코칭은 Oden과 Asher(1977) 및 Ladd(1981)에 기초한 과정을 사용하여 진행되었다. 그리고 긍정적인 또래 경험의 조건은 또래 수용의 정도가 낮은 학생들과 높은 학생들이 함께 영화 만들기 활동에 참여하는 것이었다. 코칭과 긍정적인 또래 경험을 동시에 체험하는 학생들은 대화 기술과 동시에 또래 경험 부분을 훈련받았다(예를 들어, 자신이 배운 대화 기술을 예행 연습할 수 있도록 기회를 제공함과 동시에 또래로부터 긍정적인 피드백을 주고받는 것이 포함된다). 사후 검사와 후속 검사에 따르면, 조건에 따라 차별적인 효과가 있었음이 밝혀졌다. 코칭 조건의 참가자들은 대화 기술에서 분명하게 개선된 반면에, 또래 경험 조건의 학생들은 또래 수용에서 일시적인 개선이 이루어졌다. 코칭과 또래 경험을 동시에 경험한 학생들은 대화 기술뿐만 아니라 또래에게 받아들여지는 것에서도 개선되었다. 이러한 결과를 재분석한 Bierman(1986)은 학생들의 기술 향상과 또래 수용 사이의 관계를 조사했다. 이러한 분석에 따르면, 기술 훈련과 긍정적 경험을 결합하여 동시에 훈련했을 경우에만 학생들의 긍정적인 또래 지지와 동시에 대화 기술의 향상이 있었다. 또한 오직 이러한 집단에서만 학생들의 신장된 대화 기술이 또래 수용의 향상을 유의미하게 예측하는 것으로 확인되었다.

그러나 이러한 사회적 기술 훈련에 관한 모든 연구 결과가 중재 전략으로서의 코칭의 효과를 입증하는 것은 아니다. 실제로 많은 연구자들이 지지적인 연구 결과를 확인했지만 몇몇 연구들은 아동들의 또래 지위와 관련하여 개입의 효과성을 입증하지 못하였고 일관되지 못한 결과들을 발표하기도 하였다. 예를 들어, Hymel과 Asher(1977)는 3학년에서 5학년의 인기가 없는 학생들에게 각각 집단 코칭, 또는 개인 코칭 및 또래 놀이 활동(통제 조건)을 시행한 후 그 결과를 비교하였으나, 또래 수용력에서 유의미한 사후 변화를 발견하지 못했다. La Greca와 Santogrossi(1980)는 또래 수용력이 낮은 학생들에게 코칭과 유사한 중재를 실시하였는데 통제집단과 비교하여 훈련받은 아동들에게서 기술 지식과 수행에서 분명한 개선이 이루어졌다는 것을 알아냈다. 하지만 또래 수용에서는 효과성을 입증하지 못했다. 또래로부터 고립되거나 따돌림을 당하는 것으로 확인된 아동들에게 코칭의 효과가 없었다는 사실은 Tiffen과 Spence(1986)에 의해서도 보고되었다. 아쉽게도 효과가 없다는 연구 결과에 영향을 미친 요인들이 워낙 많아서(예: 표본, 통계 검증력, 측정 민감성, 처치의 정확성, 그럴듯한 가설들, Hymel & Asher, 1977; Ladd, 1985; Tiffen & Spence, 1986) 반복 검증의 실패를 설명하기는 쉽지 않다.

코칭과 모델링

코칭 이외에도 여러 연구는 모델링(modeling) 및 관찰 학습(observational learning)을 변형시킨 개입의 효과성을 측정하였다(예: 구체적인 사회적 기술을 사용하는 또래 친구들의 영화 보여 주기, 내레이터가 숙련된 행동을 묘사하게 하기, O'Connor, 1969, 1972). 치료 방법론으로서 모델링에 대한 평가는 그것이 혼자 사용될 때는 아이들의 사회적 기술에 있어서 지속적인 변화를 거의 촉진하지 못한다는 것을 보여 준다(Ladd & Mize, 1983 참조). 또한 개입 전략으로서 모델링을 최초로 연구한 학자들은 모델링이 아동의 행동에 미치는 영향을 주로 연구한 반면, 모델링이 이들의 또래 관계에 미치는 영향은 거의 연구하지 않았다. 그러나 이후에 모델링의 가치는 다른 형태의 개입, 예를 들어 코칭과 같은 개입과 더불어 재조명되었다.

모델링 중재와 비교한 코칭의 효능을 평가하기 위하여 Gresham과 Nagle(1980)은 또래 수용의 정도가 낮은 3, 4학년 아이들을 4가지 상황 중 하나로 배정했다. 코칭, 모델링, 코칭과 모델링, 그리고 통제 집단에 배정하였다. 코칭을 받은 아이들은 Oden과 Asher(1977)에 의해 제공된 것과 유사한 치료를 받았고, 모델링 조건에 있는 아이들은 사회적 기술이 묘사되는 내레이션 영화를 보았다(예행 연습을 하거나 기술을 향상시키는 것은 아니다). 결합된 조건에 배정된 참가자들은 2가지 치료가 축약된 형태의 치료를 받았다. 효과 측정 테스트를 통해 통제 집단과 비교해서 3가지 치료 조건의 아이들은 또래에게 받아들여지는 것에서 향상되었고, 반 친구들과 높은 수준의 긍정적인 상호작용이 일어난다는 것이 증명되었다. 하지만 3가지 치료 중 오직 코칭에서만 아이들의 부정적인 또래 상호작용에서의 개선적인 효과가 발견되었다.

학업적 기술 면에서 코칭과 훈련

Coie와 Krehbiel(1984)은 사회적 기술의 결핍 이외에 읽기 기술이 떨어져 학업에서 어려움을 보일 경우 또래들이 따돌릴 수도 있다고 제안했다. 이러한 가설을 시험하기 위해서 연구자들은 사회적으로나 읽기 기술에서 충분히 발달하지 않은 4학년을 3가지 중재

조건(즉, 사회적 기술 코칭 집단, 학업 기술 훈련 집단, 사회적 기술과 학업 기술을 동시에 실시하는 집단)과 아무런 조치도 취하지 않은 통제 집단에 무선 배정하였다. 코칭을 받은 아동들은 Oden과 Asher(1977)에 의해 개발된 과정을 이용하여 친사회적 기술을 배웠다. 반면 학업 기술 집단에 속한 아동들은 읽기 기술을 교육 받았다. 그리고 사회적 기술과 학업 기술을 동시에 제공한 집단의 아동들은 2가지 형태의 처치를 모두를 받았다. 연구 결과, 학업 기술 집단의 아동들은 읽기와 수학에서뿐만 아니라 교실의 또래 수용에서도 지속적인 향상을 보였다. 이와는 대조적으로 사회적 기술을 교육받은 아동들은 오직 읽기 이해에서만 개선이 이루어졌다. 이러한 결과에 대해 연구자들은 처치에 사용된 훈련 기간이 너무 짧아서 이와 같은 결과가 나왔다고 생각하였다. 그럼에도 불구하고 연구 결과는 조사자들의 처음 가정을 입증해 주었고 또래 집단 따돌림에 대한 중재는 그 따돌림의 원인이 될 수 있는 구체적인 결핍을 보완할 때 효과가 높다는 것을 시사했다. 또한 그 이후 후속 연구를 통해 동일한 결론을 지지하는 결과를 얻었다(Ladd et al., 2002).

코칭과 행동조형

또래 집단 따돌림과 공격적 행동 사이에 연관이 있다는 증거로 인해 연구자들은 친사회적인 기술을 촉진할 뿐만 아니라 아동들의 또래 공격성과 반사회적인 행동을 감소시키는 중재를 개발하기 시작했다 Bierman, Miller 및 Stabb(1987)은 코칭과 행동조형 중재의 상대적인 효과성을 조사했다. 이러한 연구는 높은 수준의 또래 따돌림과 부정적인 교실 행동을 보이는(예: 공격과 반항) 3학년 학생들을 대상으로 실시되었다. 이 연구에서 학생들은 다음의 치료 조건들 중 하나에 배정되었다. 즉, 코칭 집단, 부정적 행동에 대한 규칙(금지) 집단, 코칭과 금지(prohibitions) 집단, 아무런 치료를 받지 않는 통제 집단이다. 첫 번째 집단의 아동들은 공유와 친구 도와주기와 같은 친사회적인 상호작용 기술에 대한 코칭을 받았다. 그리고 나서 그들의 기술을 연습할 수 있는 연극에 참여하고 그들의 수행에 관해 피드백을 받았다. 그리고 그 기술을 사용한 후에 보상을 받았다. 금지 집단에 소속된 아이들은 코칭을 받는 대신에 싸움, 언쟁, 고함과 같은 금지된 반사회적 행동의 규칙을 부여 받았다. 그 규칙이 제시된 후에 아이들은 코칭 조건에서 사용된 것과 같은 유형의 연극에 참여하였다. 그리고 아이들이 부정적인 행동을 할 때마다 보상을 받지 못하게 하였다. 결합된 조건의 아이들은 2가지의 유형의 치료 모두를 받았다. 코칭은 아이들의 친사회적 기술의 사용을 증가시켰고 이러한 개선은 5주 이상 지속되었다. 금지는 부정적 행동의 꾸준한 감소를 일으켰지만, 친사회적 기술에서는 일시적 증가만 보였다. 또래 수용에서의 향상은 오직 결합된 조건의 치료 프로그램에 참가한 아동들에게서만 발견되었다. 이러한 향상은 오직 아이들의 훈련 파트너(연극에 참여한 또래들)가 존재할 때만 확인되는 한계를 보였고 교실에까지 일반화되지는 않았다.

사회적 문제 해결과 결합된 코칭 및 감정 조절

Bierman과 동료들(1987)의 연구에 이어서 다른 연구자들도 공격적 성향을 보이며 또래 집단으로부터 따돌림당한 아동들을 위하여 복합적이고 다요인적인 개입 전략을 개발하기 시작했다. Lochman, Coie, Underwood 및 Terry(1993)는 아동들을 돕기 위해 고안된 치료 요법들을 결합하여 하나의 프로그램을 개발했다.

1. 사회적 문제들에 대한 적응적 반응(adaptive reponses)을 고려하기(사회적 문제 해결 요인)
2. 또래와의 관계 형성 및 또래 집단의 활동에 참여하기 위한 효과적 기술 개발(코칭 및 기술 습득 요인)
3. 공격성을 촉진하는 감정에 대처하기(분노 감소 요인)

개입의 효과를 시험하기 위해서, 또래 집단으로부터 따돌림을 당한 경험이 있는 공격적인 아동 집단과 따돌림을 당했으나 공격적이지 않은 아동 집단을 개입 및 통제 조건하에 무선배정하였다. 사후 검사 및 추수 검사의 분석 결과, 통제 집단과 비교할 때 따돌림 당한 공격적인 아동 집단의 경우 또래 집단 따돌림과 공격적 행동이 유의미하게 감소하였다. 또한 이 개입은 따돌림 당했지만 비공격적인 아동 집단보다 따돌림 당한 공격적인 아동 집단에 더 큰 효과를 발휘했다. 이와 같은 결과가 나올 수 있었던 것은 개입의 구성 요인이 공격성에 초점이 맞춰져 있었기 때문이다. 즉, 또래에 대한 공격성이 원인이 되어 또래 따돌림을 당한 아동들의 필요에 맞추어 개입이 설계되었기 때문에 효과가 있었던 것이다.

결핍된 특정 사회적 기술 훈련 개입

아동의 필요에 맞춰 개입의 내용을 조정하는 전략은 Bienert와 Schneider(1995)에 의해 시행된 개입에서도 전형적으로 드러난다. 이 개입에 참여한 사춘기 이전의 아동들은 교실 또래 수용력 측정에서 낮은 점수를 받았기 때문에 일차적으로 선택되었다. 이들 중 또래에 대한 공격성이나 고립성 측정에서 높은 점수를 받은 아동들이 치료 집단 또는 통제 집단에 배치되었다. 특히 또래 수용력은 낮고 공격성(고립성은 제외) 높은 아동들은 공격성에 관련된 훈련 집단이나 실험이 행해지지 않는 대기 통제 집단에 배정되었다. 반면, 또래 수용력은 낮고 고립성(공격성 제외) 높은 아동들은 고립성에 관련된 훈련 집단이나 실험이 행해지지 않는 대기 통제 집단에 배정되었다. 또한 각각의 집단에서 몇몇 아동은 교차 훈련 집단에 배치되었다. 다시 말해, 낮은 수용력을 보이고 공격적인 아동의 일부는 고립성에 관련된 훈련 집단에 배정하였고, 반면 낮은 수용력을 보이고 고립적인 아동의 일부는 공격성 관련 훈련 집단에 배치되었다. 아동의 행동과 또래 수용력은 개입 전후(사전 검사, 사후 검사)와 사후 검사 시행 6개월에서 10개월 이후(후속 측정)에 측정되었다. 사후 시험에서 공격성 관련 훈련에 참여한 공격적인 아동들의 공격성은 크게 감소하였지만, 고립성 관련 훈련에 참여한 공격적 아동들의 공격성에는 변화가 없었다. 마찬가지로, 고립 성향이 강한 아동들 역시 고립성 관련 훈련을 받은 경우에만 고립성이 감소하였다. 예비 시험과 사후 시험 사이에 발견된 행동 변화는 사후 시험과 후속 측정 사이에도 유지되었다. 더욱 중요한 것은, 적합한 치료를 받은 아동들은 예비 시험과 사후 시험 사이에 또래 집단 수용력에서도 유의미한 증가를 보였다는 점이다. 그러나 이러한 또래 집단 수용력의 증가는 공격성 관련 훈련에 참가한 공격적인 아동들에게서만 유지되었음이 추가적으로 밝혀졌다. 또한 공격적인 아동들은 고립성 관련 훈련을 받은 경우에도 또래 수용력이 크게 증가하는 변화를 보였다. 따라서 이 연구의 결과는 특정 기능이 부족한 경우 그것에 초점을 둔 개입이 효과가 있다는 것을 일부 지지하였지만 동시에 후속 연구가 필요한 개념적 쟁점들이 여전히 존재함을 강조하고 있다고 할 수 있다. 예를 들어, Bienert와 Schneider의 연구 결과는 다른 유형의 아동들에게 적용된 개입 전략들이 서로 다른 효과를 보였는지(즉, 변화에 대한 영향력), 또는 표집된 아동들의 특성으로 인한 실험의 영향력에 차이가 있었는지(즉, 개입에 대한 반응력)와 같은 문제들을 명확히 밝혀내지 못하고 있다.

실행 및 정책적 함의

많은 자료들은 따돌림이 사회에 만연해 있으며 이 문제가 아동의 정신건강 및 학교 부적응과 연결되어 있다는 사실을 증명한다. 이를 통해 따돌림에 대한 예방적 전략이 더욱 강조되어야 한다는 시사점을 얻을 수 있으며, 이는 특히 미국 학교의 상황적 맥락에서 더욱 중요하다. 현재 이루어지고 있는 따돌림을 예방하기 위한 연구의 경우 지시적 개입 전략의 설계 및 실행이, 보편적이거나 선택적 예방 프로그램과 비교하여 보다 더욱 효과적임을 증명하는 경험적 기반을 가지고 있다. 현재는 예방적 전략보다는 일단 아동이 따돌림을 경험한 이후에 그로부터 벗어나는 것을 돕기 위한 방법이 더 많이 연구되고 있다. 따라서 연구를 위한 시사점은 명료하다. 개입을 실제로 수행하는 실천가들의 경우 문제의 예방보다 문제가 발생한 이후의 처리를 위한 도구를 더 많이 가지고 있다는 것이다.

불행하게도 예방적 개입의 보호적 기능이 최대로 성취될 수 있는 개입 시기가 언제인지에 관한 연구는 거의 이루어지지 않고 있다. 즉, 아동의 초기 발달 단계에 개입하는 것이 효과적인지, 아동 후기 발달 단계가 좋은지, 혹은 학교를 다니는 시기에 개입하는 것이 좋은지에 관한 연구가 거의 없다. 초기 개입의 효과성을 주장하는 정책들은 몇 가지 사실에 기초하고 있는데, 예를 들어 따돌림을 아동기 초기에 경험한 경우(예: 더 많은 자료를 위해서는 Ladd & Coleman, 1993 참조)는 조기 예방 프로그램을 실시하면 효과가 높다는 사실이다(예: Conduct Problems Prevention Research Group, 1999a; Mize & Ladd, 1990). 뿐만 아니라 어린 시기의 아동들은 늦은 시기의 아동이나 청소년보다 개입을 더 잘 받아들이고 반응한다는 주장도 있다. 예를 들어, Lochman(1990)은 어린 아동이 개입 활동 참여에 더욱 적극적이고, 자신들이 왜 개입의 대상으로 선택되었는지에 관해 걱정을 덜하며, 자신의 행동 양식을 변화시키는 데 어려움을 덜 느낀다고 주장한다. 더 나아가 나이 많은 아동이나 청소년들에 대한 예방 효과를 감소시키는 요인들(예: 일탈 행동에 대한 또래 집단의 지지, 행동 또는 평판의 변화로 인한 또래관계의 파괴)이 아동기 초기에는 덜 작용한다(Forehand & Long, 1993). 그러나 오로지 초기 개입만을 주장하는 정책에는 한계점이 있다. 가령 초기 개입을 통해 습득한 기술이 이후의 발달적 · 사회적 과업 시기까지 유지되거나 일반화되지 못할 수 있으며(Bierman & Montminy, 1993), 효과가 검증된 몇몇 개입 프로그램들은 어린 아동들에게는 적용될 수 없다(Weisz, 1997). 모든 것을 종합해서 고려했을 때, 가장 효과적인 개입 프로그램은 아동의 발달 초기에 시행되어 시간의 흐름에 따라 규칙적으로 계획되고 발달 단계상 적합하게 개입이 확장되는 '증폭치료(booster treatment)' (Lochman, 1990 참조)라고 할 수 있다.

미래의 방향

집단 따돌림은 연구자들이 오랫동안 고민해 온 문제이다. 과거 및 최근 사회에 만연한 따돌림 문제는 그동안의 우려가 헛된 것이 아니었음을 증명한다. 역사적으로, 아동의 또래관계를 개선하기 위한 개입 프로그램들은 상대적으로 간단한 사회적 학습 전략(예: 아동들에게 숙련된 모델을 보여 주거나 아동들의 사회적 행동을 형성하는 것)부터 다양한 이론적 모델에 근거하거나(예: 사회 인지적 · 동기 유발적 · 정서적 · 행동적 · 생태적 이론 및 강화 이론, Ladd & Mize, 1983; Ladd et al., 2002), 아동의 특정한 필요를 다루는(예: 특정 기술 결핍) 등의 복합적이고 다요인적인 방법(예: 일괄적 개입(intervention packages))에 이르기까지 진화를 거듭해 왔다. 또한 또래 집단 따돌림의 원인이 될 수 있는 다양한 위험요인들을 설명하는 이론과 증거들이 발전하는 만큼, 연구자들 역시 그 보조를 맞추기 위해 개입 전략의 초점을 꾸준히 조정해 오며 새로운 연구 동향을 만들어 가고 있다. 예컨대, 따돌림의 원인으로 기술 결핍과 과잉 행동의 영향이 거듭 강조되고 입증됨에 따라(Ladd, 1999), 기술 습득과 반사회적 행동 제거를 목적으로 하는 다요인적 프로그램을 지향하는 방향으로 치료 과정에 큰 변화가 발생하였다.

미래의 연구에 방향성을 제시하기 위해서는 풍부하고 다양한 진취적 연구 계획이 필요하다. 지금까지 개발된 보편적 개입 전략들 중에는 따돌림을 예방하기 위해 특정 목적을 가지고 설계된 전략이 거의 없으며, 특수 목적으로 개발된 극소수의 프로그램들 역시 모호한 결론만을 제시하고 있다. 따라서 이러한 형태의 예방적 개입이 가진 가치는 한계를 지닌다. 따돌림과 같은 특정 문제들에 대해 보편적인 예방적 개입 전략이 효과적이라는 결론을 확고히 하기 위해서는 훨씬 높은 수준의 연구에 대한 투자가 이루어져야 한다. 이와 유사하게, 연구자들이 선택적 수준에서 따돌림에 대한 예방적 개입 시도를 해 본 경험 역시 매우 드물다. 그러나 따돌림을 유발하는 몇몇 위험요소들이 치료 프로그램에 반응을 보인다(예: 공격적 행동, 일탈적 사회 인지)는 증거가 증가하고 있으며, 따라서 이러한 병폐가 일어나기 전에 발생요소들을 감소시키거나 제거함으로써 이를 예방할 수 있다는 주장이 제기되고 있다. 비록 추측에 근거하고 있으나 품행 문제 예방 연구 집단(Conduct Problems Prevention Research Group, 1999a)의 연구 결과 역시 이러한 판단을 뒷받침한다. 그러므로 다른 형태의 정신병리학적 증상, 특히 따돌림을 유발하는 위험요소와 관련된 역기능을 감소시키는 효과적인 개입 전략들을 시행하는 것이 필요할 것이며 이를 통해 따돌림을 예방하기 위한 지식이 발전할 수 있을 것이다. 또는 따돌림에 대한 조치를 더욱 폭넓은 예방적 개입의 영역으로 지속적으로 결합시키는 대안적 방식을 통해서도 이와 같은 예방적 효과를 얻을 수 있을 것이다.

반대로 다양한 지시적 예방 개입은 과거 혹은 현재 따돌림에 노출되어 있는 아동들에게 효과적이라는 사실이 증명되었다. 이 모든 것을 감안할 때 기술 습득과 행동 변화를 위해 설계된 다양한 코칭양식에 근거한 개입 전략들이 성공적인 결과를 얻어 왔음을 알 수 있다. Asher와 동료들(1996)은 13가지의 코칭 프로그램 중 9가지가 사후 검사 및 추수 검사에서 또래 수용력을 증가시켰다는 사실을 발견했다. 그러나 다른 프로그램들이 사회적 기술이나 또래 수용력의 2가지 중 한 가지 능력에만 영향을 미친 반면(예: Coie & Koeppl, 1990 참조), 몇몇 코칭 프로그램들이 2가지 능력 모두를 증가시켰던 이유(예: Bierman, 1986; Bierman et al., 1987; Csapo, 1983; Gresham & Nagle, 1980; Ladd, 1981)를 설명하기 위한 후속 연구가 필요하다.

이러한 발견은 기술 습득과 또래 집단 수용과 같은 관계 변화를 일으키는 과정 사이의 매개요인(mediators)에 대한 연구의 필요성을 강조한다. 예방을 위한 이와 같은 접근 방식은 아동 개인의 변화(예: 특정 사회적 기술의 습득, 반사회적 행동의 제거)가 그 아동에 대한 또래들의 정서를 변화(예: 좋아함 또는 싫어함)시키는 데 중요한 역할을 하며 궁극적으로 아동의 또래 집단 내에서의 사회적 지위를 결정한다는 전제에서 출발한다. 그러나 Bierman(1986)을 제외하고는 이 가정을 시험해 본 연구자가 거의 없으며 또래들이 아동의 행동적 유능성의 변화를 어떻게 받아들이는지, 그리고 또래 집단 내에 형성되어 있는 아동의 평판이 어떻게 달라지는지(Hymel, Wagner et al., 1990)는 앞으로 더욱 연구되어야 할 내용이다. 또한 아동의 또래 집단 특징을 변화시키기 위해 요인들을 추가했을 경우(예: 인내심 함양, 개인차 존중) 기존의 지시적 개입 전략들의 효과성(efficacy)[7]과 효율성(efficiency)이 개선될 것인지의 여부 역시 명확하지 않다.

따돌림은 아동의 발달 시기 동안 계속해서 이들의 삶 전체에 영향을 미칠 수 있는 심각한 문제이다. 따돌림에 대한 예방적 접근 방식이 명백히 발전하고 있기는 하지만, 이

7) 역자 주: 효과성(efficacy)은 충실히 통제된 처치(treatment) 절차의 효과를 의미하며 효율성(efficiency)은 처치의 효과를 높이기 위해 얼마나 주어진 자원을 시간과 방법 면에서 효과적으로 활용했는지를 의미한다. 경우에 따라 효과(effectiveness)를 효과성과 구분하기도 하는데 효과는 개입의 실제 상황에서 효과가 일어나는 경우를 말한다. 예를 들어, 효과성(efficacy)이 입증된 따돌림 예방 프로그램을 실제 학생들에게 적용했을 경우 효과(effectiveness)가 나타나지 않을 수도 있다.

러한 따돌림 경험 자체를 예방하거나 그러한 환경에 대한 노출을 감소시키는 방법보다는 이 문제의 심각성을 감소시키는 방법이 아직 더 많이 알려져 있다. 지시적 수준의 예방적 개입에 관한 연구는 아동들이 따돌림으로부터 회복(예: 또래 집단 내에서 수용되기)하는 데 코칭이 효과적으로 도움을 줄 수 있음을 시사한다. 이는 매우 중요한 성과이며, 이 방법을 폭넓게 시행한다면 또래로부터 따돌림 당한 상태로 남아 있는 아동인구를 감소시키고 관련된 정신건강 문제를 해결하는 데 큰 기여를 할 수 있을 것이다.

참고문헌

Asher, S. R., & Dodge, K. A. (1986). Identifying children who are rejected by their peers. *Developmental Psychology, 22,* 442-449.

Asher, S. R., Hymel, S., & Renshaw, P. D. (1984). Loneliness in children. *Child Development, 55,* 146-1464.

Asher, S. R., Parker, J. G., & Walker, D. L. (1996). Distinguishing friendship from acceptance: Implications for intervention and assessment. In W. M. Bukowski & A. F. Newcomb (Eds.), *The company they keep: Friendship in childhood and adolescence* (pp. 366-405). New York: Cambridge University Press.

Bagwell, C. L., Coie, J. D., Terry, R. A., & Lochman, J. E. (2000). Peer clique participation and social status in preadolescence. *Merrill-Palmer Quarterly, 46,* 280-305.

Berndt, T. J., & Ladd, G. W. (1989). *Peer relationships in child development.* New York: Wiley.

Bienert, H., & Schneider, B. H. (1995). Deficit-specific social skills training with peer-nominated aggressive-disruptive and sensitive-isolated preadolescents. *Journal of Clinical Child Psychology, 24,* 287-299.

Bierman, K. L. (1986). Process of change during social skills training with preadolescents and its relation to treatment outcome. *Child Development, 57,* 230-240.

Bierman, K. L., & Furman, W. (1984). The effects of social skills training and peer involvement on the social adjustment of pradolescents. *Child Development, 55,* 151-162.

Bierman, K. L., Miller, C. L., & Stabb, S. D. (1987). Improving the social behavior and peer acceptance of rejected boys: Effects of social skill training with instructions and prohibitions. *Journal of Consulting and Clinical Psychology, 55,* 194-200.

Bierman, K. L., & Montminy, H. P. (1993). Developmental issues in social-skills assessment and intervention with children and adolescents. *Behavior Modification, 17,* 229-254.

Bierman, K. L., & Wargo, J. B. (1995). Predicting the longitudinal course associated with aggressive-rejected, aggressive (nonrejected), and rejected (nonaggressive) status. *Development and Psychopathology, 7,* 669-682.

Brendgen, M., Little, T. D., & Krapmann, L. (2000). Rejected children and their friends: A shared evaluation of friendship quality? *Merrill-Palmer Quarterly, 46,* 45-70.

Buhs, E., & Ladd, G. W. (2001). Peer rejection in kindergarten: Relational processes mediating academic and emotional outcomes. *Developmental Psychology, 37,* 550-560.

Bukowski, W. M., & Hoza, B. (1989). Popularity and friendship: Issues in theory, measurement, and outcome. In T. J. Berndt & G. W. Ladd (Eds.), *Peer relationships in child development* (pp. 15-45). New York: Wiley.

Cairns, R. B., & Cairns, B. D. (1994). *Lifelines and risks: Pathways of youth in our time.* New York: Cambridge University Press.

Cassidy, J., & Asher, S. R. (1992). Loneliness and peer relations in young children. *Child Development, 63,* 350-365.

Cassidy, J., Parke, R. D., Butkovsky, L., & Braungart, J. M. (1992). Family-peer connections: The roles of emotional expressiveness within the family and children's understanding of emotions. *Child Development, 55,* 1486-1492.

Choi, H., & Hechenlaible-Gotto, M. J. (1998). Classroom based social skills training: Impact on peer acceptance of first-grade students. *Journal of Educational Research, 91,* 209-214.

Cillessen, A. H., & Bukowski, W. M. (2000). *Recent advances in the measurement of acceptance and rejection in the peer system* [New Directions for Child Development, No. 88]. San Francisco: Jossey-Bass.

Clark, K. E., & Ladd, G. W. (2000). Connectedness and autonomy support in parent-child relationships: Links to children's socioemotional orientation and peer relationships. *Developmental Psychology, 36,* 485-498.

Coie, J. D., & Dodge, K. A. (1993). Continuities and changes in children's social status: A five-year longitudinal study. *Merrill-Palmer Quarterly, 29,* 261-282.

Coie, J. D., Dodge, K. A., & Coppotelli, H. (1982). Dimensions and types of social status: A cross-age perspective. *Developmental Psychology, 18,* 557-570.

Coie, J. D., Dodge, K. A., Terry, R., & Wright, V. (1991). The role of aggression in peer relations: An analysis of aggression episodes in boys' play groups. *Child Development, 62,* 812-826.

Coie, J. D., & Koeppl, G. K. (1990). Adapting intervention to the problems of aggressive and disruptive rejected children. In S. R. Asher & J. D. Coie (Eds.), *Peer rejection in childhood* (pp. 309-337). New York: Caneuro University Press.

Coie, J. D., & Krehbiel, G. (1984). Effects of academic tutoring on the social status of low-achieving, socially rejected children. *Child Development, 55,* 1465-1478.

Coie, J. D., & Kupersmidt, J. B. (1983). A behavioral analysis of emerging social status in boys' groups. *Child Development, 54,* 1400-1416.

Coie, J. D., Lochman, J. E., Terry, R., & Hyman, C. (1992). Predicting early adolescent disorder from childhood aggression and peer rejection. *Journal of Consulting and Clinical Psychology, 60,* 783-792.

Coie, J. D., Watt, N. F., West, S. G., Hawkins, J. D., Asarnow, J. R., Markman, H. J., et al. (1993). The science of prevention: A conceptual framework and some directions for national research program. *American Psychologist, 48,* 1013-1022.

Conduct Problems Prevention Research Group. (1999a). Initial impact of the Fast Track prevention trial for conduct problems: I. The high-risk sample. *Journal of Consulting and Clinical Psychology, 67*(5), 631-647.

Conduct Problems Prevention Research Group. (1999b). Initial impact of the Fast Track prevention trial for conduct problems: II. Classroom effects. *Journal of Consulting and Clinical Psychology, 67*(5), 648-657.

Conduct Problems Prevention Research Group. (2002). Evaluation of the first 3 years of the Fast Track prevention trial with children at high risk for adolescent conduct problems. *Journal of Abnormal Child Psychology, 30,* 19-35.

Crick, N. R., & Dodge, K. A. (1994). A review and reformulation of social information-processing mechanisms in children's social adjustment. *Psychological Bulletin, 115,* 74-101.

Crick, N. R., & Grotpeter, J. K. (1995). Relational aggression, gender, and social-psychological adjustment. *Child Development, 66,* 710-722.

Crick, N. R., & Ladd, G. W. (1990). Children's perceptions of the consequences of aggressive strategies: Do the ends justify being mean? *Developmental Psychology, 26,* 612-620.

Crick, N. R., & Ladd, G. W. (1993). Children's perceptions of their peer experiences: Attributions, social anxiety, and social avoidance. *Developmental Psychology, 29,* 244-254.

Csapo, M. (1983). Effectiveness of coaching socially withdrawn/isolated children in specific social skills. *Educational Psychology, 3,* 31-42.

DeRosier, M. E., Kupersmidt, J. B., & Patterson, C. J. (1994). Children's academic and behavioral adjustment as a function of the chronicity and proximity of peer rejection. *Child Development, 65,* 1799-1813.

Dodge, K. A. (1983). Behavioral antecedents of peer social status. *Child Development, 54,* 1386-1399.

Dodge, K. A., Murphy, R. M., & Buchsbaum, K. (1984). The assessment of intention-cue detection skills in children: Implications for developmental psychopathology. *Child Development, 55,* 163-173.

Eisenberg, N., Fabes, R., Bernzweig, J., Karbon, M., Poulin, R., & Hanish, L. (1993). The relations of emotionality and regulation to preschooler's social skills and sociometric status. *Child Development, 64,* 1418-1438.

Fabes, R., Eisenberg, N., Jones, S., Smith, M., Guthrie, I., Poulin, R., et al. (1999). Regulation, emotionality, and preschooler's socially competent peer interactions. *Child Development, 70,* 432-442.

Forehand, R., & Long, N. (1991). Prevention of aggression and other behavior problems in the early adolescent years. In D. J. Pepler & K. H. Rubin (Eds.), *The development and treatment of childhood aggression* (pp. 317-330). Hillsdale, NJ: Erlbaum.

French, D. C. (1990). Heterogeneity of peer-rejected girls. *Child Development, 61,* 2028-2031.

Gottman, J. M., Gonso, J., & Schuler, P. (1976). Teaching social skills to isolated children. *Journal of Abnormal Child Psychology, 4,* 179-197.

Gresham, F. M., & Nagle, R. J. (1980). Social skills training with children: Responsiveness to modeling and coaching as a function of peer orientation. *Journal of Consulting and Clinical Psychology, 48,* 718-729.

Hallinan, M. T. (1976). Friendship patterns in open and traditional classrooms. *Sociology of Education, 49,* 245-265.

Hepler, J. B. (1994). Evaluating the effectiveness of a social skills program for preadolescents. *Research on Social Work Practice, 4,* 411-435.

Hepler, J. B., & Rose, S. F. (1998). Evaluation of a multicomponent group approach for improving the social skills of elementary school children. *Journal of Social Service*

Research, 11, 18.

Hudley, C., & Graham, S. (1993). An attributional intervention to reduce peer-directed aggression among African American boys. *Child Development, 64,* 124-138.

Hymel, S., & Asher, S. R. (1977, April). *Assessment and training of isolated children's social skills.* Paper presented at the biennial meeting of the Society for Research in Child Development, New Orleans, LA.

Hymel, S., Rubin, K. H., Rowden, L., & LeMare, L. (1990). Children's peer relationships: Longitudinal prediction of internalizing and externalizing problems from middle to late childhood. *Child Development, 61,* 2004-2021.

Hymel, S., Wagner, E., & Butler, L. J. (1990). Reputational bias: View from the peer group. In S. R. Asher & J. D. Coie (Eds.), *Peer rejection in childhood: Cambridge studies in social and emotional development* (pp. 156-186). New York: Cambridge University Press.

Kellam, S. G., Ling, X., Merisca, R., Brown, C. H., & Ialongo, M. (1998). The effect of the level of aggression in the first grade classroom on the course and malleability of aggressive behavior into middle school. *Development and Psychopathology, 10,* 165-185.

Kupersmidt, J. B., & Coie, J. D. (1990). Preadolescent peer status, aggression, and school adjustment as predictors of externalizing problems in adolescence. *Child Development, 61,* 1350-1362.

Kupersmidt, J. B., Coie, J. D., & Dodge, K. A. (1990). The role of poor peer relationships in the development of disorder. In S. R. Asher & J. D. Coie (Eds.), *Peer rejection in childhood* (pp. 274-305). New York: Cambridge University Press.

Ladd, G. W. (1981). Effectiveness of a social learning method for enhancing children's social interaction and peer acceptance. *Child Development, 52,* 171-178.

Ladd, G. W. (1985). Documenting the effects of social skill training with children: Process and outcome assessment. In B. Schneider, K. Rubin, & J. Ledingham (Eds.), *Children's peer relations: Issues in assessment and intervention* (pp. 243-269). New York: Springer-Verlag.

Ladd, G. W. (1990). Having friends, keeping friends, making friends, and being liked by peers in the classroom: Predictors of children's early school adjustment? *Child Development, 61,* 1081-1100.

Ladd, G. W. (1999). Peer relationships and social competence during early and middle childhood. *Annual Review of Psychology, 50,* 333-359.

Ladd, G. W. (2003). Probing the adaptive significance of children's behavior and relationships in the school context: A child by environment perspective. In R. Kail (Ed.), Advances in Child Behavior and Development (pp. 43-104). New York: Wiley.

Ladd, G. W., Birch, S. H., & Buhs, E. S. (1999). Children's social and scholastic lives in kindergarten: Related spheres of influence? *Child Development, 70,* 1373-1400.

Ladd, G. W., Buhs, E., & Troop, W. (2002). Children's interpersonal skills and relationships in school settings: Adaptive significance and implications for school-based prevention and intervention programs. In P. K. Smith & C. H. Hart (Eds.), *Blackwell's Handbook of Childhood Social Development* (pp. 394-415). London: Blackwell Publishers.

Ladd, G. W., & Burgess, K. B. (1999). Charting the relationship trajectories of aggressive, withdrawn, and aggressive/withdrawn children during early grade school. *Child Development, 70,* 910-929.

Ladd, G. W., & Burgess, K. B. (2001). Do relational risks and protective factors moderate the linkages between childhood aggression and early psychological and school adjustment? *Child Development, 72,* 1579-1601.

Ladd, G. W., & Coleman, C. (1993). Young children's peer relationships: Forms, features, and functions. In B. Spodek (Ed.), *Handbook of research on the education of young children* (pp. 57-76). New York: Macmillan.

Ladd, G. W., & Hart, C. H. (1992). Creating informal play opportunities: Are parents and preschooler's initiations related to children's competence with peers? *Developmental Psychology, 28,* 1179-1187.

Ladd, G. W., Kochenderfer, B. J., & Coleman, C. C. (1997). Classroom peer acceptance, friendship, and victimization: Distinct relational systems that contribute uniquely to children's school adjustment? *Child Development, 68,* 1181-1197.

Ladd, G. W., & Mize, J. (1983). A cognitive-social learning model of social-skill training. *Psychological Review, 90,* 127-157.

Ladd, G. W., & Pettit, G. S. (2002). Parents and children's peer relationships. In M. Bornstein (Ed.), *Handbook of parenting* (2nd ed., Vol. 4, pp. 377-409). Hillsdale, NJ: Erlbaum.

Ladd, G. W., & Price, J. M. (1987). Predicting children's social and school adjustment following the transition from preschool to kindergarten. *Child Development, 58,* 1168-1189.

Ladd, G. W., Price, J. M., & Hart, C. H. (1988). Predicting preschoolers' peer status from their playground behaviors. *Child Development, 59,* 986-992.

Ladd, G. W., & Troop-Grodon, W. (2003). The role of chronic peer adversity in the development of children's psychological adjustment problems. *Child Development, 74,* 1325-1348.

La Greca, A. M., & Santogrossi, D. A. (1980). Social skills training with elementary school students: A behavioral group approach. *Journal of Consulting and Clinical Psychology, 48,* 220-227.

Last, J. M. (2001). *A dictionary of epidemiology.* New York: Oxford University Press.

Lochman, J. E. (1990). Modification of childhood aggression. In M. Hersen, R. M. Eisler, & P. M. Miller (Eds.), *Progress in behavior modification* (pp. 47-85). Newbury Park, CA: Sage.

Lochman, J. E. (2000). Parent and family skills training in targeted prevention programs for at-risk youth. *Journal of Primary Prevention, 21,* 253-265.

Lochman, J. E., Burch, P. R., Curry, J. F., & Lampron, L. B. (1984). Treatment and generalization effects of cognitive-behavioral and goal-setting interventions with aggressive boys. *Journal of Consulting and Clinical Psychology, 52,* 915-916.

Lochman, J. E., Coie, J. D., Underwood, M. K., & Terry, R. (1993). Effectiveness of a social relations intervention program for aggressive and nonaggressive, rejected children. *Journal of Consulting and Clinical Psychology, 61*(6), 1053-1058.

Lochman, J. E., Dunn, S. E., & Klimes-Dougan, B. (1993). An intervention and consultation model from a social-cognitive perspective: A description of the Anger Coping Program. *School Psychology Review, 22,* 456-469.

Lochman, J. E., & Lenhart, L. A. (1993). Anger coping intervention for aggressive children: Conceptual models and outcome effects. *Clinical Psychology Review, 13,* 785-805.

MacDougall, P., Hymel, S., Vaillancourt, T., & Mercer, L. (2001). The consequences of childhood peer rejection. In M. R. Leary (Ed.), *Interpersonal rejection* (pp. 213-247). Oxford, England: Oxford University Press.

Mize, J., & Ladd, G. W. (1990). A cognitive-social learning approach to social skill training with low-status preschool children. *Developmental Psychology, 26,* 388-397.

Mize, J., Pettit, G., & Brown, G. (1995). Mother's supervision of their children's peer play: Relations with beliefs, perceptions, and knowledge. *Developmental Psychology, 31,* 311-321.

Moreno, J. L. (1932). *Applications of the group method to classification.* New York: National

Committee on Prisons and Prison Labor.

Newcomb, A. F., & Bukowski, W. M. (1983). Social impact and social preference as determinants of children's peer group status. *Developmental Psychology, 19,* 856-867.

Newcomb, A. F., & Bukowski, W. M. (1984). A longitudinal study of the utility of social preference and social impact sociometic classification schemes. *Child Development, 55,* 1434-1447.

O'Connor, R. D. (1969). Modification of social withdrawal through symbolic modeling. *Journal of Applied Behavior Analysis, 2,* 15-22.

O'Connor, R. D. (1972). Relative efficacy of modeling, shaping, and the combined procedures for modification of social withdrawl. *Journal of Abnormal Psychology, 79,* 327-334.

Oden, S., & Asher, S. R. (1977). Coaching children in social skills for friendship making. *Child Development, 48,* 495-506.

Ollendick, T. H., Weist, M. D., Borden, M. G., & Green, R. W. (1992). Sociometric status and academic, behavioral, and psychological adjustment: A five-year longitudinal study. *Journal of Consulting and Clinical Psychology, 60,* 80-87.

O'Neil, R., Welsh, M., Parke, R. D., Wang, S., & Strand, C. (1997). A longitudinal assessment of the academic correlates of early peer acceptance and rejection. *Journal of Clinical Child Psychology, 26,* 290-303.

Parker, J. G., & Asher, S. R. (1987). Peer relations and later personal adjustment: Are low-accepted children at risk? *Psychological Bulletin, 102,* 357-389.

Parker, J. G., & Asher, S. R. (1993). Friendship and friendship quality in middle childhood: Links with peer group acceptance and feelings of loneliness and social dissatisfaction. *Developmental Psychology, 29,* 611-621.

Parker, J. G., Rubin, K. H., Price, J. M., & DeRosier, M. E. (1995). Peer relationships, child development, and adjustment: A developmental psychopathology perspective. In D. Cicchetti & D. J. Cohen (Eds.), *Developmental psychopathology: Risk, disorder, and adaptation* (Vol. 2, pp. 96-161). New York: Wiley.

Patterson, G. R., Reid, J. B., & Dishion, T. J. (1992). *Antisocial boys.* Eugene, OR: Castalia.

Pellegrini, D. S. (1990). Psychosocial risk and protective factors in childhood. *Developmental and Behavioral Pediatrics, 11,* 201-209.

Pettit, G. S., Bates, J. E., & Dodge, K. A. (1997). Supportive parenting, ecological context, and children's adjustment: A seven-year longitudinal study. *Child Development, 68,*

908-923.

Pettit, G. S., Dodge, K. A., & Brown, M. (1988). Early family experience, social problem-solving patterns, and children's social competence. *Child Development, 59,* 107-120.

Rotheram, M. J., Armstrong, M., & Booraem, C. (1982). Assertiveness training in fourth-and fifth-grade children. *American Journal of Community Psychology, 10,* 567-582.

Rubin, K. H., LeMare, L., & Lollis, S. (1990). Social withdrawal in childhood: Developmental pathways to peer rejection. In S. R. Asher & J. D. Coie (Eds.), *Peer rejection in childhood* (pp. 217-252). New York: Cambridge University Press.

Schneider, B. H. (1992). Didactic methods for enhancing children's peer relations: A quantitative review. *Clinical Psychology Review, 12,* 363-382.

Stormshak, E. A., Bierman, K. A., Bruschi, C., Dodge, K. A., & Coie, J. D. (1999). The relation between behavior problems and peer preference in different classroom contexts. *Child Development, 70,* 169-182.

Terry, R., & Coie, J. D. (1991). A comparison method for defining sociometric status among children. *Developmental Psychology, 27,* 867-890.

Tiffen, K., & Spence, S. H. (1986). Responsiveness of isolated versus rejected children to social skills training. *Journal of Child Psychology and Psychiatry and Allied Disciplines, 27,* 343-355.

Vandell, D. L., & Hembree, S. E. (1994). Peer social status and friendship: Independent contributors to children's social and academic adjustment. *Merrill-Palmer Quarterly, 40,* 461-477.

Volling, B. V., MacKinnon-Lewis, C., Rabiner, D., & Baradaran, L. P. (1993). Children's social competence and sociometric status: Further exploration of aggression, social withdrawal, and peer rejection. *Development and Psychopathology, 5,* 459-483.

Webster-Stratton, C., & Hammond, M. (1997). Treating children with early onset conduct problems: A comparison of child and parent training interventions. *Journal of Consulting and Clinical Psychology, 65*(1), 93-109.

Webster-Stratton, C., Reid, M. J., & Hammond, M. (2001). Social problem solving training for children with early onset conduct problems: Who benefits? *Journal of Child Psychology and Psychiatry, 42,* 943-952.

Weisz, J. R. (1997). Effects of interventions for child and adolescent psychological dysfunction: Relevance of context, developmental factors, and individuals differences. In

S. S. Luthar, J. A. Burack, D. Cicchetti, & J. R. Weisz (Eds.), *Developmental psychopathology: Perspectives on adjustment, risk, and disorder* (pp. 3-22). New York: Cambridge University Press.

Wright, J. C., Giammarino, M., & Parad, H. W. (1986). Social status in small groups: Individual-group similarity and the social "misfit." *Journal of Personality and Social Psychology, 50,* 523-536.

Children 제3장 Adolescent

미해결 슬픔

*Carolyn Hilarski

상당수의 미국 청소년들은 죽음을 직간접적으로 경험하고 있다. 2000년의 경우 미국 청소년 75만 명이 부모 중 한 명의 죽음을 경험했다(Grieve, 2000). 100명당 3명의 아동은 해마다 중요한 가족 구성원의 사망을 경험한다(Kmietowicz, 2000). 뿐만 아니라 4만 명 이상의 청소년들이 매년 사망한다. 이러한 죽음은 최소 4명의 개인에게 영향을 미친다. 사별을 경험한 청소년 중에서 보통 여학생보다 남학생이 죽음을 정신적 외상(traumatic)으로 인식한다(Selekman, Busch, & Kimble, 2001). 복잡한 사별을 경험한 이러한 일부 학생들은 불안, 우울 그리고 품행장애 행동을 보일 위험이 있다(Black, 1996; Sanchez, Fristad, Weller, Weller, & Moye, 1994; Weller, Weller, Fristad, & Bowes, 1991). 만약 정신적 외상 반응이 해결되지 못할 경우, 이러한 부적응 반응들은 고착화된다(Bentovim, 1986).

사별을 경험한 아동을 위한 예방 서비스는 부족한 실정이다(Black, 1996; Dowdney et al., 1999). 예를 들어, 부모와 사별한 5세 이하의 아동은 이와 같은 서비스를 받지 못하는 경향이 있다. 부모와 사별한 5세 이상의 아동의 경우 부모의 예견된 죽음 이전에 개입(주로 호스피스를 통해 이뤄짐)을 받지 못하기도 하고 부모가 자살을 한 경우라면 죽음과 관련된 예방 서비스를 받지 못한다.

---

*Carolyn Hilarski, ACSW, CSW, PhD Rochester Institute of Technology Social Work Department

아동은 죽음에 대해 스스로 제한적인 행동 반응을 보여 부모나 전문가의 평가 시 오류를 낳게 하기도 하는데(Bentovim, 1986) 이로 인해서 아동에게 제공된 예방 서비스와 죽음에 대한 아동의 반응 사이에 아무런 상관성을 보이지 않는 경우가 종종 있다(Dowdney et al., 1999). 더욱이 아동의 애도하는 능력에 관해 부모와 전문가가 명확하게 인식하지 못하는 경우에도 이러한 상관성을 떨어뜨린다(Black, 1998; Cohen, Mannarino, Grennberg, Padlo, & Shipley, 2002; Norris-Shortle, Young, & Williams, 1993). 이처럼 죽음에 대한 아동과 청소년이 보이는 다소 애매한 반응들은 이들을 위한 개입 행위를 제한하고 이들이 미해결 슬픔(unresolved grief)을 경험할 가능성을 증가시킨다(Norris-Shortle et al., 1993).

사별을 경험한 청소년의 미해결 슬픔을 줄이기 위해 예방 개입을 실시하는 것은 가능하다(Selekman et al., 2001). 아동은 상실을 경험하고 사별 경험을 스스로 인식할 필요가 있다(Black, 1996). 이러한 인식이란 상실 이후에 삶이 변화한다는 것을 이해하는 것을 포함한다. 또한 이러한 변화에 대해 이야기하는 것이 죽음과 관련하여 자신의 삶을 조정(reconcile)하는 것에 도움이 된다는 것을 인식하는 것이 필요하다(Black, 1996; Cohen et al., 2002).

가족들은 죽음으로 인해 슬픔을 경험하는 과정에서 지원이 필요하다. 이 지원은 모든 가족 구성원을 위한 사별상담(bereavement counseling) 혹은 교육을 포함할 수 있다(Bentovim, 1986; Black & Urbanowicz, 1987). 사별을 경험한 아동과 함께 살고 있는 부모(대부분은 여성)가 복잡한 사별이나 미해결 슬픔을 경험하고 있을 경우 그 아동은 미해결 슬픔뿐만 아니라 이와 관련된 장기적인 부정적 영향을 받을 위험이 높다(Dowdney et al., 1999). 사별 이후에 아동에게 치료적인 개입을 하게 되면 이후 성인기에 겪을 수 있는 미해결 슬픔을 성공적으로 예방할 수 있으며, 청소년에게도 동일한 효과성이 입증될 것이다(Black, 1996).

정 의

죽음은 보편적으로 모든 인간이 경험하는 것이며 아동도 예외일 수 없다(Bresalu, Chilcoat, Kessler, & Davis, 1999). 죽음에 대한 인간의 반응은 복잡하며, 개인의 발달 단계, 이전 경험, 사회적 지원들과 관련이 있다(Cohen et al., 2002; Selekman et al., 2001). 한 개인이 죽음으로 인해 상실을 경험하게 되면 이와 관련된 특정 과정이 진행된다. 다음의 정의는 이 과정들을 설명한다.

- 사별(bereavement)은 상실에 대한 자신의 객관적 상태(objective state of being)이다(Charkow, 1998). 이 상실에 대한 맥락은 사랑하는 사람을 잃은 것일 수도 있고, 사랑하는 사물을 잃은 경우에도 가능하다(Foster, 1981; Marwit & Carusa, 1998).
- 애도(mourning)는 문화적으로 영향을 받으며 상실을 다루는 감정적 과정이다(Foster, 1981). 애도는 문화적 신조(cultural dogma)와 관습(rituals)을 통해서 나타나며 상실에 대한 문화적 재구성을 통해 항상성(homeostasis)을 유지시킨다.
- 슬픔(grief)이란 한 개인이 죽음을 인식하는 과정에서 나타나는 감정적이고 심리적인 반응이다(Marwit & Carusa, 1998). 이 슬픔의 조건은 여러 가지 요인에 의해 영향을 받는 주관적인 반응으로 사랑한 대상이나 사람과의 관계적 특징, 상실에 대한 다른 사람들의 반응, 뿐만 아니라 유아기의 애착 경험 등에 영향을 받는다(Neimeyer et al., 2002).
- 미해결 슬픔(unresolved grief)은 좀 더 만성적인 상태로서 건강 상태가 좋지 않아 주로 개입이 필요한 경우와 관련이 있다. 특징, 기간 그리고 생리적 · 정서적 증상의 심각성에 따라 미해결 슬픔과 애도는 구분된다(Marwit, 1996). 애도가 충분히 이루어지지 않았거나 고인과의 관계가 적대적인 특징을 보인 경우, 또한 우울증 이력이 있는 경우 미해결 슬픔 반응을 예측할 수 있다.

청소년 미해결 슬픔의 경향과 발생률

아동은 발달적으로 애도에 관한 충분한 능력을 가지고 있지 않다고 생각하기 때문에 청소년의 미해결 슬픔에 대한 공표된 유병률은 없는 실정이다(Miller, 1971; Rosen, 1985; Wolfenstein, 1966). 철회(decathexis: 정신적 에너지의 감정적 철회)[1]는 애도 과정의 본질적 요소이다(Christ, 2000; Sekaer, 1987). 아동의 경우 죽음에 대한 개념을 충분히 이해하는 능력이 없다고 여겨졌고 이들은 죽음에 대해 정서적 반응을 다루는 능력이 없다고 생각

1) 역자 주: 철회(dechthexis)는 죽은 사람과의 연결된 기억과 생각으로부터 자유로워지는 것을 의미하는데 '탈(脫) 카텍시스'라고 불리기도 한다.

되어 정서적 철회를 해내지 못한다고 간주되었다(Christ, 2000; Miller, 1971; Rose, 1985; Wolgenstein, 1966, 1969). 만약 아동이 죽음이 영구적이라는 것을 이해하지 못하거나 이해는 했지만 감당하기 힘든 감정 때문에 죽음을 부정한다면, 사랑했던 대상을 심리적으로 놓아주는 철회 작업은 시작되지 않는다.

반면 Bowlby(1984)와 Furman(1983)은 아동도 애도를 할 수 있다고 주장한다. 나아가 아동은 사랑하는 것으로부터 분리되는 때를 이해하고, 이와 같은 상황에 대한 정서적 반응을 한다고 보았다. 사별을 경험한 아동의 애도 과정은 성인과 마찬가지로, 건강할 수도 있고 건강하지 않을 수도 있다(Bowlby, 1984; Furman, 1983). 하지만 발달적 문제 때문에(예: 언어 발달) 아동은 성인들이 표현하는 것처럼 감정을 드러내지 않는다. 예를 들어, 사별을 경험한 청소년은 처음에는 상실에 대해 명랑하거나 무관심하게 반응할 수 있다(애도의 부재라고 말함, Cheifetz, Stavrakakis, & Lester, 1989). 애도의 부재 상태는 확인할 수는 있지만, 예측할 수 있는 것은 아니다(Vida & Grizenko, 1989). 만약 아동이 이러한 행동을 보인다면, 이것은 이후에 설명하게 될 애도의 단계에서 나타나는 대처 반응이라고 볼 수 있다(Cheifetz et al., 1989).

성인과 유사하게, 사별을 경험한 아동과 청소년들은 정신적 충격, 화, 두려움, 혼란, 죄의식, 책임감 그리고 절망의 감정을 호소한다. 이외에도 사별을 경험한 청소년은 성인처럼 우울, 불안, 외상후스트레스장애(PTSD), 품행장애, 공포 반응, 환각, 자살 충동과 시도, 그리고 심리사회적 기능의 저하를 경험한다(Black, 1996, 1998; Dowdney et al., 1999). 마지막으로, 사별을 경험한 아동은 성인처럼 상실에 대한 반응으로 통제되지 않는 감정을 줄이기 위해 방어기제를 사용한다. 따라서 아동들도 성인들에 견줄 만한 미해결 슬픔 유병률을 보인다고 가정하는 것이 현명한 판단일 것이다.

확인된 유병률에 따르면, 미해결 슬픔으로 인해 고통받고 있는 성인은 전체 성인의 14~64%까지 이르고 있다(Horowitz et al., 1997; Kim & Jacobs, 1991; McDermott et al., 1997; Middleton, Burnett, Raphael, & Martinek, 1996; Prigerson et al., 1997; Zisook & DeVaul, 1984). 추정치가 광범위한 이유는 다양한 표본 선정 기준과 미해결 슬픔에 대한 표준화된 기준의 부족 때문이다. 애도의 과정은 개인적이며, 발달적이고 맥락적 영향을 받기 때문에 미해결 슬픔에 대한 표준화된 기준을 세우기란 쉽지 않다.

단순한 애도 기간은 4~6개월이라고 간주된다(Clayton, 1990; Jacobs & Ostfeld, 1980; Parkes, 1972). 6개월 이후의 증상은 사별을 경험한 사람을 미해결 슬픔의 양상으로 빠지게 한다(Prigerson & Jacobs, 2001). 이 양상 안에서 개인은 심리적 · 신체적 · 사회적 손상의 위험이 증가한다. 왜냐하면 방치된 미해결 슬픔의 증상은 시간이 지나도 변화하지 않기 때문이다(Prigerson et al., 1997; Prigerson, Shear, et al., 1999; Prigerson & Jacobs, 2001; Zisook & DeVaul, 1983). 미해결 슬픔 반응의 강도는 상실 이후 6개월에 최고조에 이르고, 길게는 25개월 혹은 그 이상 지속되는 경향이 있다(Prigerson, Shear, et al., 1999).

청소년 미해결 슬픔의 위험요인

아동의 애도 능력에 대한 계속된 논쟁으로 인해 청소년의 미해결 슬픔 반응은 충분히 이해되지 못하고 있다. 근본적인 애도의 정서적 과정은 성인과 아동의 경우 차이가 없으나(두 집단 모두 비슷한 화, 무심함, 절망, 저항의 감정을 경험함), 이와 같은 감정을 행동으로 보이는 면에서 다르다(Christ, 2000). 또한 청소년과 성인의 경우 애도의 맥락이라는 관점에서 보면 중요한 차이점이 있다. 특히 청소년에게는 도움을 주는 양육자가 없다면 애도 과정을 건강하게 극복하는 것이 어려워진다(Cohen et al., 2002). 실제로 애도 기간 동안 양육자가 없는 아동의 경우 죽음 그 자체보다도 안전감과 건강에 더 큰 위협을 경험하게 된다(Neimeyer et al., 2002).

더 나아가 특정 연령대의 아동은 발달상으로 죽음의 최후와 인과관계의 개념을 이해할 수 없다(Nnorris-Shortle et al., 1993). 예를 들어, 3세 이하 아동의 경우 죽음이란 개념은 분리(separation)와 연관된다. 4~5세 아동의 경우 죽음이란 마술처럼 되돌릴 수 있는 것이라고 믿으며 9세까지도 이와 같은 믿음은 절대적으로 유지된다(Selekman et al., 2001). 학교에 다니는 시기에 이르면 죽음이 영구적이라는 것을 이해하기 시작하지만, 그들이 경험하는 강력한 감정을 통합하는 기술과 능력은 부족하다. 부모와 사별한 청소년의 경우 이제는 더 이상 부모를 만날 수 없다는 것을 인식한다(Worden & Silverman, 1996). 특히 부모와 사별하기 전 청소년이 부모와 집에서 오랜 시간을 함께 보냈다면 어린 청소년의 경우 이들의 애도 과정은 보다 복잡해진다.

미해결 슬픔과 관련된 연령, 성별 및 위험요인

불행감(dysphoria),[2] 은둔(withdrawal) 행동, 그리고 학교 성적 하락은 나이와 성별에 상관없이 유사하게 나타난다(Van Eerdewegh, Clayton, & Van Eerdewegh, 1985). 그러나

우울, 수면장애 및 식욕부진, 활동에 대한 흥미의 상실, 유뇨증, 짜증은 연령과 성별에 따라 다르게 나타난다. 구체적으로 우울, 수면장애와 식욕부진은 여학생에게 더 일반적이다. 또한 보다 어린 학생의 경우 품행장애, 유뇨증 그리고 은둔 행동을 보일 가능성이 더 높다.

사별을 경험한 아동 중기와 청소년의 경우 동성 부모의 죽음에 미해결 슬픔 반응을 더 경험하는 경향이 있다(예: 은둔 행동). 반면, 여학생의 경우 이성보다는 동성인 자매의 죽음에 대해 행동적으로 더 반응하는 것으로 보인다. 청소년 여학생의 경우 집중과 분노와 관련된 문제를 드러내는 반면, 아동 중기에 속한 여학생은 우울과 불안 행동을 보이는 경향이 있다(Worden, Davies, & McCown, 1999).

이러한 여학생의 동성 자매 반응에 대한 설명은 Buhrmester(1990)의 연구에 의해 보다 명확하게 설명된다. 여성은 아동 중기의 시작과 더불어 형제자매가 중요한 사회적 · 정서적 지원을 준다고 보고한다. 또한 여학생은 부모님보다 다른 여학생들 혹은 자매와 친밀한 세부사항을 함께 나누는 경향이 있다. 따라서 자매가 죽었을 경우 친밀한 관계를 형성했기 때문에 상실의 충격이 크며 특히 언니가 죽었을 경우 더욱 그러하다(Worden et al., 1999).

반면, 남학생들은 청소년기까지 아버지와 친밀하게 상호작용할 수 있다. 남학생들은 고등학교 이전까지 다른 사람과 비밀을 공유하지 않는 성향이 있다(Worden et al., 1999). 그래서 친밀한 동료라고 인식되는 아버지의 죽음은 남학생에게 커다란 상실이 된다.

미해결 슬픔과 관련된 가족 기능상의 위험요인

부모 중 한 명이 사망했을 때, 생존해 있는 한 부모가 보이는 배우자의 죽음에 대한 반응은 아동에게 큰 영향을 미친다. 이 부모의 반응은 아동이 죽음을 인식하고(Cicchetti, Rogosch, & Toth, 1998) 이를 자신의 삶에 통합시키는 과정에 결정적인 영향을 미친다(Davies, 1998; Kranzler, Shaffer, Wasserman, & Davies, 1990). 죽음에 대해 가족 간에 솔직하게 상호작용하지 않거나 지지하지 못하는 경우 아동은 죽음을 받아들이기 힘들어한다. 이런 가정에서는 문제 해결이 생산적이지 못하고, 가족 구성원의 개별성(individuality)이

---

2) 역자 주: 불행감(dysphoria)은 견디기 어려운 극도의 비참함을 느끼는 감정으로 사랑하는 대상 혹은 사람과 사별한 후 혼자 남은 심리적 고통을 일컫는 용어이다.

존중되지 않으며 구조적 변화에 취약할 뿐만 아니라 자원을 충분히 사용하지 못한다(Davies, 1998).

정신장애(예: 우울, 신체화장애)의 가족력이 있는 청소년이 사별을 경험한 경우에는 미해결 슬픔을 경험할 위험성과 동반(comorbid)장애를 보일 위험이 높다(Sood, Weller, Weller, Frisrad, & Bowes, 1992; Weller et al., 1991). 뿐만 아니라 부모나 형제자매의 자살로 인해 사별을 경험한 청소년은 자살을 할 위험성이 있다(Cerel, Fristad, Weller, & Weller, 2000).

미해결 슬픔과 관련된 생활 경험의 위험요인

가족 환경에 문제가 있는 경우, 부모의 불화를 경험한 경우, 부모와 오랜 기간 떨어져 있었던 경우, 경제적 어려움을 겪은 경우, 그리고 이전에 또 다른 형태의 사별을 경험한 경우에는 미해결 슬픔 및 동반장애를 보일 위험성이 높아진다(Elizur & Kaffman, 1983).

미해결 슬픔과 관련된 청소년 특징의 위험요인

충동성 조절력이 약하거나 감정이 불안정한 경우, 그리고 죽음에 대한 좌절감을 분노로 표현하는 아동은 미해결 슬픔을 경험할 위험성이 높다(Elizur & Kaffman, 1983). 뿐만 아니라 공격적 · 독립적 성격과 수동적 · 의존적 성격을 지닌 아동이 사별을 경험할 경우 우울(미해결 슬픔과 상관이 매우 높은 장애, Gray, 1987)을 경험할 위험성이 높다.

요약

죽음에 대한 애도의 과정은 일반적으로 4~6개월 동안 제한적으로 진행된다. 6개월이 지나도 슬퍼하는 경우에는 좀 더 만성적인 상태로 볼 수 있으며 미해결 슬픔으로 규정할 수 있다. 성인과 청소년이 겪는 미해결 슬픔의 유병률에 관해서는 정확하게 이해하기 어렵다. 만성적 애도를 표현하는 여러 용어, 예를 들면 병리적(pathological), 비전형적(atypical), 비정상적(abnormal), 복합적(complicated), 미해결(unresolved), 및 외상적(traumatic) 슬픔과 같은 용어들이 사용된다. 이처럼 다양한 용어로 인해 애도 과정에서 개인에게 영향을 미치는 다양한 영향력을 이해하는 것이 오히려 어려워졌다.

죽음이 아동과 청소년에게 미치는 영향을 완전히 이해하고자 하는 것은 착각이다. 아동도 죽음에 대해 성인처럼 애도를 하고 유사한 감정 및 건강 장애를 경험하며 죽음을 통합적으로 다룰 수 있다고 제시되지만 아동이 경험하는 상실 통합 작업(loss integration work)은 각 새로운 발달 단계에 따라 다시 논의될 필요가 있다(Furman, 1983, 1985, 1986). 이와 같은 재논의가 필요한 이유는 상실을 통합하는 과정에서 아동의 경우 충분한 노력이 이루어지지 못했기 때문이 아니다. 아동이 상실을 통합하는 과정은 생활 경험과 언어 및 인지 능력이 발달됨에 따라 지속적으로 진행되기 때문에 새로운 조명이 필요한 것이다(Christ, 2000; Furman, 1983, 1985; Silverman & Worden, 1992).

5세 이하 그리고 이른 청소년기에 사별을 경험하는 아동들은 미해결 슬픔과 관련하여 가장 큰 위험에 놓여 있다(Elizur & Kaffman, 1983; Fristad, Jedel, Weller, & Weller, 1993; Gray, 1987; Kranzler et al., 1990). 다른 연령대의 학생들과 비교했을 때 이 두 집단은 높은 수준의 우울증을 경험하는 것처럼 보인다(Gray, 1987; Kranzler et al., 1990).

아동이 상실을 통합하는 과정에서 생존해 있는 부모의 영향력은 매우 중요하다(Bifulco, Harris, & Brown, 1992; Breier, Kelsoe, Kirwin, Wolkowitz, & Pickar, 1988; Elizur & Kaffman, 1983; Gray, 1987; Harris, 1991; Hurd, 1999; Saler & Skolnick, 1992; Van Eerdewegh et al., 1985). 이러한 통합에 도움이 되는 부모의 양육 방식 특징은 경청하고, 문제를 해결하고, 자유롭게 의사소통하며, 긍정적인 세계관을 유지하는 능력에 관한 것이다(Bifulco et al., 1992; Black & Urbanowicz, 1987; Breier et al., 1988; Hurd, 1999).

보편적 예방 개입

미해결 슬픔과 관련하여 공식적인 보편적 예방 프로그램은 없다. 그러나 학교는 그러한 노력을 시작할 수 있는 적절한 장소이다(Charkow, 1998; Findlay, 1999; Milton, 1999a, 1999b). 죽음에 대한 교육을 실시하고 집단 토의를 하는 것은 학교 교육과정 중에서 개인 및 건강의 증진을 위한 적절한 방식이다. 특히 이러한 교육이 유치원 시절부터 시작될 때 가장 도움이 된다(Findlay, 1999; Milton, 1999a). 무엇보다도 부모들은 이러한 예방적 개입의 과정에 포함되어야 한다. 왜냐하면 부모들은 죽음에 대한 자녀의 반응에 가장 큰 영향을 미치는 요인이기 때문이다(Charkow, 1998; Cohen et al., 2002; Findlay, 1999; Milton, 1999a). 체제적(system) 예방은 개인적 중재보다 훨씬 큰 효력을 지니고 있다

(Black, 1991; Cohen et al., 2002).

학교 교육과정을 통해서 연령에 맞게 죽음에 관한 교육을 실시하면 아동들이 미래에 접하게 될 죽음에 관한 적응을 도와준다(Milton, 1999b). 나아가 이러한 교육을 통해 눈에 띄는 증상을 보이지는 않지만 사별을 경험한 학생들을 확인할 수 있고 이들의 애도 과정이 보다 복잡해지고 심화되는 것을 완화시킬 수 있다. 더 나아가 이러한 교육은 아동들 사이에 또는 부모와 자녀 사이에, 그리고 부모, 자녀 및 그 밖의 다른 사람들에게 이처럼 매우 다루기 힘든 주제를 터놓고 얘기할 수 있도록 도와준다(Cohen et al., 2002). 죽음에 관해 또한 죽음과 관련된 감정과 생각에 관해 열려 있는 대화를 하는 것은 아동의 애도 과정에 도움이 된다. 왜냐하면 이런 과정을 통해 죽음에 관한 질문을 할 수 있고 자녀와 부모 및 다른 사람들이 가질 수 있는 잘못된 환상들을 바로잡아 통합시킬 수 있기 때문이다(Charkow, 1998). 마지막으로 이러한 교육을 통해 부모는 다른 부모들과 교사 및 집단의 지도자들과 함께 어떻게 아이들과 적절한 방식으로 죽음에 관해 얘기하고 의사소통 하는지를 배우게 된다(Charkow, 1998).

학교에서 죽음에 관한 교육을 실시할 때 교육에 참가한 부모와 아동 집단은 심리적으로 편안함을 느껴야 한다(Findley, 1999; Milton, 1999a). 집단원의 안녕을 증진시키기 위해 교사 혹은 집단의 지도자는 상실과 죽음을 얘기할 때 눈물을 보이거나 감정을 내비치는 것이 매우 정상적이고 자연스러운 것임을 상기시킬 수 있다. 다음과 같은 질문들을 사용할 수 있다. "죽음이란 무엇인가요?" "장례식에서 어떤 일이 있었나요?" "애완동물을 잃으면 어떤 느낌일까요?" (Milton, 1999a). 마음을 안정시키는 몇 가지 종류의 이완 기법(relaxation technique)은 교육 및 나눔의 회기를 마무리할 때 요긴하게 사용될 수 있다(Milton, 1999b).

일찍이 중학교에서 실시한 개입적 노력의 예로 만화경 아이(Kaleidoscope Kids)[3]라는 프로그램이 있다. 비록 이 프로그램은 사별을 경험한 학생들을 위한 개입이지만 보편적인 예방 프로그램으로서도 도움이 될 수 있다. 이 프로그램은 사별을 경험한 땅돼지(aardvark)에 관한 이야기인데 교실에서 손인형을 사용한 인형극 형태로 진행된다. 인형극 이후에는 죽음과 관련된 생각과 감정들에 관해 토론하고 개인적인 경험을 나눌 수 있

3) 역자 주: 만화경 아이(Kaleidoscope Kids)는 미국 아칸소 주에 위치한 Kaleidoscope of Caring Center에서 아동들에게 제공하는 프로그램으로 죽음과 상실로 인한 슬픔을 극복하기 위해 개발되었다. 보다 자세한 내용은 www.kaleidoscopekids.org에서 확인할 수 있다.

도록 진행된다(Charkow, 1998).

책은 죽음에 관한 생각과 감정을 탐색하는 데 있어 부모와 자녀들에게 도움을 제공한다. 무엇보다도, 책의 경우 죽음을 경험하는 사람과 그 죽음과 관련된 부정적 감정 등이 부모나 자녀의 실재 인물이 아닌 간접적인 인물을 통해 전개되므로 안전한 접근이다(Milton, 1999a). 부모는 기회가 있을 때마다 자녀들과 함께 죽음에 관해 토의하는 것이 필요하다.

선택적 예방 개입

사별을 경험한 아동의 애도 과정은 오랜 시간에 걸쳐 성취해야 하는 일련의 과업을 포함한다. 이러한 과업 중에서 먼저 성취해야 하는 것으로 죽음을 이해하는 것이 있다. 만일 아동이 죽음의 본질에 관해 모른다면, 그 아동은 이해하기 힘든 부분을 환상으로 채우려 할 것이다. 무엇보다 그 아동 혹은 아동의 식구가 죽을 것이라는 두려움이 생겨날 것이고 이로 인해 죽음을 부인(denial)하거나 퇴행(regression)하는 등의 심리적 방어기제에 의존할 수 있다. 슬픔에 관하여 중간 단계에서 해야 하는 과업은 3가지로 요약될 수 있다. 죽음의 실재를 수용하고 감정적으로 인정하는 것, 죽음과의 관계를 탐색하고 재평가하는 것, 그리고 죽음을 인식하는 과정에서 수반되는 심리적 고통을 직면하고 이겨내는 것이다. 만일 이러한 과업이 수행되지 않으면 애도 과정은 불완전한 상태로 남게 되고 결국 사별을 경험한 아동은 죽은 대상에게 더 매달리게 될 것이다. 마지막 수행해야 할 과업은 아동 자신의 정체감 및 사별한 대상과의 유의미한 관계를 인식하는 것이다. 이 과정에서 동일시 과정이 지나치게 일어나거나 소홀하게 이루어지게 되는 경우 문제가 발생할 수 있다. 예를 들어, 사별한 대상에 대해 충성심의 형태로 지나치게 동일시를 하거나 반대로 죽은 사람처럼 자신도 죽을지 모른다는 두려움 때문에 동일시 과정을 무시하는 경우가 해당된다(Cohen et al., 2002; Neimeyer et al., 2002; Norris-shortle et al., 1993; Sekaer, 1987). 사별에 관한 이와 같은 반응은 오랜 시간에 걸쳐 일어나고 종종 성인기에까지 걸쳐 일어날 수 있다.

그러나 사별을 경험한 아동이 심리치료를 받을 수 있는 상황에 있거나 다른 가족 구성원 혹은 전문가들의 도움을 통해 감정 표현을 충분히 할 수 있다면 성공적으로 애도 과정을 극복할 수 있다(Charkow, 1998; Furman, 1985). 가족 구성원의 지지는 가장 중요하다. 어떻게 적절하게 반응해야 죽음에 관한 아동의 오해를 막고 열린 의사소통을 통해 죽음을 수용하도록 도울 수 있을지에 관해 가족 구성원은 주양육자를 지지해야 한다. 예를 들어, 5세 이하의 아동은 죽음이 되돌릴 수 있는 것이라 여겨서 죽은 사람이 언제 다시 돌아오는지 반복하여 물을 수 있다. 6세가 넘는 아동은 죽음을 피할 수 없는 사건이라기보다는 일종의 처벌로서 이해하여 죽음을 일으켰다는 죄책감 때문에 위축된 행동을 보일 수 있다. 다음 절에서는 어떻게 아동들이 발달 단계에 따라 사별에 대해 반응하는지 설명하고, 부모가 어떻게 이들의 애도 과정을 건강하게 촉진시킬 수 있는지에 관해 기술하였다.

영아~2세

이 시기에 사별을 경험한 아동은 분리(separation)를 경험한다(Cohen et al., 2002). 이들의 애도 반응으로는 잠자는 것과 먹는 것에 문제를 보이고 아이가 편안함을 느끼지 못하는 것이 포함된다(Black, 1998; Emswiler & Emswile, 2000). 유아의 항상성(homeostasis)은 새로운 애착 대상(love object, 예: 의지할 만하고 공감어린 애정적인 양육자; Sekaer, 1987)에게 (감정적 에너지를 전환시키는) 부착(cathexis)[4]에 의해 유지된다. 사별을 경험한 이후 가능한 한 빨리 일상적인 생활로 돌아오게 되면 이러한 과정을 촉진시키며 결과적으로 (죽은 애착 대상에게 감정적 에너지를 쏟는 것을 중단하는) 철회(decathexis)로 인한 괴로움의 아픔이 경감된다.

3~5세

이 연령대에 사별을 경험한 아동의 경우, 어른이 사별에 대한 강한 반응을 보이면 위축된 행동을 보일 수 있다. 더욱이 이때 아이들은 상실이나 죽음을 이해하는 듯한 언어적 표현을 해서 성인들에게 혼란을 주거나 노여움을 사기도 하는데, 다음과 같은 말을 하기도 한다. "엄마가 돌아오면 나에게 그 인형을 사 줄 거예요."

아동은 이 시기의 발달 단계상 퇴행적 행동(regressive behavior)을 통해 사별에 대한 반응을 종종 표현한다. 이 시기의 아동은 언어보다 놀이나 그림을 통해 그들의 생각과 감

4) 역자 주: 부착(cathexis)이란 어떤 대상에게 쏟는 심리적 에너지를 의미하는데 '카텍시스'라고 번역되기도 한다.

정을 공유한다. 실제로 죽음에 관한 사건은 인형 역할 놀이를 통해서 가장 잘 표현되는데 아이들은 이 놀이를 통해 구체적인 시나리오를 재창조하게 된다(Cohen et al., 2002).

이 시기에 부모는 아이 곁에 존재해야 한다(Milton, 1999a). 부모는 곁에서 아이의 생각과 감정을 수용해 주고 존중해 주어야 한다. 놀이치료(play therapy)의 근본적인 개념을 이해하는 것은 이러한 노력에 도움이 된다(Kottman, 1994). 부모와 자녀가 기억과 의식적인 행동의 공유를 통해 고인에 대하여 자유로운 분위기 속에서 얘기할 때 애도의 과정은 진전을 보인다(Milton, 1999a). 이때 부모는 아동이 발달적으로 죽음이나 상실의 영속성을 이해하지 못할 수도 있다는 것을 명심해야 하며 그것을 이해하기까지 수개월이 걸릴 수도 있다는 것을 이해해야 한다. 무엇보다도, 이 시기의 아동은 짜증을 내거나 퇴행하는 행동을 통해 사별에 대한 반응을 할 수도 있고 그와 같은 행동이 부모의 부정적 감정을 촉진시킬 수도 있다. 사별에 관한 기술을 훈련하는 것은 부모에게도 도움을 제공한다(Hare & Skinner, 1988). 이 훈련 과정에 포함되는 토론 주제로는 죽음에 관한 아동의 이해, 죽음에 대한 부모의 두려움, 죽음에 대한 아동의 반응에 영향을 미치는 요인 및 죽음에 대한 반응으로 아동이 흔히 보이는 행동들이 포함된다(Charkow, 1998).

6~8세

이 연령대에 사별을 경험한 아동은 죽음의 비가역성(irreversibility), 즉 죽음은 되돌릴 수 없다는 것을 이해한다. 그러나 이 시기의 아동은 고인이 마치 그들과 함께 있는 것처럼 행동할 수도 있고 죽음으로 인해 감정의 큰 동요가 없는 것처럼 보일 수도 있다. 이런 아동은 슬픔, 분노, 불안 및 두려움을 매우 짧은 순간 표현하는 것에 그치는데, 그 이유는 이러한 감정을 유발시킨 인지를 재구조화할 만한 능력이 아직 부족하기 때문이다. 이들은 또한 특별한 계획도 없이, 죽어서 다시 고인과 함께 있고 싶다는 바람을 표현하기도 한다(Cohen et al., 2002). 발달 단계의 특징상 이 시기의 아동은 나쁜 환경이 죽음을 초래했다는 공통된 믿음을 가지고 있다(Charkow, 1998). 예를 들어, '아빠가 더 이상 내 마음을 아프지 않게 했으면 좋겠어요.'라는 나의 생각 때문에 아빠가 죽었다고 생각할 수 있다. 이렇게 생각하는 아동에게는 고인에 관한 긍정적인 기억을 떠올림으로써 편안한 생각이 지속될 수 있도록 하는 것이 필요하다.

물론 가정의 지지가 가장 중요하지만 학교 역시 이 연령대의 아동에게는 추가적인 지지의 역할을 제공할 수 있다. 진솔한 의사소통이 가장 중요한 쟁점이다. 특히 죽음으로 인해 자포자기적인 생각과 감정이 촉발될 수 있는 상황이라면 더더욱 그러하다. 생각과 행동이 죽음의 원인이 될 수 있으므로 모든 종류의 비합리적 믿음을 재구성하는 것은 매우 중요하다. 마지막으로 고인에 관해 이야기하는 것이 고인에 관한 추억을 통합시켜 편안한 느낌을 제공해 줄 수 있다(Charkow, 1998).

9~11세

이 연령대에 사별을 경험한 아동들은 죽음이나 상실에 관한 상당한 정보를 필요로 한다(Christ, 2000). 이들은 "더 많이 알면 상황을 이겨낼 수 있다(Knowledge is power over the circumstance)."라고 믿는다. 아동들이 더 많은 정보를 가질수록, 그들의 감정을 보다 잘 조절할 수 있다. 이러한 조절은 행동 양식으로 나타난다. 이들은 자신의 부정적인 감정뿐만 아니라 다른 이들의 부정적인 감정까지도 통제하려고 하는데 그로 인해 가족 사회 체제에서 문제를 야기한다. 이런 청소년들은 그들의 감정을 거의 소통하려고 하지 않고 행동을 통해 자신을 표현하기로 결정한다(예: 공격적이 되거나 우울해 하거나 강박적이 되는, Cohen et al., 2002). 고인 소유의 물건들은 편안함을 유발할 수 있으며 감정에 대해 이야기할 수 있는 기회를 제공해 준다.

이 연령대에 속한 집단의 경우 어려운 쟁점은 통제하고자 하는 아동의 욕구를 인정해 주고 인식된 두려움을 방어하려는 욕구를 이해해 주면서 동시에 이야기를 통해 건강을 증진시키는 것이다. 가족 구성원 사이의 대화는 가족 예술 프로젝트(family art project)의 참여를 통해서 촉진될 수 있고(예: 퀼트 만들기), 모든 가족이 참가하여 고인을 기억하는 기념책(memory book)을 만드는 활동을 통해 증진될 수 있다(Charkow, 1998; Dalke 1994).

12~14세

사별을 경험한 초기의 청소년들은 더 어린 아동들과는 달리 죽음이나 상실에 대한 어떠한 자세한 사항들에 대해 알지 않으려고 한다(Christ, 2000). '왜 나야?' '왜 삶은 불공평하지?'와 같은 생각들에 의해 만들어진 분노와 적대감을 내보이는 것을 제외하고는 그들의 감정은 억압된다(Christ, 2000; Cohen et al., 2002). 하지만 그들은 꿈, 소망 그리고 상실과 관련한 생각들에 대해 터놓고 이야기할 수 있는 능력이 있다. 게다가 그들은 기꺼이 죽은 사람과 나눴던 대화들을 솔직하게 공유할 것처럼 보인다. 이러한 청소년들은 다른 사람들이 그들을 어떻게 생각할지 두려워한다. 그래서 통제력은 계속 쟁점으로 남는다. 그들은 괴짜(freak)로 보이기를 원하지 않기 때문에 묘지에 가는 것과 같은 애도의 행동들을 적게 한다. 하지만 고인이 소유했던 것이나 고인과 관련된 것을 입는 것에 대해서는 허용적이다(Christ, 2000).

이러한 아이들에게 필수적인 기술은 부모를 이해하고 갈등 해결을 연습하는 것이다. 이러한 기술을 사용하는 것은 대화를 증진시키고 애도 과정이 건강한 방향으로 나아갈 수 있도록 촉진한다. 더 나아가 부모들은 또래들의 지지를 필요로 하는 자녀의 욕구를 존중하고 또한 경우에 따라서는 차별적으로 대함으로써 적절한 경계선을 설정할 필요가 있다(Cohen et al., 2002). 사적이고 공식적인 애도 의식을 통해 청소년들은 감정을 표현하는 기회를 갖게 된다. 뿐만 아니라 지지 집단(support group)은 도움이 된다. 죽음을 겪은 청소년과 가족들을 돕기 위해 개발된 가족-자녀 지원 프로그램(Schroeder, 1998)인 레인보우(Rainbow)[5]는 현재 미국 전역에 걸쳐서 운영된다. 이 프로그램은 나이에 맞는 게임을 활용하고 상호작용을 촉진시켜 희망과 회복의 메시지를 심어 준다.

지시적 예방 개입

죽음으로 인한 상실감을 완전히 극복하는 하나의 정해진 규칙은 존재하지 않는다(Zisook & DeVaul, 1985). 사별을 경험하는 대부분의 청소년들은 사별의 충격을 예방하는 프로그램을 거의 받지 못하기 때문에 정신적 외상의 증상을 보인다(Eth, 2001). 미해결 슬픔이 있는 젊은이들에게 정신적 외상이 있는지 평가하는 것이 필요하다. 왜냐하면 정신적 외상 증세가 있을 경우 애도 과정을 지연시킬 수도 있기 때문이다(Cohen et al., 2002). 초기 예방 활동은 정신적 외상의 증상을 감소시킨다. 청소년들은 심각한 스트레스의 증상들을 감소시키면 정신적 에너지의 철회(decathexis) 작용에 필요한 그들의 힘을 확대하는 능력이 증가된다. 정신적 외상의 감소는 죽음과 관련 있는 감정과 생각들에 대해 말하는 과정을 통해 일어난다. 말하는 과정에서 새로운 인식들이 주관적인 감정의 반응

5) 역자 주: 레인보우(Rainbows)는 죽음이나 상실을 경험한 아동들의 적응을 돕는 국제적인 아동 자선단체로서 1983년 설립된 이후 미국 전역과 17개국 2,500백만 아동에게 프로그램을 제공해 오고 있다. 보다 자세한 내용은 www.rainbows.org에서 확인할 수 있다.

과 통합되고 결과적으로 최초의 이야기는 변화하게 된다(Eth, 1990). 미해결 슬픔을 위한 예방 활동들은 정신적 외상과 사별과 관련된 요소를 반드시 포함해야 한다. 정신적 외상의 증상을 경감시킴으로써 사별 이후 보이는 증상들을 감소시킬 수 있는데 이러한 효과가 나타나려면 많은 회기에 걸쳐 노력이 필요하다(Cohen et al., 2002).

미해결 슬픔을 경험한 청소년들의 경우 이들을 위한 예방 활동을 다루는 연구들은 부족한 실정이다. 하지만 정신적 외상과 슬픔을 다루는 2개의 학교기반 개입 모형은 정신적 외상 반응을 경험하고 미해결 슬픔 증상을 보이는 청소년들에게 효과가 있는지 실험을 통해 평가되었다. 하나의 개입은 전쟁에 노출된 청소년들을 위하여 정신적 외상과 슬픔에 초점을 맞춘 집단 개입이었고(Layne et al., 2001), 또 다른 하나는 지역사회의 폭력에 노출된 청소년들을 위하여 정신적 외상과 슬픔에 초점을 둔 집단이었다(Saltzman, Pynoos, Layne, Steinberg, & Aisenberg, 2001).

Saltzman(2001)과 동료들, Layne(2001)과 동료들은 모두 20주간 진행되는 학교기반 개입을 개발하였는데 이 개입은 죽음에 노출된 청소년들의 정신적 외상과 슬픔의 증상들을 줄이는 것에 초점을 두었고 동시에 이들의 학업 및 개인적인 기능을 증진시키는 데 초점을 맞춘 개입 프로그램이다. 매뉴얼화된 심리교육 프로그램은 정신적 외상 반응에 대한 인지적 재구조화를 포함하며 그 밖에도 복잡한 사별과 관련된 문제들, 스트레스 관리, 그리고 문제 해결 방법을 포함한다. 치료 후에 실시된 사후 평가에 따르면, 정신적 외상과 해결되지 않는 슬픔이 현저하게 감소하였고 학업과 개인적 수행에서 향상을 보여 주었다.

Saltzman과 동료들(2001)이 수행한 연구에서 전체 학생들은 그들의 폭력 노출과 외상 후 증상들의 정도에 대해 자기 보고식 설문지를 작성했다. 이 설문지를 통해서 이전에는 확인되지 않았던 40명의 학생들이 정신적 외상에 노출되었으며 그로 인해 관련된 증상을 보인다는 것을 확인할 수 있었다. 이처럼 모든 학생들에게 적용하는 보편적인 평가(universal assessment)는 미해결 슬픔의 예방에 매우 중요한 요소이다.

상실에 대한 정신적 외상 반응을 통합시키려고 노력하는 아동에게 정신적 외상을 불러일으키는 단서(trauma cues)는 정신적 충격을 다시 일으키는 중요한 촉발요인이 된다. 따라서 앞서 언급한 2가지 프로그램의 첫 번째 구성요인은 정신적 외상을 일으키는 촉발요인이 무엇인지 발견하게 하고, 어떻게 그러한 촉발요인의 영향을 줄일 수 있는지를 탐색하도록 하는 것이다(Layne et al., 2001; Saltzman et al., 2001).

사별을 경험한 아동들과 청소년을 돕기 위해 개발된 모형에 대한 평가는 단 한 차례 실시되었다(6~15세, Pfeffer, Jiang, Kakuma, Hwang, & Mestsch, 2002). 평가의 대상이 되었던 개입은 문제 해결, 감정 다루기, 자살 그리고 관계 형성하기에 대한 90분의 심리교육 집단 회기로 10회기에 걸쳐 진행되었다(Pfeffer, 2002). 평가 결과는 불안과 우울의 감정에서 눈에 띄는 향상이 나타났다.

실행 및 정책적 함의

아동들도 한 인간으로서 삶의 경험에 의해 영향을 받으며 이러한 경험 중에는 주변인의 죽음에 대한 노출이 포함된다. 성인의 경우, 주변인의 죽음에 대한 반응으로서 건강과 관련된 장애 증상을 보이는 것을 우리는 안다(Geis, Whittlesey, McDonald, Smith, & Pfefferbaum, 1998). 더욱이 어른들의 미해결 슬픔은 종종 확인하기 힘든 어렸을 때 경험(예: 복잡한 애도, 애착 문제, 정신적 외상)의 결과물이기도 하다.

죽음과 관련하여 아무런 개입도 하지 않을 경우 그 결과는 매우 부정적이기 때문에, 전문가들이 미해결 슬픔의 예방에 관여하는 것은 경제적인 면뿐만 아니라 사회적으로도 매우 유익하다(Charkow, 1998; Geis et al., 1998). 이러한 사실은 의사, 학교 종사자, 간호사, 그리고 정신건강 전문가들이 미해결 슬픔을 경험하는 청소년들을 위해 효과적인 예방 프로그램들로 어떠한 것들이 있는지 교육받을 필요가 있다는 것을 의미한다(Charkow, 1998; Cohen et al., 2002). 뿐만 아니라 전문가들은 모든 청소년들에게 가능하다면 죽음을 접하기 이전에 예방적 개입이 필요하다는 것을 인식해야 한다. 물론 주변인의 죽음이 예상되거나 최근에 주변인의 죽음을 경험하였을 경우에는 더욱더 예방적 개입이 필요하다는 것을 인식해야 한다(Charkow, 1998).

전문가들은 사별과 관련된 예방적 개입이 자녀와 가족에게 필요하다는 것을 부모들에게 교육할 필요가 있다. 가족과 청소년이 변화하는 발달적 특성을 감안하여 열린 의사소통과 애도 의식이 중요하다고 인식하는 경우에는 복잡하지 않은 애도 과정을 겪을 가능성이 높다(Norris-Shortle et al., 1993).

정부 단체들은 미해결 슬픔에 대한 예방 노력들을 종합적으로 지지할 필요가 있다. 이 예방 노력은 가족뿐만 아니라 아동에게 초점을 맞춰야 한다(Dowdney et al., 1999). 학령기의 학생 집단에게 미해결 슬픔 증상을 확인하기 위한 일반적인 검사를 실시하면 이전에 확인되지 않은 정신적 외상의 증상들을 미리 파악할 수 있다(March, Amaya-Jackson,

Terry, & Costanzo, 1997). 청소년 시기의 정신적 외상 증상은 오랜 기간에 걸쳐 학업적인 면과 건강과 관련된 문제들에 영향을 미친다(Black, 1998). 따라서 정부의 재정적 후원을 바탕으로 미해결 슬픔 증상들을 주기적으로 검사하는 것은 매우 중요하다. 보편적인 검사는 가족 구성원의 죽음으로 사별을 경험한 아동들 중에서 도움이 필요한 아동이 누구인지 확인하는 것에 도움을 준다. 조기에 평가하고 이를 바탕으로 적절하게 개입하는 것은 사별을 경험한 가족들의 건강과 더 나아가 이와 관련된 문제들을 예방하는 데 가장 중요한 요인이다(Black, 1998; Cohen et al., 2002).

미래의 방향

사별을 경험하여 미해결 슬픔을 경험한 아동의 경우, 예방적 노력들 없이 개선되지 않는다(Goenjian et al., 1997). "시간이 약이다."라는 근거 없는 말이 있다. 연구들은 조기에 예방적 개입을 실시하면 죽음에 대한 정신적 외상 반응을 감소시킨다는 것을 보여 준다. 인지-행동 집단 치료에 근거를 둔 예방적 개입은 유망한 결과를 보여 준다. 하지만 관련 연구들은 매우 적고 표본의 크기 역시 매우 작다(Cohen et al., 2002). 아동의 미해결 슬픔 예방에 관한 실증적인 연구가 부족하다는 것에는 이견이 없다. 죽음에 관하여 가족에게 교육을 실시하고 지원을 제공하게 되면 아동 및 가족의 구성원에게 미래 혹은 현재의 상실 경험에 적절하게 대처할 수 있는 기술을 제공하는 것이 된다. 연구는 가족의 독특한 구조와 역동 및 발달 단계를 고려하여 어떠한 종류의 예방적 노력을 기울여야 하며, 어떠한 종류의 가족 개입을 실시해야 하고, 청소년들 중 어떠한 하위 유형의 학생들에게 개입을 실시해야 하는지에 관한 구체적 정보를 제공할 수 있어야 한다. 종단연구는 사별을 경험한 가족에게 예방적 노력을 기울이고 동시에 인지-행동에 기초한 치료를 제공했을 때 장기적인 면에서 어떠한 효과가 있는지를 밝혀낼 것이다.

참고문헌

Bentovim, A. (1986). Bereaved children. *British Medical Journal, 292*(6534), 1482.

Bifulco, A., Harris, T., & Brown, G. (1992). Mourning or inadequate care? Reexamining the relationship of maternal loss in childhood with adult depression and anxiety. *Developmental Psychopathology, 4,* 433-449.

Black, D. (1991). Family intervention with families bereaved or about to be bereaved. In D. Papadatou & C. Papadatos (Eds.), *Children and death.* New York: Hemisphere Publishing.

Black, D. (1996). Childhood bereavement. *British Medical Journal, 312*(7045), 1496.

Black, D. (1998). Coping with loss: Bereavement in childhood. *British Medical Journal, 316*(7135), 931-933.

Black, D., & Urbanowicz, M. A. (1987). Family intervention with bereaved children. *Journal of Child Psychology and Psychiatry, 28*(3), 467-476.

Bowlby, J. (1984). Violence in the family as a disorder of the attachment and caregiving systems. *American Journal of Psychoanalysis, 44*(1), 9-27, 29-31.

Breier, A., Kelsoe, J., Kirwin, P., Wolkowitz, O., & Pickar, D. (1988). Early parental loss and development of adult psychopathology. *Archives of General Psychiatry, 45,* 987-993.

Breslau, N., Chilcoat, H. D., Kessler, R. C., & Davis, G. C. (1999). Previous exposure to trauma and PTSD effects of subsequent trauma: Results from the Detroit Area Survey of Trauma. *American Journal of Psychiatry, 156*(6), 902-907.

Buhrmester, D. (1990). Intimacy of friendship, interpersonal competence, and adjustment during preadolescence and adolescence. *Child Development, 61*(4), 1101-1111.

Cerel, J., Fristad, M. A., Weller, E. B., & Weller, R. A. (2000). Suicide-bereaved children and adolescents: II. Parental and family functioning. *Journal of the American Academy of Child and Adolescent Psychiatry, 39*(4), 437-444.

Charkow, W. B. (1998). Inviting children to grieve. *Professional School Counseling, 2*(2), 117-123.

Cheifetz, P. N., Stavrakakis, G., & Lester, E. P. (1989). Studies of the affective state in bereaved children. *Canadian Journal of Psychiatry, 34*(7), 688-692.

Christ, G. H. (2000). Impact of development on children's mourning. *Cancer Practice, 8*(2), 72-81.

Cicchetti, D., Rogosch, F. A., & Toth, S. L. (1998). Maternal depressive disorder and contextual risk: Contributions to the development of attachment insecurity and behavior problems in toddlerhood. *Developmental Psychopathology, 10*(2), 283-300.

Clayton, P. J. (1990). Bereavement and depression. *Journal of Clinical Psychiatry, 51*(Suppl., July), 34-40.

Cohen, J. A., Mannarino, A. P., Greenberg, T., Padlo, S., & Shipley, C. (2002). Childhood traumatic grief: Concepts and controversies. *Trauma, Violence, & Abuse, 3*(4), 307-327.

Dalke, D. (1994). Therapy-assisted growth after parental suicide: From a personal and professional perspective. *Omega Journal of Death and Dying, 29*(2), 113-151.

Davies, B. (1998). *Shadows in the sun: The experience of sibling bereavement in childhood.* Philadelphia: Brunner/Mazel.

Dowdney, L., Wilson, R., Maughan, B., Allerton, M., Schofield, P., & Skuse, D. (1999). Psychological disturbance and service provision in parentally bereaved children: Prospective case-control study. *British Medical Journal, 319*(7206), 354-357.

Elizur, E., & Kaffman, M. (1983). Factors influencing the severity of childhood bereavement reactions. *American Journal of Orthopsychiatry, 53*(4), 668-676.

Emswiler, M. A., & Emswiler, J. P. (2000). *Guiding your child through grief.* New York: Bantam Books.

Eth, S. (1990). Posttraumatic stress disorder in childhood. In M. Hersen & C. G. Last (Ed.), *Handbook of child and adult psychopathology: A longitudinal perspective* (pp. 263-274). New York: Pergamon Press.

Eth, S. (2001). *PTSD in children and adolescents: A developmental-interactional model of child abuse.* Washington, DC: American Psychiatric Association.

Findlay, B. (1999). Using the text "Lucy Bay" to explore loss and grief: Unit overview. *Primary Educator, 5*(3), 17-19.

Foster, S. (1981). Explaining death to children. *British Medical Journal, 282*(6263), 540-542.

Fristad, M. A., Jedel, R., Weller, R. A., & Weller, E. B. (1993). Psychosocial functioning in children after the death of a parent. *American Journal of Psychiatry, 150*(3), 511-513.

Furman, E. (1983). Studies in childhood bereavement. *Canadian Journal of Psychiatry, 28*(4), 241-247.

Furman, E. (1985). Children's patterns in mourning the death of a loved one. *Issues in Comprehensive Pediatric Nursing, 8*(1-6), 185-203.

Furman, E. (1986). On trauma: When is the death of a parent traumatic? *Psychoanalytic Study of the Child, 41,* 191-208.

Geis, H. K., Whittlesey, S. W., McDonald, N. B., Smith, K. L., & Pfefferbaum, B. (1998). Bereavement and loss in childhood. *Child and Adolescent Psychiatric Clinics of North America, 7*(1), viii, 73-85.

Goenjian, A. K., Karayan, I., Pynoos, R. S., Minassian, D., Najarian, L. M., Steinberg, A. M., et al. (1997). Outcome of psychotherapy among early adolescents after trauma. *American Journal of Psychiatry, 154*(4), 536-542.

Gray, R. E. (1987). Adolescent response to the death of a parent. *Journal of Youth and Adolescence, 16*(6), 511-525.

Grieve, H. S. (2000). Helping students grieve. *National Education Association Today, 18*(6), 22.

Here, J., & Skinner, D. (1988). A child bereavement training program for parents. *Early Child Development and Care, 36,* 31-48.

Harris, E. S. (1991). Adolescent bereavement following the death of a parent: An exploratory study. *Child Psychiatry and Human Development, 21*(4), 267-281.

Horowitz, M. J., Siegel, B., Holen, A., Bonanno, G. A., Milbrath, C., & Stinson, C. H. (1997). Diagnostic criteria for complicated grief disorder. *American Journal of Psychiatry, 154*(7), 904-910.

Hurd, R. (1999). Adults view their childhood bereavement experiences. *Death Studies, 23*(1), 17-41.

Jacobs, S., & Ostfeld, A. (1980). The clinical management of grief. *Journal of the American Geriatrics Society, 28*(7), 331-335.

Kim, K., & Jacobs, S. (1991). Pathologic grief and its relationship to their psychiatric disorders. *Journal of Affective Disorders, 21*(4), 257-263.

Kmietowicz, Z. (2000). More services needed for bereaved children. *British Medical Journal, 320*(7239), 893.

Kottman, T. (1994). Adlerian play therapy. In C. E. Schaefer & K. J. O'Connor (Ed.), *Handbook of play therapy: Advances and innovations* (Vol. 2, pp. 3-26). New York: Wiley.

Kranzler, E. M., Shaffer, D., Wasserman, G., & Davies, M. (1990). Early childhood bereavement. *Journal of the American Academy of Child and Adolescent Psychiatry, 29*(4), 513-520.

Layne, C. M., Pynoos, R. S., Saltzman, W. S., Arslanagic, B., Black, M., Savjak, N., et al. (2001). Trauma/grief-focused group psychotherapy: School based postwar intervention with traumatized Bosnian adolescents. *Group Dynamics: Theory, Research, and Practice, 5*(4), 277-290.

March, J. S., Amaya-Jackson, L., Terry, R., & Costanzo, P. (1997). Posttraumatic symptomatology in children and adolescents after an industrial fire. *Journal of the American Academy of Child and Adolescent Psychiatry, 36*(8), 1080-1088.

Marwit, S. J. (1996). Reliability of diagnosing complicated grief: A preliminary investigation. *Journal of Consulting and Clinical Psychology, 64*(3), 563-568.

Marwit, S. J., & Carusa, S. S. (1998). Communicated support following loss: Examining the experiences of parental death and parental divorce in adolescence. *Death Studies, 22*(3), 237-255.

McDermott, O. D., Prigerson, H. G., Reynolds, C. F., III, Houck, P. R., Dew, M. A., Hall, M., et al. (1997). Sleep in the wake of complicated grief symptoms: An exploratory study. *Biological Psychiatry, 41*(6), 710-716.

Middleton, W., Burnett, P., Raphael, B., & Martinek, N. (1996). The bereavement response: A cluster analysis. *British Journal of Psychiatry, 169*(2), 167-171.

Miller, J. B. (1971). Children's reactions to the death of a parent: A review of the psychoanalytic literature. *Journal of American Psychoanalytic Association, 19*(4), 697-719.

Milton, J. (1999a). Loss and grief. *Primary Educator, 5*(3), 10-13.

Milton, J. (1999b). Providing anticipatory guidance for our children: Loss and grief education. *Primary Educator, 5*(3), 13-17.

Neimeyer, R. A., Prigerson, H. G., & Davies, B. M. (2002). Mourning and meaning. *American Behavioral Scientist, 46*(2), 235-251.

Norris-Shortle, C., Young, P. A., & Williams, M. A. (1993). Understanding death and grief for children three and younger. *Social Work, 38*(6), 736-742.

Parkes, C. M. (1972). *Bereavement: Studies of grief in adult life.* New York: International Universities Press.

Pfeffer, C. R. (2002). Suicide in mood disordered children and adolescents. *Child and Adolescent Psychiatric Clinics of North America, 11*(3), x, 639-647.

Pfeffer, C. R., Jiang, H., Kakuma, T., Hwang, J., & Metsch, M. (2002). Group intervention for children bereaved by the suicide of a relative. *Journal of the American Academy of*

Child and Adolescent Psychiatry, 41(5), 505-513.

Prigerson, H. G., Bierhals, A. J., Kasl, S. V., Reynolds, C. F., III, Shear, M. K., Day, N., et al. (1997). Traumatic grief as a risk factor for mental and physical morbidity. *American Journal of Psychiatry, 154*(5), 616-623.

Prigerson, H. G., Bridge, J., Maciejewski, P. K., Beery, L. C., Rosenheck, R. A., Jacobs, S. C., et al. (1999). Influence of traumatic grief on suicidal ideation among young adults. *American Journal of Psychiatry, 156*(12), 1994-1995.

Prigerson, H. G., & Jacobs, S. C. (Eds.). (2001). *Traumatic grief as a distinct disorder: A rationale, consensus criteria, and a preliminary empirical test.* Washington, DC: American Psychological Association.

Prigerson, H. G., Shear, M. K., Jacobs, S. C., Reynolds, C. F., III, Maciejewski, P. K., & Davidson, J. R. T. (1999, January). Consensus criteria for traumatic grief: A preliminary empirical test. *British Journal of Psychiatry, 174,* 67-73.

Rosen, H. (1985). Prohibitions against mourning in childhood sibling loss. *Omega Journal of Death and Dying, 15*(4), 307-316.

Saler, L., & Skolnick, N. (1992). Childhood parental death and depression in adulthood: Roles of surviving parent and family environment. *American Journal of Orthopsychiatry, 62*(4), 504-516.

Saltzman, W. R., Pynoos, R. S., Layne, C. M., Steinberg, A. M., & Aisenberg, E. (2001). Trauma/grief-focused intervention for adolescents exposed to community violence: Results of a school-based screening and group treatment protocol. *Group Dynamics: Theory, Research, and Practice, 5*(4), 291-303.

Sanchez, L., Fristad, M. A., Weller, R. A., Weller, E. B., & Moye, J. (1994). Anxiety in acutely bereaved prepubertal children. *Annals of Clinical Psychiatry, 6*(1), 39-43.

Schroeder, K. (1998). Grief support group. *Education Digest, 64*(1), 75.

Sekaer, C. (1987). Toward a definition of "childhood mourning." *American Journal of Psychotherapy, 41*(2), 201-219.

Selekman, J., Busch, T., & Kimble, C. S. (2001). Grieving children: Are we meeting the challenge? *Pediatric Nursing, 27*(4), 414-419.

Silverman, P. r., & Worden, J. W. (1992). Children's reactions in the early months after the death of a parent. *American Journal of Orthopsychiatry, 62*(1), 93-104.

Sood, B., Weller, E. B., Weller, R. A., Fristad, M. A., & Bowes, J. (1992). Somatic complaints in grieving children. *Mental Health Care, 2*(1), 17-25.

Van Eerdewegh, M. M., Clayton, P., & Van Eerdewegh, P. (1985, August). The bereaved child: Variables influencing early psychopathology. *British Journal of Psychiatry, 147,* 188-194.

Vida, S., & Grizenko, N. (1989). *DSM-III-R* and the phenomenology of childhood bereavement: A review. *Canadian Journal of Psychiatry, 34*(2), 148-155.

Weller, R. A., Weller, E. B., Fristad, M. A., & Bowes, J. M. (1991). Depression in recently bereaved prepubertal children. *American Journal of Psychiatry, 148*(11), 1536-1540.

Wolfenstein, M. (1966). How is mourning possible? *Psychoanalytic Study of the Child, 21,* 93-123.

Wolfenstein, M. (1969). Loss, rage, and repetition. *Psychoanalytic Study of the Child, 24,* 432-460.

Worden, J. W., Davies, B., & McCown, D. (1999). Comparing parent loss with sibling loss. *Death Studies, 23*(1), 1-15.

Worden, J. W., & Silverman, P. R. (1996). Parental death and the adjustment of school-age children. *Omega: Journal of Death and Dying, 35*(2), 91-102.

Zisook, S., & DeVaul, R. A. (1983). Grief, unresolved grief, and depression. *Psychosomatics, 24*(3), 247-256.

Zisook, S., & DeVaul, R. A. (1984). Measuring acute grief. *Psychiatric Medicine, 2*(2), 169-176.

Zisook, S., & DeVaul, R. A. (1985). Unresolved grief. *American Journal of Psychoanalysis, 45*(4), 370-379.

Children
제4장
Adolescent

청소년 정신건강

*Dominique E. Roe-sepowitz & Bruce A. Thyer

청소년 시기는 부모와 학생 모두에게 힘든 시간이 될 수 있다. 청소년의 행동에 영향을 미치는 요소들 중에는 또래들에게 잘 보이고 싶은 마음, 자신의 몸과 신체적 외모의 변화에 적응하려는 시도, 학교 환경, 가족 특성, 그리고 미래에 대한 결정을 내리는 것들이 포함된다(SAMHSA, 2002). 이 장에서는 청소년기(adolescence)의 범위를 10~12세 사이에 시작하여 18~19세쯤에 끝나는 변화와 성장의 시기로 정의한다.

청소년은 변화로 가득찬 시기이다. 이 시기에 사람의 몸은 호르몬의 분비가 증가되고 신체적 성장이 가속화되며, 에너지의 수준이 수시로 바뀐다. 또한 수면에 대한 욕구가 증가하고 기분도 빠르게 변화될 수 있다. 뿐만 아니라 또래들과의 관계가 무엇보다 중요해진다. 이와 같은 청소년 시기에는 정신건강 문제가 발생할 위험이 높으며 그 위험성은 심각할 수 있다. 이러한 정신건강 문제는 학생과 가족 모두에게 고통을 줄 수 있다. 정신건강 문제는 형태가 많고 종류도 다양하지만, 이러한 모든 문제들의 공통점은 청소년이 삶의 도전에 적응하고 대처하는 능력에 영향을 미친다는 점이다.

미국의 연방 보건국장(Surgeon General of the United States)은 정신건강(mental health)

*Dominique E. Roe-Sepowitz, MSW Florida State University School of Social Work
Bruce A. Thyer, PhD, LCSW Florida State University School of Social Work

을 "생산적인 활동을 이끌고 타인과의 관계에서의 만족감을 주며 변화에 적응하고 역경에 대처하는 능력에 영향을 미치는 정신 기능의 성공적인 수행"(Surgeon General's Report on Mental Health, 1999, p. vii)이라고 정의했다. 또한 정신건강은 인간이 긍정적인 자아존중감과 적응유연성을 바탕으로 감정적으로 생각하고 반응하며, 배우고 성장하는 것을 포함하여 사회에서 어떻게 기능하는지에 대한 원천이 된다(Surgeon General's Report on Mental Health, 1999). 청소년 시기에 정신건강 문제를 예방하는 것은 정신질환의 발병을 미연에 방지하는 것을 의미한다. 정신질환 혹은 정신건강 문제는 사회적 · 교육적 · 심리적 기능상의 장애를 수반하며 사고, 행동, 정서상의 다양한 형태로 나타난다. 청소년기의 정신건강 문제는 학업 실패, 우정과 가족관계의 파탄, 심지어 자살이나 살인까지 초래할 수 있기 때문에 중요한 연구 영역이다. 아동기와 청소년기의 정신건강 문제에 대한 진단은 1990년 중반부터 시작되었다. 그 당시 이러한 진단은 정신건강 문제의 치명적인 결과를 미리 예방하기 위해 아동과 청소년을 대상으로 조기에 개입하는 서비스를 제공하려는 의도를 가지고 있었다.

미국 의학 연구소(Institute of Medicine, 1994)가 발행한 『정신장애를 위한 위험의 감소: 예방적인 개입 연구의 개척(*Reducing Risks for Mental Disorders: Frontiers for Preventive Intervention Research*)』이라는 책이 출판된 이후 정신건강 문제 예방 프로그램의 개발과 이를 실행한 사례는 꾸준히 증가되어 왔다(Dulmus & Wodarski, 1997). 특히 정신건강과 아동에 초점을 맞춘 이 저서는 예방적 연구에 새로운 지평을 열었다. 정신건강 문제의 예방은 학교폭력에 대한 인식의 증가, 가족의 붕괴, 그리고 정신건강 문제로 진단되고 있는 아동 수의 증가와 함께 큰 주목을 받아 왔다. 정신건강 문제 예방 프로그램의 목표는 아동과 청소년의 사회적 · 정서적 발달을 향상시키고, 정신장애의 발병을 미연에 방지하거나 그 영향을 최소화하려는 노력을 통해 위험요인의 영향(예: 학대, 방치 혹은 빈곤)을 최대한 줄이는 것에 있다.

비록 정신건강 문제 예방 프로그램이 양적인 면에서 꾸준하게 성장하고 있지만, 그와 비교하여 경험적으로 입증된 프로그램은 거의 없는 실정이다. 이 장에서는 보편적이고, 선택적이며 지시적인 프로그램의 3가지 종류의 예방 프로그램을 다룬다. 전체를 대상으로 정신장애에 걸리지 않도록 예방에 목표를 두는 프로그램은 보편적인 예방적 개입으로 불린다. 반면 정신건강 문제의 위험이 있어 보이는 집단을 대상으로 하는 프로그램은 선택적인 예방 프로그램으로 불린다. 이 집단에 속하는 아동 및 청소년의 몇 가지 예를 들면, 부모가 이혼했거나 가정과 지역사회에서 폭력을 목격했거나 죽음으로 인해 삶에서 소중한 사람을 잃은 경우이다. 아동 및 청소년 중에는 우울증, 주의력결핍과잉행동장애(ADHD), 품행장애, 섭식장애, 불안, 외상후스트레스장애와 같은 정신건강 문제의 증상과 징후를 이미 보이는 학생도 있다. 이들을 대상으로 하는 예방적 개입은 지시적인 예방 프로그램으로 불린다. 공간의 제약으로 인하여, 이 장에서는 우울, 불안, 그리고 섭식장애를 위한 증거기반(evidence-based)의 지시적인 예방 프로그램만 제시하고자 한다. 비록 정신장애 진단 및 통계 편람(Diagnostic and Statistical Manual of Mental Disorders: DSM, American Psychiatric Association[APA], 1994)에서 창안한 진단 명칭을 이 책에서 사용하지만, 이러한 명칭을 사용한다고 해서 정신장애의 개념을 무비판적으로 받아들인다는 것을 의미하지는 않는다. DSM에 열거된 장애 원인의 대부분은 불분명하며, 그것을 정신장애라고 규정하기에는 가정이 충분하지 않다. 오히려 이름을 바꾸어 행동, 정서 및 지적 장애 진단 편람(Diagnostic Manual of Behavioral, Affective, and Intellectual Disorders)이라고 했다면 DSM에 비해 훨씬 명료한 명칭이었을 것이다. 또한 문제를 일으키는 요인이 개인의 내적 요인인 마음(mind)에 있다는 인상을 지울 수 있었을 것이다. 우리가 흔히 말하는 정신질환이 환경적 요인, 생물학적 요인, 가족력, 혹은 또래요인에 관계된 원인들을 가지고 있다면 결코 정신장애라고 해석될 수는 없다. 정신장애라는 용어나 정신건강 문제에 대한 참고문헌을 사용하는 것은 단순히 현대 언어의 편리한 관습일 뿐이며, 이것이 정신(mental) 문제라고 하는 것에 대한 필연적인 합의를 의미하는 것이 전혀 아님을 밝혀 둔다.

경향과 발생률

통계에 따르면, 청소년기의 정신건강 문제는 지난 10년간 증가되어 왔다. 이와 같은 증가의 이유는 아마 장애를 발견하여 보고하는 방식이 개선되었거나 청소년에게 위험요인으로 작용하는 노숙(homelessness), 부모의 약물 및 알코올 문제 등이 증가했기 때문일 것이다. 더불어 점점 더 많은 미국 아동과 청소년들이 높은 비율의 아동학대와 방임을 당하고 있어 정신장애가 생길 위험이 보다 높아졌다(Dulmus & Wodarski, 1997). 대략 150만 명의 아동이 학대당하고 방임되고 있으며, 1,460만 명에 이르는 18세 이하 아동이 빈곤 속에서 살고 있다(American Academy of Child and Adolescent Psychiatry, 1990).

장애에 관한 국민건강 인터뷰 조사(The National Health Interview Survey on Disability,

1994~1995)에 따르면 미국의 일반인, 즉 시설에 수용되지 않은 대상 중에서 약 12.9%(52만 9천 명)의 아동이 정신적 · 감정적 문제를 보인다고 한다. 이 통계는 놀랄 만한 수치이다. 대략 18세 이하의 아동 5명 중 한 명이 DSM-IV에서 명시된, 진단할 수 있는 정도의 정신적 · 정서적 · 행동적 장애의 증상과 징후를 보이는 것이다(SAMHSA, 6조). 또한 10명의 청소년 중 한 명은 심각한 정서장애로 고통받고 있다. 그러나 이들의 70%는 정신건강 서비스를 받지 않는다(Surgeon General's Report on Mental Health, 1999). 무려 청소년 8명 중 한 명이 우울증을 경험하고 있고(Center for Mental Health Services[CMHS], 1998), 십대 여학생들은 남학생보다 더 많이 우울증을 경험하는 경향이 있다(National Institute of Mental Health[NIMH], 2000).

일반적인 위험요인

미국의 연방보건국장의 보고에 따르면, 사회경제적 수준과 배경 변인에 상관없이 모든 아동들은 정신장애와 정신건강 문제에 취약하다. 몇몇 요인들은 문제의 위험을 증가시키는 것으로 알려져 있는데 그 요인들은 다음과 같다. 신체상의 문제들, 출생 시 저체중, 지적장애, 세대에 걸친 빈곤, 노숙, 주양육자로부터의 분리, 모든 형태의 학대와 방임 등이다(Surgeon General's Report on Mental Health, 1999, p. xv).

Rutter(1979)는 다음과 같은 사항들을 포함한 많은 요인들이 아동의 정신과적인 질환의 위험을 높이는 데 기여한다는 것을 확인하였다.

1. 아동을 위탁가정에 보내는 것
2. 낮은 사회경제적 지위
3. 심각한 수준의 가정불화
4. 가족의 크기가 크거나 과밀한 경우
5. 아버지의 범죄 관련성

이러한 요인들이 축적되면 청소년들의 삶에서 스트레스가 유발되고, 교육적 · 행동적 · 정신적 문제들의 위험이 야기되며 심화되는 것으로 알려져 있다.

미국 약물 남용 및 정신건강 서비스 관리국(Substance Abuse and Mental Health Services

Administration: SAMHSA)은 아동과 청소년들의 정신건강에 관한 웹 사이트에 청소년의 정신건강 문제에 위험요인으로 작용하는 것들의 목록을 기재했는데, 그 요인들은 다음과 같다. 환경독소에 노출되는 것(예: 높은 수치의 석면이나 납), 가정에서 폭력을 목격하거나 폭력의 피해를 경험하는 것과 같이 폭력에 노출되는 것, 감정적 · 신체적 · 성적 학대, 자동차를 이용한 총격범행(drive-by shootings), 테러리즘, 강도 또는 다른 재난들, 지속적인 빈곤, 차별 또는 다른 심각한 고통들과 관련된 스트레스, 어린 시절에 죽음이나 이혼, 관계 단절 등으로 중요한 사람들과 헤어지는 것들이 포함된다. Kazdin(1993)도 부모의 정신병력, 약물이나 알코올에 관한 문제, 그리고 피임하지 않은 성관계 같은 요인들이 아동과 청소년의 신체적 · 정신적 · 사회적 발달에 영향을 미치기 때문에 이 요인들을 아동과 청소년 정신건강 문제의 생물학적인 위험요인으로 규정하였다.

만약 위험요인들을 줄이거나 예방하거나, 또는 변화시킬 수 있다면 청소년 시기에 발생하는 정신건강 문제의 가능성을 낮출 수 있다. 일부의 위험요인들은 납이 포함된 페인트의 사용을 규제하는 프로그램이나 안전한 성관계, 혹은 성적 욕구 조절에 관한 홍보활동 등과 같은 공중보건 계획을 통하여 감소될 수 있을 것이다. 하지만 이러한 위험요인들 중 일부는 완전히 근절하기 어렵다. 청소년의 삶에 존재하는 위험요인에 대한 인식은 사회복지사나 학교체제의 노력을 통해 증가될 수 있다. 이러한 위험요인들이 정신건강에 미치는 해로운 영향을 줄이기 위해 구체적인 예방 프로그램을 개발하고 실시함으로써 이러한 위험요인들을 효과적으로 다룰 수 있다. 정신건강 문제를 일으킬 수 있는 관련된 위험요인을 지닌 청소년 집단의 경우, 정신건강과 관련하여 위험 집단으로 구분될 수 있다(Dulmus & Wodarski, 1997). 청소년 전체 모두를 위험 집단으로 간주할 수도 있고, 특정한 위험요인에 노출된 일부 청소년들을 위험 집단으로 구분하는 것도 가능하다. 따라서 청소년의 정신건강 문제를 예방하는 프로그램은 청소년 전체를 대상으로 할 수도 있고, 특정 위험을 지닌 일부에 한하여 시행할 수도 있으며, 이미 정신건강 문제들의 증상과 징후를 보이기 시작한 청소년들을 위해 개발될 수도 있다.

충분한 근거는 무엇인가

미국 심리학회의 12분과(임상심리학)는 심리학적인 절차를 홍보하고 보급하기 위한 특별 전문 위원회(Division 12 Task Force, 1995)를 구성하였다. 이 위원회는 어떤 특정 개입이 효율성이라는 측면에서 얼마나 잘 구성되었는지 판단하기 위한 지침서를 제작하였다. 이 위원회가 제안하는 효과적인 개입의 최소한의 기준은 다음과 같다.

1. 개입은 최소한 2개의 잘 설계된 집단 간 연구에 의해 효과성(efficacy)이 있다는 지지를 받아야 하는데, 다음에 제시되는 방법 중 하나 혹은 그 이상을 만족시켜야 한다.
   - 실험적인 처치는 효과가 입증된 약(credible pill)이나 심리적인 위약처치(placebo treatment)보다 우수해야 한다.
   - 실험적인 처치는 충분한 통계적 검증력(예: 그룹당 최소 30명)을 바탕으로 이미 효과성이 입증된 처치와 동등한 수준의 효과성을 입증해야 한다.
2. 연구는 처치 매뉴얼에 입각하여 수행되어야 한다. 그래야 개입을 정확하게 반복적으로 시행할 수 있고 실행자들에게 처치를 보급할 수 있다.
3. 실험에 참가한 사람들의 특징은 명확하게 기술되어야 한다.
4. 최소 2명의 서로 다른 연구자나, 연구 팀에 의해서 긍정적인 결과가 얻어져야 한다.

"정신건강 문제 예방 프로그램이 잘 구성되어 있으며 효과적이라고 주장하기 위한 충분한 근거는 무엇인가?"라는 질문에 대한 간결한 대답은 "무선배정을 사용하여 잘 설계되고 통제 집단을 포함하는 2개의 집단으로 구성된 임상적 실험"이라고 말할 수 있다. 비록 이것이 최소화된 기준으로 보이지만, 이 기준을 만족시키는 정신건강 문제 관련 예방 개입은 찾기 힘들다. 우리는 이러한 지침을 참고하여 청소년 정신건강 문제 예방 개입에 관한 논문을 재검토하였다. 그 결과 이 기준을 충족하는 프로그램들을 발견하였고 이러한 프로그램들을 소개하였다. 그러나 섭식장애 예방 프로그램과 2개의 불안 예방 프로그램 중 하나는 이러한 기준에 부합하지 못했다. 그럼에도 불구하고 이러한 프로그램을 소개하는 이유는 이 프로그램들은 연구 설계 면에서 매우 참신하고 향후 프로그램을 위해 도움이 될 것으로 판단하였기 때문이다.

효과적인 보편적 예방 프로그램

정신장애를 위한 보편적 예방 프로그램은 일반 대중 또는 정신적 장애에 대한 위험요인을 기반으로 선택된 사람들 중 특정 집단을 대상으로 만들어진 프로그램이다. 보편적 유형의 예방 프로그램을 통해 이익을 얻을 수 있는 사람들에는 폭력을 목격했거나 폭력을 당할 위험에 처한 아이들, 한부모가정의 아이들, 역할 모델이 거의 없는 아이들, 그리고 사회적 기술이 부족한 아이들이 포함된다. 보편적 예방 프로그램의 초점은 정신건강 문제와 관련된 위험요인들로부터 지켜 줄 수 있는 예방요인들을 강화하는 것이다. 적극적으로 자신을 표현하는 방법을 익히거나 화를 표현하는 방법을 배우는 것과 같은 보호요인들의 개발은 청소년 모두에게 바람직할 수 있다.

보편적 예방 프로그램은 대집단의 형태로 청소년들에게 제공된다. 따라서 정신건강 집단에 참여한다는 오명을 없애고 적극적이고 긍정적인 동기를 제공할 수 있다. 두 종류의 보편적 예방 프로그램이 이 장에서 논의될 것이다. 폭력/피해와 분노 예방(violence/victimization and anger prevention), 그리고 사회-인지적 기술 개발(social-cognitive skill-building) 프로그램이다. 오직 두 종류의 청소년 프로그램만이 특별위원회(Task Force)가 선정한 좋은 개입의 결정 조건을 만족시키는 것으로 확인되었다. 괴롭힘 예방 프로그램(Bullying Prevention Program)과 평화롭고 긍정적인 방식으로 대응하기(Responding in Peaceful and Positive Ways) 프로그램이다.

괴롭힘 예방 프로그램은 1984년에서 1985년 사이에 노르웨이에서 처음으로 실행되었다. 개입 매뉴얼을 기반으로 초등학교와 중학교에 제공되었던 이 프로그램은 괴롭힘 행동을 멈추고 예방하기 위한 구체적인 규칙들을 만들고 실행하는 교실 개입을 포함시켰다. 개별적 개입은 가해자, 피해자, 그리고 그들의 부모님들과 함께 토론하는 것을 포함했다. 괴롭힘 예방 프로그램의 목표는 초등학교와 중, 고등학교에서의 괴롭힘 행동과 피해를 줄이고 예방하는 것이다. 이 프로그램은 교직원들에 의해 실행되고 학교에 있는 모든 학생들에게 제공된다.

Olweus(1989)는 연구를 통해 이 프로그램을 실행한 지 4개월 후에 괴롭힘과 피해 비율에서 눈에 띄는 감소가 있었다고 보고했다. 또한 참가자들은 무단결석, 음주, 절도, 싸움, 그리고 공공기물 파손과 같은 행동에서 극적인 감소를 나타냈다. 이 예방 프로그램의 효과가 2년 후에도 증가되었다는 것을 주목할 필요가 있다. 폭력 예방 연구소(Center for the Study and Prevention of Violence, 1997)의 보고에 따르면, 괴롭힘 예방 프로그램에 참여한 참가자들은 교실과 학교에서 사회적 풍토(social climates)가 향상되었다고 보고했다. 참가자들은 또한 그들이 학업과 학교에 대해 더욱 긍정적인 태도와 긍정적인 관계를 가지게 되었으며, 학교 환경에서 더욱 질서 정연해지고 훈련되었다고 보고했다.

Meyer와 Northup(1995)에 의해 만들어진 평화롭고 긍정적인 방식으로 반응하기(RIPP)

는 학습 이론에 기초한 25회기의 프로그램이다. 이 프로그램은 갈등을 비폭력적으로 해결하도록 격려하고 긍정적인 의사소통을 강화하는 사회 인지적 기술을 개발하는 것을 목표로 한다(Greenberg, Domitrovich, & Bumbarger, 2001). RIPP 프로그램은 매뉴얼이 있는 프로그램으로 역할 놀이, 감정 표현하기, 또래 중재, 편견 해결하기, 팀 구축하기, 소집단, 이완 기법과 같은 활동들을 포함한다. 학생들은 특정 분노 관리 기술과 자기 평가 기술을 배우고 매일 반복해서 사용한다. 각 단계들은 문제와 문제에 대한 감정에 대해 멈춰서 진정하고 확인한 후에 비폭력적인 대안들 중에서 결정하는 것을 포함한다(해결하기, 피하기, 무시하기 또는 제거하기). 그리고 그 결정한 것을 실행하고 다시 돌아본 후에 평가하는 단계까지 이루어진다(Farrell, Meyer, & White, 2001).

Meyer(1997)는 RIPP 프로그램이 폭력 관련 피해 및 학교에 무기를 가져오는 사건들을 줄여 주고 자아존중감에서 긍정적인 변화를 가져오며 갈등 해결에 또래 중재의 사용을 증가시킨다는 것을 발견했다. 또한 프로그램에 참가한 학생들은 행동 문제를 덜 나타냈다. 그리고 통제 집단보다 정학 비율도 훨씬 더 낮아졌다. Farrell과 동료들(2001)은 무선표집된 Virginia의 600명 이상의 중학생들을 대상으로 RIPP 프로그램을 평가했다. 프로그램을 실시한 후 폭력 활동에 대한 징계가 줄어들었고, 통제 집단과 비교했을 때 RIPP 프로그램 이후 학교 내 정학도 줄어들었다는 것을 발견했다. 참가자들은 또한 갈등 해결을 위해 또래 중재의 사용이 증가하고 싸움과 관련된 피해는 감소했다고 보고했다.

효과적인 선택적 예방 개입

선택적인 예방 개입 프로그램은 생물학적/환경적 요인으로 인해 정신건강 문제를 일으킬 가능성이 높은 개인이나 하위집단을 위한 개입이다. 원인이 되는 요인들로는 부모나 사랑하는 사람의 죽음, 이혼(단절), 폭력이 있다. 위험 집단이란 생물학적, 심리학적 혹은 사회적 위험요인을 기반으로 정신건강 문제나 장애의 초기 증상과 관련된 증상을 보이는 집단을 뜻한다. 프로그램은 복합적인 정신건강 문제를 예방하기 위하여 지원체계를 제공하고 대처 기술을 향상시키는 내용들로 구성되어 있다.

예를 들어, Furstenberg, Morgan 및 Allison(1987)이 실시한 국가 수준의 설문조사 결과에 따르면, 이혼가정의 자녀들은 그렇지 않은 가정의 자녀들보다 학업 수행, 문제 행동, 정신적 고통과 같은 문제들을 더 많이 경험한다고 보고된다. 이혼한 부모의 자녀들을 위한 특정 프로그램으로 큰형/큰언니(Big Brother/Big Sister: BBBS) 프로그램과 이혼 가정 자녀를 위한 개입 프로그램(Children of Divorce Intervention Program: CODIP)이 있으며 이러한 프로그램들은 미국 전역에서 계속해서 시행되고 있는 프로그램들이다.

BBBS는 부모님의 이혼으로 심한 지루함과 외로움(Zill, 1983)을 느끼고, 사회적 · 학업적 · 심리적 적응 문제(Kelly, 1988)로 인한 부정적인 결과가 자녀들에게 미치는 것을 예방하기 위해 공동모금기관인 United Way[1)]에 의해 만들어졌다. 이 프로그램은 한 부모 가정의 자녀들에게 도움이 될 만한 동성의 성인 자원봉사자를 연결해 준다. 성인 자원봉사자와 아동은 일주일에 3~5시간 정도의 시간을 함께 보내면서 우정을 쌓고 서로를 이해하고 역할 모델링을 통해 배우는 시간을 가진다.

Turner와 Scherman(1996)은 BBBS에 참여한 7~13세의 남학생 45명을 대상으로 연구를 실시한 결과, 지루함과 외로움에 대한 불평이 줄어들고 자아개념은 향상되었으며 불안이 감소되었다고 보고하였다. 또한 자신의 신체적 외형도 더 괜찮다고 생각하게 되고 또래 사이에서 더 인기를 얻게 되었다고 보고하였다. Rhodes, Haight 및 Briggs(1999)는 입양아들을 대상으로 BBBS 프로그램을 실시한 결과 참여자들에게 유의미한 변화가 발생하는 것을 확인하였다. 입양아들의 경우 사회적 기술이 향상되었고, 또래에 대한 신뢰도가 향상되어 보다 수월하게 친구들과 상호작용할 수 있었다. 또한 입양아들의 친사회성이 향상되었고 자존감의 향상을 돕는 지지를 더 많이 받는 것으로 확인되었다. Grossman과 Tierney(1998)는 BBBS 프로그램에 참여한 10~16세의 571명 청소년을 대상으로 18개월 후의 모습을 조사한 결과, 학교에 결석하거나 누군가를 때리는 비율이 줄어들고, 술과 약물 사용의 사용 빈도가 줄어드는 것을 확인하였다. 또한 연구 대상자들은 학업에서의 자신감이 향상되었고, 가족과의 관계가 훨씬 좋아진 것으로 나타났다.

이혼가정 자녀를 위한 개입 프로그램(CODIP)은 학교기반 프로그램으로, 부모가 이혼하였거나 별거 중인 가정의 자녀를 위해 Pedro-Carroll과 Cowen(1985)이 창안하였다. 이 프로그램은 부모가 이혼이나 별거를 한 후 몇몇 자녀들이 경험하게 되는 행동적, 정서적 문제를 완화시키거나 예방하기 위해 구성된 프로그램이다(Cowen et al., 1996). 또한 이 프로그램은 문제를 해결하도록 돕는 의사소통 기술을 발달시킬 수 있도록 지원과

1) 역자 주: United Way(공동모금기관)는 미국 자선단체(United Way of America: UWA)로서 미국의 많은 복지시설 · 단체가 제각기 모금 활동을 하여 독립 모금의 형태로 이루어지는 자금 수요를 일괄해서 맡고 있다. 보다 자세한 사항은 홈페이지(www.unitedway.org)를 참조하기 바란다.

도움을 제공한다. 이 프로그램은 부모의 이혼에 대해 논의하면서 자신의 감정을 표현할 수 있는 수단을 아동에게 제공하며 동시에 구성된 지지 집단체제를 갖추고 있다. Pedro-Carroll, Sutton 및 Wyman(1999)과 Pedro-Carroll, Alpert-Gilles 및 Cowen(1992)은 참여자들에게서 전체적으로 부모-자녀 간 의사소통 능력이 좋아졌고 이로 인해 가정에서의 적응력이 향상되었으며, 학교의 경우 또래와의 관계와 교실 행동이 나아졌다고 보고하였다. 또한 참여자들의 경우 상당한 정도의 불안이 감소되었다는 결과가 나타났다.

폭력의 피해에 노출되는 것은 청소년기의 정신건강 문제와 관련이 있다(SAMHSA, 8조). 그 피해에는 1차적인 피해(피해당하는 것)와 2차적인 피해(피해를 목격하거나 알고 있는 것)를 포함한다. 아래에 제시하는 프로그램은 공격성, 사회적 적응 및 갈등 해결에 관한 예방 프로그램이다.

긍정적 청소년 선택 훈련(Positive Adolescent Choices Training: PACT)은 Yung(1991)이 개발한 프로그램으로 사회 적응력 향상과 의사소통 기술의 신장 및 발달, 분노 조절 기술 습득을 통해 아동의 공격성을 예방하는 프로그램이다. PACT 예방 프로그램은 폭력을 줄이거나, 그로 인한 피해를 입게 될 가능성을 줄이고자 6~12학년 학생 중에서 위험 집단에 속한 학생들에게 제공하는 프로그램이다. 이 프로그램은 특별히 흑인 청소년을 위해 만들어졌는데 현재는 다양한 인종 집단에게 적용되고 있다. 교사는 먼저 사회적 기술이 부족하고 공격적 행동을 보이며 폭력 행동 경험이 있는 학생들을 프로그램의 참여자로 선정한다. 지침에 따라 10명 이하의 학생들로 프로그램 집단을 구성하고, 갈등 상황에서 사용할 수 있는 사회적 기술과 협상 기술들을 학생들에게 가르친다. Yung(1991) 및 Hammond와 Yung(1993)은 각각 준실험설계(quasi-experimental)[2] 연구를 실시하여 효과를 검증하였다. 이들의 연구 결과, 참여자들의 사회적 기술과 분노 조절 기술이 향상되었으며, 폭력 행동이나 공격적 행동 관련 사건이 줄어들었음이 확인되었다. 또한 참여자들에게서 문제 해결 능력과 의사소통 기술, 협상 기술의 향상과 공격적 행동이 감소됨을 확인하였다.

2) 역자 주: 준실험설계(quasi-experimental)는 연구자가 실험처치를 할 수 있다는 점에서는 실험연구에 속하나 연구 집단의 선정, 실험처치의 무선 배정 또는 실험처치에서의 제한 등 모든 관련 변인들을 완전히 통제하거나 조작할 수 없는 실험설계를 의미한다.

효과적인 지시적 예방 개입

지시적인 예방 개입은 정신장애와 관련된 DSM 기준을 만족하지 못하는 고위험 집단의 학생들에게 중점을 둔 프로그램들이다. 그 밖에도 정신장애나 정신건강 문제의 증상이나 징후를 보이는 것으로 확인된 사람들에게 초점을 맞춘다(Institute of Medicine, 1994). 지시적인 예방 프로그램들은 결국 DSM 기준에 부합할 수 있지만 아직 병리적인 수준에까지 이르지 않은 청소년을 위한 것이다.

다음과 같이 정신건강 문제와 관련한 증거기반 지시적 예방 프로그램으로는 우울, 불안 및 섭식장애 프로그램이 있다. 이 장에서 특정한 장애만 언급하고, 예방 프로그램의 수도 제한적인 이유는 경험적으로 확고하게 입증된 예방 프로그램에 관한 문헌의 양이 적기 때문이다.

우울

아동기와 청소년기의 우울(depression)은 성인의 우울 형태와 다르다. 우울증에 걸린 아동과 청소년은 정신병적인 특징들을 거의 가지고 있지 않고, 만약 있다면 망상적(delusional)인 것보다는 청각적(auditory)인 것이 대부분이다(Surgeon General's Report on Mental Health, 1999). 우울증에 걸린 아동과 청소년은 우울증에 걸린 성인에 비해 분리불안과 같은 불안 증상, 대인기피증, 두통과 복통과 같은 신체적 증상을 호소한다. 아동과 청소년의 우울증 진단은 임상심리사들에게 큰 걱정을 안겨 준다. 왜냐하면 우울증은 십대 청소년 사망 원인 중 3위인 자살의 위험을 증가시킬 수 있고(Centers for Disease Control and Prevention, 1999), 감정부전장애(dysthymic disorder)와 양극성장애(bipolar disorder)와 같은 기분장애(mood disorder)와 관련이 있기 때문이다.

미국 의학 연구소(The Institute of Medicine, 1994)는 3가지 형태의 청소년 우울증을 일으킬 수 있는 5가지의 위험요인들을 다음과 같이 제시하였다.

1. 부모나 가까운 친척이 기분 장애를 지닌 경우
2. 상실, 이혼, 별거, 실업, 직업에 대한 불만족, 만성질환과 같은 신체적 장애, 정신적 외상 경험, 아동의 경우 학습장애와 같이 심각한 스트레스요인을 가진 경우

3. 낮은 자아존중감, 낮은 자아효능감, 무기력함 및 절망감이 있는 경우
4. 성별이 여성인 경우
5. 가난한 경우

다음에 제시한 2개의 청소년 우울 예방 프로그램은 위에서 언급한 특별위원회의 기준을 만족시키는 프로그램이다. 스트레스에 대처하기(Coping with Stress: CWS) 프로그램(Clarke et al., 1995)과 펜실베이니아 예방 프로그램(Penn Prevention Program: PPP)이다. 이러한 프로그램들은 부부 갈등, 낮은 가족 응집력, 품행 문제들을 포함하여 자가진단 측정에서 높은 수준의 우울 증세와 위험을 보인 청소년을 대상으로 한다.

CWS 예방 프로그램은 높은 우울 증세를 보이는 청소년을 위한 프로그램으로 Clarke, Lewinsohn 및 Hops(1990)에 의해 개발되었다. CWS는 부정적이고 비이성적인 생각들을 확인하고 재조직하기 위하여 인지 재구성(cognitive-restructuring) 기술과 같은 기법들을 가르치는데, 청소년들에게 만화, 집단 활동, 역할극을 사용하여 이러한 기법을 가르친다. CWS는 우울과 관련하여 적응할 수 있는 대처 기술을 개발하는 것에 초점을 두고, 방과 후에 각각 45분씩 15회의 집단 회기로 구성되어 있다. 이 프로그램은 특별히 훈련받은 학교 심리학자들과 상담자들이 이끄는 프로그램이다. Clarke와 동료들(1995)은 CWS 프로그램에 대해 무선배정을 사용한 효과성 측정 실험을 수행하였고, 그 결과 CWS 프로그램을 받은 사람들에게 효과가 있음을 밝혔다. 비록 프로그램이 끝난 직후에는 치료 집단과 통제 집단 사이에 차이점이 없었지만 12개월 후에 실시된 평가에서는 치료 집단과 통제 집단 사이에 주요 우울장애 또는 기분저하 증세의 발생 정도에 상당히 명백한 차이가 있음을 확인하였다(Beardslee & Gladstone, 2001; Clarke et al., 1995; Greenberg et al., 2001).

펜실베이니아 예방 프로그램(The Penn Prevention Program)은 Martin Seligman과 펜실베이니아 대학의 연구 팀(Jaycox, Reivich, Gillham, & Seligman, 1994)에 의해 개발되었다. 이 프로그램의 목적은 인식의 왜곡을 바꾸고 우울증의 위험이 있는 청소년의 대처 기술을 향상시키려는 데 있다. 참가자들은 높은 우울 증세를 보였고, 가족갈등을 심하게 경험하고 있었다. PPP 프로그램은 12회에 걸쳐 90분씩으로 이루어진 집단회기로 구성되어 있는데, 문제 이해와 문제 해결/대처 기술들을 가르치기 위해 지도(instruction)와 숙제 기법(homework techniques)을 사용하는 프로그램이다. 무선 혼합 내포설계(randomized, mixed method, nested design)[4]를 사용한 준실험평가(quasi-experimental evaluation)를 사용-

하여 효과성을 검증하였는데 이 프로그램을 마치고 난 뒤 우울증 증상이 임상적으로 명백하게 감소하는 효과성을 확인하였다. 프로그램이 끝난 시점으로부터 6개월이 지난 뒤 실시한 사후 검증 결과에서도 동일하게 확인되었다(Gillham, Reivich, Jaycox, & Seligman, 1995; Jaycox et al., 1994).

섭식장애

일반적으로 섭식장애(eating disorder)는 3가지 형태로 진단되는데—거식증(anorexia nervosa), 신경성 과식증(bulimia nervosa), 폭식장애(binge eating disorder)—젊은 여성의 약 3%는 DSM에 제시된 섭식장애의 진단 기준을 만족시킨다(Becker, Grin-spoon, Klibanski, & Herzog, 1999). 섭식장애의 위험요인과 원인은 알려지지 않았지만 유전적 요인, 신경화학물질 관련 요인, 발달심리적 요인, 사회문화적 요인들의 결합이라고 생각된다(Becker et al., 1999). 섭식장애는 여학생들의 정신건강 관련 질환 중 세 번째로 높은 빈도를 차지하며 이들의 삶을 위협하고 있다(Rosen & Neumark-Sztainer, 1998). 섭식장애를 진단받고 치료받는 청소년들의 수는 점차 증가하는 것으로 보인다(Rosen & Neumark-Sztainer, 1998). 최근에는 청소년들의 섭식장애 발병 예방에 대해 훨씬 많은 문헌이 발표되고 있지만, 실험을 통해 입증되고 반복적으로 확인되며 경험적으로 입증된 예방 프로그램은 찾기 힘들다. 다음에 제시하는 섭식장애 예방 프로그램들은 비록 단일 준실험(single quasi-experimental) 연구에 의해 효과성이 입증되었지만 우리는 이러한 프로그램들이 이 분야에서 가장 유망한 예시라고 생각하여 소개하고자 한다.

사람들의 다양성(Everybody's Different: ED) 프로그램은 매뉴얼화된 학교기반 섭식장애 예방 프로그램으로 자기 신체에 대한 심상과 식사 태도, 그리고 청소년의 식사 행동 개선에 초점을 맞추고 있다(O'Dea, 1995). 이 프로그램은 중학교와 고등학교 학생들에게 9주 동안 매주 시행되는 50~80분의 회기로 구성되어 있다. ED 프로그램은 모든 선생님에 의해 시행될 수 있고 집단과 협동 작업을 사용하는 활동, 게임, 드라마를 포함한다.

4) 역자 주: 무선 혼합 내포설계(randomized, mixed method, nested design)는 무선배정을 사용하며 실험자 간 요인(통제 집단 vs. 실험 집단)과 실험자 내 요인(사전 검사 vs. 사후 검사)을 동시에 사용하는 설계이다. 이러한 혼합설계(mixed design)의 장점은 이원분산분석과 같이 주효과와 상호작용 효과를 동시에 알아볼 수 있다. 반면 내포설계(nested design)란 실험에 참여한 학생이 오직 한 가지의 프로그램을 받는 경우를 말하며 한 학생이 여러 프로그램을 받는 교차설계(crossed design)와 차이를 보인다.

O'Dea와 Abraham(2000)은 11~14세의 남성과 여성을 대상으로 연구했고 실험 집단의 경우 통제 집단에 비해 신체에 대한 만족과 자존감의 긍정적 변화에서 더 높은 사후 점수를 보인다는 것을 발견했다. 그들은 또한 참가자들이 12개월 후에 날씬함과 몸매 만족에 대한 욕구가 낮다는 것을 확인하였다.

WEP(The Weight to Eat Program) 프로그램은 체중관리와 영양에 관련된 지식, 태도, 행동을 개선하고 청소년의 신체에 대한 만족을 강화하기 위해, 그리고 음식과 체중 문제에 대한 자기효능감의 향상을 돕기 위해 제작된 것으로 학교에서 행하는 섭식장애 예방 프로그램이다(Neumark-Sztainer, Butler, & Palti, 1995). 이 프로그램은 10주 동안 1주일에 1시간씩 영양교사나 보건교사에 의해 실시된다. WEP 프로그램은 건강에 해로운 다이어트를 하거나 폭식 행동을 하는 청소년들을 대상으로 실시한다. 이 프로그램은 섭식문제를 다룬 영화에 대해 토론하거나 포스터를 제작하는 것과 같은 다양한 활동을 포함한다. Neumark-Sztainer와 동료들은 10학년 여학생들을 대상으로 실시한 준실험 연구에서 이 프로그램이 식사와 관련된 문제 행동의 발생을 예방하는 것뿐만 아니라 영양과 식사 패턴에 대한 청소년의 지식 형성에 좋은 영향을 미친다는 것을 확인하였다.

불안장애

불안장애(anxiety disorder)라는 용어는 분리불안, 광장공포증, 공황장애, 범불안장애, 사회공포증, 강박 신경증을 포함하며 소위 정신건강 문제라고 불리는 수많은 것들을 포함한다. 위와 같은 조건들을 모두 합하면 불안장애는 아동기나 청소년기에 나타나는 모든 정신장애들 중 가장 높은 유병률을 보인다(Costello et al., 1996). 불안장애는 청소년의 인지적 · 사회적 기능을 심하게 손상시킬 수 있다. 청소년 불안장애와 관련된 특유의 위험요인들로는 아동 초기의 기질, 삶의 부정적인 사건들, 부모의 행동, 그리고 청소년들의 대처 방식 등이 있다(Spence & Dadds, 1996). 이러한 각각의 위험요인에 기초하여 구체적인 개입 프로그램을 개발할 수 있다.

스트레스 면역 훈련(Stress Inoculation Training: SIT)은 '부정적 정서의 각성'을 줄이고 그 밖의 스트레스와 관련된 문제들을 감소시키기 위해 제작된 것으로 학교에서 실행하는 예방 프로그램이다(Hains, 1992). 이 프로그램은 인지 재구성, 불안 관리 그리고 문제 해결 기술을 훈련하는 프로그램으로 13회기로 구성되어 있다. 이 프로그램의 특징으로는 스트레스 수첩(stress diary), 긴장 완화 기술(relaxation technique), 자기주장 훈련(assertiveness training)을 포함한다는 점이다. Hains는 15~17세 남학생들을 대상으로 한 실험에서 참가자들이 SIT 프로그램에 참가한 이후에 불안 증상을 적게 보인다는 것을 발견했다. Karpe, Kumaraiah, Mishra 및 Sheshadri(1994)는 그들의 소규모 집단 연구에서 SIT 프로그램을 받은 13~16세의 소년들이 분노 폭발이나 스트레스에서 두드러진 감소를 보인다는 결과를 발견했고, Kiselica, Baker, Thomas 및 Reedy(1994)는 실험을 통해 통제 집단에 비해 SIT 프로그램을 받은 참가자들이 4주 후에 불안과 스트레스 증상의 경우 두드러진 개선을 보인다는 것을 확인하였다.

퀸즈랜드 조기개입 및 불안 예방 프로젝트(Queensland Early Intervention and Prevention of Anxiety Project: QEIPAP)는 오직 한 가지의 실증적인 타당화 연구에 의해 뒷받침되고 있지만 잘 구성된 프로그램이다. 이 프로그램은 높은 단계의 불안을 보이는 7~14세의 아동과 청소년을 대상으로 매뉴얼화되어 학교에서 행해지는 프로그램이다(Dadds, Spence, Halland, Barrett, & Lauren, 1997). QEIPAP는 아이들과 가족 집단을 통합하고 심리교육 훈련을 결합하였다. 이 프로그램의 목적은 기존의 불안 비율을 감소시키고 추가 불안 문제의 발생을 예방하는 것이다. 이 프로그램은 스트레스가 많거나 불안을 유발하는 상황에 노출되어 있는 학생들에게 인지적 · 행동적 · 생리적 대처 전략의 사용 방법을 가르친다(Dadds et al., 1997). Dadds와 동료들이 실시한 통제된 실험에서 이 예방 프로그램의 참가자들은 더 낮은 불안 비율을 보여 주었고 새로운 불안 증상을 보이는 사람이 더 적게 발생한다는 것이 6개월 후에 확인되었다. Dadds와 동료들(1999)은 2년 후에도 참가자들이 여전히 통제 집단보다 더 낮은 불안 비율을 보인다는 것을 확인하였다.

실행 및 정책적 함의와 미래의 방향

청소년들의 정신건강 문제에 대한 위험 요소들은 매우 방대하며 위험요인을 예방하는 것보다 위험요인으로 인한 문제에 대처하는 것이 더 쉬워 보인다. 그럼에도 불구하고 오늘날의 과학 연구는 증거기반 심리사회 예방 프로그램의 토대를 만들기 시작했다. 엄격한 과학의 관점에서 보면, 경험적으로 입증된 연구의 결과로부터 정책을 적용한 경우는 거의 없다. 또한 효과적이라는 측면에서 증거에 기반을 둔(evidence-based), 혹은 입증된(established)이라는 수식어를 붙일 만큼 오늘날의 엄격한 기준을 만족시키는 심리사회적 예방적 개입도 찾아보기 힘든 실정이다. 증거기반 실행(evidence-based practice)이란 엄격한 기준에 의해 효과성이 입증된, 즉 둘 이상의 독립적인 실험을 거치고 그 실험이 무선배정을 활용한 통제 집단을 사용하여 효과성이 입증된 그런 개입들만을 선택한다는 의미는 아니다. 오히려 너무 엄격한 기준보다는 적절한 기준을 적용하여 현재 수행된 연구 중에서 가장 효과성이 입증된 프로그램을 선택하는 것이 증거기반 실행이라고 볼 수 있다. 물론 모든 것들이 동등하다는 조건에서는 가장 엄격한 개입 예방 프로그램을 선택해야 한다. 예를 들어, 어떤 영역에서는 오직 하나의 무선 통제 집단을 사용한 연구만이 존재할 수 있고 오로지 준실험만이 존재하거나 반복된 단일 시험만이 존재할 수 있다. 증거기반 실행이란 앞에서 언급한 이러한 연구들을 통해서 알게 된, 즉 청소년 정신건강 예방 서비스라는 선택된 영역에서 무엇이 가장 효과적인지에 관한 단서들을 활용하는 것이다. 그리고 우리는 이 장에서 이러한 서비스들 중 몇 가지를 검토하였다. 청소년 정신건강 예방 서비스를 선택하고 제공하는 것에 참여한 전문가들은 지금까지 간략하게 설명한 프로그램들(〈표 4-1〉 참고)을 잘 알고 있어야 하며, 유사하게 입증된 다른 심리사회적 예방 프로그램 역시 알아두어야 한다. 또한 연구를 통해 새로운 예방 프로그램들이 개발되고 있기 때문에 새롭게 발표되는 연구 문헌들을 지속적으로 검토해야 한다. 이미 긍정적인 결과를 보여 준 프로그램이라 할지라도 효과성 검증을 다시 실시하고 적용하는 것은 의미 있는 활동이다. 프로그램을 선택하고 실행할 때 단순히 이론이나 일화적 경험, 그동안 행해 왔던 관행에 의존하기보다는 위와 같은 과정을 따르는 것이 보다 윤리적이며 바람직한 접근 방식이다.

표 4-1 선택적인 청소년 정신건강 예방 프로그램을 위한 참고문헌

큰형/큰언니 프로그램(Big brothers/Big sisters)

National web site: http://www.bbbsa.org

괴롭힘 예방 프로그램(Bullying Prevention Program): 유치원~8학년

연락처 Susan Limber
Institute on Family and Neighborhood Life
Clemson University
158 Poole Agriculture Center
Clemson, SC 29634
Phone: (864)656-6320
Fax: (864)656-6281

이혼가정 자녀를 위한 개입 프로그램(Children of Divorce Intervention Program)

연락처 Johnne Pedro-Carroll, PhD
Primary Mental Health Project
University of Rochester
575 Mt. Hope Avenue
Rochester, NY 14620
Phone: (716)275-2547
Web site: www.prevention.psu.edu

스트레스 대처 과정(Coping with Stress Course)

매뉴얼 다운이 가능한 곳: http://www.kpchr.org/public/acwd/acwd.html

사람들의 다양성(Everybody's Different)

연락처 Dr. J.O'Dea
University of sydney
Building a35, NSW 2006
Austrailia
E-mail:
odeaj@edfac.
usyd.edu.au

펜실베이니아 예방 프로그램(Penn Prevention Program)

Web site: http://www.prevention.psu.edu

긍정적 청소년 선택 훈련 프로그램(Positive Adolescent Choice Training Program: PACT)

연락처 Dr. Betty Young
Program Developer
PACT School of Professional Psychology
Wright state University
9 North Edwin C.Moses Blvd
Dayton, OH 45407
Phone: (937)775-4300
Fax: (937)775-4323
E-mail:
Byung@wright.edu

구입처 Mr.Dennis Wiziecki
Research Press
P.O. Box 9177
Champaign, IL 61826

Phone: (800)519-2707
E-mail: rp@researchpress.com

평화롭고 긍정적인 방식으로 대응하기(Responding in Peaceful and Positive Ways: RIPP)

연락처 Melanie McCarthy
Youth Violence Prevention Project
Virginia Commonwealth University
808 West Franklin St.
Box 2018
Richmond, VA 23284-2018
Phone: (804)828-8793
Fax: (804)827-1511

WEP 프로그램(The Weight to Eat Program)

연락처 Diana Neumark-Sztainer, PhD
Associate Professor
Division of Epidemiology
School of Public Health
University of Minnesota
300 W B O B
Minneapols, MN 55454
E-mail: neuma011@umn.edu

참고문헌

American Academy of Child and Adolescent Psychiatry. (1999). Retrieved September 12, 2002, from http://www.aacap.org/about/q&a.htm.

American Psychiatric Association. (1994). *Diagnostic and statistical manual of mental disorders* (4th ed.). Washington, DC: Author.

Beardslee, W. R., & Gladstone, T. R. G. (2001). Prevention of childhood depression: Recent findings and future prospects. *Biological Psychiatry, 49,* 1101-1110.

Becker, A. E., Grinspoon, S. K., Klibanski, A., & Herzog, D. B. (1999). Eating disorders. *New England Journal of Medicine, 340,* 1092-1098.

Center for Mental Health Services. (1998). *Children's and adolescent's mental health.* Retrieved September 12, 2002, from http://www.mentalhealth.org/publications/allpubs/

CA-0004/default.asp.

Center for the Study and Prevention of Violence. (1997). *Big Brothers/Big Sisters of America.* Retrieved September 12, 2002, from http://www.colorado.edu/cspv/publications/factsheets/blueprints/pdf/FS-BPM02.pdf.

Centers for Disease Control and Prevention. (1999). *Suicide deaths and rates per 100,000.* Retrieved September 15, 2002, from http://www.cdc.gov/ncipc/data/us9794/suic.htm.

Clarke, G. N., Hawkins, W., Murphy, M., Sheeber, L. B., Lewinsohn, P. M., & Seeley, J. S. (1995). Targeted prevention of unipolar depressive disorder in an at-risk sample of high school adolescents: A randomized trial of a group cognitive intervention. *Journal of the American Academy of Child and Adolescent Psychiatry, 34,* 312-321.

Clarke, G. N., Lewinsohn, P. M., & Hops, H. (1990). *Instructor's manual for the adolescent coping with depression course.* Portland, OR: Kaiser Permanente Center for Health Research.

Costello, E. J., Angold, A., Burns, B. J., Stangl, D. K., Tweed, D. L., Erkanli, A., et al. (1996). The great smoky mountains study of youth: Goals, design, methods, and the prevalence of *DSM-III-R* disorders. *Archives of General Psychiatry, 53,* 1129-1136.

Cowen, E. L., Hightower, A. D., Pedro-Carroll, J. L., Work, W. C., Wyman, P. A., & Haffey, W. G. (1996). *School based prevention for children at risk: The primary mental health project.* Washington, DC: American Psychological Association.

Dadds, M. R., Holland, D. E., Laurens, K. R., Mullins, M., Barrett, P. M., & Spence, S. H. (1999). Early intervention and prevention of anxiety disorders in children: Results at 2-year follow up. *Journal of Consulting and Clinical Psychology, 67,* 145-150.

Dadds, M. R., Spence, S. H., Holland, D. E., Barrett, P. M., & Laurens, K. R. (1997). Prevention and early intervention for anxiety disorders: A controlled trial. *Journal of Consulting and Clinical Psychology, 65,* 627-635.

Division 12 Task Force. (1995). Training in and dissemination of empirically validated psychological treatments: Report and recommendations. *Clinical Psychologist, 16,* 319-324.

Dulmus, C. N., & Wodarski, J. S. (1997). Prevention of childhood mental disorders: A literature review reflecting hope and a vision for the future. *Child and Adolescent Social Work Journal, 14*(3), 181-198.

Farrell, A. D., Meyer, A. L., & White, K. S. (2001). Evaluation of Responding in Peaceful and Positive Ways (RIPP): A school-based prevention program for reducing violence among urban adolescents. *Journal of Clinical Child and Adolescent Psychology, 30,* 451-463.

Furstenberg, F. F., Jr., Morgan, S. P., & Allison, P. D. (1987). Parental participation and children's well-being after marital dissolution. *American Sociological Review, 52,* 695-701.

Gillham, J. E., Reivich, K. J., Jaycox, L. H., & Seligman, M. E. P. (1995). Prevention of depressive symptoms in schoolchildren: Two-year follow up. *Psychological Science, 6,* 343-351.

Greenberg, M. T., Domitrovich, C., & Bumbarger, B. (2001). The prevention of mental disorders in school-aged children: Current state of the field. *Prevention and Treatment, 4,* 1-62. Retrieved August 1, 2002, from http://journals.apa.org/prevention/volume4/pre0040001a.html.

Grossman, J. B., & Tierney, J. P. (1998). Does mentoring work? An impact study of the Big Brothers/Big Sisters program. *Evaluation Report, 22,* 403-426.

Hains, A. A. (1992). Comparison of cognitive-behavioral stress management techniques with adolescent boys. *Journal of Counseling and Development, 70,* 600-605.

Hammond, R., & Yung, B. (1993). Psychology's role in the public health response to assaultive violence among young African American men. *American Psychologist, 48,* 142-154.

Institute of Medicine. (1994). *Reducing risks for mental disorders: Frontiers for preventative intervention research.* Washington, DC: National Academy Press.

Jaycox, L. H., Reivich, K. J., Gillham, J., & Seligman, M. E. P. (1994). Prevention of depressive symptoms in school children. *Behavior Research and Therapy, 32,* 801-816.

Karpe, S., Kumaraiah, V., Mishra, H., & Sheshadri, S. (1994). Behavioral interventions of anger outbursts in adolescents. *National Institute of Mental Health and Neuro Sciences Journal, 12,* 163-167.

Kazdin, A. E. (1993). Adolescent mental health: Prevention and treatment programs. *American Psychologist, 48,* 121-141.

Kelly, J. (1988). Long-term adjustment in children of divorce: Converging findings and implications for practice. *Journal of Family Psychology, 2,* 119-140.

Kiselica, M. S., Baker, S. B., Thomas, R. N., & Reedy, S. (1994). Effects of stress inoculation training on anxiety, stress, and academic performance among adolescents. *Journal of Counseling Psychology, 41,* 335-342.

Meyer, A. L. (1997). What is violence prevention, anyway? *Educational Leadership, 54*(8), 31-34.

Meyer, A. L., & Northup, W. (1995). *Responding in peaceful and positive ways: A violence prevention curriculum for the sixth grade.* Unpublished manuscript.

National Health Interview Survey on Disability. (1994-1995). Retrieved September 12, 2002, from http://www.cdc.gov/nchs/about/major/nhis_dis/nhis_dis.htm.

National Institute of Mental Health. (2000). *Adolescent depression.* Retrieved September 12, 2002, from http://www.nimh.nih.gov/.

Neumark-Sztainer, D., Butler, R., & Palti, H. (1995). Eating disturbances among adolescent girls: Evaluation of a school-based primary prevention program. *Journal of Nutrition Education, 27,* 24-22.

O'Dea, J. A. (1995). *Everybody's different: A self esteem program for young adolescents.* Sydney, Australia: University of Sydney Press.

O'Dea, J. A., & Abraham, S. (2000). Improving the body image, eating attitudes, and behaviors of young male and female adolescents: A new educational approach that focuses on self-esteem. *International Journal of Eating Disorders, 28,* 43-57.

Olweus, D. (1989). Bully/victim problems among schoolchildren: Basic facts and effects of a school-based intervention program. In K. Rubin & D. Heppler (Eds.), *The development and treatment of childhood aggression* (pp. 411-448). Hillsdale, NJ: Erlbaum.

Pedro-Carroll, J. L., Alpert-Gilles, L. J., & Cowen, E. L. (1992). An evaluation of the efficacy of a preventative intervention for 4th-6th grade urban children of divorce. *Journal of Primary Prevention, 13,* 115-130.

Pedro-Carroll, J. L., & Cowen, E. L. (1985). The children of divorce intervention program: An investigation of the efficacy of a school-based prevention program. *Journal of Consulting and Clinical Psychology, 53,* 603-611.

Pedro-Carroll, J. L., Sutton, J. L., & Wyman, P. A. (1999). A two-year follow-up evaluation of a preventive intervention for young children of divorce. *School Psychology Review, 28,* 467-476.

Rhodes, J. E., Haight, W. L., & Briggs, E. C. (1999). The influence of mentoring on the peer relationships of foster youth in relative and nonrelative care. *Journal of Research on*

Adolescence, 9, 185-201.

Rosen, D. S., & Neumark-Sztainer, D. (1998). Review of options for primary prevention of eating disturbances among adolescents. *Journal of Adolescent Health, 23,* 354-363.

Rutter, M. (1979). Protective factors in children's response to stress and disadvantage. In M. W. Kent & J. E. Rolf (Eds.), *Primary prevention of psychopathology.* Hanover, NH: University Press of New England.

Spence, S. H., & Dadds, M. R. (1996). Preventing childhood anxiety disorders. *Journal of Behaviour Change, 13,* 241-249.

Substance Abuse and Mental Health Services Administration. (2002). *Children's and adolescents' mental health.* Retrieved August 3, 2002, from http://www.mentalhealth.org/publications/allpubs/ca-0004/.

Surgeon General's Report on Mental Health. (1999). *Mental health: A report of the Surgeon General-Executive Summary.* Rockville, MD: U.S. Department of Health and Human Services.

Turner, S., & Scherman, A. (1996). Big brothers: Impact on little brothers' self-concepts and behaviors. *Adolescence, 31,* 875-883.

Yung, B. (1991). Preventing violence in at-risk African American youth. *Journal of Health Care for the Poor and Underserved, 2,* 359-373.

Zill, N. (1983). *Happy, healthy and insecure.* New York: Doubleday.

Children 제5장 Adolescent

청소년 자살 예방

*Andreak. McCarter, Karen M. Sowers, & Catherine N. Dulmus

통계 결과에 따르면, 오늘날 청소년을 괴롭히는 가장 시급한 문제 중 2가지는 십대의 우울과 자살로 나타났다(Wodarski, Wodarski, & Dulmus, 2003). 현재 아동과 청소년의 20%는 임상적 우울과 같은 정신장애를 앓고 있으며(National Plan for Research on Child and Adolescent Mental Health, 1990), 이런 청소년은 종종 문제가 아주 심각해진 이후에야 진단을 받게 된다. 청소년 자살은 과거 30년 동안 계속 증가되고 있는 문제이며, 최근 자료에 따르면 15~19세의 청소년 사망 원인 중 자살이 세 번째로 높은 원인으로 나타났다(National Center for Health Statistics, 2000; U. S. Public Health Service, 1999). 자살은 지난 30년 동안 3배가 증가되었지만(Peters, Kochanek, & Murphy, 1998), "종교적 연루, 가족들의 우려, 보험 비용 제한으로 인한 재정적 문제로 자살이 실제보다 적게 보고되는 경향"이 있기 때문에 여전히 낮게 추정되고 있을 것이다(Garland & Zigler, 1993, p. 169). 뿐만 아니라 실제 자살은 각 사건당 50~100번 정도의 자살시도(suicide attempts)를 하는 것으로 추정된다(Kalafat, 1990). Griffiths와 Farley 및 Frase(1986)는 사회가 보다 산업 기술에 의존하면서 희망의 상실(hopelessness)을 일으키고, 인간 정서를 더욱 둔감하게 하여서

*Andrea K. McCarter, MSSW University of Tennessee College of Social Work
Karen M. Sowers, PhD, MSW University of Tennessee College of Social Work
Catherine N. Dulmus, PhD, ACSW University of Tennessee-Knoxville College of Social Work

자살이 더욱 증가하게 되었다고 말한다. 자살의 수는 "사회적 계층의 경계를 넘어, 교육적이고 지역적인 한계를 넘어" 분포한다(DenHoute, 1981, p. 3). 다른 학자들은 스트레스의 증가(Hemming, 1977)와 사회에서의 소외 혹은 무력감(powerlessness)을 자살의 중요한 이유로 언급한다(Ferguson, 1983). 미국 청소년들 사이의 자살이 점점 증가하고 있기 때문에 이들의 자살에 대한 예방과 중재는 점점 중요시되고 있다(Silverman & Felner, 1995). 학교체제가 청소년들에게 예방 프로그램을 실시하기에 가장 높은 접근성을 가진 것으로 밝혀졌지만, 중재와 예방 프로그램은 학교 이외에도 긴급 직통전화(crisis hotline)와 외래치료 및 병원 입원까지 다양한 형태로 실시되었다.

이 장에서는 첫째, 자살에 관한 문헌뿐만 아니라 청소년 자살과 관련된 경향과 사건들에 대한 정보를 제공하고자 한다. 둘째, 청소년의 자살 위험요인들과 관련된 문헌의 요약을 제공하고 우울 평가도구를 제시하였다. 자살 생각(suicidal ideation)과 시도를 다루기 위한 대처 방법이 세 번째 단락에서 논의되었고, 이에 따라 보편적 · 선택적 · 지시적 예방 개입에 관한 정보가 제시되었다. 마지막으로, 앞으로의 연구를 위한 몇 가지 가능한 방침을 포함하여 현장에서 필요한 정책과 실행을 위한 함의점이 논의되었다.

경향과 발생률

자살은 청소년 사회에서 증가하고 있는 문제이다. 1960년대에는 청소년 자살이 흔치 않은 사건이었다(Maris, 1985). 그 당시 남자 청소년은 10만 명당 5.6명의 비율로, 여자 청소년은 10만 명당 1.6명의 비율로 자살하였다(Kalafat & Neigher, 1991). 1960~1980년대에, 남자 청소년은 10만 명당 13.8명으로, 여자 청소년은 10만 명당 3명의 비율로 자살률이 급격하게 증가하였다(Kalafat & Neigher, 1991). 남자 청소년의 자살은 1984년에 10만 명당 21명으로 그 비율이 계속 증가하였다(Kalafat & Neigher, 1991). 1988년의 경우 2,059명의 자살건수가 추정되었다. 이는 남자와 여자를 합쳤을 때 10만 명당 11.3명의 비율이다(Garland & Zigler, 1993). 질병 관리 본부(Centers for Disease Control, 2001)의 보고서에 따르면, 1998년 모든 자살의 15%는 25세 이하의 청년 자살로 추정된다. 1952~1995년까지, 사춘기에 있는 청소년들과 젊은 성인들의 자살은 거의 3배가 증가하였다. 15~19세의 청소년들의 자살은 거의 11% 증가하였고, 10~14세 청소년들의 자살은 1980~1997년에 109% 증가하였다. 이러한 통계 결과는 아동과 청소년들에게 자살이 유행처럼 퍼지고 있으며 이 문제에 대한 보다 나은 경험적인 이해와 예방적 접근이 필요함을 말해 준다. 연구에 따르면, 성인 자살과 관련된 문헌들은 많이 있지만, 청소년 자살에 대한 정보와 예방 프로그램은 상대적으로 부족하다는 것을 알 수 있다(Kalafat, 1990). 활용할 수 있는 문헌과 연구의 대부분은 1980년대 후반과 1990년대 초반에 보급된 것들이다. 활용 가능한 프로그램들의 효과성 평가에 대해 논의하는 논문들이 많이 있다(Ciffone, 1993; Lester, 1997; Streiner & Adam, 1987). 또한 자살의 위험요인에 관해 논의한 논문도 많다(Crespi, 1990; Evans, Marte, Betts, & Silliman, 2001; Griffiths et al., 1986; Maris, 1985; Wetzler et al., 1996). 이러한 위험요인들은 개인, 가족, 지역사회와 사회적 사건을 포함하고 있다.

위험요인

청소년 자살의 위험요인들에 관한 많은 연구 논문이 있다. 논문의 저자들은 시간에 걸쳐서 발달해 가는 단계(stage)나 연속체(continuum)로서 위험요인을 규정한다. 이러한 문헌들은 자살에 대한 복합적인 위험요인들을 제공하고 있으며, 청소년과 관련된 하나의 특정 위험요인에 집중하는 것보다는 청소년을 둘러싼 삶의 다양한 측면에 중점을 두어야 할 필요가 있음을 말하고 있다.

청소년의 자살에 대한 위험요인을 조사할 때 고려해야 할 여러 단계가 있다. James와 Wherry(1991)는 '행동의 위계'라는 관점에서 이 단계들을 설명한다(p. 23). 이 연속체는 "자살 경향(suicidal tendency, 말로 언급하는 것), 자살 표시(suicidal gesture, 주의를 끄는 행동을 하는 것), 자살 위협(suicidal threat, 심각하게 위협적인 말을 하는 것), 자살 시도(suicidal attempt, 위험한 시도)와 자살(suicide, 실제 죽음)" (p. 23)으로 나누어진 단계를 포함하며 자살에 대한 생각과 행동의 발달단계를 설명한다.

지역사회와 사회적 수준의 관점에서 보면 자살을 시도하게 하거나 실제로 자살로 이끄는 몇몇 위험요인들이 있다. Kachur, Potter, Powell 및 Rosenberg(1992)와 Kellermann의 동료들(1992)은 지역사회의 높은 자살률에 대한 3가지 지표로 제한된 경제적 기회, 높은 실업률, 거주의 불안정을 제시하였다.

자살을 유도하는 개인이나 가족의 잠재적 위험성의 지표는 가족의 기능장애(Den-Houter, 1981; Faber, 1978)부터 개인의 약물 남용(Evans et al., 2001; Lewinsohn, Rohde, &

Seeley, 1993)에 이르기까지 다양하다. 자살의 위험요인으로 가장 많이 논의되는 것은 우울증이나 다른 종류의 정신병리들(psychopathology)이다. Lewinsohn과 동료들(1993), Harris와 Lenings(1993), Crespi(1990) 및 Wetzler와 동료들(1996) 모두 우울증을 자살 위험요인의 핵심이라고 간주했다. 다른 요인들로는 이전에 자살을 시도했던 경험이나 자살 생각(Crespi, 1990; DenHouter, 1981), 그리고 성별(Lewinsohn et al., 1993)을 들 수 있다. 성별에 관한 연구에서는 남성들이 높은 자살 성공률을 보이는 것에 반해 여성들은 자살시도를 더 많이 한다는 것을 알 수 있다.

개인, 가족, 지역사회나 사회적 요인 이외에, 몇몇 학자들은 시간이 흐르면서 발달해 가는 단계나 연속체로서의 지표를 제시하였다(Calhoun, 1972; Ciffone, 1990; Hipple, 1987; James & Wherry, 1991; Kalafat & Neigher, 1991; Lester & Leenaars, 1996). Calhoun은 자살한 사람들의 자살 전 생각을 다음의 4가지로 분류하였다. 반(反)이성적(catalogic) 사고, 이성적(logical) 사고, 변질된(contaminated) 사고 및 구(舊)논리적(paleologic) 사고이다. 반이성적(catalogic)으로 분류되는 사람들은 이성적으로 사고할 수 없는 사람들이다. 반면에 이성적(logical)으로 분류되는 사람들은 자살의 결정을 논리적으로 할 수 있는 사람들이다. 변질된(contaminated) 사고를 하는 사람들은 영적이거나 종교적인 이유로 자살을 저지를 수 있다고 믿는 사람들이며, 마지막으로 환각에 의해 자살을 저지르는 사람들은 구논리적(paleogic)으로 분류된다.

또한 Ciffone(1990)는 청소년 자살은 단적으로 설명할 수 없는 것이라고 주장한다. 그는 선행요인(predisposing), 촉발요인(precipitating), 부족한 대처 기술 요인(poor coping skills)이라는 3가지 요인을 제시한다. 자살 위험에 관한 선행요인은 특정 사건에 필수적으로 발생하는 것은 아니다. 가족관계에서의 부모의 역기능(Blumemthal & Kupfer, 1988)이나 부모의 관계(Wodarski & Harros, 1987), 혹은 상호작용의 역기능(Pfeffer, 1986), 청소년기 동안의 신체적 변화(Goffman, 1963)와 호르몬 변화(Blumemthal & Kupfer, 1988), 성격 특성 등과 같은 문제를 포함하는 것으로 특정 사건 형태로 일어나기보다는 원래 존재하는 특징과 같은 것들이다. 반면에 촉발요인은 대인관계에서의 갈등이나 상실, 반감을 느끼는 것, 외적인 스트레스요인(Brent et al., 1988), 혹은 성(性)적 발달(Hirschfeld & Blumenthal, 1986)과 같이 청소년의 삶에서 갑자기 발생하는 사건과 관련된 것이다. 위험요인의 마지막 범주는 부족한 대처 기술이다. 많은 청소년들은 잠재적으로 약물 남용(Brent et al., 1988)이나 세상에 대한 편견(Wodarski & Harros, 1987), 그리고 죽음에 관한 왜곡된 믿음(Pfeffer, 1986)과 관련된 문제들을 다른 사람들의 도움 없이 스스로 해결하려고 한다. 뿐만 아니라 청소년들은 문제–해결 능력이 부족하다(Elkind, 1984).

Lester와 Leenaars(1996)는 자살 위험을 2가지 범주로 분류했다. 정신내적인 범주에 속하는 위험요인들로는 정신적인 고통(Schneidman, 1985)과 부적응(Leenaars, 1972) 등이 있다. 반면 외적인 위험요인들은 대인관계의 범주와 관련된 요인으로 관계나 따돌림을 포함하고 있다. Calhoun(1972)이 위험 영역을 분류했던 것과 유사하게, Kalafat와 Neigher(1991)는 Blumenthal과 Kupfer(1987)에 의해 만들어진 모델의 5가지 위험 범주에 관해 논의했다. 생물학적 요인(Biology), 심리사회적 사건(psychosocial events), 성격(personality), 유전을 포함한 가족력(family history), 정신장애(psychiatric disorder)의 5가지 요인 모두 자살을 할 가능성이 있는 청소년들을 도울 때 평가해야 할 영역들이다.

자살의 위험요인을 살펴보는 또 다른 관점은 시간에 걸쳐 나타나는 행동을 파악하는 것이다. Hipper(1987)는 청소년들이 삶에서 경험하는 스트레스 상황이 자살을 유발하는 행동의 첫째 단계라고 설명한다. 둘째, 스트레스가 심화될수록 청소년들은 무기력한 기분을 느끼기 시작하며, 이 무력감은 셋째 단계를 이끈다. 셋째 단계는 그들 스스로에게 잠재적으로 위협을 가하는 위기의 순간이다.

청소년 자살의 위험요인을 바라보는 다양한 관점이 있지만, 무엇보다 가장 중요한 것은 청소년 자살이 계속적으로 증가하고 있고, 이들 자살 청소년은 잠재적인 위험 표시를 보내고 있으며, 자살을 예방하기 위해서는 위험 징후에 이어 후속적인 개입이 제공되어야 한다는 점이다.

청소년의 우울 및 자살 행동 평가

1980년대 초기의 연구자들은 청소년의 우울증을 치료하는 것에 관심을 가지기 시작했다(Marcotte, 1997). 우울증이 빈번하게 자살을 촉발시킨다는 것을 알았기 때문이다. 20~25%의 남학생들과 25~40%의 여학생들이 우울한 감정을 가지고 있는 것으로 추정되며(Petersin et al., 1993), 4~12%는 병적 우울증을 나타냄으로써 정신장애 진단 및 통계 편람(DSM-IV)의 기준을 충족시킨다(Reynolds, 1992). 병적 우울증을 가진 청소년들을 찾아내는 것은 이들을 돕기 위한 필수 요소이며 이를 통해 자살을 예방할 수 있다. 연구에 따르면, 연구자들은 동일한 DSM-IV-TR[1](American Psychologicak Association, 2000) 기준을 사용하여 진단하였음에도 불구하고 아동과 청소년은 성인과 비교하여 주요한 우울 증상이 다르다는 것을 발견하였다(Puig-Antich et al., 1989). 경험적으로 입증된 평가를 강조하는 것은 매우 중요하다. 청소년들의 우울증을 측정하는 데에는 높은 신뢰도와 타당도를 가진 평가 도구를 사용하여 적합한 측정을 하는 것이 바람직하다(Wodarski et al., 2003). 임상적으로 사용되는 다양한 측정 도구들을 사용할 수 있으며 여기서는 다음과 같은 예를 제시하고자 한다.

- The Children's Depression Inventory(Kovacs, 1981)는 내적일치도와 검사-재검사 신뢰도가 높기 때문에 가장 폭넓게 사용되는 우울증 척도 중 하나이다(Kazdin, 1990). 27문항으로 구성되어 있으며, 8~17세의 아동과 청소년에게 사용될 수 있다.
- The Diagnostic Interview for Children and Adolescent(DICA; Robins, Helzer, Croughan, & Ratcliff, 1981)는 다양한 문항을 통해 다양한 증상들을 측정할 수 있는 매우 구조화된 도구이다. 손쉽게 검사할 수 있으며 컴퓨터 검사 형식으로도 사용할 수 있다.
- Reynolds Adolescent Depression Scale(RADS; Reynolds, 1992)은 30문항으로 구성되어 있는데 특별히 13~18세의 청소년 우울증을 측정하기 위해서 자기보고 형식으로 개발되었다. 검사를 완성하는 데 5~10분 정도가 소요되며, 문항은 초등학교 3학년 읽기 수준으로 구성되어 있다. 내적일치도와 검사-재검사 신뢰도가 높다.
- The Center for Epidemiological Studies Depression Scale(Radloff, 1991)은 우울한 증상의 범위를 다루는 20개의 문항으로 구성되어 있으며, 성인과 청소년 모두에게 많이 사용된다.

치 료

"청소년 자살 문제의 심각성에도 불구하고, 자살과 관련하여 경험적으로 입증된 종합적 치료법은 존재하지 않는다."(Raths & Miller, 2002, p. 146) 비록 지금까지 경험에 기초한 치료법은 없었지만 "예방은 인간의 다양한 질환에 관심을 갖는 사람들에게 중요한

---

1) 역자 주: DSM-IV-TR은 1994년 발표된 DSM-IV의 내용을 일부 수정(text revision)하여 2000년도에 발표되었다. 장애진단의 구분을 포함하여 진단과 관련된 대부분의 내용은 수정되지 않았고 각각의 진단에 대 교과서적인 정보를 제공해 주는 영역(text section)이 추가되었다.

목표로 인식되어 왔다." (Cowen 1985; Felner, Jason, Moritsugu, & Farber, 1983; Silverman & Felner, 1995) 예방은 많은 분야에서 생소한 주제로 인식되지만 사회복지 분야에서는 주목을 받아 왔다(Lurie & Monahan, 2001).

"예방은 반응적(reactive) 과정이 아니라 선제적(proactive) 과정이며 각 사례에 대해 적응력, 회복력 및 내·외적 자원을 증진시켜 심리사회적 역기능을 미연에 막는 것이다." (Lurie & Monahan, 2001) Silverman과 Felner(1995)에 따르면, 예방 프로그램을 개발할 때에는 다음의 3가지 핵심 요인을 고려해야 한다.

1. 자살을 고려하고 있거나 시도한 경험이 있는 사람들에 관한 사실들을 다루기보다는 실제로 자살을 감소시킬 수 있도록 설계가 되어 있는가?
2. 프로그램에 참가하는 사람들을 선별하고 이들을 분석하는 방법이 정말로 적절한가?
3. 프로그램 전반의 목표 요인들이 상세하게 설명되고 있는가? (p. 95)

청소년 자살 위험요인을 다루는 것은 예방으로부터 시작된다. 예방은 다양한 수준에서 이루어지는데(Parad & Parad, 1990), 1차적 예방은 부정적 행동을 방지하기 위한 목적을 가지며 주로 자문과 교육을 통해 이루어진다. 2차적 예방은 자살 위험요인의 초기 징후가 나타날 때 치료를 제공한다. 3차적 예방은 추가 기능장애가 증가하지 않도록 조치한다. Lurie와 Monahan(2001)은 가족 및 개인들을 대할 때 중요하게 고려해야 할 8가지 원칙으로 기회 제공, 문제에 대한 신속한 도움, 상담, 인식의 증진, 지원 수준의 확대 등을 제시하였다.

자살을 시도하려는 사람들을 도울 때 중요한 한 가지 요소는 의사소통이다. 자살을 하려는 사람들은 인내심이 있고, 잘 들어 주며, 자신들의 말이나 행동을 판단하거나 무시하지 않고, 질문을 해 주며, 공감해 주는 사회복지사/상담자/지지자를 필요로 한다(James & Wherry, 1991). 주 정부가 청소년 자살 예방을 위한 정책을 수립하는 것 또한 중요하다(Malley, Kush, & Bogo, 1994). 청소년 자살 예방은 단체나 지역사회 차원의 노력으로 이루어질 수 있으며, 이러한 협동적 노력은 청소년 자살률을 감소시키는 데 필수적인 요소이다(Ward, 1995).

예방 프로그램의 핵심 요인들은 여러 학자가 요약하였다(Dryfoos, 1990; Felner, Silverman, & Adix, 1991). 효과적인 프로그램을 만들기 위해 필요하다고 생각되는 요소들은 다음과 같다.

- 한 번에 문제를 해결하는 해법은 없다.
- 고위험 행동들은 서로 밀접하게 연관되어 있다.
- 지역사회별 지원체계와 프로그램을 통합적으로 제공해야 한다.
- 예방적 개입은 확립된 제도(institution)를 바꾸는 것을 목표로 해야 한다.
- 개입은 그 시점이 핵심이며 이는 조기에 이루어져야 한다.
- 지속적인 노력이 유지되어야 한다(Silvernam & Felner, 1995).

Garfinkel(1989)은 자살 예방을 위한 학교기반 프로그램에 조기 진단, 평가, 위기 개입, 즉각적으로 시행될 수 있는 프로그램, 교육, 관찰과 후속 조치, 지역사회와의 연계, 연구 및 옹호(advocacy)가 반드시 필요하다고 설명한다. Malley와 동료들(1994) 또한 학교기반 프로그램에 포함되어야 하는 요소들을 정리하였다. Malley와 동료들이 검토한 대부분의 프로그램들은 1979~1994년에 만들어졌는데, 그중 주 정부에서 개발된 프로그램들의 대부분은 1980년대의 청소년 자살 예방법(Youth Suicide Prevention Act, 1985) 시행 이후에 만들어졌다(Garland, Shaffer, & Whittle, 1989; Metha, Weber, & Webb, 1998). 이러한 프로그램들을 Gordon의 모델에 따라 나누면 보편적 예방 개입, 선택적 예방 개입, 그리고 지시적 예방 개입의 3가지 범주로 나눌 수 있다.

보편적 예방 개입

보편적 예방 개입은 특정 문제로 진단받지 않은 일반 대중이나 집단 구성원 전체를 대상으로 한다. 이 장에서 다루어지는 대상은 학교에 다니는 모든 아동과 청소년이다. 청소년 자살과 관련하여 이 범주에서 이루어지는 개입들은 대부분 그것을 필요로 하거나 배우고자 하는 모든 지역사회 구성원들이 사용할 수 있다. 그중 하나가 위기의 상황에서 사용하는 긴급 직통전화(crisis hotline)이다. 이 직통전화는 미국에서 1천 개 이상 개설되어 그 효과가 증명된(Garland et al., 1989) 인기 있는 예방 프로그램이다(Garland & Zigler, 1993). 예방의 다른 유형으로는 대중매체 종사자들에게 청소년 자살에 대한 교육을 시행하는 방법이 있다(Garland & Zigler, 1993). 이 방법을 통해 대중매체 종사자들에게 지역사회에서 일어난 자살에 대해 청소년들이 모방할 가능성이 있다는 정보를 제공함으로써 지역사회 전체를 아우르는 교육과 예방을 도모할 수 있다. 보편적인 예방은 입법을 통해서도 이루어질 수 있다. 예를 들어, 총기 소유 여부가 청소년 자살의 증가와 연관이 있다고 여겨지기 때문에(Boyd, 1983; Boyd & Moscicki, 1986; Garland & Zigler, 1989), 더욱 강력한 총기 규제 등의 방식으로 총기에 대한 접근을 제한한다면 예방이 이루어질 수 있을 것이다. 휘발유의 일산화탄소를 줄이는 것도 또 다른 방법이다[2](Brown, 1979). 청소년 자살과 관련하여 보편적 예방 개입을 위해서 위기 개입 위원회를 이용할 수도 있다(Ward, 1995). 이 위원회는 법률 집행관, 정부 관료, 공중보건 및 정신건강 종사자, 교육자 등의 지역사회 구성원으로 구성할 수 있으며(Ward, 1995) 자살 예방 프로그램의 개발을 책임진다. 마지막으로, 자살의 위험에 처한 사람들을 식별해 낼 수 있도록 사람들을 교육시키는 것도 중요하다(Shaffer & Craft, 1999). 이와 같은 모든 방법을 동원하여 지역사회 구성원들에게 정보를 제공하고 이들을 교육시키는 것이 효과적 청소년 자살 예방의 핵심 요소이다.

선택적 예방 개입

선택적 예방 개입은 특정한 문제를 겪을 수 있는 위험에 처한 소집단을 대상으로 한다. 대상이 되는 아동과 청소년에게 이루어지는 가장 흔한 선택적 예방 개입은 학교에 기반을 둔 프로그램이다. Garland와 Zigler(1993)가 정의하였듯이 이러한 프로그램의 목적은 사람들의 인식을 증가시키고, 위험요소들을 분별해 낼 수 있도록 훈련시키며, 지역사회가 가지고 있는 자원들에 대한 교육을 제공하는 것이다. 학교는 지역사회에 속한 다수의 대상에게 접근할 수 있다는 특징 덕분에 이러한 유형의 프로그램을 제공하기에 좋은 체제를 갖추고 있다. 또한 학교 교직원은 학생들과 매일 교류하며 학생들의 행동 변화를 확인할 수 있다는 점에서 더욱 그러하다(Ward, 1995). Ward는 관리자의 정책 수립부터 학생과 상호 교류하는 교직원들에 대한 지원에 이르기까지, 학교시설에 종사하는 모든 이들이 갖는 잠재적인 의무사항들을 기술하였다. 학교기반 프로그램은 '사회적 유능성을 신장시키는 문제 해결 기술 훈련과 기본적인 정신건강 교육'도 포함한다(Garland & Zigler, 1993). 단기간의 프로그램보다는 최소 1년 이상의 장기 프로그램이 더 효과적이다(Botvin, Schinke, Epstein, Diaz, & Botvin, 1995; Eggert, Thompson, Herting, & Nicholas,

2) 역자 주: 일산화탄소를 이용한 자살은 휘발유와 같은 유기물질이 불완전 연소됨에 따라 생기는 무색, 무취의 기체를 사용하여 자살하는 방식이다. 따라서 휘발유의 일산화탄소를 줄이게 되면 이를 이용한 자살 위험이 감소될 수 있다.

1995). 청소년 자살 증가에 대처하기 위해서는 자살 예방, 개입, 사후 개입 혹은 자살이 일어난 후의 개입을 모두 포괄하는 학교 프로그램이 필수적이다(Ward, 1995).

자살 위험이 높다고 여겨지는 행동을 하는 학생들을 변별해 내기 위해 교육자들과 지역사회의 지도자들을 활용하는 것 또한 자살 예방을 위한 효과적인 지역사회 수준의 접근법이다. 문지기(gatekeepers)라고 일컬어지는 이러한 일상적인 지역사회의 조력자들은 청소년들과 정기적으로 교류하고 있기 때문에 적절한 훈련을 통해 위험에 처한 아동들을 조기에 진단하는 중요한 역할을 할 수 있다(Gould & Kramer, 2001, p. 15). 교사, 코치, 소아과 의사, 성직자, 경찰 등 다양한 사람들이 이와 같은 문지기가 될 수 있다. 문지기 훈련의 목적은 "위험에 처한 아동을 진단하기 위한 지식, 태도, 기술"을 신장시키는 것이다(Gould & Kramer, 2001, p. 15).

지시적 예방 개입

지시적 예방 개입은 현재는 특정 문제의 위험요인이나 기준을 충족시키지는 않지만 이러한 증상과 징후가 있는 것으로 밝혀진 개인들에게 초점을 둔다. 이러한 집단은 자살의 위험요인을 증가시키는 우울증과 다른 정신질환을 가진 것으로 진단된 청소년들로 구성되며 고등학교를 중퇴할 위험을 가진 청소년을 포함한다. 자살을 실제로 행동으로 옮기거나 말로 표현한 청소년들을 위한 개입에는 약물 사용(Ciffone, 1990)과 내원 및 외래치료(Ciffone, 1990; Stiles & Kottman, 1990), 상담자의 가정 방문(DenHouter, 1981) 등이 있다. 보다 구체적인 개입으로는 위험에 처해 있다고 진단된 청소년들에게 실행하는 예방 프로그램들이 있다. 고등학교 중퇴의 위험요소를 가진 청소년들을 위해 사용할 수 있는 2가지 프로그램으로는 '상담자의 치료(Counselors Care: C-CARE)' 프로그램과 '대처 및 지지 훈련(Coping and Support Training: CAST)'(Randall, Eggert, & Pike, 2001) 프로그램이 있다. 또 다른 프로그램은 경계선 성격장애를 가진 것으로 진단된 청소년들을 위한 것인데 이 프로그램의 참여자들은 자살의 예방적 방법으로 변증법적 행동치료(dialectical behavior therapy: DBT)[3]를 받는다(Rathus & Miller, 2002).

---

3) 역자 주: 변증법적 행동치료(dialectical behavior therapy: DBT)는 Marsha Linehan이 경계선 성격장애의 치료를 위해 제안한 심리치료 방법으로 본래 자살 근접 행동을 보이는 환자들을 치료하기 위한 방법으로 개념화하였다. 변증법적 갈등이란 삶에서 불가피하게 일어나는 논쟁, 대치, 대립되는 힘, 역설, 갈등, 모순적 욕구 등을 포함하는

선행(predisposing)요인(내적 혹은 가족요소)과 촉발(precipitating)요인(외부 스트레스)이 예측되지는 않지만, 이러한 요인의 부정적인 효과를 다루는 방법들은 존재한다(Ciffone, 1990). 약물치료는 우울의 부정적인 효과를 완화해 주는 하나의 방법이며, 청소년 자살 위험성도 감소시킨다. 역사적으로, 자살 행동과 관련하여 권장되는 치료법은 입원치료였다(Pfeffer, 1984). 미국에서는 해마다 약 2만 5천 명의 아동이 자살에 대한 생각을 표출하여서 입원치료를 받고 있다(Hipple, 1987; Stiles & Kottman, 1990). 자살 생각과 자살 시도의 치료를 위한 외래치료도 증가하였다(Robinson, 1984). 이러한 치료 방법은 장기적 관점에서 활용될 때 가장 효과적이다(Stiles& Kottman, 1990). 특정한 형태의 가족치료적 접근(DenHouter, 1981)과 가정 방문(Schlachter, 1975)도 자살을 하려는 청소년을 위한 개입으로 활용될 수 있다. 가족치료와 가정 방문은 청소년이 속한 환경을 평가할 수 있는 장점을 지니고 있고 정시에 약속을 잡거나 치료를 받기 위해 기관을 방문해야 하는 스트레스를 경감시키는 효과도 가지고 있다.

최근에는 고등학교를 중퇴하여 잠재적인 위험요소를 가진 청소년을 대상으로 하는 연구들이 시행되어 왔다. Eggert와 동료들(1995)은 이 집단의 경우 대략 40%의 학생들이 자살 행동의 위험성을 나타낸다고 말한다. 한 연구에서는 이 집단을 대상으로 자살의 위험성을 감소시키기 위한 가능성을 시험하기 위해 2가지 프로그램을 비교하였다(Randall et al., 2001). 첫 번째 프로그램인 C-CARE는 "종합적인 위험 및 보호요인을 평가하는 컴퓨터 지원 프로그램으로 청소년 개인의 자질과 사회적인 연결망을 향상시키기 위한 단기적 개입" 이다(Randall et al., 2001, p. 42). 이는 청소년들이 처한 상황에 대한 대안책을 탐색하도록 도와주고, 그들의 강점에 초점을 두어 위험 행동을 줄이도록 돕는다. 두 번째 프로그램인 CAST는 C-CARE에 더하여 몇 명의 학생들에게 제공하는 개입으로 "단기간에 이루어지는 또래 집단 생활 기술 훈련 프로그램" 이다(p. 42). 생활기술 훈련은 "자존감, 감정관리, 약물 사용 통제, 부모와 친구로부터의 도움과 지지(탐색)" 등으로 구성되어 있다(p. 42). 연구 결과 3개의 집단 모두에서(C-CARE 단독 집단, C-CARE와 CAST 프로그램 동시집단, 통제집단) 자살 행동의 위험성이 감소한 것으로 나타났다. 그러나 우울은 C-CARE집단에서 주로 감소하였다. 반면 개인적인 통제력의 경우, C-CARE와 CAST 집단에 동시에 참여한 청소년들에게 시간이 지남에 따라 증가하는 것으로 나타났다. 이 연

데 이러한 갈등을 경험하는 내담자를 정서적으로 지지하고 수용하는 동시에 정서적 고통에 노출시키며 이를 통해 환경적 변화를 인내할 수 있도록 도와주는 전략을 사용한다.

구 결과는 이와 같은 2가지의 개입이 효과적이었음을 보여 준다.

증거기반 심리치료인 변증법적 행동치료(DBT)는 자살을 하려는 경계선 성격장애 진단을 받은 성인에게 주로 사용되어 왔다(Rathus &Miller , 2002). DBT를 받은 청소년과 일반적 치료를 받은 청소년을 비교하는 연구가 진행되었다. DBT는 삶을 위협하는 행동들의 감소와 치료를 방해하는 행동의 감소뿐만 아니라, 삶의 질을 저해하는 행동의 감소를 목표로 하기 때문에 자살을 시도하려는 청소년을 위한 적절한 개입으로 여겨진다(p. 147). DBT를 받은 청소년은 현저하게 입원하는 수가 적으며, 높은 완치율을 보였다. 그러나 치료를 받는 동안에 자살 시도는 집단 간에 차이가 없었다. 이러한 예비 연구 자료는 DBT를 청소년들에게 적용하는 것이 바람직하다는 것을 시사한다. DBT는 경계선 성격장애를 가지고 있고 동시에 자살을 하려는 청소년들에게는 좋은 치료법으로 보인다(p. 156).

실행 및 정책적 함의와 미래의 방향

청소년 자살에 대한 연방 정부의 첫 번째 대책은 1985년 규정된 청소년 자살 예방법이다(Metha et al., 1998). 이 법안의 내용에는 학교 예방 프로그램을 위한 지원을 담고 있다. 1990년도에 공중보건 서비스법(Public Health Services Act)에 근거하여 미국 국립 정신건강 협회(National Institute of Mental Health: NIMH)는 자살 예방 프로젝트를 수행하였다(p. 151). 최근에는 청소년 자살과 관련된 항목이 「건강한 사람들 2000(Healthy People 2000)」[4]이라는 보고서에 추가되었다(Metha et al., 1998). 그 프로젝트의 목표는 청소년 자살을 2000년까지 10만 명당 8.2명으로 감소시키는 것이었다.

사회복지사들은 정책과 실행의 수준에서 예방적인 개입을 지원하기 위하여 다양한 내용을 실행할 수 있다. 이를 통해 이러한 자살 문제에 관한 이해와 인식을 증진시킬 수 있다(Dudley, 2000). 청소년의 자살을 줄이기 위해 시도되는 현존하는 정책과 프로그램에 대한 계속적인 연구와 평가가 필요하다. 예방 프로그램을 강화하고 이를 지원하는 정책들이 개발되어야 하고, 사회복지사와 교육자들은 청소년의 정신건강 향상을 위한 정책과 법률안의 통과를 위해 영향력을 행사하고 이를 주도해야 한다. 더 나아가 청소년의

4) 역자 주: 「Healthy People: 2000」은 국가 단위의 10년 프로젝트로서 미국인의 건강증진 정책을 위해 다양한 공공의료기관과 관련 전문가들이 협력하고, 이를 통해 건강증진을 위한 실행과 정책들의 지침을 설립하는 프로젝트이다. 자세한 내용은 http://www.healthypeople.gov 참고.

정신건강과 관련하여 국가적 수준의 지침을 개발하는 것은 청소년의 자살 예방에 매우 유용하게 사용될 수 있을 것이다(Bracht, 2000; Lurie & Monahan, 2001).

결 론

자살은 우리 사회에서, 특히 청소년에게 계속 늘어나고 있는 문제이다. 비록 청소년의 자살과 관련된 치료와 예방책 등 효과적인 방법에 대해 희망적인 증거는 몇 가지 있지만 아직 해야 할 일이 훨씬 더 많다. 자살과 관련된 문제가 심각하고 치명적인 결과를 낳는다는 점을 고려할 때 이들을 위한 예방 및 중재 프로그램의 효과성을 확인하기 위해 노력하는 것은 매우 중요하다. 이와 동시에 청소년 자살에 대한 지역사회, 학교, 가족의 인식을 제고하기 위한 노력이 강화되어야 한다.

참고문헌

American Psychological Association. (2000). Quick reference to the diagnostic criteria from *DSM-IV-TR*. Washington, DC: Author.

Blumenthal, S., & Kupfer, D. (1987). Overview of early detection and treatment strategies for suicidal behavior in young people. *Journal of Youth and Adolescence, 17,* 1-23.

Boor, M. (1981). Methods of suicide and implications for suicide prevention. *Journal of Clinical Psychology, 37,* 70-75.

Botvin, G. J., Schinke, S. P., Epstein, J. A., Diaz, T., & Botvin, E. M. (1995). Effectiveness of culturally focused and generic skills training approaches to alcohol and drug abuse prevention among minority adolescents: Two-year follow up results. *Psychology of Addictive Behaviors, 9,* 183-194.

Boyd, J. H. (1983). The increasing rate of suicide by firearms. *New England Journalof Medicine, 308,* 872-874.

Boyd, J. H., & Moscicki, E. K. (1986). Firearms and youth suicide. *American Journal of Public Health, 76,* 1240-1242.

Bracht, N. (2000). Prevention: Additional thoughts. *Social Work in Health Care, 30*(4), 1-6.

Brent, D., Perper, C., Goldstein, D., Kolko, M., Allan, C., & Zelenak, J. (1988). Risk factors for adolescent suicide. *Archives of General Psychiatry, 45,* 582-587.

Brown, J. H. (1979). Suicide in Britain. *Archives of General Psychiatry, 36,* 1119-1124.

Calhoun, J. F. (1972). *Abnormal psychology.* New York: Random House.

Centers for Disease Control and Prevention. (2001). *Suicide prevention fact sheet.* Atlanta, GA: Author. Available from http://www.cdc.gov/ncipc/factsheets/suifacts.htm.

Ciffone, J. (1990). Adolescents suicide: A review of possible causal factors and implications for prevention. *School Social Work Journal, 14*(2), 7-17.

Ciffone, J. (1993). Suicide prevention: A classroom presentation to adolescents. *Social Work Journal, 38*(2), 197-203.

Cowen, E. L. (1985). Person centered approaches to primary prevention in mental health: Situation-focused and competence-enhancement. *American Journal of Community Psychology, 13,* 31-48.

Crespi, T. (1990). Approaching adolescent suicide: Queries and signposts. *School Counselor, 37,* 256-259.

DenHouter, K. V. (1981). To silence one's self: A brief analysis of the literature on adolescent suicide. *Child Welfare, 60*(1), 2-10.

Dryfoos, J. G. (1990). *Adolescents at risk: Prevalence and prevention.* New York: Oxford University Press.

Dudley, J. R. (2000). Confronting stigma within the services systems. *Social Work, 45*(5), 449-455.

Eggert, L. L., Thompson, E. A., Herting, J. R., & Nicholas, L. J. (1995). Reducing suicide potential among high-risk youth: Tests of a school-based prevention program. *Suicide and Life-Threatening Behavior, 25,* 276-296.

Elkind, D. (1984). *All grown up and no place to go: Teenagers in crisis.* Menlo Park, CA: Addison-Wesley.

Evans, W. P., Marte, R. M., Betts, S., & Silliman, B. (2001). Adolescent suicide risk and peer-related violent behaviors and victimization. *Journal of Interpersonal Violence, 16*(12), 1330-1348.

Faber, M. (1978, February 7). *Issues in adolescent health* [Lecture]. Lansing: University of Michigan.

Felner, R. D., Jason, L. A., Moritsugu, J. M., & Farber, S. S. (1983). *Preventive psychology:*

Theory, research, and practice. New York: Pergamon Press.

Felner, R. D., Silverman, M. M., & Adix, R. (1991). Prevention of substance abuse and related disorders in children and adolescence: A developmentally based, comprehensive ecological approach. *Family and Community Health: Journal of Health Promotion and Maintenance, 14*(3), 12-22.

Ferguson, W. F. (1983). *Stress as a precursor of depression, psychosomatic illness, and suicidal ideation among White middle class adolescents.* Doctoral Dissertation, Bryn Mawr College, Bryn Mawr, PA.

Garfinkel, B. D. (1989). The Components of School-Based Suicide Prevention. In *Adolescent Suicide: Recognition, Treatment, and Prevention.* Binghamton, NY: Haworth Press.

Garland, A. F., Shaffer, D., & Whittle, B. A. (1989). A national survey of school-based, adolescent suicide prevention programs. *Journal of the American Academy of Child and Adolescent Psychiatry, 28,* 931-934.

Garland, A. F., & Zigler, E. (1993). Adolescent suicide prevention: Current research and social policy implications. *American Psychologist, 48*(2), 169-182.

Goffman, E. (1963). *Stigma.* Englewood Cliffs, NJ: Prentice-Hall.

Gould, M. S., & Kramer, R. A. (2001). Youth suicide prevention. *National Suicide Prevention Conference Background Papers, 31,* 6-31.

Griffiths, J. K., Farley, O. W., & Fraser, M. W. (1986). Indices of adolescent suicide. *Journal of Independent Social Work, 1*(1), 49-63.

Harris, T., & Lenings, J. (1993). Suicide and adolescence. *International Journal of Offender Therapy and Comparative Criminology, 37*(3), 263-270.

Healthy People 2000: National health promotion and disease prevention objectives (1990). Washington, DC: U.S. Public Health Service, U.S. Department of Health and Human Services publication (PHS) 91-50212.

Hemming, J. (1977). Saving teenage suicide. *Journal of Psychosomatic Research, 22,* 291-296.

Hipple, J. (1987, November). *Suicide in children and adolescents.* Paper presented at the meeting of the North Central Texas Association for Counseling and Development, Dallas, TX.

Hirschfeld, R., & Blumenthal, S. (1986). Personality, life events and other psychosocial factors in adolescent depression and suicide: A review. In G. Klerman (Ed.), *Suicide among adolescents and young adults.* Washington, DC: American Psychiatric Press.

James, L., & Wherry, J. N. (1991). Suicide in residential treatment: Causes, assessment, and treatment issues. *Residential Treatment for Children and Youth, 9*(2), 23-36.

Kachur, S. P., Potter, L. B., Powell, K. E., & Rosenberg, M. L. (1992). Suicide: Epidemiology, prevention, and treatment. *Adolescent Medicine, 6,* 171-182.

Kalafat, J. (1990). Adolescent suicide and the implications for school response programs. *School Counselor, 37,* 359-360.

Kalafat, J., & Neigher, W. D. (1991). Experimental and pragmatic approaches to the incidence of adolescent suicide. *Evaluation and Program Planning, 14,* 377-383.

Kazdin, A. E. (1990). Psychotherapy for children and adolescents. *Annual Review of Psychology, 41,* 21-54.

Kellermann, A. L., Rivera, R. P., Somes, G., Reary, D. T., Francisco, J., Gillentine Banton, J., et al. (1992). Suicide in the home in relation to gun ownership. *New England Journal of Medicine, 327,* 467-472.

Kovacs, M. (1981). Rating scales to assess depression in school aged children. *Acta Paedopsychiatrica, 46*(5/6), 305-315.

Leenaars, A. (1988). *Suicide notes.* New York: Human Sciences Press.

Lester, D. (1997). The effectiveness of suicide prevention centers: A review. *Suicide and Life-Threatening Behavior, 27*(3), 304-310.

Lester, D., & Leenaars, A. (1996). The ethics of suicide and suicide prevention. *Death Studies, 20,* 163-184.

Lester, D., & Murrell, M. E. (1980). The influence of gun control laws on suicidal behavior. *American Journal of Psychiatry, 137,* 121-122.

Lewinsohn, P. M., Rohde, P., & Seeley, J. R. (1993). Psychosocial characteristics of adolescents with a history of suicide attempt. *Journal of American Academy of Child Adolescent Psychiatry, 31*(1), 60-68.

Lurie, A., & Monahan, K. (2001). Prevention principles for practitioners: A solution or an illusion? *Social Work in Health Care, 33*(1), 69-86.

Malley, P. B., Kush, F., & Bogo, R. J. (1994). School-based adolescent suicide prevention and intervention programs: A survey. *School Counselor, 42,* 130-136.

Marcotte, D. (1997). Treating depression in adolescence: A review of the effectiveness of cognitive-behavioral treatment. *Journal of Youth and Adolescence, 26*(3), 273-284.

Maris, R. (1985). The adolescent suicide problem. *Suicide and Life-Threatening Behavior,*

15(2), 91-109.

Metha, A., Weber, B., & Webb, L. D. (1998). Youth suicide prevention: A survey and analysis of policies and efforts in the 50 states. *Suicide and Life-Threatening Behavior, 28*(2), 150-164.

National Center for Health Statistics. (2000). Suicide Rates per 100,000 living population (all ages) 1998 [GMWK 291], http://www.cdc.gov/nchs/data/gm291_1.pdf, U.S. Department of Health and Human Services.

National Plan for Research on Child and Adolescent Mental Disorder. (1990). Department of Health and Human Services publication No. 90-1683. Washington, DC: National Institute of Mental Health.

Parad, H., & Parad, L. (1990). *The practitioner's sourcebook for brief therapy* [Crisis intervention, Book 2]. Milwaukee, WI: Family Service America.

Peters, K. D., Kochanek, K. D., & Murphy, S. L. (1998). *Deaths: Final data for 1996* [Center for Disease Control National Vital Statistics Report No. 47-9]. Hyattsville, MD: National Center for Health Statistics.

Peterson, A. C., Compas, B. E., Brooks-Gunn, J., Stemmler, M., Ey, S,. & Grant, K. E. (1993). Depression in adolescence. *American Psychology, 48,* 155-168.

Pfeffer, C. R. (1984). Modalities of treatment for suicidal children: An overview of the literature on current practice. *American Journal of Psychotherapy, 38,* 364-372.

Pfeffer, C. R. (1986). *The suicidal child.* New York: Guilford Press.

Puig-Antich, J., Goetz, D., Davis, M., Kaplan, T., Davies, S., Ostrow, L., et al. (1989). A controlled family history study of prepubertal major depressive disorder. *Archives of General Psychiatry, 46,* 406-418.

Radloff, L. S. (1991). The use of the Center for Epidemiological Studies depression scale in adolescents and young adults. *Journal of Youth and Adolescents, 20,* 149-166.

Randall, B. P., Eggert, L. L., & Pike, K. C. (2001). Immediate postintervention effects of two brief youth suicide preventive interventions. *Suicide and Life-Threatening Behavior, 31*(1), 41-61.

Rathus, J. H., & Miller, A. L. (2002). Dialectical behavior therapy adapted for suicidal adolescents. *Suicide and Life-Threatening Behavior, 32*(2), 146-157.

Reynolds, W. M. (1992). Depression in children and adolescents. In W. M. Reynolds (Ed.), *Internalizing disorders in children and adolescents.* New York: Wiley.

Robins, L. N., Helzer, J. E., Croughan, J. L., & Ratcliff, K. S. (1981). National Institute of Mental Health Diagnostic Interview Schedule: Its history, characteristics, and validity. *Archives of General Psychiatry, 38*(4), 381-389.

Robinson, L. (1984). Outpatient management of the suicidal child. *American Journal of Psychotherapy, 38,* 399-412.

Schlachter, T. H. (1975). Notes for practice. *Social Work, 20*(6), 427-481.

Schneidman, E. (1985). *Last wish.* New York: Wiley.

Shaffer, D., & Craft, L. (1999). Methods of adolescent suicide prevention. *Journal of Clinical Psychiatry, 60*(2), 70-74.

Silverman, M. M., & Felner, R. D. (1995). Suicide prevention programs: Issues of design, implementation, feasibility, and developmental appropriateness. *Suicide and Life-Threatening Behavior, 25*(1), 92-104.

Stiles, K., & Kottman, T. (1990). Mutual storytelling: An intervention for depressed and suicidal children. *The School Counselor, 37,* 337-342.

Streiner, D. L., & Adam, K. S. (1987). Evaluation of the effectiveness of suicide prevention programs: A methodological perspective. *Suicide and Life-Threatening Behavior, 17*(2), 93-106.

U.S. Public Health Service. (1999). *The Surgeon General's call to action to prevent suicide.* Washington, DC: Department of Health and Human Services.

Ward, B. R. (1995). The school's role in the prevention of youth suicide. *Social Work in Education, 17*(2), 92-100.

Wetzler, S., Asnis, G. M., Hyman, R. B., Virute, C., Zimmerman, J., & Rathus, J. H. (1996). Characteristics of suicidality among adolescents. *Suicide and Life-Threatening Behavior, 26*(1), 37-45.

Wodarski, J., & Harris, P. (1987). Adolescent suicide: Review of influences and the means for prevention. *Social Work, 32,* 480-481.

Wodarski, J. S., Wodarski, L. S., & Dulmus, C. N. (2003). *Adolescent depression and suicide: A comprehensive empirical intervention for prevention and treatment.* Spring-field, IL: Charles C Thomas.

Children Adolescent

제6장

공격적 행동

*Mark W. Fraser & Sheara A. Williams

아동기의 공격적 행동은 다양한 사회성 문제 및 건강 문제와 관련된 위험요인이다. 아동 초기에 시작되는 빈번한 적대적인 행동이나 말대꾸, 짜증내기, 부주의, 불순종과 같은 품행 문제(conduct problems)들이 또래에 의한 집단 따돌림, 학교에서의 부적응이나 다른 다양한 적응의 어려움들과 관련되어 있다(Farmer, Bierman, & the Conduct Problems Prevention Research Group[CPPRG], 2002). 초등학교에 입학한 이후부터 초등학교 기간 동안 공격적 행동과 또래들 간의 집단 따돌림, 낮은 학업성취는 서로 밀접하게 연관되어 있고, 이러한 요소들은 청소년기에 더욱 심각한 품행 문제들이 발생할 것을 예측하게 한다(Reid, Patterson, & Snyder, 2002).

아동기와 청소년 초기에 나타나는 품행 문제의 주된 특징의 하나인 공격적 행동(aggressive behavior)은 동물이나 사람에게 해를 입히겠다고 위협하거나 실제로 해를 가하는 행동양식으로 정의된다. 예를 들어, 한 아이가 교실에서 문제를 일으키고, 친구들을 위협하고, 건물을 부수고, 불을 지르고, 다른 사람의 물건을 훔쳤을 때는 피해가 발생하게 된다. 그러므로 공격적 행동이라는 용어에는 잦은 다툼, 무기(칼이나 막대와 같은)로 위협,

*Mark W. Fraser, MSW, PhD University of North Carolina-Chapel Hill School of Social Work
Sheara A. Williams, MSW University of North Carolina-Chapel Hill School of Social Work

동물 학대, 거짓말이나 부정행위, 부모님과 다른 사람의 물건을 훔치는 것, 나이에 맞는 적정한 규칙과 규범의 위배들이 포함된다. 이러한 공격적 행동의 정의는 단지 신체적 공격에만 국한되지 않고 사실상 반사회적인 것까지도 포함한다. 이와 같이 공격적 행동에는 눈에 드러나지 않거나 간접적인 요소들이 포함된다. 예를 들면, 공격적 행동은 또래관계들을 조절하므로 다른 사람을 해롭게 하는 관계적 공격성(relational aggression)의 개념도 수반하고 있다(Crick, Grotpeter, & Bigbee, 2002). 관계적 공격성은 다른 아동의 사회적 지위를 떨어뜨리려는 의도적인 행위(예: "……가 없으면 너는 나의 생일 파티에 올 수 없어.")와 헛소문을 퍼뜨리기(예: "그 애 엄마는 술꾼이야…….") , 좋지 않은 험담하기(예: "Mary가 마지막 학년 시험에서 낙방해서 여름에 보충수업을 해야 하는데…….")와 같은 행동의 특징으로 나타난다(Crick & Bigbee, 1998). 공격적 행동으로 규정되려면 먼저 상대에게 해를 끼치는 특징을 지녀야 한다. 내적으로나 외적으로나 공격적 행동으로 관심을 끄는 아동들은 사회적으로 중요한 역할을 얻고자 공격하게 된다. 그런 아동들은 자신의 힘을 통해 다른 아이들로부터 사회적 권력을 얻고, 다른 사람을 해치려고 위협하거나 실제로 해를 가함으로써 버스의 자리 혹은 좋은 장난감을 차지하는 것과 같은 중요한 역할의 지배권을 얻는다.

만약 이러한 행동이 제지되지 않으면, 이러한 행동양식은 심각한 발달적 결과를 초래하게 된다. 남학생과 여학생들 모두 공격적 행동이 어려서부터 일찍 나타났을 경우, 비교적 공격적 행동은 시간이 지남에 따라 지속되는 경향이 있다(Moffitt, 1997; Moffitt, Caspi, Rutter, & Silva, 2001; Patterson, Forgatch, Yoerger, & Stoolmiller, 1998). 공격적 행동은 학업 중단, 청소년 임신, 청소년 비행, 약물 남용, 이른 성관계와 관련이 있고 청소년기의 경우 범법행위까지 포함하여 부정적인 발달의 결과와 깊은 연관이 있다(Miller-Johnson, Coie, Maumary-Gremaud, Bierman, & CPPRG, 2002; Nagin & Farrington, 1992; Patterson & Yoerger, 2002). 미국 연방 보건국장(Surgeon General)이 발행한 보고서에 따르면, 6~11세에 공격적 행동을 보였거나 약물 사용을 한 경험이 있거나 문제 행동으로 법원 혹은 경찰이 개입한 경험은 15~18세의 폭력을 예측하는 중요한 개인적 수준의 예측 변수들이다(U. S. Department of Health and Human Services[USDHHS], 2001, p. 60). 학교 중퇴, 약물 남용, 청소년 비행, 청소년 폭력을 예방하기 위해서는 어린 시절의 폭력 행동이 이후 범법행위로 연결되지 않도록 하는 전략들이 필요하며, 또한 그러한 전략들이 효과적이라면, 이러한 결과는 사회와 보건의 측면에서 중요한 시사점을 제공할 수 있을 것이다(USDHHS, 2001).

이 장의 목적은 다음에 제시한 내용을 설명하는 것이다.

1. 아동기와 청소년기에 나타나는 공격적 행동의 유병률
2. 공격적 행동과 관련된 위험요인
3. 효과가 있는 보편적 · 선택적 예방 프로그램

어릴 적의 폭력 행동이 이후의 범법 행위로 이어지는 발달 궤도를 도표화해 보면, 지난 20년 동안 예방 프로그램이 상당한 성과를 보였음을 확인할 수 있다. 이러한 성과는 다양한 예방 프로그램들이 생겨난 것과 관련이 있으며 이러한 프로그램들에 대한 연구의 전망은 밝은 편이다. 이 장에서는 공격적 행동의 원인에 대한 이해를 돕고, 아동기의 공격적 행동이 청소년기와 초기 성인기(young adulthood)에 심각한 품행 문제로 심화되는 발달적 문제를 미연에 방지하는 실행 전략들에 대한 최근 동향을 살펴보고자 한다.

아동기와 청소년기 공격적 행동의 유병률

청소년기의 구속 사건 발생 횟수는 아동기와 청소년기의 공격적 행동과 품행 문제의 출현을 평가하는 가장 일반적인 방법이다. 18세 이하의 청소년들은 전체 인구의 약 26%를 차지하고 있다(Federal Interagency Forum on Child and Family Statistics[FCFS], 2002). 그리고 전체 구속 사건의 약 17%가 청소년 사건으로 여겨지고, 전체 폭력범죄의 약 16%가 청소년 폭력 범죄이며, 전체 재산형 범죄(property crime)의 약 32%가 청소년 사건으로 추정된다(Office of Juvenile Justice and Delinquency Prevention[OJJDP], 2002a). 전체 범죄에서 청소년 형사 사건의 비율은 1996년에 절정에 이르렀다가 2000년대가 되면서 줄어들었다(OJJDP, 2002b).

1990대 중반에는 여학생들의 사건이 비교적 증가하는 것으로 나타났고, 남학생들은 2000년대로 넘어오면서 비교적 감소하였다(OJJDP, 2002c). 2001년에는 전체 구속 사건의 남자 비율은 1983년의 수준으로 돌아갔지만, 여학생의 경우 1983년보다 약 42% 높은 수준을 유지하였다(OJJDP, 2002c). 그러므로 1980년대와 1990년대에 나타난 구속 사건의 증감을 고려하면 여학생의 반사회적 행동은 오히려 증가하였다. 즉, 남학생과 달리 여학생의 반사회적 행동은 1980년대 초기에 비해 줄어들지 않았다.

민족과 인종적인 측면에서 흑인 청소년들은 1990년 중반부터 가장 큰 감소가 나타났다. 2001년에 흑인 청소년들의 구속 사건 발생 비율은 1980년대 이전 수준으로 떨어졌

다. 반대로 다른 인종과 민족의 구속 사건 발생 비율은 1980년대 초기 수준으로 유지되었다(OJJDP, 2002d).

전반적으로 구속 사건에 대한 비율의 변화는 복잡한 그림으로 나타난다. 남학생만큼 여학생들의 비율은 급격하게 감소하지는 않았다. 그리고 몇몇 지표에 따르면, 수년간의 비율 전체를 고려할 경우 실제 공격성의 수준은 변화가 없었다. 예를 들면, 현재 가중처벌되는 폭행 사건의 비율은 1980년대 초기보다 42% 높은 수준을 보이고 있다(OJJDP, 2002e). 이것은 청소년들의 폭행과 다른 형태의 충돌이 가장 급격하게 증가했던 1990년대 초기 이전에 높았던 사건의 비율이 현재에도 그 정도는 널리 퍼져 있다는 것을 말한다. 부분적으로는 청소년의 폭행으로 인한 중상과 사망이 1990년대 후반에 감소하였다. 이러한 감소의 원인은 정신적 외상 의학(trauma medicine)의 발달과 청소년 무기소지의 감소, 그리고 도시의 마약문화에서 발생하는 폭력적인 형태의 분쟁이 덜 나타났기 때문이다(Blumstein & Wallman, 2000; USDHHS, 2001).

미국 질병 예방 통제 센터(Centers for Disease Control and Prevention: CDC)는 2년마다 청소년 건강 위험 행동 조사(Youth Risk Behavior Surveillance: YRBS)를 실시하고 있고, 이를 통해 청소년 품행 문제의 유병률을 측정하는 대안적인 방법을 제공하고 있다. 공립과 사립 고등학교(9~12학년)에서 수집된 이 자료들은 신체적 피해와 건강 차원의 결과들과 관련된 다양한 행동을 설명한다. 이 설문조사는 경찰이 직접 확인하고 체포하여 작성하는 공식적 보고서와는 달리 자기보고식으로 구성되어 있다. 그러므로 이 설문조사가 청소년 문제의 출현을 더 잘 측정하게 된다. 왜냐하면 경찰들이 주목하지는 않지만 아동기와 청소년기의 사회적 관계에 영향을 미치는 행동들이 이 조사에서 평가되기 때문이다. 모든 것을 감안할 때 총, 칼, 곤봉 혹은 다른 무기를 학교에 가지고 오는 학생들의 비율과(CDC, 2002a) 신체적 폭행에 가담하는 학생의 비율은 1990년대 초반에서 2001년 사이에 감소하였다(CDC, 2002f, 2002g). 뿐만 아니라 이러한 자료에 따르면, 학교가 안전하지 않다고 느껴서 학교를 가지 않는 학생들(CDC, 2002b)과 학교에 가져온 무기로 피해를 입거나 위협을 당한 학생들(CDC, 2002c), 총기를 가져오는 학생들(CDC, 2002e)의 비율이 1990년대에 걸쳐 감소하였다. 그러나 2001년에는 아쉽게도 다시 증가하였다.

아동 및 청소년의 공격성 정도에 대한 다른 정보 자료로는 Monitoring the Future(MTF)에서 매년 실시하는 학생 설문조사가 있다. 미국 국립 약물 남용 연구소(National Institute on Drug Abuse)에서 지원하는 MTF의 조사는 약물 사용과 약물 남용에 초점을 두고 있다. 약물 사용은 심각한 건강 문제와도 밀접하게 연관이 있지만 공격적 행동의 지표로서 사용될 수 있다. 왜냐하면 약물 사용은 폭력적인 분쟁 해결과 불법 총기 거래시장, 폭력단의 형성과 관련된 하위 문화와 상관이 높기 때문이다. MTF의 최근 조사 자료에 따르면, 코카인(cocaine)과 각성제(메탐페타민, methamphetamine), 환각제(ecstacy), 비처방전 근육 흥분제(anabolic steroid)의 사용이 증가하고 있다(CDC, 2002d; Johnston, O'Malley, & Bachman, 2002). 반면, 헤로인(heroin), 담배, LSD,[1] 흡입제(inhalant)의 사용은 감소하는 것으로 나타났다(Johnston et al., 2002). 그러므로 모두 종합해 보면, YRBS와 MTF의 조사와 같은 자기보고식 조사 연구는 청소년 구속 자료에 나타난 유형들을 뒷받침해 준다. 전체적으로 반사회적 행동은 1990년대 중반에 절정에 이르렀고 이후 감소하는 것으로 나타났다. 그러나 최근 가중 폭행죄로 계속되는 심각한 난투, 총기류 반입, 약물 사용의 증가는 공격적 행동이 주요한 사회와 건강의 문제로 여겨지고 있음을 의미한다.

발달 및 생태적 접근

아동기 때의 공격적인 행동과 다른 품행 문제들의 위험요인은 발달적 경로에 따라 순차적으로 나타난다([그림 6-1] 참조). 생애 첫 시기에서 생물학적인 요인과 환경적 요인은 아동의 성장과 적응에 강한 영향력을 가진다. 어머니의 약물 남용, 흡연 혹은 돌봄의 부족으로 인해 태아기에 초기 발달이 잘 이루어지지 않았을 경우 등이 위험요인에 해당되며 이로 인해 발달적 문제들이 나타날 가능성이 증가하게 된다. 유사하게, 아동이 신경학적 장애와 같이 선천적으로 문제를 타고난 경우 이러한 아동을 돌보고 양육하기는 더 어렵다. 이로 인해 이러한 아동의 부모들은 아이를 보살피는 것에 태만해질 가능성이 증가하게 된다. 이 표는 위험요인을 더 증가시킬 수 있는 사건이나 조건을 순차적으로 보여 준다. 이러한 위험이 증가함에 따라 좋지 않은 발달적 결과를 일으킬 가능성이 훨씬 높아지게 된다. 이러한 일련의 축적된 위험요인은 종종 초기 출현 모델(early start model)로 불린다. 이 관점에서 보면 개인, 가족, 학교, 또래요인들은 잦은 싸움, 학업 실패/성공, 일찍 성관계를 맺는 것, 약물 복용 시도(Patterson, Dishion, & Yoerger, 2000)와 같은 발달적 결과에 영향을 미치는 것으로 여겨진다. 여러분이 생각할 수 있듯이, 초기

1) 역자 주: LSD(엘에스디)는 Lysergic Acid Diethylamide의 약자로, 에르골린족에 속하는 환각제이다. 20~30μg으로도 시각의 청각화, 청각의 촉각화 등 전위된 감각을 느낄 수 있으며, 매우 강력한 환각 효과를 가져올 수 있다.

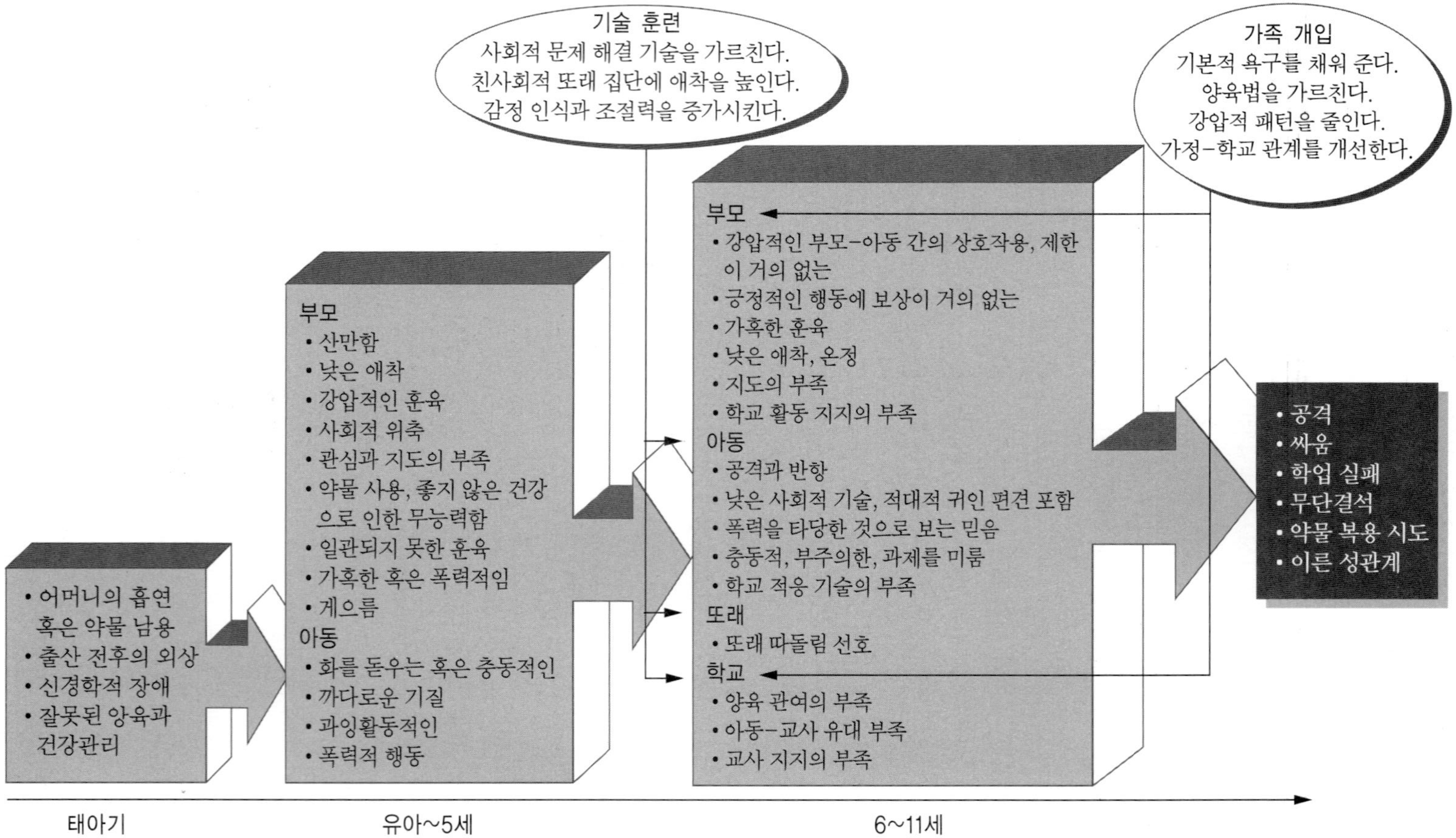

[그림 6-1] 생태학적, 발달적 관점: 위험요인 계열과 개입

출처: Reid, Patterson, & Snyder (Eds.). (2002). Interventions for Antisocial Behavior: Overview (pp. 195-201).

출현 모델은 청소년의 제한적 모델인 늦은 출현 모델(late start model)에 의해 보완된다(Moffitt, 1997). 우리는 이 장에서 초기 출현 모델에 초점을 맞추었다.

아동 발달에 대한 생태학적 이론과 다중체계적 관점(Bronfenbrenner, 1979, 1986; Henggeler, Schoenwald, Borduin, Rowland, & Cunningham, 1998)은 공격적인 행동이 거시사회적 · 미시사회적 과정의 맥락에서 발달한다고 제시한다. 유전적 성향, 생리적 영향(예: 납에 노출, 태아의 알코올 노출), 그리고 사회적 환경에서 갈등을 일으키는 영향력(예: 인종차별과 가난, 지지적인 확대가족의 영향) 사이의 상호작용에 기초하여 행동은 교류된다고 여겨지며 사회적 상호작용의 역동에 의해 쉽게 영향을 받게 된다. 생물학적 영향의 맥락에서 발달적이고 생태적인 관점으로 보면, 아동은 부모, 형제, 동료, 교사, 감독자, 이웃, 종교 지도자, 그리고 다양한 여러 분야의 사람들과의 교류를 통해 성장하고 적응해 간다. 유기체와 환경 간의 교류가 행동을 만든다는 환경 속의 인간 관점(person-in-environment perspective)은 사회복지, 심리학, 사회 의학, 그리고 그 밖의 타인에게 도움을 주는 직업에서 매우 중요한 관점이다(예: Council on Social Work Education, 2001 참조).

이 장에서 우리는 가족, 학교, 또래 사이의 미시사회적 과정에 초점을 맞추려 한다. 국제적 마약범죄조직의 만연, 빈부 격차의 확대, 대량파괴무기 확산과 같은 보다 상위 수준의 거시사회적 과정은 아동과 청소년의 기회를 제한할 수 있는 사회적 · 물리적 환경에 명백하게 영향을 미치게 된다. 직간접적으로, 이러한 과정은 지역 노동시장, 사회적 · 교육적 · 건강 서비스에 대한 공적자금의 상대적 할당, 젊은 성인, 특별히 여성(그리고 결과적으로 여학생에게 제시될 수 있는 역할 모델)에게 가능한 역할, 공개적인 담론과 교류의 특성에 영향을 미친다.

이러한 영향력은 중요하다. 그러나 이러한 영향력은 개별 상담자의 영향력을 훨씬 뛰어넘는다. 그러므로 우리는 이러한 거시적인 요인들이 가족에게 미치는 영향력의 관점에서 토의하려고 한다. 이러한 영향력은 어머니와 아동의 건강에 영향을 미치며 가족 스트레스를 증가시키고 효과적인 양육을 방해하는 요인들로 간주할 수 있다. 이러한 관점에서 거시적인 힘이 아동의 발달에 영향을 미친다는 점을 인식하고 그러한 영향력의 구성요소를 파악하고자 한다. 실제로 거시사회적 영향력은 이 장의 범위를 벗어나는 내용이지만 테러와 고문을 근절시키기 위한 조치, 국민과 국민의 대표에 의해 만들어진 법에 따른 규칙을 활성화시키는 조치, 종교, 인종 및 민족적 관용과 이해를 확산시키는 조치, 그리고 중산층의 성장을 촉진시키는 종합적인 조치들은 매우 시급하게 요구된다.

개입 계획과 관련하여 거시사회적 위험요인의 영향력을 개념화하기 위해, 우리는 거

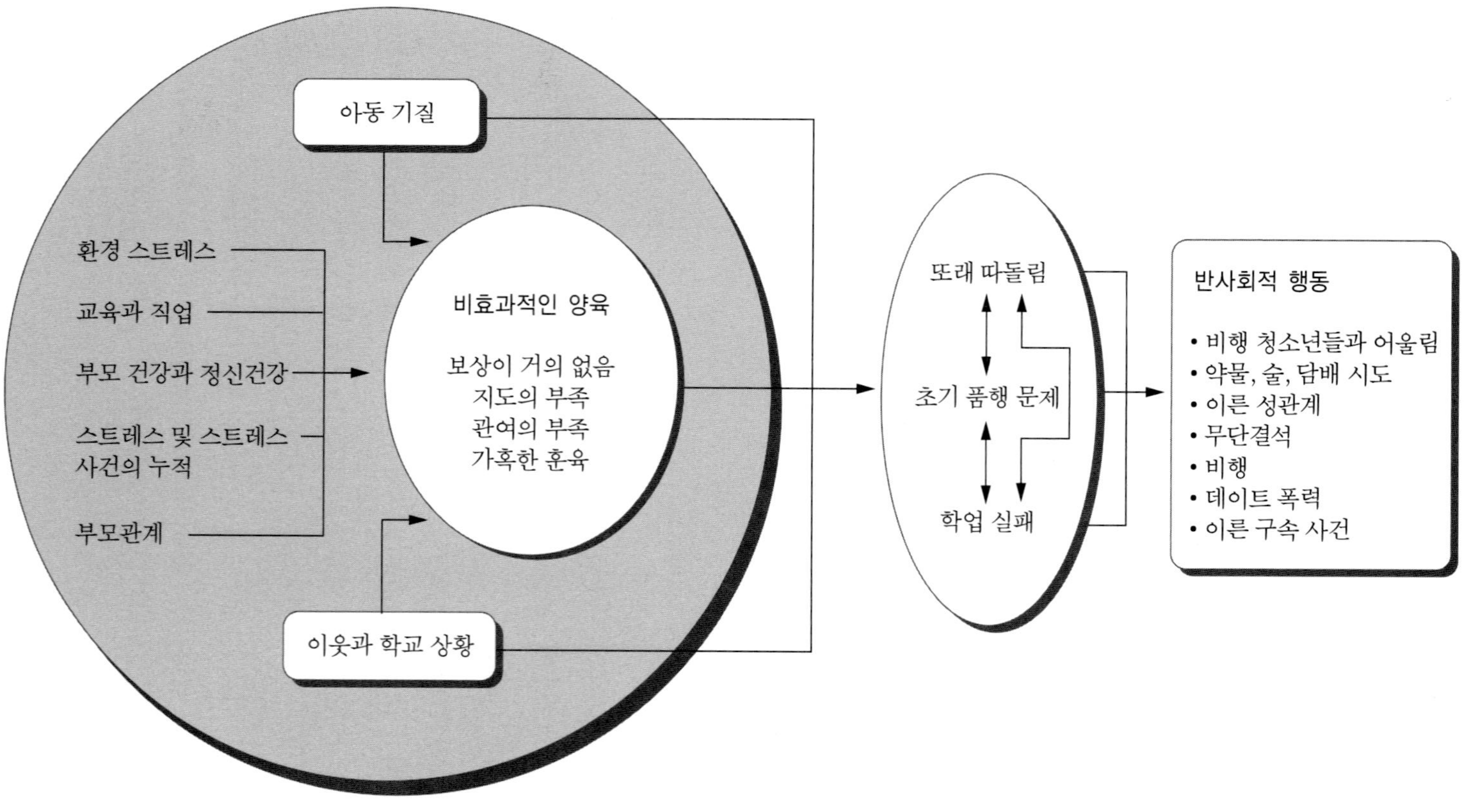

[그림 6-2] 양육의 의학적 모델: 가족 상황적 요인, 또래 거절, 초기 행동 문제, 학업 실패, 반사회적 행동 간의 관계

출처: Reid & Snyder (Eds.). (2002). Contextual Risk across the Early Life Span and Association with Antisocial Behavior(pp. 123-145) 수정.

시사회적 위험요인이 미시사회적 체계—주로 가정과 집—에 영향을 미침으로써 아동의 발달에 영향을 미치는 위험 과정을 논의하고자 한다. 발달 결과에 미치는 더 넓은 사회적 영향력은 가정을 통해 매개되며 효과적인 양육을 통해 주로 나타난다([그림 6-2] 참조). 비효과적인 양육은 [그림 6-1]에 제시된 것과 같이 다양한 요인들로 구성된다. 비효과적인 양육은 강압적인 훈련, 낮은 감독과 지도, 아동의 친사회적 행동에 보상을 주지 못하는 것, 학교 관련 활동(예: 숙제하기)에 대해 지지를 적게 해 주는 것, 부모-아동 사이의 애착과 온정을 적게 느끼도록 하는 잦은 잔소리와 투덜거림으로 구성된 상호 대인관계 방식으로 이루어져 있다.

이 그림은 또한 효과적인 양육은 교류적(transactional)이라는 것을 보여 주며 이러한 교류는 아동의 특징에 영향을 받는다. 아동의 기질은 임신기에 부모가 태아를 소홀히 관리하는 경우, 어머니의 약물 남용 혹은 임신 기간 동안의 흡연과 관련된 생물학적 요인에 의해 영향을 받을 수 있다. 결과적으로 까다로운 기질의 아동은 더 돌보기 어렵다. 생태학적인 관점에서 양육은 아동의 특성(예: 아동의 기질), 부모의 역량(예: 부모의 신체 건강과 정신건강, 부부간의 관계, 부모의 교육받은 정도와 직업), 사회적 환경의 상대적인 스트레스의 양에 영향을 받는다. 이와 같은 많은 요인들은 변화할 수 있는 것이며, 개입을 하기 위한 현재의 기회들이라고 볼 수 있다.

위험요인과 보호요인 관점

아동기와 초기 청소년기의 품행 문제에 대한 예방적 개입은 변화시킬 수 있는 위험요인을 규명하고 그 요인들을 바탕으로 구체적인 개입을 설정하는 과정에 기초하고 있다([그림 6-1] 참조, 화살표는 훈련 기술과 가족 개입이 가능한 위험요인들을 가리킨다). 초기 공격적인 행동은 청소년기 품행 문제의 중요한 위험요인이다. 그러나 품행 문제를 낳는 하나의 원인이나 경로는 없기 때문에 관련된 위험요인들을 규명하는 것이 필수적이다.

문화와 맥락

연구에 따르면, 핵심적인 위험 구조는 성과 인종/민족(예: 학업 실패는 인종과 민족 배경의 차이와 상관없이 또한 남학생과 여학생 모두에게 위험요인이 됨, Deater-Deckard, Dodge,

Bates, & Pettit, 1998; Moffitt et al., 2001 참조)의 차이와 상관없이 유사하게 위험요인으로 작용하지만, 구체적인 위험요인의 강도와 발달 결과는 거의 늘 문화, 언어, 종교, 사회경제적 상황—특히 빈곤—과 서로 얽혀 있다. 다시 말해, 한 문화에서 적응적이고 규범적으로 여겨지는 행동일지라도 다른 문화에서는 유사하게 적응적이고 규범적인 것으로 인식되지 않을 수 있다(Coll & Magnuson, 2000). 이러한 문화적 요소는 아동에게 규범적인 것으로 여겨지는 각본(scripts),[2] 역할, 도식(schema)뿐만 아니라 가족으로부터 얻는 지지에도 영향을 미친다.

이웃의 영향 역시 유사하게 개념화될 수 있다([그림 6-2] 참조). 이웃 공동체의 집단효능감(collective efficacy)—아동을 감독하고 그 밖의 다른 활동에 대해 이웃들이 서로 도와줄 때 이들이 생각하는 가치와 행할 수 있는 능력에 대해 서로 합의하는 정도—은 종종 2가지 효과를 가지는 것으로 여겨진다(Sampson, 2001). 첫째, 집단효능감은 양육의 효과성에 영향을 미치며, 둘째, 아동들의 일반적인 활동에 대해 서로 다른 강화를 줌으로써 친사회적이고 반사회적인 역할 모델을 접하게 하여 아동의 행동에 영향을 미칠 수 있다(지역의 위험요인과 개입을 더 포괄적으로 이해하기 위해서는 Herrenkohl, Hawkins, Chung, Hill, & Battin-Pearson, 2001 참조). 그러므로 환경적, 문화적으로 관련된 예방 프로그램을 고안하기 위해서 문화, 이웃 상황, 그리고 자원들에 기초해 위험요인을 평가하는 것이 필요하다.

보호요인, 강점 그리고 장점

예방 프로그램을 만드는 것은 위험요인으로부터 아이들을 보호하는 보호요인들을 규명하기 시작한 1970년대와 1980년대 정신건강 분야의 혁신적인 연구를 통해 알려졌다(예: Garmezy, 1971). 보호기제의 특징을 정의하기 위해서는 위험 상황을 수정하는 것이 필요하다. 이것은 일반적인 환경에서 "부적응의 결과를 낳는 일반적인 환경요인들에 대한 반응을 개선(보호)"하는 형태를 필요로 한다(Rutter, 1987, p. 317).

강점 및 장점과 관련된 개념들은 사회복지에서는 널리 수용되어 온 반면에(Saleebey,

---

2) 역자 주: 각본(scripts)은 어릴 때부터 형성하기 시작하는 무의식적인 인생 계획으로, 인간이 성장하면서 부모가 주는 메시지에 의해 강화되고 생활하면서 겪게 되는 경험에 의해 정당화된다. 교류분석(transactional analysis) 이론에 따르면, 연극 배우가 무대 위에서 각본에 따라 연기하듯 사람들은 각자 인생 각본의 결말을 향해 자기 삶을 살아간다고 본다.

1997, 2000), 보호 과정의 본질과 위험 기제와의 관계는 사회과학과 건강과학에서 상당한 논쟁이 있어 왔다(Masten, 2001 참조). 위험 수준과 상관없이(Sameroff & Gutman, 2004) 긍정적인 발달 결과를 촉진시킬 수 있는 요인들과 관련하여 촉진적 효과(promotive effects)와 같은 용어가 제언되었지만, 지금까지 어떻게 보호요인들을 측정할 수 있을지에 대한 합의는 거의 없는 상황이다(Fraser, 2004; Stouthamer-Loeber, Loeber, Wei, Farrington, & Wikstrom, 2002 참조). 따라서 보호요인과 위험요인의 영향을 개념화하기 위해서는 더 많은 연구가 필요하다. 이 장에서는 위험을 바꾸는 내·외적인 자원으로서 보호요인을 정의하고자 한다.

보호 현상과 관련된 개념적·방법론적 도전에도 불구하고, 우리는 위험의 모든 수준에서, 아동들이 역경으로 인한 위험요인들을 완충시킬 수 있는 자원을 가지고 있다는 것을 알고 있다. 그러나 우리는 또한 위험 수준이 매우 높은 경우에는 이러한 보호 자원들이 역경을 상쇄시키는 데 불충분하다는 것을 알고 있다(Pollard, Hawkins, & Arthur, 1999). 그럼에도 불구하고 우리는 위험요인을 이해하는 것으로만 개입의 근거를 둘 수는 없다. 요인을 평가하는 동안 개입을 통해 강화될 수 있는 구조적이고 환경적인 보호요인을 규명하는 것이 중요하다. 비록 위험요인과 보호요인이 부적으로 상관되어 있지만, 높은 위험에 처해 있는 대부분의 아동은 개입 계획을 만들어 가는 것에 근거가 될 수 있는 강점 혹은 장점을 가지고 있다. 위험과 보호요인에 대한 연구로부터 2가지 중요한 실제적인 전략이 도출된다. 바로 그 전략은 문화, 성, 사회경제적 상황의 이해에 근거한 위험요인을 감소시키고 보호요인을 증진시키는 것이다.

3가지 예방 전략

어린 시기에 공격적 행동을 보이는 경우 그 결과가 어떠한지에 대한 지식이 증대됨에 따라, 학자들은 공공 정책의 주된 목표로 공격적 행동을 유발하는 위험기제들을 차단하는 것을 주장하였다([그림 6-1]과 [그림 6-2] 참조). 이들은 예방의 효과가 연령에 따라 결정된다고 말한다(Reid & Eddy, 2002b). 프로그램들이 명확한 초점과 정확한 실행, 충분한 강도로 발달 단계에 따라 순차적으로 진행된다면, 아동 폭력이나 약물 남용과 같이 다양한 부정적인 결과를 초래하는 발달 궤도를 변화시킬 수 있을 것이다. 그 대상이 어린 아동이든 초기 청소년이든, 프로그램은 발달의 특정 단계에서 부정적인 결과를 야기하는 위험요인과 보호요인들을 충분하게 파악하고 설계되어야 한다. 아동 발달 단계 전체를 통틀어 이를 가능하게 하는 3가지 기본 전략은 다음과 같으며, 성공적인 예방 프로그램들은 종종 이 전략들을 동시에 사용하기도 한다. (1) 행동적 부모 훈련(behavioral parent training), (2) 아동 중심의 기술 신장(child-focused skill building), (3) 학교와 관련된 학업적 신장(school-related academic enhancement)이다.

행동적 부모 훈련

대다수의 아이들에게 최초의 중요한 학습 경험은 집에서 이루어진다. Holmes, Slaughter 및 Kashani(2001, p. 187)는 관찰을 통해 "출생 순간부터 아동기와 청소년기를 거쳐 일어나는 아동의 가족 경험은 품행장애 및 반사회적 인격장애를 초래할 수 있는 가장 영향력 있는 환경요인들 중 한 가지이다."라고 주장했다. 가족의 역량을 강화하기 위한 전략들은 행동주의의 주요 개념에 기초하고 있으며, 이는 다음과 같다. 문제 해결, 의사소통, 훈육에 관한 부모의 양육 기술 강화를 목적으로 이루어지는 개입을 통해서 아동의 행동은 변화될 수 있다는 것이다.

오리건 사회 학습 센터(Oregon Social Learning Center)의 Patterson, Reid, Capaldi, Dishion, Eddy, Forgatch, Stoolmiller와 동료 연구자들은 지난 30여 년 동안 부모 훈련과 가족 관련 개입에 관한 지식을 발전시키는 데 중대한 기여를 해 왔다. 그들은 자녀와 부모의 상호작용을 연구하여 양육 개입(parenting intervention)의 이론적 토대를 개발하기 위한 노력을 기울여 왔다. 지금은 널리 알려진 강제 이론(coercion theory) 역시 이 연구에서 비롯되었다(Patterson, 1982; Patterson, Reid, & Dishion, 1992). 이 이론은 부적응적인 부모-자녀 상호작용이 부모와 자녀 모두의 행동에 부정적인 영향을 미친다고 주장한다. 상호 강제적인 교류는 아동의 공격적 행동을 초래하고 유지시키는 행동들을 강화한다(Reid et al., 2002). 강제적 관점에서, 부모 훈련을 통한 개입은 가족 스트레스를 경감시키고, 아동 행동에 대한 체계적인 부모의 감독을 재정비하며, 아동의 행동에 따라 수반되는 결과(보상과 가벼운 처벌)를 명확하게 정립하고, 친사회적(비강제적)인 부모-자녀 상호작용을 촉진하기 위한 목적으로 이루어진다. 양육 프로그램들은 주로 가족의 삶을 저해하고 효과적인 양육을 방해하며 양육 프로그램 참가를 어렵게 만드는 구체적인 문제들—교통, 탁아, 보건—을 다루는 것에서부터 출발한다. 양육 프로그램은 부모들에게 선제적(proactive)인 아동 관리 기술들(예: 긍정적이고 바람직한 행동에는 보상을, 문제 행동에는 상응하는 책임을 묻는 등)을 사용하도록 가르친다. 또한 더 최근의 예방적 개입에서는 문제 해결 기술을 신장하기 위한 집단에 아동들을 자연스럽게 참여시키고 있다(예: Reid, Eddy, Fetrow, & Stoolmiller, 1999; Webster-Stratton & Taylor, 2001 참조).

아동중심 기술 훈련

아동은 가족, 확대가족, 탁아시설에서 기술과 신념, 태도를 배우며 이는 빠르면 미취학 시기부터 타인과의 상호작용에 영향을 미치기 시작한다. 특히 문제 해결 기술과 감정통제 기술의 결핍은 또래로부터의 따돌림에서부터 학교 부적응에 이르기까지 다양한 부정적인 발달과 연관이 있을 뿐만 아니라(Werner & Kerig, 2000) 공격적 행동의 조기 발현과도 관련이 있다(Farmer et al., 2002, p. 300). 295명의 유치원생을 대상으로 최근, 나이, 성별, 인종, 사회경제적 지위, 부모의 개입, 부모의 언어적 추론 능력, 부모의 약물 사용, 다양한 아동의 성격(예: 사고 문제 및 과잉행동, Kaplow, Curran, Dodge, & CPPRG, 2002)을 통제한 종단연구에 따르면, 사회적 문제 해결 기술이 부족한 아동들은 12세에 약물을 시작하는 경향이 관찰되었다. 강제 수단에 의지하지 않고 분쟁을 해결할 수 있는 사회적 능력이 아동 초기부터 발달 궤도에 영향을 미치는 것이다. 사회적 능력에 초점을 맞춘 개입은 유치원, 초등학교, 중학교에서 영향력을 발휘했다(Gottfredson, Jones, & Gore, 2002). 흔히 이런 개입에는 대인관계적 문제 해결 능력 함양, 공격적 행동을 야기하는 인식의 개선훈련(적대적 귀인 편견(hostile attribution bias)의 개선 등), 감정 통제 기술 발달 훈련(흥분과 분노 조절), 역할극을 통한 실생활 능력 강화 등을 위한 목적이 포함된다. 이러한 전략들은 다른 전략들과 어떻게 협력적으로 사용되는가에 따라 그 효과성이 달라진다.

이러한 문제 해결 능력은 부모 및 학교와 관련된 위험요인들을 다루는 더 크고 다면적인 개입의 일부로 사용될 때 보다 긍정적인 결과를 불러일으킬 수 있다(August, Realmuto, Hektner, & Bloomquist, 2001; Ialongo et al., 1999; Taylor, Eddy, & Biglan, 1999). 예를 들어, Barrera와 동료들(2002)은 284명의 유치원부터 초등학교 3학년까지의 아동들을 아무런 처치를 받지 않는 통제 조건(n=143), 혹은 부모 양육 훈련, 추가적인 읽기 지도, 사회적 능력 훈련, 교실 행동 관리를 위한 개별화 프로그램 등 다요인적 개입(n=141)이 이루어지는 조건에 무작위로 배치하였다. 1년 후의 후속 측정에서 프로그램에 참여한 아동들이 집에서 강제적 행동 및 공격성을 덜 보이는 것으로 나타났으나, 유감스럽게도 Barrera와 동료들은 기술 훈련의 효과를 분리하여 측정하지 않았다. 사회적 문제 해결을 다루는 다른 많은 연구들이 그러하듯 사회적 문제 해결을 위한 예방적 개입의 상대적 기여도를 평가하기는 쉽지 않다. 따라서 이들은 연구 결과가 모호하다는 결론에 도달했다(Reid & Eddy, 2002a). 더 많은 연구가 필요하기는 하지만, 기술 훈련만을 단독으로 사용하거나 다른 프로그램 구성요소들과 분리하여 기술 훈련의 효과만을 따로 측정할 수 있도록 설계된 연구들이 증가하고 있으며, 이 연구들은 기술 훈련이 결과에 상당히 중요한 기여를 한다고 보고하고 있다(Greenberg, Kusche, Cook, & Quamma, 1995; Grossman et al., 1997; Kazdin, Siegel, & Bass, 1992; Lochman, Coie, Underwood, & Terry, 1993; Smokowski, Fraser, Day, Galinsky, & Bacallao, 2002). 그러나 모든 것을 고려할 때 문제 해결 기술 프로그램이 가장 보편적으로 사용되는 경우는 비행, 약물 사용, 청소년 폭력을 다루기 위해서 설계된 매우 중요한 다요인적 프로그램의 요소 중 하나로 이용되는 경우이다. 실제로 아동을 위한 기술 훈련에 대해 신중한 낙관론의 입장에서 보면 문제 해결 기술 훈련은 가장 그 효과를 믿을 수 있는 예방적 개입 프로그램들의 요소 중 하나이다(Lonczak, Abbott, Hawkins, Kosterman, & Catalano, 2002; Reid et al., 1999; Webster-Stratton, 2000 참조).

학업적 향상과 학교 개혁

주요 예방 프로그램의 세 번째 요소는 학교 환경에 관한 것이다. 공립학교체계는 "미국에서 아동들과 광범위하게 접촉할 수 있는 유일한 돌봄 체계" 이다(Reid & Eddy, 2002b, p.222). 학문적 수행과 학교와의 유대감(예: 학교에서의 참여나 학교에 대한 애착 또는 헌신)은 발전적 결과를 예측할 수 있는 요소들이기 때문에(자세한 내용은 Najaka, Gottfredson, & Wilson, 2002 참조), 학교 환경 조성은 예방적 개입을 할 때 많이 선호되는 방식이다. 학교 관련 전략들은 학교생활에 대한 부모의 개입을 강화하고, 교사의 교실 행동 관리 체계를 개선시키고, 학생의 참여와 학습을 위한 새로운 기회들을 만들어 내고, 아동들의 학업 기술 및 사회적 기술을 개선시킴으로써 학문적 성공을 촉진하려고 노력한다. 이러한 학교기반 예방 전략에서 교사들은 매우 중요한 역할을 수행한다. 그들은 획기적인 교실 관리 기술을 사용하고, 전통적 교과(예: 수학이나 언어) 및 사회적 능력 관련 교과, 행동건강(예: 약물 거절 기술), 또래관계, 그 외 다른 주제들을 가르치기 위한 혁신적인 교과과정을 도입한다.

행동적 개입과 함께 학업적 혹은 교육적 개입을 시도하는 경우, 학문적 성취를 발전시키킴과 동시에 교육 붕괴와 비행 및 약물 사용에 이르는 문제적 행동들을 감소시키는 데 모두 효과가 있다는 사실이 밝혀졌다(Battistich, Schaps, Watson, Solomon, & Lewis, 2000; CPPRG, 1999a, 1999b; Ialongo et al., 1999). 이러한 프로그램들은 상호작용적 교수, 협동 학습, 특성화 교과, 개인지도(예: Slavin & Cooper, 1999) 등의 학업적 강화 요인들과 함께 양육적 개입을 종종 결합시켰다. 예를 들어, 성공, 건강, 평화(Success, Health, Peace: SHAPe) 프로그램은 7학년 학생들에게 매주 학습 전략, 갈등 해결, 약물 절제와 관련된 수업을 담임교사 시간에 진행하였다. 매주 학생들과 부모들은 배운 내용과 관련된 과제를 수행하였다. 과제는 학교생활 성공, 또래관계, 친사회적 행동에 대한 보상에 초점이 맞추어져 있었다. SHAPe 프로그램을 통한 개입에는 지시적인 예방 개입을 보충하는 기관인 가족 자원 센터도 포함되어 있었는데, 가족 자원 센터는 위험에 처해 있다고 인정된 60여 가족들에 대한 지원 사업을 진행하였다. 통제 집단으로 임의추출된 아동들에 비하여, SHAPe 프로그램의 아동들이 7~9학년에 약물을 시작하는 비율이 더 낮았다. 또한 이 프로그램은 고위험군과 저위험군 학생들 모두에게 긍정적인 영향을 미쳤다(Dishion, Kavanagh, Schneiger, Nelson, & Kaufman, 2002). SHAPe와 같은 프로그램들은 부모를 돕기 위한 새로운 구조를 만들고 학생들이 미래에 직면할 학업적 · 사회적 도전에 대비할 수 있도록 준비시키기 위한 새로운 학습 기회를 창출함으로써, 부모와 학교 사이에 더욱 강력한 유대관계를 형성한다. 학교 환경을 조성하기 위한 기존의 프로그램들처럼(예: Hawkins, Catalano, Kosterman, Abbott, & Hill, 1999; Knoff & Batsche, 1995 참조), SHAPe와 같은 프로그램들은 학교가 예방적 결실을 맺을 수 있는 훌륭한 장소라는 사실을 증명한다.

효과적인 8가지 예방 프로그램

이 장에서는 행동적 부모 훈련, 아동중심 기술 훈련, 그리고 학교 관련 학업 신장 전략들이 결합된 8가지의 모범적인 예방적 개입들을 강조하여 소개하고자 한다. 이 개입들은 비행, 청소년 폭력, 약물 남용 예방 프로그램들의 결과 보고를 통해 그 효과가 검증되었다. 2002년 1~8월에 갓난아기부터 10세까지의 아동들을 대상으로 시행된 예방 프로그램 시도의 결과를 보고한 연구들을 검증하기 위해 문헌연구가 진행되었다. (따라서 SHAPe처럼 더 나이가 많은 아동들에게 그 효과가 입증된 다른 프로그램들은 이 검토에서 제외되었다. 청소년을 위한 프로그램의 검토를 위해서는 Elliott(2002), Greenberg, Domitrovich, & Bumbarger(2001) 참조) 이 연구는 PsycINFO(webSPIR)와 사회과학 논문 인용 색인(Social Sciences Citation Index; ISI Web of Kowledge and Web of Science) 자료에서 출발하였다. 1990년 이후로 출판된 연구를 검색하기 위해서는 행동 문제 예방, 아동기 공격성, 비행 예방, 폭력 예방, 약물 남용 예방과 같은 용어가 사용되었다. 더불어 예방 프로그램들에 대한 검증의 질을 높이기 위해서 다음의 자료들을 참고하였다. 청소년 폭력에 관한 연방 보건국장 보고서 2001(Surgeon general's 2001 report on youth violence[USDHHS], 2001), 약물 남용 예방 모형 프로그램 센터(Center for Substance Abuse Prevention[CSAP], 2002) 웹사이트, 청소년 정의 및 비행 예방 사무소(Office of Juvenile Justice and Delinquency Prevention[OJJDP], 2002f) 웹사이트 등이 사용되었다.

이 장의 검토에서 다루어지는 개입은 다음의 기준에 의해 선정되었다.

- 행동 문제와 관련된 위험요인에 명확하게 초점을 맞추고 있는 개입
- 실험 설계 또는 유사 실험 설계를 이용한 통제 연구를 통해 그 효과성이 검증된 개입
- 프로그램의 충실도(fidelity) 및 재연성(replicability)이 검증된 개입(예: 구조화된 훈련 및 훈련 자료, 프로그램 설명서, 프로그램 시행에 관한 상시적 평가)

이러한 프로그램들은 모범적인 예시지만 효과성이 검증된 유일한 프로그램은 아니다. OJJDP의 지원을 받아 발행된 종합 보고서(Howell, Krisberg, Hawkins, & Wilson, 1995), 아동 건강 및 인간 발달 기구(The National Institute of Child Health and Human Development)의 보고서(Catalano, Berglund, Ryan, Lonczak, & Hawkins, 2002), Blueprint 총서(Elliott, 2002), 그리고 그 외의 다른 예방 연구들을 종합한 보고서(Greenberg et al., 2001; Loeber & Farrington, 1998, 2001; Taylor & Biglan, 1998)에서 이 프로그램들을 비롯한 다른 많은 프로그램들이 검토되고 있다. 이 장에서 이러한 프로그램들을 강조한 이유는 그 효과가 상대적으로 강하고, 개입 설계의 기초가 되는 이론이 명료하며(예: 특정한 위험요인들을 대상으로 하고 있다), 치료 방법 및 절차를 세밀하게 제시함으로써 개입이 구체화되어 있기 때문이다. 프로그램의 요소와 평가적 결과가 표로 정리되어 있는 더 많은 자료는 저자들의 책을 참고할 수 있다. 〈부록 1〉의 예시 프로그램 목록에 각 프로그램별 연락처가 수록되어 있다.

예방적 개입: 태아기에서 아동 초기까지

이 절에서는 예방적 프로그램 5가지를 강조하고자 한다. 각각의 프로그램은 태아기에서 초등학교 3학년에 이르는 초기 아동기의 발달 양상에 집중한다. 이와 같은 종합적인 조기개입에 관한 장기적 평가에 따르면, 이러한 개입들은 아동기의 공격적인 행동과 품행문제를 줄이는 것(혹은 예방하는 것)에 효과적이다.

Nurse Home Visitation(NHV)

2개의 대규모 무작위 실험에서, Olds와 동료들(Olds, Henderson, Cole et al., 1998; Olds, Henderson, Hitzman et al., 1998)은 Nurse Home Visitation(NHV) 프로그램이 선택적 개입으로서 효과적임을 입증했다. 이 프로그램은 청소년기의 품행 문제와 관련된 위험과정들을 중단시키기 위해 고안되었다. 현재 전국의 많은 주에서 시행되고 있는(Olds, 2002) NHV 프로그램은 1978년에 만들어졌다. 가정을 방문하는 동안 간호사들은 양육 교육 전략들(어머니들이 그들의 구체적인 건강, 주거, 그 밖의 다른 문제를 해결하는 것을 돕는 전략)을 사용한다. 이는 임신 기간이나 초기 아동기 동안 긍정적인 건강 행동과 아기를 능숙하게 돌보는 것, 그리고 자기관리나 직업 계획의 발달을 증가시키기 위해서이다(예: 교육이나 고용, 혹은 가족계획과 관련된 계획, Olds, Henderson, Cole et al., 1998).

NHV 프로그램에 대한 15년 후의 후속 연구에서 Olds와 동료들은 재판 회부, 학교 수업을 방해하는 행동, 정학, 성적 행위, 임신, 성적 파트너의 수, 그리고 술이나 담배, 불법적인 약물의 사용에 관한 데이터를 수집했다(Olds, Henderson, Cole et al., 1998). 그 프로그램을 시작할 때 어머니와 그들의 자녀들은 프로그램 전체에 참여하는 집단(n=116), 부분적으로 참여하는 집단(n=100), 참여하지 않은 대조군(n=184)으로 무작위로 선정되었다. 결과는 프로그램 전체에 참여한 아동들에게 효과적으로 나타났다. 대조군의 아동들과 비교해 볼 때 이 아동들—후속 연구에서의 청소년들—은 체포되거나 유죄선고를 받거나 집행유예를 선고받은 경우가 더 적었고, 성적 파트너의 수가 더 적었고, 가출이 적었으며, 약물 사용이나 술과 관련된 행동 문제들이 더 적었다(Olds, Henderson, Cole et al., 1998; Olds, Henderson, Hitzman et al., 1998). 또한 NHV 프로그램에 모두 참여한 청소년들의 담배와 술의 사용 정도는 상당히 낮게 나타났다(Olds, 2002).

Dare to Be You(DTBY)

Dare to Be You(DTBY)는 2~5세의 고위험 아동들을 위해 사용하도록 설계된 다면적이고 선택적인 예방 프로그램이다(Miller-Heyl, MacPhee, & Frits, 1998). 7가지 고유의 영역에서 보호요인 및 위험에 관한 평가를 가족들에게 제공한다. DTBY 프로그램은 2가지 기본 원리를 갖는다.

1. 아동과 가족들에게 서비스를 제공할 수 있도록 지역 단위의 기관 프로그램을 개발하는 프로그램이다.
2. 종합적인 부모-자녀 개입은 부모의 자기효능감(self-efficacy), 내적 통제력, 의사결정 기술, 자녀양육 전략, 스트레스 관리, 아동의 성장에 대한 이해, 또래 지지를 개선하기 위해 고안된 프로그램이다(Miller-Heyl et al., 1998).

5년에 걸쳐 네 곳에서 수행된 이 프로그램은 797팀의 가족을 선발하여 대조군(n=301)과 실험군(n=496)으로 무작위 배정했다. 2~4년 동안 집단들을 분석하여 실험군에 속했던 227명의 아동과 가족들을 1년, 2년 후의 후속 연구에서 대응되는 대조군(n=136)과 비교했다(Miller-Heyl et al., 1998). 그 2년 동안 실험군 부모의 자아존중감(self-esteem)과 자기효능감(self-efficacy)은 증가했다. 반면에 대조군 부모들에게서는 변화가 나타나지 않았다. 2년 후의 후속 연구에 따르면, 실험군의 부모에게서는 가혹한 훈육의 사용이 감소했고, 타임아웃(time out)이나 한계 설정(limit-setting)과 같은 훈육 기술의 사용이 증가했다. 반면, 대조군 부모의 훈육 방식은 시간이 지나도 변화가 없었다. 아동들의 문제와 반항 행동에서 나타난 변화는 1년, 2년 후의 후속 연구 모두에서 실험군의 효과를 뒷받침해 준다.

Incredible Years(IY)

The Incredible Years(IY) 개입은 4~8세의 아동들과 부모, 그리고 교사들을 위한 보편적, 선택적, 지시적인 다양한 예방 프로그램으로 구성되어 있다(Webster-Stratton, 1990, 1994; Webster-Stratton & Hammond, 1997). 이 프로그램은 아동들에게 나타나는 적대적 반항장애(oppositional defiant disorder: ODD)와 품행장애(conduct disorder: CD)의 발달에 초점을 맞춘다. IY의 아동중심 요소들은 아동들의 학업적 필요와 사회적 역량을 다루기 위해 설계되었다. 부모중심 프로그램은 행동적인 양육 기술을 가르치고, 학교에서의 부모 참여와 교사와의 협력을 격려하고, 부모의 대인관계 대처 기술을 향상시키기 위해 설계되었다(Webster-Stratton, 1998; Webster-Stratton, Reid, & Hammond, 2001). 교사들은 공격적인 행동은 감소시키고 학업 성취는 증가시키는 교실 행동 관리 기술들을 사용하도록 훈련받았다. 덧붙여, 교사들에게는 가정과 학교의 협력을 증진시킬 것을 권장하였다(Webster-Stratton, 1998; Webster-Stratton et al., 2001).

IY 평가에서 Head Start 센터 아홉 곳의 자녀가 있는 394팀의 가족들이 실험군과 대조군(실험군=264, 대조군=130)에 무작위로 배치되었고(Webster-Stratton, 1998), 기저선(Baseline)설정, 사후 평가(post assessment), 후속 평가(follow-up assessment)가 실시되었다. 사후 개입 평가에서 IY집단의 효과가 입증되었다. 대조군의 부모와 비교했을 때 IY의 부모는 일관성 있는 훈육과 적절한 한계 설정의 사용에 뛰어난 결과를 나타냈다. 게다가 그들은 거칠거나 신체적인, 또는 부정적인 훈육 기술의 사용 또한 훨씬 적게 사용하는 것으로 나타났다. IY의 부모들은 학교에 훨씬 잘 참여했다. 개입 집단 아동들에게서는 일탈 행동과 순응하지 않는 행동이 감소했고 사교 능력은 향상된 것으로 나타났다. 반면, 대조군은 변화를 보이지 않았다. 기저선에서 고위험으로 평가된 IY 어머니들의 69%는 사후 개입 평가에서 고위험 행동이 적어도 30%는 감소했다. 하지만 고위험으로 평가되었던 대조군 어머니들에게서는 비교할 만한 변화가 없었다. 이와 유사하게, 개입을 받은 고위험 아동의 73%는 부정적인 행동이 적어도 30% 감소하였다. 반면에 대조군 고위험 아동의 약 55%만이 유사한 감소를 보였다(Webster-Stratton, 1998). 실험 이후 12~18개월 후에 실시된 후속 평가는 시간이 흘러도 치료 효과가 유지됨을 보여 주었다(Webster-Stratton, 1998).

Good Behavior Game(GBG)

어린이집과 초등학교 활동에 영향을 주기 위하여 설계된 Good Behavior Game(GBG)은 선하고 친사회적인 학급 행동을 증가시키기 위해 또래 압력에 사용하는 보편적인 예방적 개입이다. 조의 구성원으로서의 학생들을 필요로 하는 GBG는 교사에 의해 전략적으로 결정된다. 각 조에는 친사회적인 행동을 하는 학생들과 수업을 방해하는 행동을 하는 학생들이 거의 같은 비율로 구성된다. 그 조들은 교사에 의해 명확하게 정의된 행동 기준(예: 발표 전에 손을 드는 것)에 따라 보상을 받는다. 게임은 학급 규칙에 대한 학생들의 사회 적응성을 증가시키기 위해 고안되었다. 그리고 "공격성과 수업을 방해하는 행동이 적은 통합반을 만들기 위해, 모든 학생들이 학습할 수 있도록 지원한다."(Kellam, Ling, Merisca, Brown, & Ialongo, 1998, p. 170) 광범위한 읽기 교육과정인 Mastery Learning(ML)

은 읽기 능력을 강화시켜 학업 성취를 향상시키기 위해 GBG와 함께 사용되어 왔다.

GBG와 ML 교육과정에 대한 다면평가는 학업 성취를 향상시키는 동안 그 프로그램들이 공격적 행동, 수업을 방해하는 행동을 줄일 수 있음을 시사해 준다(Dolan et al., 1993; Ialongo et al., 1999; Kellam, Rebok, Ialongo, & Mayer, 1994; Kellam, Rebok, Mayer, Ialongo, & Kalodner, 1994; Kellam et al., 1998). 예를 들어, 1985년 볼티모어 공립학교 1학년 1,084명의 아동들을 대상으로 한 연구에서 GBG를 평가하였다(Dolan et al., 1993; Kellam, Rebok, Ialongo, et al., 1994; Kellam, Rebok, Mayer, et al., 1994 참조). 개입이나 대조군으로 19개 학교가 무작위로 선정되었다. 개입 학교 중에서 내적 통제 집단(학급)도 설정되었다. 공격성에 관한 GBG의 효과는 다양했지만, 사후 검사에서는 행동이 상당하게 변화된 것을 관찰할 수 있었고 6년 후의 후속 평가에서는 주목할 만한 결과도 나타났다. GBG에 참여한 남학생들의 경우, 공격적인 행동이 증가했던 내적 통제 집단과 비교했을 때, 3~6학년 동안 공격성이 지속적으로 감소한 것이 관찰되었다. 또한 GBG 참여자들을 6년 이후 후속 연구한 결과, GBG의 수정판은 흡연의 시작을 줄이는 데 효과적이라는 것이 드러났다(Kellam & Anthony, 1998; Storr, Ialongo, Kellam, & Anthony, 2002 참조). 아동들은 GBG를 즐기는 것처럼 보였고, 학급 행동과 관련된 또래 영향력이 사회적응력과 학업 적응력 모두를 증가시키는 것으로 확인되었다.

Fast Track(FT)

지금까지 실행된 가장 대규모의 예방적 개입인 Fast Track(FT)은 1학년 때 시작되어 초등학교 내내 지속되는 복합적인 개입이다(CPPRG, 1999a, 1999b). 이것은 품행 문제에 대해 아동, 부모, 교사와 관련된 위험요인들을 다루기 위해 프로그램들을 다양하게 결합함으로써 보편적 · 선택적 · 지시적 예방 전략들을 모두 포함한다. 보편적 예방 전략으로는 교사와 아동들에게 학급기반 기술 훈련이 제공된다. 그리고 선택적 · 지시적 예방 전략으로는 가정으로 부모를 찾아가거나, 부모 훈련 집단, 개인교습 서비스, 또래 짝 활동(peer-pairing), 아동들을 위한 사회적 기술 훈련 등이 제공된다(Webster-Stratton & Taylor, 2001). 아동 구성요소의 목표는 정서 조절, 사회적 인지 기술, 학업 성취의 개선을 포함한다. 가족 구성요소는 행동적인 양육 기술과 부모가 학교에 참여하는 것을 강조한다. 학급 구성요소는 '정서의 이해와 의사소통'과 관련된 기술, 긍정적인 사회적 행동, 자제력을 강조하는 교사 주도의 학급 교육과정으로 구성된다(CPPRG, 1999b, p. 651).

현재까지 진행 중인 평가에서 54개의 학교에 다니는 891명의 아동들은 전국 4개 지역의 9천 명의 유치원생 중에서 선발되었다. 모든 학생은 고위험으로 간주되었으며, 개입과 대조군 학교는 무작위로 선발되었다(CPPRG, 2002). 891명의 참가자 중 445명은 191개의 1학년 학급에서 개입을 받았다. 그리고 210개의 1학년 학급의 446명의 아동들은 대조군으로 선정되었다. 참여자들이 3학년을 마칠 즈음에 개입의 상황을 지지하는 중요한 효과가 나타났다. 대조군의 아동들과 비교했을 때 개입을 받은 아동들은 품행 문제가 현저하게 낮았다. 대조군의 아동들은 특수한 교육 프로그램에 포함되어야 할 가능성이 높은 것으로 나타났다. 덧붙여 대조군의 부모들과 비교했을 때 개입 집단에 속한 부모들의 체벌 사용 비율이 낮았고, 행동적인 양육 기술(예: 타임아웃)을 더 많이 사용하는 것으로 나타났다. 이 지속적인 연구에서, 연구자들은 실험군의 37%의 아동들이 '대조군의 27%에 비해 심각한 품행 문제 역기능'이 없는 상태라는 것을 알 수 있었다(p. 19).

예방적 개입: 아동 중기

3가지 예방적 개입은 이 부분에서 다시 검토된다. 각 개입은 아동 초기부터 아동중기까지의 개입 노력에 걸쳐 있다. 비록 예방적 개입의 기본적인 요소는 학교일지라도, 각각의 프로그램은 부모와 학교에서의 부모참여에 초점을 둔 내용을 포함한다.

시애틀 사회 개발 프로젝트(Seattle Social Development Project: SSDP)

초등학교 상급생들을 위한 유망한 프로그램들은 행동적인 양육 기술과 아이들의 기술 연습, 그리고 학업향상전략을 사용해 왔다. 보편적인 예방 개입인 시애틀 사회 개발 프로젝트(SSDP)는 워싱턴 주 시애틀 고위험 지역에 위치한 8개 초등학교에서 1~6학년 학생들을 대상으로 실시되었고 다양한 내용으로 구성되었다(Hawkins et al., 1992). 개입은 교실에 관한 것, 아동에 관한 것, 그리고 부모에 관한 것으로 구성되었다. 교실에서의 개입은 상호작용적 교수법과 협동학습을 포함하는 구체적이고 선제적인 교실 관리 기술을 사용할 수 있도록 교사를 훈련시킨다. 아동에 대한 개입은 사회적 문제 해결과 약물을 거부하는 기술 훈련을 포함한다. '문제 행동에 의존'하지 않고 목표를 성취할 수 있도록 고안되었다(O'Donnell, Hawkins, Catalano, Abbott, & Day, 1995, p. 91). SSDP의 세 번째와 마지막 내용은 부모들을 대상으로 하였다. 행동적인 부모 훈련 교실은 자발적인 참여로 진행되었다. 이러한 수업들은 가정불화와 일관성이 없는 가정의 관리를 줄이는 것에 초점이 맞춰졌다. 이뿐만 아니라 부모에게는 학교 활동에 참여할 수 있도록 하며, 아이들의 숙제를 마칠 수 있도록 도와주고, 자녀의 친구들을 살피며, 약물 사용에서 호의적인 사회적 규범에 반대하는 것이 권장되었다(O'Donnell et al., 1995, p. 92).

SSDP에 대한 종단적인 연구는 괄목할 만한 결과를 보여 주었다(Hawkins et al., 1999). 이 연구는 1~6학년의 완전한 개입 교육을 받은 집단(n=149), 5~6학년의 개입을 받은 집단(n=243), 그리고 단순히 일반적인 학교의 교육만 받은 통제 집단(n=1206)을 비교하였다. 실험이 종료되고 6년 후에 측정된 결과에 따르면, 완전한 개입을 받은 집단에서 다양한 효과가 나타났다(학교에 대한 헌신, 학교에 대한 애착, 자신의 보고에 의한 학업 성취도, 학년진급, 부적절한 학교행동, 과음, 성관계를 가진 학생 수, 임신과 임신의 초래, 폭력 행위)(Hawkins et al., 1999). 실험 종료 후 10년이 지나서 통제 집단과 비교했을 때 완전한 개입에 참여했던 참여자들은 청소년기의 임신과 출산, 그리고 성병에서 낮은 비율을 보이는 것으로 확인되었다(Lonczak et al., 2002). 이 결과들은 아이와 부모, 그리고 학교생활과 관련된 위험요소들에 초점이 맞춰진 조기개입과 지속적인 개입이 발달 궤도에 유의미하게 영향을 미친다는 것을 시사한다.

아동 발달 프로젝트(Child Development Project: CDP)

SSDP처럼 아동 발달 프로젝트(CDP)는 보편적인 개입이며, 다각적인 학교 개혁 프로그램이다. 이 개입은 교실과 학교 전체, 그리고 가족에 초점을 둔 전략을 동시에 사용한다. 교실과 관련한 CDP의 구성요소는 협동학습, 문학을 기반으로 한 언어 과목, 그리고 발달 훈육을 포함한다. 학교 전체와 관련한 CDP 구성요소의 목적은 '학습자에 관한 우호적인 공동체'를 형성하는 것이다. 이것은 통합적이고 비경쟁적인 다양한 범위의 프로젝트의 활동에서 교사, 학생 및 부모와 확대가족의 참여를 포함한다(Battistich et al., 2000, p. 80). 가족의 학교 참여 프로그램 외에도 부모와 양육자는 다른 CDP의 활동에 참여한다. 예를 들어, 각각의 학생과 가족은 집안에서 하는(homeside) 활동을 배정받고 이러한 활동은 직접적으로 교실의 학습에 이용되었다.

4년간의 시범 운영 기간 동안 CDP는 미국의 6개 도시와 교외, 그리고 농촌 학교를 포함하여 총 24개의 초등학교에서 실시되었다. 3~6학년 학생들의 결과를 평가하기 위해서 준실험적인 집단 계열(cohort sequential)의 설계가 사용되었다. CDP가 실행되기 1년 전에 기저선(baseline)을 측정하기 위하여 통제 집단에 속한 679명의 학생들과 개입 학교에 속한 755명의 학생들을 대상으로 자료를 수집했다. 해마다 시행된 후속 평가는 이후에 3년간 실시되었다. 연구자들은 12개의 개입 학교에서 실행된 프로그램이 상당한 변화를 일으킨 것을 확인했다. 프로그램을 충실하게 실행한 5개의 개입 학교의 경우(예: CDP의 충실한 실행), 비교한 5개의 통제 학교에 비해 유의미한 효과가 확인되었다(Battistich et al., 2000). 예를 들어, 충실하게 실행된 학교의 학생들은 기본적으로 술과 마리화나를 이용하는 비율이 점차적으로 감소했다. 그러나 비교 학교의 경우에는 술과 마리화나를 사용하는 비율이 증가하였다. 효과의 정도가 약했지만 충실히 실행한 5개의 학교의 경우 가출, 차량 절도 그리고 집단 싸움의 참여에서 효과가 나타났다. 이러한 관찰들은 학교에 기반을 둔 개입이 효과적일 수 있음을 시사한다. 하지만 그것들은 또한 개입을 실행하는 데 충실하게 시행하는 정도(fidelity)가 프로그램의 성과와 연관되어 있다는 것을 보여 준다.

가정과 교사의 관심을 연결하기(Linking the Interests of Families and Teachers: LIFT)

오리건 주의 가정과 교사의 관심을 연결하기(LIFT) 프로그램은 SSDP, FT, GBG와 같은 다른 효과적인 프로그램의 가장 좋은 요소들로 결합된 프로그램이다. 이 프로그램은 1~5학년의 학생들을 위한 10주간의 개입으로 부모 양육과 교실 기술 훈련을 결합하였다(Reid et al., 1999). 보편적인 예방 프로그램인 LIFT는 6회기에 걸친 부모 양육 훈련의 주제와 20회기에 걸친 교실에 기반을 둔 사회 기술 훈련 프로그램, 운동장에서 실시하는 GBG, 그리고 가정과 학교와의 의사소통으로 구성되어 있다. 3년 이상의 기간 동안에 12개 학교의 671명의 학생들은 LIFT 개입 집단과 통제 집단에 할당되었다(실험군=382; 대조군=289). 학교 간의 사후 검사 비교 결과를 보았을 때, 이 프로그램은 아이들의 사회적 기술을 향상시키는 데 두 학년 모두에서 효과적으로 나타났다. 어머니와 자녀, 아동과 아동의 상호작용을 관찰한 결과, 이 프로그램은 또한 어머니의 질책 행동(예: 부모-자녀 상호작용 중 잔소리하는 것)과 아이의 신체적인 공격성을 줄인 것으로 확인되었다(Reid et al., 1999; Stoolmiller, Eddy, & Reid, 2000).

실행을 위한 함의

8개의 프로그램에서 제시된 것과 같이, 아동 초기의 공격적인 행동으로부터 청소년의 심각한 행동 변화를 이끄는 행동 궤도를 막는 예방적인 개입은 특별한 위험요소와 위험 기제에 초점이 맞춰진다(예: 강제적인 부모와 자녀의 상호작용). 비록 청소년에게 있어서 개입은 상당한 다양성이 존재하지만—다중체계 가족치료(Henggeler et al., 1998)로부터 멘토링(예: McGill, Mihalic, & Grotpeter, 1997)과, 학교 따돌림 방지를 위한 전학(예: Olweus, Limber, & Mihalic, 1999), 교육적인 유인(incentive) 프로그램(예: Lattimore, Mihalic, Grotpeter, & Taggart, 1998), 의탁기관에서의 치료(Chamberlain, Fisher, & Moore, 2002) 및 다양한 유형의 가정 밖에 배치하는 것(out-of-home placement)에 이르기까지, 3가지의 주요한 전략들은 아동 초기의 예방적인 개입의 특성을 나타낸다. 결과적으로, 어린이집과 초등교육을 받는 나이대의 아동을 위한 효과적인 예방적 개입은 부모 양육을 강화시키고 아이의 사회적 문제 해결 능력을 신장시키고 학교에서의 학업 성취와 사회적 참여를 촉진시키기 위해 학교의 환경들을 변화시키는 것을 탐색한다.

이번 장에서 살펴본 8개의 프로그램은 환경을 재구성한다. 이를 통해 아이들은 학교와 친구들과 집에서 성공적인 경험을 하게 된다. 게다가 몇몇의 프로그램은 가족 스트레스를 줄이기 위해서 건강과 영양, 그리고 다른 욕구들을 해소하는 실질적인 해결책을 사용한다. 건강과 영양은 태아기와 유년기의 단계에서 위험요소로 광범위하게 개념화되었다([그림 6-1] 참조). 이러한 위험이 발생될 때마다 효과적인 육아를 방해한다는 명백한 증거가 존재한다(Capaldi, DeGarmo, Patterson, & Forgatch, 2002; Fraser, Kirby, & Smokowski, 2004 참조). 더욱이 이런 위험은 학습을 방해하고, 효과성 있는 많은 개입이 학습과 관련된 훈련 전략을 사용하기 때문에, 구체적인 학습자의 요구를 다루는 것은 중요하며, 특별히 저소득층 부모 혹은 자녀의 경우에는 더욱 중요하다.

부모를 대상으로 개입할 경우, 대개 환경적 위험을 줄이고 학교와 부모들의 유대감을 촉진시키며, 양육, 문제 해결 그리고 의사소통의 기술을 강화하는 노력들이 사용된다. 부모 양육 훈련은 강압적인 부모-자녀의 상호작용을 변화시키고자 노력한다(Reid et al., 2002). 왜냐하면 강압적인 관계는 자녀의 소외감과 낮은 애착을 발생시키고 장기적인 면에서 공격적인 면을 형성하기 때문이다. 덧붙여서 부모에 초점을 둔 전략은 아동이 가혹한 훈육에 노출되지 않도록 하며 아동 관찰시스템이 충분히 작동할 수 있도록 하고자 한다.

학교에 기반을 둔 프로그램은 행동적인 측면에서 교사와 아동들의 행동에 주의를 기울일 수 있도록 수업 내용과 보상체계를 수정한다. 이것을 통해 학업 성취와 사회적 적응을 증진시키고자 한다. 프로그램을 실행하는 과정에서 새로운 학습 자료와 새로운 교수 방식, 그리고 새로운 학급 운영 시스템이 도입된다. 이러한 전략들은 다양한데, 사회적 유능성과 행동적인 면(예: Fraser, Nash, Galinsky, & Darwin, 2001; Grossman et al., 1997)

에 초점을 둔 기술 훈련 프로그램으로부터 또래기반 협동학습과 일반 교육과정에 걸친 통합된 행동관리까지 다양하다(예, Ialongo et al., 1999; Slavin & Cooper, 1999). GBG는 일상에서의 행동적인 개입을 일반적인 교실 활동에 어떻게 통합시키는지의 예를 보여 준다.

긍정적으로 8개의 프로그램에서 확인된 연구 결과와 그 밖에 청소년기의 발달을 촉진시키는 다른 연구 결과에 기초할 때(예: Lochman et al., 1993; Tremblay, Pagani-Kurtz, Masse, Vitaro, & Pihl, 1995), 약물 남용 예방 및 청소년 비행과 관련하여 낙관론이 증대하고 있다. 이러한 연구 결과는 초기의 공격적인 행동에서부터 그 후 품행 문제에 이르는 위험기제를 차단하는 것이 가능하다는 것을 시사한다. 초기의 공격적인 발달을 지연시킨다는 결과물과 예방 연구로부터 확인된 효과적인 결과로 비추어 볼 때, 어린이집과 초등학교 시기에 예방 프로그램의 실행을 미룰 만한 그 어떠한 이유도 없다. 비록 문화, 인종/민족 및 성별에 따라 프로그램을 조정하는 것은 상당한 도전이 되지만, 보편적이고 선택적인 예방의 개입은 가능성이 있다. 개입 전략을 보다 심화시켜서 정제하려는 계속된 예방 연구의 맥락에서 새로운 의문점들이 생기고 있다. 효과적인 육아 훈련과 기술 훈련, 그리고 학업 성취 프로그램을 시행할 수 있도록 사회복지사와 학교상담자, 심리학자 그리고 교사들의 역할을 변화시키기 위해 우리는 어떻게 학교와 사회봉사기관을 설득할 수 있을까?

많은 학교가 약물 남용 저항 교육(Drug Abuse Resistance Education: DARE)과 같은 프로그램을 지속적으로 시행하지만 그 효과성이 미미한 점을 감안할 때(예: Clayton, Cattarello, & Johnstone, 1996 참조), 그리고 CDP와 같은 프로그램들이 충실하게 잘 실행되지 않아 그 효과성이 드러나지 않는 경우를 생각하면, 최근의 예방적 개입을 통해 생성된 지식을 평가하는 것은 매우 큰 도전임에 틀림없다.

참고문헌

August, G. J., Realmuto, G. M., Hektner, J. M., & Bloomquist, M. L. (2001). An integrated components preventive intervention for aggressive elementary school children: The early risers program. *Journal of Consulting and Clinical Psychology, 69*(4), 614-626.

Barrera, M., Jr., Biglan, A., Taylor, T. K., Gunn, B. K., Smolkowski, K., Black, C., et al. (2002). Early elementary school intervention to reduce conduct problems: A randomized trial with Hispanic and non-Hispanic children. *Prevention Science, 3*(2), 83-94.

Battistich, V., Schaps, E., Watson, M., Solomon, D., & Lewis, C. (2000). Effects of the child development project on students' drug use and other problem behaviors. *Journal of Primary Prevention, 21*(1), 75-99.

Blumstein, A., & Wallman, J. (2000). *The crime drop in America.* Cambridge, England: Cambridge University Press.

Bronfenbrenner, U. (1979). *The ecology of human development: Experiments by nature and design.* Cambridge, MA: Harvard University Press.

Bronfenbrenner, U. (1986). Ecology of the family as a context to human development: Research perspectives. *Development Psychology, 22,* 723-742.

Capaldi, D., DeGarmo, D., Paterson, G. R., & Forgatch, M. (2002). contextual risk across the early life span and association with antisocial behavior. In J. B. Reid, G. R. Patterson, & J. Snyder (Eds.), *Antisocial behavior in children and adolescents* (pp. 123-145). Washington, DC: American Psychological Association.

Catalano, R. F., Berglund, M. L., Ryan, J. A. M., Lonczak, H. S., & Hawkins, J. D. (2002). Positive youth development in the United States: Research findings on evaluations of positive youth development programs. *Prevention and Treatment, 5.* Retrieved September 26, 2002, from http://journals.apa.org/prevention.

Centers for Disease Control and Prevention. (2002a). *Youth risk behavior surveillance survey: Percentage of youth who carried a gun, knife, or other weapon on school property.* Retrieved August 14, 2002, from http://apps.nccd.cdc.gov/YRBSS/TrendV.asp?Site=XX&Cat=1&Qnum=Q15.

Centers for Disease Control and Prevention. (2002b). *Youth risk behavior surveillance survey: Percentage of youth who feel unsafe at school.* Retrieved August 14, 2002, from http://apps.nccd.cdc.gov/YRBSS/TrendV.asp?Site=XX&Cat=1&Qnum=Q16.

Centers for Disease Control and Prevention. (2002c). *Youth risk behavior surveillance survey: Percentage of students who had been threatened or injured with a weapon on school property one or more times during the past 12 months.* Retrieved August 14, 2002, from http://apps.nccd.cdc.gov/YRBSS/TrendV.asp?Site=XX&Cat=1&Qnum=Q17.

Centers for Disease Control and Prevention. (2002d). *Youth risk behavior surveillance survey: Alcohol and drug use.* Retrieved August 14, 2002, from .

Centers for Disease Control and Prevention. (2002e). *Youth risk behavior surveillance survey:*

Percentage of students who carried a gun on noe or more of the past 30 days. Retrieved August 14, 2002, from http://apps.nccd.cdc.gov/YRBSS/TrendV.asp?Site=XX&Cat=1&Qnum=Q14.

Centers for Disease Control and Prevention. (2002f). *Youth risk behavior surveillance survey: Percentage of students who were in a physical fight one or more times during the past 12 months.* Retrieved August 14, 2002, from http://apps.nccd.cdc.gov/YRBSS/TrendV.asp?Site=XX&Cat=1&Qnum=Q18.

Centers for Disease Control and Prevention. (2002g). *Youth risk behavior surveillance survey: Percentage of students who were in a physical fight on school property one or more times during the past 12 months.* Retrieved August 14, 2002, from http://apps.nccd.cdc.gov/YRBSS/TrendV.asp?Site=XX&Cat=1&Qnum=Q20.

Center for Substance Abuse Prevention. (2002). *SAMHSA Model Programs: Effective substance abuse and mental health programs for every community.* Retrieved August 30, 2002, from http://modelprograms.samhsa.gov/model_prog.cfm.

Chamberlain, P., Fisher, P. A., & Moore, K. (2002). Multidimensional treatment foster care: Applications of the OSLC intervention model to high-risk youth and their families. In J. B. Reid, G. R. Patterson, & J. Snyder (Eds.), *Antisocial behavior in children and adolescents* (pp. 203-218). Washington, DC: American Psychological Association.

Clayton, R. R., Cattarello, A. M., & Johnstone, B. M. (1996). The effectiveness of Drug Abuse Resistance Education (DARE), 5-year follow-up results. *Preventive Medicine, 25,* 307-318.

Coll, C. G., & Magnuson, K. (2000). Cultural differences as sources of developmental vulnerabilities and resources. In J. P. Shonkoff & S. J. Meisels (Eds.), *Handbook of early childhood intervention* (2nd ed., pp. 94-114). New York: CambridgeUniversity Press.

Conduct Problems Prevention Research Group. (1999a). Initial impact of the Fast Track prevention trial for conduct problems: I. The high-risk sample. *Journal of Consulting and Clinical Psychology, 67*(5), 631-647.

Conduct Problems Prevention Research Group. (1999b). Initial impact of the Fast Track prevention trial for conduct problems: II. Classroom effects. *Journal of Consulting and Clinical Psychology, 67*(5), 648-657.

Conduct Problems Prevention Research Group. (2002). Evaluation of the first 3 years of the Fast Track prevention trial with children at high risk for adolescent conduct problems.

Journal of Abnormal Child Psychology, 30(1), 19-35.

Council on Social Work Education. (2001). *Educational policy and accreditation standards.* Washington, DC: Author.

Crick, N. R., & Bigbee, M. A. (1998). Relational and overt forms of peer victimization: A multiinformant approach. *Journal of Consulting and Clinical Psychology, 66*(2), 337-347.

Crick, N. R., Grotpeter, J. K., & Bigbee, M. A. (2002). Relationally and physically aggressive children's intent attributions and feelings of distress for relational and instrumental peer provocation. *Child Development, 73*(4), 1134-1142.

Deater-Deckard, K., Dodge, K. A., Bates, J. E., & Pettit, G. E. (1998). Multiple risk factors in the development of externalizing behavior problems: Group and individual differences. *Development and Psychopathology, 10*(3), 469-493.

Dishion, T. J., Kavanagh, K., Schneiger, A., Nelson, S., & Kaufman, N. K. (2002). Preventing early adolescent substance use: A family centered strategy for the public middle school. *Prevention Science, 3*(3), 191-201.

Dolan, L. J., Kellam, S. G., Brown, C. H., Werthamer-Larsson, L., Rebok, G. W., Mayer, L. S., et al. (1993). The short-term impact of two classroom-based preventive interventions on aggressive and shy behaviors and poor achievement. *Journal of Applied Developmental Psychology, 14,* 317-345.

Elliott, D. S. (2002). *Blueprints for violence prevention.* Boulder: University of Colorado, Institute of Behavioral Science, Center for the Study and Prevention of Violence. Retrieved September 30, 2002, from http://www.colorado.edu/cspv/buleprints/.

Farmer, A. D., Bierman, K. L., & the Conduct Problems Prevention Research Group. (2002). Predictors and consequences of aggressive-withdrawn problem profiles in early grade school. *Journal of Clinical Child and Adolescent Psychology, 31*(3), 299-311.

Federal Interagency Forum on Child and Family Statistics. (2002). *America's children: Key national indicators of well-being, 2002.* Washington, DC: U.S. Government Printing Office.

Fraser, M. W. (Ed.). (2004). *Risk and resilience in childhood: An ecological perspective* (2nd ed.). Washington, DC: NASW Press.

Fraser, M. W., Kirby, L. D., & Smokowski, P. R. (2003). Risk and resilience in childhood. In M. W. Fraser (Ed.), *Risk and resilience in childhood: An ecological perspective* (2nd ed.). Washington, DC: NASW Press.

Fraser, M. W., Nash, J. K., Galinsky, M. J., & Darwin, K. E. (2001). *Making choices: Social problem-solving skills for children.* Washington, DC: NASW Press.

Garmezy, N. (1971). Vulnerability research and the issue of primary prevention. *American Journal of Orthopsychiatry, 41,* 101-116.

Gottfredson, G. D., Jones, E. M., & Gore, T. W. (2002). Implementation and evaluation of a cognitive-behavioral intervention to prevent problem behavior in a disorganized school. *Prevention Science, 3*(1), 43-56.

Greenberg, M. T., Domitrovich, C., & Bumbarger, B. (2001, March 30). The prevention of mental disorders in school-aged children: Current state of the field. *Prevention and Treatment, 4,* 1-62 [Online journal]. Retrieved September 26, 2002, from http://journals.apa.org/prevention/volume4/pre0040001a.html.

Greenberg, M. T., Kusche, C. A., Cook, E. T., & Quamma, J. P. (1995). Promoting emotional competence in school-aged children: The effects of the PATHS curriculum. *Development and Psychopathology, 7*(1), 117-136.

Grossman, D. C., Neckerman, H. J., Koepsell, T. D., Liu, P. Y., Asher, K. N., Beland, K., et al. (1997). Effectiveness of a violence prevention curriculum among children in elementary school. A randomized controlled trial. *Journal of the American Medical Association, 277,* 1605-1611.

Hawkins, J. D., Catalano, R. F., Kosterman, R., Abbott, R., & Hill, K. G. (1999). Preventing adolescent health-risk behaviors by strengthening protection during childhood. *Archive of Pediatric and Adolescent Medicine, 153,* 226-234.

Hawkins, J. D., Catalano, R. F., Morrison, D. M., O'Donnell, J., Abbott, R. D., & Day, L. E. (1992). The Seattle Social Development Project: Effects of the first four years on protective factors and problem behaviors. In J. McCord & R. E. Tremblay (Eds.), *Preventing antisocial behavior in children: Intervention from birth through adolescence* (pp. 139-161). New York: Guilford Press.

Henggeler, S. W., Schoenwald, S. K., Borduin, C. M., Rowland, M. D., & Cunningham, P. B. (1998). *Multisystemic treatment of antisocial behavior in children and adolescents.* New York: Guilford Press.

Herrenkohl, T. I., Hawkins, J. D., Chung, I., Hill, K. G., & Battin-Pearson, S. (2001). School and community risk factors and interventions. In R. Loeber & D. P. Farrington (Eds.), *Child delinquents: Development, intervention, and service needs* (pp. 211-246).

Thousand Oaks, CA: Sage.

Holmes, S. E., Slaughter, J. R., & Kashani, J. (2001). Risk factors in childhood that lead to the development of conduct disorder and antisocial personality disorder. *Child Psychiatry and Human Development, 31*(3), 183-193.

Howell, J. C., & Krisberg, B., Hawkins, J. D., & Wilson, J. J. (Eds.). (1995). *A sourcebook: Serious, violent, and chronic juvenile offenders.* Thousand Oaks, CA: Sage.

Ialongo, N. S., Werthamer, L., Kellam, S. G., Brown, C. H., Want, S,. & Lin, Y. (1999). Proximal impact of two first-grade preventive interventions on the early risk behaviors for later substance abuse, depression, and antisocial behavior. *American Journal of Community Psychology, 27*(3), 599-641.

Johnston, L. D., O'Malley, P. M., & Bachman, J. G. (2002). *Monitoring the future: Overview of key findings, 2001* [NIH Publication No. 02-5105]. Bethesda, MD: National Institute on Drug Abuse.

Kaplow, J. B., Curran, P. J., Dodge, K. A., & the Conduct Problems Prevention Research Group. (2002). Child, parent, and peer predictors of early onset substance use: A multisite longitudinal study. *Journal of Abnormal Child Psychology, 30*(3), 199-216.

Kazdin, A. E., Siegel, T. C., & Bass, D. (1992). Cognitive problem-solving skills training and parent management training in the treatment of antisocial behavior in children. *Journal of Consulting and Clinical Psychology, 60*(5), 733-747.

Kellam, S. G., & Anthony, J. C. (1998). Targeting early antecedents to prevent tobacco smoking: Findings from an epidemiologically based randomized field trial. *American Journal of Public Health, 88*(10), 1490-1495.

Kellam, S. G., Ling, X., Merisca, R., Brown, C. H., & Ialongo, N. (1998). The effect of the level of aggression in the first grade classroom on the course and malleability of aggressive behavior into middle school. *Development and Psychopathology, 10,* 165-185.

Kellam, S. G., Rebok, G. W., Ialongo, N., & Mayer, L. S. (1994). The course and malleability of aggressive behavior from early first grade into middle school: Results of a developmental epidemiologically based prevention trial. *Journal of Child Psychology and Psychiatry and Allied Disciplines, 35*(2), 259-281.

Kellam, S. G., Rebok, G. W., Mayer, L. S., Ialong, N., & Kalodner, C. R. (1994). Depressive symptoms over first grade and their response to a developmental epidemiological based prevention trial aimed at improving achievement. *Development and Psychopathology,*

6, 463-481.

Knoff, H. M., & Batsche, G. M. (1995). Project ACHIEVE: Analyzing a school reform process for at-risk and underachieving students. *School Psychology Review, 24*(4), 579-603.

Lattimore, C. B., Mihalic, S. F., Grotpeter, J. K., & Taggart, R. (1998). The Quantum Opportunities program. In D. S. Elliott (Series Ed.), *Blueprints for violence prevention* (Vol. 4). Golden, CO: Venture.

Lochman, J. E., Coie, J. D., Underwood, M. K., & Terry, R. (1993). Effectiveness of a social relations intervention program for aggressive and nonaggressive, rejected children. *Journal of Consulting and Clinical Psychology, 61*(6), 1053-1058.

Loeber, R., & Farrington, D. P. (Eds.). (1998). *Serious and violent juvenile offenders: Risk factors and successful interventions.* Thousand Oaks, CA: Sage.

Loeber, R., & Farrington, D. P. (Eds.). (2001). *Child delinquents: Development, intervention, and service needs.* Thousand Oaks, CA: Sage.

Lonczak, H. S., Abbott, R. D., Hawkins, J. D., Kosterman, R., & Catalano, R. F. (2002). Effects of the Seattle Social Development Project on sexual behavior, pregnancy, birth, and sexually transmitted disease outcomes by age 21 years. *Archives of Pediatric and Adolescent Medicine, 156*, 438-447.

Masten, A. (2001). Ordinary magic: Resilience processes in development. *American Psychologist, 56*(3), 227-238.

McGill, D. E., Mihalic, S. F., & Grotpeter, J. K. (1997). Big Brother, Big Sister of America. In D. S. Elliott (Series Ed.), *Blueprints for violence prevention* (Vol. 2). Golden, CO: Venture.

Miller-Heyl, J., MacPhee, D., & Fritz, J. J. (1998). DARE to be you: A family support, early prevention program. *Journal of Primary Prevention, 18*(3), 257-285.

Miller-Johnson, S., Coie, J. D., Maumary-Gremaud, A., Bierman, K., & the Conduct Problems Prevention Research Group. (2002). Peer rejection and aggression and early starter models of conduct disorder. *Journal of Abnormal Child Psychology, 30*(3), 217-230.

Moffitt, T. E. (1997). Adolescence-limited and life-course persistent offending: A complementary pair of developmental theories. In T. P. Thornberry (Ed.), *Developmental theories of crime and delinquence: Advances in criminological theory* (Vol. 7, pp. 11-54). New Brunswick, NJ: Transaction.

Moffitt, T. E., Caspi, A., Rutter, M., & Silva, P. A. (2001). *Sex differences in antisocial behavior*. New York: Cambridge University Press.

Nagin, D., & Farrington, D. P. (1992). The stability of criminal potential from childhood to adulthood. *Criminology, 30,* 235-260.

Najaka, S. S., Gottfredson, D. C., & Wilson, D. B. (2002). A meta-analytic inquiry into the relationship between selected risk factors and problem behavior. *Prevention Science, 2*(4), 257-271.

O'Donnell, J., Hawkins, J. D., Catalano, R. F., Abbott, R. D., & Day, L. E. (1995). Preventing school failure, drug use, and delinquency among low-income children: Long-term intervention in elementary schools. *American Journal of Orthopsychiatry, 65*(1), 87-100.

Office of Juvenile Justice and Delinquency Prevention. (2002a). *Juvenile arrests.* Retrieved August 14, 2002, from http://ojjdp.ncjrs.org/ojstatbb/html/qa251.html.

Office of Juvenile Justice and Delinquency Prevention. (2002b). *Juvenile arrests rates.* Retrieved August 14, 2002, from http://ojjdp.ncjrs.org/ojstatbb/asp/JAR_Display.asp?ID=qa2200012002.

Office of Juvenile Justice and Delinquency Prevention. (2002c). *Juvenile arrests rates by sex.* Retrieved August 14, 2002, from http://ojjdp.ncjrs.org/ojstatbb/asp/JAR_Display.asp?ID=qa2300031502.

Office of Juvenile Justice and Delinquency Prevention. (2002d). *Juvenile arrests rates by racial groups.* Retrieved August 14, 2002, from http://ojjdp.ncjrs.org/ojstatbb/asp/JAR_Display.asp?ID=qa2401031502.

Office of Juvenile Justice and Delinquency Prevention. (2002e). *Juvenile arrests rates for aggravated assault.* Retrieved August 14, 2002, from http://ojjdp.ncjrs.org/ojstatbb/asp/JAR_Display.asp?ID=qa2205012002.

Office of Juvenile Justice and Delinquency Prevention. (2002f). *Programs.* Retrieved March 2, 2002, from http://ojjdp.ncjrs.org/programs/programs.html.

Olds, D. L. (2002). Prenatal and infancy home visiting by nurses: From randomized trials to community replication. *Prevention Science, 3*(3), 153-163.

Olds, D. L., Henderson, C. R., Cole, R., Eckenrode, J., Kitzman, H., Luckey, D., et al. (1998). Long-term effects of nurse home visitation on children's criminal and antisocial behavior: 15 year follow-up of a randomized controlled trial. *Journal of the American Medical Association, 280*(14), 1238-1244.

Olds, D. L., Henderson, C. R., Hitzman, H., Eckenrode, J., Cole, R., & Tatelbaum, R.

(1998). The promise of home visitation: Results of two randomized trials. *Journal of Community Psychology, 26*(1), 5-21.

Olweus, D., Limber, S., & Mihalic, S. (1999). Bullying prevention program. In D. S. Elliott (Series Ed.), *Blueprints for violence prevention series* (Vol. 9). Golden, CO: Venture.

Patterson, G. R. (1982). *Coercive family process: A social learning approach.* Eugene, OR: Castalia.

Patterson, G. R., Dishion, T. J., & Yoerger, K. (2000). Adolescent growth in new forms of problem behavior: Marco- and micro-peer dynamics. *Prevention Science, 1*(1), 3-13.

Patterson, G. R., Forgatch, M. S., Yoerger, K., & Stoolmiller, M. (1998). Variables that initiate and maintain an early onset trajectory for juvenile offending. *Development and Psychopathology, 10,* 541-547.

Patterson, G. R., Reid, J. B., & Dishion, T. J. (1992). *Antisocial boys.* Eugene, OR: Castalia.

Patterson, G. R., & Yoerger, K. (2002). A developmental model for early- and late-onset delinquency. In J. B. Reid, G. R. Patterson, & J. Snyder (Eds.), *Antisocial behavior in children and adolescents: A developmental analysis and model for intervention* (pp. 147-172). Washington, DC: American Psychological Association.

Pollard, J. A., Hawkins, J. D., & Arthur, M. W. (1999). Risk and protection: Are both necessary to understand diverse behavioral outcomes in adolescence? *Social Work Research, 23*(3), 145-158.

Reid, J. B., & Eddy, J. M. (2002a). Interventions for antisocial behavior: Overview. In J. B. Reid, G. R. Patterson, & J. Snyder (Eds.), *Antisocial behavior in children and adolescents: A developmental analysis and model for intervention* (pp. 195-201). Washington, DC: American Psychological Association.

Reid, J. B., & Eddy, J. M. (2002b). Prevention efforts during the elementary schools years. In J. B. Reid, G. R. Patterson, & J. Snyder (Eds.), *Antisocial behavior in children and adolescents: A developmental analysis and model for intervention* (pp. 219-233). Washington, DC: American Psychological Association.

Reid, J. B., Eddy, J. M., Fetrow, R. A., & Stoolmiller, M. (1999). Description and immediate impacts of a preventive intervention for conduct problems. *American Journal of Community Psychology, 27*(4), 483-517.

Reid, J. B., Patterson, G. R., & Snyder, J. (Eds.). (2002). *Antisocial behavior in children and adolescents: A developmental analysis and model for intervention.* Washington, DC:

American Psychological Association.

Rutter, M. (1987). Psychosocial resilience and protective mechanisms. *American Journal of Orthopsychiatry, 57,* 316-331.

Saleebey, D. (Ed.). (1997). *The strengths perspective in social work practice: Power in the people* (2nd ed.). White Plains, NY: Longman.

Saleebey, D. (2000). Power in the people: Strengths and hope. *Advances in Social Work, 1*(2), 127-136.

Sameroff, A. J., & Gutman, L. M. (2004). Contributions of risk research to the design of successful interventions. In P. A. Meares & M. W. Fraser (Eds.), *Intervention with children and adolescents: An interdisciplinary perspective* (pp. 9-26). Needham Heights, MA: Allyn & Bacon.

Sampson, R. J. (2001). How do communities undergird or undermine human development? What are the relevant contexts and what mechanisms are at work. In A. Booth & A. C. Crouter (Eds.), *Does it take a village?* (pp. 3-30). Mahwah, NJ: Erlbaum.

Slavin, R. E., & Cooper, R. (1999). Improving intergroup relations: Lesson learned from cooperative learning programs. *Journal of Social Issues, 55*(4), 647-663.

Smokowski, P. R., Fraser, M. W., Day, S. H., Galinsky, M. J., & Bacallao, M. L. (2002). *School-based skills training to prevent aggressive behavior and peer rejection in childhood: The effectiveness of the Making Choices program.* Chapel Hill: University of North Carolina, School of Social Work. Manuscript submitted for publication.

Stoolmiller, M., Eddy, J. M., & Reid, J. B. (2000). Detecting and describing preventive intervention effects in a universal school-based randomized trial targeting delinquent and violent behavior. *Journal of Consulting and Clinical Psychology, 68*(2), 296-306.

Storr, C. L., Ialongo, N. S., Kellam, S. G., & Anthony, J. C. (2002). A randomized trial of two primary school intervention strategies to prevent early onset tobacco smoking. *Drug and Alcohol Dependence, 66,* 51-60.

Stouthamer-Loeber, M., Loeber, R., Wei, E., Farrington, D. P., & Wikstrom, P. (2002). Risk and promotive effects in the explanation of persistent serious delinquency in boys. *Journal of Consulting and Clinical Psychology, 70*(1), 111-123.

Taylor, T. K., & Biglan, A. (1998). Behavioral family interventions for improving child-rearing: A review of the literature for clinicians and policymakers. *Clinical Child and Family Psychology Review, 1*(1), 41-60.

Taylor, T. K., Eddy, J. M., & Biglan, A. (1999). Interpersonal skills training to reduce aggression and delinquent behavior: Limited evidence and the need for an evidence-based system of care. *Clinical Child and Family Psychology Review, 2,* 169-182.

Tremblay, R. E., Pagani-Kurtz, L., Masse, L. C., Vitaro, F., & Pihl, R. O. (1995). A bi-modal preventive intervention for disruptive kindergarten boys: Its impact through mid-adolescence. *Journal of Consulting and Clinical Psychology, 63*(4), 560-568.

U.S. Department of Health and Human Services. (2001). *Youth violence: A report of the Surgeon General.* Rockville, MD: U.S. Department of Health and Human Services, Centers for Disease Control and Prevention, National Center for Injury Prevention and Control, Substance Abuse and Mental Health services Administration, Center for Mental Health Services, and National Institutes of Health, National Institute of Mental Health.

Webster-Stratton, C. (1990). Long-term follow-up of families with young conduct problem children: From preschool to grade school. *Journal of Clinical Child Psychology, 19*(2), 144-149.

Webster-Stratton, C. (1994). Advancing videotape parent training: A comparison study. *Journal of Consulting and Clinical Psychology, 62*(3), 583-593.

Webster-Stratton, C. (1998). Preventing conduct problems in Head Start children: Strengthening parenting competencies. *Journal of Consulting and Clinical Psychology, 66*(5), 715-730.

Webster-Stratton, C. (2000). *The Incredible Years training series.* Washington, DC: Office of Juvenile Justice and Delinquency Prevention.

Webster-Stratton, C., & Hammond, M. (1997). Treating children with early onset conduct problems: A comparison of child and parent training interventions. *Journal of Consulting and Clinical Psychology, 65*(1), 93-109.

Webster-Stratton, C., Reid, M. J., & Hammond, M. (2001). Preventing conduct problems, promoting social competence: A parent and teacher partnership in Head Start. *Journal of Clinical Child Psychology, 30*(3), 283-302.

Webster-Stratton, C., & Taylor, T. (2001). Nipping early risk factors in the bud: Preventing substance abuse, delinquency, and violence in adolescence through interventions targeted at young children (0-8 years). *Prevention Science, 2*(3), 165-192.

Werner, C., & Kerig, P. (2000). *Developmental psychopathology: From infancy through adolescence* (4th ed.). Boston: McGraw-Hill Companies.

Children

제 3 부

아동과 청소년의 건강 문제를 위한 예방적 개입

Adolescent

Children 제7장 Adolescent

선천적 결함

*Debra Keelen, John H. Pierpont, John Wiley, & Kaye McGinty

인간에게 발생하는 문제를 예방하는 것에 관한 모든 논의에서 우리는 겸허한 자세로 주의를 기울여야 한다. 인간의 행동과 상호작용에 대한 논의를 할 때 그러한 문제에 기여하는 요인들이 워낙 다양하기 때문에, 아직까지 알려지지 않은 복합요인이 있다는 가능성을 인정해야 한다. 복합요인은 아직 잘 알려지지 않았지만, 그러한 요인을 통해 우리의 관심사인 문제의 개선이 이루어질 가능성도 존재한다. 그러나 여전히 인간의 문제를 미리 예방하기 위한 노력은 가장 중요하다. 비록 최근 들어 발전한 유전학과 의학기술이 선천적 결함을 예방하는 데 보다 중요한 요인이 되고 있지만, 인간의 행동과 환경적인 조건에 초점을 둔 예방적 노력들도 여전히 중요한 역할을 한다. 이 장에서는 선천적 결함을 논의할 때 Gordon이 제시한 질병 예방의 조작적 분류(Operational Classification of Disease Prevention)(Gordon, 1987)를 적용하고자 한다. 선천적 결함은 행동적인 특징을 보이고 예방이 가능하며, 이를 유발시키는 선행요인이 존재한다. 음주 및 흡연과 관련한 선천적 장애에 대한 소개를 시작으로, 선천적 장애를 예방하기 위한 Gordon의 보편적 · 선택

*Debra Keelean, MS, CGC East Carolina University Brody School of Medicine
John H. Pierpont, PhD East Carolina University School of Social Work & Criminal Justice Studies
John Wiley, PhD East Carolina University Brody School of Medicine
Kaye McGinty, MD Brody School of Medicine Child and Adolescent Psychiatry Residency Program

적 · 지시적 조치들을 적용해 볼 것이다. 그리고 선천적 장애를 효과적으로 다루는 데 있어서 Gordon의 분류 체계의 유용성에 대해 언급하는 것으로 결론을 맺으려고 한다.

선천적 결함과 알려진 행동적 선행요인

선천적 결함은 모든 영아 사망 원인의 20% 이상을 차지하고, 미국 영아 사망률의 주요 원인이 될 뿐 아니라 질병률과 장기간에 걸친 장애에도 영향을 미친다(Yoon et al., 2002). 기형발생물질(teratogen)은 태아의 정상적인 발달을 방해하여 선천적 장애를 유발한다. 풍진 바이러스(rubella virus)나 탈리도마이드(thalidomide)와 같은 몇몇 생물학적인 기형발생물질들은 이미 알려졌지만 선천적 장애의 병인들 중 70% 이상이 아직도 밝혀지지 않았다(Yoon et al., 2002). 역학자(epidemiologist)들은 선천적 결함을 연구하는 것이 어렵다는 것을 알아냈는데, 그 이유는 다음과 같다.

1. 매우 다양한 기형발생물질이 알려지지 않았다.
2. 태아는 발달에 영향을 끼치는 많은 유전적 · 환경적 요인들에 노출되어 있다.

이러한 점 때문에 유전 및 환경적인 기형발생물질이 결합하고 상호 작용해서 많은 선천적 결함의 원인이 된다고 여겨진다(Yoon et al., 2002). 선천적 결함에 영향을 미치는 2가지 주요 환경적 요인은 흡연과 음주이다. 흡연을 하는 여성은 불임, 배란 기능 장애, 자궁 외 임신, 유산, 임신과 관련된 부정적 결과, 그리고 조기폐경의 위험이 증가된다(미국 산부인과 학회, American College of Obstetrics & Gynecology[ACOG], 1997; 미국 보건복지부, United States Department of Health and Human Services[USDHHS], 2002b). 임신 중 흡연과 연관된 건강상의 위험으로는 전치 태반(placenta previa)[1)]과 태반 조기 박리(placental abruption)[2)]와 같은 태반 문제, 저체중아 출산, 조기 양막 파열, 조산, 유산, 사산, 그리고

1) 역자 주: 전치 태반(placenta previa)이란 태반이 자궁 출구에 매우 근접해 있거나 출구를 덮고 있는 경우를 말한다. 경우에 따라 자궁 출구가 열리게 되면 혈관이 파열되어 출혈이 동반된다.

2) 역자 주: 태반 조기 박리(placental abruption)는 태아가 만출되기 전에 태반이 먼저 떨어지는 것을 말한다. 일반적으로 태반은 태아가 분만되고 난 뒤 떨어지는 것이 정상적인데 이와 같은 태반 조기 박리는 200명~450명당 한 명 꼴로 발생하는 것으로 알려져 있다.

유아 돌연사 증후군(Sudden Infant Death Syndrome: SIDS)[3]의 비율이 높아지는 것 등이 있다. 미국의 모든 임산부들이 금연을 한다면 영아 사망의 10%가 줄어들 것으로 판단된다(March of Dimes, 2000).

매년 5만 명 이상의 아기들이 어느 정도 알코올과 관련된 선천적 장애를 가지고 태어나며, 1만 2천 명 정도는 태아기 알코올 증후군(Fetal Alcohol Syndrome: FAS)을 가지고 태어난다. 태아기 알코올 증후군은 지적장애, 성장 지연, 선천적 심장 결함, 그리고 특징적인 얼굴 생김새로 특징지어진다. 또한 알코올 증후군을 갖고 태어나는 아이들은 짧은 주의 집중 시간, 공격성, 파괴성, 그리고 신경과민을 포함하는 행동의 어려움을 보인다. 태아기 알코올 증후군의 임상지표를 모두 충족시키지 않아 태아기 알코올 증후군으로 진단받지 않는 아이라 할지라도 여전히 그러한 영향에 의해 고통받을 수 있다. 과거에는 이 아이들에게 태아 알코올 효과(Fetal Alcohol Effect: FAE)라는 진단이 내려졌다. 태아기 알코올 증후군의 모든 임상적 지표를 보이지는 않지만 일부 지표를 보이는 아이들에 대한 용어나 임상적 정의에 대해 아직까지 일치된 의견은 없다. 그래서 알코올과 관련된 신경발달장애(Alcohol-Related Neurodevelopmental Disorder: ARND)와 알코올과 관련된 선천적 장애(Alcohol-Related Birth Defects: ARBD)라는 서로 다른 용어가 일반적으로 사용된다. 먼저 알코올과 관련된 신경발달장애(ARND)는 기능적 손상을 설명하며 "학습 부진, 학교에서의 낮은 수행, 낮은 충동 조절, 그리고 수학적 기술, 기억, 집중이나 판단과 관련한 문제를 포함하는 인지장애"를 설명한다. 반면, 알코올과 관련된 선천적 장애(ARBD)는 "심장, 신장, 뼈, 청각체계의 결함과 같은 골격계와 주요 기관계 기형"을 설명한다(Centers for Disease Control and Prevention[CDC], 2002b, pp. 8, 17). 알코올과 관련된 신경발달장애와 알코올과 관련된 선천적 장애의 유병률은 태아기 알코올 증후군 유병률의 약 3배 이상이 되는 것으로 알려졌다.

보편적인 조치

원래 Gordon의 예방에 대한 개념은 정신질환에 적용되었지만, 그의 조작적 분류(operational classification)는 인간 행동의 원인이 되는 어떤 조건이나 문제들의 예방을 개

3) 역자 주: 유아 돌연사 증후군(SIDS)은 설명할 수 없는 유아 사망을 분류할 때 사용되는 용어로서 '요람에서의 죽음'으로도 알려져 있다. 2주~1세에 가장 잘 발생하며 자는 동안이라 겨울에 더 잘 발생한다.

념화하는 것에도 유용하다. 여기서 우리는 흡연 및 음주와 관련된 선천적 장애를 예방하는 보편적인 조치, 선택적인 조치, 지시적인 조치를 논의하는 데 그의 접근을 적용하고자 한다. 흡연 및 음주와 관련된 선천적인 결함을 예방하기 위한 보편적인 조치는 일반인들을 대상으로 하는 공교육과 규제 정책을 포함한다. 선택적인 조치는 임신 기간 동안 흡연이나 음주를 할 수 있는 가임기 여성을 대상으로 하는 프로그램으로 구성된다. 반면 지시적인 조치는 이미 흡연이나 음주와 관련된 선천적 장애를 가진 아이를 출산한 여성들을 대상으로 그들이 다시 그와 같은 출산을 하는 것을 예방하기 위한 프로그램이다.

6,650만 명의 12세 이상 미국인들은 한 가지 이상의 담배 제품을 사용하는 것으로 확인되었다(Substance Abuse and Mental Health Services Administration[SAMHSA], 2002). 1995년에 개발도상국에서는 200만 명이 흡연 때문에 자신의 수명보다 조기에 사망했고, 미국 사망자 5명 중 1명의 사망 원인이 흡연이었다. 1964년에 미국의 연방 보건국장(Surgeon General)이 흡연을 건강의 주요한 위험요소로 지정한 이래로, 흡연으로 인한 건강의 위험을 줄이기 위해 수많은 정부 규제가 시행되었다. 이 규제들은 정보를 제공하고 행동을 수정하기 위한 직간접적인 접근을 포함한다. 간접적인 접근의 예로는, 담뱃갑에 흡연으로 인한 건강 위험에 대해 상세하게 기술하는 경고 문구를 싣는 것과, 텔레비전이나 라디오에서 흡연과 담배 광고를 금지하는 것과 같은 공익 정보 캠페인을 포함한다. 직접적인 접근의 예로는, 지역, 주, 국가 수준의 정책 변화를 포함한다. 이 정책에는 미성년자에게 담배 파는 것을 금지하는 것, 공공시설에서 금연 구역을 설정하고 이를 지킬 것을 요구하는 것, 국내선 항공기에서 흡연을 금지하는 것들을 포함한다. 보다 최근에 정부의 전국적인 반 흡연 캠페인은 담배 산업의 광고와 홍보 활동에 맞서 사회적, 경제적 그리고 규제적 접근과 결합된 건강교육에 역점을 두었고, 이를 통해 금연 환경을 조성하고자 하였다(American Cancer Society, 2002).

그동안의 연구들은 금연 캠페인을 통해 전반적인 효과가 발생했다고 확실하게 입증하지 못했지만, 통계에 따르면 흡연자의 수는 줄어들었다. 1993~2000년에 18~24세의 집단을 제외하고는 모든 연령 집단에서 흡연이 상당히 감소하였다(CDC, 2002a). 하지만 미국 국립 약물 남용 연구소(National Institute on Drug Abuse[NIDA], 2002)에서 실시한 2002년 연례 조사에 따르면, 이전 달 흡연을 한 십대의 수는 감소했다. 8학년을 대상으로 한 2001년 설문조사에서는 이전 달 흡연자가 12.2%로 보고되었는데, 이는 14.6%인 2000년도와는 대조되는 결과이다. 이러한 경향은 10학년(2000년 23.9%, 2001년 21.3%)과 고등학교 3학년(2000년 31.4%/2001년 29.5%)에서도 비슷하게 나타났다. 미국 약물 남용 및 정신건강 서비스 관리국(The Substance Abuse and Mental Services Administration)의 2002년 보고서에 따르면, 지난 10년간 연간 신규 흡연자의 수는 변동을 거듭해 왔지만 3년 전부터는 감소하고 있다. 뿐만 아니라 연간 매일 흡연하는 사람(daily smoker)의 수는 80년대 후반에 대략 140만 명으로 상승했고, 1997년에 연간 170만 명으로 최고조에 이르렀다. 그러나 2000년 연간 140만 명으로 다시 감소했다고 보고했다. 또한 12~17세의 연간 신규 흡연자의 수는 1997년에 110만 명이었으나 2000년에 74만 7천 명으로 감소했다.

전국 통계뿐만 아니라, 주 정부 프로그램에서도 더 많은 정보를 찾아볼 수 있다. 캘리포니아 주와 매사추세츠 주에서는 주 전체 캠페인을 통해 담배 소비세를 인상하고, 수익의 일부를 종합 담배 통제 프로그램에 투자했다. 이들 주 정부의 기록에 따르면, 담배 소비세는 성인들의 담배 소비를 줄이고, 청소년이 흡연을 시작하는 것을 예방하는 데 비용면에서 효율적인 단기 전략으로 보고하고 있다. 더욱이 세금 인상이 금연 캠페인과 결합될 경우 낮은 소비를 지속시킬 수 있다. 플로리다 주의 자료에 따르면, 공립 중학교와 고등학교 학생들의 흡연이 종합적인 금연교육에 참여한 이후 현저히 감소한 것을 보여 주었다(미국 보건복지부, United States Department of Health and Human Services[USDHHS], 2002b).

연방 정부는 추가적인 흡연 통제 조치를 시행하기 위한 캠페인을 계속 실시하고 있다. 「건강한 사람들 2010(Healthy People 2010)」은 미국 보건복지부에 국가를 위한 예방 안건을 제시하고, 국민 건강에 대한 세부 목표를 설정한다. 여기서 제시된 목표는 건강을 위협하는 요소들 중에서 예방 가능한 것들을 확인하도록 도와준다. 2권으로 출판되는 온라인 출판물인 『건강한 사람들 2010』에는 배경지식과 통계 자료, 목표와 하위 목표 및 향후 조치들이 자세하게 제시되어 있다(USDHHS, 2002a). 흡연과 관련된 목표와 하위 목표들은 다양하지만 다음의 사항들에 지속적으로 초점을 맞추고 있다.

1. 미디어의 전략적 사용을 통한 공공교육
2. 특히 미성년자의 흡연 예방을 목표로 하는 정책과 규제 전략

이와 같은 보편적인 예방 조치가 흡연자의 수를 줄이고 흡연과 관련된 선천적 결함의 감소로 이어지기를 기대한다.

선택적인 조치

흡연 관련 선천적 결함을 예방하기 위한 선택적인 조치는 흡연 여성, 임신 여성 혹은 가임 여성에게 적절하다. 여성들은 다른 어떤 의료 문제보다 임신 중 흡연이 본인에게 얼마나 해로운 영향을 미치는지에 대해 더 잘 알고 있는 것처럼 보인다. Roth와 Taylor(2001)는 91%의 여성이 흡연에 관련된 임신 합병증의 가능성에 대해 자각하고 있지만, 정작 24%의 여성만이 흡연과 자궁경부암[4]의 연관성에 대해 생각하고 있음을 밝혀냈다. 흡연이 불임과 관련이 있다고 생각하는 여성도 22%에 지나지 않았다. 임신 여성들은 모두 그들 자신과 태아의 건강을 지키려는 동기가 높은 것으로 여겨진다(SAMHSA, 2001b). 미국 약물 남용 및 정신건강 서비스 관리국에 따르면, 1999년의 경우 설문조사를 하기 전 달에 흡연을 한 임신 여성은 17%로 보고되었다. 이는 비임신 여성이 흡연한 경우인 31%와 대조된다. 또한 흡연을 했던 임신 여성의 20%가 산부인과를 처음 방문한 후 금연한 결과와 차이를 보인다(SAMHSA, 2001b).

스스로 금연하기 힘든 여성들을 위한 몇몇 프로그램들은 그들이 금연하도록 돕는 데 효과적인 것으로 밝혀졌다. 무작위 실험설계를 사용한 10번의 프로그램 연구에 따르면(Dolan-Mullen, Ramirez, & Groff, 1994), 임신 전 조직화된 금연 프로그램을 통해 임신 6~9개월에 50%의 금연 증가율이 나타났다. 금연에 영향을 미치는 개입으로는 환자마다 실시한 개별 방문, 전화 연락, 10분간의 상담 회기, 개별적인 편지가 있다. 혼자 읽으면서 정보를 얻는 자기계발서(self-help book)는 커다란 변화를 주지 못했다. 하지만 다른 개입들과 함께 병행한다면, 임산부를 위해 쓰인 자기계발서적도 유용한 도구가 되었다. 기대했던 것처럼 가장 큰 효과를 보인 프로그램들은 집중적인 개입과 다중적인 접근을 사용한 경우였다. 그러나 아무리 짧은 상담 회기라도 개입이 없는 것보다는 훨씬 좋은 효과를 보였다(Dolan-Mullen et al., 1994).

미국 공중보건 서비스국(the U.S Public Health Service)이 제작한 프로그램의 효과성에 따르면 하루에 20개비 이하를 피는 여성들 중 적게는 30%에서 많게는 70%까지 금연율을 보였다(ACOG, 2001; Melvin, Dolan-Mullen, Windsor, Whiteside, & Goldenberg, 2000). 이 프로그램은 여성의 태교와 통합적으로 제공하는 간단한 몇 가지 단계로 이루어져 있

4) 역자 주: 자궁경부암은 질에 연결된 자궁경부에 발생하는 악성종양을 말한다. 자궁경부암은 전 세계적으로 여성에게 발병하는 암 중 두 번째로 흔한 암이며, 우리나라에서 발생하는 전체 암 중에서 4위를 차지하고 있다.

다. 첫 번째 단계는 환자의 흡연 상태를 평가하는 것이다. 환자가 현재 흡연자이거나 과거에 흡연자였다면, 임신 상태라는 것을 상기시킨 뒤 금연을 하도록 했다. 만약 환자가 비흡연자이거나, 흡연자였으나 현재 끊었다면 임신 기간과 그 이후의 흡연을 자제하도록 격려했다. 만약 환자가 흡연자이며 임신을 한 이후에도 계속에서 흡연을 한다면, 다음의 과정을 태교에 포함시켰다.

1. 흡연이 환자 자신과 태아에게 미치는 영향에 대한 정보를 직설적이고 명확하게 환자에게 전달하고 금연을 강력하게 권고한다.
2. 이후 30일 이내에 금연에 대한 환자의 의지를 평가한다.
3. 금연에 관심이 있는 환자는 담배를 끊을 수 있도록 도움을 준다. 환자는 임신 기간 중 스스로 금연하는 데 도움이 되는 자료를 제공받는다. 문제 해결 기술들을 배우고 그것을 사용할 수 있게 한다. 주변 환경으로부터 사회적 지원을 받을 수 있도록 한다.
4. 출산 전 정기적인 육아 상담을 포함한 지속적인 만남을 통해 환자의 진행상황을 파악한다. 또한 금연을 하도록 계속 격려해 준다.

임신 중에 흡연을 하는 수많은 여성들은 금연을 위한 선택적인 개입이 필요하다. 여성의 흡연율은 짧고 간단한 개입만으로도 낮아진다는 것이 밝혀졌다. 이러한 개입은 정기적으로 계획된 출산 전 육아 상담과 쉽게 접목될 수 있을 것이다. 뿐만 아니라 환자와 정기적으로 접촉할 수 있는 다른 다양한 프로그램들도 함께 결합되어 사용될 수 있다.

지시적인 개입

임신 중 흡연으로 아이에게 합병증이 생긴 경험을 지닌 임신한 여성들은 Gordon이 구분한 접근 중에서 확실하게 지시적 조치가 필요한 집단이다. 하지만 그들은 담배를 끊는 데 큰 어려움을 느낄 수 있기 때문에 이런 여성들에게 성공적인 개입을 하는 것은 어려움이 많다. 여성들 중 91%가 흡연이 임신 합병증과 관련이 있다는 것을 알고 있다는 사실을 고려하면(Roth & Taylor, 2001), 보편적인 조치들은 많은 사람들에게 효과가 없다고 볼 수 있다. 특히 흡연과 관련된 선천적 결함을 가진 아이를 출산한 많은 사람들에게는 이미 실패한 조치라고 볼 수 있다. 게다가 조산, 저체중, 유아 돌연사 증후군(SIDS),

그리고 그 밖의 다른 문제들 역시 수많은 다른 요인들이나 요인들의 상호작용 때문에 일어날 수 있다. 의학적 연구를 통해 흡연이 임신 중 합병증과 이차적인 선천적 결함의 위험을 증가시킨다는 것은 입증되었지만, 아직 흡연이 신생아의 합병증에 결정적인 원인이 된다는 것을 입증하는 것은 불가능하다. 결과적으로 흡연과 관련된 선천적 결함을 가진 아이를 출산한 경험이 있는 여성을 위해 금연 개입을 실시하는 지시적 조치는 앞으로 더욱 개발하여 보급하는 것이 필요하다.

보편적인 조치

2000년도에 12세 이상의 미국인들 중 47%가 이전 달에 술을 마신 것으로 보고되었다. 게다가 이들 중 21%는 이전 달에 폭음(binge drinking)하였고 6%는 대량 음주(heavy drinking)를 하였다고 보도했다(SAMHSA, 2001a). 현재 음주가들 중 46%는 작년에 적어도 한 번은 술에 취한 적이 있는 것으로 파악된다. 현재 음주가들 중 거의 10%는 알코올 의존증(alcohol dependence) 진단 기준을 충족시키고 7%는 알코올 남용(alcohol abuse) 기준을 충족시킨다(USDHHS, 2002a). 이 비율은 거의 1,400만 미국인들, 즉 성인 13명 중 한 명이 술을 남용하거나 알코올 중독자라는 것을 나타낸다(National Institute on Alcohol Abuse & Alcoholism, 2001). 전미 고속도로 교통안전 위원회(NHTSA)에는 43만 8천 번의 자동차 사고는 혈중알코올농도에 양성 반응을 나타내는 운전자 또는 보행자가 관여되었음을 보고하였다. 이뿐만 아니라 장기간의 대량 음주는 고혈압, 부정맥, 심근증, 뇌졸중, 간경변 그리고 다른 간질환들의 위험 증가와 관련이 있다. 게다가 대량 음주는 암, 특히 식도, 입, 목구멍, 후두, 결장, 직장, 폐 부분의 암과 관련이 있다. 또한 음주는 추락, 화재, 익사로 인한 부상과 죽음에 상당 부분 관련이 있다(USDHHS, 2002a).

알코올 남용, 알코올 중독, 그리고 알코올 관련 문제들을 줄이기 위한 현재의 계획들은 공익광고뿐만 아니라 정부의 규제와 강제적인 노력을 포함한다. 정부의 규제 노력들은 최저연령제한, 판매 할인점의 수와 종류 제한, 국내소비세 부과, 주류 회사에 대한 허가제 운영, 술집 단속, 구하기 쉬운 알코올의 규제, 바텐더에 대한 손해배상법칙 적용, 합법적인 혈중알코올농도의 한도를 규정, 가시적 집행, 처벌에 대한 더 엄격한 규칙, 알코올 남용과 알코올 중독에 대한 국립 연구소의 설립 등을 포함한다(Moore & Gerstein, 1981).

역사적으로 최저음주연령은 계속 변화하고 있다. 1970년대에 많은 주에서 알코올 소비를 위한 최저 연령을 더 낮추었다. 하지만 연구에 따르면, 젊은 운전자들이 연루된 자동차 사고와 재난 비율이 증가하는 것에 관련하여 합법적 최저음주연령이 낮아진 것과 관련이 있다는 것이 확인되었다(Moore & Gerstein, 1981). 그 결과 현재 많은 주에서 알코올 소비를 위한 최저 연령을 21세로 높였다. 알코올 성분이 든 음료의 세금을 올리는 것은 술을 조금 마시거나 적당히 마시는 음주가의 소비를 줄이기 위한 또 다른 규제 정책이다(Cook, 1981). Cook은 1960~1975년 기간의 알코올 세금의 변화를 연구했고 주세를 인상할수록 일인당 소비, 자동차 사망자, 간경변증으로 인한 죽음이 감소한다는 것을 밝혔다.

공교육은 임산부들에게 알코올에 대한 정보와 조언을 알리기 위한 주요한 수단이다. 공교육 캠페인은 음주에 대해 책임져야 할 것을 권장하고 알코올 남용의 위험과 임신 중 음주의 위험에 대해 텔레비전 광고, 공익광고, 팸플릿, 포스터 등을 통해 일반 국민들을 교육한다(Stratton, Howe, & Battaglia, 1996). 1981년 미국의 연방 보건국장은 처음으로 모든 여성들에게 임신 중 음주하는 것을 자제하도록 권고했다(Hankin & Sokol, 1995). 추가적인 공교육 조치로는 알코올 성분이 들어 있는 모든 음료수에 경고 문구를 표기하고 허가를 받은 주류 판매점과 술집에 구입 서명하는 곳을 두도록 한 것이 있다(Weiner, Morse, & Garrido, 1989).

1989년에 미국에서 판매되거나 보급되는 모든 알코올성 음료의 용기에 경고 문구를 요구하는 공법 100~690이 통과되었다. 디트로이트 시에 사는 3,553명의 여성들을 대상으로 실시한 연구(Hankin, 1994)에 따르면 공법 100~690이 시행되었을 때 폭음하는 음주가의 소비 비율은 잘 변하지 않았던 반면, 적절하게 술을 마시는 여성들의 음주는 줄어든 것이 확인되었다. Hankin, McCaul 및 Hwussner(2000)는 캘리포니아에 사는 흑인(African American) 여성과 미국 인디언(American Indian) 여성의 임신에 대한 연구를 발표했다. 연구 참여자의 95%는 임신 중 음주의 위험에 대한 음료 경고 문구는 정확하다고 믿었다. 하지만 28%는 여전히 임신 기간 중에 술을 마셨다.

질병 관리 본부(Centers for Disease Control)는 최근에 음주와 임신에 대한 공공 서비스 메시지를 더욱 효과적으로 전달하는 미디어 캠페인을 만들기 위해 전략을 수집하고 있다. 이렇게 공교육 캠페인의 성공을 평가하는 연구들은 계속 진행 중이며 다양한 소수민족 출신 집단들을 연구 대상으로 전략의 유효성을 가늠하기 위한 노력도 이어지고 있다(CDC, 2002b).

선택적 조치

보편적인 조치들은 임산부를 포함한 전 인구를 대상으로 하는 반면, 선택적 조치는 임신했거나 앞으로 임신할 여성들의 알코올 섭취를 줄이고 가임 기간 동안 음주하는 여성들의 효과적인 피임을 증가시키기 위해 특별히 계획된 것들이다. 음주하는 임산부들은 유산, 사산, 신생아 사망, 저체중아, 또는 태아기 알코올 증후군(FAS)이나 태아기 알코올 영향(FAE)을 가진 아기를 임신할 위험이 더욱 높다(March of Dimes, 1998). 미국 약물 남용 및 정신건강 서비스 관리국(2011)의 조사에 따르면, 약 31만 6천 명의 임산부가(13%) 이전 달에 음주를 했고 8만 명의 임산부(3%)가 지난 30일 동안 적어도 1회 이상 한 번에 5병 이상 음주하는 것으로 정의된 폭음(binge drinking)을 하였으며 6천 명으로 추정되는 임산부(0.23%)는 지난 30일 동안 5일 이상 한 번에 5병 이상 음주하는 것으로 정의된 대량 음주(heavy drinking)를 한 것으로 확인되었다.

어떤 수준의 음주라도 임신 기간 중에는 안전하지 않다는 것이 입증되었다. 보통 보편적인 조치들은 대량 음주가인 여성들의 음주 습관을 바꾸는 결과를 가져오지는 못하지만 술을 조금 마시거나 적당히 마시는 여성들에게는 효과적이라고 입증되었다(Stratton et al., 1996). 따라서 음주가가 될 위험이 있는 가임기 연령의 여성들을 대상으로하는 개입을 위한 추가적인 노력을 기울이고 있다. 그러나 태아기 알코올 증후군(FAS)이나 태아기 알코올 영향(FAE) 때문에 심각한 건강 문제를 겪는 경우 보편적 조치의 수준을 넘어서 활용할 수 있는 개입의 범위와 이용가능성은 구체적이지 않다. 이러한 이유 중의 하나는 태아기 알코올 증후군(FAS)과 태아기 알코올 영향(FAE)에 관한 일치된 임상적 정의가 없기 때문이다. 최근 공중보건 서비스법(Public Health Service Act, Pub. L. 105-392)에 의해 1998년도에 설립된 태아기 알코올 증후군과 태아기 알코올 영향에 대한 국립 특별전문 위원회(National Task Force on Fetal Alcohol Syndrome & Fetal Alcohol Effect)는 임상적 사례 정의(case definition)와 통일된 감시 정의(surveillance definition)를 개발하고 있는데 이를 통해 역학 및 관련 연구 논문들을 촉진시키고자 노력하고 있다(CDC, 2002b). 알코올과 관련된 선천적 결함을 예방하기 위한 선택적 조치들을 제공하는 3가지 프로그램들에 대해 아래에 논의하였다.

중독에 관한 연구, 교육, 서비스를 위한 아칸소 센터

중독에 관한 연구, 교육, 서비스를 위한 아칸소 센터(Arkansas Center for Additions

Research, Education, & Services: AR-CARES)는 임신 중이거나 자녀가 있는 여성을 위해 거주시설을 제공하기도 하고 외래 환자를 위한 서비스도 제공한다. 서비스는 약물 남용 치료, 보육, 직업 훈련, 교통편 제공, 집안일 돕기를 포함한다. 이 프로그램의 참가자들과 참가하지 않은 사람들을 비교한 한 연구에 따르면, 참여하지 않은 여성들의 33.3%가 음주를 한 것에 비하여 프로그램에 참가한 여성들은 오직 4%만이 임신 기간 중에 음주를 한 것으로 확인되었다. 알코올 이외에 다른 약물 사용의 경우에도 유사한 결과가 나타났다. 뿐만 아니라 AR-CARES 프로그램에 참가한 여성들은 조산과 산모 감염이 상당히 줄었고 아기들의 임신 주수가 더 길어지는 경향이 있었다. 마지막으로, 계속해서 오랜 기간 동안 프로그램에 참여한 참가자들의 아기들은 더 무거운 체중으로 출생하는 경향이 있었다(Whiteside-Mansell, Crone, & Conners, 1999).

CHOICES 프로젝트

지난 10년 간 질병 관리 본부에서는 알코올과 관련된 선천적 결함을 줄이고 이를 근절시키기 위한 전략을 파악하기 위해 다양한 프로그램들을 후원했다. 이들 중 가장 유명한 것이 CHOICES(Changing High Risk Alcohol Use and Increasing Contraception Effectiveness Study) 프로젝트와 BALANCE(Birth Control and Alcohol Awareness: Negotiating Choices Effectively) 프로젝트이다. CHOICES 프로젝트는 질병 관리 본부가 세 대학교, 즉 플로리다 주 포트로더데일에 있는 노바사우스이스턴 대학교, 텍사스 주 휴스턴에 있는 텍사스 대학교의 건강과학센터, 버지니아 주의 리치먼드에 있는 버지니아 의과대학 간에 협력 협정을 후원하고 개발하면서 1997년에 시작되었다. 이 프로그램은 다양한 특수 지역사회 환경에서 사는 위험요인이 큰 여성들을 대상으로 임신 기간 중 알코올에 노출되지 않도록 프로그램 개발하였는데, 이 프로그램은 각기 다른 환경에서 실시되었다. 예를 들어, 포트로더데일에 있는 노스 브로사드 병원 지역에서부터 휴스턴에 있는 해리스 카운티 교도소, 리치먼드에 있는 버지니아 의과대학의 부인과 외래 환자 병동에 이르기까지 다양했다. CHOICES 프로젝트는 수정이 되기 이전에 알코올에 노출되어 임신을 할 위험이 높은 여성들을 미리 식별한다. 그리고 그 여성들에게 알코올 위험을 감소시키는 것과 알코올 문제가 해결될 때까지 임신을 지연하도록 하는 2가지에 초점을 맞춘 간단한 교육적 개입을 제공한다(CDC 2002b). 이 프로젝트의 최초 연구 결과는 곧 발표될 것으로 보인다.

BALANCE 프로젝트

BALANCE(Birth Control and Alcohol Awareness: Negotiating Choices Effectively) 프로젝트는 CHOICES 프로젝트의 변형이며 CHOICES 프로젝트와 같은 대학에서 진행되었다. BALANCE 프로젝트는 18~24세를 대상으로 음주와 피임 사용과 관련하여 위험이 높은 행동들의 유병률을 파악하고 간단한 개입의 효능을 시험하기 위한 것이다. 무선배정을 사용한 실험설계에서 두 집단이 비교되는데, 한 집단은 위험 평가와 함께 1:1 상담을 받고 다른 집단은 위험 평가만 받는다. 그밖에도 위험한 환경에 있는 주민들을 특징짓는 노력과 개입을 하기에 적절한 사람들을 식별하기 위한 노력, 그리고 알코올 소비가 피임을 포함한 성적 행동에 미치는 영향을 분석하기 위한 다양한 노력들을 진행하고 있다(CDC, 2002c). CHOICES 프로젝트와 마찬가지로 BALANCE 프로젝트의 최초 연구 결과도 곧 발표될 것으로 보인다.

지시적인 조치

Gordon의 조작적 분류에 따르면, 지시적인 조치는 이미 알코올과 관련된 선천적 결함을 지닌 아이를 낳은 여성들을 대상으로 동일한 경험을 예방하기 위해 실시한다. 불행하게도 선택적 조치에서도 그러했던 것처럼, 임상적 정의와 감시 정의(surveillance definition)가 없기 때문에 태아기 알코올 증후군(FAS)과 태아 알코올 영향(FAE)을 예방하기 위한 지시적인 조치의 개발에 어려움이 뒤따른다. 태아기 알코올 증후군(FAS)과 태아 알코올 영향(FAE)을 받은 아이를 출산한 적이 있는 여성들을 위해 똑같은 출산을 예방하기 위한 프로그램이 있는지 질병 관리 본부에 문의하면 직원들은 질병 관리 본부에서 이런 종류의 성공적인 프로그램을 진행하고 있는지 모르겠다고 대답한다(E. Parra, 개인적 대화, 2003년 5월 5일). 국립 특별 전문 위원회(National Task Force)의 역할 및 관련 연구가 도움을 주지만, 그럼에도 불구하고 이 영역에서 예방을 하기 위해서는 더 많은 노력이 요구된다.

Gordon의 지시적인 조치를 위한 준거를 만족하는 태아기 알코올 증후군(FAS), 태아기 알코올 효과(FAE)에 대한 알려진 예방 프로그램들은 없지만, 워싱턴 주 시애틀의 부모-자녀 지원 프로그램(Parent-Child Assistance Program: PCAP)은 이미 태아기 알코올 증후군(FAS)과 태아 알코올 효과(FAE)를 지닌 아이를 출산한 경험이 있는 여성들 사이에서 반복된 출산을 막으려는 선택적인 조치 프로그램이다. 부모-자녀 지원 프로그램

(PCAP)의 책임자 Therese Grant는 다음과 같이 이야기한다. "이러한 어머니들이 프로그램에 등록하면 먼저 이전의 기록들을 잘 확인하고 자녀들을 만난 후에, 경우에 따라서는 정확한 평가와 진단을 위해서 태아기 알코올 증후군(FAS) 진단 클리닉으로 의뢰하는 경우도 있습니다. 그래서 나중에서야 우리는 알코올과 관련된 선천적 장애(Alcohol-Related Birth Defects: ARBD)가 있는 아이를 낳은 여성들이었다는 것을 알게 됩니다."(T. Grant, 개인적 대화, 2003년 3월 11일) 부모-자녀 지원 프로그램(PCAP)은 다른 선택적 개입 프로그램에서 의뢰된 내담자들이 더 많은데, 이것은 아마도 태아기 알코올 증후군으로 진단받은 많은 아이들이 친어머니와 함께 살지 않고 그 어머니들의 소재도 파악되지 않기 때문일 것이다(T. Grant, 개인적 대화, 2003년 3월 11일).

부모-자녀 지원 프로그램(Grant, Streissguth, & Ernst, 2002)은 원래 'Seattle Birth to 3 Project'에서 시작했다. 그리고 임신 기간 동안에 알코올이나 약물을 남용하고, 지역사회의 서비스를 받을 가능성이 적은 매우 위험한 산모들을 대상으로 시작했다. 이 프로그램은 준전문직(paraprofessional) 보조원을 활용하여 집중적으로, 그리고 장기간에 걸쳐 프로그램 모델의 효과성을 시험하기 위해 고안되었다. 산모들은 임신 기간 동안 혹은 출산 후 한 달 이내에 프로그램에 등록이 된다.

부모-자녀 지원 프로그램의 궁극적인 목표는 이러한 산모들이 미래에 출산할 수 있는 아이들이 알코올과 약물에 노출되는 것을 막는 것이다. 부모-자녀 지원 프로그램 모델에서는 준전문직 보조원이 개입을 제공한다. 모델은 사례관리 접근법을 사용하는데, 이는 산모들의 약물 남용과 관련된 위험 행동 범위를 줄이고 산모들과 자녀가 건강하고 사회적으로 잘 살도록 보호요인을 증가시키기 위함이다. 부모-자녀 지원 프로그램은 약물남용 치료 또는 임상적 서비스를 제공하지 않는다. 오히려 준전문직 보조원이 가정방문을 통해서 산모와 가정에게 지역사회의 정보들을 제공해 주는데 이러한 것들에는 알코올과 약물 치료, 가족 계획, 집안일, 건강관리, 육아, 그리고 법적인 정보들이 포함된다.

부모-자녀 지원 프로그램에 대한 연구를 최근 수행한 Grant와 동료들(2002)에 따르면, 연구에 참여한 146명의 프로그램 참가자들 중에서 그러한 보조원들과 함께 더 많은 시간을 보낸 여성들이(평균적으로 주당 90분 이상) 시간을 덜 보낸 여성들보다(평균적으로 30분 미만) 긍정적인 결과를 보였다는 것을 확인하였다. 이 연구 결과는 다음의 사항들을 포함한다.

- 약물 남용 입원 치료를 마친 비율(86% vs 39%)

- 부모–자녀 지원 프로그램 참여 후, 적어도 1년 동안 알코올과 약물을 자제한 경우 (44% vs 36%)
- 신뢰할 만한 피임법을 사용한 경우(53% vs 45%)

38명의 여성들은 프로그램에 참여하는 동안에 또 다른 출산을 하였다. 아이들은 보조원들과 더 많은 시간을 보낸 여성들에게서 태어났고, 자궁 내에서 알코올과 약물에 노출되는 경향이 적었다(33% vs 55%). 부모–자녀 지원 프로그램은 알코올과 관련된 선천적 결함, 즉 음주와 임신이 가능한 연령의 여성들에 의한 피임의 실패와 같은 위험요인을 줄이는 데 효과적이며, 그 후에 아기들이 자궁에서 알코올에 노출될 가능성을 줄여 준다.

요약

흡연, 음주와 관련된 선천적 결함의 발생률을 줄이는 가장 훌륭한 노력은 단연코 보편적인 조치들이다. 몇몇 공교육 캠페인은 거의 25년 동안 이루어지고 있고, 제품에 경고문구 붙이기, 미성년자에게 술과 담배 판매의 금지와 같은 많은 정부의 규제력을 지닌 조치들이 10년 이상 동안 공공 정책의 일부로 시행되어 왔다. 반면 가임기 여성들이 직면할 수 있는 위험요인을 제거하는 것에 목표를 둔 선택적인 조치들은 최근에 더 발전되어 왔다. 흡연의 경우에는 선택적인 조치들이 주로 임신 기간 동안 금연의 형태로 적용되었다. 알코올과 관련된 선천적 결함을 막기 위한 선택적인 조치들은 여성들의 임신 기간 동안 음주하는 것을 자제하도록 하며, 효과적인 피임의 형태를 사용하도록 돕는 노력으로 이루어졌다. 지시적인 조치들과 개입들은 이미 흡연 또는 음주와 관련된 선천적 결함을 가진 아이를 출산한 경험이 있는 여성들을 위한 것인데 아직까지 이들을 위한 개입이 성공적으로 개발되고 실행되지 못했다. 왜냐하면 선천적 결함의 원인 관계가 매우 복잡하기 때문이다. 흡연과 관련된 선천적 결함들은 다른 요인들에 의해서도 발생할 수 있다. 알코올이 단독으로 태아 발달에 미치는 영향은 매우 명백하다. 하지만 태아기 알코올 증후군이나 태아기 알코올 효과를 가진 아이를 낳은 여성들을 확인하는 것은 쉽지 않기 때문에 이들로 하여금 서비스를 의뢰하고 적절한 개입을 받도록 하는 것은 어려운 일이다. 선택적인 조치로서 실행하는 프로그램들을 통해 이전에 태아기 알코올 증후군이나 태아기 알코올 효과를 가진 아이를 출산한 여성들을 확인할 수 있고 그러한 출산의 반복을 막기 위한 효과적인 개입이 가능하다고 할 수 있다.

제 언

효과를 보이는 보편적인 조치들은 계속적으로 실시되어야 한다. 공공교육 프로그램은 특히 젊은 여성들에게도 확장되어야만 한다. 담배와 술에 경고 문구를 붙이는 것은 선천적 결함의 위험뿐만 아니라 그것과 관련된 위험을 사람들에게 주목하게 하고 대중들의 의식을 강화시킨다. 미성년자에게 술과 담배를 판 소매업자들에게 책임을 추궁하는 규제 정책들은 올바른 정책이라고 볼 수 있으며 그러한 정책들은 보다 강력하게 시행되어야 한다.

현존하는 문제들을 다루는 것은 긴급을 요하기 때문에 예방적 조치보다 더 많은 예산을 확보해 왔다. 그럼에도 불구하고 인간의 문제를 예방하는 것은 종종 비용 대비 효율이 높으며 분명히 보다 더 인간적인 접근이다. 의심할 여지없이, 많은 금연과 약물 남용 치료 프로그램은 임신 가능 연령대의 여성들에게 도움을 제공한다. 하지만 여전히 흡연과 음주와 관련된 선천적 결함을 의도적으로 예방하기 위한 선택적인 조치로써 많은 프로그램이 제공되어야 한다. 이 장에 소개된 선택적인 조치들이 매우 독특한 것은 아니지만 그렇다고 유사한 프로그램이 많은 것은 아니다. 시민의 복지에 대한 공공 지출이 감소하기 때문에 예방에 더 많은 초점이 맞춰져야 한다. 물론 이때 예방은 예방과 치료를 결합한 선택적 조치를 포함한다. 시애틀의 부모-자녀 도움 프로그램(PCAP)은 좋은 예이다. 부모-자녀 도움 프로그램 모델은 약물남용 치료를 포함해서 복합적인 문제들을 강조하며, 태아의 알코올 노출에 의한 선천적 결함의 가능성을 줄인다. 또한 이 프로그램은 이미 태아기 알코올 증후군이나 태아기 알코올 효과에 영향을 받은 아이를 출산한 여성을 파악하고 이러한 여성들을 위한 사실상의 지시적인 조치들을 제공한다. 여러 자원을 활용할 수 있는 곳이라면 선택적인 조치로 제공되는 프로그램들은 집중적인 실행을 통해 지시적인 조치로써 제공되어야 한다.

선천적인 결함을 막기 위한 많은 개입들은 의학적인 환경에서 의료 직원들에 의해서 실시되지만, 항상 그러한 것은 아니다. 부모-자녀 도움 프로그램은 이러한 점에서 보다 교육적인 의미를 지닌다. 이 프로그램은 잘 훈련된 전문직 보조원들을 가정방문자로 또한 지지자로 활용한다. 서비스를 제공할 때 의학적이지 않은 전문직 보조원들을 사용함으로써 이러한 예방 노력은 의학적인 것과 전문적인 것의 공급이 부족한 지역에서도 시행될 수 있는 장점이 있다. 또한 전문직 보조원들을 사용하는 것은 치료와 예방을 결합함으로써 비용을 줄일 수 있으므로 보다 쉽게 실행할 수 있고 더 많이 이용될 수 있다.

마지막으로 성공적으로 선천적 결함을 예방하기 위해서는 지속적인 연구와 훈련이 매우 중요하다. 질병 관리 본부에 따르면, 담배와 알코올과 관련된 선천적 결함들은 모든 선천적 결함들 가운데에서 가장 예방이 가능한 것임을 강조한다. 태아기 알코올 증후군과 태아기 알코올 영향에 대한 국립 특별 전문 위원회는 계속적으로 태아기 알코올 증후군과 태아기 알코올 영향에 대한 임상적인 사례 정의와 단일화된 감시 정의를 개발해야 할 것을 권고하였다. 이것은 매우 중요하며 필요한 단계이다. 국립 특별 전문 위원회는 또한 태아기 알코올 증후군과 태아기 알코올 효과와 관련된 현존하는 연구의 목록을 작성하고 이러한 환경을 가진 사람들이 이용할 수 있는 서비스의 목록 작성을 권고해 왔다. 이러한 것을 통해 최근 연구와 서비스의 주요 내용이 무엇인지를 보다 명료하게 이해할 수 있을 것이다. 의회의 명령에 대한 반응으로 질병 관리 본부는 다음과 같은 노력을 기울이고 있다.

1. 태아기 알코올 증후군 및 그 밖의 알코올과 관련된 상태에 대한 현재의 훈련, 지식 및 태도에 대해 의료 분야 및 관련 분야의 실무자를 대상으로 설문조사하기
2. 의료 분야 및 관련 분야의 전문가들을 훈련하는 데 사용할 수 있는 교육과정을 위한 지침서 개발하기
3. 지침서들을 보급하기

이러한 노력의 결과물들은 의료 분야 및 관련 분야의 전문가들을 훈련하고 교육하기 위한 내용을 개발하고 실행하며 평가하는 데 사용될 것이다(CDC, 2002b). 흡연과 관련한 선천적 결함의 경우에도 이와 유사한 활동들이 요구된다. 흡연과 음주와 관련된 선천적 결함들은 예방할 수 있다. 성공적인 개입을 위해서는 이처럼 지식을 확장하고, 공공교육을 개선하며, 전문가들의 훈련을 향상시키고 효과적인 개입들의 활용 가능성을 높이는 것이 반드시 필요하다.

참고문헌

American College of Obstetrics and Gynecology. (1997). Smoking and women's health. *International Journal of Gynecology and Obstetrics, 60,* 71-82.

American College of Obstetrics and Gynecology. (2001). Smoking cessation during pregnancy. *International Journal of Gynecology and Obstetrics, 75,* 345-348.

American Cancer Society. (2002). *Cancer facts & figures 2002.* Retrieved November 18, 2002, from http://www.cancer.org/.

Cneters for Disease Control and Prevention. (2002a). *Cigarette smoking among adults? United States, 2000: MMWR highlights.* Retrieved November 13, 2002, from http://www.cdc.gov/tobacco/research_data/adults_prev/mmwr5129_highlights.htm.

Cneters for Disease Control and Prevention. (2002b). *Fetal alcohol syndrome prevention: Increasing public awareness of the risks of alcohol use during pregnancy through targeted media campaigns.* Retrieved November 20, 2002, from http://www.cdc.gov/ncbddd/fas/.

Cneters for Disease Control and Prevention. (2002c). *Fetal alcohol syndrome: Project BALANCE.* Retrieved September 3, 2002, from http://www.cdc.gov/ncbddd/fas/.

Cneters for Disease Control and Prevention. (2002d). *Fetal alcohol syndrome: Project CHOICES.* Retrieved September 3, 2002, from http://www.cdc.gov/ncbddd/fas/.

Cook, P. J. (1981). The effect of liquor taxes on drinking, cirrhosis, and auto accidents. In M. H. Moore & D. R. Gerstein (Eds.), *From alcohol and public policy: Beyond the shadow of prohibition* (pp. 225-285). Washington, DC: National Academy Press.

DiFranza, J. R., & Lew, R. (1995). Effect of maternal cigarette smoking on pregnancy complications and sudden infant death syndrome. *Journal of Family Practice, 40,* 85-394.

Dolan-Mullen, P., Ramirez, G., & Groff, J. Y. (1994). A meta-analysis of randomized trials of prenatal smoking cessation interventions. *American Journal of Obstetrics and Gynecology, 171,* 1328-1334.

Gordon, R. (1987). An operational classification of disease prevention. In J. Steinberg & M. Silverman (Eds.), *Preventing mental disorders: A research perspective* (pp. 20-26). Rockville, MD: Department of Health and Human Services.

Grant, T., Streissguth, A., & Ernst, C. (2002). Benefits and challenges of paraprofessional advocacy with mothers who abuse alcohol and drugs and their children. *Zero to Three:*

Bulletin of the National Center for Clinical Infant Programs, 23(2), 14-20.

Hankin, J. R. (1994). FAS prevention strategies. *Alcohol Health and Research World, 18,* 62-66.

Hankin, J. R., McCaul, M. E., & Heussner, J. (2000). Pregnant, alcohol-abusing women. *Alcoholism: Clinical and Experimental Research, 24,* 1276-1286.

Hankin, J. R., & Sokol, R. J. (1995). Identification and care of problems associated with alcohol ingestion in pregnancy. *Seminars in Perinatology, 19,* 286-292.

March of Dimes. (1998). *Drinking alcohol during pregnancy* [Brochure]. Wilkes-Barre, PA: Author.

March of Dimes. (2000). *Smoking during pregnancy* [Brochure]. Wilkes-Barre, PA: Author.

Melvin, C. L., Dolan-Mullen, P., Windsor, R. A., Whiteside, H. P., Jr., & Goldenberg, R. L. (2000). Recommended cessation counseling for pregnant women who smoke: A review of the evidence. *Tobacco Control, 9*(Suppl. III), iii80-iii84.

Moore, M. H., & Gerstein, D. R. (1981). *From alcohol and public policy: Beyond the shadow of prohibition.* Washington, DC: National Academy Press.

National Highway Transportation Safety Administration. (2002). *Impaired driving in the United States.* Retrieved November 26, 2002, from http://www.nhtsa.dot.gov/people/injury/alcohol/U.S.htm.

National Institute on Alcohol Abuse and Alcoholism. (2001). *Alcoholism: Getting the facts.* Retrieved November 26, 2002, from http://www.niaaa.nih.gov/publications/booklet-text.htm.

National Institute on Drug Abuse. (2002). *Annual survey shows teen smoking down, rise in MDMA use slowing.* Retrieved November 14, 2002, from http://www.drugabuse.gov/NIDA_Notes/NNVol16N6/Tearoff.html.

Roth, L. K., & Taylor, H. S. (2001). Risks of smoking to reproductive health: Assessment of women's knowledge. *American Journal of Obstetrics and Gynecology, 184,* 934-939.

Stratton, K., Howe, C., & Battaglia, F. (1996). *Fetal alcohol syndrome: Diagnosis, epidemiology, prevention, and treatment.* Washington, DC: National Academy Press.

Substance Abuse and Mental Health Services Administration. (2001b). *The NHSDA report: Tabacco and alcohol use among pregnant women.* Retrieved November 14, 2002, from http://www.samhsa.gov/oas/2k2/PregAlcTob/PregAlcTob.cfm.

Substance Abuse and Mental Health Services Administration. (2002). *Results from the 2001 national household survey on drug abuse: Vol. I. Summary of national findings.* Retrieved November 14, 2002, from http://www.samhsa.gov/oas/nhsda/2k1nhsda/vol1/toc.htm.

United States Department of Health and Human Services. (2002a). *Healthy people 2010.* Retrieved November 25, 2002, from http://www.healthypeople.gov/.

United States Department of Health and Human Services. (2002b). *Women and smoking: A report of the Surgeon General?2001.* Retrieved November 14, 2002, from http://www.cdc.gov/tobacco/sgr/sgr_forwomen/ataglance.htm.

Viscusi, W. K. (1992). *Smoking: Making the risky decision.* New York: Oxford University Press.

Weiner, L., Morse, B. A., & Garrido, P. (1989). FAS/FAE: Focusing prevention on women at risk. *International Journal of Addictions, 24,* 385-395.

Whiteside-Mansell, L., Crone, C. C., & Conners, N. A. (1999). The development and evaluation of an alcohol and drug prevention and treatment program for women and children: The AR-CARES program. *Journal of Substance Abuse Treatment, 16,* 265-275.

Yoon, P. W., Rasmussen, S. A., Lynberg, M. C., Moore, C. A., Anderka, M., Carmichael, S. L., et al. (2002). National birth defects prevention study. *Public Health Reports, 116*(Suppl. 1), 32-40.

Children Adolescent

제8장

성장장애

*Dorota Iwaniec & Helga Sneddon

생후 1년 동안 인간의 성장은 아동기의 다른 어떤 시기보다도 빠르게 진행되지만 3세까지는 급격하게 감소하는 경향을 보인다. 그 이후의 성장은 출생 직후 보이는 성장률의 약 1/3 정도를 유지하면서 사춘기까지 계속 진행된다. 그러나 일부 아동은 같은 속도로 성장하지 않고 성장에 지연을 보이는 경우가 있다. 이러한 아동은 성장장애(failing to thrive)를 지닌 것으로 설명되는데 이들은 또래들과 비교했을 때 신체적인 면에서 상당히 작고 성취 면에서 낮은 성과를 보이는 것으로 알려져 있다(Iwaniec, Herbert, & McNeish, 1985a; Sneddon & Iwaniec, 2002). 이러한 아동은 모든 사회적 계층 및 수준에서 발견된다. 이들에게 적절한 도움이 제공되지 않으면, 신체적인 성장과 인지 발달 및 정서 발달에서 부정적인 영향을 받게 되고 이로 인해서 발달지연과 성격 문제, 학대 및 죽음과 같은 위험요인을 더 많이 경험하게 된다. 만일 초기 단계에서 성공적인 개입이 실행되지 않는다면 성장장애로 인해 부모-자녀 관계가 왜곡될 수 있고, 심각한 애착장애와 문제행동 및 발달 장애로 이어질 수 있다(Iwaniec, 1995).

아쉽게도 이 분야에서의 진단과 개입은 간단한 문제가 아니다. 그 이유는 성장장애를

*Dorota Iwaniec, MA, PhD Queen's University of Belfast Institute of Childcare Research
Helga Sneddon, C. Psychol., PhD Institute of Childcare Research Queen's University of Belfast

어떻게 정의하고 진단해야 하는지, 성장장애가 아동과 가족에게 어떠한 결과를 가져다 주는지, 그리고 전문가들은 어떻게 성공적인 개입을 실시하여 성장장애를 다루어야 하는지에 대한 상당한 논쟁과 혼란이 존재하기 때문이다. 이 장에서는 다양한 종류의 성장장애에 관한 발생률과 동향에 관한 정보를 제공하고 성장을 방해하는 가정 내의 비기질적(nonorganic)인 위험요인을 제시할 것이다. 또한 효과적 개입을 위한 다양한 기술과 실행 및 정책적 함의를 포함하여 미래를 위한 방향도 제시할 것이다.

경향과 발생률

성장장애(failing to thrive)라는 용어는 유아의 몸무게, 키, 머리둘레 및 일반적인 심리사회적 발달이 같은 연령대의 기준에 비해 현격하게 떨어지는 경우에 해당되며 그로 인해 건강상의 문제를 초래하는 경우에 적용된다(Iwaniec & Sneddon, 2002). 영국에서는 현재 하위 2퍼센타일[1)]의 몸무게를 보이는 아이들을 대상으로 심층조사를 실시한다. 또한 짧은 기간에 몸무게 도표상에서 2퍼센타일 혹은 그 이상의 퍼센타일에 변화를 보이는 아동의 경우 장애가 있는지를 확인하기 위해서 심층 평가가 이루어진다. 미국에서는 일반적으로 5퍼센타일을 기준선으로 사용한다.

비록 성장장애는 신체적 성장 기준에 따라 우선적으로 결정되지만 이 장애는 신체적인 것을 넘어서는 것으로 인식된다. 성장장애라는 용어는 특정 질병이 아닌 조건에 관한 것이기 때문에 결과적으로 다양한 원인에 의해 발생되며, 이러한 원인들은 기질적이거나 심리사회적인, 또는 2가지의 복합요인으로 구분될 수 있다. 성장장애는 심각한 성장의 지연과 골격의 성숙 지연, 그리고 정신운동(psychomotor) 발달의 문제와 관련된 증후군으로 여겨진다. 성장장애는 종종 질병과 정상적인 성장을 위한 불충분한 영양, 급성 음식섭취장애, 부모-자녀 사이의 상호작용 및 관계의 어려움, 불안정한 애착, 가족의 역기능 및 빈곤과 상관이 있는 것으로 알려져 있다(Iwaniec, 1995).

성장장애는 보통 생후 2세 이전에 진단된다. 그러나 그 효과와 진행 상황은 2년 이후

1) 역자 주: 2퍼센타일(second centile or percentile)이란 같은 연령대에 속한 아동들의 몸무게를 기준으로 몸무게가 가벼운 하위 2% 이내에 속한다는 것을 의미한다. 즉, 100명의 아동이 있을 경우 몸무게가 가장 가벼운 2명에 해당된다.

표 8-1 비기질적 성장장애 아동의 프로파일

성장장애

아동의 몸무게와 키, 그리고 머리둘레가 연령에 따른 기준치 이하를 보인다.

외모

작고 마르며 몸이 쇠약함, 마른 팔과 다리, 지나치게 배가 나옴, 야위고 가냘프며 둔하고 탈모가 있음, 눈 주위의 다크서클

특징적 형태

- 빈번한 섭식 문제
- 구토
- 씹거나 삼킴을 거부
- 설사
- 빈번한 감기와 감염

불안정한 혹은 회피적인 애착관계

어머니와 함께 있는 경우 긴장함, 어머니나 양육자와 함께 있을 때 흥미와 기쁨을 보이지 않음, 어머니가 없어도 전혀 스트레스를 받지 않거나 반대로 어머니가 사라질까 봐 너무 매달림

발달의 지연

- 운동 발달
- 언어 발달
- 사회 발달
- 인지 발달
- 감정 발달
- 지적 발달

심리적인 특징 및 행동

- 슬픔, 은둔(withdrawal), 분리(detachment)
- 무표정
- 일반적인 무기력
- 사람이나 사물을 멍하게 바라보는 것
- 울음
- 자주 우는 것
- 웃지 않음
- 발성의 감소(말이 적어짐)
- 애정결핍
- 무반응
- 수동성 혹은 과도한 활동과 같은 극단적인 상태

문제 행동

- 징징대거나 우는 것
- 가만히 있지를 못함
- 과민함(성급, 화를 잘 냄)
- 근심
- 불안감
- 사회화에 대한 저항
- 불면증
- 음식섭취, 섭식 문제
- 야뇨증과 유분증(encopresis)[2]

출처: Iwaniec, D. (1995). *The emotionally abused and neglected child.*

2) 역자 주: 생후 2년이 지난 유아가 근육이나 신경계의 이상이 없음에도 불구하고 대변을 가리지 못하는 질환이다.

에 발견되는 경향이 있다. 대략적인 유병률은 다양한데, 많게는 도시와 시골 지역의 외래진료소를 방문한 아동의 10%에 해당되고 적게는 소아병동 아동의 1%에 해당된다. MacMillan(1984)은 약 1~3%에 해당하는 소아 아동이 성장장애를 가지고 있는 것으로 예측했다.

몇몇 아동들의 성장장애는 기질적인 혹은 의학적인 원인에 의해 발생하기도 한다. 실제로 모든 심각한 소아기의 질병과 만성적 질환, 또는 심각하지는 않지만 재발되는 질병들은 성장장애를 일으킬 수 있다. 이러한 여러 질병과 아동의 성장 패턴이 직접적으로 관련이 있다는 것을 쉽게 관찰할 수 있다. 예를 들어, 일련의 성공적인 치료와 수술을 받고 난 후 아동의 상태가 점진적으로 안정을 찾거나 정상으로 돌아오는 경우가 이에 해당된다. 그러나 오직 기질적인 이유로 인한 성장장애는 전체 성장장애의 5% 이하에 해당된다(Wynne, 1996).

반면 다른 아동의 경우에는 신체적으로 전혀 문제가 없지만 환경이 충분하지 않거나 스트레스를 유발하여 성장에 치명적으로 영향을 주기도 한다. 이러한 경우에는 비기질적(nonorganic)인 성장장애라고 부른다. 몇몇 예측 결과에 따르면, 소아 아동 시기에 발견되는 성장장애의 약 50% 정도는 이러한 비기질적인 요인에 의해 발생하는 것으로 보인다(Spinner & Siegel, 1987). 비기질적인 요인에 의해 성정장애를 보이는 아동들은 다양한 특성을 나타내는데 이러한 특성을 〈표 8-1〉에 제시하였다. 물론 경우에 따라서 이러한 특성이 나타나는 양상은 매우 다양하다.

오랫동안 성장장애는 기질적인 성장장애와 비기질적인 성장장애의 2가지 범주로 구분되어 왔다. 진단 역시 그 2가지 범주 중의 하나로 내려져 왔다. 신체적 요소와 행동적 요소, 또는 심리사회적 요소들이 상호작용할 가능성은 대부분 무시되어 왔다. 그러나 더 많은 자료들이 축적됨에 따라, 이와 같은 이분법적인 접근이 불충분하다는 것은 이제 명백해졌다. 많은 연구들에 따르면, 연구에 참여한 15~35%의 유아들은 기질과 비기질적인 요인이 모두 영향을 미치는 집단으로 확인되었다(Woolston, 1984). 예를 들어, Homer와 Ludwig(1981)는 성장장애를 보이는 유아의 1/4 정도는 기질과 비기질적 특징을 모두 보인다는 것을 확인하였다. 이런 아동은 복합(combined) 혹은 혼합된 성장장애의 요인을 지닌 것으로 분류된다. 기질과 비기질 사이의 상호작용을 이해하면 왜 심장질환이나 구순열(cleft lip)[3]과 같은 신체적 문제를 지닌 몇몇 아동들은 성장장애를 보이는 반면, 동

3) 역자 주: 구순열(cleft lip)은 입술 사이가 갈라지는 증상으로 '언청이'라고 낮잡아 이르기도 한다. '입술갈림증'으

일한 신체적 문제를 지닌 또 다른 아동들은 그러한 문제를 보이지 않는지 알게 된다. 또한 이러한 관점은 기질적인 문제가 해결된 이후에도 몇몇 아동들의 경우 성장장애가 지속되는 이유를 설명해 준다.

Goldson(1987)은 이처럼 복합적인 요인에 의해 성장장애를 겪는 아동들을 대략적으로 다음과 같이 3가지 범주로 구분할 것을 제안하였다.

1. 미세한 신경운동 장애가 있는 아이들(Children with subtle neuromotor problems)은 먹는 것에 어려움을 경험한다. 예를 들면, 빨기, 씹기, 삼키기, 혀 내밀기, 긴장하여 수저나 젖꼭지를 자기도 모르게 물기, 과도하게 침 흘리기, 그리고 발육상 적절한 음식물임에도 불구하고 음식의 질감에 대한 거부 반응을 보이기 등의 구강 운동의 장애로 인해 섭식장애가 있을 수 있다(Lewis, 1982).
2. 음식물 섭취에 반감을 가지고 있는 아이들(Children with aversive eating experiences)은 이미 이전에 음식 섭취와 관련하여 알레르기 반응이나 위식도 역류와 같은 음식에 대한 강한 반감을 느꼈던 경험을 가지고 있다. 또 다른 아동들은 오랜 기간 동안 비경구 영양(parenteral nutrition)[4]을 사용했거나, 지금까지 한 번도 평범하게 음식을 먹어 본 경험이 없을 수도 있다.
3. 심각한 정신적인 장애를 가지고 있는 아이들(Children with significant psychiatric disorders)은 구역질 또는 자기 유도를 통해 억지로 구토를 경험할 수 있다. 이들은 자기 자신에 대한 통제력을 잃고 단백질 에너지의 심각한 영양실조 상태로 악화될 수 있으며 이로 인해 심각한 성장장애를 경험할 수 있다.

심리사회적인 요인에 의해 키가 작은 사람들(psychosocial short stature)로 구분되는 마지막 집단의 아동들은 평범하지 않은 증상을 보인다. 이러한 증상은 불충분한 영양 공급에서 기인하는 것으로 보인다. 이러한 증상들은 왕성한 식욕과 지나친 과식, 구토, 다식증(polyphagia),[5] 그리고 번갈증(polydipsia)[6]과 같은 것을 포함한다. 많은 경우, 성장장

로 불리기도 하는 이 증세는 남아에서 흔하며 유전적인 요소도 있는 것으로 보인다. 우리나라에서는 약 700명 중 한 명꼴로 발생한다.

4) 역자 주: 비경구 영양(parenteral nutrition)은 소화기관 이외의 경로(예: 정맥주사)를 사용하여 영양을 공급하는 방법이다.

5) 역자 주: 다식증(polyphagia)은 식욕이 비정상적으로 증가되어 지나치게 많이 먹는 증상으로 대식증이라고도 한다.

6) 역자 주: 번갈증(polydipsia)은 병적으로 목이 말라 물을 많이 마시는 증세로서 다갈증이라고도 한다.

애와 관련이 있는 영양부족 요소는 없다. 이러한 아동은 상당한 양의 음식을 섭취하지만 여전히 정상적으로 성장하지 못한다. 가장 주된 요인으로는 스트레스에 의한 성장호르몬의 변화 문제로 생각된다(Skuse, Pickles, Wolke, & Reilly, 1994). 이러한 아동들은 왜소증(dwarfism)[7)]으로 심리사회적인 고통을 받는데, 다른 형태의 성장장애보다 흔하지 않으며 일반적으로 2세 이후 진단을 받게 된다.

위험요인

이 장은 비기질적인 성장장애를 겪고 있는 아동에게 초점을 맞추고 있다. 비기질적인 이유로 성장장애를 겪고 있는 아동과 그 가족이 갖는 몇 가지 특성을 〈표 8-2〉에 요약하였다. 이 절에서는 이에 대해 논의하고자 한다.

빈곤

성장장애는 빈곤과 관련이 있다. 성장장애에 관한 거의 모든 연구는 저소득층을 대상으로 한 것이며, 수입이 많은 집단에 대한 성장장애 연구는 거의 없다(Dawson, 1992). 저소득층 가정의 아동은 또래에 비해 몸무게가 가볍고 키가 작으며(Jones, Nesheim, & Habicht, 1985), 소수민족 아동은 백인 아동들에 비해 더 작다(Center for Disease Control and Prevention, 1987). 그러나 사회계층에 의한 분류는 때때로 오해를 일으킬 수 있다. 예를 들어, Skuse와 동료들(1994)은 성장장애를 더욱 잘 예측하는 것은 한 가정의 실제적인 수입 정도보다 돈을 관리하는 능력이라고 제시하였다.

가족 스트레스

가족 스트레스는 성장장애 아동이 있는 가족에게서 보다 흔하게 관찰되어 왔다. 가족 스트레스에는 부모나 형제, 혹은 친척들의 만성적 질병, 이전의 이혼 경험, 현재의 분리나 부모 사이의 긴장, 어린 자녀와 함께 사는 미혼의 부모, 경제적 문제나 주거 문제(Drotar,

---

7) 역자 주: 왜소증(dwarfism)은 신체의 크기가 이상하게 작은 상태를 말하며 왜소발육증 혹은 난쟁이라고도 불린다.

표 8-2 성장장애 아동의 가족과 관련된 특성	
• 빈곤	• 증가된 가족 스트레스 수준
• 어머니의 낮은 교육수준	• 양육 지식의 부족
• 사회적 지지의 부족	• 보호자의 섭식 제한
• 어머니의 우울증	• 부모의 낮은 자아존중감
• 부모의 왜곡된 인식과 태도	• 부모-자녀 사이의 질 낮은 상호작용

Malone, Negray, & Dennstedt, 1981) 등이 포함된다. 어머니가 임신 중일 때 겪은 스트레스 또한 영향을 미친다. 예를 들어, 임신 중인 어머니가 불안이 높으면 아기는 상호작용에 어려움을 겪으며 과민반응 같은 문제를 가질 수도 있다(Ferriera, 1969; Ottinger & Simmons, 1964).

어머니의 낮은 교육수준

어머니의 낮은 교육수준은 성장장애의 위험요인이 될 수 있다(Drotar & Sturm, 1998). Skuse와 동료들(1994)은 생후 6개월 이전에 성장장애가 시작된 아동의 어머니가 생후 6개월 이후에 성장장애가 시작된 아동들의 어머니보다 훨씬 높은 지능지수를 가지고 있다는 것을 발견했다.

양육에 관한 지식

자녀에게 무엇을, 언제, 어떻게 먹여야 하는가에 관한 양육 지식 또한 중요하다. 때때로 비기질적 성장장애는 상대적으로 간단하고도 쉽게 고칠 수 있는 실수로 인해 발생한다(Hathaway, 1989). 예를 들어, 보호자가 분유의 중요성에 관해 이해하지 못하고, 비용을 아끼고자 혹은 더 오래 먹이고자 분유를 지나치게 희석하면 아동은 적당한 영양을 공급받지 못하게 될 것이다. 그 대신에 많은 부모들은 자녀에게 건강에 더 좋은 음식을 먹이기 위해 탄산음료나 설탕이 든 음료보다는 사과 주스와 같은 음료를 준다. 우유, 사탕이나 초콜릿, 과자 대신 이런 천연주스를 먹일 수도 있다. 그러나 부모들은 과도한 주스 섭취가 영양 불균형과 성장장애를 초래한다는 것을 깨닫지 못할지도 모른다. 왜냐하면 과도한 주스의 섭취가 열량의 흡수에 영향을 미칠 수 있기 때문이다(Maggioni & Lifshitz, 1995).

사회적 지지

육아를 위해서는 상당한 시간과 정서적인 헌신이 필요하다. 그러므로 도움을 받을 수 있는 좋은 사회적 지지 네트워크를 갖는 것은 유용하다. 그러나 몇몇의 연구에 따르면 비기질적 성장장애 아동의 어머니는 사회적으로 고립되어 있으며 사회적 지지가 부족하다는 것이 발견되었다(Bithoney & Rathburn, 1983). 게다가 이러한 가족들의 생활은 정서적인 지지보다는 종종 갈등과 긴장으로 가득 찬 것처럼 보인다(Hathaway, 1989). 어머니의 경우, 자신의 감정이 메마르면 자녀와의 결속이 약해진다. 이러한 고립은 아이를 기르는 것으로부터 벗어날 수 있는 기회를 줄인다. 그래서 임상학자들은 이런 상황을 개선하기 위해 간호사나 가사도우미의 가정 방문을 시도하고 도움을 제공할 수 있는 사회복지사나 다른 봉사단체의 목록을 보유하고 있어야 한다.

어머니의 우울증

어머니의 우울증(Maternal Depression)은 성장장애와 상관없이 일반적인 위험요인으로 간주되어 왔다(Hutcheson et al., 1997). 몇몇의 연구자들은 비기질적인 성장장애를 겪고 있는 자녀의 어머니가 일반 아동의 어머니에 비해 보다 우울하다는 결과를 발견했다(Hathaway, 1989; Polan et al., 1991). 반면 차이가 없음을 발견한 연구자들도 있다(Wolke, Skuse, & Mathisen, 1990). Skuse와 동료들(1994)에 따르면 어머니의 우울 정도는 자녀들이 성장장애를 겪기 시작하는 시점에 따라 변화한다. 이 연구에서 유아기 초기에 성장장애를 보이는 자녀(예: 생후 6개월 이전에 성장장애가 시작된 아동)를 둔 어머니의 우울은 도시의 임신한 여성들에게서 표준적으로 나타나는 불안 수치와 비슷하다는 결과를 얻었다. 그러나 유아기 후기에 성장장애를 보이는 자녀(예: 6개월 이후에 성장장애가 시작된 아동)를 둔 어머니는 몇몇 우울 증상들로부터 고통을 겪는 경우를 포함하여 훨씬 높은 우울증 수치를 나타냈다. 그러나 이것과 관련한 연구가 부족하기 때문에 성장장애의 원인이 심리학적인 문제들인지, 심리학적인 문제들이 성장장애의 결과인지를 확정하는 것은 쉽지 않다. Duniz와 동료들(1996)은 유아기 자녀들이 성장장애를 진단받았을 때와 비교하여 자녀가 성공적으로 치료되었을 때 우울 증세가 개선됨을 확인하였고 자녀의 회복과 일치하여 정신과 증상이 갑작스럽게 그리고 거의 완벽하게 완화되었음을 발견했다. 이러한 어머니들의 고충은 수면불안, 감정불안, 근심, 피로, 공황발작(panic attacks), 공포, 악몽,

부족감(feeling of insufficiency), 죄의식, 절망 그리고 자살에 대한 공상을 포함한다.

부모의 낮은 자아존중감

성장장애는 부모의 낮은 자아존중감과도 연관이 있다. 그러나 낮은 자아존중감이 아동 성장장애의 결과인지, 혹은 전조(precursor)인지의 구분은 명확하지 않다. 왜냐하면 부모들은 의료 전문가를 만난 이후 자녀의 성장 부진에 대한 책임이 있는 것처럼 비난받는다고 느끼기 때문이다.

왜곡된 인식과 기대

성장장애 자녀의 부모는 자녀에 대한 왜곡된 인식과 기대를 드러내기도 한다. 예를 들어, 어떤 부모는 그들의 자녀가 그 나이의 또래와 비교하여 단지 작은 것이라고 주장하며 자녀의 성장에 대해 별다른 걱정을 하지 않기도 한다. 또한 그들은 자녀가 특정한 나이가 되면 성취할 수 있다고 기대하며 비현실적인 기대를 한다. 예를 들어, 자녀들이 머리카락이나 식사용 의자에 음식을 바르거나, 음식을 마루에 떨어뜨리는 등의 골치 아픈 행동을 반복해서 하는 경우 부모들은 자녀를 양육하는 것에 좌절할 수 있다. 이때 성장장애 자녀의 부모는 자녀들이 세상에서 배워 가는 자연스러운 방식으로 배운다고 생각하기보다는, 고의적으로 말을 듣지 않는다고 착각할 수도 있다.

질 낮은 상호작용

대체로 부모와 자녀 사이에 상호작용의 질은 낮을 수 있다. 많은 경우, 이런 문제들은 모든 사람들에게 스트레스와 불편함을 주는 식사 시간에 일어나는데, 주로 식사할 때의 상호작용에 초점이 맞추어진다. 부모가 자녀의 성장과 음식 섭취에 대해 걱정을 하면 식사 시간은 곧 의지 다툼의 장으로 악화된다. 그리고 종종 부모는 자녀가 음식을 섭취하는 것에 관해 거의 강박적이 된다. 그로 인해서 아동은 음식을 먹는 상황에 더 많은 스트레스를 받게 되며, 아동이 잘 먹을 가능성도 낮아진다. 시간이 지남에 따라 문제들은 부모와 자녀 사이의 또 다른 상호작용을 통해 확산되기도 한다. 이와 같이 상호작용에 어려움을 겪으면 부모와 자녀 사이에는 물리적으로 또한 정서적으로 거리감이 생기게 된다. 그리고 자녀를 관리하는 것과 자녀와 함께 즐기는 것에 어려움을 겪을 수 있다.

성장장애 아동과 가족들을 위한 개입 계획

성장장애를 겪고 있는 아동 및 보호자를 돕는 것과 관련하여 매우 다양한 사례가 존재한다. 따라서 이들을 도울 때에는 엄격한 평가의 결과에 기초하여 도와야 한다. 성장장애는 하나의 요인에 의해 발생하는 경우가 거의 없고, 여러 가지 어려움이 결합되어 복합적으로 아동의 신체적 성장, 그리고 종종 정신사회적인 발달에 부정적으로 영향을 미친다. 이처럼 성장장애는 다차원적인 경향이 있다. 따라서 적절하고 성공적인 개입을 계획할 때 이런 다양한 관점을 고려하여 실시하는 것은 필수적이다. 개입 프로그램은 다양한 형식을 가질 수 있으며, 다양한 경로를 따를 수 있다. 그리고 현재의 문제를 효과적이고 적합하게 다룰 수 있는 여러 접근법과 방법들을 필요로 할 수 있다. 일반적으로 개입을 결합하여 사용하는 다양한 치료 방법과 서비스를 이용하는 것은 단일 전략을 사용하는 것보다 장기적으로 더 좋은 결과를 산출한다(Batchelor, 1999; Iwaniec, 1995; Iwaniec, Herbert, & McNeish, 1985b; Iwaniec & Sneddon, 2001; Wolfe & Wekerle, 1993).

마찬가지로, 개입의 특성을 고려하여 개입을 선택할 때 부모들이 계획과 결정 과정에 전적으로 참여하는 것이 보다 좋은 결과를 나타낸다고 증명되었다(Iwanied, 1997). 예를 들어, 만약 자녀가 매일 어린이집에서 점심을 먹으며, 자녀가 편안하게 느끼는 사람이 점심을 제공한다면, 가정에서 식사 문제를 해결하기 위해 치료 프로그램을 실시할 경우 더 좋은 결과가 나타날 수 있다. 뿐만 아니라 가족 센터(family center)를 이용하는 것은 발달지체를 겪고 있는 아동들에게 도움이 되며, 양육 기술을 얻고자 하는 부모들에게도 도움이 된다. 혹은 사회적으로 고립되었거나 우울을 경험하는 경우, 또는 참여 의욕이 낮은 부모를 위해 집단 상담을 제공해 주는 것도 도움이 된다.

성장장애가 섭식 문제와 관련된 양육의 어려움 때문에 일어나고 있다는 인식이 예전에 비하여 보다 확산되고 있다. 물론 이러한 섭식 문제는 부모의 고의적인 행동에 기인하기 보다는 다양한 개인 및 구조적인 문제와 관련이 있는 경우가 많으며 경우에 따라서는 학대나 방임과 같은 사례와 관련된 경우도 있다(Azar, Ferrare, & Breton, 1998). 개입 전략의 가장 중요한 특징은 아동의 발달적 필요와 발육기의 아동이 당면한 다른 문제에 관한 인식을 높이는 것, 그리고 자녀양육 연습을 통해 더 효과적으로 부모를 돕는 것을 포함한다. 확인된 연구 결과에 따르면, 심각한 성장장애의 경우 자녀와 부모에게 지지를 제공해 주고 모니터링하는 것만으로는 지속적인 변화를 오랜 기간 동안 유지하기가 어렵다(Iwaniec, 2000; Wolfe, 1990). 성장장애가 발생하기 이전에 부모들에게 기술을 가르치는 접근과 방식이 더욱더 선호된다. 왜냐하면 그러한 방식을 통해서 부모들은 문제의 인식과 해결에 보다 적극적으로 참여하기 때문이다. 그리고 결과적으로 성취감 및 유능감을 느낄 수 있다. 그러나 다양하고 복잡한 문제를 해결할 수 있는 단 하나의 방법이나 간단한 방법은 없다. 확인된 단일 접근도 없고, 포괄적인 성과를 보장하는 방법도 없다. 개입 전략은 각각의 특별한 환경에 처한 개별적인 가족들의 구체적인 요구사항에 맞추어져야 한다. 예를 들어, 만약 성장장애가 아동 양육 기술의 부족 때문이라면 발달적인 상담을 포함한 부모 훈련이 가장 적합할 것이다. 만약 성장장애가 극심한 식사 문제나 구강 운동 신경의 역기능 때문이라면 식사 중에 아동과 어떻게 상호작용하는지, 아동에게 어떻게 먹이는지에 관한 모델링이 적합할 것이다. 반면에 만약 성장장애가 부모의 거부 때문이라면 자녀에 대한 적대적인 감정을 줄이는 단계적 접근을 사용하여 애착형성을 돕고, 부모의 분노와 적대적 감정, 자녀의 두려움을 감소시키는 상호작용의 모델링을 사용할 필요가 있다. 식이조절과 몸무게에 관해 강박적인 태도를 가진 부모에게는 그들의 신념과 행동을 변화시키기 위해서 인지적인 재구조화나 또 다른 형태의 심리치료가 필요하다.

다음 절에서 논의할 것은 다음과 같다. 첫째, 성장장애를 다루는 가장 일반적/보편적 개입, 둘째, 선택적 예방 개입, 예를 들면 먹이는 것/먹는 것의 문제와 어린이와 보호자 사이의 왜곡된 관계 문제를 다루는 것, 마지막으로 가정이 안정적이지 못한 아동들을 대상으로 실시하는 지시적 예방 개입에 관해 논의할 것이다.

효과적인 보편적 예방 개입

대부분의 국가들은 아동 복지와 보호를 위해 다음 3단계의 개입을 이용하여 아동과 가족에게 지원을 제공한다. 보편적 · 선택적 · 지시적 개입이 그 경우이다.

보편적 예방 개입(Universal prevention intervention)은 건강한 상태가 필요하거나 요구되는 모든 사람들을 위한 것이다. 지역사회 의료 사업, 교육, 사회복지 사업, 그 외 모든 시민들에게 열려 있는 지역 사업들이 이에 속한다. 성장장애 아동을 위해서는 방문 간호사나 조산사, 유아상담사, 지역사회의 소아과 의사나 일반 의사들의 일상적인 상담과 지원이 기본적 수준에서 제공된다. 상담은 아기에게 얼마나 자주, 어떻게 음식을 주어야 하는지, 분유를 먹인다면 어떤 것을 먹여야 하는지, 수유 곤란이나 잦은 구토가 발생할 때는 어떻게 대처해야 하는지, 고형식(solids)은 언제부터 어떻게 먹이는지, 음식을 거부할 때는 어떻게 해야 하는지 등의 문제에 관하여 이루어진다. 아이의 초기 성장 발달은 방문간호사가 정기적으로 관찰하도록 법으로 규정되어 있다. 섭식이나 성장에 문제를 겪고 있는 아이들이 얼마나 많이 초기 지원을 받고 있는지를 추산하기는 힘들다. 이런 종류의 지원은 모두에게 일상적으로 제공되는 것으로 여겨져서 특별한 자료가 없기 때문이다.

성장이 느린 아동들에게는 방문간호사나 보건소, 유아상담소를 통해서 음식을 먹이고 보살피는 방법에 대한 정기적인 지원이 이루어진다. 어머니가 여유와 자신감을 찾고 양육 기술을 익히면, 그리고 아기가 일상생활에 익숙해지면 초기 성장장애를 보이던 유아들은 대체로 조금씩 호전된다. 첫아이를 가진 부모나 한부모, 다른 가족으로부터 도움을 받지 못하는 부모들은 자녀양육에 관한 경험이 부족하기 때문에 이러한 상담과 지도를 자주 요청한다.

호전 속도가 느린 경우에는 일반의나 소아과 의사의 도움을 받아야 한다. 질병에 의해 일어나는 성장장애의 경우, 진료를 통해 성장 발달을 저해하는 기질적인 원인을 찾아내야 하기 때문이다. 이런 아이들은 주로 외래 진료를 통해서 검사를 실시하고 필요하다고 판단될 경우에는 입원하여 치료를 받는다. 성장장애를 유발하는 의학적 원인들을 확인하거나 제거하는 일은 자녀에 대한 부모의 이해를 돕고 자녀와의 상호작용 및 관계에 대하여 갖는 왜곡된 인식을 막는 데 매우 중요한 역할을 한다. 많은 국가에서 이러한 사업을 진행하고 있으며, 초기의 섭식곤란이나 빈약한 성장의 원인이 부모 양육의 문제로 기인하는 경우는 거의 없다. 그러나 아이에게 아무런 문제가 없는데도 병원을 지나치게 반복적으로 찾거나 아이의 상태가 호전되지 않는 경우, 혹은 일반의를 지나치게 자주 방문하는 경우에는 다음 단계의 개입이 필요하다.

효과적인 선택적 예방 개입

선택적 개입(Selective intervention)은 보편적인 수준의 개입으로 해결될 수 없는 문제에 대해서 이루어지는 구체적이고 집중적인 가족에 대한 지원을 의미한다. 선택적 개입은 문제가 확대되는 것을 예방하고 도움을 필요로 하는 부모와 아동에게 적합한 서비스나 치료를 제공하기 위하여 이루어지는 자발적 행위이다.

영국(United Kingdom)에서 시작된 (예방적 수단으로서의) 가족지원(family support)이라는 개념은 1989년 잉글랜드와 웨일즈에서 아동법(Children Act)이 시행되고, 이어서 1995년 스코틀랜드와 북아일랜드에서 시행되면서 등장하였다. 예를 들어, 이 새로운 개념은 아이들이 치료받으러 오는 것을 막는 예방적 작업, 도움 지원, 그리고 서비스라고 불리던 초기의 절차들을 대체하고 확장시켰고, 1960년대부터 80년대 말까지 시행되었다. 아동법의 철학과 목표는 아동학대 문제에만 집중되어 있던 아동복지의 방향성을 가족과 지역사회 내에서 아동중심과 돌봄으로 전환하는 것이었다. 가족지원이 이루어진다는 것은 부모의 동의 및 협력하에 도움이 필요한 아동들에게 지원과 개입을 제공한다는 것을 의미한다.

지속적인 성장장애로 인해 전문가나 부모가 걱정하는 대부분의 아동들은 선택적 개입을 통해 다양한 가족지원 서비스를 제공받는다. 이 절에서는 지속적인 성장장애를 겪는 아동에게 제공되는, 엄격한 검증과 평가를 거친 개입 프로그램들을 논의할 것이다(Iwaniec & Sneddon, 2001). 지난 25년간 성장장애에 관한 지식이 증대되고 개입 및 치료의 효과가 검증됨에 따라 개입과 치료 전략들은 꾸준히 발전되고 수정되어 왔다. Iwaniec은 연구에서 치료 위탁 시점부터 종료 시기까지의 사례 297건을 다루고 있는데, 그중 몇몇 사례들은 20년에 걸친 추적 연구이다(Iwaniec, 1983, 1991, 1995, 2000; Iwaniec & Sneddon, 2001, 2002; Iwaniec et al., 1985a, 1985b).

개입 프로그램

성장장애 아동에 대한 치료는 몇 가지 단계로 이루어져 있다. 이 치료에는 다요인적 일괄(multielement package) 프로그램이 수반되는데, 이 프로그램의 최종 형태와 규모는 종합적인 평가에 의해 결정된다. 성장장애에 대한 개입은 장애를 가지고 있는 아동이나 그 가족이 필요로 하는 다양한 요구를 반영하여 실시되어야 한다. 이를 위해서는 증상에 따라 다양한 방식으로 적합하게 대처할 수 있는 다양한 전문가들이 모여서 분야별 영역을 아우르는 팀을 구성할 수 있어야 한다. 예를 들어, 성장장애에 대한 기질적 요인 증상이 관찰된다면 내과의사의 진료가 필요하다. 영양학자는 아동의 음식물 섭취 상태와 함께 음식을 먹이는 방법이 어떤지를 평가해야 한다. 방문간호사는 아동의 몸무게와 발육

상태를 검사하고 음식을 먹을 때 일어나는 상호작용을 관찰해야 한다. 정신건강 문제가 있는 경우에는 정신과 의사가, 부모나 아동에게 심리학적 검사나 특별 치료가 요구되는 경우에는 심리학자가 필요하다. 성장장애가 무시, 학대, 빈곤 등과 같은 환경적 요소의 영향으로 발생하는 경우에는 사회복지사의 개입도 자주 요구된다. 이와 같은 간학문적 협동(multidisciplinary teamwork)은 다양한 학자들에 의해 소개되고 긍정적으로 평가받아 왔다. 예를 들어, McMillen이 켄터키 주 커빙턴의 세인트 엘리자베스 병원에서 실행한 성장장애 프로그램(St. Elizabeth's Failure-to-Thrive Program)이나, Hobbs와 Hanks (1996)가 영국 리즈의 전문 병원에서 성장장애 아동과 가족을 대상으로 진행한 프로그램[8) 등이 있다. 치료의 결과는 매우 고무적이며, 협동 작업과 사례에 대해 정기적으로 토론하고 관찰하는 것이 더 신속하고 좋은 결과를 이끌어 낸다는 사실을 보여 주었다.

성장장애에 대한 개입은 주로 다음의 2가지 기본 범주로 구분된다. 즉각적인 개입(위기 개입)과 더 복잡한 문제를 위한 장기간에 걸친 치료적 작업의 2가지 경우이다. 평가 시기에는 즉각적이고 시급한 문제에 더 관심이 집중된다. 아동에게 필요한 자극의 부족이나 부적절한 관리, 혹은 방임과 같은 위기에 처해 있는 경우에는 탁아시설을 연결해 주는 것이 필요하다. 탁아시설은 아동에게 필요한 사회적 자극 및 안전을 제공해 주고 발달 결핍을 감소시킬 수 있는 기회를 제공한다. 더불어 치료사와 부모는 양육, 관계 및 역할 수행과 관련된 심층적 문제를 살펴볼 수 있는 기회를 얻을 수 있다.

어떤 가족들은 복지권, 주거, 보건 및 중독 문제, 취업, 재정난, 가정폭력, 부부 불화, 아동의 행동과 활동 관리 문제 등에 대한 지원을 필요로 한다. 이런 문제들을 위해서는 초기 대응을 통해 스트레스를 감소시키고 이후의 개입이 이루어질 수 있는 환경을 조성하는 것이 중요하다. 마찬가지로 약물이나 알코올 남용, 어머니의 우울과 같은 부모의 문제 역시 관계나 상호작용 문제로 심화되기 이전에 해결되어야 한다. 아동이 탁아시설에 맡겨질 경우, 종종 가족의 개입이 최소화되기도 하는데 사실은 바로 이때가 개입이 본격적으로 시작되어야 하는 시기이다. 탁아시설은 아동의 발달뿐만 아니라 신체적 성장까지 강화시키지만 가정에서 일어난 문제는 해결하지 못한다. 새로 학습한 기술과 정서적 안정감은 가정에서 부모에 의해 강화되고 촉진됨으로써 지속적이고 긍정적인 변화를 일으킬 수 있다. 그러므로 아동에 대한 지원 전략은 부모가 만족스럽게 자녀를 양육할

8) 역자 주: 영국 리즈의 세인트 제임스 대학병원(St. James' University Hospitals)에서 개발되어 성장장애를 겪는 아동들과 그 가족을 대상으로 소아과 의사, 심리학자, 영양사가 함께 관리 및 치료를 시행하는 간학문적 접근법이다.

수 있도록 도와주는 지원과 함께 이루어져야 한다. 어머니의 알코올 중독이나 우울증이 제대로 치료되지 않으면 그 어떠한 개입도 아동에게서 장기적이고 의미 있는 변화를 이끌어 내지 못한다.

대부분의 부모들, 특히 성장장애를 겪는 자녀를 둔 어머니들은 불안, 걱정, 무력감, 자신의 양육 능력에 대한 환멸감 등으로 고통을 받는다. 이들은 자신감이 부족하고 자존감이 현격하게 저하되어 있다. 학습된 무력감은 어떤 이에게는 우울한 분위기로, 어떤 이에게는 높은 수준의 불안감—분노와 좌절의 분출로 표현되는—으로 나타난다. 이러한 부모 아래에 있는 성장장애 자녀를 돕기 위해서는 변화의 기초를 다지고 정서적인 힘을 기를 수 있는 치료적 지원이 필요하다. 최대 20분 정도의 이완 운동은 어느 정도의 평온함을 얻는 데 (공식적인 치료가 시작되기 전에) 도움이 될 수 있다. 어머니와 함께 이완운동 비디오(따라 하기 쉽게 제작된)를 따라 해 보고 하루에 최소 2번을 연습하면 신체의 다양한 부위들을 이완시키는 방법을 배울 수 있다. 덧붙여 이를 통해 부모들은 분노, 좌절, 비이성적인 사고를 스스로 통제하는 방법을 배울 수 있다. 부모의 분노 조절, 스트레스 관리, 문제 해결 기술은 자녀들에 대해 긍정적인 느낌을 갖도록 하는 데 중요한 역할을 한다.

아동중심 개입

프로그램의 치료적(therapeutic) 영역(광범위한 평가를 통해 긍정적 평가를 받은)은 성장장애 아동을 치료하는 데 효과적이다. 치료적 개입은 평가 단계부터 치료의 종료 단계에 이르기까지 부모와의 전적인 협력을 통해 이루어진다. 함께 계획하고 협의하는 절차부터 프로그램의 각 단계별 평가까지 모든 과정이 관찰되어 왔다. 부모와 아동이 함께하는 치료적 개입은 보통 5단계로 나뉘는데, 각 단계는 뒷부분에서 설명할 것이다.

불충분한 섭식 문제를 다루기

모든 성장장애 개입의 기본 목적은 아동의 영양 섭취를 증가시켜 신체적 발달을 촉진하는 것이다. 많은 아동들이 섭식 곤란 문제를 겪고 있기 때문에 우선적으로 아동의 음식 섭취를 돕고 부모가 이를 잘 관리할 수 있도록 하는 지원을 제공해야 한다. 어떤 아동들은 단순히 충분한 양의 음식을 제공받지 못하거나 부적합한 이유식을 제공받기 때문에 섭식 곤란을 겪는다. 따라서 부모들에게 자녀가 성장함에 따라 어떻게, 언제, 얼마만큼의 음식이 필요한지를 가르쳐 주어야 한다. 부모교육을 통한 개입은 빈번한 가정 방문이나 지속적인 관찰과 더불어 문제 해결에 중요한 역할을 한다. 몇몇 소수의 성장장애의 경우는 고의적으로 음식을 제공하지 않기 때문에 발생하는데, 이는 아동에게 지극히 치명적이다. 이러한 경우의 개입은 지시적 개입을 다룰 때 논의하도록 하겠다.

1단계–섭식 곤란을 해결하기

아동이 충분한 음식을 제공받고도 먹기를 거부하거나 여러 가지 섭식 문제를 보인다면, 식사 시간의 긴장과 불안을 점진적으로 줄여 나가고 먹는 행위를 즐거운 것으로 만드는 방식을 통해 해결을 도모할 수 있다. 가족 구성원 모두에게 식사 시간을 더 편안한 시간으로 만들기 위한 노력이 필요한데, 특히 주로 자녀에게 음식을 먹이는 어머니와 자녀가 편안함을 느끼는 것이 매우 중요하다. 치료사와 함께 식사 시간을 준비하고 밥을 먹이는 적합한 방법을 의논하며 치료사가 직접 모델링을 제공하는데, 어머니나 다른 양육자는 이를 관찰함으로써 식사 시간 이전과 식사 시간 동안 어떻게 편안한 분위기를 형성할 수 있는지를 배울 수 있다. 양육자와 아동 간의 평온함과 화목함을 이끌어 내기 위해서 아동에게 말을 할 때는 따뜻하고 조용하며 격려하는 말투를 사용해야 하고, 아동을 부엌으로 데리고 가서 양육자가 음식을 준비하는 과정을 볼 수 있게 하면서 당근이나 감자와 같은 것들을 건네 달라고 하거나 잡아 달라고 하는 등 요리를 직접 돕는 경험을 할 수 있도록 하는 것이 중요하다. 음식이 준비되면, 양육자는 아동이 하고 있는 일을 설명하고 도움을 준 것에 대해 감사를 표현함으로써 아동이 음식과 먹는 행위에 흥미를 느낄 수 있도록 할 수 있다. 이러한 과정 중에 양육자가 아동에게 키스하고, 안아 주고, 웃어 주고, 머리를 쓰다듬어 주면 아동은 더욱 편안함과 안정감을 느낀다. 음식은 반드시 적은 양을 접시에 담아서 웃는 얼굴이나 피시 핑거[9] 소년(fish finger boy), 나무, 동물 등의 형태로 재미있게 만들어 준비한다. 양육자가 접시에 담긴 음식 모양에 대한 이야기를 만들어서 해 주면 아동은 더욱 흥미와 식욕을 느껴서 음식을 잘 먹을 수 있게 된다([그림 8-1] 참조).

---

9) 역자 주: 피시 핑거(fish finger)는 생선살을 막대 모양으로 만들어 튀김옷을 입혀 튀긴 것으로 피시 스틱(fish stick)으로 불리기도 한다.

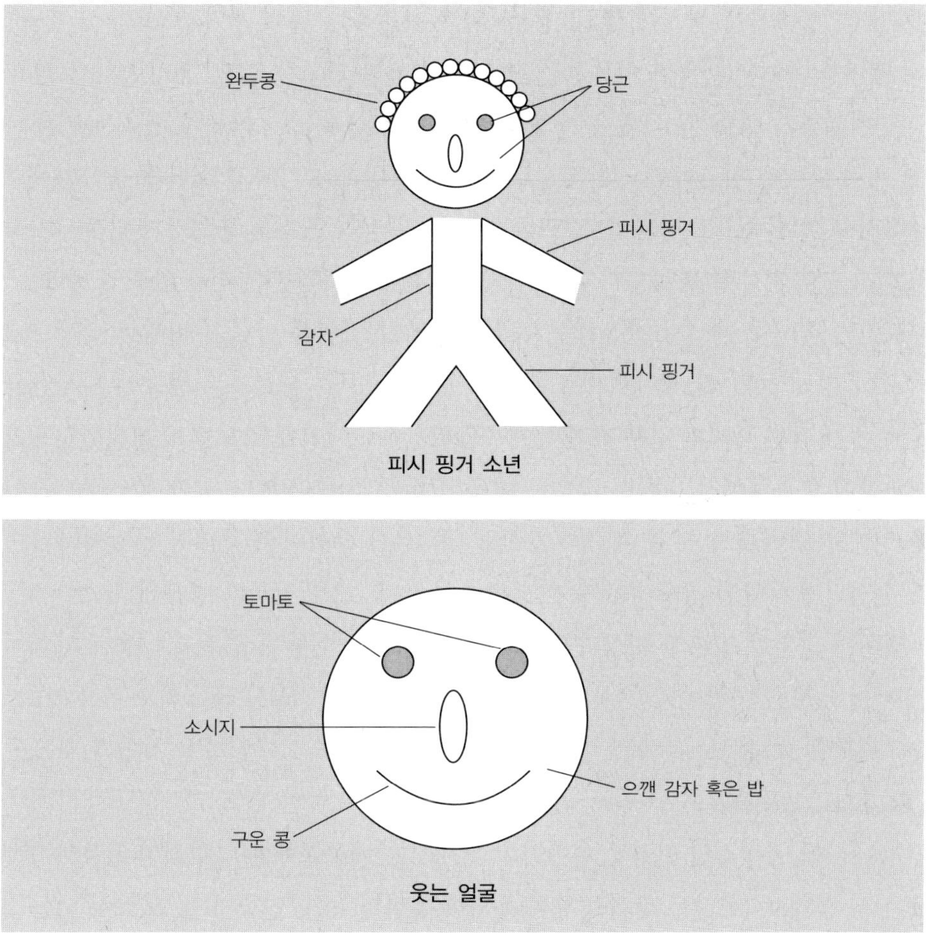

[그림 8-1] 식욕을 돋우기 위해 재미있게 음식을 배열하는 기술: 피시 핑거 소년과 웃는 얼굴

피시 핑거 챔피언 이야기

옛날에 ○○라 불리는 어린 소년이 있었다(○○에 아동의 이름을 넣음). 그는 축구를 무척 좋아했고 자라서 축구선수가 되기를 원했다. 그러나 튼튼하고 민첩한 아이로 성장할 만큼 충분히 식사를 하지 않았기 때문에 그는 체구가 매우 작고 말랐다. 어느 날 그의 접시에 '피시 핑거 챔피언'이 나타나 이렇게 말하였다. "네가 축구선수가 되길 원한다면 튼튼하고 체구가 커지기 위해서 지금보다 더 많이, 훨씬 더 많이 먹어야 돼. 나에게 피시 핑거, 감자, 당근, 완두콩을 얼마나 빨리 먹을 수 있는지 보여 줘 봐. 네가 만일 접시 위에 있는 모든 것을 먹으면 난 정말 행복할거야. 내일 다시 만나. 내일 너와 대화하기 위해 웃는 얼굴로 접시 위에 나타날거야."

대부분의 유아들은 접시에 놓인 캐릭터와 이야기하는 것에 재미를 느낀다. 아동들에게 더 흥미를 끌려면 다양한 아동들을 위해 더 각색할 필요가 있다. 흥미 있는 모양의 음식으로 배열하기 위해서는 2분이면 충분하고, 많은 음식들은 그런 배열을 하기에 적당하다. 이런 방식을 시도하면 전반적으로 음식의 섭취가 증가하고 소비된 음식의 종류가 다양해지며 섭취 속도도 빨라진다. 또한 식사 시간 동안 즐거운 분위기가 만들어지고 부모의 식사 준비에 대한 만족도까지 좋아진다는 점에서 다양한 장점을 가지고 있다.

치료사는 식사할 때 상호작용하는 목소리 톤과 스타일을 만들기 위해서 식사 프로그램의 초기 단계 동안 더 적극적으로 관여할 필요가 있다. 설교조로 충고와 지시만을 하는 방식은 어려운 사례의 경우 효과적이지 않다. 특히 이전에 부모에게 제시했던 충고와 지시사항이 효과적이지 못했던 경우는 더욱더 효과적이지 않다. 그 밖에도 부모들이 충분한 지지와 격려를 받지 못한 경우, 프로그램 실시 방법이 평가되지 않았거나 요구에 따라 수정되지 않았던 경우에 더욱 효과적이지 않다. 매우 엄격한 평가에 기초한 치료는 효과적이며 충분한 이론적 지식과 경험적 증거에 의해 실증된 경우에 더욱 효과적이다. 일단 아이 돌보는 사람이 더 자신 있고 편해지면 (아이가 식사도 많이 하고 식사 속도도 빨라졌기 때문에), (전화로) 무엇을 어떻게 해야 할지 원격으로 확인하고 시연해 보도록 하는 것으로도 충분하다.

이미 나타난 긍정적인 변화를 유지하기 위해서는 아동들에게 상징적인 활동과 언어적인 보상의 형태로 더 많은 강화들이 사용되어야 한다. 등장인물 혹은 모양이 있는 그림 차트 등이 사용될 수 있다. 예를 들어, 동화 속 그림, 차, 비행기, 축구 선수 모양 등의 강화물을 사용해서 식사하는 동안 적당한 속도(20~25분)로 아동들에게 보상을 줄 수 있다. 그림 차트는 부엌 혹은 냉장고 문에 놓아둘 수 있는데, 이는 식사 시간 동안 잘 먹고 좋은 행동을 했을 때 모든 사람들이 보고 긍정적인 말이나 칭찬을 할 수 있도록 하기 위해서다. 아동이 최소한의 요구를 따르면 봉투에서 그림을 고르고 양육자의 도움을 받아 차트에 그것을 붙여 놓을 수 있다. 이와 같은 활동은 가족뿐 아니라 이웃, 확대가족, 관여된 전문가들의 많은 칭찬, 안아 줌, 만족이 함께 제공되어야 한다.

활동에 대한 보상은 부모들과의 상호작용이 종종 부족하거나 그동안의 부적절한 양육 때문에 영양 섭취를 잘하지 못한 아동들에게 특별히 더 효과가 있다. 아동은 식사를 잘하였을 때 자신이 좋아하는 행동으로 보상받을 수 있다. 예를 들어, 공원에 가서 그네나 미끄럼틀을 타며 놀거나 좋아하는 이야기를 읽거나 다른 사람과 함께 놀거나 부모님과 좋아하는 TV 프로그램을 시청하거나 작은 인형을 선물 받는 등의 아동이 좋아하는 것으로 보상 받을 수 있다. 긍정적인 상호작용이 증가하면 다른 사람들과 있을 때 상호애착과 관계가 개선되고 이로 인해 걱정이나 긴장은 줄어들게 된다. 다양한 방식으로 식사를 잘하게 되는 것을 인정받게 될 때, 아동의 자존감과 성취감은 자연스럽게 향상된다.

성장장애로 자녀를 의뢰할 때 어떤 부모들은 걱정이 매우 많고 정서적인 에너지가 낮아서, 아동이 종일반이든 반일반이든 상관없이 어린이집에 아동을 맡기는 그 자체에 가장 큰 관심을 둔다. 어린이집에서 영양/식사 문제를 해결하는 것은 집에서 해결하는 방식과 비슷하지만, 식사를 하는 동안 부모가 보여 주지 못했던 역할 모델을 보여 줄 수 있다는 점에서 장점이 있다. 다른 아동들이 먹는 것을 보는 것은 아동에게도 먹고 싶다는 식욕과 자극을 불러일으킬 수 있다. 어린이집의 교사는 식사 시간 동안 아동들을 지도하도록 훈련 받아야 하며 치료 프로그램이 효과적으로 실행되도록 책임감을 가져야 한다.

우리는 개입 프로그램을 통해 너무 자주 교정을 하거나 몇몇 아동들에게 여러 사회적 강화를 과도하게 제공할 때 어떤 반응이 일어나는지를 파악함으로써 매우 중요한 교훈을 배웠다. 그것은 식사 행동을 관찰할 때 몇몇 아동들의 경우 너무 많은 주의를 주면 덜 호의적으로 반응한다는 것이다. 이들은 접시를 밀려고 하거나, 음식을 가지고 놀거나, 입에 음식을 계속 담아두거나, 식탁에서 떠나려고 하였다. 성장장애 아동에게서 식사를 잘하고 있는 다른 아이들로 주의를 돌렸을 때, 그 아이들은 식사를 더 잘하였다. "Mark, 너는 참 식사를 잘하는구나. 너는 곧 축구선수가 되어 모든 시합을 이길 거야." 혹은 "Jack은 챔피언이야. 이미 모든 소시지를 다 먹었어. 너무 멋있어. 그렇지 않니?" 등의 칭찬은 도움이 될 수 있다. 있는 그대로 표현하고 보상의 정도를 낮게 주는 것이 음식 섭취와 식사 속도를 증가시킬 수 있었다. 그런 아동들은 경쟁에 더 잘 반응하였고(예: "누가 가장 먼저 접시를 비웠니? 두 번째 혹은 세 번째는?"), 이들보다 식탁 앞의 다른 아동들에게 주의를 주었을 때 더 잘 반응하였다.

성장장애 아동들은 집에서 식사할 때 과도한 압력이 주어지기 때문에 그러한 스트레스를 다루기 위해 음식을 피하는 행동과 전략을 더 발전시키는 것처럼 보인다. 식사할 때 너무 과도한 주의를 주는 것은 아동을 불편하게 만들고, 사회적인 강화를 부정적인 것으로 인식하게 할 수 있다. 직접 관찰하고 시행해 보는 것이 이 문제를 해결하는 적절한 접근을 선택하는 데 도움을 줄 수 있다. 개입은 반드시 아동과 가족의 특수한 환경에 맞게 차별적으로 주어져야 한다.

2단계–불안정한 애착을 해결하기

일부 성장장애 아동들은 (모두 경우는 아니다.) 어머니와 불안정한 애착을 형성하고, 아동과 어머니와의 유대가 부족하다. 이러한 경우 어머니와 아동의 상호작용은 필요한 최소의 돌봄과 통제로만 이루어지며, 사실상 상호작용은 부정적으로 이루어진다. 어머니와 아동이 같이 있을 때 아동이 두려움과 걱정을 보인다면 이러한 반응의 일부는 어머니에 대한 불안과 적대감이다. 어머니와 아동 사이의 관계를 친밀하게 하고 둘 사이의 부정적인 느낌을 줄이기 위해서는 둘 사이의 상호작용 시간을 확장하는 개입이 사용된다. 이 단계에서 사용되는 개입은 다양한 형태로 적용될 수 있다. 예를 들면 다음과 같다.

1. 부정적인 감정을 줄이기 위해 놀이를 사용할 수 있으며 서로 함께 있는 시간을 늘리는 구조화된 상호작용을 적용할 수 있다. 이러한 활동은 어머니와 아동이 좀 더 함께 가까이에 있도록 유도하며 이를 통해 그들은 함께 있는 것을 점차 즐거워하게 된다.
2. 비디오 녹화를 하고 피드백을 제공하면 부모는 자신의 반응을 더 많이 인식하게 된다.

어머니와 아동의 관계 증진을 위한 치료

이 단계에서 치료자는 부모와 상세한 부분까지 논의한다. 원리와 방법은 세세하게 설명되고 때로는 이것을 적기도 한다. 대부분의 경우, 계약서 작성은 가족과 치료사를 위한 구체적인 상호 책임과 규칙들을 포함한다. 부모와 아동의 상호작용이 매우 안 좋은 경우(때때로 상호적으로)—흔한 경우—어머니는 매일 아동과만 첫 주 10분에서 15분 정도 놀아 준다. 넷째 주와 그 이후의 주 동안은 매일 15~20분 동안 놀아 주도록 한다. 아동과 어머니의 회기가 끝난 후에 남은 가족들은 가족치료 회기에 합류할 수 있다. 어머니가 어떻게 놀아 주고 어떤 인형을 사용해야 할지 미리 알려 주고 보여 줘야 한다(일부 어머니들은 아동과 어떻게 놀아야 하는지를 알지 못한다). 어머니는 아동과 부드럽고 안정적인 방법으로 이야기하도록 요구받고 놀이에 참여하도록 요청받는다.

어머니는—일반적인 행동 원칙으로서—아동을 보면 웃어 주고 아동을 바라보며 손을 잡아 주고 머리를 쓰다듬어 주며 아동이 어머니에게 보이는 각 반응에 칭찬해 주도록 지도받는다. 어머니의 행동이 매우 소극적이라면 요구되는 행동을 구체적으로 프로그램화하는 것이 필요하다. 어머니가 아동에게 어떻게 접근해야 하는지 구체적인 절차로 만들고 행동조형 방식에 의해 변화를 유도한다. 부모들은 주도적으로 자녀의 반응을 유도할 뿐만 아니라 자녀의 행동에 반응하도록 요구받는다. 며칠 혹은 몇 주 후에 어머니는 아동을 짧은 시간 동안 안는 것과 같은 행동을 하도록 지도받고, 이 시간의 간격을 늘리기 위해 무릎에 아동을 앉히거나 그 동안 아동에게 책을 읽어 주거나 그림을 설명해 주는 등의 행동을 하며, 그 결과 아동과 가까이 그리고 자연스럽게 함께 있도록 한다.

우리가 시도했던 여러 경우 중에서 몇몇 부모들은 이와 같은 행동을 거부한 적이 있었는데, 이들은 이와 같은 훈련이 매우 어렵고 때때로 절망적이라고 인식했다. 그러나 아동이 어머니를 보며 웃기 시작하고, 어머니의 존재를 찾고, 여러 모습으로 어머니의 제안에 반응할 때 어머니들의 반감은 점차 줄어들게 되었다. 치료 기간 동안 어머니와 전체 가족에게는 매우 많은 지지를 제공하는 것이 필요했다. 프로그램을 점검하기 위해 보다 자주 방문을 했고 전화도 더 자주 걸었다(강화자를 강화시키는 것은 이 작업에서 중요하다). 부모와 아동을 가깝게 만들고 함께 있는 것을 즐겁게 하는 데에는(혹은 싫어하는 것과 두려움을 멈추도록 하는 것) 3개월간의 매우 고된 훈련이 필요할 수도 있다.

비디오 녹화와 피드백

부모 혹은 양육자의 인식과 이해를 증가시키기 위해 여러 다양한 기술이 사용될 수 있다. 이러한 기술을 통해 부모들은 프로그램을 통해 어떠한 변화가 일어나고 있으며 아동에 대한 부적절한 반응을 어떻게 고칠 수 있는지 인식하게 된다. 이와 관련된 가장 효과적인 방법은 부모와 아동의 상호작용을 비디오로 녹화하는 것이다. 부모님이 계속 비판하고, 꾸짖고, 비웃고, 아동이 영양 섭취를 잘하지 못할 때 혐오스러운 방식으로 먹이는 행동 및 아동과 적대적으로 반응하는 것을 비디오로 녹화하는 것이다(Hampton, 1996; Hobbs & Hanks, 1996; Iwaniec, 1995). 혐오감을 불러일으키는 이러한 부모의 행동은 비디오로 녹화되며, 부모들이 어떻게 행동했고 무엇을 말했는지 그들 스스로 보고 듣기 위해 다시 재생된다. 비디오를 시청하는 동안 부모는 자녀를 대할 때 어떠한 목소리 톤과 눈 맞춤을 하였는지, 또한 어떠한 얼굴 표정과 일반적인 신체 언어를 사용하였는지에 주목하여 시청하도록 요구받는다. 또한 부모로 하여금 아동이 부모와 함께 있을 때 보이는 긴장감과 무서워하는 반응, 그리고 두려움들을 관찰하도록 한다. 아동에게 하는 부모의 감정 섞인 폭력적인 행동이 아동에게 현재 어떠한 영향을 미치며 장기적으로 어떠한 영향을 미치는지에 관해 (높은 자아존중감과 자신감, 소속감과 안정감, 그리고 사랑받는 느낌과 필요한 존재라고 느껴지는 감정들의 발전을 방해하는 것) 토의한다.

부모로 하여금 그들이 아동일 때 동일한 방식으로 양육되었다면 이들은 어떻게 느끼고 어떻게 반응할지 상상해 보도록 한다. 부모에게 그들의 가혹하고 적대적인 행동을 곰곰이 돌아보도록 요구할 때, 그들은 자신의 감정과 자녀의 감정을 느낄 수 있으며 결국 부모로 하여금 부모가 자녀에게 준 고통과 상처를 공감하고 인식하도록 하는 데 도움이 된다. 치료사는 자녀와 함께 있을 때 따뜻하게 격려하며 돌보는 행동을 역할놀이로 보여주고 그 상황에서 부모는 이것을 관찰한다. 그 후에 역할을 바꾸어 부모가 자녀와 함께 놀아 주도록 하며 이것을 비디오로 녹화한 후 재생하여 보면서 함께 토의하도록 한다.

3단계-상호작용을 강화하기

세 번째 단계는 2주를 할애하여 어머니와 자녀의 상호작용을 계획적으로 강화시키는 개입이 실시된다. 어머니는 자신이 가는 모든 곳에 자녀를 데려가며 어머니가 하는 모든 일을 자녀와 함께하도록 한다. 어머니가 행동하고 말하는 것을 자녀가 완전히 이해하지 못하더라도 가능한 자녀와 많이 이야기하도록 한다. 또한 어머니가 가능한 자주 아동에게 눈 맞추고 미소를 보이며 안아 주기를 많이 하도록 지시한다. 피곤에 지친 어머니—특히 한부모가정의 어머니—의 경우 위의 요구를 지나치게 요구할 경우 오히려 역효과를 낳을 수 있다. 중간중간 토론을 하는 것도 중요하다. 왜냐하면 자녀가 없는 상황에서 토론을 하는 것이 부모에게 휴식의 역할을 할 수 있기 때문이다. 집에서 개입이 이루어지는 동안에 자녀와 가족은 체중과 다른 수치를 점검받기 위해 정기적으로 병원에 외래진찰을 받으러 가거나 건강 센터에 정기적으로 들러야 한다.

4단계-좋은 행동을 강화하기

이 단계에서도 여전히 행동상의 문제를 나타내는 아동들에게는 긍정적 강화를 효과적으로 사용하여 행동적인 방법으로 도움을 제공하게 된다. 예를 들면, 행동상의 문제가 있는 아동들은 좋은 행동이나 친사회적인 방식으로 행동을 하려고 노력한 것까지 칭찬을 해 준다. 동화책 읽기, 좋아하는 음식이나 특별한 놀이와 같은 좋은 활동을 보상으로 준다. 그 과정을 통해 부모들은 따뜻하고 안전한 분위기를 만들도록 안내받게 되며 그 결과 자녀들은 그들이 사랑받고 필요한 존재라는 것을 느끼기 시작할 것이다(이와 관련하여 심화된 토론을 위해서는 Iwaniec(1995)를 참조하기 바란다).

5단계-부모를 지원하기

지금까지는 주로 아동에게 도움이 되는 치료적 개입에 대해 논의해 왔다. 반면 선택적인 개입의 5단계는 부모를 돕는 내용이다. 성장장애 아동의 부모들은 사회적으로 고립되어 있거나 낮은 자존감으로 힘들어하기 때문에 학부모 집단(parents' group)을 조직하여 이러한 요구를 가진 사람들과 쉽게 만날 수 있도록 도와야 한다. 또래 지원을 위한 토론회와 같은 연합 모임은 자녀의 양육에 대한 정보나 조언을 교환하는 기회가 될 수 있으므로 많은 도움이 될 수 있다. 특히 성장장애 아동의 부모들은 이러한 모임을 통해 식습관의 문제와 아동의 잦은 장애 행동을 비롯하여 성장 결핍(poor growth)에 어떻게 대처하는지에 대한 정보나 조언을 서로 교환하게 된다.

연구의 표본에서는 집단 활동을 전체 10회기, 각 회기당 2시간 정도로 구성하였다. 각 회기 후에는 집단 구성원들끼리 비공식적인 형태로 준비된 케이크와 과자를 먹으며 간단한 다과를 즐겼다. 부모들이 집단 활동에 참여하는 동안 어머니는 자녀들을 돌보는 것으로부터 벗어날 수 있도록 학생 2명이 자녀를 돌봐 주는 놀이학교(play group)를 운영하였다. 집단 활동에 참여하는 부모들은 (시작 전에) 집단의 구조와 프로그램의 내용, 집단 활동에 참여하는 방법과 집단 운영 방법에 대해 상담을 받았다. 이 첫 번째 만남에서 집단 구성원들은 각 회기를 두 부분으로 나누기로 결정했다. 앞부분은 보다 진지한 주제를 다루고 이에 대해 토론하는 내용으로 구성하고, 뒷부분은 개인적 문제나 걱정거리에 대해 자유롭게 토론하고 서로를 알아 가기 위해 간단한 담소를 나누도록 결정하였다. 첫 번째 부분은 다음과 같은 주제를 포함한다. 스트레스 관리, 성장과 관련된 아동의 발달과 어려움, 행동관리, 분노 조절, 자녀들과 즐거운 시간 갖기와 놀이를 통한 학습, 수면 문제 다루기, 지역에서 활용 가능한 자원과 그것에 접근하는 방법 알기 등의 주제가 포함된다. 집단의 활동 시에 외부의 지원은 최소화하고 구성원들 스스로가 집단을 운영하도록 했다. 집단 구성원들은 회기의 첫 번째 부분을 운영하기 위해 강사를 초청하였고, 두 번째 부분을 운영하기 위해 집단 구성원들이 교대로 집단을 진행하였다. 또한 아동병원과 연계하여 집단에 참여하기를 희망하는 새로운 구성원(어머니)들을 모임에 초대하여 집단의 새로운 구성원을 모집하였다.

효과적인 지시적 예방 개입

개입의 세 번째 단계는 다른 조치를 취하지 않으면 심각한 해를 입게 될 위험에 처한 아동들에게 초점을 둔다. 이러한 아동은 원칙적으로 법적 안전의 차원에서 위험하고 가혹한 환경으로부터 벗어나도록 도와주어야 한다. 아동에게 피해를 주는 것이 어떠한 것인지에 관한 기준은 시간이 지남에 따라 다르고 지역마다 다양하다. 아동복지와 아동보호가 법으로 정해지고 잘 준수되고 있는 지역에서는 모든 계층이 이용할 수 있는 상당한 수준의 서비스가 존재하는 반면, 그러한 부분에서 덜 발달된 지역에서는 서비스가 부족하며 접근마저 어렵다(Gough, 2002).

심각하게 위험하거나 부적절한 부모 양육 때문에 지속적인 성장장애를 나타내는 몇몇 아동들에게는 지시적인 개입이 요구된다. 부모가 지속적으로 심각하게 신체적 · 정서적으로 아동을 방임하거나 거부하는 경우와 고의로 음식을 주지 않는 경우가 해당된다. 또한 원인을 알 수 없는 질병 증세로 인해 굶주림을 경험하는 경우나 심리사회적 요인으로 인해 신체적 왜소증(short-stature)이 되는 경우를 포함한다. 대개 이러한 사례들의 경우, 부모-자녀 관계가 극도로 좋지 않거나 부모에 대한 자녀의 애착의 정도가 불안정하고 약하다. 또한 자녀와 부모로서의 정서적 연결고리가 눈에 띄게 부족하고 자녀들의 복지와 안녕에 대한 책임감이 부족하다. 자녀양육에서 이처럼 위험한 상황이 발생하는 이유는 세대 간의 부재(intergenerational deficit)로 보이는 미숙하고 불충분한 양육에서부터 학습장애 혹은 기능에서의 정신질환으로 인한 심리적 문제에 이르기까지 다양하다. 이런 경우 위협적 상황과 심지어는 죽음으로부터 아동을 보호하고 미래의 보호대책을 세우기 위해 아동보호법의 적용이 필요하다. 대부분의 이런 아동들은 단기간 혹은 장기간 위탁가정으로 보내지기도 하는데 만약 위탁가정에서도 재활의 가능성이 희박하거나 재활이 불가능할 경우 몇몇 아동들은 입양되는 것이 고려된다. 종종 가족들이 반대하지 않거나 그곳이 안전한 곳으로 여겨지면 이러한 아동들은 확대가족(extended family)으로 보내지기도 한다. 이렇게 확대가족에게 보내지면 법적인 절차 없이도 자발적인 도움이 제공될 수 있다. 그러나 이처럼 다른 곳으로 보내지는 것이 모두 만족스러운 것은 아니며, 경우에 따라서는 상당히 부적절한 경우도 있다(Lernihan, 2003). 대부분의 경우, 보호를 받는 아동의 부모는 그들 자녀에 대한 정당한 접근권을 가지고 있다. 부모는 그들 자녀를 정기적으로 만날 수 있으며, 보살핌을 잘 받고 있는지 확인하기 위해 만날 수 있다.

만날 수 있는 횟수와 유형은 대개 법으로 결정된다. 또한 최근 몇 년 사이에는 입양된 자녀에 대해 이와 같이 만남을 허용하는 것이 덜 엄격하게 변화했다. 흔히 말하는 공개입양을 하게 되면 친부모와 만날 수 있는 범위가 주어지는데, 사진을 보내거나 생일카드나 편지를 보내는 것 외에도 1년에 2~4번까지 만날 수 있고, 이례적인 날이나 사정이 있을 때 역시 만날 수 있다. 이러한 접근의 유형은 사회적 적응, 안정, 안전의 측면에서 아동에게 가장 도움을 줄 수 있는 관점에서 결정된다. 본래의 가정을 떠나서 성장해 온 아동들 중 자신의 출생에 대해 알고 있으며, 친부모와의 만남을 계속적으로 잘 유지하고 있는 아동들은 정체성이 더 잘 발달되며, 자신의 부모에 대해 충격적이고 비현실적인 환상을 덜 가지는 편이다. 성장장애를 겪는 아동들을 대상으로 20년간 후속 연구한 결과, 만족스럽게 잘 입양된 아동은 아동기에 겪은 힘든 역경을 극복하여 훗날 정서적으로 안정된 성인으로, 좋은 부모가 되었음을 알 수 있었다. 또한 위탁 가정에 잘 보내어져 장기간 잘 적응한 아동들도 동일하게 잘 성장하였다. 그러나 집에 머물면서 동시에 보호 센터에 자주 들어왔던 경험을 한 아동들은 신체적 성장 외에도 안정, 동료나 이성과의 애착, 교육적 성과, 취업, 자존감의 측면에서 잘 발달하지 못했다.

여기서 중요한 것은 이런 부류에 속하는 아동들이 대리보호(substitute care)[10]로 보내질 때 이들을 위한 철저한 개입이 필요하다는 것이다. 그래야만 정서적 장애를 최소화하거나 없앨 수 있고 발달적 결함을 개선시킬 수 있기 때문이다. 가정 이외의 다른 곳으로 보내진 후 좋은 결과를 낳기 위해서는 돌봄 서비스와 놀이치료 및 다양한 형태의 체계적인 모니터링을 실시하여 긍정적인 행동이 강화될 수 있도록 개입해야 한다. 위탁부모들(substitute caregivers)에게도 아동을 더 잘 이해하고 아동의 장애 행동을 잘 다루도록 안내해 주는 적극적인 지원을 해야 한다. 이들을 위한 적절한 개입 방법은 앞 장의 선택적인 개입에서 일부 논의하였다.

정책 및 실행을 위한 함의

정책 및 실행을 위한 함의를 다음과 같이 제안하고자 한다.

---

10) 역자 주: 대리보호(substitute care)는 가정을 대리할 수 있는 보호로서 시설보호와 가정위탁보호(foster home care)로 나눌 수 있다. 따라서 어떠한 종류의 대리보호가 아동의 건전한 성장과 발달에 적합한 것인가를 판별해야 한다.

1. 부모-자녀의 상호작용 및 관계가 나빠지는 것을 예방하고 성장과 발달의 결핍을 예방하기 위해서는 조기개입이 필요하다. 조기에 개입되었을 때에는 성장장애가 아동의 성장, 발달, 사회적 적응 및 교육적 성과에 악영향을 덜 미치는 것으로 나타났다. 이처럼 관련 서비스를 제공하고 직접적인 치료적 개입을 실시하여 가족을 지원하는 것은 성장장애 초기 단계에 요구된다.
2. 아동의 성장에 대한 규칙적인 검사(몸무게, 신장, 머리둘레)는 모든 아동에게 의무적으로 실시해야 한다. 많은 아동이 3세와 6세가 되기 이전에 성장장애가 나타났다는 건강검진의 기록이 있음에도 검사나 심화된 진단을 받지 않는 경향이 있다. 성장 및 발달 도표는 문제를 일찍 확인하고 빠르게 대처하기 위한 좋은 측정 자료이다.
3. 영양 섭취가 부족하거나 정상체중을 벗어나는 것에 대해 부모가 염려와 걱정을 보일 경우에는 신중하게 고민을 들어 주고 다루어야 하며, 아동의 연령대에 맞는 적절한 체중을 회복한 후에는 최소한 6개월까지 지속적으로 점검해 주어야 한다. 아동의 허약한 신체 건강에 대한 문제의 원인은 의사와의 지속적인 면담을 통해 확인되어야 한다. 왜냐하면 경우에 따라서는 성장장애에 대한 의학적 원인을 인식하지 못한 채 장애의 원인을 자녀를 태만하게 혹은 미숙하게 양육한 부모에게 돌리는 실수를 범할 수도 있기 때문이다.
4. 성장장애가 지속될 경우에는 정식으로 심리·사회적 검사를 실시할 필요가 있다. 아동이 성장장애를 겪게 되는 원인은 다양하다. 이에 따라 각 가정의 요구에 맞추어 신속하게 개입될 수 있도록 가족의 요구와 문제에 대한 검사가 종합적으로 이루어져야 한다. 검사를 통해 알게 된 문제의 모든 측면을 고려하여 보호대책을 세울 때에는 사회복지사, 방문간호사, 일반 의사, 소아과 의사, 영양사와 같이 다양한 영역의 전문가가 적절히 배치되도록 한다. 가정지원 센터, 주간 탁아시설, 지역사회 복지관과 같은 탁아시설 역시 자녀와 부모들을 도울 수 있다.
5. 부모들은 개입에 적극적으로 참여해야 한다. 그렇지 않으면 효과가 단기간에 그치기 쉽다. 서로의 책임에 대해 서약서를 작성하고 모든 부분에 협조하기로 했을 때 개입의 명확한 목적이 성취될 수 있다. 명확하게 규정되지 않은 지원은 효과를 제대로 발휘하기 어렵다.
6. 각 사례들에 대해 가족 간 상호작용에서 변화가 있는지, 또한 상호작용의 향상이 계속 유지되고 있는지를 점검하고 후속 조치를 해야 한다. 특히 방임과 학대 사례의 경우에는 더욱 면밀히 점검해야 한다.

7. 특히 따돌림이나 정서적인 학대로 인해 성장장애의 증상이 나타나는 심각한 사례에 대해서는 신속히 협의하여 곧바로 행동으로 옮겨질 수 있는 적절한 보호 대책이 필요하다.
8. 심각한 심리사회적 능력 부족으로 판정된 아동은 스트레스를 많이 주는 폭력적인 환경으로부터 벗어나야 한다. 가정에서 문제를 해결할 수 있는 가능성이 매우 부족하기 때문이다.

미래의 방향

비기질적 성장장애에 대한 초기의 해석으로 말미암아 자녀에 대한 모성애 부족과 병원이나 위탁시설에 장기간 체류함에 따라 생기는 효과에 관한 많은 문헌이 발표되었다. 그러한 생각은 자녀양육에 대한 책임이 주로 어머니에게 있다고 보는 사회적 통념으로 인한 영향을 많이 받았다. 그러나 지난 10년간 그 문제의 초점은 자녀양육의 경우, 어머니 이외의 다른 사람들이 미치는 영향의 중요성으로 그 인식이 변하였다. 이에 우리는 아버지와 같은 다른 사람들의 다양한 역할에 대해서도 조사할 필요가 있다. 예를 들어, 유아의 예민한 특성(예: 온도)이 다른 사람과의 관계에 어떻게 스트레스를 주고, 그 스트레스가 결과적으로 불안정한 상호작용을 가져오는지에 대해 연구해야 한다.

또한 문제를 진단하고 치료함에 있어서 보다 전체적인 접근(holistic approach)을 취하는 것이 필요하다. 이러한 접근은 사례와 관련된 위험요인뿐만 아니라 보호요인을 동시에 고려하여 두 요인 간의 상호작용을 분석하는 접근이다. 개별 아동과 가족의 요구를 다룰 때만이 신체적 · 심리적 성장과 발달을 위한 그들의 잠재력을 성공적으로 이끌어 줄 수 있다.

참고문헌

Azar, S. T., Ferrare, M. M., & Breton, S. J. (1998). Intraglamical child maltreatment. In T. H. Ollendick & M. Hersen (Eds.), *Handbook of child psychopathology* (3rd ed., pp. 483-504). New York: Plenum Press.

Batchelor, J. A. (1999). *Failure-to-thrive in young children: Research and practice evaluated.* London: The Children's Society.

Bithoney, W. G., & Rathburn, J. (1983). Failure-to-thrive. In M. Levine, W. Carey, A. Crocker, & R. Gross (Eds.), *Developmental-behavioral pediatrics* (pp. 557-572). Philadelphia: Saunders.

Centers for Disease Control and Prevention. (1987). Nutritional status of minority children? United States, 1986. *Morbidity and Mortality Weekly Report, 36,* 366-369.

Dawson, P. (1992, June). Should the field of early child and family intervention address failure-to-thrive? *Zero to Three: Bulletin of the National Center for Clinical Infant Programs,* 20-24.

Drotar, D., Malone, C. A., Negray, J., & Dennstedt, M. (1981). Psychosocial assessment and care for infants hospitalized for nonorganic failure-to-thrive. *Journal of Clinical Child Psychology, Winter 1981,* 63-66.

Drotar, D., & Sturm, L. (1988). Prediction of intellectual development in young children with early histories of nonorganic failure-to-thrive. *Journal of Pediatric Psychology, 13,* 281-296.

Duniz, M., Scheer, P. J., Trojovsky, A., Kaschnitz, W., Kvas, E., & Macari, S. (1996). Changes in psychopathology of parents of NOFT (nonorganic failure-to-thrive) infants during treatment. *European Child and Adolescent Psychiatry, 5,* 93-100.

Ferriera, A. J. (1969). *Prenatal environment.* Springfield, IL: Charles C Thomas.

Goldson, E. (1987). Failure-to-thrive: An old problem revisited. *Progress in Child Health and Nutrition Research, 7,* 83-99.

Gough, D. (2002). To or from whom: A social policy perspective on child abuse and child protection. In K. Browne, H. Hanks, P. Stratton, & C. Hamilton (Eds.), *Early prediction and prevention of child abuse: A handbook* (pp. 183-201). Chichester, England: Wiley.

Hampton, D. (1996). Resolving the feeding difficulties associated with nonorganic failure-to-thrive. *Child: Care, Health and Development, 22*(4), 261-271.

Hanks, H., & Hobbs, C. (1993, February). Failure-to-Thrive: A model for treatment. *Baillie's Clinical Pediatrics, 1*(1), 101-119.

Hathaway, P. (1989). Failure-to-thrive: Knowledge for social workers. *Health and Social Work, 14*(2), 122-126.

Herbert, M. (1993). *Working with children and the Children Act.* Leicester, England: British Psychological Society.

Hobbs, c., & Hanks, H. G. I. (1996). A multidisciplinary approach for the treatment of children with failure-to-thrive. *Child: Care, Health and Development, 22*(4), 273-284.

Homer, C., & Ludwig, S. (1981). Categorisation of etiology of failure-to-thrive. In C. H. Kempe & R. E. Helfer (Eds.), *The battered child* (3rd ed., pp. 163-182). Chicago: University of Chicago Press.

Hutcheson, J. J., Black, M. M., Talley, M., Dubowitz, H., Berenson-Howard, J., Starr, R. H., et al. (1997). Risk status and home intervention among children with failure-to-thrive: Follow-up at age 4. *Journal of Pediatric Psychology, 22*(5), 651-668.

Iwaniec, D. (1983). *Social and psychological factors in the aetiology and management of children who fail to thrive.* Unpublished doctoral dissertation, University of Leicester, Leicester, England.

Iwaniec, D. (1991). Treatment of children who fail to grow in the light of the new Children Act. *Association for Child psychology and Psychiatry Newsletter, 13*(3), 21-27.

Iwaniec, D. (1995). *The emotionally abused and neglected child: Identification, assessment, and intervention.* Chichester, England: Wiley.

Iwaniec, D. (1997). An overview of emotional maltreatment and failure-to-thrive. *Child Abuse Review, 6,* 370-388.

Iwaniec, D. (2000). From childhood to adulthood: The outcomes of a 20-year follow-up of children who failed to thrive. In D. Iwaniec & M. Hill (Eds.), *Child welfare policy and practice: Current issues in child care research* (pp. 203-223). London: Jessica Kingsley.

Iwaniec, D., Herberg, M., & McNeish, A. S. (1985a). Social work with failure-to-thrive children and their families, Part I: Psychosocial factors. *British Journal of Social Work, 15,* 243-259.

Iwaniec, D., Herberg, M., & McNeish, A. S. (1985b). Social work with failure-to-thrive children and their families, Part II: Behavioral Social Work Intervention. *British Journal of Social Work, 15*(4), 375-389.

Iwaniec, D., & Sneddon, H. (2001). Attachment style in adults who failed to thrive as children: Outcomes of a 20-year follow up study of factors influencing maintenance or change in attachment style. *British Journal of Social Work 31,* 179-195.

Iwaniec, D., & Sneddon, H. (2002). The quality of parenting of individuals who had failure-to-thrive as children. *British Journal of Social Work, 32,* 283-298.

Jones, D., Nesheim, M., & Habicht, J. (1985). Influences on child growth associated with poverty in the 1970s: An examination of HANES I and HANES II, cross-sectional, U.S. national surveys. *American Journal of Clinical Nutrition, 42,* 714-724.

Lernihan, U. (2003). *A study of kinship foster caregivers in Northern Ireland in relation to: 1. selected characteristics in the wider context of traditional foster caregivers; 2. the attitude of kinship foster caregivers to the involvement of Social Services in their lives.* Doctoral dissertation, Queen's University Belfast, Belfast, Northern Ireland.

Lewis, J. A. (1982). Oral motor assessment and treatment of feeding difficulties. In P. J. Accardo (Ed.), *Failure-to-thrive in infancy and early childhood, a multidisciplinary approach* (pp. 265-298). Baltimore: University Park Press.

MacMillan, A. B. (1984). Failure-to-thrive: A historical perspective. In *Failure-to-Thrive Symposium* (pp. 4-31). Ontario Ministry of Community and Social Services, Ontario Center for the Prevention of Child Abuse. Ontario.

Maggioni, A., & Lifshitz, F. (1995). Nutritional management of failure-to-thrive. *Pediatric Clinics of North Americaa, 42*(4), 791-810.

McMillen, P. (1988, January/February). Infants thrive with Failure-to-Thrive Program. *Health Progress, 69*(1), 70-71.

Ottinger, D. R., & Simmons, J. E. (1964). Behavior of human neonates and prenatal maternal anxiety. *Psychological Reports, 14,* 391-394.

Polan, J. H., Kaplan, M. D., Kessler, D. B., Shindledecker, R., Newmark, M., Stern, D. N., et al. (1991). Psychopathology in mothers of children with failure-to-thrive. *Journal of Infant Mental Health, 12,* 55-64.

Skuse, D., Pickles, A., Wolke, D., & Reilly, S. (1994). Postnatal growth and mental development: Evidence for a sensitive period. *Journal of Child Psychology and Psychiatry, 35,* 521-546.

Sneddon, H., & Iwaniec, D. (2002). *Characteristics of failure-to-thrive cases* [Occasional paper]. Belfast, Northern Ireland: Institute of Child Care Research.

Spinner, M. R., & Siegel, L. (1987). Nonorganic failure-to-thrive. *Journal of Prevention Psychiatry, 3*(3), 279-297.

Wolfe, D. A. (1990). Preventing child abuse means enhancing family functioning. *Canada's Mental Health, 38,* 27-29.

Wolfe, D. A., & Wekerle, C. (1993). Treatment strategies for child physical abuse and neglect: A critical progress report. *Clinical Psychology Review, 13*(6), 473-500.

Wolke, D., Skuse, D., & Mathisen, B. (1990). Behavioral style in failure-to-thrive infants: A preliminary communication. *Journal of Pediatric Psychology, 15*(2), 237-254.

Woolston, J. (1984). Failure-to-thrive syndrome: The current challenge of diagnostic classification. In *Failure-to-Thrive Symposium* (pp. 70-85). Ontario Ministry of Community and Social Services, Ontario Center for the Prevention of Child Abuse.

Wynne, J. (1996). Failure-to-thrive: An introduction. *Child: Care, Health and Development, 22*(4), 219-221.

Children 제9장 Adolescent

화학물질 노출

*Kathleen H. Darby, Rodney A. Ellis, Karen M. Sowers, & Andrea K. MaCarter

이번 장에서는 아동들의 환경 건강에 관한 쟁점을 다루는데, 이 주제는 많은 정부 기관과 일반 대중이 관심을 가지는 의제로서 점점 그 중요성과 역할이 증대되고 있다. 먼저 미국 아동들이 오늘날 직면한 환경 건강의 위험에 대해 분석하고자 한다. 그다음 화학물질에 대한 노출이 아동의 건강과 성장에 미치는 부정적 영향을 최소화하기 위한 예방 접근법과 현 추세에 대해 검토할 것이다. 마지막으로 향후 정책 및 실행 방향을 제시하여 환경 위험요소로부터 아동을 보호하고 아동 질환들을 예방하는 데 기여하고자 한다.

화학물질은 건강과 식품 공급 및 일반적인 생활에 중요한 영향을 미치지만 미국 사회에서는 필요악과 같은 존재이다. 화학물질의 대가는 그것을 어떻게 사용하는지와 관련이 있다. 우리 인간의 평균 수명은 합성 화학물로 이루어진 약의 사용을 통해 늘어났다. 반면, 환경은 독성 화학물질로 점점 오염되고 있는데 이로 인해 대부분의 미국인들이 화학물질에 노출되는 빈도와 양이 증가하였다. 수백 가지의 새로운 화학물질들이 매년 개발되어 환경 속으로 방출되고 있으며 이미 수천 가지가 방출되었다.

*Kathleen H. Darby, MSSW University of Tennessee College of Social Work
Rodney A. Ellis, PhD, MSW University of Tennessee College of Social Work
Karen M. Sowers, PhD, MSW University of Tennessee College of Social Work
Andrea K. McCarter, MSSW University of Tennessee College of Social Work

각 개인은 구강 섭취, 피부를 통한 침투, 폐 속으로의 흡입이라는 3가지 방법을 통해 화학물질에 노출된다. 화학물질은 혈류를 통해 이동하고 몸 전체에 걸쳐 분산된다. 신체는 화학물질을 신진대사하고 저장하거나 배출할 수 있다. 신체로 들어오는 화학물질의 실제 양에 따라 독성의 수준이 결정된다. 소량씩 복용하는 약은 건강에 위험을 일으키지 않지만, 많은 양을 자주 복용하면 큰 위험을 일으킨다. 화학물질에 노출되는 것이 항상 독성 효과를 유발하는 것은 아니다. 화학물질의 용량-반응 관계(dose-response relationship)[1]는 개인에 따라 다르다. 이 변화는 화학물질의 구조, 화학물질을 신진대사하는 방법, 몸으로 흡수되는 화학물질의 비율, 배출되는 화학물질의 양에 따라 결정된다. 화학물질에 노출되는 개인의 민감성은 주로 연령에 따라 좌우된다.

아동의 취약성

화학물질 노출에 가장 취약한 대상은 아동이나 노인이다. 이번 장에서는 전자인 아동에게 초점을 맞추고 있다. 유아는 특히 흡수성이 좋아 더 쉽게 물질을 흡수하기 때문에 어쩌면 가장 위험이 높다고 볼 수 있다. 평상시 유아의 공기 흡입량은 성인의 몸무게 1파운드당 공기 흡입량의 2배이다. 보편적으로 아동은 성인과 비교하여 몸무게 대비 더 많은 음식을 섭취하고 더 많은 물을 마시며 자신의 체중 및 키에 비하여 더 많은 양을 호흡한다. 결과적으로 중요한 발달 단계 동안에 더 많은 오염물질에 노출되는 것이다. 아동은 빠르게 성장하고 발육하기 때문에 주위 화학물질의 역효과에 성인보다 더 취약하다. 성인에 비해 덜 발달된 아동의 생물학적 체계는 주변 독성물질로 인한 손상을 회복하고 장기 기능장애를 치료하는 데 어려움이 있다. 특히 태어난 후 첫 한 달 동안의 유아는 유해 화학물질을 신진대사하고 배출하는 데 있어서 비효율적이다. 따라서 적은 양의 잠재적 유해화학물질이라도 유아에게는 되돌릴 수 없는 건강 및 발달상의 손상을 일으킬 수 있다.

손을 빠는 행동과 놀이터에서 노는 것, 또는 화학물질을 써서 처리한 카펫 위를 기어 다니는 것과 같은 유아의 행동양상은 아이들이 독소에 노출될 수 있는 경로를 하나 더 추가해 준다. 또한 청소년이나 성인의 식단과 비교하여 다양하지 못한 유아의 식단은 아이들

1) 역자 주: 용량-반응 관계(dose-response relationship)는 다양한 수준의 화학물질(예: 약물)에 노출됨에 따라 유기체가 보이는 효과의 변화를 의미한다.

이 농축된 잔류 농약에 더 많이 노출되는 결과를 가져온다. 미국 농무부(U.S. Department of Agriculture: USDA)에 따르면, 평균 1세 유아가 성인보다 사과 주스를 21배 더 많이 마시고 포도, 바나나, 배, 당근, 브로콜리를 2~7배 더 많이 먹는다. 이와 같은 아동의 단순한 행동 패턴은 그들이 공기, 물, 음식, 흙을 통해 환경 오염물질에 노출될 위험을 더 높인다.

발달적 관점에서 보면, 유아기와 청소년기 사이에 위치한 아동은 빠른 성장을 보이며 그 안에 몇 가지 발달적 단계를 거친다. 정상적인 두뇌 발달은 자궁에서 시작하여 청소년기 동안 계속된다. 아동의 발달은 복잡하며 분명한 신체적 성장의 과정이 있다. 만약 이 과정에서 방해를 받는다면 아동은 자폐증, 공격성, 난독증, 주의력결핍과잉행동장애와 같은 신경질환을 겪을 위험이 높아진다. 아동은 성인보다 앞으로 살아야 할 세월이 더 길기 때문에 어린 시절의 노출로 유발되는 만성질환은 발병할 시간이 더 길다고 볼 수 있다. 환경 독성물질로 인한 많은 질병들이 발병하기 위해서는 긴 세월이 필요하다. 출생 전과 출생 후 초기와 같은 어린 시절에 독성에 노출되면 노년기에 노출되는 경우에 비해 질병을 더 많이 일으키는 것으로 보인다. 아동은 성인보다 50% 정도 더 많은 시간을 야외에서 보내고 주로 활동적인 놀이에 참여한다. 아동은 성인보다 체중에 비해 더 많은 공기를 들이마시며 아동의 호흡기는 아직 발달 중이기 때문에 아동이 공기 오염물질로 인한 잠재적인 부정적 효과에 노출되는 위험요소를 더 많이 가지고 있다.

사회적 취약성: 빈곤 아동

모든 아동이 다양한 매개를 통해 화학물질에 노출될 위험이 있지만, 빈곤 아동은 환경 위험요소에 노출될 위험을 더 많이 갖고 있다. 미국 아동의 7%가 극단적인 빈곤 환경에 산다. 백인에 비해 흑인과 히스패닉은 가난을 경험할 가능성이 3배 더 높다(Young Children in Poverty Report[YCPR], 1999). 가난한 사람들이 특히 가난한 소수민족 사람들이 사는 곳은 사회경제적 지위가 높은 가정의 아동이 사는 곳에 비해 더 큰 위험요소를 가지고 있다. 빈곤한 가정의 아동은 급성 질병에 걸릴 위험이 더 높고 일반적인 아동들보다 2배 더 자주 병에 걸린다. 또한 2배 더 많이 감염되고 장과 관련된 문제를 5배 더 많이 겪으며 다른 아동들보다 6배 더 많은 언어장애를 지닌다(National Center on Family Homelessness, 1999). 이러한 상황을 고려할 때 빈곤 아동에게 더 위험한 환경적 위험요소가 존재한다는 것은 분명하다.

빈곤 아동은 많은 양의 오염물질, 살충제, 독성 금속 및 그 밖에도 주변의 다른 환경적 스트레스 요인에 노출되어 있다. 빈곤 아동이 거주할 가능성이 높은 여러 보조 주택들은 1950년 이전에 지어졌는데 이러한 주택들은 납 성분으로 인해 심하게 오염된 토양 위에 건축되었고 벽에 칠한 페인트 역시 납 성분이 포함되었다. 오래된 주택과 건물은 또한 식수를 오염시킬 수 있는 납으로 된 관을 사용했을 가능성이 높다. 전문가들은 아동기 질환의 증가는 살충제, 좋지 못한 실내외 공기, 납, 오염된 물과의 접촉 등과 그 상관성이 있다고 판단하였다(Environment Protection Agency[EPA], 2003a). 영양 부족은 독성물질에 노출된 아동의 위험성을 증가시킬 수 있다. 영양실조는 가난의 결과로 인식되며 가난한 환경은 아동의 면역 체계에 영향을 미친다(UNICEF, 1998).

도시의 고체 폐기물 시설, 유해 폐기물 매립지, 유독성 폐기물 처리장, 그리고 공업 단지에서의 화학물질 배출과 저소득 지역사회 직장과 같은 환경적 스트레스 유발요인에 대한 연구는 거의 시행되고 있지 않다. 이러한 곳의 지역 주민들은 일반 대중들보다 더 위험하다. 왜냐하면 그들은 인근 지역에 독성 화학물질을 배출하는 산업시설이 들어서는 것을 효과적으로 반대할 수 있는 조직적이고 재정적인 자원이 부족하기 때문이다. 이러한 주민들의 경우 이들이 겪는 문제가 세대에 걸쳐 나타날 가능성이 있다. 왜냐하면 환경적 오염원에 지속적으로 노출되기 때문이다.

인종 차별적 환경 정책: 위험한 폐기장 근처에 사는 소수민족 아동

문헌에 따르면 아동은 화학물질에 노출되어서 피해를 입을 위험요소를 많이 가지고 있다. 예를 들어, 특이한 성장과 발달 성향, 작은 몸집, 화학물질에 대한 다양한 노출 경로, 식습관 등은 화학물질과 관련된 위험요인과 관련이 있다. 문헌에 따르면, 빈곤이 이러한 문제를 악화시킨다는 것도 분명하다. 또한 연구들은 인종과 민족성, 그리고 독성 폐기물 부지의 위치 사이에 강한 상관관계를 밝혀 왔다. 어떤 전문가들은 위험한 폐기물 부지, 매립지, 소각로, 공해기업을 주로 흑인, 히스패닉, 인디언, 아시아인, 이주 농장 노동자, 빈곤 노동자들이 사는 지역사회에 고의적으로 배치한다고 주장하고 이런 현상을 인종 차별적 환경 정책(environmental racism)이라고 부른다.

미국 독성물질 및 질병사고 대응 관리국(Agency for Toxic Substances and Disease Registry: ATSDR)에서는 3~4백만 명의 미국 아동이 적어도 하나의 위험한 폐기물 부지

1마일 이내에 산다고 추정했다. 흑인들은 백인들에 비해 규제받지 않는 위험한 폐기물 부지로부터 1마일 이내에 더 많이 살며(74% 대 54%) 환경을 오염시키는 산업시설로부터 더 가까이에 살고 있다(73% 대 50%). 낮은 소득 집단의 소수민족 아동은 공기 오염물질, 위험한 시설, 오염된 생선, 그리고 농약에 평균 이상으로 더 많이 노출된다(ATSDR, 1997b).

환경오염물질

이 한 장에서 환경으로부터 방출되는 수천, 수만 가지의 잠재적 독성물질에 대해 자세히 다루고 그 물질들이 각각 또는 결합되어 아동에게 미치는 영향에 대해 자세하게 평가하는 것은 불가능하다. 그러나 인간 활동과 도시 성장으로 인해 발생한 21세기의 환경 문제로 여겨지는 여러 오염물질의 개요를 제공하는 것은 가능하다. 여러 오염물질의 개요는 현대사회의 아동이 직면한 화학물질 중독 위험의 본질을 설명한다. 지금부터 60년 이전에는 환경 화학물질들이 아동에게 부정적인 건강 문제를 일으킨다는 사실이 거의 알려지지 않았고 독성 잔류물에 대한 지식도 매우 적은 상황이었다. 미국 국립 과학원(A National Academy of Sciences)의 한 연구에서는 흔히 사용되는 상업용 화학물질의 78%가 최소 독성 검사를 거치지 않았다는 것을 밝혀냈다(Environmental Defense Fund, 1997). 인간이 환경에서 합성 화학물질에 노출되는 것이 증가하면 소아암 또한 증가한다. 다음의 예시들은 이러한 현실을 분명하게 보여 준다.

실내외 오염물질

몇몇 오염물질은 많은 아동들 특히 저소득층과 소수민족 아동들에게 직접 영향을 미치는 환경에서 흔히 발견된다. 이런 오염물질은 납, 다양한 실내외 공기오염물질, 다양한 토지오염물질, 그리고 수돗물의 독소를 포함한다.

납은 어린 아동들, 특히 6세 이하의 아동에게 가장 큰 환경 위험요소이다. 납은 신체에 축적되며, 5세 이하의 170만 명의 아동들이 납 중독 수준에 이른 것으로 확인된다(Centers for Disease Control and Prevention[CDC], 1991). 아동의 높은 혈중 납 농도는 학습장애, 지능 저하, 행동 문제 그리고 주의력장애와 관련된다. 납 중독은 이 장의 뒷부분에서 심도 있게 다루고 있다.

공기오염물질은 아동에게 두 번째로 흔히 발견되는 오염 원인이다. 실내외 공기오염과 관련된 아동기의 질병은 기관지염과 폐렴 및 천식의 증가, 폐 기능 저하, 만성 기침과 귀 염증의 증가이다. 공기오염은 흔히 실외 현상으로 생각된다. 그러나 미국 환경보호국(Environmental Protection Agency: EPA)에 따르면, 실내 공기오염의 수치가 실외 오염 수준보다 적어도 2~5배 더 높다고 한다(EPA, 2003a).

가장 흔히 발견되는 실내 오염물질은 일산화탄소, 포름알데히드, 농약, 중금속, 담배연기이다. 실내 오염물질은 실내에 거주하는 사람에 의해 야기되거나 건축 자재, 건축 설비, 담배연기, 세탁 물질과 관련된다. 환기를 해 주지 않으면 실내 오염물질은 응축되고 결국 증가한다. 미국 환경보호국은 지난 10년간 아동과 일반 대중의 5대 건강 위험요인 실내 공기오염을 1위로 꼽았다.

일산화탄소(CO)는 무취 무색 기체이므로 확인하기가 어렵다. 일산화탄소에 노출되면 산소를 운반하는 혈액의 기능이 감소된다. 결국 심장과 같은 조직과 기관의 산소량이 감소되는 것이다. 일산화탄소는 매우 낮은 수준이라 하더라도 장기간 노출되면 치명적이다. 치명적이지 않은 소량의 노출로 인한 건강 문제는 피로, 잦은 두통, 메스꺼움, 어지럼증, 구토 등이 있다.

휘발성유기합성물(VOCs)은 대기오염을 일으키는 또 다른 형태의 위험한 공기오염원이다. 포름알데히드와 같은 많은 휘발성유기합성물은 현대 건축자재와 가정용 가구, 세탁 물질, 페인트에서 발견된다. 포름알데히드는 반응적인 화학약품이며 눈, 코, 폐, 피부에 자극을 일으키며 잠재적인 발암물질로 분류되고 있다.

몇몇 화학제품 물질은 잠재적인 독성이 있음에도 불구하고 많은 가정에서 일상적으로 사용된다. 살충제가 그러한 물질이다. 가정에서 사용하거나 집 주변 지역에서 농업용이나 상업용으로 사용함으로써, 또는 음식물이나 물에 잔류하고 있는 살충제를 섭취함으로써 아동들은 살충제에 노출되고 있다. 농약은 제초제, 살균제, 살충제, 쥐약을 포함한다. 1993년 미국 국립 과학원은 농약이 면역체, 호흡기, 신경체계를 포함하는 아동들의 생리 과정에 해로운 영향을 미칠 것이라고 보고하였다(National Research Council, 1993). 오늘날 미국 아동 6명 중 한 명은 자폐증, 공격성, 읽기장애, 주의력결핍과잉행동장애와 같은 신경계통 장애로 고통을 받고 있으며 진단 비율도 놀랄 만큼 증가하고 있다(Mount Sinai school of Medicine, 2002).

질병 관리 본부(Centers for Disease Control: CDC)에 따르면, 2개월~11세의 아동 중 43%가 적어도 가족 중 한 명이 흡연하는 집에서 살고 있다고 한다. 흔히 간접흡연으로 알려진 담배 연기(Environment tobacco smoke: ETS)는 일산화탄소, 니코틴, 포름알데히드, 청산칼리(청산가리)의 복합 혼합물이다. 이런 독소에 노출되면 기관지염, 폐렴, 호흡기 질환과 귀 염증 같은 질병이 생긴다. 노출된 아동은 그렇지 않은 아동에 비해 폐암, 심장질환 그리고 백내장에 걸릴 가능성이 더 크다(American Academy of Pediatrics[AAP], 2002). 천식은 간접흡연에 노출된 아동들에게 더 감염되기 쉽고, 호흡기질환은 2세 이전의 아동들에서 50%까지 증가한다(Asthma and Allergy Foundatin[AAFA], 2002).

실외 오염물질은 아동들에게 치명적으로 위험하다. 왜냐하면 성인보다 외부에서 보내는 시간이 50%나 더 많기 때문이다. 6가지 중요한 실외 오염물질은 오존, 분진, 일산화탄소, 납, 이산화질소, 아황산가스이다(Office of Air and Radiation: EPA, 2001). 미국에서 가장 일반화된 실외 오염물질인 오존은 자동차로부터 탄화수소와 산화질소를 뿜어낼 때와 휘발성유기합성물(VOCs)이 태양에 반응하는 과정에서 발생한다. 오존 수치는 아동들이 학교를 마치고 오랜 시간 실외에서 노는 여름에 가장 높다. 특히 오존 수치는 화력발전소와 공장, 주요 간선도로와 교차로로부터 바람이 불어올 때 높다. 1991~1993년에 104개의 시 또는 카운티에서 오존 수치가 환경기준치(National Ambient Air Quality Standard)를 네 차례 이상 초과했다(CDC, 1995). 오존에의 노출은 아동의 천식 증가 및 다양한 폐 기능 약화와 관련이 있다(CDC, 1995). 분진은 다양한 원인으로 발생한다. 특히 자동차 엔진의 화석연료 소비, 용광로, 전기 생산, 소각로에서 발생된다. 분진에 만성적으로 노출되면 폐 기능이 저하되고 호흡기 질병과 천식 증상이 증가한다는 연구들이 있다. 같은 연구에서 분진에의 만성 노출은 소아사망률과 밀접한 관련이 있다고 제시되었다(Woodruff, Grillo, & Schoendorf, 1997). 휘발유에서 납을 금지한 이후 일반인들의 납에 대한 노출은 감소되었지만 납은 납 제련소와 납 건전지 소각과 납 관련 폐기물 오일 소각을 통해서 지속적으로 방출되고 있다. 또 다른 실외 오염물질은 이산화질소이다. 이산화질소는 특히 발전소에서 연료를 태울 때 발생한다. 이산화질소와 유사한 납산화질소는 건강문제를 유발하는 오존 수치 형성에 주요한 요인으로 작용한다.

아황산가스와 이산화질소는 폐 기능 약화, 천식을 가진 아동들의 호흡기 증상의 악화, 심장혈관 질병의 악화를 포함하여 다양한 형태로 아동의 건강에 영향을 주고 있다. 이산화질소는 또한 지면의 오존 수치 상승에 영향을 미친다.

토지오염

미국 독성물질 및 질병사고 대응 관리국(2003)에 따르면, 대략 미국 아동 4명 중 한 명이 위험한 폐기물 지역의 4마일 이내에서 산다고 한다. 흑인과 히스패닉 미국인의 3/4은 한 가지 또는 그 이상의 독성 폐기물 지역에서 산다(Weintraub, 1994). 1996년 미국 환경보호국은 미국에서 대략 1만 5천 개의 폐기물 지역 목록을 만들었다. 국가 우선 목록(The National Priorities List: NPL)은 예비 평가와 지역 조사를 바탕으로 미국 환경보호국이 작성한 목록으로, 폐기물 근처에 살거나 일하는 사람에게 직접적인 위험요소가 있다고 확인된 지역이다. 이러한 지역은 가장 먼저 정화를 필요로 한다. 미국의 모든 주는 위험 순위 체계에 근거한 NPL을 적어도 한 가지 이상 가지고 있으며 NPL지역 1마일 내에서 사는 17세 이하의 아동들은 3~4백만 명이나 된다(ATSDR, 2003). 잘 관리되지 않은 위험한 폐기물 지역은 환경에 유해한 물질을 많이 방출하는데, 이렇게 방출되는 물질로는 중금속과 공기와 지하수를 오염시키는 유기 용매 등이 있다. 위험한 폐기물 지역 근처에서 사는 아동들은 이러한 물질에 더 심하게 노출될 것이며 따라서 성인보다 건강 위험의 잠재성이 더욱 크다. 어린 나이에 이런 화학물질에 노출되면 학습장애, 지적장애, 뇌성마비, 과잉행동, 암과 같은 성장장애와 발달장애를 일으킬 수 있다(ASTSDR, 1997b). 위험한 폐기물 지역으로부터 유독화학약품에 노출되는 것이 아동에 미치는 영향에 관한 사실은 다음과 같다.

- 각기 다른 열다섯 곳의 위험한 폐기물 지역의 오염된 식수로 인해 트리클로에틸렌(TCE)에 노출된 경우, 말하기와 듣기장애를 지닌 아동이 증가되었다(ATSDR, 1997b).
- 위험한 폐기물로 인해 오염된 식수에 노출된 부모의 신생아들의 경우 선천적인 장애 비율이 증가하고 있다(ATSDR, 1997b).
- 아이다호의 제련소에서 나온 납에 노출된 아동들을 15~20세의 청소년 후기에 다시 검사했을 때 신경 행동과 말초신경 기능이 감소되었음을 보여 준다(ATSDR, 1997a).
- 도시 폐기물 소각장 부근에서 사는 아동은 하부 호흡기관(lower respiratory tract)의 감염 위험이 3배 증가하였다(ATSDR, 1997b).
- 인종은 위험한 폐기물 지역과 관련된 가장 중요한 변수이다(ATSDR, 1997b).
- 소각로가 있는 지역에서 사는 소수민족의 아동 비율은 국가 수준의 평균보다 89%가 높았다(ATSDR, 1997a).

이런 지역들은 대부분 방치되어 있고 광범위한 지역에 걸쳐 있으며 복합적인 폐기물이 혼합되어 있다. 미국의 경우 잘 관리되지 않는 위험 폐기물 지역의 대다수는(65~70%) 폐기물 보관소, 처리시설(폐기물매립지를 포함하는), 또는 이전의 생산업자 소유지들이다. 또 다른 위험한 폐기물 지역은 군사시설과 원자력에너지단지, 의료폐기물 소각로와 같이 연방 정부와 밀접한 관련이 있다. 의료폐기물 소각로는 제지공장 보일러, 산업 용광로와 보일러, 자동차와 트럭, 위험한 폐기물 소각로, 그리고 석탄과 석유 화력발전소보다 더 많은 다이옥신을 발생시킨다. 다이옥신은 가장 유독한 화학물질 중의 하나로 알려져 있다. 미국 환경보호국은 1994년 9월 보고서에서 1960년대 공중 건강에 치명적인 영향을 미친 DDT의 영향에 필적하는 심각한 공중보건 위험물로 다이옥신을 지명하였다. 더욱이 미국 환경보호국은 다이옥신에 안전한 노출 수준은 없으며, 다이옥신과 다이옥신 유사 화학물질은 일반적인 미국 대중에게서도 발견되고 있다고 보고하였다. 미국 환경보호국은 다이옥신이 사람들에게 암을 유발하는 위험요소이며 발달장애와 심각한 면역체계 손상의 원인이 될 수 있다고 확신하였다.

수돗물 독소

아동이 독소에 노출되는 경우는 주로 피부를 통해서 이루어진다. 앞선 연구에 따르면, 총 수인성 오염물질의 64%가 피부를 통해 흡수된다고 한다(Brown, Bishop, & Rowan, 1984). 아동은 목욕으로 보내는 시간이 길기 때문에 특히 피부를 통한 수인성 오염물질의 흡수는 위험한 상태이다. 수돗물의 수인성 오염물질은 수원과 수돗물 처리 과정에서 첨가되는 화학물질에 들어 있는 염화물질까지 포함될 수 있다.

수백만의 미국 아동들은 납, 비소, 농약, 휘발성유기합성물, 방사성 물질, 제초제와 같은 유독성 화학물질로 오염될 가능성이 있는 수돗물을 마신다. 이런 많은 독소는 소아암의 발생으로 이어진다. 지하수는 산업 과정과 공장시설로부터의 오염물질 방출, 위험한 폐기물 지역으로부터의 화학물질 유출을 통해 오염되었다. 식수에서 발견되는 질산염은 지하수로 스며든 화학 비료로 인해 생긴 것이다. 소량의 질산염 섭취는 해롭지 않으나, 많은 양은 유아에게 유독하고 체내 산소 감소를 유발한다. 아동들은 오염된 물에서 수영하면서 삼킨 물이나 오염된 생선을 먹음으로써 수인성 오염물질에 노출된다.

화학약품 노출의 경우 가장 흥미롭고 염려되는 문제 중 하나는 사회 전체적으로 시행되고 있는 수돗물속 불화물 첨가이다. 40년 이상 충치 방지를 위해 식수에 불소가 첨가되었다. 불소 첨가 이전의 연구에 따르면, 12세 아동들의 영구치 중 충치가 8개라는 것을 보여 준다. 1990년대까지 불소의 첨가로 영구치 중 충지의 숫자는 2개 이하로 떨어졌다. 지난 40년의 연구들은 공중 식수에 불소를 첨가하는 것은 안전하며, 경제적이고 수익성이 있다는 것을 지적하였다. 식수에 불소 첨가를 주장하는 이들은 전국에 걸친 건강과 과학 분야의 전문가들이다. 그러나 다른 전문가들은 이 시행에 대해 비판적이었다. 몇몇 연구는 불소 첨가에 대한 치아의 유익성에 대해 의문을 제기하며, 건강에 해로울 만한 환경과 음료, 음식을 통해 이미 불소 수치가 높다고 하였다. 불소 첨가의 반대자들은 불소가 골절, 암, 신경 손상, 학습장애, 갑상선 질병, 지능 저하와 같은 아동들의 많은 건강문제와 관련이 있다고 주장하였다.

신체적 부담

신체적 부담(Body Burdens)이란 언제든지 측정했을 때 항상 우리의 신체에 존재하는 자연적/인공적 화학물질의 양을 말한다. 불행히도 인간에게 미치는 단기적/장기적 효과를 알아내기 위해서 충분하게 검사를 실시해 온 화학물질은 거의 없다. 신체적 부담은 신체에 있는 화학 성분 양의 수치이다. 성분의 양은 알 수 있지만 그 노출의 근원을 알아낼 수는 없다(Environmental Working Group[EWG], 2003).

혈중 납 농도

독성이 있는 납은 이 장의 앞부분에서 소개되었다. 신체적 부담으로서 납의 중요성은 이 부분에서 더 많은 토론을 필요로 한다. 납은 대기, 식수, 강, 호수, 바다, 먼지 그리고 토양 등에서 발견된다. 또한 납은 우리가 먹는 육류와 식물에서도 발견된다. 납은 시간이 지나면서 우리의 몸에 누적되어 많아진다. 들이마시거나 삼키는 납은 아동에게 유독성이 높다. 납은 아동, 특히 6세 이하의 아동에게 가장 위험한 환경적 위험요인이다. 질병관리 본부의 자료에 따르면, 납 중독은 5세 이하의 아동 170만 명 정도에게 영향을 미친다. 많은 아동은 성장 과정에서의 복합적이고 반복적인 노출에 직면한다. 이러한 노출은 어머니의 자궁에서부터 시작될 수도 있고 이후에 모유, 음식, 오염된 물을 통해서 흡수될 수도 있다. 이 장의 앞부분에서 설명했던 환경적 조건들은 더 심각한 노출을 제공한다.

식수에 있는 납은 납 중독의 지배적인 원인은 아니지만 전체적인 납 노출, 특히 물을 섞은 분유와 주스를 마시는 유아의 노출을 증가시킬 수 있다. 대체로 아동 전체 노출의 약 10~20%는 식수에서 나온다. 분유를 먹는 유아의 경우, 이들이 납을 섭취하는 경로의 40~60%는 물을 통해 이루어진다. 질병 관리 본부는 지난 15년에 걸쳐 아동의 납 수치가 감소하고 있음을 보여 주는 연구를 발표해 왔다. 이 감소 경향은 부분적으로 주거용 페인트, 휘발유, 음식 통조림과 수도관 등에서 납의 사용을 금지해 왔기 때문이다. 그러나 1~5세 약 90만 명의 아동이 여전히 허용치 이상의 혈중 납 농도를 나타내는 것으로 보인다.

신체에 흡수된 납은 혈액을 통해 이동하며 간, 신장, 폐, 뇌, 비장, 근육, 심장과 같은 연한 조직세포에까지 퍼진다. 몇 주 후에는 뼈와 치아에 흡수되는데 아동에게서 발견되는 납의 약 73%는 뼈에 저장되어 있다. 납은 수십년간 뼈 속에 머무르거나 혈류에 다시 들어가서 장기에 영향을 미친다. 대부분의 성인은 납에 노출된 후 2~3주 안에 배설물을 통해 납을 방출한다. 하지만 아동의 경우 흡수한 납의 오직 32%만 배출할 수 있다. 납의 영향을 받게 되는 주요 영역은 성인과 아동의 신경계 부분이다.

아동의 높은 혈중 납 농도는 학습장애, 지능장애, 행동장애, 주의집중장애와 관련이 있다. 미국 통계국(The United States Census Bureau)에 따르면, 6명 중 한 명의 아동이 납에 대한 노출로 한 개 이상의 발달, 학습, 행동 문제를 겪고 있다고 추정했다. 다른 환경 독성물질에 비해 납에 대한 노출의 영향은 특히 소수민족에게 중요하다. 연구에 따르면, 납 중독과 비행 행동은 상관이 높다(Augustine-Reeves, 1995). 예를 들어, 987명의 흑인 청소년에 대한 한 연구(487명의 남성과 500명의 여성)는 남성 참가자의 납 중독이 훈육 문제의 가장 중요한 예측 변수(predictor)였다고 결론을 내렸다(Environmental Health Watch [EHW], 2002a). 흑인 아동의 혈중 납 농도(Blood Lead Levels: BLL)는 백인 아동에 비해 5배나 높은 경향이 있었다. 국가 전체의 아동 평균 혈중 납 농도(BLL)가 극적인 감소를 보여 왔음에도 불구하고, 노후한 주택에 거주하는 빈곤 아동과 소수민족 아동의 납 수치는 여전히 높은 수준을 유지하고 있다.

여러 해 동안 연구자들은 납을 많이 복용하면 독성이 있다는 것을 알고 있었다. 하지만 최근 연구들은 이전에 생각했던 것 보다 낮은 농도의 납이 어린 아동의 신체적 · 정신적 발달에 손상을 줄 수 있다는 것을 보여 주고 있다. 이것은 납의 허용 수치를 낮추는 결과를 가져왔다. 만약 납에 대한 노출이 줄어든다면 납의 독성으로 인한 일부 위험한 영향력은 줄어들겠지만 몇몇 또 다른 위험성은 돌이킬 수 없는 결과를 가져오기도 한다.

혈중 수은 농도

수은은 많은 사람들에게 신체적 부담 중에서 두 번째로 중요한 것으로 여겨진다. 어린 아동은 성인보다 수은에 더 예민하다. 미국 환경보호국은 1999년의 경우 160만 명 이상의 여성과 아동이 수은 중독으로 위험한 상태에 있다고 밝혔다. 납과 마찬가지로 수은은 극히 적은 양일지라도 매우 유독할 수 있다. 수은은 지구의 지각에서 발견되는 천연 중금속이다. 수은은 의학 분야에서 사용되는데 이 양은 미국 전역의 쓰레기 소각 시스템에서 발견되는 수은의 20%에 해당된다(EHW, 2003b). 미국 환경보호국에 따르면, 매년 공기 중으로 150톤 이상의 수은이 방출된다고 추정했다.

메틸수은과 금속성의 수은 증기는 영구적인 뇌 손상을 유발할 수 있기 때문에 아동에게 가장 위험하다. 금속성의 수은은 배터리, 염소 가스, 체온계를 생산하는 데 사용되고 있고, 이전에는 치과에서 사용하는 치과용 충전재(dental filling)를 만드는 데 사용되었다. 수은의 유기적 형태인 티메로살은 몇몇의 백신, 처방된 약, 일반 의약품의 방부제로 사용된다. 어떤 종류의 생선은 수은 오염 때문에 위험한 것으로 알려져 있다. 미국 식품의약국(Food and Drug Administration: FDA)은 어린 아동의 경우 상어, 황새치(swordfish), 왕고등어(king mackerel), 옥돔을 먹지 말라고 조언했는데 그 이유는 이러한 생선류들은 높은 수치의 메틸수은을 함유하고 있기 때문이다. 아동의 신경계는 모든 종류의 수은에 매우 예민한데, 특히 메틸수은과 금속성의 수은에 그러하다. 높은 정도의 메틸수은, 무기 수은 또는 유기 수은에 노출이 되면 뇌, 신장, 그리고 발달기의 태아를 영구적으로 손상시킬 수 있다.

혈중 코티닌 농도

니코틴의 부산물인 코티닌은 간접흡연에 노출된 아동에게 중요한 건강 위험요인이다. 니코틴과 코티닌은 담배 연기에 노출된 적이 없는 사람의 신진대사체계에는 거의 나타나지 않는다. 실제로 부모의 흡연은 그들 자녀의 코티닌 수치에 영향을 미치는 뚜렷한 결정요인이다(David & Lucie Packard Foundation, 1994). 유아와 아동의 코티닌 정도는 부모의 흡연, 특히 어머니가 흡연자일 때 증가하는 경향이 있다.

6세 이하의 유아와 아동은 그보다 나이가 많은 아동 또는 성인들에 비해 간접흡연으로 인해 더 큰 위험에 놓인다(EPA, 2003b). 코티닌은 아동의 침이나 소변에서 쉽게 측정

될 수 있다. 질병 관리 본부에서 수행한 한 연구에 따르면, 코티닌의 수치가 높거나 보통인 아동은 일반적인 또는 심각한 천식을 가질 경향이 크다고 설명하였다. 또한 코티닌은 호흡기 감염, 기관지염, 폐렴, 중이염, 폐 기능 저하, 그리고 유아 돌연사 증후군과 관련이 있다. 비록 간접흡연에 의한 담배 연기가 천식과 직접적으로 연관있지는 않더라도, 그것이 천식 관련 증상을 악화시킨다는 분명한 증거가 있다.

1992년에 미국 환경보호국은 간접흡연을 A급 발암물질로 분류했다. 미국 환경보호국은 무의식적인 담배 연기가 18개월 이하의 유아와 아동, 약 15만~30만 명의 하부 호흡기 감염을 일으킨다고 추정했다(EPA, 2003a). 그리고 이것으로 인해 대략 7,500~1만 5천 명의 아동 및 유아가 매년 입원한다(AAP, 2002). 1988~1991년에 코티닌 검사를 받은 성인의 85%가 검출 가능한 수준의 코티닌 수치를 보인 반면, 1999~2000년에는 이 수치가 50~75%로 감소되었다(Mannino, Moorman, Kingsley, Rose, & Repace, 2001). 이러한 감소는 공공장소에서의 흡연 금지로 인해 비롯되었다. 그러나 아동은 같은 기간 동안에 훨씬 적은 개선을 보여 주었다. 실제로 아동은 비흡연 성인과 비교했을 때 코티닌의 수치가 2배인 것으로 나타났다.

아동기의 질병

미국의 아동은 새로운 기술이 지속적으로 개발되고 새로운 합성 화학물질이 만들어지는 복잡한 환경에서 살아가고 있다. 현재 수만 개의 화학물질이 미국에서 허가를 받았으며, 아동에게 미치는 영향에 대해서는 알려진 것이 거의 없고, 동물과 인간 전체에 미치는 영향 역시 많이 알려져 있지 않다. 환경 독성에 대한 수 많은 노출은 아동의 현재 그리고 미래의 건강에 영구적인 손상을 유발한다고 알려져 있다(Golstein, 1992). 새로운 규제와 기준을 통해 위험한 화학물질을 줄이고자 하는 노력에도 불구하고, 아동은 계속해서 많은 양의 독성물질에 노출되고 있다. 아동기 질병에 관한 동향을 보면 이러한 환경적 오염물질이 아동의 다양한 질병에 영향을 미친다는 것을 시사한다(Goldstein, 1992).

호흡기 질병

공기 중의 오염물질은 아동의 호흡기 발달과 기능에 부정적인 영향을 미친다. 천식,

기관지염, 상부 호흡기 감염과 같은 호흡기 질병은 보통 수준에서 심각한 수준에 이르는 다양한 문제를 유발한다. 이로 인해 아동은 학교에 빠지거나 의사를 자주 만나야 하고 경우에 따라 응급실을 자주 가야 하는 상황이 발생하기도 한다. 2001년 미국 아동 중 8.7%(630만명)의 아동이 천식을 가지고 있는 것으로 확인됐다. 천식 환자는 점점 늘어나고 있으며, 연구자들은 그 급격한 증가의 원인으로 유전적 그리고 환경적 요인을 들고 있다. 천식은 만성적인 호흡기 질병이며 기침, 거친 숨, 헐떡임, 그리고 가슴 조임의 특징이 있다. 연구자들은 자동차, 소각장, 화학 공장과 정유공장에서의 배기가스와 같은 공기 중 흔한 오염물질과 공기 중에 떠 있는 미립자 및 스모그가 천식을 유발하거나 악화시킨다고 믿는다. 천식을 겪고 있는 아동은 오존, 부유성 고형물(partivulate matter), 이산화황과 같은 외부의 대기오염물질에 특히 예민하다(Fauroux, Sampil, Quenel, & Lemoullec, 2000). 연구원들은 천식이 뉴욕과 LA와 같은 큰 도시에 사는 아동들의 입원에 주요한 원인이 된다고 언급했다. 1990년 한 해, 국가의 건강 관리 공공 지출에서 천식에만 60억 달러의 비용을 지출하게 했다고 추정한다. 천식을 가진 아동의 비율은 인종/민족, 가족의 수입에 따라 다른데 저소득 가정의 아동은 다른 아동들보다 천식 증상과 천식 발작을 더 많이 경험한다.

소아암

전형적인 아동기의 암은 성인의 암과 다르다. 성인은 폐암, 결장암, 유방암, 전립선암, 췌장암에 가장 많이 걸린다. 반면 아동은 백혈구, 뇌, 뼈, 신장, 림프계 그리고 신경계통의 암에 가장 많이 걸린다. 아동이 처음 암을 진단받았을 때, 성인은 20%인 데 반해 아동들은 80% 이상이 악화된 상태로 발견된다(National Childhood Cancer Foundation [NCCF], 2003). 아동기 암은 1~19세 아동의 부상, 사고와 같은 다른 요인들보다 더 많은 사망을 초래한다(Reis, Smith, Gurney, & Linet, 1999). 미국 국립 암 연구소(National Cancer Institute)는 암 비율이 유아에서 가장 높으며 9세까지 감소하고 아동이 나이를 먹으면 다시 증가한다는 것을 보여 주었다.

부모, 특히 어머니의 환경오염물질에의 노출이 아동기의 몇몇 암의 빈도를 높여준다는 명확한 증거가 있다(Reis et al., 1999). 전반적으로 소아암은 1973~1994년에 인간이 환경 합성 화학물질에 점점 더 많이 노출됨에 따라 증가했다.

신경발달장애

학습장애, 발달장애 그리고 행동장애가 오늘날 아동들 사이에서 급속하게 확산되고 있다. 특정 오염물질이 뇌와 신경계에 영향을 줌으로써 아동의 신경발달장애의 전반적인 비율에 영향을 미친다. 납과 PCB[2]에의 노출은 지능 저하, 인지발달장애, 주의력결핍 과잉행동장애(ADHD), 반사회적 행동, 비행 행동의 위험 증가와 같은 문제를 일으키고 그로 인해 학습에 어려움을 겪게 한다.

예방과 개입

효과적인 예방과 개입을 위해서는 위험에 처한 개인이나 가족 환경에 대해 3가지 수준을 모두 고려하는 종합적인 접근이 필요하다. 미시적 · 중간적 · 거시적 접근이 그 3가지 수준이다. 특히 사회 · 경제적 수준이 낮은 지역은 여러 가지 형태의 위험에 노출된 경우가 많기 때문에 보다 넓은 차원에서 치밀한 예방과 개입 활동을 실시하는 것이 필요하다.

미시적 수준: 아동과 가족을 보호하는 전략을 증진하기

환경 속 화학물질 위험으로부터 아동과 가족을 보호하기 위해서 몇 가지 전략들이 사용될 수 있다. 이 전략의 본질은 각 개인이 자신의 가정에서 스스로 활용할 수 있다는 점이다. 독소에 노출될 위험이 있는 많은 사람들은 그 독소의 존재에 대해 잘 인지하지 못하며, 어떻게 다루어야 하는지도 잘 모르는 경우가 많다. 이러한 사람들에게 개입하기 위해서는 (1) 인식(awareness), (2) 교육(education) 그리고 (3) 준비(preparation)의 3가지 단계의 과정이 필요하다.

---

2) 역자 주: PCB(poly chlorinated biphenyl: 폴리염화비페닐)는 인공적으로 합성된 독성 화합물로 절연성과 불연성이 뛰어나 변압기, 축전기를 비롯한 여러 가지 전기 장치에서 냉각제와 윤활제로 널리 사용되었는데 PCB가 환경에 축적되어 인간에게 유해한 병을 유발시킨다는 것이 입증되면서 제조와 사용이 금지되었다.

인식

개입의 첫 번째 단계는 위험에 처한 사람들로 하여금 문제가 있다는 것을 인식하게 만드는 것이다. 일반인들은 환경적 독소의 문제에 대해 거의 인식하지 못하는 경우가 종종 있다. 문제가 가장 심각한 경우는 사회경제적 수준이 낮은 집단의 경우 이러한 인식이 더욱 낮다는 점이다. 미시적 수준에서 성공적인 개입을 하려면 몇 가지 거시적인 전략들이 선행되어야 한다. 종합적 접근은 각 가정에서 달성하고자 하는 특정 수치나 비율을 정하도록 하고, 손쉽게 접근이 가능한 지역사회의 여러 곳(예: 여가시설, 교회, 학교)에서 각 가정의 인식을 향상시키는 설명회를 개최하는 방법을 포함한다. 이때 광고지와 교육적 책자를 준비해서 배포해야 한다. 교통이나 이동에 어려움이 있는 가정의 경우, 가정 내에서 할 수 있는 교육적 모임(in-home educational meetings)을 마련해야 한다. 주민방범회(block watches), 부모-교사 연합회, 혹은 지역사회에서 활발히 활동하는 비슷한 조직들을 적극 이용하여 활용 가능한 장소에서 사람들의 인식을 향상시키는 설명회를 실시할 수 있다.

교육

교육은 지역사회 구성원들에게 특정 화학물질의 위험에 대해 알리고, 화학물질의 노출로부터 자신과 가족들을 보호하기 위한 기술을 가르치는 것이다. 어떤 상황에서는 인식향상과 교육을 동시에 제공하는 것이 바람직할 수 있다. 또 다른 경우에는 이 둘을 분리하여 제공하는 것이 더 효과적일 수 있다. 교육 파트에서는 알려진 혹은 가능성 있는 오염물질의 근원에 대한 정보를 알리는 것뿐만 아니라, 화학물질들로부터 안전할 수 있는 전략을 가르치는 것을 포함해야 한다. 다음은 미국 환경보호국의 아동 건강 보호 사무국(The EPA's Office of Children's Health Protection)이 제공한 보호 전략이다(OCHP, 2003).

아동이 보다 깨끗한 공기를 마시도록 돕기

- 가족이 흡연을 금지하고 집이나 차에서 다른 사람이 흡연하지 못하게 한다.
- 가능하면 집을 깨끗하게 유지한다. 먼지, 곰팡이, 특정 집안 해충, 간접흡연, 동물비듬은 천식과 알레르기를 유발시킬 수 있다.
- 공기오염이 심한, 특히 오존 경보가 발령된 경우에는 외부 활동을 자제한다.
- 걷거나 자전거를 이용하고, 카풀(carpool)을 조직하거나 참여하며 대중교통을 이용한다.

- 자동차 공회전은 자제한다.
- 노천 소각은 하지 않는다.

납 중독으로부터 아동을 보호하기

- 의사나 의료인을 통해 아동이 납에 대한 검사를 받게 한다.
- 주택이 1978년 이전에 지어졌다면, 납이 포함된 페인트의 위험성에 대해 검사해 본다.
- 식사 전에 아동의 손을 씻긴다. 병, 고무젖꼭지, 장난감을 자주 씻는다.
- 특히 오래된 주택의 경우, 먼지와 납으로 오염된 벗겨진 페인트로부터 아이를 보호하기 위해 바닥과 창틀을 닦는다.
- 배관에서 납 성분이 흘러나올 수 있도록 적어도 30초간 찬물을 틀어 놓는다.

농약과 다른 독소 화학물질로부터 아동을 보호하기

- 해충이 집으로 들어오지 못하게 음식과 쓰레기는 밀봉된 용기에 보관한다.
- 미끼와 덫을 주의해서 사용한다. 아동의 손이 닿지 않는 곳에 미끼와 덫을 설치한다.
- 상품에 부착된 표를 읽고 지시에 따른다.
- 아동의 손이 닿지 않는 곳에 농약과 독소 화학물질을 보관한다. 아동이 음식물이나 음료로 착각할 수 있을 만한 용기에 담지 않는다.
- 농약을 뿌릴 때는 아동과 장난감, 애완동물은 피하여 살포한다. 농약을 사용한 뒤에는 적어도 농약 용기에 표시된 시간만큼 밭, 과수원, 정원에서 놀지 못하게 한다.
- 과일이나 야채는 먹기 전에 흐르는 물에 씻는다. 가능하다면 먹기 전에 껍질을 벗긴다.

일산화탄소(CO) 중독으로부터 아동을 보호하기

- 연료연소 장비, 연관(furnace flues), 굴뚝은 1년에 한 번 점검한다.
- 난방을 위해 가스 오븐이나 버너를 절대로 사용하지 않는다. 실내나 차고에서 바비큐나 그릴을 절대로 사용하지 않는다.
- 석유스토브 혹은 등유 난방기가 있는 방에서 절대 자지 않는다.
- 자동차 혹은 잔디 깎는 기계를 차고에서 사용하지 않는다.
- UL,[4] IAS[5] 혹은 캐나다 기준에 맞는 일산화탄소 알람장치를 취침 공간에 설치한다.

오염된 생선과 물로부터 아동을 보호하기

- 지역생선주의보와 해변 폐쇄에 대해 주의를 기울인다. 지역 보건부에 연락하여 추가적인 정보를 얻는다.
- 사용한 자동차 엔진 오일 등은 재활용 센터에 반납한다. 유해 가정용 화학물을 규정에 따라 폐기한다.
- 음용수에 어떤 것이 들어 있는지 알아둔다. 지역 상수도 공급원에게 연간 수질 보고서를 요구한다. 검증된 연구기관에 의해 개인 물탱크를 매년 검사한다. 도움이 필요하면 (800)426-4791로 전화하거나 www.epa.gov/safewater에 연락을 취한다.

수은으로부터 아동을 보호하기

- 균형 잡힌 식단을 이용하되 수은 수준이 높은 생선은 피한다.
- 수은 온도계를 전자 온도계로 대체한다.
- 아이들이 수은을 다루거나 가지고 놀지 못하도록 한다.
- 수은에 열을 가하거나 태우지 않도록 한다.
- 수은을 쏟았다면 주나 지역의 보건 혹은 환경부에 연락한다. 절대 수은을 진공청소기로 청소하지 않는다.

준비

대비는 지역사회 구성원이 가정 내 개입을 시행하기 위해 필요한 자료를 얻을 수 있도록 돕는 것을 포함한다. 예를 들어, 연료연소장치를 검사받기 위하여 돈이 필요할 수 있다. 또 화학물이나 이미 존재하는 독성물질을 제거하기 위한 세정 장치를 보관하기 위해 잠금 캐비닛이 필요할 수 있다. 종합적인 개입은 각 가정 내에서 시행되는 미시적 수준의 개입이 일어날 수 있도록 지역사회 구성원이 필요한 모든 자료, 전문지식, 그리고 장비를 제공하도록 돕는 것을 포함한다.

4) 역자 주: UL은 Underwriters Laboratories의 약자로서 미국 보험 협회 시험소 인증을 의미하는데, UL은 미국의 대표적인 안전시험기관이며 UL 규격은 미국의 안전 규격으로 사용되고 있다.

5) 역자 주: IAS(International Accreditation Services)는 국제 인증 관리국을 의미한다.

중간 및 거시적 수준: 대규모 독성 노출과의 전쟁

중간 및 거시적 수준에서 화학 노출을 다루기 위한 몇 가지 계획들은 이미 진행되고 있다. 연방, 주 그리고 지역사회 수준으로 환경 문제를 점검하고 개입하기 위한 정책과 기관의 네트워크가 존재한다. 안타까운 것은 기관들이 짜깁기 식으로 운영되어 구성원들끼리 아주 드물게 연락을 주고받는다는 것이다. 이처럼 산재되고 분할된 시스템 환경에서는 지역사회의 환경 보건 문제를 이해하고 돕는 데 필요한 협력이 거의 이루어지지 않는다. 1997년 4월 클린턴 대통령은 이러한 협력을 용이하게 하기 위해 '환경적 건강 위험과 안전 위험으로부터의 아동 보호(Protection of Children from Environmental Health Risks and Safety Risks)'라는 행정명령에 서명했다. 이 행정명령을 통해 하위 기관들은 아동과 관련된 특별한 환경적 위험에 대해 더욱 신경 쓰게 되었다. 클린턴의 이러한 지시는 시스템 내의 의사소통과 협력적 노력의 향상을 부분적으로 이루어 냈다. 환경 독소로부터 아동 보호를 책임지고 있는 기관들이 직면한 문제를 충분히 논의하기에 한 장으로는 역부족이다. 다음 예시들은 이러한 것들을 설명하고자 제시하였다.

1998년 8월 미국 국립 환경보건 과학 연구소(The National Institute of Environmental Health Sciences: NIEHS)와 미국 환경보호국은 전국에 걸쳐 아동 환경보건 및 질병 예방 연구 센터(Centers for Children's Environmental Health and Disease Prevention Research)를 설립했다. 이 연구소는 여러 학문 분야의 기초 및 응용 연구를 실시하기 위해 존재한다. 이 기관은 아동 건강에 대한 환경적 위협에 관한 지역밀착형 연구 프로젝트를 수행한다. 연구 결과는 지방 공공정책을 만들고, 아동 건강에 미치는 환경적 영향을 연구하기 위한 지역사회의 필요를 충족시키기 위해 사용될 것이다.

이 지역 센터의 목표는 위험에 대한 노출 평가와 건강 효과 연구를 통합함으로써 위험 요인으로부터 건강을 지킬 수 있도록 지역 프로그램을 조정하는 것이다. 호흡기 질환, 신경 발달과 신경 행동, 소아암, 그리고 선천적 결함을 포함하는 특정 분야 연구를 수행한다.

아동 환경보건 및 질병 예방 연구 센터의 주요 목표는 다음과 같다.

- 기초, 임상, 그리고 행동 과학자 사이의 간학문적 상호작용을 제공한다. 이는 아동 건강과 질병에 대한 환경적 영향을 다루기 위한 최첨단 연구 프로그램을 만들 수 있도록 돕는다.
- 환경적 영향에 의한 아동 질환에 관한 심화 연구를 하는 연구/예방 센터의 프로그램

을 지원한다. 기초 과학 지식을 임상 응용이나 개입 전략으로 변형시킬 수 있도록 할 뿐만 아니라 가속화한다는 중대한 목표도 있다. 이와 같은 응용이나 전략은 환경 관련 아동의 질병 발생률을 줄이는 데 활용될 수 있다.

- 위험 관리와 건강 예방 전략의 개발 및 검증에 기초한 건강 효과 연구(health effects research)와 노출 평가(exposure assessment)를 통합하는 완벽히 조정된 프로그램을 개발한다.
- 의사소통, 혁신 그리고 연구의 우수성을 높이기 위한 국가적 네트워크를 형성한다. 위험한 환경 물질에 노출된 결과로 인한 아동의 사망률을 줄이는 거시적인 목표 역시 존재한다.

1998년 9월 8개 기관에 센터가 설립되었다.

1. 남가주 대학교(The University of Southern California)는 숙주감수성(host susceptibility)과 환경적 노출이 아동의 호흡기 질환에 어떻게 영향을 미치는지에 대한 이해를 높여 가고 있다. 이 연구는 보건 및 환경 공무원들에게 다양하고 유용한 개입 방법을 제공할 것이다.
2. 캘리포니아 대학교 버클리 캠퍼스(The University of California at Berkeley)는 캘리포니아 농업 지역의 아동이 살충제에 노출된 정도를 수치화하고, 이 노출이 성장과 발달에 미치는 영향을 밝혀낼 것이다. 연구소는 이 노출을 줄이기 위한 방법을 고안하기 위하여 농민들이 속한 지역사회와 함께 연구할 것이다.
3. 워싱턴 대학교(The University of Washington)는 아동의 살충제에 대한 민감성을 규명하기 위해 생화학적 기제, 분자의 기제, 그리고 노출 기제를 조사하고 있다. 이 센터에서는 워싱턴 주 야키마 계곡의 농민 자녀를 대상으로 연구와 개입 프로젝트를 실시할 것이다.
4. 아이오와 대학교(The University of Iowa)는 농촌 지역 아동의 기도 질환 원인에 대해 연구하고 있다. 그들은 이 질환에 대한 이해를 넓히고, 이 질병을 줄이기 위하여 복합적 요소로 구성된 개입 방법을 개발하기 위해 노력하고 있다.
5. 미시간 대학교(The University of Michigan)는 아동의 천식을 조사하고 있으며, 이웃과 가족의 위험을 줄이는 데 효과적인 개입 프로그램에 관한 평가를 실시하고 있다. 이 연구는 소아천식을 유발하는 환경적 요인에 관한 우리 지식의 부족을 채워

줄 것으로 생각된다.

6. 존스 홉킨스 대학교(Johns Hopkins University)는 환경오염물질과 알레르기 유발물질에 노출되는 것이 볼티모어의 도심에 사는 아동의 천식 및 다른 폐질환과 어떻게 관련되는지에 대해 조사하고 있다. 그들은 환경오염물질에 노출된 아동이 천식에 걸리는 것을 막기 위한 새로운 방법을 찾을 것이다.
7. 마운트 시나이 의과대학(Mt. Sinai School of Medicine)은 도심 지역 아동을 대상으로 복합적이고 잠재적 위험성이 높은 신경 발달 독성물질의 위험에 대해 연구 중이다. 이 물질은 가정에서 나온 살충제와 납, 그리고 PCB와 관련된 음식물을 포함한다. 이 센터는 동부 할렘 지역의 지역 주민들과 파트너가 되어 살충제 관리와 식습관 개선이 아동의 건강에 미치는 영향에 대해 연구할 것이다.
8. 컬럼비아 대학교(Columbia University)는 흑인과 라틴계 유아와 아동의 환경적 위험에 대한 종합적인 지역기반 평가를 실시하고 있다. 센터의 연구자들은 주거지 오염원이 건강에 미치는 영향을 연구함과 동시에 부적절한 영양 상태가 환경 독성으로부터의 영향을 악화시킬 수 있다는 가능성을 연구할 것이다. 과학자들은 환경적 요인이 아동의 건강에 미치는 영향에 대한 사회적 이해를 증진시키기 위해 지역 구성원들과 보다 밀접하게 연구한다. 프로그램이 발전하고 연구 결과가 새롭고 향상된 정책의 실행을 가능하게 함에 따라, 아동의 환경오염물질에 대한 노출과 그에 따른 아동의 질병은 줄어들 것으로 예상된다.

정책과 실행

이 절에서는 연방 차원에서 소아 관련 환경보건 분야에 대해 실시한 정책과 실행에 대해 간략한 개요를 살펴보고자 한다. 연방 정부는 공공의 건강을 보호하기 위해 규제와 권고를 시행했다. 규제는 필요한 경우 법에 의해 강화될 수 있다. 독극물을 규제하는 연방 정부 기구로는 미국 환경보호국(EPA: the Environmental Protection Agency: OSHA), 미국 직업안전 위생 관리국(the Occupational Safety and Health Administration)과 미국 식품의약국(Food and Drug Administration: FDA)이 있다. 독극물에 관한 권고를 담당하는 연방 정부 기구로는 미국 독성물질 및 질병사고 대응 관리국(Agency for Toxic Substance and Disease Registry: ATSDR)과 국립 직업안전 보건 연구소(National Institute of Occupational

Satety and Health: NIOSH)가 있다.

1992년에 미국 환경보건 과학 연구소는 이 사안에 대한 첫 번째 국가적 네크워크를 결성했는데, 바로 아동 환경보건 네트워크(Children's Environmental Health Network: CEHN)이다. 이 네트워크의 임무는 건강한 환경을 조성하고, 태아와 아동을 환경 위험요소로부터 보호하는 것이다. 미국 환경보건 과학 연구소와 아동 환경보건 네트워크는 협력하여 1998년에 소아 관련 환경보건 연구에 관한 워크숍을 후원했다. 이 협력을 시작점으로 몇몇 보고서가 발표되었는데, 이러한 보고서를 바탕으로 아동 환경보건 네트워크는 현재 존재하는 정책을 검토하는 데 지침으로 사용할 수 있는 권고안을 작성하였다. 1994년 3월에 연방 정부에 대해 다음의 권고안이 작성되었다.

1. 환경적 노출에 가장 취약한 대상을 보호하는 공공보건 예방 접근을 채택한다. 공기, 음식, 물 그리고 가정을 규제하는 기준을 마련한다.
2. 아동에게 위험 노출 평가를 실시한다.
3. 연방 정부의 입법, 규제 그리고 행정 명령에 따라 아동들이 어느 부분에서 고려되고 어느 영역에서 고려되고 있지 않은지를 확인하는 즉각적인 검토에 착수한다.
4. 연방 정부 관계 부처 간의 업무 집단(workgroup)은 소아 환경보건과 관계된 정책과 활동을 조직하기 위하여 소집되어야 한다.
5. 지역사회의 참여는 정책개발에 필수적인 부분이다.
6. 소아 환경보건에 대한 국제적인 접근을 채택해야 한다.

1970년 미국 대기청정법(the Clean Air Act)이 통과되었는데 이 법안은 연방 정부기구에 상당한 수준의 기준을 요구하였고 이 기준에 의해 '사회의 가장 취약한 구성원들'을 보호하려는 노력이 이루어졌다(Landrigan & Carlson, 1995). 1996년에는 아동을 환경 위험요소로부터 보호하기 위한 구체적인 2가지의 다른 법이 제정되었는데 그중 하나는 식품품질보호법(Food Quality Protection Act: FQPA)이고, 다른 하나는 식용수 안전법(Safe Drinking Water Act: SDWA)이다. 아동을 보호하기 위해 1990년대에 세워진 다른 중요한 계획은 다음과 같다.

- 클린턴 대통령이 내린 행정명령은 아동의 환경보건과 안전 위험요소를 줄이는 데 초점이 맞추어져 있다.

- 미국 독성물질 및 질병사고 대응 관리국은 1994년 4월에 유아, 아동 그리고 청년들의 건강을 증진시키고자 정책과 프로젝트를 강화하기 위한 아동 건강 계획(Child Health Initiative)에 착수하였다.
- 1996년 9월에는 미국 환경보호국이 「아동을 위협하는 환경보건(Environmental Health Threats to Children)」이라는 보고서를 발표했다. 이 보고서에는 환경적 위협으로부터 아동의 건강을 보호하기 위한 야심적인 국가 의제가 포함되어 있다. 미국 환경보호국은 이 의제의 실행을 돕기 위해 아동 건강보호 사무국을 세웠다.
- 미국 보건복지부(Department of Health and Human Services)의 환경보건 정책을 담당하는 환경보건 정책 위원회(EHPC)는 1996년 12월 아동과 환경에 대한 공공보건 접근을 담당하는 분과 위원회를 설립했다.
- 질병 관리 본부(CDC) 분과인 환경보건 센터(National Center for Environment: NCEH)는 아동의 납 중독, 저체온증, 전염병, 그리고 상해와 같은 환경보건 문제를 조직적이고 종합적인 프로그램을 통해 다루기 위해 건강한 가정과 지역 프로젝트를 시작했다.

미국 환경보호국이 수립한 2000~2005년의 전략적인 계획은 5년간의 장기적인 목표의 윤곽을 보여 주는데, 그 내용은 다음과 같다. 깨끗한 공기, 깨끗하고 안전한 물, 안전한 식품, 오염 예방, 그리고 더 나은 쓰레기 관리와 위기 대응에 관한 개선된 질적 기준을 제시하는 것이다. 2000~2005년의 전략 계획에 포함된 많은 목표들은 환경보건 위험에 대한 아동의 취약성과 관련된 것이다.

미래의 방향

연방 기구, 연구자, 과학자 그리고 의료진들은 환경 독소에 관한 국가적인 자료를 수집하고 보급하는 시스템의 부재를 계속적으로 지적해 왔다. 대부분의 자료 수집과 이에 대한 점검은 주 단위에서 수행되는데 많은 주들은 환경오염물질을 적절하게 점검하지 않는다. 주 단위에서 수집된 자료에는 일반적으로 아동들이 대부분의 시간을 가정, 학교, 놀이터 중 어디서 보내는지에 대한 정보가 누락되어 있다. 아동 질병에 관한 정보의 누락 때문에 과학자들은 아동의 질병이 퍼지는 데 작용하는 환경오염물질의 역할을 연구할 때 어려움을 겪는다. 많은 아동 질병에 관한 국가적인 수준의 자료는 없는 실정이다. 퓨 환경보건 위원회(The Pew Environmental Health Commission)의 세 번째 보고서(2001, January)에 따르면, 이 위원회는 9개 미만의 주가 현재 지적장애, 뇌성마비와 같은 발달장애를 추적하고 있고, 반 이상의 주가 뇌성마비에 대한 점검과 상시 추적을 하고 있지 않기 때문에 미국이 국가적인 환경보건 결여에 직면했다고 비난했다.

이 위원회는 국민건강의 환경적 위험요소와 천식, 암, 그리고 다양한 형태의 선천적 결함과 같은 만성적인 질병의 발생을 추적하고 알아내기 위한 전국적인 보건 추적 네트워크(The Nationwide Health Tracking Network)를 제안했다. 이 기구는 지역사회를 기초로 지역, 주, 연방 그리고 국민 건강 프로그램 사이에 네트워크를 형성한다. 이 기구의 5가지 핵심 요소는 다음과 같다.

1. PCBs, 다이옥신, 수은, 납, 살충제 그리고 수질 및 대기 오염과 같은 주요 노출뿐만 아니라 천식, 선천적 결함, 암과 같은 주요 질환과 알츠하이머, 다발성 경화증, 파킨슨병과 같은 신경질환에 대한 전국적인 비교 기준치를 추적한다.
2. 위험요소에 신속한 조치를 취하기 위해 중금속이나 살충제 오염과 같이 당면한 건강 위기를 점검한다.
3. 지역 환경보건 우선사항을 조사하기 위해 20개의 서로 다른 지역과 주에서 시범 프로그램을 개발하여 실시한다.
4. 발생할 수 있는 위험을 조사하기 위해 지역, 주, 연방 차원의 빠른 대응 능력을 함양한다.
5. 보건 추적 활동에 더 많은 노력을 기울일 수 있도록 지역사회의 관심과 과학적 연구를 지지한다.

전국적인 보건 추적 네트워크는 대중에게 잠재된 위험 오염물질을 알리는 조기 경고 체계를 가능하게 하고, 높은 위험에 처해 있는 대상을 확인시켜 주며, 지역, 주, 연방차원에서 건강 문제를 진단할 수 있도록 돕는다. 또한 환경적 요소들을 인식하고, 예방 전략을 수립하는 것을 가능하게 하며, 시민들이 자신의 지역사회의 건강 상태에 대해 알 권리를 만족시켜 줄 것이다(The Pew Environmental Health Commission, 2001).

결 론

환경 독소의 존재와 확산, 그리고 그것이 아동에게 미치는 영향에 대한 문제는 놀랄 만하고 주목할 만한 문제이다. 이 문제는 특히 빈곤층과 소수민족의 경우 심각하다. 미시적 · 중간적 · 거시적 수준의 개입이 필요하며 이는 실행 가능하다. 여러 기구와 정책들을 통해 직접적인 개입을 시도하지만 조직력과 협동의 부족으로 이러한 노력이 빛을 발하지 못하고 있다. 다음과 같은 조직적인 대응이 필요하다. (1) 개인과 가족 수준에서 인식을 증가시키고 이들을 교육시키며 실행을 위한 준비를 제공해야 하고, (2) 지역, 주, 연방 수준의 기구에서 활동적이고 잘 조직된 교육, 점거 및 강화 활동을 하는 것이 필요하며, (3) 문제가 발생하기 이전에 접근하는 선제적인 정책 분석, 옹호 및 조치가 요구된다.

참고문헌

Agency for Toxic Substances and Disease Registry. (1997a, August). *Public Health Statement for Lead* [CAS #12709-98-7].

Agency for Toxic Substances and Disease Registry. (1997b). Healthy children? Toxic environments [Report of the Child Health Workgroup to the Board of Scientific Counselors]. Available from http://www.atsdr.cdc.gov/child/chw497.html.

Agency for Toxic Substances and Disease Registry. (2003). Final FY 2002 performance report for the Agency for Toxic Substances and Disease Registry. Available from http://www.atsdr.cdc.gov/performanceplan/performanceplan.html.

American Academy of Pediatrics. (2002). Just the facts: Environmental tobacco smoke. Available from http://www.aap.org/mrt/factsets.htm.

Asthma and Allergy Foundation. (2002). What is asthma? Available from http://www.aafa.org/templ/display.cfm?id=2&sub=25.

Augustine-Reeves, P. (1995, July). *Consumer reports: How to find out* (Vol. 60, p. 469). New Haven, CT: Yale University, Teachers Institute.

Bellinger, D. C., Leviton, A., & Waternaux, C. (1987). Longitudinal analyses of prenatal and postnatal lead exposure and early cognitive development. *New England Journal of*

Medicine, 316(17), 1037-1043.

Bogo, J. (2001, October). Children at risk: Widespread chemical exposure threatens our most vulnerable population. *E Magazine.* Available from http://www.emagazine.com/september-october_2001/0901feat1.html.

Brown, H. S., Bishop, D. R., & Rowan, C. A. (1984). Wholly water, toxic hazards in the bath and shower. *American Journal of Public Health, 74*(5), 479-484.

Centers for Disease Control and Prevention. (1995). Populations at risk from air pollution in the United States. *Morbidity and Mortality Weekly Report, 44,* 309-312.

Centers for Disease Control and Prevention. (1999). *Report to Congress on worker's home contamination study.* (DHHS Publication No. 95-123). Available from http://www.cdc.gov/niosh/95-123.html.

David and Lucie Packard Foundation. (1994). *The future of children: Involuntary exposure to environmental tobacco smoke* (Vol. 4, no. 3). Los Altos, CA: Author.

Environmental Defense Fund. (1997). *Toxic ignorance: The continuing absence of basic health testing for top-selling chemicals in the United States.* Available from http://www.environmentaldefense.org/documents/243_toxicignorance%2Epdf.

Environmental Health Watch. (2002a). *Childhood lead poisoning, down but not out.* Available from http://www.ehw.org/Lead/LEAD_home3.htm.

Environmental Protection Agency. (2003a). *America's children and the environment: Measures of contaminants, body burdens, and illnesses* (2nd ed.). Washington, DC: Author.

Environmental Protection Agency. (2003b). *Tips to protect children from environmental risks.* Washington, DC: Author.

Environmental Working Group. (2003). *The power of information: What's in my body? What environmental contaminants are inside your or around you today?* Available from http://www.ewg.org/reports/bodyburden/usertest/index.php.

Fauroux, B. M., Sampil, P., Quenel, P., & Lemoullec, Y. (2000). Ozone: A trigger for hospital pediatric asthma emergency room visits. *Pediatric Pulmonology, 30*(1), 41-46.

Goldstein, G. W. (1992, June). Neurologic concepts of lead poisoning in children. *Pediatric Annals, 21*(6), 384-388.

Landrigan, P. J., & Carlson, J. (1995, Summer/Fall). The future of children: Critical issues for children and youths. *Environmental Policy and Children's Health, 5,* 43.

Mannino, D. M., Moorman, J. E., Kingsley, B., Rose, D., & Repace, J. (2001). Health effects related to environmental tobacco smoke exposure in children in the United States: Data from the Third National Health and Nutrition Examination Sruvey. *Archives of Pediatrics and Adolescent Medicine, 155*(1), 36-41.

Mount Sinai School of Medicine. (2002). *Neurotoxins and the health of children.* New York: Center for Children's Health and the Environment.

National Center for Children in Poverty. (1999). Young children in poverty: A statistical update, 1999 edition. Available from http://www.nccp.org/media/fmc94-text.pdf.

National Childhood Cancer Foundation. (2003). *Childhood cancer is different.* Available from http://www.nccf.org/childhoodcancer/different.asp.

National Research Council. (1993). *Pesticides in the diets of infants and children.* Washington, DC: National Academy Press.

Pew Environmental Health Commission. (2001, Jaunary). *Strengthening our public health defense against environmental threats* [Transition report to the new administration]. Baltimore: Johns Hopkins School of Public Health.

Reis, L. (1997). *SEER Cancer Statistics Review, 1973-1994* (NIH Publication No. 97-2789). Bethesda, MD: National Cancer Institute.

Reis, L. A., Smith, M. A., Gurney, J. G., & Linet, M. (1999). *Cancer incidence and survival among children and adolescents* (NIH Publication No. 99-4649). Bethesda, MD: National Institutes of Health.

UNICEF. (1998). *The state of the worlds' children: Summary.* Available from http://www.unicef.org/sowc03/.

Weintraub, I. (1994). *Fighting environmental racism: A selected annotated bibliography.* Available from http://www.mapcruzin.com/EI/ejigc.html.

Woodruff, T. J., Grillo, J., & Schoendorf, K. C. (1997). The relationship between selected cases of postneonatal infant mortality and particulate air pollution in the United States. *Environmental Health Perspective, 105*(6), 608-612.

Children Adolescent

제10장

약물 남용

*Craig Winston Lecroy & Joyce Elizabeth Mann

오늘날 사회에서 청소년이 성인으로 되어 가는 전환기에 약물과 알코올은 큰 영향을 미친다. 약물과 알코올의 유병률이 워낙 높기 때문에, 많은 전문가들은 청소년기에 약물이나 알코올을 시도해 보는 것이 정상적인 성장의 일부분이라고 생각하기도 한다. 불행하게도 약물과 알코올을 처음 시도한 이후 지속적으로 하게 되면 장래에 해로운 결과를 가져올 수 있다. 게다가 약물과 알코올을 하는 것은 예기치 않은 임신, 자동차 사고, 범죄, 학교 학업 중단과 같은 여러 위험한 행동과 관련될 수 있다. 따라서 알코올과 약물을 하지 않도록 하는 것은 부모, 교육자, 건강 관련 종사자, 법안 집행자 및 사회 전반에 걸쳐 주요 목표가 되어 가고 있다.

이 장에서는 물질 남용의 유병률, 발생률, 빈도에 대한 최근 동향을 살펴보고 약물 남용 예방 프로그램 계획에서 중요한 개념이 되어 가고 있는 위험 및 보호요인에 대해 논의해 보려 한다. 이 장의 대부분은 3가지 서로 다른 대상을 위해 맞춰진 효과적인 프로그램에 대한 정보를 보여 주고 있다. 보편적 · 선택적 · 지시적 개입의 3가지 종류이다. 그리고 예방을 위해 학교, 가정, 지역사회 공동체에서 가장 잘 이용할 수 있는 연구에 기반

*Craig Winston LeCroy, MSW, PhD Arizona State University School of Social Work
Joyce Elizabeth Mann, MA, MSW Mirasol, Inc.

을 둔 실행 방법을 논의한다. 이 장에서는 약물 남용 분야에서 가장 효과적인 프로그램으로 알려진 것이 무엇인지 전반적으로 살펴보려 한다.

유병률 및 발생률

미국 청소년들 사이의 약물 남용 유병률 및 발생률의 추정치는 미시간 대학교 및 미국 국립 약물 남용 연구소(National Institute on Drug Abuse: NIDA)가 발간하는 연간 조사에 보고된다. 미시간 대학교는 8학년, 10학년, 12학년 학생들의 자료를 바탕으로 이들의 일생 및 이전 달, 그리고 현재의 기록을 보고한다. 반면 미국의 약물 남용에 대한 가정조사(National Household Survey of Drug Abuse: NHSDA)는 약물의 사용률, 발생률 및 12~17세 청소년을 대상으로 처음 약물을 사용하게 되는 시기를 평가해 기록한다. 이런 조사에도 불구하고, 청소년들 사이의 약물 남용의 심각성은 과소평가되는 경향이 있다. 조사기관은 장기결석 혹은 학업 중단을 경험하는 학생들의 약물 사용을 평가하지 못한다. 또한 가정조사를 사용하기 때문에 집이 없어 떠돌거나 가출한 청소년들의 자료를 수집하지 못한다. 뿐만 아니라 이러한 조사는 12~18세의 청소년들 사이의 약물 남용에 대해서는 평가를 많이 하지만, 그보다 어린 아동들에 대한 조사는 거의 없는 실정이다.

지금까지 알려진 사실은 우려할 만한 수준이다. 미국 청소년들 가운데 약 80% 이상이 고등학교를 졸업하기 전에 약물을 시도한다. 약물을 시작함으로써 대개 알코올, 담배, 마리화나도 같이 하게 된다. 놀랍게도, 12세 이전에 알코올 혹은 담배를 하는 청소년들이 많으며, 8학년 학생의 1/3 이상이 불법 약물을 경험한다(Johnston, O'Malley, & Bachman, 2002). 최근 국가에서 발표한 대부분의 주요 조사 결과가 〈표 10-1〉에 요약되어 있다.

청소년의 약물 사용이 널리 퍼져 있음에도 불구하고, 청소년의 약물 남용 발생률은 줄어들고 있는 것으로 관측된다. 1998~1999년에 미국 약물 남용 및 정신건강 서비스 관리국(Substance Abuse and Mental Health Services Administration[SAMHSA], 2001)이 조사한 자료에 따르면, 마리화나와 담배를 사용할 가능성이 있는 학생들의 수는 1천 명당 44명에서 31명으로 감소하였다. 코카인,[1] 헤로인,[2] 본드, 무연의 담배를 시작하는 청소년들

1) 역자 주: 코카인(cocaine)은 코카 식물의 잎에 들어 있는 결정성(結晶性) 분말로서 쓴맛이 나고, 혀를 강하게 마비시킨다. 국소 마취제이며, 주로 안과나 이비인후과에서 사용된다.

2) 역자 주: 헤로인(heroine)은 양귀비의 주성분인 모르핀에서 합성한 강력한 마약으로, 코로 흡입하거나 피부에 주

표 10-1 약물 남용의 유병률

물질	결과
담배	고등학교를 졸업할 때까지 61% 학생들이 흡연함 8학년 중 12% 학생들이 현재 흡연자이며 10학년의 20% 학생들이 현재 흡연자임 12~17세 학생들 중 24% 학생들이 매일 한 갑 이상 흡연함
알코올	고등학교를 졸업할 때까지 80%의 학생들이 술을 마셔 본 경험이 있음 8학년의 20%, 10학년의 39%, 12학년의 50% 학생들이 지난 30일 동안 술을 마신 경험이 있다고 응답함 10학년의 21%, 12학년의 33% 학생들이 지난 30일 동안 술에 취해 본 경험이 있다고 응답함. 12~17세의 청소년들 중에 10% 이상이 과음을 함
불법 약물 사용	고등학교를 졸업할 때까지 54%의 학생들이 불법약물을 사용해 본 적이 있다고 응답함—대부분 마리화나를 해 보고 이후 엑스터시, 코카인, 환각제(LSD)를 사용함 8학년의 12%, 10학년의 23%, 12학년의 26% 학생들이 지난 30일 동안 약물을 사용해 본 경험이 있다고 응답함 흡연을 하는 청소년들 중에서 지난 30일 동안 약물을 한 적이 있다고 응답한 학생은 43%, 술을 많이 마시는 청소년들 중에서 약물을 하고 있다고 응답한 학생은 66%였음 지난 30일 동안 흡입제를 해 본 학생의 비율은 4%, 엑스터시를 사용해 본 학생의 비율은 2%였음

주석: *The Monitoring the Future National Survey Results on Adolescent Drug Use: Overview of Key Findings, 2001.* by L. D. Johnston, P. M. O'Malley, and J. G. Bachman, 2002, Bethesda, MD: National Institute on Drug Abuse and "Summary of findings from the 2000 National Household Survey of Drug Abuse" by Substance Abuse and Mental Health Services Administration, 2001, Rockville, MD: Author.

의 수는 이전 해에 비해 변화하지 않고 그대로이다. 그러나 조사에 따르면, 약물을 시작하는 청소년들의 나이는 더 어려지고 있다. 예를 들어, 1965년에 마리화나[3]를 처음 사용한 나이가 20세였다면, 지금은 평균 16세에서 17세로 나이가 더 어려졌다.

아동과 청소년의 약물 남용에 관한 현재 경향은 서로 일치하지 않는 결과를 보여 주고 있다. 2000~2001년에 12학년의 스테로이드 사용은 증가하였으며, 모든 학년에서 엑스터시[4]의 사용은 놀라울 정도로 증가하였다. 같은 기간에 담배, 헤로인, 코카인 사용은 감소하였다. 알코올과 마리화나의 사용은 여전히 그대로이다.

사하거나 정맥에 주입시켜 복용한다. 섭취 시 도취감 또는 무감각 및 온몸에 격렬한 흥분을 일으키는 것 같은 감각을 느낀다.

3) 역자 주: 마리화나(marijuana)는 마약의 일종으로 대마의 잎과 꽃에서 얻어지는 물질로 대마초라고 불린다.

4) 역자 주: 엑스터시(ecstasy)는 암페타민 계열의 유기화합물로 환각 작용을 일으키는 향정신성 의약품이다. 미국에서는 '아담' 혹은 '엑스터시'로, 우리나라에서는 '도리도리'로 불리고 있는 향정신성 의약품이다.

과거 10년의 맥락에 비추어 보았을 때, 이러한 자료는 청소년들의 약물 사용이 다양한 경향성을 보이고 있다는 것을 입증한다. 담배의 사용은 감소하고 있고 술을 많이 마셔 취하는 학생들은 감소하고 있지만 술을 마시는 학생들의 비율은 계속 그대로이다. 마리화나의 사용은 증가한 이후에 유지되는 경향을 보여 주고 있다. 엑스터시가 코카인을 대체하고 있는 추세이다. 예를 들어, 십대 청소년들의 엑스터시 사용은 2001년 모든 연령대에서 증가하였고, 1998년도에 확연히 증가하기 시작한 이후에 계속 증가하는 경향을 보여 주고 있다. 대조적으로, 1990년대에 정점에 도달했던 헤로인의 사용은 8학년 학생들에게서 계속 감소 추세를 보이고 있으며, 10학년과 12학년 학생들에게서도 감소하기 시작하였다. 또한 중요한 점은 연령에 걸쳐 흡연 유병률과 빈도가 계속 감소하고 있다는 것이다. 1990년대에 흡연은 계속 증가하였고, 1996년도에 최고치에 이르렀다. 그때 이후로, 흡연은 8학년 42%, 10학년 30%, 12학년 19%로 각각 감소하고 있다(Johnson et al., 2002). 불행하게도 술을 마시는 경향은 이와 같은 확연한 감소가 나타나지 않는다는 것이다.

미시간 대학교 연구 조사(Johnson et al., 2002) 자료는 관련된 여러 변인 간의 차이를 강조한다. 일반적으로, 약물 사용에서 나이차는 나이가 증가함에 따라 유병률도 증가한다는 경향이 있다. 염려되는 것은 처음 약물 사용을 시작하는 나이, 특히 마리화나와 알코올에서 연령대가 낮아지고 있다는 것이다. 남학생들은 여학생들보다 불법 약물을 더 자주 사용하는 것으로 보이며, 술도 더 많이 하는 것으로 보인다. 반면 여학생들도 남학생들만큼 흡연을 하고 있다. 미국 북동부와 서부 지역은 불법 약물을 사용하는 비율이 가장 높으며, 반면에 남부는 가장 낮은 비율을 보여 주고 있다. 남부와 서부의 경우 술을 마시는 청소년의 비율이 계속 낮아지고 있다. 또한 약물 사용은 대도시보다 시골에서 더 많이 나타난다. 약물 사용에 관한 인종 간 차이의 경우, 일반적으로 생각하는 차이가 청소년에게서는 적용되지 않는다. 모든 연령대에 걸쳐 흑인은 백인보다 술, 담배, 불법 약물을 하는 비율이 대체로 낮다. 히스패닉계 청소년들의 사용 비율은 두 집단의 중간 정도 비율을 보이고 있다. 히스패닉계 청소년들의 크랙(crack)[5]과 엑스터시의 사용은 백인계와 흑인계 미국인의 사용 비율보다 더 높으며, 헤로인의 사용은 백인계 십대 청소년의 비율과 똑같다(Johnson et al., 2002). 자료에서 북미 원주민(Native American)의 약물 남용

5) 역자 주: 소량의 코카인(cocaine)을 소다와 물에 섞어 건조시켜 만든 매우 중독성이 강한 코카인의 한 종류를 말한다. 말릴 때 결정체가 부서지거나 작게 쪼개지기 때문에 보통 특수 담배파이프에 담아 피운다. 크랙은 상대적으로 값이 싸고 매우 효능이 강하며 치명적일 수 있다.

과 술을 마시는 비율은 백인계와 동등한 수준이다(SAMHSA, 2001). 게다가 사회경제적 지위에 따른 약물 사용에서의 차이는 적은 편이며 교육 수준이 높은 가정의 청소년들의 약물 사용 비율은 감소하고 있다.

위험요인

위험요인과 보호요인은 약물 남용 예방 프로그램을 만들고 계획할 때 고려할 중요한 사항이다. 어떤 상황에서 약물 남용이 가장 잘 발생할 것 같은가? 이 질문은 심각한 위험요인이 효과적인 중재 방안을 만드는 데 유용하게 사용될 수 있음을 시사한다. 어떤 상황에서 약물 남용이 가장 발생하지 않을 것 같은가? 이 질문 역시 중요한 보호요인이 효과적인 개입을 개발하는 데 도움이 될 수 있음을 의미한다. 위험요인과 보호요인은 개인적인 요인 혹은 환경적인 조건이며, 연구에 따르면 이 요인들은 약물 사용의 시작과 관련되어 있는 것으로 알려져 있다.

과거에는 청소년들에게 약물 사용의 법적 · 사회적 결과들을 알려 주려는 노력을 하였지만 그 결과는 좋지 않았다. 반면 오늘날에는 약물 남용과 관련된 위험요인을 직접 중재하는 것에 더 많은 노력을 하고 있다(Center for Substance Abuse Prevention[CSAP], 2002). 약물 남용 예방 센터(Center for Substance Abuse Prevention, 1999)는 영향망(the web of influence)이라는 체제를 만들고, 여기에 약물 사용과 관련된 주요 5가지의 위험요인과 보호요인을 포함시켰다. 사회 관련 요인, 가족 환경, 지역 공동체 환경, 학교 관련 요인 및 또래 집단의 5가지 요인이다.

우리는 보호요인보다는 위험요인에 대한 연구를 통해 어떻게 약물 사용을 예방할지에 관해 연구해 왔다. 그러나 보호요인이 약물 사용을 감소시키고 예방하는 데 도움이 될 것이라는 가정 역시 중요하다. 실제로 보호요인을 배제한 채 지나치게 위험요인에만 초점을 맞추는 것에 대해 일부 사람들은 이러한 노력들을 '손상 모델(damage model)'이라고 부르며(Wolin & Wolin, 1995), 이러한 모델로 인해 위험요인뿐만 아니라 보호요인을 동시에 연구하는 것에 더 많은 노력을 기울이게 되는 결과를 가져왔다. 비록 보호요인이 위험요인의 정반대는 아니라고 이야기하지만(예: 역기능적 가족 대 건강한 가족), 이 둘을 구별하기는 쉽지 않다(Newcomb & Felix-Oritz, 1992 참조). 약물 남용 예방 센터에서 내린 결론은 주목할 만하다. "보호요인과 적응유연성에 관한 문헌은 위험요인에 관한 연구보다 다소 혼돈스러우며, 약물 남용의 예방에서 어떤 요인이 가장 중요한지에 관해서도 덜 명확하다." 그럼에도 불구하고 대부분의 프로그램은 위험요인과 보호요인 모두를 강조한다.

연구자들은 청소년 약물 남용을 예측할 수 있는 많은 변인들에 관해 연구해 왔고, 약물 사용과 추후 약물 남용을 예측하는 중요한 여러 요인에 대해 많은 합의를 이루었다. 일반적으로, 약물을 사용하기 시작하는 것과 관련된 변인들은 약물 남용과도 연관되어 있다. 그러나 어떤 연구자들은 약물 남용이 심리적 요인과 관련되어 있지만(Newcomb & Bentler, 1990), 청소년 약물 사용은 사회적 영향과 상관이 높으며 정상적인 발달과정(Kandel, 1980)이라고 주장한다.

약물 사용과 관련된 위험요인은 여러 방식으로 개념화되고 분류되어 왔다. 거론되는 2가지의 개념적 모델은 약물 남용 예방 센터의 내적(internal) 및 외적(external) 변인(〈표 10-2〉 참조)과 Hawkins와 동료 연구자들(Hawkins, Catalano, & Miller, 1992)의 맥락적(contextual) 그리고 대인관계적(interpersonal) 영향력이다(〈표 10-3〉 참조).

연구자들은 청소년기의 경우 여러 위험요인이 복합적으로 작용하여 영향을 준다고 주장한다. 또한 약물 사용의 위험성은 현재 위험요인의 수에 정비례한다(Bry, McKeon, & Pandina, 1982). 뿐만 아니라 위험요인의 영향력은 아동 발달 단계에 따라 변화한다. 예를 들어, 부모와 애착이 잘 이루어지지 않고, 부모가 양육을 적절하게 하지 못할 경우 청

표 10-2 외적 · 내적 위험요인과 보호요인

외적 위험요인과 보호요인	
가족의 보호관찰	가족 규칙 정하기, 어디에 있는지 소재 파악하기, 친구와의 활동에 관한 부모의 관심
학교의 예방 환경	예방 교육과 긍정적 개인발달이 이루어질 수 있는 교실 환경
지역사회의 보호 환경	지역사회 활동, 학습 기회들
이웃공동체의 위험요인	이웃 공동체의 무질서한 분위기, 일반인의 약물 사용 및 범죄
내적 위험요인과 보호요인	
가족 유대감	가정과 가족에 대한 긍정적 견해, 자부심, 가정 내 즐거움
학교 유대감	학교 소속감
자기효능감	중요한 일에 참여한다는 자신감, 개인의 성공에 대한 확신
자기 통제력	자신의 행동과 충동을 통제하는 정도
자부심	다른 사람과 어울리는 능력, 사회적 집단에 대한 기여도, 또래의 인정과 신임

출처: Center for Substance Abuse Prevention (2002).

표 10-3 맥락 및 대인관계와 관련된 영향

사회문화적 위험요인	약물 사용에 호의적인 사회의 규범과 법, 약물의 입수 가능성, 경제적 빈곤, 이웃 공동체의 무질서한 분위기
가족 위험요인	부모와 형제의 약물 사용 모델링, 약물 사용 수용에 대한 부모의 태도와 규범, 가족 내 친밀감 부족, 가족 내 갈등
또래 위험요인	행동 문제의 이른 시작과 지속됨, 학업 실패, 학교에 대한 낮은 참여도, 소외됨과 반항심, 약물 사용에 대한 또래의 호의적인 태도, 이른 약물 사용, 약물 사용의 유전적 성향, 약물의 효능에 대한 생리학적 민감성

출처: Hawkins, Catalano, & Miller (1992).

소년기보다 아동기에서 더 큰 위험을 낳게 된다.

보편적 · 선택적 · 지시적 예방 개입

예방에 대한 정의가 하나만 존재하는 것은 아니지만, 약물 남용 예방은 일반적으로 약물 사용 혹은 약물 남용이 발병되는 것을 늦추거나 제지하고, 제거하려는 개입을 말한다. 또한 예방은 약물 사용에 따른 피해를 줄이려는 노력을 의미한다. 예방의 목표에 대해서는 다소 논쟁의 여지가 있었지만 예방은 중요한 것으로 인식되어 왔다(Marlatt, Baer, & Larimer, 1995). 청소년 약물 남용 예방과 관련하여 서로 다른 이론적 배경을 지닌 다양한 접근법이 활용되어 왔는데, 이 중에는 지식기반(knowledge-based) 접근, 정서 및 사회적 기술 접근, 가족 기술 훈련 및 또래 거절(peer refusal) 기술 접근 등이 포함된다(Paglia & Room, 1998).

1994년에 Gordon(1987)의 질병 예방 모델을 기반으로 한 예방적 개입의 분류 체계가 제시되었다(Institute of Medicine, 1994). 이 의학 협회의 체계는 성인 대상의 취약성을 기준으로 위험의 연속성에 근거하여 예방적 개입을 분류하였다. 예방적 접근은 위험의 수위가 증가함에 따라 3단계로 정의된다. 보편적인 예방 전략은 개인적 위험 수준에 관계없이 모든 청소년을 위한 것이며, 약물 사용과 관련된 선행요인과 약물 사용의 시작을 예방하기 위한 것이다. 선택적인 예방 전략은 환경적 혹은 생물학적 위험요인(예: 낮은 수입, 약물 남용을 하는 부모)으로 인해 더욱 약물 사용의 위험에 처하게 되는 청소년들을 위한 것이다. 지시적인 예방 전략은 이미 약물을 사용하고 있거나 위험 추구(thrill seeking) 행동, 공격성, 품행 문제와 같은 약물 사용과 관련된 선행요인이 나타난 청소년들을 위한 것이다.

경험적으로 입증된 효과적 예방 프로그램의 필요에 따라 많은 연구들이 진행되었고 이 연구들은 무엇이 효과를 일으키는지에 대한 연구를 수행하였다. 일반적으로 연구의 대부분은 연방정부의 승인하에 수행되었다. 효과적인 예방적 개입들은 약물 남용 예방 센터와 미국 국립 약물 남용 연구소와 같은 국가 기관의 보고서 외에도 메타 분석, 비판적 문헌 고찰을 통해 확인할 수 있다. 이러한 분석을 통해 효과적인 프로그램을 실행하고 선택하기 위한 지침 외에도 효과적 예방책의 일반적인 원칙들이 조사되었다(Gardner, & Brounstein, 2001; Gardner, Brounstein, & Stone, 2001a, 2001b; Hansen, 1997; Kumpfer, 1997).

효과적인 보편적 · 선택적 · 지시적 예방 개입의 논의 내용은 다음과 같다. 개입의 분류는 선발된 대상과 대상들의 위험요인을 고려하여 결정하였다. 개입에 대한 비판을 통해 장점과 단점을 모두 제시하였고 특정한 개입에 대한 일반적 접근과 효과적 예방 프로그램의 예시를 분류하였다. 이 장에서 효과적인 프로그램이란 약물 사용과 관련한 위험요인의 감소 혹은 실제 약물 사용의 감소라는 긍정적 결과가 입증된 연구기반 프로그램을 말한다. 프로그램들은 메타 분석(Foxcroft, Ireland, Lister-Sharp, Lowe, & Breen, 2002; Tobler, 1997; Tobler & Stratton, 1997; Tobler et al., 2000)과 비판적 문헌 고찰(Jansen, 1997; Norman, Turner, Zunz, & Stillson, 1997; Paglia & Room, 1998)을 포함한 최근의 연구문헌을 바탕으로 선택하였다. 이외에도 약물 남용 예방 센터에서 발간한 보고서(Brounstein & Zweig, 1999; CSAP, 2000; Gardner et al., 2001b)와 미국 국립 약물 남용 연구소의 보고서(Kumpfer & Baxley, 1997; Kumpfer, Williams, & Baxley, 1997; NIDA, 1997; Sorenson, Phil, & Baxley, 1997)를 선택하였다. 이 장에서 효과적인 프로그램으로 소개된 것들이 모든 효과적인 프로그램들을 포함하지는 못한다. 이 절에서는 보편적 · 선택적 · 지시적 예방 개입과 관련된 논의와 프로그램 효과성에 대한 일반적 원칙을 밝히는 것으로 결론을 내린다.

보편적 예방 개입

보편적 예방의 정의는 일반적인 청소년과 청소년 가족을 대상으로 약물 사용과 약물 남용에 대한 저항력(resistance)을 증가시키도록 하는 개입을 말한다. 보편적 프로그램은 참여한 모든 대상이 약물 남용의 위험에 처하였다는 가정하에, 그리고 예방 프로그램이 도움이 될 것이라는 가정하에 약물 남용의 개인적 위험성에 대한 특별한 사전 검사 없이 대집단을 대상으로 한다(Institute of Medicine, 1994). 청소년 약물 남용 예방과 관련하여 보편적인 예방적 프로그램에 적합한 대상은 십대 청소년들과 초등학생, 이들의 가족 및 지역사회까지 포함된다. 스트레스와 취약성(vulnerability)이 정상적인 수준을 유지하는 시기가 언제인지 알면 보편적 예방 프로그램의 영향력을 향상시킬 수 있다(LeCroy & Daley, 2001). 예를 들어, 약물 남용 예방 프로그램의 효과를 높이기 위해서는 약물 사용으로 인한 문제가 발생하기 이전에, 즉 청소년기 초기에 개입하는 것이 효과적이다.

보편적인 예방 프로그램의 목적은 약물 사용을 예방하는 데 필요한 기술과 정보를 참여하는 모든 대상에게 제공하여 약물 남용이 일어나지 않게 하는 것이다. 참여하는 대상 모두에게 약물 사용을 거부할 수 있는 능력이 향상되어, 각 개인의 위험요인이 명확히 드러나지는 않더라도 보편적인 예방 프로그램은 약물 남용의 위험에 처할 수 있는 사람들에게 도움을 제공한다. 뿐만 아니라 보편적인 예방 프로그램의 참여자는 일반인들로 구성되기 때문에 약물 남용에 대해 낙인찍히는 문제도 피할 수 있다.

보편적인 예방 프로그램은 개인의 위험요인보다 지역사회의 가치체계나 학교의 지원, 사회규범과 같은 환경적인 위험요인에 초점을 맞춘다. 그렇게 함으로써 몇몇 개인적 위험요인과 하위집단의 위험요인이 드러나게 된다. 예를 들면, 학교의 가치에 초점을 둔 보편적 예방 프로그램을 받게 된 중학교 학생들 중에는 부모가 약물을 사용하는 경우도 있는 반면, 안정된 가정의 학생도 포함되며 몇몇 학생은 자존감이 낮을 수도 있다. 그러나 개인의 위험요인과 상관없이, 그들 모두에게 보편적인 예방 프로그램은 도움이 될 수 있다. 약물 남용을 위한 보편적인 예방적 개입의 예로는 학교와 미디어, 공공 캠페인을 통해 모든 아동들에게 약물 남용에 대한 교육을 실시하는 경우와 마약 없는 지역(drug-free zone)을 정하는 학교 정책까지 포함된다.

일반적으로 보편적인 예방 프로그램들은 약물 사용에 대한 규준을 설정하고, 그 문제에 대한 인식을 증가시키기 위해 대중매체와 텔레비전, 광고 캠페인을 이용한다. 이와 같이 약물에 관한 사회적 규준에 기초한 개입이 증가하고 있는데, 예를 들어 대중매체에 반영된 일반인들의 규준을 정확하게 확인하고 이를 활용한다. 실제로 청소년들은 마치 모든 사람들이 약물을 사용한다고 생각하고 있지만, 실제로는 일부의 대상만이 그러한 행동을 하고 있다(Radecki & Jaccard, 1995). 잘못된 인식으로 인해 그러한 행동을 하게 되므로 성인과 청소년을 대상으로 바람직한 규준을 교육하는 것이 목적이다. 보편적인 예방 프로그램들은 학교나 가족, 지역사회를 포함하여 청소년들에게 영향을 미치는 모든 요인들이 포함될 때 최고의 성공가능성을 가지게 된다.

보편적인 예방 전략의 중요한 장점은 대집단을 대상으로 경비가 분할되기 때문에 1인당 참여 비용이 적게 든다는 것이다. 학교는 위험요인에 상관없이 모든 학생들이 있는 곳이기 때문에 이러한 프로그램을 하기에 적합한 최적의 장소이다. 그러나 보편적인 예방 전략의 단점은 이미 위험에 처한 청소년의 경우 프로그램 참여 시 높은 결석률과 중도탈락률을 보이기 때문에 보편적인 예방 접근을 통해 큰 도움을 받지 못한다는 현실이다. 뿐만 아니라 그러한 대상을 염두에 두고 프로그램을 구성하지 않기 때문에 보편적인 예방 프로그램은 참여대상자들의 특정한 요구를 맞추기에는 너무 포괄적일 수 있고 의도한 효과를 얻기에는 프로그램의 내용이 충분하지 못한 경우가 있다.

보편적인 예방 프로그램들은 학교와 가정, 혹은 지역사회의 약물 남용 예방 전략들에 초점을 맞추는 경향이 있다. 학교기반 예방 프로그램은 인지 및 정의적 접근을 사용하고 사회적 영향의 접근을 취하며 개인적, 사회적 기술 훈련뿐만 아니라 약물 남용과 관련하여 학교 분위기 전환을 통해 개입한다. 가족기반 예방 프로그램은 부모와 청소년을 대상으로 부모교육과 부모참여 프로그램 및 부모와 가족 관계 기술 훈련을 목표로 한다. 일반인의 인식 향상을 위한 캠페인, 교육 정보 센터의 활용, 지역사회 연합체의 구성 및 보건 정책의 변화는 보편적인 지역사회기반 개입의 대표적인 형태이다. 이러한 각 영역별 프로그램과 이에 대한 논의는 미국 국립 약물 남용 연구소에서 발간한 연구물을 통해 확인할 수 있다(Sorenson et al., 1997). 보편적인 예방 프로그램의 유형별 목록은 〈표 10-4〉에서 각각의 예시와 함께 제시하였다.

보편적인 예방적 접근에 관한 연구에 따르면, 보편적 예방 프로그램이 가장 효과적으로 실행되고 구성되기 위해서는 여러 가지 요인이 고려되어야 한다. 이러한 여러 가지 요인들에는 예방의 효과가 장기적으로 영향을 미칠지에 대한 고려, 개입을 위한 적절한 대상을 확인하는 것의 필요성, 개입의 포괄성 및 선정된 대상이 가지고 있는 위험요소의 특징을 파악하는 것이 포함된다. 연구에 따르면, 보편적인 예방 프로그램들은 학교, 가정, 지역사회가 모두 대상이 되어 종합적인 접근을 하였을 때 가장 효과적이다. 더욱이 이러한 복합적인 구성요소들은 지역사회에서 보다 폭넓게 실행될 경우 성공할 가능성이 최대화된다(Pentz, 1995). 또한 보편적인 예방 전략은 프로그램이 청소년에게 보다 종합적으로 영향력을 미칠 때 성공적이며 프로그램의 참여대상 특유의 인구학적 특성과 문화, 언어에 맞게 프로그램이 제공될 때 성공이 극대화된다. 그러나 아쉽게도, 보편적인 예방 프로그램은 그 효과성이 전적으로 약물 사용의 첫 시도를 늦추는 데 있기 때문에 프로그램의 장기적 영향력을 간파하기는 어렵다. 뿐만 아니라 보편적 프로그램이 미치는 장기적 영향을 평가한 연구는 많지 않다(Foxcroft et al., 2002).

표 10-4 보편적 예방 개입

유형	접근 방식	효과적인 프로그램
학교 기반 프로그램	사회적 영향	올스타 프로그램(All Stars Program, Hansen, 1996)
		알코올 오용 예방연구(Alcohol Misuse Prevention Study, AMPS; Dielman et al., 2000)
		아틀라스(ATLAS, Goldberg et al., 2000)
		DARE to be You(Center for Substance Abuse Prevention, 1999)
		STAR와 I-STAR 프로젝트에 기초한 SMART 프로젝트(Project SMART delivered in project STAR & I-STAR, Pentz, 1995)
		시애틀 사회개발 프로젝트(Seattle Social Development Project, Hawkins, Catalano, Morrison et al., 1992)
	개인적/사회적 기술 훈련	인생 기술 훈련(Life Skills Training, Botvin, 1996)
	학교 분위기 변화	아동 개발 프로젝트(Child Development Project, Battistich et al., 1996)
		Aban Aya Project(Flay, 1987)
		PATHE 프로젝트(Project PATHE, Gottfredson, 1986)
		HIPATHE 프로젝트(Project HIPATHE, Kumpfer et al., 1991)
	멘토링	SMART Moves(Schinke & Cole, 1995)
		나이를 넘어서(Across Ages, LoSciuto et al., 1996)
가족 중심 프로그램	부모 교육/훈련	약물에서 벗어날 때를 위한 준비(Preparing for the Drug Free Years, Catalano et al., 1998)
		긍정적인 행동(Positive Action, Flay & Ordway, 1999)
	부모 참여	부모 약물 교육과 사전 준비(Parent Drug Education and Homework Involvement, Pentz et al., 1989)
	부모 기술	Incredible Years(Webster-Stratton, 1990)
	가족 기술	가족을 위한 STARS(STARS for Family, Werch et al., 2000)
		아이오와 가족 강화 프로그램(Iowa Strengthening Families Program, Kumpfer et al., 1996)
		가족 강화 프로그램(Strengthening Families Program, Kumpfer et al., 1996)
		가족 프로젝트(Project Family, Spoth & Redmond, 1996)
	가족 참여	청소년 변화 프로그램(Adolescent Transitions Program, Dishion et al., 1996)

지역 사회 기반 프로 그램	법적 내용	지역사회 재판 프로젝트(Community Trials Project, Holder et al., 1997)
	정책 변화	알코올 문제의 변화를 위한 지역사회 동원(Communities Mobilizing for Change on Alcohol, Wagenaar et al., 2000)
	제휴	돌봄 공동체(Communities That Care, Hawkins et al., 2002)
	다양한 요소	중서부의 예방 프로그램(Midwestern Prevention Program, Pentz et al., 1989)
		노스랜드 프로젝트(Project Northland, Perry et al., 1996)
		"예"라고 먼저 말하기(Say Yes First, Zavela et al., 1997)
		우드락 청소년 발전 프로젝트(Woodrock Youth Development Project, LoSciuto et al., 1997)

선택적 예방 개입

선택적 예방 개입은 일반 대상보다 약물 사용의 위험이 높은 하위 집단을 위하여 개발되고 시행된다. 이 하위 집단은 약물 남용과 관련이 있는 것으로 알려진 위험요인에 기초하여 위험한 상태(at risk)에 있는 것으로 여겨진다. 청소년의 약물 남용에 관하여 위험한 상태로 판정할 때에는 연령, 가족 환경, 수입, 신체 및 성적 학대와 같은 경험 등의 기준을 사용하여 구분한다. 덧붙여, 일반대상에 비해 위험이 높은 집단은 음주 경험이 있는 청소년과 중퇴한 학생들, 또는 저소득 지역에 사는 청소년, 다른 학교로 전학 온 학생, 혹은 이사를 자주 다니는 가족 등을 포함한다. 비록 위험 집단으로 정해진 하위 집단의 구성원 각각은 개별적인 위험의 증거를 보이지 않을 수도 있지만, 프로그램은 하위 집단 전체를 대상으로 시행된다. 왜냐하면 선택된 집단은 다른 집단에 비해 위험의 정도가 보다 높다고 여겨지기 때문이다.

선택적인 예방의 목표는 확인된 위험요인을 직접적인 목표로 삼고, 이 위험요인을 감소시키며 동시에 집단에서 발견된 보호요인을 증가시킴으로써 약물 남용의 시작을 지연하고 예방하는 것이다. 집단은 다양한 인구학적(demographic), 생물학적(biological), 심리사회적(psychosocial), 그리고 환경적(environmental) 요인들에 기초하여 선택적인 개입 프로그램의 대상으로 선정된다. 이 요인에는 연령, 성별, 사회경제적인 지위, 유전적 성향, 자궁 내에서의 태아 손상, 주의력결핍과잉행동장애, 가족의 역기능, 학교에서의 유대 부족, 부모의 정서장애, 혹은 지역사회의 무질서한 분위기나 약물 사용을 지지하는 분위기 등이 포함된다. 집단은 위험에 대한 취약성에 기초하여 선택적 개입을 받기 때문에 구체적인 위험요인 및 보호요인에 초점을 두었을 때 효과가 나타난다.

다양한 형식의 선택적인 예방 개입은 문제가 발생하는 위험 집단의 약물 사용 시작을 지연하고 예방하기 위해서 사용되어 왔다. 이런 접근은 심리교육, 기술 훈련 활동, 개인 교습이나 멘토링 프로그램, 청소년 리더십 프로그램, 성인식과 같은 통과의례 프로그램, 가족 역량 강화 접근법, 그리고 문화와 관련된 기능 훈련 활동을 포함한다. 선택적인 예방 프로그램의 일반적인 사례는 알코올 중독 청소년을 위한 특별모임, 위험에 처한 남학생들을 위한 통과의례 프로그램, 또는 약물 중독 부모를 둔 자녀들을 위한 기술 훈련 프로그램 등을 포함한다. 〈표 10-5〉에 효과가 입증된 예방적인 개입 프로그램을 소개하였다. 이러한 프로그램들은 주로 학급에서 학생들을 빼내어 독립된 공간에서 실행하는 이동식 프로그램(pullout program)으로 이루어지거나 방과 후 프로그램으로 실행된다. 또한 이 프로그램들은 저소득 지역, 공영주택 지역 또는 지역사회 단체를 대상으로 실시된다.

선택적인 예방 프로그램은 약물 사용의 위험이 증가된 집단을 대상으로 하기 때문에 효과를 높이기 위해서는 보편적인 프로그램보다 오랜 기간 지속되고 더 집중적으로 실시되어야 한다. 덧붙여 참여한 하위 집단의 성향에 따라 위험요인과 보호요인에 초점을 맞추어야 한다. 예를 들어, 생물학적인 위험요인에 기초하여 선택적인 예방 프로그램의 대상으로 선정된 집단은 경제적 수준이 낮아 선정된 집단과는 다른 개입을 필요로 한다. 뿐만 아니라 참여자들은 현재 증가된 위험 상태에 노출되어 있기 때문에 프로그램에서 익힌 기술들을 점검하고 이를 유지시키기 위한 보강 회기(booster session)를 제공하는 것이 필요하다.

선택적인 예방 프로그램은 위험한 상태의 집단을 대상으로 하는데, 이들이 지니고 있는 강점과 자원을 활용하는 프로그램을 실시하면 보다 효과적일 수 있다. 또한 선택적인 예방 프로그램의 내용은 집단의 요구에 맞게 개발되기 때문에 프로그램의 효과성이 일반적으로 높다. 그러나 집단의 위험 상태를 정의하는 기준이 너무 모호할 수 있기 때문에 참여자들에 대한 고정관념이 존재할 가능성 있다. 예를 들어, 소수 집단이라는 위험요인으로 인해 집단이 구성된 경우 각 하위 소수 집단은 위험에 대한 취약성과 문화적 강점의 측면에서 동질적이지 않다(흑인 학생들은 북미 원주민 학생들과 전혀 다른 위험을 드러낸다). 따라서 각 집단의 특별한 성향을 고려하지 않고 프로그램을 실시하면 효과가 떨어진다.

연구자들은 선택적인 개입 노력의 효과를 실제로 증명하였다(Goplerud, 1991; Lorion & Ross, 1992). 만약 충분한 기간 동안 프로그램이 실시된다면 기술 훈련에 초점을 둔 선

표 10-5 선택적 예방 개입

유형	접근 방식	효과적인 프로그램
학교 기반	사회적 영향	올스타(All Stars, Hansen, 1996)
		아틀라스(ATLAS, Goldberg et al., 2000)
		DARE to be you(Center for Substance Abuse Prevention, 1999)
		ALERT 프로젝트(Project ALERT, Ellickson & Bell, 1990)
		SUCCESS 프로젝트(Project SUCCESS, Richards-Colocino et al., 1996)
	기술 훈련	시애틀 사회 개발 프로젝트(Seattle Social Development Project, Hawkins, Catalano, Morrison, et al., 1992)
	개인적/사회적 기술	열린 문(Opening Doors, Addiction Research Foundation, 1995)
	고위험 청소년	관계 복원 기술 훈련(Reconnecting Skills Training, Richardson, 1996)
	멘토	나이를 넘어서(Across Ages, LoSciuto et al., 1996)
가족 중심 프로그램	부모 교육/훈련	DARE to be you(Center for Substance Abuse Prevention, 1999)
	가족 기술 훈련	가족 효과 훈련(Family Effectiveness Training, Szapocznik, Santisteban, et al., 1989)
	메타돈(methadone)[6] 치료를 받은 부모	가족에 집중하기(Focus on Families, Catalano et al., 1997)
	가족 참여	청소년 변화 프로그램(Adolescent Transitions Program, Dishion et al., 1996)
		가족 지지망(Family Advocacy Network, FAN Club; St. Pierre et al., 1997)
		슈퍼스타(SUPER STARS, Emshoff et al., 1996)
	부모 교육/가족치료	강한 가족(La Familia Fuerte, Gardner et al., 2001b)
	가정방문	Perry 어린이집 프로젝트(Perry Preschool Project, Berrueta-Cement et al., 1985)
지역사회 기반 프로그램	지역사회 구축	예방 체계를 위한 대단한 협력(Great Alliance of Prevention Systems, Brounstein & Zweig, 1999)
		지속적인 관계 만들기(Creating Lasting Connections, Johnson et al., 1996)
	청소년 클럽/청소년 센터	Stay SMART(Tierney et al., 1995)
		SMART Leaders(Tierney et al., 1995)
		히스패닉 청소년 리더십 기관 프로그램(Hispanic Youth Leadership Institute Program, Stoil & Hill, 1996)
	대안 프로그램	대단한 대안(Amazing Alternatives, Murray & Perry, 1985)

택적 예방 프로그램은 청소년의 학교, 가족 및 또래 집단의 기능을 향상시키고, 또한 우울을 감소시키며 자아존중감을 향상시키는 효과를 나타낼 것이다. 제한적이지만 장기적인 선택적 예방 프로그램의 평가에 따르면, 시간이 흐를수록 참여자들이 긍정적인 성취를 나타내는 것으로 증명되었다(Berrueta-Cement, Schweinhart, Barnett, Epstein, & Weikart, 1985; Casto & Mastrepieri, 1986). 덧붙여, 청소년과 부모 모두에게 초점을 맞춘 선택적인 접근은 어느 한쪽에 초점을 둔 접근에 비해 보다 효과적이라는 것이 입증되었다. 선택적인 개입에 대한 평가결과는 이러한 개입을 통해 위험요인이 감소한다는 것을 보여 주었으나 이러한 개입이 장기적인 약물 사용에 어떤 영향을 미치는지는 아직 명확하게 보여 주지 못한다.

지시적 예방 개입

지시적 예방 개입은 약물을 사용한 경험이 있거나, 약물 남용의 징후를 드러낸 적이 있는 청소년을 대상으로 한다. 또한 지시적인 개입은 약물을 사용하지 않더라도 우울이나 자살 같은 약물 남용 문제를 발생시킬 가능성이 있는 다른 문제나 장애의 징후를 보이는 청소년을 대상으로 한다. 지시적인 예방 프로그램을 받도록 판정받은 개인은 약물 사용과 남용의 징후를 보이지만 약물 남용 장애의 진단 기준은 충족시키지 못한다.

프로그램의 대상이 된 개인들은 흔히 미리 약물을 시험해 봤기 때문에 약물의 사용을 지연시키거나 줄이는 것은 지시적인 개입의 목표가 아니다. 오히려 남용이 연속되는 것을 막고 약물 사용의 심각성을 줄이는 것이 목표다. 이 접근법은 보편적인 예방적 접근법과는 달리 피해를 줄이는(harm-reduction) 접근법에 가깝다. 왜냐하면 불법적인 약물 사용을 피하는 것을 포함하여, 약물 사용과 관련된 해로움을 줄이고 약물 남용 문제에 도움이 되는 것을 찾기 위해서 정보와 기술을 제공하는 것을 목표로 하기 때문이다. 이들은 교사, 부모, 학교상담자, 또는 법적 체계에 의해서 지시적인 예방적 프로그램에 의뢰될 수 있다.

지시적인 예방 노력의 대상인 개인들은 약물을 사용할지도, 또는 사용하지 않을지도

6) 역자 주: 메타돈(methadone)은 강력한 합성마약으로 헤로인이나 다른 마약류에 의한 마약중독을 치료하는 데 가장 효과적인 약이다. 메타돈은 탐닉성 약물이기는 하지만 헤로인보다 복용을 중지하기 쉽기 때문에 헤로인 중독자를 해독시키는 데 사용된다.

표 10-6 지시적 예방 개입

유형	접근 방식	효과적인 프로그램
학교 기반	사회적 영향/기술 훈련	SUCCESS 프로젝트(Richards-Colocino et al., 1996)
		분노 대처 프로그램(Anger Coping Program, Lochman & Wells, 1996)
		능력 함양 프로그램(Coping Power Program, Lochman & Wells, 1996)
		나는 문제를 해결할 수 있어요(I Can Problem Solve Program, Shure, 1992)
		패스트 트랙 프로그램의 사회적 기술 훈련(Social Skills Training in the Fast Track Program, Bierman et al., 1996)
		문제해결 사회적 기술 훈련 개입(Problem Solving Social Skills Training Intervention, Kazdin, 1995)
	생활 기술 /학업 중단 예방	청소년 관계 복원 프로그램(Reconnecting Youth Program, Eggert et al., 1994)
	학교 분위기 변화	개인 성장 수업(Personal Growth Class, Eggert et al., 1994)
		HIPATE 프로젝트(Kumpfer et al., 1991)
	지원 집단	치료 후속관리 지원 집단(Treatment Aftercare Support Groups, Kumpfer et al., 1991)
가족 중심 프로그램	부모 교육/기술 훈련	가족 강화 프로그램(Strengthening Families Proram, Kumpfer et al., 1996)
		가족 효과성 훈련(Family Effectiveness Training, Szapocznik, Santisteban et al., 1989)
		가족과 학교가 함께(Family and Schools Together: FAST, McDonald et al., 1991)
		패스트 트랙 프로그램(Fast Track Program, McMahon et al., 1996)
	가족 참여	청소년 전환기 프로그램(Adolescent Transition Program, Dishion et al., 1996)
	가족치료	구조적 가족치료(Structural Family Therapy, Szapocznik, Kurtines et al., 1989)
		가정기반 기능적 가족치료(Home-Based Functional Family Therapy, D. A. Gordon, 1994)
지역사회 기반 프로그램	지역사회 구축	지속 가능한 관계 형성(Creating Lasting Connections, Johnson et al., 1996)
	거주지 프로그램	거주지 학생 지원 프로그램(Morehouse & Tobler, 2000)
	대안 프로그램	대단한 대안(Amazing Alternatives, Murray & Perry, 1995)

모른다. 그러나 이들은 학교에서의 실패, 대인관계와 관련된 사회문제, 비행, 반사회적 행동, 그리고 우울증이나 다른 정서장애와 같은 정신적인 어려움을 포함하는 개인적인 위험요인을 드러내고 있다. 지시적인 예방 프로그램은 낮은 자존감, 품행장애, 부모와의 낮은 유대, 그리고 또래와 관련된 어려움과 같은 개인적인 위험요인을 다룬다. 보편적인 예방 프로그램과는 달리 지시적인 예방 노력들은 지역사회 기준이나 가치와 같은 환경적인 위험요인에는 거의 관심을 기울이지 않는다.

지시적인 예방적 개입은 약물 남용 문제와 품행장애를 가진 것으로 확인된 어린이집 아동과 초등학생들을 위한 프로그램뿐만 아니라 무단결석, 학업실패, 우울증 또는 자살의도와 같은 문제를 드러내는 고등학생들을 위한 프로그램까지 포함한다. 행동 문제와 정서 문제를 가진 학생들을 위해 고안된 학생지원 프로그램 또한 지시적인 개입의 예이다. 〈표 10-6〉에 효과성이 입증된 지시적 예방 개입 프로그램을 제시하였다.

지시적 예방 프로그램의 장점은 선택적인 개입의 장점과 유사하다. 왜냐하면 개인적인 위험요인에 초점을 맞추며 집중적으로 개입하기 때문이다. 또한 이와 같이 접근하는 것은 위험에 처한 개인에게 보편적인 예방적 접근을 사용하는 것보다 잠재적으로 훨씬 효과적일 가능성이 높다. 프로그램이 훨씬 집중적이기 때문에 프로그램을 수행할 수 있는 잘 훈련된 인력을 필요로 한다는 것은 단점이 될 수 있다. 그러므로 보편적인 접근이나 선택적인 접근보다 실시하는 데 비용이 더 많이 들 수 있다.

지시적 예방 프로그램이 최고의 효과를 보이려면 청소년과 가족 모두를 포함하는 종합적인 예방적 노력이어야만 한다(Kumpfer & Baxley, 1997). 그러므로 다요인 프로그램은 단일 개입 접근법보다 훨씬 효과적이다. 위험하다고 판단된 개인을 위해 실시하는 프로그램은 드러난 위험요소를 효과적으로 다루기 위해 그 개인이 보이는 위험을 확인하고, 그것에 초점을 맞추며 적합한 개입 방법을 선택해야만 한다(NIDA, 1997).

보편적 · 선택적 · 지시적 접근에 대한 연구 평가

보편적 · 선택적 · 지시적 예방 개입은 각각의 대상에 따라 구분되지만, 3가지 개입 모두 학교, 가족, 지역사회 차원에서 이루어지는 예방적 노력으로 범주화시킬 수 있다. 사실 프로그램의 효과성을 평가하는 연구는 종종 모집단 대상이 아니라 프로그램 자체(예: 학교, 가족, 지역사회)에 초점을 맞추어 왔다. 그러므로 학교기반, 가족기반 혹은 지역사회기반의 개입으로 범주를 나누어 연구의 결과를 논의하는 방식이 적절하다고 할 수 있다. 왜냐하면 이러한 범주들은 보편적 · 선택적 · 지시적 개입 모두에 적용될 수 있으며 특정 접근법과 그로 인한 결과를 명확하게 기술하는 데 적합하기 때문이다.

학교기반 개입

학교기반 프로그램은 보편적 · 선택적 · 지시적 예방 접근법들 중에서 가장 많이 개발된 개입 방법이다. 일반적으로 학교기반 프로그램은 지식만을 다루는 접근법, 도덕적 가치와 규범에 호소하는 정서적 접근법, 사회적 영향이나 기술 훈련 접근법, 학교 분위기 변화나 멘토링 접근법을 반영해 왔다. 학교기반 프로그램의 메타 분석 결과, 이 모든 접근법들이 동일하게 효과를 나타내지는 않는 것으로 드러났다(Tobler, 1997; Tobler & Stratton, 1997; Tobler et al., 2000). 지식을 다루는 접근법은 약물 사용의 부정적인 결과를 학생들에게 가르쳐 주는 방식인데 지식은 증가시키지만 학생의 행동에는 영향을 미치지 못했다. 따라서 가장 효과성이 낮은 예방 전략으로 평가된다. 이처럼 효과성이 없다는 것이 입증되었지만, 그럼에도 불구하고 약물 남용 저항 교육(Drug Abuse Resistance Education: DARE)[8]과 같은 지식 중심 접근법이 학교에서 널리 시행되고 있다(Clayton, Cattarello, & Johnstone, 1996; Foxcroft et al., 2002; Tobler & Stratton, 1997). 정서적 프로그램 역시 학생들의 약물 사용에는 거의 영향을 미치지 못하는 저조한 결과를 보였다(Tobler, 1992). 학교에서 시행된 가장 효과적인 예방 프로그램은 사회적 기술이나 생활기술에 대한 집중 훈련을 제공하고, 심리사회적 접근을 통해 약물 사용 압력에 저항할 수 있는 기술을 가르치는 방법이었다(Tobler, 1997).

Tobler(1997)는 성공적인 학교기반 프로그램들은 적합한 내용, 상호작용적인 과정, 그리고 소규모 집단이라는 특징을 갖는다는 사실을 발견했다. 프로그램의 내용은 대상 아동의 연령 발달에 적합해야 하고, 위협 전략을 사용하거나 마약 사용의 효과를 과장하는 방식을 이용해서는 안 된다. 내용은 모든 참가자들이 상호작용하는 과정을 통해 전달되어야 하며, 이를 통해 아동들이 기술을 연습하고 피드백을 받으며 다른 참가자들과 상호작용할 수 있을 때 프로그램의 효과가 나타난다. 이렇게 또래 간의 상호작용을 중심으로 교사의 도움을 첨가하는 프로그램이 교사 주도의 설교적 프로그램보다 훨씬 더 성공적

8) 역자 주: Drug Abuse Resistance Education(DARE) 프로그램은 1983년 로스앤젤레스에서 처음 개발된 경찰 주도 수업으로, 유치원부터 12학년까지의 학생들에게 또래 압력에 저항하는 방법을 가르침으로써 마약과 폭력으로부터 자유로운 삶을 살 수 있도록 돕는다. 자세한 정보는 http://www.dare.com에서 확인할 수 있다.

이다. 또한 소규모 집단으로 프로그램을 진행하는 것이 효과성을 높인다.

연구에 따르면, 학교기반 프로그램이 효과적이기 위해서는 저학년부터 고등학교까지 지속적으로 진행되어야 하며 성취한 것을 유지시키기 위한 보강 회기(booster session)가 반드시 필요하다. 특히 이러한 개입은 집단의 특징을 근거로 위기에 처한 집단을 대상으로 실시하는 선택적 개입에 효과가 높다. 게다가 위기에 처한 청소년에 대한 조기 진단이 가능하기 때문에 선택적 개입은 학령기 이전부터도 시행될 수 있다. 개입의 종류에 관계없이, 효과적인 프로그램은 실행 대상을 중심으로 연령, 발달적 요구, 인종, 문화, 언어와 같은 요인들을 고려하여 이루어진 프로그램들이다.

모든 학생을 대상으로 하는 보편적 예방 접근과 달리, 선택적 개입이나 지시적 개입에는 낙인(labeling)의 위험이 존재한다. 몇몇 연구에 따르면, 집중적으로 지시적 접근을 시도하면서 발생할 수 있는 낙인으로 인해 이후의 일탈 가능성이 증가할 수 있다(Mechanic, 1978). 청소년들은 일탈적 행동을 하는 다른 또래들과 어울리며 일탈적 행동을 배우게 된다. 또한 약물 사용과 기타 청소년 건강 문제들은 서로 관련되어 있기 때문에(Jessor & Jessor, 1977), 지시적 개입 프로그램이 목표하는 결과를 얻기 위해서는 다양하게 연결된 문제들(problem cluster)을 모두 고려해야 한다.

가족기반 개입 노력

가족 중심의 노력은 개인 및 가족과 관련된 위험요인을 다루는 것을 목표로 하기 때문에 보편적 · 선택적 · 지시적 개입 모두에서 중요한 요소이다. 일반적으로 가족을 대상으로 하는 프로그램에는 가족 교육 및 기술 훈련, 부모 개입, 부모 지원 그룹, 가족 사례 관리, 가정 방문, 구조화된 놀이 치료적 접근이 포함된다.

연구에 따르면, 효과적인 가족 예방 프로그램은 정보의 습득보다 양육 기술의 개발에 더 중점을 둔 것들이다. 그러므로 효과적인 프로그램은 기술을 배우고 연습하는 과정에서 부모–자녀의 참여 기회를 제공한다. 뿐만 아니라 효과적인 가족 개입 노력은 모델링, 코칭, 시연, 역할극을 이용하여 상호작용적 과정을 통한 가족 의사소통 기술을 개발하는 데 초점을 둔다.

의사소통과 상호작용을 개선하기 위한 활동에 가족이 참여하는 가족 기술 훈련은 가장 효과성이 높은 선택적인 예방 접근으로 여겨진다. 부모와 가족 기술 훈련에는 보통 양육법, 의사소통, 대처 기술, 의사 결정, 스트레스 및 가족 갈등의 완화가 포함된다. 선택적 가족기반 예방 프로그램과 지시적 프로그램은 모두 기술 훈련, 가족치료, 가정으로부터의 가족지원을 제공한다. 보편적인 가족기반 접근과 달리, 가장 효과적인 지시적 가족 접근에는 부모들에게 필요한 것을 제공하는 가족지원과 부정적 행동을 감소시키고 건강한 상호작용을 증가시켜서 가족을 돕는 가족치료(NIDA, 1997)가 수반된다. 특히 구조화된 가족치료법은 가족에게 가장 효과적으로 작용하는 방법이다(Kumpfer, 1997).

연구에 따르면, 일반적으로 보편적 · 선택적 · 지시적 가족 개입은 가족 영역에서의 위험 및 보호 요인을 동시에 다룰 때 가장 효과적이고(Kumpfer, Molgaard, & Spoth, 1996), 참가자들의 문화에 적절하게 반응할 때 효과적이며(Kumpfer & Alvarado, 1995), 내담자의 강점을 강조하고 연령과 발달에 적합할 때 효과적이다(Hawkins, Catalano, Morrison, et al., 1992). 가족 개입이 최대의 효과성을 발휘하기 위해서는 목표 달성을 위한 충분한 기간과 강도(Kumpfer et al., 1996), 그리고 그 효과를 지속시키기 위한 보강회기(Botvin, Schnike, Epstein, Diaz, & Botvin, 1995)가 반드시 필요하다. 예를 들어, 지시적 가족기반 개입이 긍정적 결과를 성취하기 위해서는 15회기나 그 이상의 기간이 필요할 수도 있다.

가족기반 프로그램을 실행하는 데 중요한 한 가지 문제는 부모의 섭외 및 유지 여부이다. 효과적인 섭외를 위해서는 유인책의 사용이 필요할 수도 있다(Bry, Catalano, Kumpfer, Lochman, & Szapocznik, 1998). 섭외된 부모를 더욱 잘 유지시키기 위해서는 문화적으로 민감한 프로그램의 개발(Kumpfer & Alvarado, 1995) 및 프로그램 참가자들 간의 연결을 강화시키기 위한 노력, 특히 지시적 프로그램을 시행할 때의 연결 강화(Cohen & Linton, 1995)가 필요하다. 또한 학교가 부모를 개입하는 것에 달가워하지 않거나 일하는 부모들이 참여하기 힘든 구조일 수 있다는 점을 감안할 때, 학교보다 교회나 지역사회의 센터에서 가족중심 개입을 실행하는 것이 더욱 참여를 촉진하는 방법일 수 있다.

지역사회중심 개입

보편적 · 선택적 · 지시적 지역사회중심 개입은 가족, 학교, 정부기관, 대중매체, 지역사회기관을 대상으로 지역사회를 통해서 이루어진다. 일반적으로 지역사회기반 노력에는 멘토링 프로그램, 청소년 그룹 및 클럽, 대안적 활동들과 더불어 대중 인식 제고 캠페인, 정보 제공 센터, 사회 및 법적 정책 변화를 위한 노력, 지역사회 운동(community mobilization), 제휴 및 협력의 증진 등이 수반된다. 지역사회기반 개입 활동에서 위와 같은 각각의 전략들은 모두 효과적이다. 대중매체 및 법적 · 정치적 접근법을 사용하는 것(Paglia & Room, 1998)은 대중의 인식 제고와 규범 형성에 효과적으로 영향을 미친다. 지역사회 운동을 통한 노력 또한 약물 남용으로 인한 문제 및 그와 관련된 개입 사업에 대한 인식을 높이는 데 효과적이다. 청소년 그룹 및 클럽과 같은 대안적 프로그램은 직접적으로 약물 사용에 영향을 끼치지는 못한다 하더라도, 친사회적 상호작용을 위한 기회 및 개인적 역량을 개발할 수 있는 기회를 참가자들에게 제공할 수 있다. 대안적 프로그램들은 그 자체만으로는 약물 사용을 예방하지는 못하지만 다른 노력들과 함께 작용함으로써 긍정적인 영향을 미칠 수 있다(Norman et al., 1997). 효과적인 선택적 · 지시적 지역사회기반 접근에는 대안적 프로그램, 멘토링, 성인식과 같은 통과의례(rites of passage) 프로그램, 기술 훈련 프로그램이 포함된다.

일반적으로 지역사회기반 개입은 학교, 가족, 지역사회를 동시에 개입할 때 가장 효과적이다. 그러나 이런 프로그램들을 실행하는 것은 어려운 문제이다. 이러한 다요인적 프로그램들은 더 광범위한 지역사회 환경에서 실행될 때 성공할 가능성이 가장 높다(Pentz, 1995). Phillips와 Springer(1997)는 지역사회 개입을 실행하기 위한 지도 원칙을 제시하였다.

효과적인 개입의 일반적 원칙

보편적 · 선택적 · 지시적 예방 노력 모두에 적용할 수 있는 효과적인 개입의 일반적 원칙은 약물 남용 예방 센터가 제시하였다(Gardner & Brounstien, 2001). 이러한 원칙은

표 10-7 효과적인 프로그램의 원칙

든든한 구조를 형성하기	보호요인, 위험요소 그리고 적응유연성을 다루기 포괄성(comprehensiveness)을 추구하기 프로그램의 지속 기간과 강도를 충분히 확보하기
책무성을 증진시키기	정확한 정보를 기반으로 프로그램 만들기 명확하고 현실적인 목표 세우기 프로그램을 평가하고 점검하기 처음부터 프로그램의 지속성 고려하기
청소년을 이해하고 참여시키기	청소년의 심리사회적 발달의 의미를 설명하기 약물 사용에 대한 청소년들의 인식을 파악하기 프로그램의 설계와 실행에 청소년을 포함시키기
효율적인 과정을 만들기	믿을 만한 메시지를 개발하기 지식과 기술 개발을 연결하기 상호작용적인 집단 과정을 활용하기 교사와 지도자의 자질과 훈련에 주의 기울이기

출처: Health Canada (2001).

약물 남용 예방 센터의 영향망(web of influence) 모델에서 제시된 영향의 영역에 따라 분류된다(약물 남용 예방 센터 보고서, Gardner & Brounstien, 2001; Gardner et al., 2001b 참조).

Health Canada(2001)는 과학적인 문헌으로부터 나온 증거에 기반을 둔 효과적인 약물 사용 프로그램의 원칙을 제시하였다. 이러한 원칙들이 프로그램에 많이 반영되면 될수록 프로그램의 효과는 높아진다. 또한 저자들은 전문가들이 프로그램 혹은 교육과정을 채택할 때, 이러한 원칙들을 사용하여 프로그램의 잠재적인 효과성을 평가할 수 있다고 제안한다. 이러한 원리들을 〈표 10-7〉에 요약하였다.

실행을 위한 함의

엄격한 평가와 프로그램의 분석을 통한 효과적인 예방적 개입들이 확인되고 있고 연구 자료에 기초한 효과적인 예방의 원리를 통합할 수 있음에도 불구하고 입증되지 않은 결과를 보이는 프로그램들이 계속해서 실시되고 있다. 뿐만 아니라 효과적이라고 여겨지는 프로그램마저도 원칙이 지켜지지 않은 채 실시되어 효과성을 떨어뜨리고 있다. 연구기반 프로그램은 그 프로그램의 효과성을 입증하기 위해 실시되었던 것처럼 똑같이 반복적으로 실시되기가 어렵다. 왜냐하면 특정 지역사회와 학교 및 가정의 요구에 맞추는 과정이 힘들기 때문이다. 따라서 효과적이라고 입증된 프로그램을 선택할 때나 선택된 프로그램을 충실하게 실행할 때 프로그램의 실행자 및 지역사회의 지도자, 그리고 교육청 직원들에게 상당한 책임감이 요구된다.

Kumpfer와 Baxley(1997)는 경험적 연구에 기반을 둔 예방적인 프로그램을 선택할 때 사용할 수 있는 지침을 제공했다. 효과적인 예방적 모델과 프로그램은 관련 문헌에 대한 검토와 프로그램 평가 연구를 통해서 확인되어야만 한다. 약물 남용 문제와 관련된 특정 자료는 수합한 후 평가를 거쳐 어떤 위험요인과 관련이 있는지 확인함으로써 이후 사용할 때 개입의 대상 선정에 사용할 수 있어야 한다. 예방 개입을 실시하는 책임자는 어디에 초점을 두어 예방적 노력을 실시할지 결정해야 하며, 궁극적으로 지역사회가 예방적인 개입을 수용할 수 있을지 결정해야 한다.

얼마나 적절하게 프로그램을 실행하느냐 하는 것은 결과에 영향을 미칠 수 있는 주요한 쟁점이다. Kumpfer(1997)는 성공적인 프로그램의 실행을 위한 지침을 제공하였다. 성공적인 실행을 위해서는 먼저 프로그램의 참여 대상자가 준비되어 있는지, 즉 프로그램에 얼마나 참여하고 싶은지를 평가해야 한다. 그다음에는 잘 훈련된 유능한 지도자가 프로그램을 실시하였는지를 평가해야 한다. 참여자들에게 힘을 실어 주는 리더십 스타일이 가장 효율적이며, 따뜻한 마음과 공감 및 진정성과 같은 개인적인 자질을 갖는 것은 결정적인 요소이다. 충분한 훈련이란 상호작용적인 방법을 통해 참여자들과 직접 경험하는 과정을 포함하는 훈련이다(Tobler & Stratton, 1997). 성공적인 프로그램의 실행을 위해서는 최종 목표와 임무, 그리고 세부적 목표가 확실히 정의되어 있어야 하고 이러한 것들이 세부 활동과 논리적으로 결합되어 있어야 한다. 또한 위험도가 높은 청소년과 그들의 가족들의 참여를 독려하는 인센티브가 포함되어야 한다. 설교식 강의보다는 상호작용적인 기법이 훨씬 더 효과적인 방법이다(Tobler & Stratton, 1997). 궁극적으로, 성공적인 프로그램의 실행을 위해서는 피드백에 기초한 프로그램 평가뿐만 아니라 질 높은 과정 및 성과 평가(outcome evaluation)를 필요로 한다.

향후 연구 방향

이 절에서는 과학기반(science-based) 또는 증거기반(evidence-based) 프로그램의 활용과 관련하여 미래의 연구 측면에 초점을 맞춘다. 미래의 연구를 위한 첫 번째 방향은 프로그램의 실행에서 조금 더 깊이 있는 이해를 하는 것이다. 증거기반 프로그램을 더 많은 대상 집단에게 적용하여 보다 나은 결과를 도출하기 위해서 가장 먼저 고려해야 할 것은 프로그램의 실행이다. 미래 연구를 위한 두 번째 방향은 효과성 증거를 평가하는 기준을 마련하는 것이고 증거기반 관점을 채택할 때 내재적인 한계점이 무엇인지를 조사하는 노력이 무엇보다 요구된다.

증거기반 프로그램의 실행 과정을 분석하는 연구가 지금 보다 많이 이루어져야 한다. 예를 들어, 프로그램 설계의 변화 정도가 어느 정도까지 실행 과정에 영향을 미치는지 파악하는 것이 필요하며, 어느 정도 변화한 경우 최초의 연구와 비슷한 결과를 도출해 낼 수 있는지 파악해야 한다. 이 질문에 대답하는 것은 쉽지 않다. 왜냐하면 대부분의 연구들은 실행에서의 변화가 결과에 어느 정도 영향을 미치는지 파악하지 못했기 때문이다. 특히 프로그램이 적정 수준의 효과를 보였을 경우 보다 다양한 분석을 통해서 어떻게 프로그램의 실행 과정이 결과에 영향을 미쳤는지를 분석해야 한다. 그래야만 이 프로그램을 다른 대상에게 실시했을 때 동일한 효과를 낼 수 있는 실행 방법을 알아낼 수 있다. 또한 많은 증거기반 프로그램들은 상당한 연구비가 소요된 연구의 결과인 경우가 많다는 것을 인식하는 것이 중요하다. 왜냐하면 같은 프로그램을 지역적으로 실시할 경우 다르게 보일 수도 있기 때문이다.

그러한 소규모의 지역적 연구들은 프로그램의 효과성이 거의 검증되지 않았다. 왜냐하면 '증거기반' 프로그램이 되는 데 필요한 방법적인 기준을 거의 충족하지 못하기 때문이다. 무선배정을 사용한 연구들은 효과성을 입증할 수 있고 내적 타당도(internal validity)가 매우 높은 설계를 가지고 있지만 종종 외적 타당도(external validity)가 낮은 경우가 있다. 이처럼 외적 타당도가 부족할 경우에는 프로그램을 보급하는 데 결정적인 문제를 지닐 수 있다. 왜냐하면 대규모로 프로그램을 보급하는 데 필요한 증거를 갖추고 있다고 말하기가 쉽지 않기 때문이다. 소규모로 지역적인 수준에서 효과가 입증된 프로그램에 대해 보다 주의를 기울일 필요가 있다. 왜냐하면 이러한 프로그램들이 지역적 수준에서 효과성을 보인 이유를 파악하는 것은 중요한 자료이기 때문이다. 예를 들어, Lecroy와 Milligan Associates(2002)는 소규모의 지역적 수준에서 실시한 Botvin(1996)의 생활 기술 훈련으로부터 나타난 성과를 재평가하였고 원래의 프로그램 결과와 일치하지 않는 다소 혼합된 결과(mixed results)를 발견했다. 증거기반 프로그램의 실행에 따른 여러 가지 노력을 다각도로 검증하는 것은 프로그램이 지닌 실질적인 가치를 한 단계 향상시킬 것이다.

증거기반 실행의 급증으로 인해 효과성 있는 프로그램의 목록과 지침이 넘쳐 나는 결과를 가져왔다. 그러나 프로그램의 효과성을 평가하는 기준이 거의 없기 때문에 이러한 혼란스러운 원칙들과 모순된 프로그램들이 마치 효과가 있는 것처럼 여겨지게 한다. 약물 남용 예방 센터(2002)는 시범 프로젝트를 시행한 여러 기관을 평가한 결과에 기초하여 효과적인 실행 원칙(effective practice principles)을 제시하였고, Cochrane Library (Foxcroft et al., 2002)는 효과성에 관해 철저하면서도 보수적인 기준을 적용하여 제작한 권고사항을 발행하였다. 또한 독자적인 평론가들(예: Tobler et al., 2000)은 효과성에 관한 결론을 이끌어 내기 위해 메타 분석을 실시했다. 물론 효과성이 이처럼 주목을 받는 것은 고무적인 일이지만, 그와 같은 지침 사용의 증진을 방해하는 요인들이 무엇인지 찾는 것에 더 많은 주의를 기울일 필요가 있다. 이와 관련하여 염두에 두어야 할 요인들은 효과성 지침에 관한 인식을 제고하는 것, 프로그램 실행자들에게 지침을 교육하는 과정에 주의를 기울이는 것, 그리고 지침의 사용에 혼선을 일으키는 다양한 요인들을 분류하는 절차를 실행하는 것이다. 증거기반 프로그램은 더 나은 성과를 가져오겠지만 앞에서 언급한 이러한 요인들이 사용되지 않는다면 그 가치는 떨어질 것이다.

이처럼 증거기반 지침을 지나치게 열광적으로 추구하다 보면 증거가 지니는 중요한 한계점을 간과할 수 있다. 예를 들어, Botvin의 생활 기술 훈련 프로그램은 최고의 증거기반 프로그램 중 하나로 여겨지고 있다. 그러나 이 프로그램에 대해 최근 여러 비평들(Brown, 2001; Cohn, 2001; Gorman, 1998)이 제기되고 있다. 이 프로그램을 지지했던 연구들은 모두 Botvin 자신이 수행했는데 프로그램의 효과성 입증을 통해 경제적으로 이익을 볼 사람은 Botvin 자신이기 때문이다. 유사한 다른 프로그램들에 비해 약물 사용의 감소가 현저하게 높기 때문에 이 프로그램을 다시 실행했을 때 유사한 결과를 얻을 수 있을지에 대한 의문이 제기되었다. 이 프로그램에서 알코올의 사용(청소년의 약물 사용에 가장 큰 비중을 차지함)은 다소 혼합된 결과(mixed results)를 보여 주었기 때문에 결과가 지나치게 과장되었을 수 있다는 지적이 있다. 이 프로그램이 과학에 기반을 둔 프로그램으로 폭넓게 인식되고 있지만 이처럼 잠재되어 있는 심각한 문제점들은 여전히 남아 있다. 증거기반 프로그램의 지지자들은 비판적인 관점에서 프로그램의 효과에 대한 증거를 분석해야 하고 효과성에 대한 확증을 보여 줄 수 있는 보다 좋은 모델을 개발할 필요가 있다. 보다 향상된 증거를 찾으려는 지속적인 노력을 통해 우리는 프로그램으로부터 얻어진 성과를 향상시킬 수 있고, 또한 몇몇 효과가 이미 달성되었다는 것을 보다 확신을 가지고 알 수 있을 것이다.

참고문헌

Addiction Research Foundation. (1995). *Opening doors: A personal and social skills program.* Toronto, Ontario, Canada: Author.

Atkan, G., Kumpfer, K. L., & Turner, C. (1996). Effectiveness of a family skills training program for substance abuse prevention with inner city African American families. *Substance Use and Misuse, 31,* 157-175.

Battistich, V., Schaps, E., Watson, M., & Solomon, D. (1996). Prevention effects of the Child Development Project: Early findings from an ongoing multisite demonstration trial. *Journal of Adolescent Research, 11,* 6-11.

Berrueta-Cement, J. R., Schweinhart, L. J., Barnett, W. S., Epstein, A. S., & Weikart, D. P. (1985). *Changed lives: The effects of the Perry Preschool Program for youths through age 19.* Ypsilanti, MI: High/Schop Press.

Bierman, K. L., Greenberg, M. T., & the Conduct Problems Prevention Research Group. (1996). Social skills training in the Fast Track Program. In R. DeV. Peters & R. J. McMahon (Eds.), *Preventing childhood disorders, substance abuse and delinquency* (pp. 65-89). Thousand Oaks, CA: Sage.

Botvin, G. J. (1996). Substance abuse prevention through Life Skills Training. In R. DeV. Peters & R. J. McMahon (Eds.), *Preventing childhood disorders, substance abuse, and delinquency* (pp. 215-240). Thousand Oaks, CA: Sage.

Botvin, G. J., Schnike, S. P., Epstein, J. A., Diaz, T., & Botvin, E. M. (1995). Effectiveness of culturally focused and generic skills training approaches to alcohol and drug abuse prevention among minority adolescents: Two-year follow-up results. *Psychology of Addictive Behaviors, 9,* 183-194.

Brounstein, P. J., & Zweig, J. (1999). *Understanding substance abuse prevention. Toward the twenty-first century: A primer on effective programs* (DHHS Publication No. SMA 99-3301). Rockville, MD: U.S. Department of Health and Human Services.

Brown, J. (2001). Youth, drugs, and resilience in education. *Journal of Drug Education, 31,* 83-122.

Bry, B. H., Catalano, R. F., Kumpfer, K. L., Lochman, J. E., & Szapocznik, J. (1998). Scientific findings from family preventive intervention research. In R. S. Ashery, E. B. Robertson, & K. L. Kumpfer (Eds.), *Drug abuse prevention through family interventions* (NIDA Research Monograph 177, pp. 103-129). Rockville, MD: National Institute on Drug Abuse.

Bry, B. H., McKeon, P., & Pandina, R. J. (1982). Extent of drug use as a function of number of risk factors. *Journal of Abnormal Psychology, 91,* 273-279.

Casto, G., & Mastrepieri, M. A. (1986). The efficacy of early childhood programs: A meta-analysis. *Exceptional Children, 5,* 417-424.

Catalano, R. F., Haggerty, K. P., Gainey, R. R., & Hoppe, M. J. (1997). Reducing parental risk factors for children's substance misuse: Preliminary outcomes with opiate-addicted parents. *Substance Use and Misuse, 32,* 699-721.

Catalano, R. F., Kosterman, R., Haggerty, J., Hawkins, J. D., & Spoth, R. L. (1998). A universal intervention for the prevention of substance abuse: Preparing for the drug free years. In R. S. Ashery, E. B. Robertson, & K. L. Kumpfer (Eds.), *Drug abuse prevention through family interventions* (NIDA Research Monograph 177, pp. 130-159). Rockville, MD: National Institute on Drug Abuse.

Center for Substance Abuse Prevention. (2000). *Prevention works through community partnerships: Findings from SAMHSA/CSAP's national evaluation.* Rockville, MD: U.S. Department of Health and Human Services.

Center for Substance Abuse Prevention. (2002). *Understanding risk, protection, and substance use among high-risk youth* (DHHS Publication No. SMA 00-3375). Rockville, MD: U.S. Department of Health and Human Services.

Clayton, R. R., Cattarello, A. M., & Johnstone, B. M. (1996). The effectiveness of Drug Abuse Resistance Education (Project DARE): Five year follow-up results. *Preventive Medicine, 25,* 307-318.

Cohen, D. A., & Linton, K. L. P. (1995). Parent participation in an adolescent drug abuse prevention program. *Journal of Drug Education, 25,* 159-169.

Cohn, J. (2001, May 24). Drug education: The triumph of bad science. *Rolling Stone,* 18-19.

Dielman, T. E., Shope, J. T., Leech, S. L., & Butchart, A. T. (1989). Differential effectiveness of an elementary school-based alcohol misuse prevention program. *Journal of School Health, 59,* 255-263.

Dishion, T. J., Andrews, D. W., Kavanagh, K., & Soberman, L. H. (1996). Preventive interventions for high risk youth: The Adolescent Transitions Programs. In R. DeV. Peters & R. J. McMahon (Eds.), *Preventing childhood disorders, substance abuse and delinquency* (pp. 184-214). Thousand Oaks, CA: Sage.

Dryfoos, J. G. (1990). *Adolescents at risk: Prevalence and prevention.* New York: Oxford University Press.

Eggert, L. L., Thompson, E. A., Herting, J. R., Nicholas, L. J., & Garii Dicker, B. (1994). Preventing adolescent drug abuse and high school drop-out through an intensive school-based social network development program. *American Journal of Health Promotion, 8,* 202-215.

Ellickson, P. L., & Bell, R. M. (1990). Drug prevention in junior high: A multisite longitudinal test. *Science, 247,* 1299-1305.

Emshoff, J., Avery, E., Raduka, G., Anderson, D. J., & Calvert, C. (1996). Findings from SUPER STARS: A health promotion program for families to enhance multiple protective factors. *Journal of Adolescent Research, 11*(1), 68-96.

Flay, B. R. (1987). Social psychological approaches to smoking prevention: Review and recommendations. *Advances in Health Education and Promotion, 2,* 121-180.

Flay, B. R., & Ordway, N. (1999). *Positive Action Program studies and evaluations 1978-1999: Evaluation of an integrated comprehensive model for improving school performance and reducing disciplinary problems.* Chicago: Health Research and Policy Centers.

Foxcroft, D. R., Ireland, D., Lister-Sharp, D. J., Lowe, G., & Breen, R. (2002). Primary prevention for alcohol misuse in young people (Cochrane Review). In *Cochrane Library* (Vol. 3). Oxford, England: Update Software.

Gardner, S. E., & Brounstein, P. J. (2001). *Principles of substance abuse prevention.* Center for Substance Abuse Prevention (DHHS Publication No. SMA 01-3507). Rockville, MD: U.S. Department of Health and Human Services, Center for Substance Abuse Prevention.

Gardner, S. E., Brounstein, P. J., & Stone, D. B. (2001a). *Promising and proven substance abuse prevention programs* (DHHS Publication No. SMA 01-3506). Rockville, MD: U.S. Department of Health and Human Services, Center for Substance Abuse Prevention.

Gardner, S. E., Brounstein, P. J., & Stone, D. B. (2001b). *Science-based substance abuse prevention: A guide* (DHHS Publication No. SMA 01-3505). Rockville, MD: U.S. Department of Health and Human Services, Center for Substance Abuse Prevention.

Goldberg, L., MacKinnon, D. P., Elliot, D. L., Moe, E. L., Clarke, G., & Cheong, J. (2000). The Adolescents Training and Learning to Avoid Steroids Program. *Archives of Pediatric and Adolescent Medicine, 154,* 332-338.

Goplerud, E. N. (1991). *Breaking new ground for youth at risk: Program summaries* (OSAP Technical Report 1, DHHS Publication No. ADM 91-1658). Washington, DC: U.S. Government Printing Office.

Gordon, D. A. (1994). *Home-based behavioral systems family therapy.* Athens: Ohio University, Department of Psychology.

Gordon, R. (1987). An operational classification of disease prevention. In J. A. Steinberg & M. M. Silverman (Eds.), *Preventing mental disorders: A research perspective* (pp. 20-26). Washington, DC: U.S. Government Printing Office.

Gorman, D. M. (1998). The irrelevance of evidence in the development of school-based drug prevention policy, 1986-1996. *Evaluation Review, 22*(1), 118-146.

Gottfredson, G. D. (1986). An empirical test of school-based environmental and individual interventions to reduce the risk of delinquent behavior. *Criminology, 24,* 705-731.

Hansen, W. B. (1996). Pilot results comparing the All Stars program with seventh grade, D.A.R.E: Pilot test integrity and mediating variable analysis. *Substance Use and Misuse, 31,* 1359-1377.

Hansen, W. B. (1997). Prevention programs: Factors that individually focused programs must address. In *Secretary's youth substance abuse prevention initiative: Resource papers* (pp. 53-66). Rockville, MD: Substance Abuse and Mental Health Services Administration.

Hawkins, J. D., Catalano, R. F., & Arthur, M. W. (2002). Promoting science-based prevention in communities. *Addictive Behaviors, 27,* 951-976.

Hawkins, J. D., Catalano, R. F., & Miller, J. Y. (1992). Risk and protective factors for alcohol and other drug problems in adolescence and early adulthood: Implications for substance abuse problems. *Psychological Bulletin, 112,* 64-105.

Hawkins, J. D., Catalano, R. F., Morrison, D. M., O'Donnell, J., Abbott, R. D., & Day, L. E. (1992). The Seattle Social Development Project: Effects of the first four years on protective factors and problem behaviors. In J. McCord & R. E. Tremblay (Eds.), *Preventing antisocial behavior in children: Intervention from birth through adolescence* (pp. 139-161). New York: Guilford Press.

Health Canada. (2001). *Preventing substance abuse problems among young people: A compendium of best practices.* Ottawa, Ontario: Minister of Public Works and Governmental Services.

Holder, H. D., Saltz, R. F., Grube, J. W., Voas, R. B., Gruenewald, P. J., & Treno, A. J. (1997). A community prevention trial to reduce alcohol-involved accidental injury and death: Overview. *Addiction, 92*(Suppl. 2), S155-S171.

Institute of Medicine. (1994). New directions in definitions. In P. J. Mrazek & R. J. Haggerty (Eds.), *Reducing risks for mental disorders: Frontiers for preventive intervention research.* Washington, DC: National Academy Press.

Jansen, M. A. (1997). *Prevention: What works?From research to practice: Scientifically based models of prevention.* Paper presentation.

Jessor, R., & Jessor, S. L. (1977). *Problem behavior and psychosocial development: A longitudinal study of youth.* New York: Academic Press.

Johnson, K., Strader, T., Berbaum, M., Bryant, D., Bucholtz, G., Collins, D., et al. (1996). Reducing alcohol and other drug use by strenghtening community, family, and youth resiliency: An evaluation of the Creating Lasting Connections program. *Journal of Adolescent Research, 11,* 36-67.

Johnston, L. D., O'Malley, P. M., Bachman, J. G. (2002). *The monitoring the future national survey results on adolescent drug use: Overview of key findings, 2001* (NIH Publication No. 02-5105). Bethesda, MD: National Institute on Drug Abuse.

Kandel, D. B. (1980). Drug and drinking behavior among youth. *Annual Review of Sociology, 6,* 235-285.

Kazdin, A. E. (1995). *Conduct disorders in childhood and adolescence* (2nd ed.). Thousand Oaks, CA: Sage.

Kumpfer, K. L. (1997). What works in the prevention of drug abuse: Individual, school, and family approaches. In *Secretary's youth substance abuse prevention initiative: Resource papers* (pp. 69-106). Rockville, MD: Substance Abuse and Mental Health Services Administration.

Kumpfer, K. L., & Alvarado, R. (1995). Strengthening families to prevent drug use in multiethnic youth. In G. Botvin, S. Schnike, & M. Orlandi (Eds.), *Drug abuse prevention with multiethnic youth* (pp. 255-294). Thousand Oaks, CA: Sage.

Kumpfer, K. L., & Baxley, G. B. (1997). *Drug abuse prevention: What works?* (NIH Publication No. 97-4110). Rockville, MD: National Institute on Drug Abuse.

Kumpfer, K. L.,, Molgaard, V., & Spoth, R. (1996). The Strengthening Families program for the prevention of delinquency and drug use. In R. DeV. Peters & R. J. McMahon (Eds.), *Preventing childhood disorders, substance abuse and delinquency* (pp. 241-267). Thousand Oaks, CA: Sage.

Kumpfer, K. L., Turner, C., & Alvarado, R. (1991). A community change model for school health promotion. *Journal of Health Education, 22,* 94-110.

Kumpfer, K. L., Williams, M. K., & Baxley, G. B. (1997). *Drug abuse prevention for at-risk groups* (NIH Publication No. 97-4114). Rockville, MD: National Institute on Drug Abuse.

LeCroy, C. W., & Daley, J. (2001). *Empowering adolescent girls.* New York: Norton.

LeCroy, C. W., & Milligan Associates. (2002). *Community substance abuse council: Life Skills Training program evaluation.* Tucson, AZ: Author.

Lochman, J. E., & Wells, K. C. (1996). A social-cognitive intervention with aggressive children: Prevention effects and contextual implementation issues. In R. DeV. Peters & R. J.

McMahon (Eds.), *Preventing childhood disorders, substance abuse and delinquency* (pp. 111-143). Thousand Oaks, CA: Sage.

LoSciuto, L., Freeman, M. A., Harrington, E., Altauan, B., & Lanphear, A. (1997). An outcome evaluation of the Woodrock Youth Development Project. *Journal of Early Adolescence, 17,* 51-66.

LoSciuto, L., Rajala, A. K., Townsend, T. N., & Taylor, A. S. (1996). An outcome evaluation of Across Ages: An intergenerational mentoring approach to drug prevention. *Journal of Adolescent Research, 11*(1), 116-129

Lorion, R. P., & Ross, J. G. (1992). Programs for change: A realistic look at the nation's potential for preventing substance involvement among high-risk youth [Special issue: Programs for change: Office for Substance Abuse Prevention demonstration models]. *Journal of Community Psychology,* 3-9.

Marlatt, G. A. Baer, J. S., & Larimer, M. (1995). Preventing alcohol abuse in college students: A harm-reduction approach. In G. M. Boyd, J. Howard, & R. A. Zucker (Eds.), *Alcohol problems among adolescents: Current directions in prevention research* (pp. 147-172). Hillsdale, NJ: Erlbaum.

McDonald, L., Coe-Braddish, D., & Billingham, S. (1991). Families and schools together: An innovative substance abuse prevention program. *Social Work in Education, 13,* 118-129.

McMahon, R. J., Slough, N. M., & the Conduct Problems Prevention Research Group. (1996). Family-based intervention in the FAST program. In R. DeV. Peters & R. J. McMahon (Eds.), *Preventing childhood disorders, substance abuse and delinquency* (pp. 90-110). Thousand Oaks, CA: Sage.

Mechanic, D. (1978). *Medical sociology* (2nd ed.). New York: Free Press.

Murray, D. M., & Perry, C. L. (1985). The prevention of adolescent drug abuse: Implications of etiological, developmental, behavioral, and environmental models. In C. L. Jones & R. J. Battjes (Eds.), *Etiology of drug abuse: Implications for Prevention* (NIDA Research Monograph 56, pp. 236-256). Rockville, MD: National Institute on Drug Abuse.

National Institute on Drug Abuse. (1997). *Drug abuse prevention for at-risk individuals* (NIH Publication No. 97-4115). Rockville, MD: Author.

Newcomb, M. D., & Bentler, P. M. (1990). *Antecedents and consequences of cocaine use: An eight-year study from early adolescence to young adulthood* (pp. 158-181). New York: Cambridge Press.

Newcomb, M. D., & Felix-Ortiz, M. (1992). Multiple protective and risk factors for drug use and abuse: Cross-sectional and prospective findings. *Journal of Personality and Social Psychology, 63,* 280-296.

Norman, E., Turner, S., Zunz, S. J., & Stillson, K. (1997). Prevention programs reviewed: What works. In E. Norman (Ed.), *Drug-free youth: A compendium for prevention specialists* (pp. 22-45). New York: Garland Press.

Paglia, A., & Room, R. (1998). *Preventing substance abuse problems among youth: A literature review and recommendations* (ARF Document No. 142). Toronto, Ontario, Canada: Addiction Research Foundation.

Pentz, M. A. (1995). Local government and community organization strategies for drug abuse prevention: Theory and methods. In R. H. Coombs & D. Ziedonia (Eds.), *Handbook on drug abuse prevention: A comprehensive strategy to prevent the abuse of alcohol and other drugs* (pp. 62-92). Englewood Cliffs, NJ: Prentice-Hall.

Pentz, M. A., Dwyer, J. H., MacKinnon, D. P., Flay, B. R., Hansen, W. B., Wang, E. Y. I., et al. (1989). A multicommunity trial for primary prevention of adolescent drug abuse. *Journal of the American Medical Association, 261,* 3259-3266.

Perry, C. L., Williams, C. L., Veblen-Mortenson, S., Toomey, T. L., Komro, K. A., Anstine, P. S., et al. (1996). Project Northland: Outcomes of a community-wide alcohol use prevention program during early adolescence. *American Journal of Public Health, 86,* 956-965.

Phillips, J. L., & Springer, J. F. (1997). Implementation of community interventions: Lessons learned. In *Secretary's youth substance abuse prevention initiative: Resource papers* (pp. 69-106). Rockville, MD: Substance Abuse and Mental Health Services Administration.

Radecki, C. M., & Jaccard, J. (1995). Perceptions of knowledge, actual knowledge, and information search behavior. *Journal of Experimental Social Psychology, 31,* 107-118.

Richards-Colocino, M., McKenzie, P., & Newton, R. (1996). Project Success: Comprehensive intervention services for middle school high risk youth. *Journal of Adolescent Research, 2,* 12-35.

Richardson, G. (1996). *Resiliency in youth program.* Salt Lake City: University of Utah, Department of Health Education.

Schinke, S., & Cole, K. (1995). Prevention in community settings. In G. Botvin, S. Schnike, & M. A. Orlandi (Eds.), *Drug abuse prevention with multiethnic youth* (pp. 15-232).

Thousand Oaks, CA: Sage.

Schure, M. B. (1992). *I can problem solve: An interpersonal cognitive problem solving program, intermediate elementary grades* (Vol. 3). Champaign, IL: Research Press.

Sorenson, S. L., Phil, M., & Baxley, G. B. (1997). *Drug abuse prevention for the general population* (NIH Publication No. 97-4113). Rockville, MD: National Institute on Drug Abuse.

Spoth, R., & Redmond, C. (1996). Illustrating a framework for rural prevention research: Project Family studies of rural family participation and outcomes. In R. Dev. Peters & R. J. McMahon (Eds.), *Preventing childhood disorders, substance abuse, and delinquency* (pp. 299-328). Thousand Oaks, CA: Sage.

Stoil, M. J., & Hill, G. (1996). *Preventing substance abuse: Interventions that work.* New York: Plenum Press.

St. Pierre, T. L., Mark, M. M., Kaltreider, D. L., & Aikin, K. J. (1997). Involving parents of high-risk youth in drug prevention: A three year longitudinal study in Boys & Girls Clubs. *Journal of Early Adolescence, 17,* 21-50.

Substance Abuse and Mental Health Services Administration. (2001). *Summary of findings from the 2000 National Household Survey of Drug Abuse* (NHSDA Series: H-13, DHHS Publication No. SMA 01-3549). Rockville, MD: Author.

Szapocznik, J., Kurtines, W. M., & Contributors. (1989). *Breakthroughs in family therapy with drug abusing and problem youth.* New York: Springer Verlag.

Szapocznik, J., Santistenban, D., Rio, A., Perez-Vidal, A., & Kurtines, W. M. (1989). Family effectiveness training: An intervention to prevent drug abuse and problem behaviors in Hispanic adolescents. *Hispanic Journal of Behavioral Sciences, 11*(1), 4-27.

Tierney, J. P., Grossman, J. B., & Resch, N. L. (1995). *Making a difference: An impact study of Big Brothers/Big Sisters.* Philadelphia: Public/Private Ventures.

Tobler, N. S. (1992). Drug prevention programs can work: Research findings. *Journal of Addictive Diseases, 11,* 1-28.

Tobler, N. S. (1997). Meta-analysis of adolescent drug prevention programs: Results of the 1993 meta-analysis. In W. J. Bukoski (Ed.), *Meta-analysis of drug abuse prevention programs* (NIDA Research Monograph No. 170, pp. 5-68). Rockville, MD: National Institute on Drug Abuse.

Tobler, N. S., Roona, M. R., Ochshorn, P., Marshall, D. G., Streke, A. V., & Stackpole, K. M.

(2000). School-based adolescent drug prevention programs: 1998 meta-analysis. *Journal of Primary Prevention, 20,* 275-336.

Tobler, N. S., & Stratton, H. H. (1997). Effectiveness of school-based drug prevention programs: A meta-analysis of the research. *Journal of Primary Prevention, 20,* 71-128.

Wagenaar, A. C., Murray, D. M., Gehan, J. P., Wolfson, M., Forster, J. L., Toomey, T. L., et al. (2000). Communities mobilizing for change on alcohol: Outcomes from a randomized community trial. *Journal of Studies on Alcohol, 61,* 85-94.

Webster-Stratton, C. (1990). Enhancing the effectiveness of self-administered videotape parent training for families with conduct problem children. *Journal of Abnormal Psychology, 18,* 479-482.

Werch, C. E., Pappas, D. M., Carlson, J. M., Edgemon, P., Sinder, J. A., & DiClemente, C. C. (2000). Evaluation of a Brief Alcohol Prevention program for urban school youth. *American Journal of Health Behavior, 24,* 120-131.

Wolin, S., & Wolin, S. (1995). Resilience among youth growing up in substance-abusing families. *Pediatric Clinics of North America, 42,* 415-429.

Zavela, K. J., Battistich, V., Dean, B. J., Flores, R., Barton, R., & Delaney, R. J. (1997). Say yes first: A longitudinal, school-based alcohol and drug prevention project for rural youth and families. *Journal of Early Adolescence, 17,* 67-96.

제11장

십대 임신, 성병, 에이즈

*Lisa Armistead, Beth A. Kotchick & Rex Forehand

청소년은 에이즈 바이러스(HIV) 감염, 다양한 성병(STDs, 예: 매독, 클라미디아) 및 임신과 같이 부정적인 건강 결과를 야기할 수 있는 높은 성적인 위험 행동을 보이고 있다(Centers for Disease Control and Prevention[CDC], 2000). 다른 많은 건강 문제와 달리 십대의 임신과 에이즈 바이러스(HIV)를 포함한 성병(STD)에 걸리는 것은 행동의 변화를 통해 예방이 가능하며 통제가 가능하다. 그러므로 연구자와 실무자들은 성관계가 어떻게 시작되고, 어떻게 위험 행동이 발생하는지에 대해 청소년들의 심리사회적 맥락을 이해하고, 청소년의 성적 위험 행동을 줄이기 위한 종합적인 예방 전략을 개발해야 할 필요가 있다.

이 장에서는 청소년의 성적 위험 행동의 현재 경향, 그리고 그것이 청소년 건강과 복지에 미치는 영향에 대해 살펴보고자 한다. 그리고 성적 위험 부담과 위험을 줄일 수 있는 실천에 관련하여 임상 및 공중보건 관련 문헌에서 확인된 요인의 개요를 제공하고자 한다. 그리고 임상적 실천과 정책의 개발에 대한 영향을 논의하기 위해 청소년의 성적 위험 행동을 줄이고자 고안된 실증적 예방 프로그램을 검토하려고 한다. 마지막으로 청소년의 성적 위험 행동과 그것의 효과적 실천에 대한 이해를 강화시키기 위해 무엇이 필

*Lisa Armistead, PhD　Georgia State University Department of Psychology
Beth A. Kotchick, PhD　Loyola College-Maryland
Rex Forehand, PhD　University of Vermont Department of Psychology

요한지 논의하고자 한다.

청소년의 성적 위험 행동: 경향과 발생률

여러 국가 단위의 조사에서 일관되게 나타나는 결과는 많은 미국 청소년이 현재 성적인 부분에서 매우 적극적이라는 점이다. 2001년 청소년 위험 행동 조사(Youth Risk Behavior Survey: YRBS)에 따르면, 9~12학년의 학생 45% 이상이 성행위를 한 적이 있다(Grunbaum et al., 2002). 이 수치는 표본이 된 학생의 49.9%가 성적 경험을 했다고 보고한 이전의 청소년 위험 행동 조사에 비해 성생활을 보고하는 청소년이 감소되었음을 보여 준다(Kann et al., 1998). 하지만 미국의 상당수 청소년이 여전히 최소한 한 번은 성관계를 했다고 보고한다.

또한 지난 5년 동안 발표한 국가 단위의 조사 자료는 상당수의 십대 청소년들이 청소년기의 초반 또는 중반에 성행위를 시작하고 있다는 것을 보여 준다. 13세까지 성관계를 해 본 적이 있다고 보고하는 십대는 7~17%의 범위로 추정된다(Grunbaum et al., 2002; Resnick et al., 1997). 이처럼 성관계를 일찍 시작하는 것은 청소년기에 걸친 다양한 위험 행동과 관련이 있는데, 예를 들어 일관성 없는 콘돔의 사용과 많은 성적 파트너와 관계를 맺는 것이 있다(Melcher & Burnett, 1990; Smith, 1997).

이와 같이 청소년들의 성적 활동의 비율을 고려할 때, 성적으로 활발한 많은 십대들이 성과 관련된 위험 행동, 즉 에이즈(HIV/AIDS), 다른 성병(STD), 또는 임신에 자신들을 노출시킬 수 있는 행동에 참여한다는 것은 놀랄 만하다. 예를 들어, 성적으로 활발한 청소년의 오직 절반만이 그들의 가장 최근 성관계에서 콘돔을 사용했다고 보고하며(Grunbaum et al., 2002), 더 낮은 비율이(대략 10~20%) 콘돔을 지속적으로 사용하고 있다고 보고한다(Kann et al., 1995; Seidman & Rieder, 1994). 게다가 전국 고등학생의 약 14%가 그동안 최소한 4명의 성관계 파트너를 가져 왔다고 보고한다(Grunbaum et al., 2002). 이처럼 많은 사람과 성관계를 가지는 경우, 특히 일관성 없이 콘돔을 사용한다면 에이즈 감염과 다른 성적 위험에 쉽게 노출된다(Overby & Kegeles, 1994).

성행위가 청소년의 성별과 인종에 따라 다양한 것처럼 보이지만 성별과 인종에 상관없이 청소년들은 에이즈 바이러스(HIV), 성병(STD), 임신의 위험에 빠질 수 있는 몇 가지 성행위를 한다(Luster & Small, 1994; Tubman, Windle, & Windle, 1996). 예를 들어, 남학생은 여학생보다 성행위의 비율이 높고 더 많은 성적 파트너를 가지고 있다(Grunbaum et al., 2002; Tubman et al., 1996). 하지만 여학생은 남학생에 비해 그들의 성적 파트너와 콘돔을 덜 일관되게 사용하는 경향이 있다(Romer et al., 1994; Shrier, Emans, Woods, & DuRant, 1996). 국가 수준의 조사에 따르면 백인 청소년과 비교했을 때, 소수민족 청소년의 경우 성관계의 비율이 더 높으며 콘돔의 사용이 덜 일관적이라는 것이 밝혀졌다(Airhihenbuwa, DiClemente, Wingood, & Lowe, 1992; Brown, DiClemente, & Park, 1992). 하지만 보다 최근의 연구에 따르면, 흑인 남녀 고등학생이 백인이나 히스패닉의 또래 친구들보다 지난 성관계에서 콘돔을 보다 많이 사용하는 것으로 확인되었다(Grunbaum et al., 2002). 성적 행동 및 위험을 줄이는 전략과 관련하여 인종과 성별의 차이에 대해 조사한 연구들은 일관되지 않은 결과를 내놓았는데 어떤 인종 그룹을 조사했는지에 따라, 또한 어떤 성적 행동을 조사했는지에 따라 다른 결과가 나타났다.

일관성 없는 콘돔의 사용이나 다수의 파트너와 성관계를 갖는 성적 위험 행동들은 이미 미국의 청소년 건강에 파괴적인 영향을 미쳐왔다. 감시 자료에 따르면, 13~19세의 청소년이 에이즈(AIDS)를 진단받는 경우가 4,200사례에 달하고, 이 연령대에서 에이즈 바이러스(HIV)에 감염된 사례는 2,532사례에 달한다. 하지만 이 수치는 현재 에이즈 바이러스(HIV)에 감염된 청소년의 수를 너무 적게 파악한 경향이 있다. 가장 최근의 감시 자료에 따르면, 20~29세의 성인들 가운데 에이즈 바이러스(HIV)에 감염된 또 다른 3만 2,700사례가 확인되었다. 에이즈 바이러스(HIV)가 대략 10년의 평균 잠복기를 가지고 있는 점을 감안하면 20대에 에이즈(AIDS)로 진단받은 성인의 상당수는 청소년기 동안에 에이즈 바이러스(HIV)에 감염되었다고 볼 수 있다(Chesney, 1994; Joseph, 1991). 이와 같이 많은 청소년들은 자신이 에이즈 바이러스(HIV)에 감염된 사실을 모르는 것처럼 보인다.

또한 국가 수준의 자료에 따르면, 15~19세 청소년들은 미국에서 증가 추세를 보이는 임질(gonorrhea)[1)]과 클라미디아(chlamydia)[2)]의 경우 가장 높은 수치의 감염률을 보인다(CDC, 2000). 미국은 또한 서구의 산업 국가들 사이에서 가장 높은 십대 임신율을 보이는

---

1) 역자 주: 임균 감염증(임질)은 성관계를 통해 임균에 감염되어 발생하는 남성 및 여성 생식기의 감염증이다. 성행위를 통해 감염된 임균은 남성과 여성 비뇨생식기에 염증을 일으킨다. 남성과 여성은 다소 다른 증상과 경과를 나타난다.

2) 역자 주: 클라미디아 감염증은 클라미디아 트라코마티스(Chlamydia trachomatis)라는 세균에 감염되어 발생하는 성매개성 질환이다. 남성에서는 비임균성 요도염, 여성에서는 자궁경부염의 형태로 나타난다.

국가 중 하나이다(Kirvy, Barth, Leland, & Fetro, 1991; Kirby et al., 1994). 거의 젊은 여성 10명 중 4명이 20세 전에 적어도 한 번은 임신을 한다. 이러한 임신의 80%가 의도적이지 않으며 79%가 결혼하지 않은 십대들이다(Henshaw, 1998; Martin, Hamilton, Ventura, Menacher, & Park, 2002). 미국의 경우 십대 임신에 해마다 드는 재정적 비용은 대략 70억 달러이며 청소년 미혼모 자신이 치러야 하는 사회적·경제적 비용은 엄청나다. 십대 미혼모는 대체로 고등학교를 졸업하지 못하고 결국 사회복지 프로그램에 의존하게 된다(National Campaign to Prevent Teen Pregnancy, 2002).

영향을 미치는 요인: 다중체계적 관점

이러한 통계는 청소년들이 보이는 성적 위험 행동의 결과가 심각한 영향을 미치며 이러한 문제를 예방하기 위한 노력이 즉각적으로 필요함을 보여 준다. 이러한 노력을 효과적으로 수행하기 위해서는 초기 성적 행동을 둘러싼 심리사회적 맥락에 대한 완전한 이해가 필요하다. 뿐만 아니라 에이즈 바이러스(HIV)/에이즈(AIDS), 다른 성병(STD) 또는 임신에 대한 잠재적인 노출로 인해 성적으로 위험하다고 여겨지는 행동(예: 다수의 파트너와의 성관계, 피임하지 않은 성관계)을 하는 데 영향을 미치는 요인들에 대한 이해도 필요하다.

이 절에서는 다중체계적인 관점에서 청소년 성적 위험 행동에 관한 문헌을 간단하게 요약하고자 한다. 이러한 접근은 Bronfenbrenner(1979, 1989)의 생태체계 이론(Ecological System Theory)에 근거하는데, 이것은 사람의 행동에 미치는 영향에 대한 다중체계 사이의 상호관계를 강조한다. 이 관점에 따르면, 청소년의 성적 위험 행동을 정확하고 종합적으로 이해하기 위해서는 개인적 요인뿐만 아니라 환경적 요인에 대한 지식을 반드시 가지고 있어야 한다. 왜냐하면 개인적 요인과 환경적 요인의 영향으로 청소년은 성적 활동에 참여하게 되고, 그로 인해 성적 위험 행동이 증가하게 되기도 하고 경우에 따라서 위험을 줄이는 행동을 하기 때문이다. 우리는 청소년 성행위에 가장 영향을 미친다고 여겨지는 3개의 체계와 관련된 요인들에 초점을 맞추고자 한다. 청소년, 가족, 가족 이외의 맥락적 요인이 그것이다.

청소년 요인

앞서 언급한 청소년기 연령, 성별, 인종은 모두 성적 위험 행동의 다양한 측면과 연관되어 있다. 그러나 연구 결과는 종종 일관적이지 않은 경우가 많은데, 분석한 성적 위험 행동이 다양하기 때문이다. 연령, 성별, 인종 집단에 따라 성적 위험 행동의 비율이 일관되지 않은 것은 이러한 변인들과 본질적으로 연관이 있는 심리사회적 요인에 의해 설명될 수 있다. 예를 들어, 청소년기 연령은 종종 신체 발달과 결합되어 있는데, 신체 발달은 청소년 자신에게 영향을 미칠 뿐만 아니라 다른 사람들이 이들을 인식하는 것에도 영향을 미친다. 이와 마찬가지로 인종과 성별도 다양한 심리사회적인 연관성을 가지고 있다. 다양한 심리사회적 연관성은 사회경제적 지위(SES), 교육, 보건 및 가족 계획 서비스에 대한 접근, 성적 강요의 경험, 성적 행동에 대한 문화적 기대를 포함하는 청소년 성적 행동에 대한 남성과 여성의 차이점을 설명할 수 있다(예: Biglan, Noell, Ochs, Smolkowski, & Metzler, 1995). 청소년의 연령, 성별, 인종과 성적 위험 행동의 관계에 적용되는 모든 문헌에 대한 검토를 이 한 장에서 하는 것은 불가능하다. 이 문제에 대한 보다 포괄적인 조사를 보려면 Kotchick, Shaffer, Forehand 및 Miller(2000)의 문헌을 참고하기 바란다.

청소년의 성적 행동과 여러 인지적 · 정서적 · 행동적 요인과 관련된 심리적 변수는 성적 위험의 중요한 예측변수로 확인되었다. 인지적 요인의 관점에서 수행된 다수의 연구에 따르면, 더 좋은 학업 성적은 성적 위험의 감소와 상관이 있다. 임신한 청소년은 더 낮은 성적을 받는 경향이 있으며(Hardy, Astone, Brooks-Gunn, Shapiro, & Miller, 1998; Scaramella, Conger, Simons, & Whitbeck, 1998), 반면 성적으로 절제된 생활, 성적 파트너가 소수인 경우에 콘돔을 더 많이 사용하는 것은 청소년들의 높은 성적과 상관이 있다(Luster & Small, 1994).

십대들이 성관계와 그 위험성에 대해 알고 있는 것은 이들의 성적 위험 행동을 예측하는 변수로 상당히 주목을 받아 왔다. 그러나 성생활이나 성적 위험에 대한 지식과 청소년의 성적 위험 행동 사이에 분명한 관계는 나타나지 않았다. 몇몇 연구(예: Brown et al., 1992; Romer et al., 1994)는 성에 대한 지식과 성적 위험 행동 사이에 관계가 없다고 밝힌 반면, 몇몇 연구는 성적 위험 행동과 예방에 대한 많은 지식을 지니는 것은 보다 일관적으로 콘돔을 사용하는 것(예: Reitman et al., 1996; Stanton et al., 1994; Staton, Li, Galbraith, Feigelman, & Kaljee, 1996), 일반적으로 피임을 하는 것(L. S. Jemmott & Jemmott, 1990; J. B. Jemmott, Jemmott, & Fong, 1998), 또는 소수의 성적 파트너(Zimet et al., 1992)를 갖는 것과 상당히 연관이 있다고 밝혔다. 성생활에 대한 지식과 성적 위험 행동 사이의 관계에 관한 이러한 합의의 부족은 성적 위험 행동 예방 영역의 많은 연구의 관찰 결과와 일치하는데, 예방 영역의 경우 어떠한 지식이 반드시 행동이나 행동 변화로 전환되는 것은 아니라는 것을 알 수 있다(예: Baldwin, Whitely, & Baldwin, 1990; St. Lawerence et al., 1995).

또 다른 인지적 과정이 이러한 성적 지식과 성적 행동 사이의 잃어버린 연결 고리를 제공할 수도 있다. 예를 들어, 성관계에 대한 개인적인 위험을 인식하는 정도 및 성에 대한 일반적인 태도 등이 그러하다. 하지만 안타깝게도 그러한 요인들과 관련된 연구 결과들은 아직 명확하지 않다. 몇몇 연구들은 청소년들이 성을 통해 건강에 부정적인 영향을 받을 수 있는 취약성을 인식할수록 보다 일관적으로 콘돔을 사용하며(Pendergrast, DuRant, Gaillard, 1992; Zimet et al., 1992) 보다 소수의 성적 파트너와 관계를 맺는 등(Miller, Forehand, & Kotchick, 1999) 위험을 감소시키는 전략에 참여할 가능성이 높다는 것을 밝혔다. 반면 또 다른 연구들은 성적 위험에 대한 인식이 높아진 청소년의 경우 오히려 높은 수준의 성적 위험 행동과 연관이 있다는 것을 밝혔다(Langer & Tubman, 1997; Millstein & Moscicki, 1995). 또한 다른 연구들은 여전히 위험을 인식하는 것과 이들의 성적 위험 행동 사이의 연관성을 밝히지 못했다(Orr, Beiter, & Ingersoil, 1991; Shafer & Boyer, 1991).

성에 대한 도덕성과 위험을 줄이는 행동에 대한 태도적인 요인은 성적 위험 행동과 보다 더 일관적인 상관성을 보인다. 예를 들어, 성생활에 대한 십대의 보다 개방적인 태도는 더 높은 수준의 성적 위험 행동과 상관이 있다(L. S. Jemmott & Jemmott, 1990). 또한 여러 연구는 위험 감소 전략으로 청소년의 태도가 미치는 결과를 보고하였다. 콘돔에 대해 더욱 긍정적인 태도를 가진 청소년은 콘돔을 더 많이 사용하는 경향이 있었다(예: L. S. Jemmott & Jemmott, 1990; Reitman et al., 1996). 이와 유사하게 높은 수준의 독실한 신앙을 가진 청소년은 성행위를 덜하는 경향이 있었다(Binham & Crockett, 1996; Levinson, Jaccard, & Beamer, 1995). 하지만 독실한 신앙은 성적 위험 행동의 신뢰할 만한 예측변수로 밝혀지지 않았는데, 예를 들어 일관성 없는 콘돔 사용이 그 경우이다.

자기효능감(self-efficacy), 즉 개인이 특정 행동을 효과적으로 수행할 수 있는 능력을 가졌다는 믿음(Bandura, 1986)은 일반적인 에이즈 바이러스 예방에 관한 사회 인지 이론 중에서 중요한 개념이다(Herlocher, Hoff, & DeCarlo, 1995, for a review of HIV prevention theories). 여러 연구는 위험 감소에 대한 높은 자기효능감과 덜 위험한 성적 행동 사이의 연관성을 밝혔다. 덜 위험한 성적 행동은 소수의 성적 파트너와 콘돔을 더 많이 사용하는 것을 포함한다(Overby & Kegeles, 1994; Reitman et al., 1996).

심리사회적 혹은 정서적인 스트레스를 나타내는 다양한 지표(예: 우울증, 불안감)는 청소년의 성 행동과 관련이 있다고 밝혀졌다. 높은 수준의 스트레스는 더 많은 성 행동과 연관이 있다(예: Harvey & Spigner, 1995; Tuman et al., 1996). 여러 연구에서 성적으로 피해를 당한 이전의 경험은 성 위험 행동과 관련이 있음을 밝혀냈다. 성적 강압의 경험은 임신과 성병(STD)의 높은 발병률뿐만 아니라 약물과 술을 섭취한 상태에서 성관계를 하거나 모르는 상대와 성관계를 하는 것을 포함하는 성적 위험의 여러 지표와 상관이 있다(Biglan et al., 1995; Roosa, Tein, Reinholtz, & Angelini, 1997).

청소년의 성적 위험 행동과 청소년기의 다른 문제 행동에 관여하는 것 사이의 상관성을 지지하는 여러 연구들이 발표되고 있다. 비행 행동을 하는 남성 · 여성 청소년 모두에게서 성적 위험 행동의 높은 비율이 발견되었다(Devine, Long, & Forehand, 1993). 그리고 폭력과 비행 행동에 높은 비율을 보인 청소년은 십대에 임신을 해서 부모가 되는 비율이 높았다(예: Scaramella et al., 1998; Stouthamet-Loeber & Wei, 1998).

다른 수많은 연구들은 특히 약물의 사용과 성적 위험 행동 사이의 관계에 대해 보고하였다. 국가 수준의 YRBS(Youth Risk Behavior Survey) 자료에 따르면, 높은 위험성을 지닌 성적 행동(예: 다수의 성적 파트너, 최근 성관계 시 콘돔을 사용하지 않은 것)은 불법 약물을 사용한 청소년들 사이에서 가장 빈번하게 나타났다(Lawry et al., 1994). 다른 연구들은 술과 약물 사용의 경험은 일관성 없는 콘돔 사용(예: Cooper, Peirce, & Huselid, 1994; Miller et al., 1999; Millstein & Moscicki, 1995; Shrier et al., 1996)과 다수의 성적 파트너를 가지는 것(예: Devine et al., 1993; Duncan, Strycker, & Duncan, 1999)과 연관성이 있다는 것을 확인하였다. 성적인 접촉 바로 이전이나 중간에 술과 약물을 사용하는 것은 또한 콘돔 사용의 감소와 상관이 있다(예: J. B. Jemmott & Jemmott, 1993; Strunin & Hingson, 1992).

가족요인

청소년의 성 행동에 미치는 가족의 영향은 2개의 주요한 범주인 가족 구조(structure)와 가족 과정(process)으로 나눌 수 있다. 이 장은 예방에 초점을 맞추고 있고 가족의 사회, 경제적 지위(SES)나 한쪽 부모의 부재와 같은 구조적인 변수는 행동적 개입과 상관이 낮기 때문에 오직 청소년의 성적 위험 행동과 관련 있는 가족 과정 변수와 관련된 연구 결과만을 검토하였다.

아동의 성적 사회화 과정에서 육아와 부모의 역할은 널리 연구되고 있다. 이 연구는 보편적으로 육아의 3가지 측면인 부모의 감시, 부모와 청소년 관계의 질, 성관계에 대한 부모와 청소년의 대화에 초점을 맞추고 있다. 청소년의 사회적 행동에 대한 부모의 감시 감독은 성적 행동을 덜하는 것(Romer et al., 1994), 소수의 성적 파트너를 갖는 것(예: Miller, Forehand, & Kotchick, 2000; Rodgers, 1999), 그리고 보다 일관성 있게 피임하는 것(예: Luster & Small, 1994; Rodgers, 1999)을 포함하는 청소년들 사이의 덜 위험한 성적 행동과 상관이 있다. 또한 부모의 감시는 성 위험 행동과 관련이 높은 청소년기의 다른 위험 행동에 관여하는 것을 제한함으로써 청소년을 보호할 수도 있다. 부모가 자녀를 보다 잘 감시하게 되면 청소년 자녀들은 보다 낮은 수준의 문제 행동을 보이고 약물 남용에 덜 관여하게 된다(예: Barber, Olsen, & Shagle, 1994; Steinberg, 1987).

그러나 연구 결과에 따르면, 부모의 감시와 청소년의 성적 위험 간의 관계는 단지 특정한 경우에만 보호요인으로 작용할 수 있음을 보여 준다. 청소년의 충분한 자율성을 부정하는 부모의 지나친 통제는 청소년의 높은 성적 위험 행동과 상관이 있다(Rodgers, 1999). 이 결과는 부모의 통제가 너무 심하거나 너무 약한 것이 흑인 청소년들 사이에 문제 행동의 증가와 관련이 있다는 것을 입증한 연구와 일치한다(Mason, Cauce, Gonzales, & Hiraga, 1996).

청소년이 부모와 형성하는 관계의 질은 청소년의 성적 위험 행동에 영향을 미치는 가족체계의 또 다른 측면이다. 부모의 지지와 개입은 성적 위험 행동과 임신의 위험을 줄이는 것과 관련이 있는 것으로 보인다(예: Luster & Small, 1994; Scaramella et al., 1998). 이와 유사하게 부모와 긍정적이고 지지적인 대화(부모와 청소년 관계의 질을 대표하는 지표)를 하는 청소년은 소수의 성적 파트너를 가지며 보다 일관성 있게 콘돔을 사용한다고 확인되었다(Miller et al., 2000). 그러나 다른 연구들은 부모와 청소년 간의 관계와 성적 위험 행동 사이의 분명한 관계를 보여 주지 않는다. 오히려 부모와 청소년 관계의 질이 성적 위험 행동에 간접적으로 영향을 줄 수 있다. 예를 들어, 그 관계가 성적 위험을 증가시키거나 감소시키는 청소년의 다른 행동(예: 물질 사용, 학업 성적)에 영향을 줄 수 있다. 또한 부모와 자녀가 대화를 할 때 성적 위험을 줄이는 것에 대해 얘기하도록 영향을 미칠 수 있다.

십대와 부모 사이의 대화는 성생활, 에이즈, 그리고 청소년을 위한 적절한 위험 감소 전략에 대한 정보의 전달을 위해 특히 중요하다. 성관계 및 성관계의 잠재적인 위험에 대해 가족끼리 대화를 하는 경우가 청소년기의 성과 에이즈(AIDS)에 대한 더 정확한 지식을 얻는 것으로 밝혀졌다(예: Pick & Palos, 1995; Sigelman, Derenowski, Mullaney, & Sider, 1993). 더 중요한 것은 성관계에 대한 부모와 청소년의 대화가 성적 위험 행동의 감소와 연관이 있다는 것이다(예: Kotchick, Dorsey, Miller, & Forehand, 1999; Miller, Kotchick, Dorsey, Forehand, & Ham, 1998; Miller et al., 1999). 특히 성적인 문제에 대해 부모와 자녀가 토론하는 대화의 질은 성적 위험을 줄이는 데 중요하다. 연구 결과에 따르면 개방적 · 수용적 · 감정적 대화가 성적 위험 행동을 줄이는 데 가장 효과적이라는 것이 확인되었다(예: Miller et al., 1999).

대화의 질뿐만 아니라 성관계에 대한 부모와 청소년 사이의 논의 시기가 중요하다. 위험성이 큰 소수민족 청소년에 대한 연구에 따르면, 성관계에 대한 부모와 청소년 간에 대화가 첫 번째 성적인 만남 이전에 행해졌을 때 성행위를 지연시키고 성적 위험 행동을 줄이는 데 가장 효과적이라는 것이 확인되었다(Miller, Luvin, Xu, & Whitaker, 1998). 그러나 안타깝게도 많은 부모들은 자녀와 성이나 성적 위험에 대한 대화를 하지 않는다(Miller, Korchick, et al., 1998). 그리고 부모가 자녀와 이야기하는 경우는 이미 늦은 경우가 많다.

가족 외적인 요인

청소년들은 자신의 정체성과 복잡한 사회적 관계를 발전시키는 과정에 있다. 청소년들이 자신의 행동을 결정하는 데 사용하는 기준의 관점은 가족에서 사회적 환경으로 자연스럽게 바뀌어 간다(Forehand & Wierson, 1993). 또래, 이웃, 그리고 다른 지역사회 요인 모두가 청소년의 성적 위험 행동의 중요한 수단과 관계가 있지만 이러한 관계에 대해 우리는 잘 이해하지 못하고 있다.

청소년 시기에는 또래가 강화, 모델링 그리고 지지의 중요한 원천이 되기 때문에(Forehand & Wierson, 1993) 또래들이 성적인 면에서 적극적이면 청소년들은 좀 더 성적으로 행동하기 쉬워진다는 것은 놀랄 만한 것이 아니다(예: Miller et al., 2000; Romer et al., 1994). 게다가 청소년 주변의 또래 그룹의 성적인 위험 행동 척도(예: 임신, 일관되지 않은 콘돔 사용)는 그 청소년의 성적 위험의 증가와 관련이 있음이 밝혀졌다(Gillmore, Lewis, Lohr, Spencer & White, 1997; Millstein Moscicki, 1995). 좀 더 본질적으로, 몇몇 연구자들은 일관되게 콘돔을 사용하는 여부는 친구들의 콘돔 사용에 대한 인식과 상관이 있음을 연구했다. 즉, 또래의 행동에 대한 청소년들의 인식은 성적인 위험 행동과 관련이 있음이 밝혀졌다(예: Romer et al., 1994; Stanton et al., 1994).

또래의 성적 행동 이외에도 청소년 또래 그룹의 다른 특징들은 청소년의 성적인 위험 행동과 관련이 있는 것처럼 보인다. 연구에 따르면, 알코올과 약물 사용을 할수록, 또는 청소년 비행에 연루된 일탈 행동을 하는 또래 집단과 교제할수록 매우 위험한 성적 경험에 관여하게 될 가능성이 높다는 것이 반복적으로 지적되어 왔다(예: Brewster, 1994; Miller et al., 2000). Scaramella와 동료(1998)는 8학년에서 비행 또래 집단에 합류했던 경험과 12학년에서의 성적인 위험 행동을 하는 것과 유의미한 상관이 있음을 밝혀냈다.

가족 외적인 체제 중 가장 넓은 수준에서, 청소년들이 살고 있는 이웃과 지역사회는 그들이 연루될 수도 있는 위험 행동의 유형에 영향을 미치는 것처럼 보인다. 지역사회는 학교, 직업, 사회적 접촉, 그리고 다른 자원들을 통해 다양한 수준의 사회적 지지를 제공한다. 또한 지역사회는 미래의 기회부족, 불충분한 감시, 사회경제적 불이익, 또는 불안을 통해 청소년들의 발달을 방해하거나 청소년들을 보다 더 큰 위험에 처하게 할 수도 있다. 그러나 이러한 수준의 영향을 유형화하기 어려워 청소년의 성적 위험을 다룬 문헌들도 집중적으로 다루지 않았다. 오직 인구사회학적인 변수와 성적 위험 수준의 관계에 초점을 두고 분석한 하나의 연구가 있을 뿐이다. Brewster(1994)는 흑인 여자 청소년들의 경우, 이들이 속한 지역의 사회경제적 수준이 낮고, 여성들의 취업률이 높으며, 이혼율이 높은 경우 더 많은 성적 위험 행동과 관련되어 있다는 것을 확인하였다. 가족 외적인 자원으로부터 사회적 지지를 얻는 수준은 중요한 것처럼 보인다. 왜냐하면 미국 흑인 청소년들을 대상으로 실시된 한 연구에 따르면, 보다 적은 사회적 지지를 받는 경우 성적인 위험 행동에 더 빈번하게 관여한다는 것이 확인되었기 때문이다(St. Lawrence et al., 1994).

요약하면, 개인, 가족 및 가족 외적인 수준의 요인들은 청소년들의 위험한 성적 행동을 통해 발생하는 에이즈, 성병 또는 임신 여부에 영향을 미친다. 예방적 개입은 개인, 가족 및 가족 외적이라는 3가지 수준에서 각 요소를 어떻게 다루느냐에 따라 다양하다. 에이즈/성병/임신 예방 프로그램의 초기에는 대체로 개인적 수준의 요인에 초점을 맞추고, 일반적으로 개인적 수준 중에서 하나의 요소(예: 지식)에 초점을 두었다. 최근에 들어서야 개인적 수준 중에서 2개 혹은 3개의 요소에 초점을 두는 프로그램들이 등장했다. 나아가 가장 성공적인 개입은 이론이나 모델에 기초한 정보를 통해서 어떠한 개입 목표를 선택해야 하는지 설명할 수 있는 개입이다. 예방 프로그램의 개발에서 가장 많이 사용되는 이론과 모델을 설명하면서 개입에 대한 논의를 시작하고자 한다.

예방적 개입의 이론적 근거

개입을 개발할 때 항상 이론을 고려하는 것은 아니다. 그러나 행동 변화의 4가지 이론 또는 모델은 십대 성적 행동을 초점으로 하는 예방적 개입을 개발할 때 가장 흔히 사용된다.

1. 사회 학습 이론
2. 인지 행동 이론
3. 사회적 영향 또는 예방 모델
4. 정보–동기–행동 기술 모델

뒤에 다시 살펴볼 개입(예: Reducing the Risk)은 이러한 이론들 중 하나 이상의 이론에 기초한 개입 요소들을 결합한다. 반면 다른 개입(예: Becoming a Responsible Teen)들은 하나의 모델이나 이론에 기초를 둔다.

사회 학습 이론은 대다수를 차지하는 효과적인 예방적 개입의 개념적 기초이다. 사회적 학습 이론에 따르면, 보호적 행동을 실제로 하기 위해서는 십대들이 보호적 행동에 대해 잘 알아야 하고, 그들이 그 행동을 할 수 있다는 믿음이 있어야 한다. 또한 그 방법이 성공적일 것이라고 믿을 뿐만 아니라 그 행동을 했을 때의 이익을 예상할 수 있어야 한다. 사회 학습 이론에서 행동을 모방하고 기술을 연습하는 것은 새로운 행동을 배우는 데 기본적인 것이다(Bandura, 1986).

인지 행동 이론 또한 예방적 개입을 개발할 때 흔히 사용된다. 이 이론은 사회 학습 이론과 유사하고, 청소년들이 위험한 행동을 하는 것에 대한 사회적 압력에 잘 대응하기 위해서는 인지적이고 행동적인 기술이 필요하다고 가정한다. 이러한 기술을 지닌 십대 청소년들은 사람들을 대할 때 효과적으로 자신의 행동을 조절한다(Kirby et al., 1991). 이 이론의 3가지 구성요소는 특히 중요하다. 즉, 성 건강에 대한 자기만의 정보 만들기, 의사결정과 단호하게 자신을 표현하는 기술 훈련, 개인이 처한 상황에 기술을 일반화시켜 적용하는 것이다.

사회적 영향 또는 사회적 예방 모델은 몇몇 개입 프로그램들에서 사용되었는데, 주로 성적인 위험 행동의 시작이 또래들의 압력에 의해 강력하게 영향을 미치고 있다고 설명한다. 이 모델은 청소년들이 많은 부분에서 사회적인 또래 영향 때문에 위험한 행동을 포함한 여러 행동에 연루된다고 가정한다. 공중보건의 면역(immunization) 개념에 기초한 사회적 예방 모델 개입은 위험한 행동을 부추기는 사회적 또는 또래 메시지에 청소년들을 노출시켜 그들이 얻게 될 부정적인 영향에 대해 생각하게 하고 그러한 영향에 대응할 수 있는 기술을 개발하도록 격려한다(Ellickson, 1984).

마지막으로 최근에 구성된 모델인 정보-동기-행동 기술(IMB) 모델은(J.D.Fisher & Fisher, 1992, 2000; W.A.Fisher & Fisher, 1993; W.A. Fisher, Williams, Fisher, & Malloy, 1999), 에이즈의 전염에 대응하기 위하여 개발되었으며 정보-동기-행동 기술에 근거한 개입은 그 효과성이 입증되었다(예: Carey et al., 1997). 정보-동기-행동 기술 모델은 가장 보호적인 행동을 하고 그들의 행동을 유지할 수 있는 사람은 위험과 예방적 행동에 대한 충분한 정보를 가지고 있고, 그들의 행동을 바꾸려고 동기화되어 있으며, 예방적 행동을 실천할 수 있는 기술을 가지고 있다고 본다. 정보-동기-행동 기술은 앞서 논의한 행동 변화를 위한 필수적 구성요소를 열거한 것 이외에도, 특정 지역사회에서 실행할 때 가장 적절한 내용과 형식을 결정하는 과정을 제안했다. 보다 구체적으로 보면 개입의 개발과 실행을 위한 3단계는 다음과 같다(J. D. Fisher & Fisher, Bryan, & Mosovich, 2002).

1. 대상 집단의 하위 집단에 유도(elicitation)연구(예: 포커스 그룹, 중요한 인물 인터뷰)를 수행하여 정보, 행동, 기술과 관련된 이들의 강점과 약점을 파악한다.
2. 유도연구의 결과를 활용하여 대상 집단을 위해 경험적으로 입증된 프로그램을 개발하고 실행한다.
3. 개입의 효과를 알아보기 위해 독립적인 평가 연구를 수행한다.

이러한 이론/모델은 공통적인 요소를 가지고 있다. 예를 들어, 이러한 모델에 근거한 개입은 대부분 정보를 제공하는 구성요소를 가지고 시작한다. 모든 모델은 기술 형성과 기술 일반화의 중요성을 강조한다. 그러나 여러 모델들은 또한 다른 점을 가지고 있다. 예를 들어, 사회적 예방 모델은 명백하게 또래 압력의 영향에 중점을 두고 있다. 정보-동기-행동 기술은 개입의 개발, 실행, 평가의 접근을 제공한다는 점에서 독특하다. 요약하면, 하나의 이론 또는 모델이 다른 이론이나 모델들에 비해 본질적으로 더 우수한 것은 아니다. 오히려 하나 또는 그 이상의 이론에 근거하여 개입 프로그램을 개발하고 평가하는 것이 중요한 요인이다.

효과적인 예방 개입

에이즈, 성병, 십대 임신에 관하여 유용한 예방 프로그램이 많기 때문에 우리는 어느 프로그램을 포함시킬 것인지 결정하기 위하여 다음과 같은 지침을 사용하였다.

1. 우리는 CDC(1991)나 미성년자의 임신 예방을 위한 전국적인 캠페인(The National Campaign to Prevent Teen Pregnancy)(Kirby, 2001)에 의해 효과성이 입증된 개입들만 포함시켰다. 게다가 12~18세의 청소년을 대상으로 미국이나 캐나다에서 실행된 연구만을 포함하였으며, 방법론적인 기준이 충족되는 경우에만 이 장에서 소개하였다. 이 방법론적 기준은 실험 또는 준실험 설계의 사용, 적어도 100명 이상의 표본 크기, 성 행동 또는 피임 행동, 임신, 출산 결과에 대한 개입의 영향 측정을 포함한다(Kirby, 2001 참조).
2. 우리는 검증된 효과적인 예방 전략 중에서 가장 앞선 지식을 대표하는, 과거 10년 동안(1992~2002년) 출판된 연구에 초점을 두었다. 또한 현재 진행되고 있는 개입 중에서 사용된 전략이 입증되고 엄격한 방법론을 사용하여 유망하다고 생각되는 몇몇 개입들도 포함시켰다.

청소년 성 행동에 대한 규준 자료에 비추어 볼 때, 청소년의 거의 1/2이 성적인 활동을 함으로써 에이즈 바이러스에 감염되거나 다른 성병에 걸리거나, 혹은 임신을 할 수 있는 위험에 처해 있다고 볼 수 있다. 더군다나 이들 가운데 특정 하위 집단은 이전에 살펴봤던 개인, 가족, 가족 외적 요소 때문에 다른 사람들보다 더욱더 위험하다. 이와 같이 에이즈, 성병, 임신과 관련된 위험 행동 개입은 전체적으로 적용하거나, 위험 상태에 있는 특정 청소년 집단을 대상으로 실시해야 한다. 개입 대상과 관계없이 우리의 개관에 포함된 모든 프로그램은 공통적으로 많은 요소를 포함하고 있다(예를 들어, 지식 향상과 기술 향상에 관한 강조). 개입 프로그램의 경우 가장 기본적인 차이는 에이즈, 성병, 임신(일관성 없는 콘돔 사용)과 같은 성적 선행 요인에 초점을 두느냐, 아니면 성과 관련이 없는 외적 상황(학업 실패, 직업 기술의 부족)에 초점을 두느냐에 달려 있다. 후자에 해당되는 개입 프로그램의 범주는 초등학교 입학 전에 조기에 시작되며 경우에 따라서는 성교육을 포함하는 다양한 영역에서 실행된다. 이와 비교하여 성적 선행요인에 초점을 둔 개입은 대체로 중학교 이전에는 이루어지지 않으며, 성적 위험 행동에 대해 보다 초점을 맞춰 실행된다.

우리는 성 위험 행동의 성적 선행요인을 변화시키는 데 중점을 둔 개입을 먼저 재검토할 것이다. 왜냐하면 개입에서 주로 사용되는 형태이기 때문이다. 이후 우리는 성과 직접적 관련이 없는 선행요인에 중점을 둔 개입을 검토하였고, 최근에 진행되고 있어 평가가 진행 중인 가장 최근의 예방프로그램도 포함하였다. 이렇게 2가지 유형의 접근에 대해 연구 사례와 방법, 프로그램의 형태, 내용, 결과를 중심으로 토의하고자 한다. 이후 두 유형의 결론 부분에서는 2가지 접근 중에서 보편적 · 선택적 · 지시적 적용 사례를 검토하고자 한다. 이 장에서 제공되는 정보는 독자가 방법을 평가하거나 프로그램 구성을 이해할 수 있도록, 그리고 효과성에 대해 확신할 수 있도록 충분히 상세하게 설명하였다. 그러나 특정한 개입을 다시 적용할 만큼 세세한 내용을 담지는 못했다.

성적 선행요인에 중점을 둔 개입

우리는 실험적으로 평가된 11개의 예방 프로그램을 선정하였다. 이 프로그램들은 이전에 토의되었던 기준에 부합하는 위험한 성 행동의 감소에 특히 초점을 두었다. 〈표 11-1〉에는 이들 개입 프로그램의 제목과 제작자를 실었다.

11개 연구의 대다수는 인종적인 면에서, 또한 경제적인 면에서 다양한 사례를 포함하고 있다. 인종적인 면에서 연구 사례를 보면 대부분 주로 소수민족의 청소년들로만 구성되었다. 예를 들어, Becoming a Responsible Teen, Focus on Kids 그리고 Be Proud/Be Responsible은 오직 흑인 참여자들만이 포함되었다. 연구 참여자들이 경제적인 면에서 다양하지 않은 연구(예: Becoming a Responsible Teen, Healthy Oakland Teens)는 경제적인 면에서 낮은 사회경제적 계층의 참가자들로만 구성되었다. 낮은 사회경제적 계층 출신의 소수민족 청소년에게 초점을 맞추게 되면 이들의 십대 임신, 에이즈, 성병의 발생 비율은 중상계층의 백인 청소년들에 비해 보다 높은 것으로 나타난다.

연구의 대다수는 고등학생을 대상으로 하고 있다. 반면 2개의 프로그램(예: Draw the Line, Be Proud/Be Responsible)은 중학생에게 초점을 맞추고 있다. 성적 위험에 대하여 토론하기 위해서 청소년이 고등학생이 될 때까지 기다리는 것이 일반적이며, 이러한 사실은 보다 어린 청소년에게 종합적인 성교육을 제공하는 것에 대한 문화적 반감을 잘 반영해 준다. 그러나 청소년들이 성 행동에 관여하기 이전에 개입하는 것이 이상적이다.

표 11-1 에이즈, 성병, 임신의 성적 선행요인에 중점을 둔 예방적 개입

프로그램	연구
보편적 개입	
Draw the Line/Respect the Line	Coyle, Kirby, Marin, Gomez, & Gregorich (2000)
Reducing the Risk	Hubbard, Geise, & Rainey (1998); Kirby, Barth, Leland, & Fetro (1991)
Safer Choices	Coyle, Basen-Engquist, Kirby, Parcel, Banspath, Collins, et al. (2001)
Get Real About AIDS	Main, Iverson, McGloin, Banspach, Collins, Rugg, et al. (1994)
선택적 개입	
Be Proud/Be Responsible	J. B. Jemmott, Jemmott, & Fong (1998)
AIDS Prevention for Adolescents in School	Walter & Vaughan (1993)
Becoming a Responsible Teen	St.Lawrence, Brasfield, Jefferson, Alleyne, O'Bannon, & Shirley (1995)
Healthy Oakland Teens	Ekstrand, Siegel, Nido, Faigeles, Cummings, Battle, et al. (1996)
Focus on Kids	Stanton, Li, Ricardo, Galbraith, Feigelman, & Kaljee (1966)
지시적 개입	
Intensive AIDS Education in Jail	Magura, Kang, & Shapiro(1994)
Streets Smart	Rotheram-Borus, Koopman, Haignere, & Davies (1991)

따라서 나중에 논의될 새롭게 개발된 몇몇 개입들은 아직 불완전한 형태이긴 하지만, 어린 청소년을 포함한다.

11개 중 5개의 개입(예: Draw the Line, Be Proud/Be Responsible, Becoming a Responsible Teen, Focus on Kids, Safer Choices)만이 처치 또는 통제 집단에 연구 참여자나 연구 참여기관(예: 학교)을 무선 할당하는 실험설계를 사용하였다. 반면 나머지 연구들은 편의성에 따라 할당된 준실험설계를 사용하였는데, 그 이유는 실제적인 실험의 제약들 때문이다. 예를 들어, 연구에 참여한 학교의 거리가 멀거나, 개입 프로그램을 실행하려는 학교의 참여 의지 등의 제약이 존재한다. 이러한 준실험설계를 사용한 연구자들은 인구학적 특성 면에서 실험과 통제 집단에 참여한 연구 참여자나 연구 참여기관을 일치시키거나 두 집단 사이의 차이점을 통계적으로 통제함으로써 이와 같이 취약한 방법론의 약점을 최소화시켰다.

프로그램의 형식에 관해 〈표 11-1〉에 제시된 모든 개입은 4~20회기에 걸친 집단 프로그램 형태로 실행되었다. 회기 실행을 위한 시간은 꽤 다양하였다. 몇몇 개입 프로그

램들(예: Becoming a Responsible Teen, Focus on Kids, Reducing the Risk, Draw the Line)은 연속적으로 매주 회기를 실시한 반면, 2개의 프로그램은 여러 해에 걸쳐 실행되었다. 예를 들어, Draw the Line은 6학년에서 5회기, 7학년에서 8회기, 그리고 8학년에서 7회기 총 20회기를 실시하였다. 가장 간결한 구성인 Be Proud/Be Responsible 프로그램은 8회기(1회기당 한 시간)를 2번의 토요일에 걸쳐 실시한다. 회기를 실시하는 스케줄에 대한 결정은 경우에 따라서 개입을 실시하는 지역의 특성과 같은 사항들에 의해 부분적으로 영향을 받았다. 예를 들어, 지역사회보다는 학교 장면에서 여러 해에 걸쳐 개입 프로그램을 실시하는 것이 보다 수월하다. 같은 방식으로, 만약 일시적인 사례(예: 가출 청소년들, 재개발 지역에서 사는 십대)에 개입한다면 회기 일정은 더욱더 집중적이어야 할 것이다.

학교 장면에서 수행되었을 때 프로그램 회기는 대부분 선생님에 의해 진행된다. 지역사회 장면에서 개입할 때는 지역사회의 대표가 그룹을 진행하도록 훈련받는다. 그러나 두 연구에서는 또래 또한 훈련을 받아 집단을 이끌도록 하였다. 이 중 한 연구(예: Be Proud/Be Responsible)에서 참가자들의 행동 결과를 또래가 아닌 성인에 의해 진행된 그룹과 비교하였다. 이 비교 결과는 청소년의 성 행동에 관한 프로그램의 영향과 관련하여 또래 대 성인 진행 그룹 간에 차이가 없다는 것을 보여 주었다(J. B Jemmott, Jemmott, & Fong, 1998).

모든 개입은 역동적이고 상호작용적인 체제를 통해 정보를 제공함으로써 가능한 최대의 효과를 증진시키도록 설계되었다. 예를 들어, 가출 청소년을 위한 개입인 Street Smart는 개입에서 배운 기술을 실천하도록 드라마 각본을 만드는 내용을 포함한다. 유사하게 몇몇 개입(예: Becoming a Responsible Teen, Reducing the Risk)은 기술과 자기효능감을 향상시키기 위해 역할 연기를 사용한다. 뿐만 아니라 몇몇 개입(예: Becoming a Responsible Teen, Focus on Kids, Be Proud/Be Responsible)은 진행 과정에 비디오와 게임을 포함하였다. 독특한 방식으로 청소년의 행동에 잠재적인 영향을 주는 Becoming a Responsible Teen 프로그램은 에이즈에 감염된 청소년을 포함하여 함께 토론 그룹을 구성하였다. 이 구성요소는 에이즈 감염의 취약성에 대한 정확한 인식을 증진시키기 위한 시도로 포함되었다.

대부분의 개입 프로그램은 가족이나 가족 외 요인보다는 오로지 위험한 성적 행동과 관계된 개인적인 요인(예: 지식, 태도, 기술)에 집중했다. 그러나 몇몇 프로그램은 시스템 수준에서의 변화까지도 목표로 삼는다. 예를 들면, Get Real About AIDS는 그룹에 기초한 회기에 더해, 성적인 위험에 대한 정보를 제공하는 포스터를 학교에 붙임으로써 학생의 가족 외적인 환경에 대한 개입을 시도했다. Reducing the Risk에는 2가지 숙제가 있는데, 이 숙제를 통해서 학생들이 부모님에게 성을 절제하는 것과 피임에 대해 이야기하도록 돕는다. Safer Choices는 이러한 개입들 중에 유일하게, 연구자들이 개인적 · 가족적 · 가족 외적 변수를 조사하였다. 참여자들은 지식과 기술에 초점을 맞춘 학급기반 프로그램 회기에 참여했다. 그리고 연구자들은 숙제와 가정통신문을 통해 부모들을 개입에 포함시켰다. 더 나아가 연구자들은 학교 환경을 변화시키는 것을 목표로, 학교 변화 모델과 해당 요소를 개입에 포함시켰다. 예를 들면, Safer Choices는 학교 환경(예: 학교 조회에서)에서 안전한 성행위에 대한 메시지를 강화할 수 있도록 그 학교의 학생들을 또래교사로 훈련시켰다. 그리고 Safer Choices는 프로젝트 시행을 계획하고 모니터하기 위해 학부모, 교사, 행정가, 지역구성원들로 구성된 자문위원회를 구성하였다.

모든 개입 프로그램의 참여자들은 콘돔을 사용하지 않은 성행위와 그들을 보호하는 방법들(예: 성에 대한 절제, 콘돔 사용)에 대한 정보를 얻었다. 그리고 모든 개입에서 성관계를 미루거나 항상 콘돔을 사용하기 위한 기술(예: 자기주장적인 의사소통)을 다뤘다. 2가지 개입 프로그램(예: Safer Choices, AIDS Prevention for Adolescent in School) 또한 학생들이 친구들의 성행위 빈도에 관해 가지고 있는 인식을 변화시키는 것을 시도했다. 이러한 개입에서 "모두가 성행위를 한다."라는 신념이 잘못된 것임을 드러내기 위해서 청소년의 성 행동 비율에 대해 집단 토론을 하는 방법을 이용했다(Coyle, Kirby, Marin, Gomez, & Gregorich, 2000).

몇몇 개입에는 가치명료화가 포함되었다. 특별히 Focus on Kids, AIDS Prevention for Adolescents in School, Becoming a Responsible Teen, 그리고 Healthy Oakland Teens에는 성생활에 관한 십대들의 가치관 확립을 돕는 개입 요소가 포함되어 있다. 예를 들면, Becoming a Responsible Teen에서는 토론 회기에서 성적인 결정과 가치에 관해 토론했다. 비디오를 시청한 뒤에 참여자들은 그들의 성과 관련된 개인적 가치와 관련해서 친구들과 가족으로부터 받을 수 있는 도움에 중점을 두고 토론을 계속했다.

이러한 개입을 통한 행동적 결과에 대하여, 모든 프로그램은 후속 자료(최소 3개월, 보통 12개월)를 조사했고 위험한 행동을 줄이는 데 효과가 있음을 입증했다. 측정된 결과에는 성적으로 경험이 없는 청소년의 성적인 행동의 시작, 성적으로 활발한 십대, 콘돔 사용, 성행위 빈도, 그리고 파트너의 숫자가 포함되어 있다. 여기에서 다루어진 11개의 개입 모두 성 행동 시작의 영향을 평가했고, 이 중 4개의 연구(Reducing the Risk, Becoming a Responsible Teen, Be Proud/Be Responsible, and Draw the Line)에서 통제 집단에 비해 실험집단의 청소년들이 성행위를 시작하는 경향이 적은 것으로 평가되었다. Draw the Line에서는 실험집단의 남학생들이 성행위의 시작을 미루는 것으로 나타났는데, 여학생 집단에서는 이러한 결과가 나타나지 않았다. 나머지 7개의 연구에서는 성행위의 시작을 미루는 것에 대한 효과가 나타나지 않았다. 그러나 어느 연구에서도 개입 후에 학생들이 성행위의 시작을 서둘렀다는 결과가 나타나지 않았다는 것은 중요하다. 왜냐하면 성교육 프로그램을 통해 청소년의 성적 행동, 성적 행동의 결과, 그리고 보호 방법에 대해 다루는 것이 청소년들의 성적 행동을 촉진한다는 주장을 이러한 연구 결과가 논박하기 때문이다.

여기에서 다루는 모든 연구에서 성 행동의 시작 후에 나타날 수 있는 보호 행동에 대해 평가하였는데, 그 평가 결과는 다양하다. 구체적으로, 11개의 모든 연구가 콘돔 사용에 대한 개입의 영향을 평가했다. Safer Choices, AIDS Prevention for Adolescents in School, Becoming a Responsible Teen, 그리고 Get Real About AIDS는 개입의 긍정적 효과에 대한 증거로, 통제 집단에 비해 실험 집단의 학생들이 콘돔을 사용하는 비율이 높다는 점을 제시했다. Reducing the Risk도 콘돔 사용에 긍정적인 효과가 있는 것으로 나타났는데, 이 효과는 성적 행동을 경험하지 않은 것으로 분류되는 청소년들에게 제한적으로 나타났다. 이러한 사실을 통해 청소년에게 일찍 개입하는 것이 중요하다는 것을 알 수 있다. 5개의 연구만이 성행위의 빈도에 대해 평가했는데, 2개의 개입에서만 긍정적인 효과가 나타났다. 보다 구체적으로, Be Proud/Be Responsible 프로그램은 실험 집단 중 한 집단에서 성행위의 빈도가 상대적으로 낮았다는 증거를 제시했다. Becoming a Responsible Teen program에서는 통제 집단의 남학생들보다 실험 집단의 남학생들의 성행위 빈도가 낮은 것으로 나타났다. 하지만 여학생들은 차이가 나타나지 않았다. 마지막으로, 4개의 연구에서 파트너의 숫자에 대해 평가했는데, 절반의 연구에서 긍정적인 효과가 나타났다. Becoming a Responsible Teen과 Get Real About AIDS의 실험 집단 참가자들은 후속 측정에서 통제 집단 학생에 비해 상대적으로 파트너 수가 적은 것으로 나타났다.

지금까지 논의한 행동적 결과를 통해 에이즈 바이러스(HIV)와 성병(STD), 그리고 십대 임신의 성적 선행요인을 대상으로 한 개입들이 항상 그런 것은 아니지만 효과적일 수 있다는 것을 확인하였다. 아마도 대부분의 연구에서 가장 흥미로운 결과는 개입 후 적어도 12개월 이후의 후속 측정 결과 십대의 보호 행동이 지속되었다는 것이다. 이에 더해 Safer Choices의 콘돔 사용과 파트너의 숫자에 대한 효과는 31개월 이후의 후속 측정에서도 지속되는 것으로 나타났다. 이러한 연구 결과들은 위험한 성 행동의 잠재적인 부정적 효과가 청소년기의 초기를 지나서도 나타날 수 있기 때문에 매우 중요하다. 그러므로 개입의 영향이 충분히 오래 지속될 수 있도록 강력한 개입을 실시해야 한다.

에이즈 바이러스(HIV), 성병(STD) 그리고 임신의 성적 선행요인에 초점을 맞춘 11개의 개입 중 대부분은 표본에 대해 선택적으로 개입했다. 보다 구체적으로, 4개의 개입(예: Draw the Line, Reducing the Risk, Safer Choices & Get Real About AIDS)은 에이즈 바이러스나 다른 성병에 감염되거나 임신하는 것과 같은 특정한 위험이 없는 것으로 판단된 청소년들에게 보편적으로 적용되었다. 반면 5개의 개입은 대다수가 소수 인종으로 구성된 낮은 사회경제적 계층에 속한 청소년들을 대상으로 실시되었다. 나머지 2개의 개입은 수감되거나(Intensive AIDS Education in Jail) 가출하는 것(Street Smart)과 같은 추가적인 위험요인을 가진 청소년들을 대상으로 실시되었다.

금욕(abstinence)을 홍보하는 것을 성적 위험의 감소를 위한 유일한 방법으로 선택한 예방 프로그램들은 논의에서 제외하였다. 이처럼 잘 알려진 프로그램들을 이번 논의에 포함시키기 않은 이유는 청소년의 성적 위험 행동을 유의미하게 줄이는 것에 대한 경험적 증거가 부족했기 때문이다. 금욕만을 강조하는 개입의 효과에 대한 더 자세한 정보를 위해서는 Kirby(2001)의 문헌을 참고할 수 있다.

성 외적 선행요인에 초점을 둔 개입

연구에 따르면, 여성의 교육과 취업의 기회를 향상시키는 것이 그들의 임신 비율을 낮춘다고 한다(Kirby, 2001). 이에 더해 에이즈 바이러스나 다른 성병의 위험에 처한 여학생과 남학생들은 대부분 상대적으로 낮은 교육적 · 직업적 기회를 가진 청소년인 것으로 드러났다(예: Airhihenbuwa, DiClemente, Wingood, & Lowe, 1992; Brown, DiClemente, & Park, 1992). 따라서 몇몇 청소년 관련 전문가들은 개입의 초점을 성적 행동 그 자체에 두기 보다는, 혹은 이에 더해 교육적 · 직업적 기회를 향상시키는 것에 개입의 초점을 두었다. 청소년 발달 프로그램으로 알려진 이러한 개입들은 단순히 청소년의 성적 위험 행동을 줄이는 것보다 더 넓은 목표를 가진다. 더 구체적으로 향상요인(enhancing factors)에 초점을 맞췄다. 그 향상요인은 다른 성인들과의 관계, 학교에 대한 애착, 고용 기회, 그리고 교육적인 목표이다(Kirby, 2001).

4가지의 개입은 방법론적 기준과 이전에 논의된 다른 기준에 부합한다. 이러한 개입 프로그램과 연구자들의 이름은 〈표 11-2〉에 제시되어 있다. 성적인 선행요인에만 초점을 맞춘 개입들과는 달리, 청소년 발달 프로그램들은 서로 비슷하기보다는 더욱 다양하다. 우리는 이 개입들의 방법론, 프로그램 구성 방식, 내용, 그리고 결과에 대해 논의할 것이다.

한 개의 개입(예: Teen Outreach Program)을 제외한 모든 개입들이 주로 낮은 사회경제적 계층에 속한 청소년들을 대상으로 실시되었다. 4개의 개입 중 2개의 개입이 소수 인종의 청소년을 대상으로 했고, 나머지 2개의 개입(예: Teen Outreach Program & the Seattle Social Development Program)은 다양한 인종의 청소년을 대상으로 했다. 이전에 논의된 성교육 개입과 같이 청소년 발달 프로젝트는 주로 통계적으로 부정적인 결과의 위험에 처해 있는 청소년에 초점을 둔다.

이러한 프로그램은 성에만 초점을 맞춘 개입들과 비교해서 개입 대상 연령의 폭이 훨씬 넓다. 2개의 개입(Abecedarian Project & the Seattle Social Development Program)은 미취학 아동 및 또는 초등학교에 다니는 아동을 대상으로 하는 반면, 나머지 2개의 개입은 고등학교 학생들을 대상으로 한다. 예상과 마찬가지로, 프로그램의 구성과 내용은 대상 청소년의 연령에 따라 상당히 달라진다.

1개의 연구를 제외한 모든 연구는 학교와 참여자들의 무선배치를 포함하는 엄격한 실험설계 방법론을 채택했다. Seattle Social Development Program이 예외적인 경우인데, 이 연구에서는 학교를 무선으로 배치하는 것이 불가능하기 때문에 준실험설계를 선택했다.

앞에서 언급했듯이, 이 개입들의 구성과 내용은 상당히 다르다. 그러나 성에 초점을 맞춘 대부분의 개입들과 달리 청소년 발달 프로그램은 3가지 개입의 수준, 즉 개인적·가족적, 가족 외적 체계의 수준을 통합한다는 점에서는 일관된다.

가장 눈에 띄게 다른 프로그램은 Abecedarian Program으로, 유치원과 초등학교를 대상으로 8년간 지속적으로 시행되었다. 유치원 구성요소는 유아기부터 유치원까지 1년 내내 종일반의 형태로 구성되었다. 초등학교 개입은 교사가 가정과 학교를 연결하는 것에 전념할 수 있도록 구성하였다(예: 아동의 학업에 부모의 참여를 높이는 것, 부모-학교 의사소통을 증가시키는 것).

3개의 다른 개입들 중에서, Seattle Social Development Project는 가정과 학교의 연계를 강조함과 동시에 학교에서 진행된다는 점에서 Abecedarian program과 가장 유사하다. 그러나 개입의 방식과 내용은 달랐으며, 구성요소로서 교사, 부모, 아동을 포함했

표 11-2 에이즈 바이러스, 성병, 임신의 성 외적 선행요인에 집중한 예방적 개입

보편적 개입	
Teen Outreach Program	Philiber & Allen (1992) and Allen, Philliber, Herrlin, & Kuperminc (1997)
선택적 개입	
Abecedarian Project	Campbell (1999)
Seattle Social Development Project	Hawkins, Catalano, Kosterman, Abbott, & Hill (1999)
Carrera Program	Philliber, Kaye, Herrling, & West (2000)

다. 교사와 부모는 아동–학교, 아동–부모 애착을 촉진하기 위한 기술들을 배웠다. 이러한 기술은 가족 외 수준과 가족 수준을 각각 대표한다. 아동은 소집단 형태를 통해 사회성 기술을 배웠다.

2개의 다른 개입들 또한 청소년 참가자를 위해 소집단 형태로 진행되었다. Teen Outreach Program은 소집단의 형태로 학교와 지역사회에 적용되었고, 가치관, 의사결정, 의사소통 기술, 육아에 초점을 두었다. 이 개입은 청소년을 대상으로 한 활동기반 프로그램이었고, 학교와 지역사회에서 평균 46시간을 실시한 치료 서비스이다.

4가지 개입 중 마지막 프로그램은 지역사회에서 오직 소집단의 형태로만 진행되었다. 그리고 이 프로그램은 성교육을 포함한 유일한 개입이었다. 이 Carrera Program은 고등학교 기간 동안 매달 16시간이 적용되었고 다음과 같은 5개의 구성요소를 포함했다.

1. 가족생활과 성교육
2. 학업 평가와 튜터링
3. 직업 기술과 인식
4. 예술을 통한 자기 표현
5. 운동

구성과 내용 면에서의 차이가 있고 방법론적 면에서도 차이가 있었지만, 각각 4개의 청소년 개발 프로그램은 동일하게 긍정적인 영향을 미쳤다. 모든 개입의 치료 집단 참가자는 통제 집단 참가자보다 더 낮은 임신율 혹은 출산율을 보였다. 3개의 프로그램들은 개입 이후 후속 평가도 잘 이루어졌다. Abecedarian program은 청소년에서 21세까지, Seattle Social Development Project는 18세 참가자를 대상으로 평가했다. 반면 Carrera

Program은 참여하고 3년 뒤에 청소년에게 후속 평가했다. 이러한 청소년 개발 프로그램은 의도하지 않은 임신과 관련하여 장기적인 효과를 지닐 수 있는 가능성을 지니고 있다.

성 외적 선행요인에 초점을 둔 프로그램은 임신을 제외한 나머지 성행위 결과의 측정에서 낮은 일관성을 보였다. 그러나 이러한 행동적 자료를 모았더니 결과는 긍정적이었다. Carrera Program과 Seattle Social Development Project에 참여한 청소년은 성행위를 시작하는 경향이 다소 낮았고, 후자의 프로그램 역시 성적 파트너의 수에 긍정적인 영향을 미쳤다. 그 어떤 프로그램도 콘돔 사용에 영향을 주지는 못했다.

이전에 논의한 개입들 중 한 개를 제외하고는 모두 선택적으로 적용되었다. Teen Outreach Program이 인종적, 사회경제적으로 다양한 청소년에게 적용된 반면, 다른 3개의 개입들은 인구학적인 요인(예: 낮은 사회경제적 지위)에 기초하여 에이즈, 성병 혹은 임신의 위험이 매우 높은 청소년에게 적용되었다.

차세대 개입

몇몇 예방 프로그램은 현재 평가가 진행 중인데 청소년의 성적 행동에 대한 영향의 측면에서 가능성을 제공하는 것으로 보인다. 이 새로운 프로그램들은 가족을 포함하고 이전 프로그램(예: CHAPM Family Program; McKay & Williams, 2002; Parents Matter! Program; Kotchick et al., 2002)보다 더 어린 아동을 대상으로 제작되어 기존의 예방 노력과 차별화를 시켰다. 예를 들면, Parents Matter! Program은 4, 5학년 학생을 둔 흑인 부모를 대상으로 한 집단 개입이다. 이 개입의 치료 집단에 참가한 부모는 자녀들이 청소년기로 넘어가면서 직면하게 되는 수많은 건강 및 성적 위험에 대해 배운다. 또한 청소년을 보호하는 것에 효과가 있는 것으로 알려진 모니터링과 관계 형성 같은 일반적인 양육 기술에 대해 배운다. 이러한 내용에 기초하여 이 개입은 성적 건강에 관한 부모와 자녀 간의 의사소통이 중요함을 강조하였다. 또한 부모가 자녀와 토론을 시작하기 위해, 또는 성생활에 관한 자녀의 질문에 응답하기 위해 사용할 수 있는 의사소통 기술 훈련을 제공한다(Kotchick et al., 2002).

향후 연구와 프로그램 개발을 위한 함의

청소년의 성적 위험 행동에 관한 연구는 지난 10년간 먼 길을 걸어 왔다. 청소년의 성적 위험 행동과 관련된 변인들에 대해 많이 알아냈으며, 이 연구 문헌을 바탕으로 한 효과적인 프로그램이 개발되어 왔다. 이러한 프로그램은 성적인 관점에서 청소년에게 보다 안전하게 성인으로 성장할 수 있도록 지식, 기술 그리고 자료를 제공한다. 이러한 연구 덕택에 청소년들의 성적 위험 행동을 촉진시키는 맥락적 변인과 환경적 조건에 더 많은 사회적 · 정치적 관심이 주어졌다. 이를 통해 청소년과 그들 가족의 역량 강화를 위한 공공정책이 실행되어 왔다(예: Children Now & Kaiser Family Foundation, 1999).

그럼에도 불구하고 청소년 성적 행동 연구와 예방 프로그램 개발 분야는 더 성장할 여지가 있다. 첫째로, 종합적 모형에 좀 더 관심을 기울일 필요가 있다. 이 모형은 다중 시스템의 영향과 청소년 성적 위험 행동의 복합적 영향을 고려한다. 앞으로의 연구는 가족과 가족 외 요인에 대해 보다 더 주목해야 한다. 이 요인들은 청소년 성적 위험 행동의 원인이 되며, 이러한 요인을 강조하면 여러 맥락에 걸쳐 영향을 미치는 프로그램 개발이 가능하게 된다. 학교와 지역 조건과 같은 가족 외 맥락을 포함시키면 프로그램의 대상뿐만 아니라 그 대상이 활용할 수 있는 자원을 활용하도록 도움으로써 청소년들의 성병 감염, 임신, 에이즈의 전염을 감소시킬 수 있다.

둘째로, 예방 프로그램은 늘 그렇듯이 너무 늦게 시작한다. 성적 활동을 시작하기 전에 시행하는 조기개입 노력이 가장 효과적이다. 성 행동을 하는 청소년 집단의 비율이 증가함에 따라 예방 전문가는 반드시 청소년에게 더 일찍 접근해야 한다. Parents Matter! Program에서 보인 가능성이 입증하듯이, 가족은 아동과 청소년의 삶에서 사회화에 매우 강력한 영향력을 미치는 것으로 나타난다. 그리고 상황에 따라 조기개입을 잘 받아들이는 집단이다. 부모는 청소년의 태도와 행동을 형성하고, 청소년을 성적으로 건강한 성인으로 사회화시키는 독특하고 강력한 위치에 있다. 부모는 성행위와 그에 따른 위험, 결과, 책임에 대한 정확한 정보를 제공함으로써, 또한 건강에 관한 책임 있는 결정을 내리기 위한 기술을 가르침으로써 부분적으로 자신의 역할을 수행할 수 있다. 하지만 개입자로서 부모의 영향력은 부모가 자녀와 함께 나누는 대화에 어느 정도 관여하느냐에 달려 있다. 이 대화를 통해 자녀의 성적 발달 및 의사결정에 대해 논의할 수 있는데 이러한 내용들은 지속적이며(즉, 단발성 사건이 아님), 순차적이고(즉, 아동의 인지적 · 정서적 · 신체적 · 사회적 발달과 경험의 변화에 기반을 둠), 시간에 민감하다(즉, 정보는 정해진 교육과정보다는 아동의 질문과 예상했던 요구에 즉각 반응한다).

마지막으로, 개입의 목표는 성적 행동에 대한 특정한 능력과 좀 더 일반적 영역의 심리 · 사회학적 혹은 가족 기능 둘 다를 포함해야 한다. 청소년의 지식, 태도, 성적 자기효능감은 성적 위험 행동을 감소시키는 것과 관련된 특정 능력을 대표한다. 부모에게 있어 개입의 구체적인 목표는 청소년 성적 행동에 대한 지식, 이성교제 행동의 모니터링, 성에 관한 청소년 자녀와의 의사소통 기술을 포함한다. 그러나 우울과 불안, 자아존중감, 학교 개입, 부모-자녀 간 관계의 질과 같은 광범위한 기능의 지표는 모두 개입의 적절한 목표이다. 이러한 개입은 안녕감을 촉진시키고, 청소년 사이에서 성적 위험 행동을 감소시키려는 노력의 일환으로 볼 수 있다. 이러한 의미에서, 우리는 건강하고 정서적으로 안정된 청소년의 발달이라는 원대한 목적을 지닌 예방과 개입 노력을 장려한다. 위험 감소는 이러한 프로그램의 단지 일부 목표에 지나지 않을 것이다. 성적 건강과 안전을 소중하게 여기고 그것을 조성하는 청소년과 가정을 만드는 것이 바로 이러한 개입의 진정한 수확일 것이다.

참고문헌

Airhihenbuwa, C. O., DiClemente, R. J., Wingood, G. M., & Lowe, A. (1992). Perspective: HIV/AIDS education and prevention among African-Americans: A focus on cluture. *AIDS Education and Prevention, 4,* 267-276.

Allen, J. P., Philliber, S., Herrling, S., & Kuperminc, G. (1997). Preventing teen pregnancy and academic failure: Experimental evaluation of a developmentally-based approach. *Child Development, 64,* 729-742.

Baldwin, J. I., Whitely, S., & Baldwin, J. D. (1990). Changing AIDS and fertility-related behavior: The effectiveness of AIDS education. *Journal of Sex Research, 27,* 245-262.

Bandura, A. (1986). *Social foundations of thought and action.* Englewood Cliffs, NJ: Prentice-Hall.

Barber, B. K., Olsen, J. E., & Shagle, S. C. (1994). Associations between parental psychological and behavioral control and youth internalized and externalized behaviors. *Child Development, 65,* 1120-1136.

Biglan, A., Noell, J., Ochs, L., Smolkowski, K., & Metzler, C. (1995). Does sexual coercion play a role in the high-risk sexual behavior of adolescent and young adult women? *Journal of Behavioral Medicine, 18,* 549-568.

Bingham, C. R., & Crockett, L. J. (1996). Longitudinal adjustment patterns of boys and girls experiencing early, middle, and late sexual intercourse. *Developmental Psychology, 32,* 647-658.

Brewster, K. L. (1994). Neighborhood context and the transition to sexual activity among young Black women. *Demography, 31,* 603-614.

Bronfenbrenner, U. (1979). *The ecology of human development.* Cambridge, MA: Harvard University Press.

Bronfenbrenner, U. (1989). Ecological systems theory. *Annals of Child Development, 6,* 187-249.

Brown, L. K., DiClemente, R. J., & Park, T. (1992). Predictors of condom use in sexually active adolescents. *Journal of Adolescent Health, 13,* 651-657.

Campbell, F. A. (1999, April 16). Long term outcomes from the Abecedarian study. In F. A. Campbell (Chair), *How high-quality early childhood programs enhance long-term development: Comparison of findings and models.* Symposium presented at the biennial meeting of the Society for Research in Child Development, Albuquerque, NM.

Carey, M. P., Maisto, S. A., Kalichman, S. C., Forsyth, A. D., Johnson, B. T., & Wright, E. (1997). Enhancing motivation to reduce the risk of HIV infection for economically disadvantaged urban women. *Journal of Consulting and Clinical Psychology, 65,* 531-541.

Centers for Disease Control and Prevention. (1999). *HIV/AIDS Prevention Research Synthesis Project: Compendium of HIV Prevention Interventions with Evidence of Effectiveness.*

Centers for Disease Control and Prevention. (2000). Tracking the hidden epidemics: Trends in STDs in the United States. Retrieved July 15, 2002, from http://www.cdc.gov.

Centers for Disease Control and Prevention. (2001). *HIV/AIDS Surveillance Report Midyear Edition, 13*(1), 5.

Chesney, M. A. (1994). Prevention of HIV and STD infections. *Preventive Medicine, 23,* 655-660.

Children Now & the Kaiser Family Foundation. (1999). Talking with kids about tough issues. Retrieved August 17, 1999, from http://www.talkingwithkids.org.

Cooper, M. L., Peirce, R. S., & Huselid, R. F. (1994). Substance use and sexual risk taking among Black adolescents and White adolescents. *Health Psychology, 13,* 251-262.

Coyle, K. K., Basen-Enquist, K. M., Kirby, D. B., Parcel, G. S., Banspach, S. W., Collins, J. L., et al. (2001). Safer Choices: Long-term impact on a multicomponent school-based HIV, STD, and pregnancy prevention program. *Public Health Reports, 116*(1), 82-93.

Coyle, K. K., Kirby, D., Marin, B., Gomez, C., & Gregorich, S. (2000). *Effect of Draw the Line/Respect the Line on sexual behavior in middle schools.* Santa Cruz: ETR Associates.

Devine, D., Long, P., & Forehand, R. (1993). A prospective study of adolescent sexual activity: Description, correlates, and predictors. *Advances in Behaviour Research and Therapy, 15,* 185-209.

Duncan, S. C., Strycker, L. A., & Duncan, T. A. (1999). Exploring associations in developmental trends of adolescent substance use and risky sexual behavior in a high-risk population. *Journal of Behavioral Medicine, 22,* 21-34.

Ekstrand, M. L., Siegel, D. S., Nido, V., Faigeles, B., Cummings, G. A., Battle, R., et al. (1996, July). *Peer-led AIDS prevention delays onset of sexual activity and changes peer norms among urban junior high school students.* Paper presented at the 11th International Conference on AIDS, Vancouver, British Columbia, Canada.

Ellickson, P. (1984). *Designing an effective prevention program* [Rand paper series]. Santa Monica, CA: Rand Corporation.

Fisher, J. D., & Fisher, W. A. (1992). Changing AIDS risk behavior. *Psychological Bulletin, 111,* 455-474.

Fisher, J. D., & Fisher, W. A. (2000). Theoretical approaches to individual level change in HIV risk behavior. In J. Peterson & R. J. DiClemente (Eds.), *HIV prevention handbook* (pp. 3-55). New York: Kluwer Academic/Plenum Press.

Fisher, J. D., & Fisher, W. A., Bryan, A., & Misovich, S. J. (2002). Theoretically grounded school-based interventions change HIV risk behavior in inner city youth. *Health Psychology, 2,* 177-186.

Fisher, W. A., & Fisher, J. D. (1993). A general social psychological model for changing AIDS risk behavior. In J. Pryor & G. Reeder (Eds.), *The social psychology of HIV infection* (pp. 127-153). Hillsdale, NJ: Erlbaum.

Fisher, W. A., Williams, S. S., Fisher, J. D., & Malloy, T. E. (1999). Understanding AIDS risk behavior among sexually active urban adolescents: An empirical test of the informationmotivation-behavioral skills model. *AIDS and Behavior, 3,* 13-23.

Forehand, R., & Wierson, M. (1993). The role of developmental factors in planning behavioral interventions for children: Disruptive behavior as an example. *Behavior Therapy, 24,* 117-141.

Gillmore, M. R., Lewis, S. M., Lohr, M. J., Spencer, M. S., & White, R. D. (1997). Repeat pregnancies among adolescent mothers. *Journal of Marriage and the Family, 59,* 536-550.

Grunbaum, J., Kann, L., Kinchen, S. A., Williams, B., Ross, J. G., Lowry, R., et al. (2002). Youth risk behavior surveillance? United States, 2001. *MMWR, 51*(SS-04), 1-64.

Hardy, J. B., Astone, N. M., Brooks-Gunn, J., Shapiro, S., & Miller, T. L. (1998). Like mother, like child: Intergenerational patterns of age at first birth and associations with childhood and adolescent characteristics and adult outcomes in the second generation. *Developmental Psychology, 34,* 1220-1232.

Harvey, S. M., & Spigner, C. (1995). Factors associated with sexual behavior among adolescents: A multivariate analysis. *Adolescence, 30,* 253-264.

Hawkins, J. D., Catalano, R. F., Kosterman, R., Abbott, R. D., & Hill, K. G. (1999). Preventing adolescent health-risk behaviors by strengthening protection during childhood. *Archives of Pediatric and Adolescent Medicine, 153,* 226-234.

Henshaw, S. K. (1998). Unintended pregnancy in the United States. *Family Planning Perspectives, 1,* 24-29.

Herlocher, T., Hoff, C., & DeCarlo, P. (1995). *Can theory help in HIV prevention?* HIV Prevention Fact Sheet. University of California, San Francisco.

Hubbard, B. M., Giese, M., II, & Rainey, J. (1998). A replication of Reducing the Risk, a theory-based sexuality curriculum for adolescents. *Journal of School Health, 68,* 243-247.

Jemmott, J. B., & Jemmott, L. S. (1993). Alcohol and drug use during sexual activity: Predicting the HIV-risk-related behaviors of inner-city Black male adolescents. *Journal of Adolescent Research, 8,* 41-57.

Jemmott, J. B., III, Jemmott, L. S., & Fong, G. T. (1998). Abstinence and safer sex: A randomized trial of HIV sexual risk-reduction interventions for young African American adolescents. *Journal of the American Medical Association, 279,* 1529-1536.

Jemmott, L. S., & Jemmott, J. B. (1990). Sexual knowledge, attitudes, and risky sexual behavior among inner-city Black male adolescents. *Journal of Adolescent Research, 5,* 346-369.

Joseph, S. C. (1991). AIDS and adolescence: A challenge to both treatment and prevention. *Journal of Adolescent Health, 12,* 614-618.

Kann, L., Kinchen, S. A., Williams, B., II, Ross, J. G., Lowry, R., Hill, C., et al. (1998). Youth risk behavior surveillance-United States, 1997. *MMWR, 47*(SS-3), 1-89.

Kann, L., Warren, C. W., Harris, W. A., Collins, J. L., Douglas, K. A., Collins, M. E., et al. (1995). Youth risk behavior surveillance?United States, 1993. *MMWR, 44,* 1-57.

Kirby, D. (2001). *Emerging answers: Research findings on programs to reduce teen pregnancy.* Washington, DC: National Campaign to Prevent Teen Pregnancy.

Kirby, D., Barth, R., Leland, N., & Fetro, J. (1991). Reducing the risk: A new curriculum to prevent sexual risk-taking. *Family Planning Perspectives, 23,* 253-263.

Kirby, D., Short, L., Collins, J., Rugg, D., Kolbe, L., Howard, M., et al. (1994). School-based programs to reduce sexual risk behaviors: A review of effectiveness. *Public Health Reports, 109,* 339-360.

Kotchick, B. A., Armistead, L., Forehand, R., Long, N., Miller, K. S., Kelly, A., et al. (2002, November). *The Parents Matter! Program: A preliminary report.* Paper presented at the annual meeting of the Association for the Advancement of Behavior Therapy, Reno, NV.

Kotchick, B. A., Dorsey, S., Miller, K. S., & Forehand, R. (1999). Adolescent sexual risk-taking behavior in single-parent ethnic minority families. *Journal of Family Psychology, 13,* 93-102.

Kotchick, B. A., Shaffer, A., Forehand, R., & Miller, K. S. (2000). Adolescent sexual risk behavior: A multi-system perspective. *Clinical Psychology Review, 21,* 493-519.

Langer, L. M., & Tubman, J. G. (1997). Risky sexual behavior among substance-abusing adolescents: Psychosocial and contextual factors. *American Journal of Orthopsychiatry, 67,* 315-322.

Levinson, R. A., Jaccard, J., & Beamer, L. (1995). Older adolescents engagement in casual sex: Impact of risk perception and psychosocial motivation. *Journal of Youth and Adolescence, 24,* 349-364.

Lowry, R., Holtzman, D., Truman, B. I., Kann, L., Collins, J. L., & Kolbe, L. J. (1994). Substance use and HIV-related sexual behaviors among U.S. high school students: Are they related? *American Journalof Public Health, 84,* 1116-1120.

Luster, T., & Small, S. A. (1994). Factors associated with sexual risk-taking behaviors among adolescents. *Journal of Marriage and the Family, 56,* 622-632.

Magura, S., Kang, S,. & Shapiro, J. L. (1994). Outcomes of intensive AIDS education for male adolescent drug users in jail. *Journal of Adolescent Health, 15,* 457-463.

Main, D. S., Iverson, D. C., McGloin, J., Banspach, S. W., Collins, K., Rugg, D., et al. (1994). Preventing HIV infection among adolescents: Evaluation of a school-based education program. *Preventive Medicine, 23,* 409-417.

Martin, J. A., Hamilton, B. E., Ventura, S. J., Menacher, F., & Park, M. M. (2002). Births. *National Vital Statistics Reports, 50*(5).

Mason, C. A., Cauce, A. M., Gonzales, N., & Hiraga, Y. (1996). Neither too sweet nor too sour: Problem peers, maternal control, and problem behavior in African American adolescents. *Child Development, 67,* 2115-2130.

McKay, M., & Williams, J. (2002, July). *The CHAMPS (Collaborative HIV Prevention and Adolescent Mental Health Project) family program.* Workshop conducted at the annual NIMH conference on the Role of Families in Preventing and Adapting to HIV/AIDS, Miami, FL.

Melchert, T., & Burnett, K. F. (1990). Attitudes, knowledge, and sexual behavior of high-risk adolescents: Implications for counseling and sexuality education. *Journal of Counseling and Development, 68,* 293-298.

Miller, K. S., Forehand, R., & Kotchick, B. A. (1999). Adolescent sexual behavior in two ethnic minority samples: The role of family variables. *Journal of Marriage and the Family, 61,* 85-98.

Miller, K. S., Forehand, R., & Kotchick, B. A. (2000). Adolescent sexual behavior in two ethnic minority groups: A multi-system perspective. *Adolescence, 35,* 313-333.

Miller, K. S., Kotchick, B. A., Dorsey, S., Forehand, R., & Ham, A. Y. (1998). Family communication about sex: What are parents saying and are their adolescents listening? *Family Planning Perspectives, 30,* 218-222, 235.

Miller, K. S., Levin, M. L., Xu, X., & Whitaker, D. J. (1998). Patterns of condom use among adolescents: The impact of maternal-adolescent communication. *American Journalof Public Health, 88,* 1542-1544.

Millstein, S. G., & Moscicki, A. (1995). Sexually-transmitted disease in female adolescents: Effects of psychosocial factors and high risk behaviors. *Journal of Adolescent Health, 17,* 83-90.

National Campaign to Prevent Teen Pregnancy. (2002). Research, resources, and information.

Retrieved July 15, 2002, from http://www.teenpregnancy.org.

Orr, D. P., Beiter, M., & Ingersoll, G. (1991). Premature sexual activity as an indicator of psychosocial risk. *Pediatrics, 87,* 141-147.

Overby, K. J., & Kegeles, S. M. (1994). The impact of AIDS on an urban population of high-risk female minority adolescents: Implications for intervention. *Journal of Adolescent Health, 15,* 216-227.

Pendergrast, R. A., DuRant, R. H., & Gaillard, G. L. (1992). Attitudinal and behavioral correlates of condom use in urban adolescent males. *Journal of Adolescent Health, 13,* 133-139.

Philliber, S., & Allen, J. P. (1992). Life options and community service: Teen Ourtreach Program. In B. C. Miller, J. J. Card, R. L. Paikoff, & J. L. Peterson (Eds.), *Preventing adolescent pregnancy* (pp. 139-155). Newbury Park, CA: Sage.

Philliber, S., Kaye, J. W., Herrling, S., & West, E. (2000). *Preventing teen pregnancy: An evaluation of the Children's Aid Society Carrera Program.* Accord, NY: Philliber Research Associates.

Pick, S., & Palos, P. A. (1995). Impact of the family on the sex lives of adolescents. *Adolescence, 30,* 667-675.

Reitman, D., St. Lawrence, J. S., Jefferson, K. W., Alleyne, E., Brasfield, T. L., & Shirley, A. (1996). Predictors of African American adolescents' condom use and HIV risk behavior. *AIDS Education and Prevention, 8,* 499-515.

Resnick, M. D., Bearman, P. S., Blum, R. W., Bauman, K. R., Harris, K. M., Jones, J., et al. (1997). Protecting adolescents from harm. *Journal of the American Medical Association, 278,* 823-832.

Rodgers, K. B. (1999). Parenting processes related to sexual risk-taking behaviors of adolescent males and females. *Journal of Marriage and the Family, 61,* 99-109.

Romer, D., Black, M., Ricardo, I., Feigelman, S., Kaljee, L., Galbraith, J., et al. (1994). Social influences on the sexual behavior of youth at risk for HIV exposure. *American Journal of Public Health, 84,* 977-985.

Roosa, M. W., Tein, J. Y., Reinholtz, C., & Angelini, P. J. (1997). The relationship of childhood sexual abuse to teenage pregnancy. *Journal of Marriage and the Family, 59,* 119-130.

Rotheram-Borus, M. J., Koopman, C., Haignere, C., & Davies, M. (1991). Reducing HIV sexual risk behaviors among runaway adolescents. *Journal of the American Medical Association, 266,* 1237-1241.

Scaramella, L. V., Conger, R. D., Simons, R. L., & Whitbeck, L. B. (1998). Predicting risk for pregnancy by late adolescence: a social contextual perspective. *Developmental Psychology, 34,* 1233-1245.

Seidman, S. N., & Reider, R. O. (1994). A review of sexual behavior in the United States. *American Journal of Psychiatry, 151,* 330-341.

Shafer, M. A., & Boyer, C. B. (1991). Psychosocial and behavioral factors associated with risk of sexually transmitted diseases, including human immunodeficiency virus, among urban high school students. *Journal of Pediatrics, 119,* 826-833.

Shrier, L. A., Emans, S. J., Woods, E. R., & DuRant, R. H. (1996). The association of sexual risk behaviors and problem drug behaviors in high school students. *Journal of Adolescent Health, 20,* 377-383.

Sigelman, C. K., Derenowski, E. B., Mullaney, H. A., & Siders, A. T. (1993). Parents contributions to knowledge and attitudes regarding AIDS. *Journal of Pediatric Psychology, 18,* 221-235.

Smith, C. A. (1997). Factors associated with early sexual activity among urban adolescents. *Social Work, 42,* 334-346.

St. Lawrence, J. S., Brasfeld, T. L., Jefferson, K. W., Alleyne, E., O'Bannon, R. E., III, & Shirley, A. (1995). Cognitive-behavioral intervention to reduce African American adolescents' risk for HIV infection. *Journal of Consulting and Clinical Psychology, 63,* 221-237.

St. Lawrence, J. S., Jefferson, K. W., Banks, P. G., Clince, T. R., Alleyne, E., & Brasfield, T. L. (1994). Cognitive-behavioral group intervention to assist substance-dependent adolescents in lowering HIV infection risk. *AIDS Education and Prevention, 6,* 424-435.

Stanton, B., Li, X., Black, M., Ricardo, I., Galbraith, J., Kaljee, L., et al. (1994). Sexual practices and intentions among preadolescent and early adolescent low-income urban African Americans. *Pediatrics, 93,* 966-973.

Stanton, B., Li, X., Galbraith, J., Feigelman, S., & Kaljee, L. (1996). Sexually transmitted diseases, human immunodeficiency virus, and pregnancy prevention: Combined contraceptive practices among urban African American early adolescents. *Archives of Pediatrics and Adolescent Medicine, 150,* 17-24.

Steinberg, L. (1987). Familial factors in delinquency: A developmental perspective. *Journal of Adolescent Research, 2,* 255-268.

Stouthamer-Loeber, M., & Wei, E. H. (1998). The precursors of young fatherhood and its effect on delinquency of teenage males. *Journal of Adolescent Health, 22,* 56-65.

Strunin, L., & Hingson, R. (1992). Alcohol, drugs, and adolescent sexual behavior. *International Journal of the Addictions, 27,* 129-146.

Tubman, J. G., Windle, M., & Windle, R. C. (1996). Cumulative sexual intercourse patterns among middle adolescents: Problem behavior precursors and concurrent health risk behaviors. *Journal of Adolescent Health, 18,* 182-191.

Walter, H. J., & Vaughn, R. D. (1993). AIDS risk reduction among a multiethnic sample of urban high school students. *Journal of the American Medical Association, 270,* 725-730.

Zimet, G. D., Bunch, D. B., Anglin, T. M., Lazebnik, R., Williams, P., & Krowchuk, D. P. (1992). Relationship of AIDS-related attitudes to sexual behavior changes in adolescents. *Journal of Adolescent Health, 13,* 493-498.

Children 제12장 Adolescent

담배 이용

*John P. Elder, Esmeralda M. Iniguez, & Sandra Larios

흡연은 생명을 앗아간다. 담배는 이런 의미에서 권총 이외에 사람을 죽일 수 있는 유일한 방법이다. 흡연에는 안전한 대안책이 없으며, 씹는 담배(spit tobacco)와 같은 다른 형태의 담배들도 건강에 유해한 결과를 가져온다는 것이 밝혀졌다. 미국에서 흡연은 매년 성인 43만 명 이상의 사망자를 낳는 죽음의 원인이 되고 있다. 이것을 시간으로 따지면 5백만 년 이상의 삶의 가능성을 잃은 것과 같다(Center for Disease Control[CDC], 2002b). 담배 이용은 건강뿐만 아니라 경제 지표에서도 유해한 결과를 초래하게 된다. 미국 질병관리 본부(CDC, 2002a)의 보고에 따르면, 1995~1999년에 담배로 인한 질병으로 매년 건강관련 경제 손실이 1,500억 달러 이상에 달하였으며, 그중 사망과 관련된 생산성 손실은 819억 달러였다. 또한 1998년에는 의료 관련 비용이 755억 달러로 극에 이르렀다.

담배에서 발견되는 니코틴이 건강에 해롭고 중독성이 있다는 것이 아주 강력한 사실임에도 불구하고 청소년들의 담배 이용은 1970년대와 1980년대에는 감소하였던 것에 반해 1990년에는 증가하였다(U.S. Department of Health and Human Services[USDHHS], 2000a). 이러한 통계 자료에서 중요한 점은 성인 흡연자의 약 90%가 18세 이전에 흡연을

*John P. Elder, MPH, PhD San Diego State University Graduate School of Public Health
Esmeralda M. Iniguez, MPH San Diego State University Graduate School of Public Health
Sandra Larios, BA San Diego State University Department of Psychology

시작하였다는 사실이다(Myers, 2002). 미국 질병 관리 본부에 따르면, 매일 18세 이하 청소년 중 거의 5천 명이 흡연을 처음으로 시작한다. 만일 어린이들이 청소년기에 흡연을 시작하게 된다면 640만 명 이상의 어린이들이 조기에 사망할 것이다. 이러한 통계자료는 흡연과 담배와 관련된 다른 행동들을 예방하기 위해, 특히 청소년들에게 이를 예방하기 위해 정부나 민간단체 모두가 노력을 기울여야 한다는 것을 의미한다.

「건강한 사람들 2010(Healthy People 2010)」은 미국 정부에서 제시한 예방 현안으로 미국인들의 건강을 향후 10년간 측정할 수 있는 10개의 건강지표를 포함한다. 이러한 건강지표는 미국의 건강과 관련된 주요한 관심사들을 대표한다고 볼 수 있고, 담배 이용은 세 번째로 중요한 안건으로 제시되고 있다(USDHHS, 2000a). 이에 미국 연방 보건국장(Surgeon General)은 2010년까지 담배 이용과 간접흡연에 따른 질환, 질병, 사망이 감소할 것으로 기대하고 있다. 이러한 목표를 달성하기 위해서는 흡연의 시작을 예방하고 흡연 환경에의 노출을 감소하는 것에 주안점을 두는 대상기반(population-based)적 개입이 각 문화에 맞게 적절한 방식으로 개발되고 실행되어야 한다(USDHHS, 2000a). 뿐만 아니라 미시적 개입과 거시적 요인들로, 담배 이용을 지지하는 사회적 규범과 분위기를 전환하는 촉진 방안들을 고려해야 한다.

「건강한 사람들 2010」에서 제시한 담배와 관련된 26가지의 목표들 중에서 오직 3가지 목표만 달성되었다. 달성된 목표들을 살펴보면, 폐암 사망률의 감소와 구강암 사망률의 감소, 담배 이용을 통제하고자 하는 계획들이 많은 주에서 증가한 점이다(USDHHS, 2000a). 나머지 목표 중 16개도 순조로운 진전을 보이고 있으며, 이는 계속해서 성인 흡연율이 감소함을 의미한다. 또한 1990년대 초기에는 성인의 흡연율이 감소하고 계속해서 그 수준을 유지하였으며, 이로 인해 아동의 간접흡연 노출이 감소하였다(USDHHS, 2000a). 비록 몇몇 영역의 목표들은 달성되었지만, 여전히 많은 목표가 달성되지 않고 있다. 특히 청소년 담배 이용의 영역이 그러하다. 「건강한 사람들 2010」 자료에 따르면, 청소년의 흡연은 감소하였지만, 다른 조사 자료에서는 청소년의 흡연율이 1997년에 증가하였으며 그 이후로 변하지 않고 유지되고 있다고 보고한다(NCHS, 1999). 또한 미성년자의 담배 이용 권한과 미성년자 불법 담배 구입 금지를 법적으로 강화하는 것도 중요한 사항이다. 「건강한 사람들 2000」에서는 담배를 불법으로 구입하려는 현상을 20% 이하로 줄일 수 있을 것이라고 기대하였으나, 자료에 따르면 오직 12개의 주에서만 이 목표가 달성된 것으로 밝혀졌다(NCHS, 1999).

그동안 소매판매점에서 청소년들이 담배를 구입하는 것을 막기 위해 상당한 노력을 해 왔다. 그러나 인터넷이 생겨나면서 새로운 어려움을 맞이하게 되었다. 한 연구에 따르면, 13개의 인터넷 담배 판매처가 담배 구입 시 구매자의 연령을 확인하지 않거나 거의 묻지 않는 것으로 밝혀졌다(Forster, Wolfson, Murray, Wagenaar, & Claxton, 1997). 현재 미성년자에게 인터넷에서 담배 판매를 금지하는 연방법이 없다. 만약 어떠한 법적인 규제가 없이 이러한 추세가 계속된다면, 5년 후에는 미성년자에게 담배 판매를 하는 인터넷 상점 수가 100개 이상 될 것이다. 주(州) 청소년 흡연 실태 조사(State Youth Tobacco Surveys)에 따르면, 중학생의 약 1%, 고등학생의 약 1.4%의 청소년 흡연자들이 인터넷으로 가장 최근에 담배 한 갑을 구입했다고 보고한다(CDC, 2000b). 물론 인터넷으로 구입하는 비율이 상대적으로 낮은 것으로 나타났지만, 미국 십대 청소년의 절반 이상인 8백만 명 이상의 십대 청소년들이 인터넷을 사용하고 있다. Ribisl, Kim 및 Williams(2002)는, 대부분의 인터넷 담배 판매처가 연령확인을 할 때 부적절한 절차를 사용하는 것으로 보고한다.

경향과 발생률

공중보건은 흡연율의 감소와 흡연 시작의 예방에서 급격한 발전을 가져왔다. 1963년 1인당 담배 소비량이 4,345개비였으나 1998년에는 2,261개비로 절반가량 감소하였는데, 이는 1940년대 이후 가장 최저치의 1인당 담배 소비량이었다(CDC, 1999a). 미국 질병관리 본부의 보고에 따르면, 1999년 이후 증가하고 있는 청소년 흡연율을 감소시키는 것은 여전히 절실한 과제이다. 구체적으로 말하면, 사회는 여전히 흡연에 따른 질병과 사망률을 감소시켜야 하며, 이는 간접 흡연자들을 보호하기 위해 확실하게 법으로 집행되어야 한다(CDC, 1999a). 20세기 후반에 담배와의 전쟁을 통해 이룬 성과는 다음과 같다.

- 18세 이상 성인의 흡연율이 1965년 42%에서 1977년 25%로 감소
- 금연 운동으로 약 160만 명의 사망이 연기됨
- 심장병으로 인한 사망이 1950년 10만 명당 307명에서 1996년 10만 명당 135명으로 감소
- 비행기 탑승 중 흡연 금지
- 흡연을 하는 것으로 보고된 부모들의 약 12.5%가 그들의 가정에서는 흡연하지 않음 (CDC, 1999b)

미국 질병 관리 본부에 따르면, 1960년대 이후 흡연율의 감소를 20세기 공중보건이 이룬 가장 큰 성과 10개 중의 하나로 보고한다(1999a). 흡연의 시작을 예방하는 것에서는 상당한 진전을 보였지만 담배 이용을 중단하는 것, 간접흡연의 노출을 줄이는 것, 그리고 흡연에 따른 질병 발생률을 감소시키는 것 등은 여전히 진전을 보이지 못했다. 고등학교 졸업반 학생들의 이전달 흡연율은 1970년대 후반과 1980년대 사이에 감소하였다. 그러나 흡연율이 1991년 28.3%에서 1997년에 36.5%로 다시 오르게 되었다(CDC. 1999a). 매일 약 3천 명의 십대들이 흡연자가 된다(CDC, 1996). 미국 18세 청소년들 중에서 약 5백만 명 정도는 청소년기부터 흡연을 시작했기 때문에 성인이 되었을 때 비흡연자에 비해 일찍 죽게 된다(CDC, 2000a). 흡연이 유행병이 되어 청소년을 위협한다는 사실은 단지 미국에서만이 아니라 전 세계에서 그러하다. 2002년 세계 청소년 담배 조사(Global Youth Tobacco Survey: GYTS)에서는 43개국의 75곳에서 13~15세 청소년을 대상으로 담배 이용에 대한 국제 비교를 실시하였다. 이 조사 결과 전 세계 청소년들(13~15세)의 14%가 현재 흡연을 하고 있으며, 그중 십대에 처음 담배를 피우게 된 청소년들은 25%였고, 청소년 흡연자의 2/3 이상(68%)이 금연을 희망하는 것으로 나타났다(CDC, 2002a). 미국 청소년의 경우, 18%가 흡연을 하고 있으며(국제 평균 14%와 비교하여), 흡연 사실을 가정에서 알고 있는 청소년이 42%, 금연을 희망하는 미국 청소년은 56%이다(CDC, 2002a). 이러한 모든 측면에서 담배 규제는 가까운 미래의 공중보건을 위한 최우선 과제가 될 것이다.

위험요인

담배를 시작한 후 계속 흡연하는 것은 심리사회적 위험요인들에 의해 복합적으로 영향을 받는데 이러한 요인들 중에는 낮은 자아상, 낮은 자아존중감 및 자기효능감의 결핍과 흡연에 대한 불충분한 지식 등이 해당된다. 이러한 요인들은 흡연에 대한 또래 압력을 거절하기 어렵게 만든다. 친구들의 흡연에 대한 요구를 거절하거나 화를 내지 않고 정중하게 요구를 받아들이지 않는 기술이 부족한 청소년이라면, 흡연에 대한 또래 압력에 더 쉽게 빠질 것이다. 흡연에 대한 지식 부족도 부분적으로 담배를 시작하게 할 수 있다. 흡연이 해롭다는 것을 알지 못하거나 담배의 중독성에 대해 잘못된 지식을 갖고 있을 경우 흡연을 더 쉽게 할 수 있다. 실제 흡연을 하는 학생보다 더 많은 학생들이 흡연을 한다고 믿는 근거 없는 주관적 믿음 때문에 결과적으로 학생들이 더 쉽게 흡연을 하게 된다. 다른 심리사회적 위험요인으로는 저조한 학업 성취 수준과 낮은 학교 참여가 있다. 성적이 나쁘고 학교 활동에 잘 참여하지 않는 청소년들은 자아존중감과 자부심이 낮을 가능성이 있고, 이로 인해 담배와 다른 약물 사용에 더 취약해질 수 있다. 결국 대인관계 기술 부족, 즉 구체적으로 또래에게서 담배나 다른 약물 사용에 대한 권유를 받았을 때 이를 사회적으로 적절한 방식으로 거절하지 못하는 것은 흡연을 예측할 수 있는 요인이다. 그러나 이 분야의 연구는 일치하지 않는 결과를 보이고 있다(Elder, Sallis, Woodruff, & Wildey, 1993). 흡연을 시작하게 되는 과정에 적절히 대응할 수 있는 효과적인 개입을 만들기 위해서는 이러한 요인들을 종합적으로 고려하여 구성해야 한다(Elder, Larios, & Iniguez, in press).

청소년들이 흡연을 시작하게 되는 가장 두드러진 위험요인은 사회·물리적 환경이다. Cohen, Scribner 및 Farley(2000)는 4가지 요인으로 이루어진 환경적-행동 관계에 관한 구조 모형(structure model)을 제안한다.

1. 이용가능성(Availability)은 소비자의 입장에서 얼마나 용이하게 제품에 접근할 수 있는지에 관한 것이다(예: 인터넷에서의 담배 판매).
2. 물리적 구조(Physical structures)는 어떤 행동이 일어나도록 촉진하는 환경적인 요인을 말한다(예: 담배 광고를 할 때 청소년들의 흥미를 끌 수 있는 캐릭터의 사용).
3. 사회적 구조(Social structures)는 사회적 규범, 법, 정책으로 구성되어 있다.
4. 미디어와 문화적 메시지(Media and culture messages)는 건강과 위험 행동에 관한 호의적 혹은 비호의적인 태도에 영향을 끼친다.

Cohen과 동료들은 위의 4가지 요인이 공중보건의 위험 관련 행동에 대해 많은 부분을 설명할 수 있으며, 위험과 관련된 행동을 어떻게 변화시킬 수 있는지에 관한 청사진에 해당되는 것이라 주장한다(Elder, 2001). 담배 산업은 담배가 긍정적이며 도움이 되는 상품이라 여겨지도록 만들었으며 담배를 쉽게 구입할 수 있도록 만들었다. 반면 담배와 관련된 법과 정책은 가능한 한 느리게 적용되고 최소한으로 제정되도록 만들었다. 또한 그들이 목표로 삼는 대상에 맞춰 많은 광고를 하고 있는데, 그렇게 함으로써 담배 산업은 환경-행동 관계를 이미 충분히 이해하고 있음을 나타내고 있다.

담배 구입을 통제하려는 노력에도 불구하고, 미국에서는 여전히 스스로 담배를 구입할 수 있는 청소년들의 비중이 매우 높다(USDHHS, 2000b). 미국 연방 보건국장인 David

Satcher는 청소년들의 담배 구입을 줄이기 위한 성공적인 조치 중의 몇 가지로 담배 보급의 제한, 판매규제, 최소연령 법의 시행, 상인들에 대한 교육과 훈련을 제공하는 것들을 언급하였다(USDHHS, 2000b). 세계 청소년 담배 조사에 따르면, 학생들의 10.6%가 담배 회사로부터 무료로 담배를 받은 경험이 있다고 보고하였다(CDC, 2002a). 공중보건 단체들은 담배 판매가 청소년들에게 쉽게 일어나는 것을 엄격히 규제하도록 노력해야 하며, 담배 구입 시 엄격하게 나이를 물어보도록 해야 한다고 주장한다.

담배의 사회적 원천과 일반적인 사회적 구조는 흡연의 시작에서 중심적인 역할을 한다. 또래들에게 수용되고 싶은 욕구는 담배를 구입하게 하는 강력한 부적 강화요인이 된다. 세계 청소년 담배 조사를 통해 학생들의 28%가 흡연하는 남학생들은 친구가 많을 것이라고 믿고 있다는 것을 알게 되었다(CDC, 2002a). 또래들에게 수용되고 싶은 욕구로 담배를 시작하게 되는 것은 나중에 생리적 · 심리적 중독이 되게 할 수 있으며, 계속해서 흡연을 하게 될 수도 있다. 따라서 담배규제를 위한 개입의 중요한 하위 주제는 담배가 사회에서 인식되는 방식이 청소년에게 어떠한 영향을 미치는지를 확인하는 것과 십대 청소년들이 담배 이외에 또래들에게 수용될 수 있는 다른 방법을 파악하는 것이다.

담배 산업은 담배를 성적 매력, 기분전환과 연관시키는 매체와 문화적인 메시지를 접하는 대중을 목표로 한다. 물론 담배회사에서는 아동과 청소년을 대상으로 하고 있다는 점을 강하게 부정하지만, 아동과 청소년을 대상으로 하는 마케팅 캠페인을 만들었고, 그 주인공 캐릭터가 청소년에게 상당히 매력적으로 작용했다(예: R. J. Reynolds사의 'Joe Camel'[1]). Pierce, Choi, Gilpin, Farkas 및 Berry(1998)는 흡연시도자의 1/3이 직접적으로 광고와 다른 판촉 행사 때문에 흡연을 시도하게 된다는 사실을 발견했다. 새로이 흡연을 하게 되는 사람들의 대다수가 청소년들이기 때문에 담배회사는 특히 청소년을 대상으로 광고하려고 한다(USDHHS, 2000b). 담배회사들은 판매를 위해 할 수 있는 광고의 형태에 제약을 받고는 있지만, 공중보건단체들은 계속되는 담배회사들의 요구에 주의를 기울여야 한다. 2002년에 R. J. Reynolds는 잡지에 캘리포니아 청소년들을 대상으로 하는 광고를 해서 2천만 달러의 벌금형을 받았으며, 1998년에는 담배 산업 협약에서 제외

1) 역자 주: 조 카멜(Joe Camel)은 R. J. 레이놀즈 담배 회사(R. J. Reynolds Tobacco Company)에서 처음 출시한 담배의 브랜드이다. 카멜의 로고는 당시 마을에서 공연하던 서커스단의 외봉낙타를 본떠서 만들었고, 1987년에 이 로고의 이미지로 조 카멜(Joe Camel)이라는 마스코트를 만들었다. 그러나 잡지, 광고판, 만화영화 등을 통해 등장한 조 카멜은 담배의 판매량을 증가시켰으나 벅스 바니나 미키마우스처럼 친근한 이미지를 주는 조 카멜이 청소년들에게 흡연을 조장한다는 미국 의학 협회의 우려로 1997년 사라지게 되었다.

되었다(Myers, 2002). 담배회사들은 청소년들에 대한 판매를 중지하겠다고 약속하지만, 계속해서 편의점과 영화관, 그리고 청소년들에게 인기 있는 스포츠 행사장에서 직접적 또는 간접적으로 담배 광고를 하고 있다(Myers, 2002). 세계 청소년 담배 조사에서 학생들의 약 80%가 스포츠와 다른 행사에서 담배 광고를 보았다고 응답하였다(CDC, 2002a).

예방 전략

지난 15년 동안 여러 연구자들은 담배 이용 가능성에 대하여 청소년들을 분류할 때, 흡연자/비흡연자로 양분하는 것을 넘어서고자 했다. 예를 들어, Kaufman과 동료들(2002)은 일생 동안 단 한 번도 담배를 피우지 않은 청소년을 세 범주로, 담배를 피워 본 적이 있는 청소년을 네 범주로 정의 내림으로써 흡연이 연속선상에서 해석될 수 있음을 제시했다. 앞의 집단은 흡연 미경험자(never smokers), 흡연의 여지가 있는 비흡연자(susceptible never smokers)(예: 흡연하지는 않지만 금연 상태를 유지할 것이라고 장담하지도 않는), 시험 삼아 피워 보는 자(experimenters)로 분류된다. 후자의 네 범주는 일생 동안 100개비가 되지 않게 담배를 피운 현재의 흡연자, 상습적 흡연자, 그리고 이전의 흡연자(지난 30일 동안 흡연하지 않은) 중에서 금연을 하는 경우와 하지 않는 경우를 포함한다. 흡연의 연속적 맥락에서 예방 접근은 보편적인 것, 선택적인 것, 지시적인 것으로 범주화된다(National Institute of Drug Abuse[NIDA], 1997). 보편적 예방은 전체를 목표로 하지만, 그들 모두가 어떤 습관이나 질병을 얻는 고위험을 지닌 것은 아니다. 예를 들어, 청소년의 60~70%는 흡연의 가능성을 지닐 수도 있고 또는 전혀 담배를 피우지 않을 수도 있다. 선택적 개입은 흡연을 시작하는 것에 허용적인 청소년이나 이미 흡연 경험이 있는 청소년, 또는 최근에 금연한 청소년들에게 결정적이다. 지시적 개입은 특히 이미 금연하고자 마음 먹은 사람들의 대부분인 현재의 상습적 흡연자와 관련이 있다.

보편적인 예방 전략: 대인관계와 대중매체를 활용한 개입

예방을 위한 접근의 관점에서 보면, 흡연에 초점을 둔 활동의 경우 흡연과 관련된 행동이 오랜 시간에 걸쳐 형성된다는 가정에 기초하고 있다. 청소년들이 더 어린 나이에 담배를 피우기 시작하는 경향을 감안하면, 대부분의 예방 프로그램은 특정 환경, 집단,

또는 연령(대개 12~14세, 그러나 18세까지 확대하기도 함)에 속한 모든 청소년들을 대상으로 하기 때문에 사실상 보편적인 프로그램이라고 볼 수 있다. 이 연령에서는 또래의 영향이 증가하는 것과 동시에 부모의 영향이 감소하기 시작한다. 영향을 주는 원인이 변화함에도 불구하고, 부모에 의한 지속적인 지지와 부모와 자녀 사이의 의사소통을 포함하는 가족의 기능은 청소년의 담배 이용 위험을 줄이는 데 기여할 수 있다(Hawkins, Catalano, & Miller, 1992). 성행위나 흡연을 시도해 보는 것과 같은 청소년 위험 행동의 다수는 정상적인 청소년 발달 과정의 일부이다(Baumrind, 1985; Logan, 1991). 그러나 만약 가족 구성원들과의 사이가 좋지 않거나, 관계에 애정이 부족하거나, 부모와의 동일시가 미흡하거나, 또는 부모와의 소통의 질이 떨어진다고 청소년 스스로가 지각하게 된다면, 사춘기 이전의 시기가 흡연과 비행 행동의 시작점이 될 수 있다(Stern, Northman, & Van Slyck, 1984).

청소년과 부모에 초점을 둔 개입은 청소년들이 또래의 영향에 저항하는 기술을 향상시키고 건강한 행동에 대한 부모의 지지를 증진시키며 의사결정과 의사소통을 개선시켜 준다. 이러한 개입은 적어도 단기적으로는 담배 이용을 예방하는 데 효과적이라는 결과를 나타냈다. 이런 접근법은 또한 부모의 담배 이용에도 개입할 수 있는 환경을 제공할 수 있다(부모의 담배 이용은 자녀의 담배 이용과 연관이 있다).

학교에 기반을 둔 교육적 개입은 전통적으로 정보 결핍 모델(information deficit model),[2] 또는 합리성(rational) 모델에 초점을 두었다(Smedley & Syme, 2000). 반면 정서적인 교육(affective education) 접근법은 흡연과 관련이 있는 믿음, 태도, 의도, 그리고 주관적인 기준에 영향을 주기 위하여 정서적인 반응을 강조하고 동시에 자아존중감을 향상시키고 가치를 명료하게 하는 접근을 사용한다(Durell & Bukoski, 1984). 전자의 2가지 접근법은 효과적이지 못한 것으로 보이며, 정서적인 교육 역시 상당히 미미한 영향력만을 나타내었다(Lantz et al., 2000).

폭넓게 이용되는 세 번째 교육적 방법은 사회적 영향에 대한 저항이나 사회적 면역(social inoculation)을 강조하는 것으로써 비교적 최근에 발전해 왔다. 사회적 면역 활동을 중점으로 하는 간단한 개입은 역할 놀이를 통해 흡연에 즉각적으로 저항할 수 있도록 하는 거절 기술을 가르친다. 또래들이 친구, 형제 혹은 성인의 역할을 맡는, 실제와 유사

2) 역자 주: 정보 결핍 모델(information deficit model)은 전문가와 일반인 사이에 정보 교류가 결핍되어 일반인들이 다양한 형태의 지식 부족으로 문제가 생긴다고 가정하고 정보를 제공하는 것을 목표로 한다.

한 가상 상황에서 이루어지는 역할 놀이에서 참가자들은 흡연을 하도록 설득한다. 사회적 면역 프로그램은 흡연의 시작을 줄이는 것에는 다소 효과적이라는 결과를 나타내었다(Lantz et al., 2000). 학교기반 개입은 전형적으로 교사나 나이가 더 많은 청소년(예: 대학생) 또는 나이가 같은 또래(Elder, Wildey et al., 1993)에 의해 시행되었다. 새로운 사건이나 교육적 개입에 또래를 참여시키는 것은 행동 변화의 가능성을 높이고 훨씬 강력하게 느끼도록 함으로써 개입을 받는 사람을 돕는다(Quirk, Gorden, & Schwenzfeier, 1993). 그러므로 또래가 이끄는 개입은 종종 교사가 이끄는 프로그램보다 훨씬 효과적인 것으로 보인다(Botvin, 1986; Klepp, Halper, & Perry, 1986). 그러나 나이가 같은 또래를 훈련하여 투입하는 것은 심각한 실행 관련 문제를 나타낼 수도 있다(Elder, Wildey et al., 1993). 한 해가 아니라 여러 해에 걸친 학교기반 개입, 즉 중학교 내내 실시하고 심지어 고등학교 기간으로 확장된 경우(이를 통해 여러 발달 단계의 청소년을 살필 수 있는), 한 해에만 실시하는 것보다 훨씬 효과적일 것이다(Elder, Wildey, et al., 1993).

국립 암 연구소(National Cancer Institute)에서 기금을 받아 실행된 SHOUT 프로젝트는 대학생을 개입 프로그램의 도우미로 활용하여 고등학교에 3년간(7~9학년) 개입하도록 하는 프로그램이다. SHOUT는 9학년이 끝날 무렵, 개입 학교에서의 담배 이용률을 1/3로 낮추었다(22%에 비해 14%로). 그러나 그 개입 성공의 대부분은 3년차(9학년)에 실시 전 프로그램에 기인한 것으로 보인다. 즉, 학교에서 시행되었던 이전 2년 동안의 개입(7학년과 8학년)보다 가정에 기초를 둔 프로그램 요소가 오히려 효과적이리고 볼 수 있다. 이러한 차이는 교실에서의 방식과 대조적으로, 대학생 도우미와 9학년 학생들 사이에 개별적인 전화 통화를 통해 수립된 일대일 관계의 힘 덕분이라고 생각할 수 있다. 가정기반 개입을 지속적으로 받은 청소년들은 고등학교 시기 내내 SHOUT의 효과성이 유지되었다(Eckhardt, Woodruff, & Elder, 1997).

어떤 연구는 대중매체 캠페인이 담배 이용의 시작을 줄이고 담배에 반대하는 태도를 증가시키는 효과를 보인다고 주장한다(Popham et al., 1993). 그러나 Flay와 동료들은 매체 프로그램 하나만으로는 효과적이지 못하며(Flay, 1985; Flay et al., 1998), 예방책으로 보급된 다른 것과 함께 이용하는 것이 훨씬 효과적이라는 결론을 내렸다. 다른 연구자들은 매체를 활용한 개입이 과세 제도(Hu, Sung, & Keeler, 1995)나 학교 개입(Flynn et al., 1997)과 같은 잠재적으로 강력한 개입과 동시에 사용되는 경우 그 효과가 있다고 본다. 청소년들의 흡연을 증가시키기 위해 노력하는 담배 업계의 속임수를 알아차리도록 촉구하는 매체를 통한 지지 메시지(Wallack & Dorfman, 1992)가 특히 청소년들에게 호소력이 있을 수 있다(Goldman & Glantz, 1998).

최근의 광고 캠페인은 담배 광고에 반대하고, 비흡연/반흡연 구역에 대한 매력과 주의를 높이는 것에 효율적으로 사용되어 왔다. 캘리포니아와 플로리다 주의 캠페인은 담배 산업에 반대하는 메시지를 강조한다. 획기적인 미디어 매체나 웹사이트(thetruth.com과 같은)에서는 청소년들이 사회 운동가로서 역할을 하도록 격려한다. 예를 들어, 잡지의 담배 광고를 찢거나 없애는 개인적 행동, 담배 업체들이 자신들의 이익을 위해 결과적으로 청소년을 착취하고 있다는 메시지를 집단 행동을 통해 정치인이나 담배업계에 직접적으로 전달하는 경우이다. 애리조나와 매사추세츠 주의 광고는 흡연의 결과가 어떠한 것인지 알게 함과 동시에 담배와 관련된 정서를 바꾸기 위한 전형적인 예라고 볼 수 있다. 이 캠페인은 전반적으로 담배를 통제하려는 노력(예: 국내 소비세 증가, 판매 정책의 강화와 개발)에서 중요한 요소이긴 하지만, 이러한 것이 흡연을 예방하는 것과 중단을 개선하는 것에 독립적으로 영향을 미친다고 말하기는 쉽지 않다. 대중매체에 기반을 둔 예방 프로그램에 대한 몇 가지 연구가 있었는데, 예를 들어 비디오테이프를 활용하는 것에서부터 여러 언어를 사용하여 유료 광고를 활용하는 것까지 다양하다(Bauman, LaPrelle, Brown, Koch, & Padgett, 1991; Bauman et al., 1998; Flay et al., 1995). 이 연구들은 대중매체를 통해 일반적인 건강 증진과 관련된 모든 것을 알릴 수 있다고는 말하지 않는다. 그러나 대중매체가 담배 이용 예방에 얼마나 도움이 되는지, 그리고 효과적인 미디어 자료를 계획하는 데 의사소통과 행동과학을 어떻게 최대한 활용할 수 있는지를 보여 준다(Bettinghaus et al., 1998).

몇몇 저자는 담배와 관련된 상품을 이용하는 것에 매력을 느끼는 청소년의 호기심을 높이는 데 담배 광고가 효과를 지닌다고 말한다. 과거 10년간 산업이 떠맡았던 특정한 광고 캠페인은 시장에서의 판매 증진에 적절한 효과가 있었다. 그러나 담배 광고를 제한하는 것의 효과성은 아직 입증되지 않았다. 부분적인 금지는 특히 비효과적이라는 것이 드러난다. 왜냐하면 담배 이용이 영화, 스포츠 관련 행사, 그리고 청소년 사이에서 인기 있는 다른 형태의 것을 통해서도 증가될 수 있기 때문이다(Saffer & Chaloupka, 1999). 최근에 유럽연합은 잡지, 신문, 라디오와 인터넷에서의 담배 광고를 금지하는 것이 담배에 대항하는 매우 중요한 조치임을 인식했다. 또한 담배회사는 포뮬러 원(Formula One: F1)[3]

3) 역자 주: 포뮬러 원(Formula One)은 운전석 하나에 바퀴가 겉으로 드러난 오픈휠 형식의 포뮬러 자동차 경주 중 가장 급이 높은 자동차 경주 대회이다. 공식 명칭은 FIA 포뮬러 원 월드 챔피언십(FIA Formula One World

자동차 경주와 같은 행사에 후원하는 것도 금지된다. 광고판, 옷 그리고 다른 소비 상품의 상표나 로고에 담배 관련 내용을 표시하지 못하도록 권고할 수는 있지만 요구할 수는 없다. 법원의 특별한 제제가 없으면 유럽연합 회원국들은 2005년 1월 이전에 이러한 규제를 시행하기로 한 바 있다(Meller, 2002).

선택적 예방: 담배 규제와 담배 없는 환경 조성하기

어떤 청소년들은 흡연을 하지 않는데도 주변의 환경을 통해 담배를 쉽게 접할 수 있고 이용하게 되는 경우가 많다. 이로 인해 흡연 습관이 형성될 위험이 있다. 흡연의 여지가 있는 (그러나 이전에 흡연 경험이 없는) 또는 흡연 경험이 있는 미성년자들을 대상으로 담배 이용을 줄이기 위한 다양한 접근은 다음과 같다.

- 유통 제한하기
- 담배가 판매되는 방식 규제하기
- 최소 법정 연령 강화하기(모든 주에서 18세나 19세임)
- 불법 판매에 대해 형사처벌보다 민사처벌을 허용함으로써 시행의 부담을 줄이기
- 상인들에게 법의 이해와 준수에 대한 훈련을 실시하고 따르도록 하기

최근 몇 년간 담배 사용자를 줄이는 데 많은 진척이 있었다. 무료 샘플은 청소년뿐만 아니라 일반적 대중들에게도 이제 더 이상 배부되지 않는다. 청소년 흡연자의 담배 구입을 부추기는 자동판매기도 성인만이 사용할 수 있도록 설치되거나 청소년과 성인 모두에게 금지되었다.

30년 전에는 성인, 심지어 청소년들도 학교를 포함한 많은 공공장소에서 흡연이 허용되었다. 오늘날 간접흡연(environmental tobacco smoke: ETS)의 금지는 청소년뿐만 아니라 성인 흡연자들에게도 적용된다. 이로 인하여 청소년들에게 흡연 습관이 사회적으로 바람직하지 않음을 전달함과 동시에, 비흡연자들에 대한 신체적 피해를 줄일 수 있었다. 다른 물리적인 형태의 구조적 개입으로는 자동판매기의 디자인을 들 수 있는데 자

Championship)이고, 약어로 F1이라고 하며 그랑프리 레이싱이라고도 한다. 공식적으로 1950년부터 시작되었으며 자동차 경주 대회 중에서 가장 역사가 길다.

동판매기를 아무나 사용할 수 없게 상점에서 구입한 토큰으로만 구입할 수 있도록 하는 것이다. 또한 담배 진열장을 없앰으로써 미성년자에 대한 담배 판매를 감소시킬 수 있을 것이다(Biedell, Furlong, Dunn, & Koegler, 2000).

연구에 따르면, 청소년들이 적게 흡연하는 경우는 담배 가격이 비싼 환경의 경우, 담배세 세입이 금연 활동을 위해 책정되는 경우, 또한 공중 흡연을 엄격하게 제한하는 법령이 있어 청소년들에 대한 판매 금지령이 강력하게 시행되는 경우임이 확인되었다(Chaloupka & Pacula, 1998). 담배 가격 인상은 저소득 청소년들이 흡연을 하지 않도록 하는 데 특히 효과적일 수 있다(Biener, Aseltine, Cohen, & Anderka, 1998). 청소년들이 담배를 사는 데 계속 돈을 쓰더라도 지속적인 담배 가격의 인상은 소비를 감소시키고 중독을 감소시킬 수 있다(Elder, 2001).

담배세를 인상하는 방법은 일단 담배 소비세를 통해 이루어진다. 많은 주에서 담배세는 유럽과 캐나다의 표준에 비하여 여전히 낮은 수준이다. 담배 소비세는 담배 생산에 대해 특정 주에서 시행하는 지방세이다. 15년 전까지만 해도 이러한 세금은 흡연을 제한하는 방법으로 여겨지지 않았다. 그러나 캘리포니아 주에서 '유권자가 발의한 담배 세금을 인상하자는 법률제안 99호'(Elder et al., 1990)에 따라 소비세가 25센트 인상되었고, 이로 인해 담배 소비가 빠른 감소를 보였다. 따라서 공중보건 당국은 죄악세(sin taxes)[4]의 사용을 점차 강조하게 되었다. 소비세는 세입이 추가적인 금연교육과 정책 개발에 사용될 때 특히 효과적일 수 있다.

1991년 Symar 개정령(Symar Amendment)은 미국의 모든 주에서 청소년들에게 담배를 판매하지 않도록 하는 법령을 시행하도록 지시했다. 모든 주정부는 담배에 대한 청소년들의 접근이 성공적으로 감소했음을 증명해 보여야 했다. 이러한 강제적 시행에 청소년들을 포함시킴으로써 사회의 구조적 변화로 인한 영향력은 강화될 수 있다. 대다수의 주와 지역사회에서 청소년 함정수사는 지역 경찰과 협력하에 이루어졌다. 미성년자가 가게에 들어가 구입을 시도하고 판매인의 반응을 녹음했다(예를 들어, 판매인이 신분증을 요구하는지, 판매를 거부하는지, 또는 불법 판매를 하는지의 여부). 지키지 않은 판매인 또는 가게주인은 불법적 판매로 인해 소환되거나 법령 준수에 대한 강화 조치를 받았다. 이러

4) 역자 주: 죄악세(sin tax) 또는 악행세는 사치금지법의 일종으로 술, 담배, 도박, 경마 등과 같이 사회적으로 요구되지 않는 것들의 매매를 금지하기 위해 부과하는 세금이다. 설탕이나 탄산음료에 죄악세가 부과되기도 하며, 일부 지역에서는 코카인이나 마리화나 같은 마약류에도 부과한다.

한 개정은 청소년들이 담배에 대한 접근을 제한하도록 하고 TRUST 프로젝트와 같은 기존의 법령을 시행하는 데 보완적인 개입을 다양하게 만들었다(Wildey et al., 1995). TRUST(Teen and Retailers United to Stop Tobacco) 프로젝트는 미성년인 청소년을 협력자로 활용했다. 그들은 편의점이나 주유소와 같은 담배를 판매하는 가게에 초점을 두고 함정수사를 했다. 이 프로젝트에서 십대들은 담배 구입을 시도했다. 만약 성공했을 경우 점원에게 담배를 판매하여 법령을 위반했음을 알렸다. 반대로 법령을 준수하고 담배 구입을 시도하는 청소년에게 담배 판매를 거부한 주인들에게는 강화책을 제공했다. 이러한 노력은 적어도 개입에 의해 초점이 맞춰진 특정 가게에서 불법적 담배 판매를 줄이는 데 명백한 효과가 있었다. 지역사회의 정치적 단체를 통해 이와 비슷한 개입을 발전시키고자 했던 Forster와 동료들(1998)에 따르면, 미성년자들에 대한 담배 판매 금지 법령 및 정책과 이러한 정책을 시행하는 방법을 선포한 지역에서는 결과적으로 청소년 담배 이용률이 낮아졌음을 보고했다.

DiFanza, Richard, Radecki 및 Savageau(2001)은 전국적으로 청소년에 대한 담배 판매 금지 정책 시행의 잠재적 비용 효과 모델을 만들었다. 그들은 전국적으로 54만 3천 개의 담배 가게가 있고, 청소년에 대한 담배 판매 금지를 시행하는 데는 연간 1억 9천만 달러의 비용이 필요할 것이라고 추정했다. 이 모델에 따르면, 이 비용은 하나의 생명을 구하는 데 평균 연간 44~8,200달러가 필요함을 뜻한다. 이러한 범위에서 상한선을 적용한다 할지라도, 전국적 시행 프로그램이 사람을 구할 수 있는 단위 비용은 흉부 X선 촬영 또는 결장암 검사 비용에 비교하여 10배 많은 생명을 구할 수 있다. 전국적으로 소비세를 1센트 인상시키는 것은 이러한 국가적 시행을 위한 자금을 충분히 마련할 수 있게 한다. 담배 판매금지를 강화함으로써 얻어지는 절약효과를 주장한 DiFanza와 동료들과는 반대로 Tengs, Osgood 및 Chen(2001)은 국가가 집중적으로 학교에 기반을 둔 금연 교육 프로그램을 시행할 경우, 프로그램의 요인과 효과성에 따라 차이가 있겠지만 질보정수명(quality adjusted life year)[5)]당 4,900~34만 달러가 소요될 것이라고 추정하였다.

이러한 성공에도 불구하고, 인터넷을 통한 담배 판매의 증가로 인해 불법적 판매 감소로 발생한 성과들은 상쇄되었다. 담배를 판매하는 소매 방법이 줄어든다 할지라도, 사회

5) 역자 주: 똑같이 80년을 살았다 할지라도 질병이 있는 경우와 없는 경우 삶의 질은 다를 것이다. 주로 질병 치료로 인해 연장된 생존연한에 대해 생존 기간 동안의 건강 상태의 질을 보정한 수명을 의미한다. 즉, 의학적 치료나 개입 등을 통해 질환이 줄고 삶의 질이 개선되는 부분을 반영해 추정한 수명을 뜻한다.

적 원천은 줄어든 접근을 상업적인 부분으로부터 다시 채우는 것처럼 보인다(Forster, Klepp, & Jeffrey, 1989; Soldz, Kreiner, Clark, & Krakow, 2001). 예를 들면, Matei 및 Mcfee (2001)는 청소년들이 담배 껌이나 금연을 위한 대체 담배를 구하는 것보다 일반 담배를 더 구하기 쉽다는 점을 지적하였다. 따라서 청소년들은 여전히 향후 미래에 습관적인 흡연자가 될 많은 가능성을 지니고 있다.

지시적 개입: 청소년 흡연 시도자와 조기 흡연자를 대상으로

지난 몇 년간 정기적으로 흡연을 하거나 흡연에 중독된 청소년들의 금연율을 높이는 개입에 대한 관심이 증대되어 왔다. 정식 금연 프로그램에 등록한 동기화된 청소년의 금연은 성인의 금연율에 육박한다(Sargent, Mott, & Stevens, 1998). 플로리다의 NOT on Tobacco(NOT) 프로그램[6](Dino et al., 2001)은 훌륭한 금연 프로그램의 사례라고 할 수 있다. 미국 폐 협회(American Lung Association)가 만든 이 프로그램은 1주일에 한 번, 50분간 수업을 10주 동안, 총 10번에 걸쳐 실시하는 형태로 구성되어 있다. NOT 프로그램은 훈련된 동성의 상담자가 동성 집단의 형태로 실행하도록 설계되었다. NOT 프로그램은 금연을 위해 총체적 건강 접근법(total health approach)을 사용하며 다음과 같은 요소에 초점을 둔다.

1. 동기
2. 흡연 이력
3. 중독
4. 흡연의 결과
5. 금연 준비
6. 재발 방지
7. 흡연에 대한 지속적인 사회적 압력에 대처하기
8. 건강한 신체적 활동 수준을 높이고 영양 상태를 변화시키기

6) 역자 주: NOT on Tobacco는 미국 폐 협회(American Lung Association)가 청소년의 금연을 돕기 위해 만든 자발적 프로그램으로, 흡연 횟수를 줄이거나 금연을 하도록 돕고, 건강한 생활 습관을 형성하며, 생활 관리 기술을 증가시키는 것을 목적으로 한다. 보다 자세한 정보는 http://www.notontobacco.com/에서 확인할 수 있다.

보다 전형적인 단순 개입 접근법들과 비교하여 NOT 프로그램에 참가한 참가자들의 금연율은 거의 2배나 높게 나타났다(그러나 이 격차는 거의 전적으로 여성 프로그램 참가자들 때문에 발생했다).

의사로부터 정기적으로 금연을 권고받는 성인 흡연자들은 그러한 조언을 받지 못하는 사람들에 비해서 근소하지만 매우 의미 있는 금연율의 개선을 보였다. 전문가들은 청소년들도 비슷한 의학적 조언을 받아야 한다고 주장하기 시작했다. Schubiner, Howard 및 Hurt(1998)는 청소년의 금연을 촉진하기 위해서 성인의 금연을 돕는 것과 같은 수준으로 의사들이 참여할 것을 제안하였다. 또한 진료기록부에 표시를 하거나, 대기실에 관련 인쇄물이나 안내문을 비치하거나, 금연 프로그램의 관리자가 누구인지 확인할 수 있게 하는 등의 방식으로 금연을 위한 노력을 지원하는 진료소 환경을 조성하도록 권고했다. 간호사 및 다른 건강 관련 전문가들도 그와 같은 조언을 추가적으로 제공하고 의뢰받은 진료의 후속조치를 시행함으로써, 십대 흡연자들이 필요할 때 금연을 위한 도움을 받을 수 있도록 할 수 있다. 모든 건강 전문가는 적절한 금연 개입을 위한 능력을 강화하기 위해 동기강화면담(motivational interviewing)과 관련된 간단한 교육을 받을 수 있다. 약물을 사용하는 의약적 보완 역시 금연 촉진을 위한 중요한 요소일 수 있다. 그럼에도 불구하고, 이러한 방법들에 대한 평가는 거의 이루어지지 않았을 뿐만 아니라 청소년의 금연을 촉진하기 위한 니코틴 패치 역시 준실험설계에 의한 연구 결과, 효과성이 없는 것으로 드러났다(Backinger & Leoschow, 2001).

금연을 위한 어떠한 노력이 이루어지든 조기에 개입하는 것이 중요하다. 핀란드에서는 13~15세의 청소년 흡연자들을 28세까지 추적한 임상연구를 시행하였다(Paavola, Vartiainenm, & Ouska, 2001). 28세에 이른 대상자들 중에서 2/3가 여전히 흡연을 하고 있었는데, 특히 연구 초기에 매일 담배를 피던 청소년들 중에서는 그 수가 더욱 많았다. Lamkin, Davis 및 Karmen(1998)은 십대를 위한 금연 개입에 관한 다양한 연구들을 검토하였다. 그들은 십대 흡연자들, 특히 매일 담배를 피우는 청소년들 중 많은 수가 담배를 끊기를 희망한다는 점을 지적했다(가끔 피우는 청소년의 74%, 매일 피우는 청소년의 65%; Stone & Kristeller, 1992). Lamkin과 동료들은 연구에서 건강관리 기관은 정기적으로 흡연자들의 담배 이용을 확인하고 방문을 통해 금연 치료, 니코틴 대체 요법, 사회적 지지 및 기술 훈련, 후속 방문이나 전화 등을 제공해야 한다고 제안했다.

Balch(1998)는 보다 효과적인 금연율을 달성하기 위해 추가적인 질적 연구가 필요할 수도 있다는 점을 지적하였다. 구체적으로 Balch는 대부분의 십대 흡연자들이 구조화된 프로그램에 흥미를 느끼기 어려워한다는 사실을 발견했다. 또한 집단 토론과 흡연 이외의 내용을 포함하는 주제, 인센티브 및 공감적인 성인 지도자와 같은 요소들이 프로그램의 성공에 기여할 수 있으며, 적어도 이러한 내용들이 포함되어야 프로그램 참여자들을 모을 수 있다는 점을 지적하였다.

Stanton과 Smith(2002)는 충분히 평가된 십대 금연 프로그램에 대한 문헌연구를 진행하였다. 총 18개의 연구가 검토되었는데, 그 안에는 준실험적 연구(일반적으로 단일 그룹에 대한 사전 및 사후 평가)와 금연 프로그램에 대한 통제 집단을 사용한 평가가 포함되어 있었다. 18개의 연구 중에서 9개는 다양한 준실험으로, 청소년 금연을 위한 새로운 기술에 대한 다양한 시도들을 보여 주고 있다. 적어도 단기 후속연구 결과 9개의 통제 실험 중에서 5개는 상대적으로 효과적인 것으로 드러났다. 나머지 4개는 실험적 개입 그룹에게 있어서 그 효과가 거의 없거나 아예 없는 것으로 드러났다.

소지 및 사용에 관한 처벌

많은 지역사회와 주 정부는 미성년자들이 공공장소에서 담배를 소지하거나 이용하는 행위에 대한 처벌 제도를 제정하기 위해 노력해 왔다. 일반적으로 청소년들은 담배를 소지하거나 피우는 경우에 벌점을 받거나 벌금을 낸다. 주 정부와 지역 정부 수준 모두 십대 흡연 법정(Lantz et al., 2000)이 설립되어 있는데, 청소년이 흡연 단속법을 어기면 부모가 반드시 함께 출두해야만 한다. 지금까지 이러한 노력에 대한 평가는 이루어진 적이 없다. 특별히 담배 소지법을 강화하기 위한 노력에 대한 평가가 최근 플로리다에서 이루어졌는데, 무작위로 선정된 2,088명의 청소년들에게, 담배 관련법 강화에 관한 연구의 일부로서 설문을 진행하였다. 이 연구에 따르면, 총체적 담배 단속 노력의 일환으로 소지법을 강화하는 것이 청소년들의 담배 이용을 감소시킬 뿐만 아니라 전체적인 예방 노력을 위한 중요한 요소로 작용한다는 점을 확인하였다(Livingood, Woodhouse, Sayre, & Wludyka, 2001).

흡연 예방을 위해 강력하게 흡연을 금지하는 학교 정책은 학교 내에서의 흡연 유병률을 낮추는 데 효과적일 수 있다(Pentz et al., 1989). 담배의 자판기 판매를 금지하거나 성인을 위한 장소(예: 술집)에서만 판매하도록 하는 정책과 함께 청소년에게 담배 판매를 제한해 왔는데, 이러한 구조적 정책 변화는 전반적인 담배 소비를 감소시키는 데 효과가 있었다. 최근에는 담배 진열대를 줄이는 데 많은 노력을 기울이고 있다. 또한 일부 지역사회는 학교 주변에서의 담배 간판 광고나 다른 형태의 마케팅을 금지하고 있다.

흡연 및 광고의 규제

많은 주 정부와 지역사회는 실내공기정화법을 통해 비흡연자들이 연기에 노출될 수 있는 건물 내부에서의 흡연을 금지하거나 최소한 흡연자들이 환기가 잘 되는 흡연실을 이용하도록 하고 있다. 연구에 따르면, 이러한 실내 흡연 금지법들은 현장에서의 흡연을 줄이는 것뿐만 아니라 금연 욕구를 증가시키는 데도 효과성을 발휘한다. 따라서 공공장소에서의 흡연 규제는 청소년의 흡연을 줄이는 데에도 효과적일 수 있다(Chaloupka, & Wechsler, 1997; Grossman & Chaloupka, 1997).

Hyland와 Cummings(2001)는 뉴욕 북부에서 판매 허가를 받고 담배를 파는 소매상 270명을 대상으로 실시한 설문을 통해 담배 진열 금지법에 대한 평가를 시행하였다. 담배에 대한 직접적 접근을 통해 판매를 제한하는 뉴욕 주의 법을 지키는 데 상인 4명 중 3명이 어려움이 없다고 대답했다. 법을 따르기 위해 여분의 지출을 해야 했다고 대답한 상인은 5%에 불과했다. 대부분의 상인들은 법이 시행된 이후에도 담배 판매에 변화가 없다고 보고했다. 상인 중 85%는 담배에 대한 직접적인 접근을 제한함으로써 담배 절도가 줄었다고 생각하고 있었다. 이를 통해 담배 절도는 대부분 청소년들이 저질렀다는 사실을 추측할 수 있다. 마지막으로, 상인 중 69%는 법 시행 이후 불법적으로 담배를 사려고 시도하는 청소년의 수가 줄었다고 답했다.

요 약

심한 흡연자들과 같이 이미 담배에 중독된 사람들을 변화시키는 것이 매우 힘들다는 것을 인식하면서 25년 전 담배 규제 프로그램은 그 초점을 담배를 처음 시작한 사람이나 일반적인 흡연자들에게 둔 보편적 예방으로 전환하였다. 이러한 프로그램들은 특별히 흡연을 권유하는 또래 집단으로부터 받는 사회적 압력을 다루었고, 이러한 압력에 대응하기 위해 대인기술을 고안하였다. 그러나 프로그램의 양이 너무 많고(예: 2년 이상의 학기에 걸쳐 10~20시간의 수업 시간을 요구하는 것), 많은 예방 프로그램이 제한된 효과성을 나타내었기에 광범위하게 확산되지는 못했다.

시간이 지날수록 담배 규제 전문가들은 담배 규제를 촉진시키기 위해 더 적극적이고 접근 가능한 구조적 변화를 찾았다. 담배 산업의 이미지에 타격을 주기 위해 대중매체를 활용하였던 30년 전의 방법을 다시 사용하고 있다. 이러한 대중매체들은 예방과 금연의 장려를 목표로 하는 것뿐만 아니라 담배 산업과 그 시장의 적법성에 대한 문제를 제기하였다. 대중매체의 개입은 미국의 흡연율을 낮추는 데 도움을 주었다(Biener & Siegel, 2000; Worden et al., 1996). 주의를 끄는 주제와 메시지는 특별히 청소년들의 마음을 사로잡을 수 있고 대중매체의 예방적인 힘을 신장시킬 것이다(Hafstad et al., 1997).

선택적인 개입은 보다 적극적인 방식으로 담배를 피우기 시작하는 청소년들을 대상으로 실시하는데, 담배 보급의 제한, 담배 판매 방식의 규제, 최저연령의 법 강화, 불법적 판매에 대한 과태료 징수, 그리고 그것의 절차와 법에 대한 판매자 훈련을 제공한다. 끝으로 지시적 프로그램은 직접적인 흡연 개입을 사용하거나 담배의 소지와 이용에 대한 처벌을 통하여 실험자와 이미 담배를 피우는 청소년 흡연자에게 초점을 맞춘다.

참고문헌

Aveyard, P., Sherratt, E., Almond, H., Lawrence, T., Lancashire, R., Griffen, C., et al. (2001). The change-in-stage and updated smoking status results from a cluster-randomized trial of smoking prevention and cessation suing the transtheoretical model among British adolescents. *Preventive Medicine, 33,* 313-324.

Backinger, C. L., & Leischow, S. J. (2001). Advancing the science of adolescent tobacco use cessation. *American Journal of Health Behavior, 25*(3), 183-190.

Balch, G. (1998). Exploring perceptions of smoking cessation among high school smokers: Input and feedback from focus groups. *Preventive Medicine, 27*(5, Pt. 3), A55-A63.

Bauman, K. E., Brown, J. D., Bryan, E. S., Fisher, L. A., Padgett, C. A., & Sweeney, J. M. (1998). Three mass media campaigns to prevent adolescent cigarette smoking. *Preventive Medicine, 17*(5), 510-530.

Bauman, K. E., LaPrelle, J., Brown, J. D., Koch, G. G., & Padgett, C. A. (1991). The influence of three mass media campaigns on variables related to adolescent cigarette smoking: Results of a field experiment. *American Journal of Public Health, 81*(1), 597-604.

Baumrind, D. (1985). Familial antecedents of adolescent drug use: A developmental perspective. *National Institute of Drug Abuse: Research Monograph Series, 56,* 13-44.

Bettinghaus, E. P. (1988). Forum: A mass media campaign. *Preventive Medicine, 17,* 503-509.

Biedell, M. P., Furlong, M. J., Dunn, D. M., & Koegler, J. E. (2000). Case study of attempts to enact self-service tobacco display ordinances: A tale of three communities. *Tobacco Control, 9,* 71-77.

Biener, L., Aseltine, R. J., Cohen, B., & Anderka, M. (1998). Reactions of adult and teen smokers to the Massachusetts tobacco tax. *American Journal of Public Health, 88*(9), 1389-1391.

Biener, L., & Siegel, M. (2000). Tobacco marketing and adolescent smoking: More support for a causal inference. *American Journal of Public Health, 90,* 407-411.

Botvin, G. J. (1986). Substance abuse prevention research: Recent developments and future directions. *Journal of School Health, 56*(9), 369-374.

Centers for Disease Control and Prevention. (1996). The Great American Smokeout. *Morbidity and Mortality Weekly Report, 45*(44), 961.

Centers for Disease Control and Prevention. (1999a). Achievements in public health: Tobacco use: United States, 1900-1999. *Morbidity and Mortality Weekly Report, 48*(43), 986-993.

Centers for Disease Control and Prevention. (1999b). Cigarette smoking among adults: United States, 1997. *Morbidity and Mortality Weekly Report, 48*(43), 993.

Centers for Disease Control and Prevention. (2000a). Youth tobacco surveillance: United States, 1998-1999. *Morbidity and Mortality Weekly Report, 49*(SS-10), 1-93.

Centers for Disease Control and Prevention. (2000b). Youth tobacco surveillance: United States. *Morbidity and Mortality Weekly Report, 50*(SS-04), 1-84.

Centers for Disease Control and Prevention. (2002a). *Tobacco information and prevention source.* Retrieved October 25, 2002, from http://www.cdc.gov/tobacco/issue.htm.

Centers for Disease Control and Prevention. (2002b, August 28). *Youth tobacco use and exposure is a global problem* [Press release]. Washington, DC: Government Printing Office.

Chaloupka, F. J., & Pacula, R. L. (1998). *Limiting youth access to tobacco: The early impact of the Synar Amendment on youth smoking.* Paper presented at the third biennial Pacific Rim Allied Economic Organizations Conferences, Bangkok, Thailand. (Available from F. J. Chaloupka, 361 Wildwood Drive, N., Aurora, IL 60542)

Chaloupka, F. J., & Wechsler, H. (1997) Price, tobacco control policies and smoking among young adults. *Journal of Health Education, 16,* 359-373.

Cohen, D., Scribner, R., & Farley, T. (2000). A structural model of health behavior: A pragmatic approach to explain and influence health behaviors at the population level.

Preventive Medicine, 30, 146-154.

DiFranza, J. R., Richard, P. M., Radecki, T. E., & Savageau, J. (2001). What is the potential cost-effectiveness of enforcing a prohibition on the sale of tobacco to minors? *Preventive Medicine, 32,* 168-174.

Dino, F., Horn, K., Goldcamp, J., Fernandes, A., Kaleskar, I., & Massey, C. (2001). A 2-year efficacy study of not on tobacco in Florida: An overview of program successes in changing teen smoking behavior. *Preventive Medicine, 33*(6), 600-605.

Durell, J., & Bukoski, W. (1984). Preventing substance abuse: The state of the art public health report. *Public Health Report, 99*(1), 23-31.

Eckhardt, L., Woodruff, S. I., & Elder, J. (1997). Relative effectiveness of continued, lapsed and delayed smoking prevention intervention in senior high school students. *American Journal of Health Promotion, 11*(6), 418-421.

Elder, J. (2001). Preventing smoking in multiethnic communities. *American Journal of Health Behavior, 25*(3), 200-205.

Elder, J., de Moor, C., Young, R., Wildey, M., Molgaard, C., Golbeck, A., et al. (1990). States of adolescent tobacco-use acquisition. *Addictive Behaviors, 15,* 449-454.

Elder, J., Larios, S., & Iniguez, E. M. (in press). Smoking prevention. In N. Anderson (Ed.), *Encyclopedia of behavioral medicine.* Thousand Oaks, CA: Sage.

Elder, J., Sallis, J., Woodruff, S., & Wildey, M. (1993). Tobacco-refusal skills and tobacco use among high-risk adolescents. *Journal of Behavioral Medicine, 16*(6), 629-642.

Elder, J., Wildey, M., de Moor, C., Sallis, J., Eckhardt, L., Edwards, C., et al. (1993). Long term prevention of tobacco use among junior high school students through classroom telephone interventions. *American Journal of Public Health, 83,* 1239-1244.

Flay, B. R. (1985). Psychosocial approaches to smoking prevention: A review of findings. *Health Psychology, 4*(5), 449-488.

Flay, B. R., Brannon, B. R., Johnson, C. A., Hansen, W. B., Ulene, A. L., Whitney-Saltiel, D. A., et al. (1998). The Television, School, and Family Smoking Prevention and Cessation Project: 1. Theoretical basis and program development. *Preventive Medicine, 17*(5), 585-607.

Flay, B. R., Miller, T. Q., Hedeker, D., Siddiqui, O., Britton, C. F., Brannon, B. R., et al. (1995). The Television, School, and Family Smoking Prevention and Cessation Project: VIII. Student outcomes and mediating variables. *Preventive Medicine, 24*(1), 29-40.

Flynn, B. S., Worden, J. K., Secker-Walker, R. H., Pirie, P. L., Badger, G. J., & Carpenter, J. H. (1997). Long-term responses of higher and lower risk youths to smoking preventive interventions. *Preventive Medicine, 26*(3), 389-394.

Forster, J. L., Klepp, K. I., & Jeffrey, R. W. (1989). Sources of cigarettes for tenth graders in two Minnesota cities. *Health Education Research, 4,* 45-50.

Forster, J. L., Murray, D. M., Wolfson, M., Blaine, T. M., Wagenaar, A. C., & Hennrikus, D. J. (1998). The effects of community policies to reduce youth access to tobacco. *American Journal of Public Health, 88*(8), 1193-1198.

Forster, J. L., Wolfson, M., Murray, D. M., Wagenaar, A. C., & Claxton, A. J. (1997). Perceived and measured availability of tobacco to youths in 14 Minnesota communities: The TPOP Study (Tobacco Policy Options for Prevention). *American Journal of Preventive Medicine, 13*(3), 167-174.

Goldman, L. K., & Glantz, S. A. (1998). Evaluation of antismoking advertising campaigns. *Journal of the American Medical Association, 279,* 772-777.

Grossman, M., & Chaloupka, F. J. (1997). Cigarette taxes: The straw to break the camel's back. *Public Health Report, 112,* 290-297.

Hsfstad, A., Aaro, L. E., Engeland, A., Andersen, A., Langmark, F., & Stray-Pedersen, B. (1997). Provocative appeals in anti-smoking mass media campaigns in adolescents: The accumulated effect of multiple exposures. *Health Education Research, 12,* 227-236.

Hawkins, J. D., Catalano, R. F., & Miller, J. Y. (1992). Risk and protective factors for alcohol and other drug problems in adolescence and early adulthood: Implications for substance abuse prevention. *Psychological Bulletin, 112*(1), 64-105.

Hu, T. W., Sung, H. Y., & Keeler, T. E. (1995). Reducing cigarette consumption in California: Tobacco taxes vs. and anti-smoking media campaign. *American Journal of Public Health, 85*(9), 1218-1222.

Hyland, A., & Cummings, K. M. (2001). Laws restricting self-service tobacco displays: Will they help? *Preventive Medicine, 33,* 59-60.

Kaufman, N. J., Castrucci, B. C., Mowery, P. D., Gerlack, K. K., Emont, S., & Orleans, T. (2002). Predictors of change on the smoking update continuum among adolescents. *Archive of Pediatric Adolescent Medicine, 156,* 581-587.

Klepp, K. I., Halper, A., & Perry, C. L. (1986). The efficacy of peer leaders in drug abuse prevention. *Journal of School Health, 56,* 407-411.

Lamkin, L., Davis, B., & Kamen, A. (1998). Rationale for tobacco cessation interventions for youth. *Preventive Medicine, 27,* A3-A8.

Lantz, P., Jacobson, P., Warner, J., Wasserman, J., Pollack, H., Berson, J., et al. (2000). Investing in youth tobacco control: A review of smoking prevention and control strategies. *Tobacco Control, 9,* 47-63.

Livingood, W., Woodhouse, C., Sayre, J., & Wludyka, P. (2001). Impact study of tobacco possession law enforcement in Florida. *Health Education and Behavior, 28*(6), 733-748.

Logan, B. D. (1991). Adolescent substance abuse prevention: An overview of the literature. *Family and Community Health, 13*(4), 25-36.

Matei, M. E., & McFee, R. (2001). Youth tobacco use: A multifactorial problem. *Preventive Medicine, 33,* 514-515.

Meller, P. (2002, December 3). Europe outlaws tobacco ads in magazines and newspapers. *New York Times,* A, p. 12.

Myers, M. L. (2002, June 6). *California judge finds R.J. Reynolds guilty of marketing to kids in violation of 1998 settlement agreement* [Press release *Campaign for Tobacco-Free Kids*]. Retrieved October 15, 2002, from http://tobaccofreekids.org/Script/DisplayPress-Release.php3?Display=506.

National Center for Health Statistics. (1999). *Healthy people 2000 review, 1998-1999.* (Library of Congress Catalog Card Number 76-641496). Hyattsville, MD: Public Health Service.

National Institute of Drug Abuse. (1997). *Drug abuse prevention: What works* (NIH Publication No. 97-4110). Rockville, Maryland: Office of Science Policy and Communications, Public Information Branch.

Paavola, M., Vartiainenm, E., & Ouska, P. (2001). Smoking cessation among teenage years and adulthood. *Health Education Research, 16*(1), 49-57.

Pentz, M. A., Brannon, B. R., Charlin, V. L., Barrett, E. J., MacKinnon, D. P., & Flay, B. R. (1989). The power of policy: The relationship of smoking policy to adolescent smoking. *American Journal of Public Health, 79*(7), 857-862.

Pierce, J. P., Choi, W. S., Gilpin, E. A., Farkas, A. J., & Berry, C. (1998). Tobacco industry promotion of cigarettes and adolescent smoking. *Journal of the American Medical Association, 279,* 511-515.

Popham, W. J., Potter, L. D., Bal, D. G., Johnson, M. D., Duerr, J. M., & Quinn, V. (1993).

Do anti-smoking media campaigns help smokers quit? *Public Health Report, 108*(4), 510-513.

Quirk, M. E., Godkin, M. A., & Schwenzfeier, E. (1993). Evaluation of two AIDS preventive interventions for inner-city adolescent and young adult women. *American Journal of Preventive Medicine, 9*(1), 21-26.

Ribisl, K. M., Kim, A. E., & Williams, R. S. (2002). Are the practices of Internet cigarette vendors good enough to prevent sales to minors? *American Journal of Public Health, 92*(6), 940-941.

Saffer, H., & Chaloupka, F. J. (1999). *Tobacco advertising, economic theory and international evidence* (Working Paper No. 6958). Washington, DC: National Bureau of Economic Research.

Sargent, J. D., Mott, L. A., & Stevens, M. (1998). Predictors of smoking cessation in adolescents. *Archives of Pediatric Adolescent Medicine, 152,* 388-393.

Schubiner, H., Howard, A., & Hurt, R. (1998). Tobacco cessation and youth: The feasibility of brief office interventions for adolescents. *Preventive Medicine, 27,* A47-A54.

Smedley, B. D., & Syme, S. L. (Eds.). (2000). *Institutes of Medicine Report: Unequal treatment: Promoting health: Intervention strategies from social and behavioral research.* Washington, DC: National Academy Press.

Soldz, S., Kreiner, P., Clark, T. W., & Krakow, M. (2001). Tobacco use among Massachusetts youth: Is tobacco control working? *Preventive Medicine, 33,* 287-295.

Stanton, W., & Smith, K. (2002). A critique of evaluated adolescent smoking cessation programs. *Journal of Adolescence, 25,* 427-438.

Stern, M., Northman, J. E., & Van Slyck, M. R. (1984). Father absence and adolescent "problem behaviors": Alcohol consumption, drug use and sexual activity. *Adolescence, 19*(74), 302-312.

Stone, S. L., & Kristeller, J. L. (1992). Attitudes of adolescents toward smoking cessation. *American Journal of Preventive Medicine, 8*(4), 221-225.

Tengs, T., Osgood, N., & Chen, L. (2001). The cost-effectiveness of intensive national school-based anti-tobacco education: Results from the Tobacco Policy Model. *Preventive Medicine, 33,* 558-570.

U.S. Department of Health and Human Services. (2000a). *Healthy People 2010 Objectives.* Retrieved October 26, 2002, from http://www.healthypeople.gov.

U.S. Department of Health and Human Services. (2000b). *Reducing tobacco use: A report of the Surgeon General.* Atlanta, GA: U.S. Department of Health and Human Services, Centers for Disease Control and Prevention, National Center for Chronic Disease Prevention and Health Promotion, Office on Smoking and Health.

Wallack, L., & Dorfman, L. (1992). Health messages on television commercials. *American Journal of Health Promotion, 6*(3), 190-196.

Wildey, M. B., Woodruff, S. I., Agro, A., Keay, K. D., Kenney, E. M., & Conway, T. L. (1995). Sustained effects of educating retailers to reduce cigarette sales to minors. *Public Health Reports, 110*(5), 625-629.

Worden, J. K., Flynn, B. S., Solomon, L. J., Secker-Walker, R. H., Badger, G. J., & Carpenter, J. H. (1996). Using mass media to prevent cigarette smoking among adolescent girls. *Health Education Quarterly, 23,* 453-468.

Children
제13장
Adolescent

섭식장애

*Gail McVey

이 장을 통해서는 섭식장애(eating disorders)와 이상섭식(disordered eating)의 예방과 관련된 발생률, 위험요인 및 현재의 접근법 등을 검토하였다. 나아가 정책적 함의와 미래 연구를 위한 방향을 논의하였다.

경향과 발생률

청소년들이 지나치게 자신의 체중과 몸무게에 집착하는 것은 다양한 행동으로 나타나는데, 먹는 음식을 정기적으로 점검하는 것에서부터 다이어트를 하는 것, 임상적인 섭식장애에 이르기까지 다양하다. 섭식장애의 가장 흔한 유형은 거식증으로 불리는 신경성 식욕부진(Anorexia Nervosa: AN)과 폭식증으로 불리는 신경성 식욕항진(Bulimia Nervosa: BN)이다. 거식증은 연령과 신장을 고려했을 때 기대되는 체중의 85% 이상을 유지하지 않으려는 상태로 체중이 늘어나는 것에 대해 강한 두려움을 지니고 있고 신체상(body image)에 대해 너무 집착한 나머지 체중이 줄어드는 것의 심각성을 인식하지 못하는 것

*Gail McVey, PhD, C. Psych Hospital for Sick Children and University of Toronto

으로 정의되며, 무월경(초경 이후 여성의 경우, American Psychiatric Association[APA], 2000)과 같은 증상 등을 보이기도 한다. 폭식증은 자신이 과식한다는 의식을 하지 못한 채 반복적으로 정신없이 많이 먹는 행동을 수반하며 과식 후에는 체중이 늘어나지 않도록 다양한 행동(예: 일부러 구역질을 해서 토하기, 배변을 쉽게 하는 완화제의 사용, 이뇨제의 사용 혹은 다른 약물의 사용, 금식, 지나친 운동)을 한다. 젊은 여성의 경우 거식증에 걸릴 유병률은 0.6% (Garfinkel et al., 1996)이며 폭식증은 1~3%의 유병률을 보인다(Garfinkel et al., 1995). 섭식장애는 (특히 거식증) 주로 청소년기에 발병하지만, 성인기에도 발병할 수 있으며 어린 아동에게도 발생한다. 섭식장애로 진단받는 경우는 특히 청소년기의 여학생이며(Lewinsohn, Striegel-Moore, & Seeley, 2000), 유병률은 증가 추세에 있다(Goldman, 1996). 역사적으로 섭식장애는 중류 혹은 중상류층의 백인 여성과 관련 있는 것으로 인식되어 왔지만 최근에는 다양한 사회경제적 수준에 퍼져 있고 다양한 인종 및 민족에서 발생한다(Croll, Neumark-Sztainer, Story, & Ireland, 2002). 나아가 섭식장애의 10~15%는 남성에게서 발생하며(Carlat, Camargo, & Herzog, 1997), 이러한 수치는 남자 청소년의 경우 30%까지 상승한다(Fosson, Knibbs, Bryant-Waugh, & Lask, 1987). 훨씬 더 많은 수의 젊은 여성들은 섭식장애의 임상적 기준에 부합하지는 못하지만 심각한 준임상적 증상을 보이는 경우가 많다. 예를 들어, 연구에 따르면 청소년 여학생의 11~80% 정도는 섭식장애 증상 중에서 적어도 한 가지 이상을 나타냈다(예: 금식, 살을 빼기 위해 식사를 거르기, 다이어트 약 복용, 토하기, 폭식하기; Jones, Bennett, Olmsted, Lawson, & Rodin, 2001; Mellin, Scully, & Irwin, 1992). 반면 다른 보고서에 따르면, 다이어트 역시 높은 유병률을 나타낸다(Bost, Vaughn, Washington, Cielinski, & Bradbard, 1998; Button, Sonuga-Barke, Davies, & Thompson, 1996; Devaud, Jeannin, Narring, Ferron, & Michaud, 1998; McVey, Pepler, Davis, Flett, & Abdolell, 2002; Roberts, McGuiness, Bilton, & Maswell, 1999). 또한 체중에 대한 걱정, 다이어트 및 비만에 대한 두려움이 9세의 아동에게서도 보고된다(재검토를 위해 Smolak & Levine, 2001, and Ricciardelli & McCabe, 2001 참조). 6세에 이르면 아동은 뚱뚱한 사람에 대한 사회적 편견이 존재함을 인식하게 된다(Lerner & Jovanovic, 1990).

아동기에 임상적인 섭식장애를 치료하지 않으면 청소년기에 사춘기를 지나면서 치명적으로 성장이 지연되거나 십대에 골다공증을 앓는 만성적인 건강문제를 겪을 수도 있다(Fisher et al., 1995). 거식증은 청소년 후기의 여학생들에게 비만과 천식 다음으로 세 번째로 흔한 만성적 질병이다(Fisher et al., 1995; Robb, 2001). 섭식장애는 또한 기분장애, 자살 충동 및 자해 행동과 상관이 있으며 이를 경험하는 학생과 가족들의 생활을 황폐화시킬 수 있는 질병이다(Garfinkel et al., 1995).

임상적으로 진단이 내려진 섭식장애는 심각한 건강 문제를 야기할 수 있고, 준임상적 섭식장애(또는 이상섭식)와 다이어트 역시 여학생들의 신체 건강과 전반적인 건강에 해를 미칠 수 있다(Lock, Reisel, & Steiner, 2001). 예를 들어, 급속한 성장을 보이는 여자 청소년의 경우 더 많은 열량과 칼슘 및 철분이 필요하다(Levine & Smolak, 1998). 그렇기 때문에 청소년의 성장급등(growth spurt) 시기에 음식을 제한하게 되면 급격한 체중 저하를 일으킬 수 있다. 다이어트는 비만율을 높이는 것과 관련이 있는데, 다이어트를 위해 건강에 도움이 되지 않는 음식을 섭취하는 것 때문으로 보인다(예: 폭음, 고지방 음식의 섭취; Gortmaker, Must, Perrin, Sobol, & Dietz, 1993; Polivy & Herman, 1985).

많은 남학생 역시 자신의 신체 사이즈와 관련하여 문제를 경험한다는 연구 결과들이 발표되고 있다(예: 저체중 혹은 과체중). 이러한 문제는 자신의 신체상에 대한 불만족, 이상섭식 및 근육을 늘리려는 시도 등과 상관이 있다(Cohane & Pope, 2001; Croll et al., 2002; McCabe, Ricciardelli, & Rinemore, 2002; McCreary & Sasse, 2002; O'Dea & Rawstorne, 2001; Smolak & Levine, 2001). 따라서 남자 청소년들 중에서도 이상섭식과 관련된 건강의 위험이 보고되었다는 것은 놀랄 만한 것이 아니다(Lock et al., 2001). 끝으로, 이상섭식을 하고 있는 (남자 및 여자) 청소년들이 다른 일반적인 위험 행동의 가능성이 높다는 것이 보고되었다(예: 약물 남용, 위험한 성적 행동; Lock et al., 2001; Shisslak, Crago, Renger, & Clark-Wagner, 1998). 섭식장애와 이상섭식과 관련된 요소들이 복잡하기 때문에 효과적인 1차 예방은 매우 중요하다.

위험요인

연구를 통해 섭식장애의 원인은 다차원적이라는 것이 밝혀졌다(개인내적인 취약성 변인으로 유전, 생물학적 요인 및 성격요인, 가족요인, 또래 및 광범위한 사회 맥락적 변인, 문화적 요인, 트라우마 경험, Garfinkel & Garner, 1982; Striegel-Moore, Silberstein, & Rodin, 1986). 이러한 차원의 변인들은 고위험 행동에 대한 보호요인으로 분류될 수도 있고 위험요인으로 분류될 수도 있는 특징을 지니고 있다. 이러한 맥락에서 위험요인들은 이상섭식 행동을 예측하는 것과 관련된 변인들을 말하며, 반면에 보호요인은 그러한 위험요인으로 인한 부정적 효과를 경감시킨다(Stice, 2001). 그러므로 효과적인 예방은 특정 위험요인을 확인하고 특정 장애를 일으키는 것에 영향을 미칠 수 있는 보호요인을 확인하는 것에 달려 있다(Cicchetti, 1990; Rutter, 1990). 특정 발달 시기와 관련된 위험요인과 보호요인에 관한 연구는 그 시기에 적용할 수 있는 예방 전략의 고안에 도움을 주기 때문에 더욱더 유용하다(Shisslak & Crago, 2001; Stice, 2001).

아동

몇몇 연구 결과에 따르면, 아동기의 섭식 문제가 초기 아동의 기질과 상관이 있으며(예: 부정적 정서, 불안-우울; Martin et al., 2000; Moorhead et al., 2002) 효과적이지 못한 양육 행동, 소화 문제 및 편식(Johnson, Cohen, Kasen, & Brook, 2002; Marchi & Cohen, 1990)과 관련이 있다는 연구가 있지만, 대부분의 연구는 위험요인으로서 신체상(body image)에 관한 고민을 시작하는 것에 주목해 왔다(Smolak & Levine, 2001). 특히 아동이 자신의 신체상에 관한 고민을 시작하는 것에 부모가 어떠한 역할을 하는지가 주로 연구되었다. 연구 결과에 따르면 아동의 체중 상태에 대한 부모의 걱정이나 평가(예: 살을 빼라는 조언, 식사량을 줄이라는 조언)가 아동의 신체상에 관한 고민과 상관이 있다(Davison & Birch, 2001; Edmunds & Hill, 1999; Gardner, Starm, Freidman, & Jackson, 2000; Smolak, Levine, & Schermer, 1999). 그 밖에도 부모 자신의 신체에 대한 불만족, 체질량지수, 날씬함에 대한 이상적 생각 또는 이상섭식 등이 아동의 신체상에 대한 고민과 상관이 있는 것으로 확인되었다(Stice, Agras, & Hammer, 1999). 전반적으로 선행연구들은 부모들이 날씬함의 중요성을 역할 행동이나 직접적인 말을 통해 자녀에게 전달한 경우, 그 자녀들이 체중과 체형에 대한 고민을 발달시킬 가능성이 높다는 점을 지적한다. 결과적으로 이러한 고민은 다른 영역에서 부정적인 자기 평가로 이어지게 된다(Davison & Birch, 2001).

초기 청소년

청소년 초기의 섭식장애 발달은 이 시기의 신체적 변화와 같은 발달과 관련된 규범적 스트레스 요인(normative stressors)의 맥락에서 가장 잘 이해된다. 사춘기에 발생하는 신체적 변화는 사춘기(자연적인 체중과 체지방의 증가), 또래 수용에 대한 욕구 증가, 데이트의 시작, 학업기대에 대한 변화와 관련된다(Smolak & Levine, 1996). 청소년 초기의 여학생은 여성의 바람직함을 외모와 동일시하는 사회문화적인 영향력을 점점 인식하고 날씬한 몸을 원한다(Stice, 1994). 이러한 각각의 스트레스 요인은 여학생의 집착을 증가시키고 체중 및 체형에 대한 불만을 증가시키는 것으로 여겨진다. 그러나 한 연구에 따르면, 1년 동안에 이러한 스트레스 요인 중 한 가지 이상을 경험한 여학생들이 장애 수준의 섭식을 경험할 가능성이 더 높다는 것이 확인되었다(Levine & Smolak, 1992). 이러한 발달단계를 거치는 동안 섭식장애의 발달에 대한 위험은 여학생의 강한 완벽주의적 성향이나 지나친 날씬함에 대한 선호와 같은 특정한 성격 특징을 보이는 경우 더욱 강화된다(Levine & Smolak, 1992). 잠재적으로 축적된 이러한 규범적 스트레스 요인의 영향 때문에 초기 청소년의 과도기는 신체상에 대한 걱정과 섭식장애에 대한 높은 위험 기간으로 여겨진다(Smolak & Levine, 2001). 게다가 많은 여학생들이 청소년으로 성장할 때 자연적으로 자아존중감이 낮아지며 종종 자신의 의견을 자유롭게 이야기하거나 목소리를 높이는 능력이 감소한다(Friedman, 1998; Gilligan, 1982; Piran, 1999; Shisslak & Crago, 1993; Steiner-Adair & Purcell, 1996). 초기 청소년기 여학생의 낮은 자아존중감은 섭식장애 발달에 대한 위험요인으로 확인되었다(Button et al., 1996).

종단연구를 통해 그밖의 다른 변수들이 여자 청소년의 섭식장애를 예측한다는 것이 밝혀졌는데, 이는 초기 사춘기의 발달, 높은 체질량지수(BMI)(Garber, Brooks-Gunn, Paikoff, & Warren, 1994; Keel, Fulkerson, & Leon, 1997), 신체 불만족, 체중 걱정, 우울증, 체중과 관련된 놀림(Cattarin & Thompson, 1994; Killen et al., 1996; Leon, Fulkerson, Perry, Keel, & Klump, 1999), 충동적인 행동(Pine, Cohen, Brook, & Coplan, 1997)을 포함한다. 다이어트를 하는 것이 후에 섭식장애의 발병과 밀접한 상관이 있을지라도, 임상적인 섭식장애와 다이어트의 인과관계에 대한 의문은 제기되어 왔다. 그러나 섭식장애, 기분장애, 알코올/약물 사용에 대한 가족력이 있거나 특정 발달 문제 때문에 다이어트를 심하게 한 경우는 이러한 인과적 관계성(causal relationship)이 드러난다(Hsu, 1997).

이상섭식과 관련된 추가 요인들이 있는데 이는 회피 또는 감정중심 대처(Fryer, Waller, & Kroese, 1997), 완벽주의(McVey et al., 2002), 과체중에 대한 인식(Ackard & Peterson, 2001), 이상적인 날씬한 몸에 대한 내면화(Cusumano & Thompson, 2000; Levin, Piran, & Stoddard, 1999; Levin & Smolak, 1998; Levine, Smolak, & Schermer, 1996; Shisslak et al., 1998), 또래로부터의 다이어트에 대한 압박(Lieberman, Gauvin, Bukowski, & White, 2001; Lunner et al., 2000; Muir, Wertheim, & Paxton, 1999; Paxton, Schutz, Wertheim, & Muir, 1999; Taylor et al., 1998), 성희롱(Murnen & Smolak, 2000), 미적 또는 외모 중심의 스포츠에 참여(예: 춤, 체조, 치어리딩, 고적대의 지휘, 수영, 에어로빅, 피겨 스케이팅; Davison, Earnest, &

Birch, 2002)를 포함한다.

위험요인에 관한 연구는 계속 진전되고 있지만, 섭식장애와 관련된 예방요인에 사용될 수 있는 정보는 제한되어 있다. Muir와 동료들(1999)은 다이어트를 하지 않는 여학생의 이유에는 다이어트 압박에 대한 저항의식, 다이어트는 해롭다는 믿음, 또래들이 자신의 신체 사이즈를 수용하는 정도가 포함된다고 보고했다. 보다 최근의 한 연구에 따르면, 학교와 관련된 스트레스를 받는 경우, 아버지와의 충분한 대화와 무조건적인 지지가 중학교에 다니는 여학생의 섭식장애를 예방하는 역할을 한다는 것이 밝혀졌다(McVey et al., 2002). 마지막으로 Croll과 동료들(2002)은 긍정적인 자아존중감, 심리적인 안녕감, 학업 성취, 가족 유대감이 남녀 청소년들의 섭식장애에 대한 예방요인으로서 역할을 한다고 밝혔다. 이러한 연구들의 결과는 상관연구에 기초하고 있어서 인과관계에 대한 정보를 제공하지는 못한다. 그럼에도 불구하고 그 연구 결과들은 직접적인 예방 실행을 도울 수 있는 예방요인을 찾는 미래의 종단연구에 대한 시범 연구로서 역할을 할 수 있다.

효과적인 보편적 예방 개입

보편적 예방은 증상을 보이지 않는 사람들에게 적응유연성을 길러 주고 위험을 줄여 주는 것을 포함한다. 단기적인 관점으로 보면 예방 프로그램은 회복력을 증진시켜 주고 위험요소를 줄여 줄 것으로 기대된다. 장기적인 관점에서 보면, 이러한 변화들로 인해 이상섭식과 섭식장애가 거의 발생하지 않을 것으로 기대된다. Smolak(1999)는 초등학교 아동들이 이러한 보편적 예방의 적절한 대상이라고 말하는데, 그 이유는 이들이 아직 신체에 대한 부정적인 이미지와 섭식장애에 대한 위험이 증가하는 사춘기의 발달 과정을 겪지 않았기 때문인 점을 지적하였다.

예방에 관한 주요 문헌 추세는 전반적인 건강을 증진시키고 이상섭식에 취약한 몇몇 요소들을 바꾸기 위해 만들어진 건강 증진 프로그램을 채택하여 활용한다는 것이다. 이러한 접근은 청소년들에게 섭식장애의 해결법과 섭식장애와 관련된 위험을 가르치는 전통적인 접근법과 대조를 이룬다(Moreno & Thelen, 1993; Paxton, 1993; Shisslak, Crago, & Neal, 1990). O'Dea(2000)는 건강 교육 전략들이 나타낼 수 있는 잠재적인 부정적 효과를 감안하여 아동과 청소년에게 발생하는 섭식장애의 예방에 대한 보다 안전하고 효과적인 접근법의 필요를 강조한다(Carter, Stewart, Dunn, & Fairburn, 1997; Mann, Nolen-Hoeksema,

Huang, & Burgard, 1997). 섭식 문제로 인한 피해를 미리 예방하기 위해, O'Dea는 학교에 기반을 둔 교육 프로그램들을 통해 프로그램의 초점을 부정적이고 문제점에 기반한 주제를 강조하는 것(예: 섭식장애를 긍정적으로 미화시키는 것, 체중 조절 기술들에 대한 정보를 제공하는 것, 음식의 통념에 대한 부정적인 말들)에서 변화하여 청소년들이 자부심을 가지고 음식에 대한 두려움을 없애며 건강하고 활동적인 생활 방식을 즐기도록 도와주는 것으로 전환되어야 한다고 말한다. 그러므로 보편적인 예방은 자아존중감, 미디어 소양과 영양섭취와 같은 많은 주제를 다루어야 할지도 모른다. 섭식장애와 이상적인 날씬함에 대한 내면화 사이의 관계를 고려했을 때, 미디어 소양(media literacy)은 보편적인 예방 프로그램들을 포함시키기 위한 중요한 요소로 알려져 왔다(Levine et al., 1999; Steiner-Adiair & Vorenberg, 1999). 예를 들어, Smolak, Levine 및 Schermer(1998)는 초등학교 아동에게 다음의 내용들을 가르쳤다.

1. 미디어에서 그려진 여성들의 비현실적인 이미지들을 비판적으로 평가하는 방법
2. 체형에 영향을 미치는 유전적인 영향과 각각의 체형이 다른 점을 감사하게 생각하고 받아들이는 것의 필요성
3. 식사와 운동에 대해 다이어트를 사용하지 않는 접근법을 택하는 방법

이 학자들은 9, 10세 연령 아이들에게 인지적 사회 학습과 발달 원리를 사용한 통제집단 예방 연구를 첫 번째로 발표했다. 단기간 동안 이 프로그램은 영양 섭취, 다이어트의 효과, 체지방의 원인에 대한 학생의 지식을 향상시키는 데 도움을 주었다. 그러나 이 교육과정에 참가하는 동안 아동들의 식습관, 운동 양식, 체중 감량 시도, 비만 아동 놀림을 포함하는 구체적인 행동은 바뀌지 않았다. 이러한 연구 결과에도 불구하고 이 교육과정은 과체중인 사람에 대한 학생의 태도에 긍정적인 영향을 미쳤다. 이 프로그램의 시행 2년 후 치러진 후속 평가에서는 참가자들이 통제 집단에 비해 건강관련 지식이 더 해박해지고 건강에 좋지 않은 체중 관리 기술을 더 적게 사용하며 더 높은 신체존중감을 가지고 있다는 점을 확인하였다(Smolak & Levin, 2001). 이러한 연구 결과들은 장기간 후속 평가를 예방 연구에 포함시킬 필요가 있다는 것을 분명히 보여 준다. 이는 면담 직후에는 태도 또는 행동의 변화가 뚜렷하지 않을 수 있기 때문이다.

Neumark-Sztainer, Sherwood, Coller 및 Hannan(2000)은 지역사회의 맥락적 관점에서 걸 스카우트에 소속된 사춘기 이전의 여학생에게 미디어 소양이 미치는 효과성을 조

사했다. 6개의 회기로 이루어진 이 프로그램은 프로그램이 종료된 직후 검사에서 체중과 관련된 사회규범들에 대한 태도, 그들의 신체에 대한 지식, 미디어에 대한 태도에 긍정적인 변화가 나타났지만 이러한 변화들은 3개월도 유지되지 못했다. 미디어 소양을 포함하는 다른 예방 프로그램들 역시 초등학교 아동을 대상으로 수행되었는데 오직 단기간 동안에만 효과적이라는 유사한 결과를 확인하였다(Kater, Rohwer, & Levine, 2000; Kater, Rohwer, & Londre, 2002).

최근에는 아동 후기의 낮은 자아존중감과 청소년 후기의 섭식장애 증상 발현의 상관성에 착안하여, 개입 프로그램들이 자아존중감 향상 전략에 초점을 두고 있다(Button et al., 1996; Shisslak et al., 1998). O'Dea(2002)는 긍정적인 자아상을 형성하는 것이 대중매체에 묘사된 비현실적인 신체 이미지에 대해 보호요인으로 작용할 수 있다고 주장한다. O'Dea와 Abraham(2000)은 11~14세의 남학생과 여학생을 대상으로, 신체상과 식사 태도 및 행동에 관한 학교기반의 자아존중감 교육 프로그램 효과를 실험했다. 연구는 9주간의 수업을 통해 학생 참여, 자신감, 전반적인 자아존중감의 형성을 강조했다. 학생들의 태도 및 행동은 프로그램 전, 종료 직후, 그리고 12개월 이후에 측정되었다. 프로그램이 끝난 직후 개입된 학생의 신체 만족도와 식사 태도 및 행동은 통제 집단과 비교해 눈에 띄게 향상되었다. 이러한 변화는 12개월 이후의 후속 평가에서도 여전히 나타났다.

이와 유사한 실험 설계를 사용하여, McVey와 동료들은 6학년 여학생을 대상으로 자아존중감 향상 전략, 스트레스 관리 기법, 또래관계 기술, 미디어 소양 교육을 시행했다. 6회기 프로그램인 Every Body Is Somebody(Seaver, McVey, Fullerton, & Stratton, 1997) 프로그램은 정기적인 보건 수업에서 시행되었다. 이 프로그램의 목적은 신체 이미지에 대한 걱정과 다이어트를 유발하는 스트레스 요인을 경험하기 전에 여학생들에게 생활기술을 가르치는 것이다. 프로그램은 단기간에 신체 만족도, 전반적인 자아존중감, 식사 태도 및 행동을 개선했다는 점에서 성공적이었다. 그러나 이 개선은 12개월 이후의 후속 평가에서는 유지되지 못했다. McVey, Llieberman, Voorberg, Wardrope 및 Blackmore (2003)는 이후 좀 더 나이가 많은 중학교 여학생(7학년, 8학년)을 대상으로, 또래 지원 그룹의 형태를 이용해 똑같은 생활 기술 프로그램의 효과성을 조사했다. 이 프로그램은 학교 점심 시간에 소그룹으로 10주간의 회기 동안 진행됐다. 청소년기 초중반에 또래 수용(peer acceptance)의 중요성이 부각됨에 따라 중학교로의 전환을 쉽게 하는 데 도움을 주는 지지 집단(support groups)을 포함시키는 것이 제안되었다(Shisslak, Crago, Estes, & Gray, 1996). 지지 집단은 여학생에게 전환 압박을 다루는 데 도움을 주는 생활 기술을 가르치는 것뿐만 아니라, 또래 놀림이나 다이어트 압박에 대처할 수 있도록 도움을 주는 공동의 장 역할을 한다(Shisslak et al., 1996).

McVey와 동료들이 수행한 2003년 연구의 독특한 특징은 그 지역의 훈련된 공중보건 간호사들이 또래 지지 집단 구성원들을 규칙적으로 도왔다는 점이다. 이들은 프로그램이 진행되는 학교에 매일 서비스를 제공했다. 이러한 시도는 연구 프로젝트의 범위를 넘어서 지속적으로 시행되었다. 또래로 구성된 지지 집단 프로그램에 참여한 학생들은 향상된 신체 존중(body esteem)감과 이상 섭식의 감소를 경험하였다. 그러나 이상섭식이 매우 심한 여학생 그룹에 다시 적용해 보니 프로그램은 효과적이지 않았다(McVey, Llieberman, Voorberg, Wardrope, Blackmore, & Tweed, 2003). 청소년 시기에 이상섭식의 유병률이 증가하고 있기 때문에 생활 기술 접근과 같은 보편적인 개입 전략은 전에 논의했던 것과 같이 초등학교 학생에게 더 적합할지도 모른다. 중학생을 대상으로 한 경우, 또래 지지 집단 개입의 내용은 좀 더 직접적으로 부정적인 태도와 행동을 줄이는 데 초점을 둔 전략을 필요로 할 것이다. 이후에 자세히 설명하겠지만, 고위험 환경의 여자 청소년(예: 기숙형 발레학교)을 위해 고안된 또래 지지 집단은 이상섭식을 줄이는 데 성공적이라는 것이 확인되었다(Piran, 1999).

마지막으로, Steiner-Adair와 동료들(2002)은 7학년 여학생을 대상으로 한 자아존중감 형성 프로그램, Full of Ourselves: Advancing Girl Power, Health, and Leadership을 평가했다. 이 프로그램은 여학생에게 다이어트, 체중 및 체형에 대한 집착을 강요하는 문화적 압박에 저항하기 위한 대처 전략을 가르친다. 이를 통해 통제 집단과 비교하여 지식과 체중에 관련된 신체존중감이 향상되었다. 아직 단언하기는 이르지만, 이 프로그램의 독특한 특징은 참가자에게 리더십 기회를 제공하는 멘토링 요소를 통합했다는 점이다. 7학년 학생을 어린 학생들의 역할 모델로 삼기 위해 지도함으로써, 이 개입은 여자 청소년들을 이상섭식으로부터 보호할 뿐만 아니라 그들의 자아존중감을 향상시킬 수 있는 가능성을 포함시켰다.

자아존중감 접근을 사용하는 이점은 바로 다른 건강 관련 결과(예: 우울, 불안, 성적 위험 행동, 약물남용)에 긍정적 영향을 준다는 점이다. 초등학생 혹은 중학생을 대상으로 적응유연성을 향상시키도록 고안된 추가적인 예방 프로그램이 희망적인 결과를 보였다(Baranowski & Hetherington, 2001; Dalle Grave, De Luca, & Campello, 2001; Heinze, Wertheim, & Kashima, 2000; Irving, 2000; Phelps, Sapia, Nathanson, & Helson, 2000; Stewart, Carter, Drinkwater, Hhainsworth, & Fairburn, 2001; Varnado-Sullivan et al., 2001). 그럼에도

불구하고 보편적인 프로그램이 고위험군 학생에게 큰 이득이 있는지의 여부에 관한 것은 여전히 논란이 되고 있다(Killen et al., 1993; O'Dea & Abraham, 2000; Porter, Morrell, & Moriarty, 1986). (섭식장애 분야의 예방 활동에 관한 종합적 요약이 필요하면 Levine & Piran(2001), Piran, Levine, & Steiner-Adair(1999), Vandereycken & Noordenbos(1998)를 참고하기 바란다.)

효과적인 선택적 예방 개입

보편적 예방과 달리 선택적 예방은 증상은 없으나 개인적 변인 혹은 맥락적 요인에 의해 위험이 예상되는 개인을 위한 프로그램이다(Levine, 2001). 아동과 청소년을 대상으로 실시된 선택적 예방 프로그램의 효과에 대해 보고한 연구는 거의 없다. Piran(1999)은 고위험 환경과 관련하여 10년간 기숙형 발레학교를 다니는 여자 청소년을 대상으로 예방 프로그램을 개발하고 시행했다. 발레 무용수는 이상섭식을 유발할 수 있는 위험요인으로 일반적인 요인, 사회적인 요인, 가정 및 개인적인 요인을 경험한다. 게다가 그들은 작은 몸집이나 마른 몸매를 요구받는 환경에 노출된다(Thompson & Sherman, 1993). 이러한 추가적인 압박은 높은 정도의 섭식장애 증상과 연관되는 것으로 보인다. 이상섭식을 예방하기 위한 첫 번째 단계로, 또래 지지 집단은 여자 청소년들이 발레 학교의 편견과 불공정의 표현을 방지하기 위해 방법을 모색하는 것을 도와주도록 고안되었다. 시간이 흐르면서, 이러한 노력은 발레학교를 다니는 여학생들 사이에서 체중과 체형에 대한 집착을 줄이는 데 체계적인 변화를 일으켰다(Piran, 1998, 1999). 결과에 기반을 둔(outcome-based) 연구에 따르면, 이러한 프로그램이 자기 역량 강화와 이상섭식의 감소와 같은, 긍정적이고 질이 높은 결과를 가져왔음을 알 수 있다(Piran, 1999).

마찬가지로, 경쟁적인 스포츠 환경 역시 이상섭식의 잠재적인 고위험 환경으로 대표된다. 왜냐하면 장거리 경주와 같은 지구력 운동에서 실제적인 이유로 이상적인 사이즈와 체형, 혹은 체중을 유지하기 위한 압박이 있기 때문이다. 특정 유형의 체격을 강조하는 스포츠(예: 체조, 피겨 스케이팅, 다이빙; Powers & Johnson, 1999)의 경우 또한 그러하다. 실적이 좋지 못한 운동선수에게 잠재적인 해결책으로 체중 감량이나 지방 감소를 추천하는 것은 흔한 일이다. 통제 집단을 사용한 연구는 최근 체조 클럽의 여성을 대상으로 실시했는데, 그들의 이상섭식을 예방 혹은 감소하기 위해 고안된 긍정적인 신체상 전략의 효과성을 검증하였다(Buchholz, Mack, & McVey, 2003). The Bodysense 프로그램은 여자 운동선수와 부모, 코치에게 건강 증진 전략과 다이어트와 관련된 위험을 가르치는 것을 목적으로 한다. 이 연구 프로젝트는 국민 스포츠, 코칭, 신체 및 건강 기관뿐만 아니라 스포츠 관련 규제기구와 제휴하여 함께 진행되고 있다. 이러한 협력을 통해 연구 결과가 보급됨과 동시에 개입 프로그램의 발달과 확산이 용이해지기를 바란다.

효과적인 지시적 예방 개입

보편적 개입과 선택적 개입은 증상을 보이지 않는 개인들에게 관여하는 반면, 지시적 개입 프로그램은 증상을 보이는 개인의 부적응 징후를 조기에 확인한다. 그리고 만성적인 장애로 발달하기 전에 개입한다(Durlak & Wells, 1998). 조기에 발견하여 개입하는 것은 섭식장애의 치료에서 회복의 중요한 지표라고 제기되어 왔다. 위험성이 큰 개인을 겨냥한 대부분의 프로그램(예: 자신의 신체상 고민, 우울증)은 대학생 또는 고등학교 고학년 여성들에게 수행되어 왔고, 한 경우(Sntonastaso et al., 1999)를 제외하고는 희망적인 결과를 보여 왔다(Buddeberg-Fischer, Klaghofer, Gnam, & Buddeberg, 1998; Franko, 1998; Kaminski & McNamara, 1996; Springer, Winzelberg, Perkins, & Taylor, 1999; Stice, Mazotti, Weibel, & Agras, 2000; Stice & Ragan, 2002; Sice, Trost, & Chase, 2002). Varnado-Sullivan과 동료들(2001)은 보편적 개입 프로그램에 추가적인 요소로서 지시적 예방을 남녀 중학생들에게 실시했다. 이러한 요소는 섭식장애에 대한 위험요소를 보이는 학생들을 위해 집중적인 가족기반 개입으로 구성되었다(예: 비정상적 식사 패턴 또는 우울증, 낮은 외모 존중감, 높은 체질량지수(BMI)와 결합한 높은 수준의 신체적 불만족). 구체적으로 가족기반 프로그램은 위험성이 높은 학생과 그들의 부모에게 보편적 프로그램에서 제공하는 주제에 대한 보다 상세한 정보를 제공하기 위해 고안되었다. 또한 부정적 신체 이미지를 개선시키기 위한 방법일 뿐만 아니라 가족의 의사소통과 문제 해결 기술도 돕는다. 이 프로그램은 여학생 참가자들에게 비만에 대한 공포를 줄이는 데 성공적이었다. 하지만 집중적인 프로그램의 참여도는 매우 낮았다. Varnado-Sullivan 등의 프로그램의 경우 위험성이 높은 학생들(그리고 그들의 부모들)의 참여 의지가 낮다는 사실은 섭식장애를 줄이기 위해 개입 프로그램을 고안할 때 이들의 참여를 유도하는 유인책이 필요함을 시사한다(Franko, 2001).

Latzer와 Shatz(1999)는 북이스라엘 키부츠에 사는 여자 청소년들을 위해 고안된 지시적 개입 프로그램에 대하여 통제 집단을 사용하지 않고 평가를 실시했다. 위험하다고 확인된 여자 청소년들에게는 지역 건강 클리닉에서 지지적인 일대일 상담을 제공하였다. 서비스는 식이요법의 평가, 의학적 후속 조치, 신체에 관련된 어려움의 확인, 자아 수용, 대응 기술을 포함했다. 또한 개입 프로그램은 부모 및 위험하다고 확인된 다른 의미 있는 타자(significant others)를 위해서도 고안되었다. 이 지시적 개입 프로그램은 그 지역사회에서 수행된 지역사회 기반적인 개입의 3가지 수준 중 한 측면에 해당된다(예: 여자 청소년, 부모, 교사, 건강 클리닉 직원, 그리고 지역사회의 다른 성인). 예를 들어, 건강 증진 전략은 학교 환경의 학생에게 실행된다. 반면 부모와 의미 있는 타자들은 3주로 구성된 회의에 매주 참석해야 하는데, 섭식장애의 인과관계와 자녀들의 자존감과 긍정적 신체상을 촉진시키기 위한 방법, 그리고 청소년의 정상적인 발달 과업에 대해 배우게 된다. 다층적 개입 이후, 병원에서 일하는 건강 전문가들은 다이어트를 하지 않는 것의 중요성에 관한 그들의 태도가 변했음을 보고한다. 이를 통해 병원 직원들이 섭식장애와 관련된 지식을 바탕으로 일반인들에게 도움을 줄 수 있다는 인식이 증가하였다. 청소년들은 다이어트와 관련된 부정적인 결과에 대해 더 잘 알게 되었고, 체중 감량을 목적으로 병원에 방문하는 것이 줄었다. 섭식 관련 문제로 병원에 스스로 방문하는 수가 증가했는데, 이것은 빠른 개입이 이루어지는 것을 도왔다. 또한 청소년이 건강과 관련된 다른 문제로 병원에 도움을 더 많이 구하게 되었다.

학교 환경은 지시적 개입 프로그램의 수행을 위해 이상적이다. 왜냐하면 지시적 개입 프로그램은 섭식장애 증상이 있음에도 이에 대한 치료를 찾지 않는 학생들에게 전문적인 관심을 제공하는 데 유리하기 때문이다. 예를 들어, 섭식장애 증상을 보이는 대부분의 청소년들은 의학적인 도움이 필요할 때까지 치료를 찾지 않는다고 보고된다. 학교기반적인 지시적 프로그램은 친숙하고 위협적이지 않은 환경에서 접근과 이용이 가능할 뿐만 아니라 섭식장애 증상이 악화되기 이전에 학생들에게 접근할 수 있으며 전문적 치료를 받도록 동기화시킨다. 변화에 대한 동기화와 준비는 청소년 섭식장애의 성공적 치료를 위한 핵심 요소로 확인되어 왔다(Gusella, Butler, Nichols, & Bird, 2003). 섭식장애 분야의 증거 기반적인 지시적 개입 프로그램을 평가하고 수행하기 위해 교직원을 훈련하는 것이 시작되어 왔다(McVey, Davis, et al., 2003). 지금까지 지역사회기반적인 훈련은 자신감을 길러 주고 개입을 수행하는 교직원의 기술 수준을 향상시키는 데 성공적인 것으로 보인다. 교직원이 전달하는 지시적 프로그램이 청소년 섭식장애 증상을 변화시키는 결과를 낳았는지에 대한 더 많은 연구가 필요하다.

실행 및 정책적 함의와 미래의 방향

보편적 프로그램은 예방 노력에서 가장 중요한 초점이 되어야 한다고 주장되어 왔으며, 특히 섭식장애 예방에 대해 생태학적, 역량 강화적, 실천주의적으로 접근하는 사람들이 주장하여 왔다(Levine & Piran, 2001; Levine & Smolak, 2002). 지금까지 대부분의 예방 프로그램은 대상에 맞춰 고안되었고 거의 배타적으로 개인적 수준에서의 변화만을 측정해 왔다(여자 청소년의 섭식장애). 그래서 다양한 요소들을 대상으로 하는 종합적인 프로그램을 개발해야 할 필요가 강조되어 왔다(Austin, 2000; Huon, Braganza, Brown, Ritchie, & Roncolato, 1998; Nemark-Sztainer, 1996; O'Dea & Maloney, 2000; Taylor & Altman, 1997). 예를 들어, 예방에 남성을 포함시키는 것이 시작되었는데(Dalle Grave et al., 2001; Kater et al., 2002; O'Dea & Abraham, 2000; Smolak et al., 1998; Varnado-Sullivan et al., 2001), 이는 몇 가지 수준에서 잠재적인 장점을 가진다. 첫째, 건강 증진 메시지는 남자 청소년들의 신체상에 대한 고민과 건강하지 않은 식습관, 그리고 지나친 신체적 활동을 예방하는 것에 도움을 줄 수 있다. 둘째, 여학생들이 직면하게 되는 또래 압력에 대한 예민성을 남학생들도 이해하게 되고 이를 통해 남학생들이 체중이나 체형으로 여학생들을 놀리는 것을 줄임으로써 궁극적으로 여자 청소년들을 위한 보다 건강하고 긍정적인 환경을 만드는 데 도움이 된다. 특히 남학생이 여학생에 비해 체중에 대해 상대를 보다 더 놀리는 경향이 있다는 것을 시사하는 주목할 만한 연구 결과도 있다(Smolak et al., 1998). 예방에 남성을 포함시키는 것은 남아와 청소년의 섭식장애와 관련된 위험요인과 보호요인에 대한 상세한 연구를 필요로 한다. 이러한 연구는 유아기에서도 여전히 이루어지고 있다(Cohane & Pope, 2001; O'Dea & Rawstorne, 2001).

학교에 기반을 둔 개입의 경우 부모, 교사, 교직원 그리고 코치를 포함해야 할 필요가 있는데, 그 이유는 청소년들의 사회적 환경에서 이들의 역할이 중요하기 때문이다(Graber, Archibald, & Brooks-Gunn, 1999; Smolak & Levine, 2001). 성인 역할 모델을 사용한 예방 활동은 성인들이 청소년에게 어떠한 메시지를 전달하고 있는지를 파악하도록 도와줌으로써 인식의 향상을 촉진할 수 있다(예: 체중과 체형에 관련한 개인적 태도, 믿음, 행동). 또 다른 연구는 아동에게 긍정적 신체상의 형성을 촉진시키기 위한 방법에 대해 훈련받은 성인을 포함시킨다. 훈련은 다음을 포함한다.

1. 긍정적인 아동 양육을 실천하도록 촉진하기(Rosenvinge & Borresen, 1999, 예를 들어, 어렸을 때의 섭식문제에 대해 상담을 할 때 부모에게 아동의 과체중과 체중의 다양성을 받아들이도록 가르친다. 정상적인 신체적 · 심리적 변화를 경험하는 사춘기 시기 동안 자녀를 위로하기 위해 음식으로 대체하는 것이 아니라 지지를 제공하는 것을 가르친다.)
2. 스포츠와 신체적 활동에서 체중과 체형에 상관없이 모든 아동을 포함하기
3. 자녀가 체중과 체형에 대해 놀림을 당하는 것에 잘 대응할 수 있도록 돕는 방법 알기

Piran과 동료들은 어떠한 전략을 사용하든지 전체 학교 문화를 바꾸기 위해서는 학교 체계의 구성원들을 모두 포함하는 전 학교(Whole school)적 접근을 사용해야 한다고 주장했다(Levine & Piran, 2001; Piran, 1995, 1996). Piran에 따르면, 예방은 설교하는 것에서 직접 참여하는 방식으로 변해야 하며, 이러한 방식을 통해 관계 및 수용, 지지, 역량에 관한 새로운 기준이 개발될 수 있다고 보았다.

Varnado-Sullivan과 동료들(2001)은 처음으로 남성과 여성 청소년, 부모, 교사가 포함된 통제집단을 사용한 종합적인 결과에 기반한 연구를 발표했다. 2단계로 구성된 이들의 개입 프로그램(보편적, 선택적)인 Body Logic Program은 여성 참가자들의 음식 회피와 비만에 대한 공포를 개선시켰다. Varnado-Sullivan과 동료들은 이후 그들의 학교기반 프로그램을 완성했지만, 개입하려던 학교는 일정을 잡는 문제와 부모로부터의 불만 때문에 계획된 장기간의 후속 조치에 참여하는 것을 거절했다. 이와 같이 부모와 교사를 예방 노력에 참여시키는 것의 어려움이 제기되었다(Franko, 2001; Levine, 2001; McVey, Davis, & Shaw, 1999; McVey, Tweed, & Blackmore, 2003). 예를 들어, McVey(1999)와 동료들은 2개의 학교기반 예방 프로그램의 효과성을 비교했다. 하나는 오직 학생들만 포함했고, 다른 하나는 학생과 그들의 부모를 포함했다. 부모의 90% 이상이 이들의 연구에 참여하는 것을 처음에 동의한 반면, 실제로 부모 개입에는 10% 이하만 참여했다. 더 최근의 연구에서 McVey와 동료들(McVey, Tweed et al., 2003)은 남자 중학생과 여자 중학생의 학교 분위기 변화에 초점을 둔 종합적인 연구의 결과를 평가했다. 이 경우에 개입을 실시한 학교의 경우 이 프로그램 실행이 교육부의 기대에 부응하는 것이고 다양한 강의 주제를 포함하고 있음에도 불구하고(Neumark-Sztainer(1996)이 제안한 방식), 교사가 교육과정을 전달하는 방식에서 비협조적이었다. 더욱이 연구자들이 교사들에게 교육과정에 대해 훈련할 충분한 시간을 갖지 못했다(McVey, Tweed et al., 2003). 마지막으로 부모의 프로그램 참여율은 매우 낮았으며 이로 인해 연구자들은 건강 증진 교육과정에 대

한 지식을 전달하기 위해 오히려 학교의 소식지를 의존해야 했다. 그러나 개입한 학교의 경우 프로그램의 다른 측면들은 잘 받아들여졌다. 이러한 프로그램은 여학생들에게 적용된 치료를 가능하게 하는 또래 지지 집단, 남학생들에게 실시된 놀리는 것의 부정적 효과에 대한 집단 회기, 놀리는 것의 부정적 효과에 대한 연극을 하고 후속 토론을 실시하기, 다이어트를 하고 근육을 만들라는 매체와 또래 친구의 압력, 학교의 분위기에 영향을 미치는 일반적 전략들(공공광고, 포스터)을 다룬다.

Smolak, Harris, Levine 및 Shisslak(2001)은 학교에 기반한 섭식장애 예방 개입에서 교사들의 잠재적인 역할에 대한 그들의 의견과 태도에 대해 알아보고자 면담을 실시했다. 면담 결과, 교사들은 교실에서 학생들에게 보여 줄 비디오를 필요로 했고, 섭식장애 문제가 있는 것으로 보이는 학생들을 인식하고 도울 수 있는 방법이 수록된 팸플릿을 제공받고 싶어 한다는 것을 확인하였다. 또한 교사들은 도움을 받을 수 있는 전문가가 있었으면 하는 바람을 가지고 있었다. 위험에 처한 학생들에 대해 교사들이 가진 질문에 답을 얻고, 이들이 지닌 염려사항을 함께 나누고 싶어 했다. 이러한 점들을 고려할 때 교사와 학부모를 예방 노력에 참여시키는 것에 대해 연구가 더욱 필요하다는 것을 알 수 있다(Franko, 2001; Levine, 2001).

학교는 건강 증진과 예방의 노력을 위한 중요한 장소이다. 이상적인 방식은 예방적 개입이 예방 수준과 학생들의 발달 수준에 맞춰 단계적인 방식(예: 초등학교에서 고등학교까지)으로 시행되는 것이다. 예를 들면, 유치원에서부터 초등학교 4학년 학생까지를 대상으로 한 개입의 경우, 부모, 교사 그리고 교직원이 아동의 건강을 돕는 학교 환경을 조성하는 것은 물론이고, 다이어트와 날씬함에 관한 그들의 신념과 행동에 관한 인식을 제고하는 것이 개입의 초점이 된다. 초등학교 4학년 때부터 시작하여 고등학교 과정을 마칠 때까지(예: 추후 모임) 학생들은 건강 증진에 대해 접하게 된다. 내용은 다양한 주제를 통해 전달되고 학교 교육과정과 통합되어 제시될 수 있다. 이에 더해 5학년에서 7학년까지 위험이 높은 청소년 초기에 접어드는 학생들에게는 체중과 체형에 대해 놀림을 받고 다이어트에 대해 또래 압력을 받는 것을 방지하기 위해 또래 지지 집단이 제공된다. 고등학생들 사이에서 섭식장애가 만연함에 따라 이상섭식의 초기 증상을 보이는 학생들에게 선택적 및 지시적 개입 전략이 시행될 수 있다. 지지 집단과 개입은 훈련된 교직원 또는 공중보건 간호사가 시행하고, 전문적인 지역 보건 서비스로의 직접적인 연계가 이루어질 때 가능하다.

이에 더해 학교의 전반적인 정책들은 다음의 목표를 위해 수행되어야 한다.

1. 교사와 교직원의 인식이 향상되도록 도와서 다이어트와 자아존중감, 날씬함, 그리고 체중과 관련된 자신들의 신념과 행동을 인식하고 체중과 체형에 영향을 미치는 유전적 요인과 신체상, 식사행동에 영향을 주는 규범적인 요인에 대한 지식을 증가시킨다.
2. 체중과 체형에 대한 놀림과 성희롱을 없애거나 줄인다.
3. 자금조성을 위한 방식으로 기아체험(starve-a-thons)하는 것을 자제시킨다.
4. 학교에서 건강한 식사를 할 기회를 제공한다(예: 다양한 음식 선택).
5. 구내식당에서 대화를 하며 주로 건강에 좋지 않은 것을 먹는 경향이 있으므로 구내식당에서의 대화를 자제시킨다.
6. 지방 캘리퍼 테스트(fat-caliper testing)[1)]와 단체로 체중 측정하는 것을 모든 학생이 참여하는 신체 활동으로 대체한다.

교사들을 예방 노력에 포함시키기 위해서는 정부와 협력하여 학교 교육과정에 증거기반 프로그램을 통합시키는 것이 중요하다. 사실 섭식장애 분야에 대한 광범위한 예방 전략을 다른 종류의 청소년 건강관련 염려 사항(예: 약물 남용, 우울과 불안, 비만, 당뇨병, 심장혈관계 질병, 그리고 몇몇 암)들과 통합시키는 것은 사용가능한 자원(예: 교사의 한정된 시간)을 활용할 수 있도록 도울 뿐만 아니라 청소년의 건강 염려사항을 다루는 창의적인 방법일 것이다. 특히 섭식장애와 비만에 대한 예방 개입을 어떻게 통합시켜야 할 것인가에 대해서는 두 분야 사이에 논쟁이 진행 중이다. 예를 들어, 아동기 비만에 대한 현재의 관심사항은 청소년에게 건강한 식사와 활동적인 삶에 대해 가르치는 것의 중요성에 초점을 맞추는 것이다. 그러나 건강을 유지하기 위해 무엇을 먹어야 하는지에 대해 여학생들에게 충고하게 되면 여학생들은 오히려 음식과 식단에 대한 걱정에 사로잡힐 수 있고, 먹는 것과 관련하여 자신감과 통제를 약화시킬 수 있다. 이와 마찬가지로 신체 활동에 대해 조언하면 어떤 여학생들은 과도한 운동을 할 수 있고, 특히 그들이 신체상에 대해 관심이 많고 이상섭식 위험이 높은 청소년기 초기라면 더욱 주의가 필요하다. 아동들이 체중과 체형에 집착하게 되는 것을 피하면서 비만을 예방할 수 있는 건강 증진 프로그램을 개발하기 위해서는 이 두 분야의 연구자들이 보다 협력할 필요가 있다.

---

1) 역자 주: 스킨폴드 켈리퍼라는 측정도구를 이용하여 피하지방을 측정하는 것

마지막으로 예방의 노력은 학교에서 지역사회로 확대되어야 한다(Latzer & Shatz, 1999). 이곳에서 제안하고자 하는 전략은 학생, 교직원 그리고 부모들이 다른 학교의 학생들과 가족, 소비자, 방송국, 신문 구독자, 라디오 청취자 그리고 정치가들과 함께 대외적인 활동들을 돕도록 하는 것이다(Neumark-Sztainer, 1996). 폭넓은 대상을 위한 예방 전략 중에서 어떠한 것이 가장 효과적인지에 대해서는 아직 충분히 검토되지 않았다(예: 지역건강 클리닉, 공원과 여가, 임산부 교육, 청소년 클럽). 섭식장애의 위험요인을 줄이기 위해서 인터넷을 이용하는 것은 다소 희망적인 결과를 나타냄과 동시에 더 많은 연구가 필요하다는 근거를 제공하였다(Celio et al., 2000; Winzelberg et al., 1998; Zabinski et al., 2001). 다양한 민족 집단을 대상으로 수행된 연구 결과로 나타난 위험요인(Croll et al., 2002; Pike & Walsh, 1996; Striegel-Moore, 1997; Striegel-Moore & Smolak, 1996)에 기초하여 여러 민족에게 효과적일 수 있는 프로그램(Nichter, Vuckovic, & Parker, 1999)을 지속적으로 개발하는 것 또한 중요하다. 예를 들면, McVey, Tweed와 동료들(2003)이 시행한 종합적인 예방 프로그램에 참여한 중학교 학생들의 표본은 인종 분포에서 다양하다. 연구자들은 몇몇 가족들에게서 그들의 딸이 프로그램의 특정 부분에 참가하는 것을 허락하지 않는 것을 발견하였다. 그것은 Girl Talk으로 불리는 간호사가 주도하는 또래 지지 집단이었는데, 한 회기에 사춘기라는 주제가 포함되었다는 것이 그 이유였다. Girl Talk 집단은 생활 기술 접근을 통해 청소년기 여학생들의 역량을 강화하는 주제를 선택하였다. 이렇게 선택된 주제의 경우, 연구자들이 이해한 방식처럼 부모들도 이해하고 받아들일 것이라고 연구자들은 잘못된 가정을 한 것이다.

결론적으로 섭식장애 예방 분야의 지식을 향상시키기 위해 몇 가지 권고 사항이 만들어졌다(Levine & Piran, 2001; Levine & Smolak, 2002). 첫째, 성과기반 연구를 시행하는 연구자들은 전략의 이론적 모형(예: 특정질병 모형, 불특정 취약성 스트레스 요인 모형, 관계적 역량 강화 모형)뿐만 아니라 평가되고 있는 예방 프로그램의 종류(보편적/선택적/지시적)에 대해서도 구체적으로 명시할 것을 강력하게 권고했다. 둘째, 연구자들은 개입에 의해 발생하는 실제적인 변화를 측정할 수 있는 결과 평가를 선택하는 것이 좋다. 예를 들면, 선행요인 또는 조절요인(예: 자아존중감, 사이즈 수용)을 수정하는 것에 초점을 둔 프로그램들은 적어도 단기간에서는 이상섭식 행동에 아무런 영향도 미치지 못한다. 그러나 추가적인 종단연구에 따르면, 적응유연성의 향상이 나중에 섭식장애 증상이 시작되는 것을 예방하는 데 도움을 준다고 볼 수 있다. 연구의 대상과 예상되는 결과는 각각의 예방 범주에 따라 다양하다. 셋째, 종합적인 예방 프로그램의 결과로 청소년에게 보다 건강하고 긍정적인 환경이 조성되는지를 판별하기 위해 성과지표 측정의 범위를 개인적 요인(예: 학생의 지식, 태도, 행동)에서 맥락적 요인(체중과 체형 이슈에 관한 교사의 인식, 체중과 체형에 대한 놀림과 성희롱에 대한 학교의 정책, 신체 활동의 기회, 그리고 학교에서 다양한 음식을 먹을 수 있는 가능성)으로까지 확장할 필요가 있다.

지난 몇 년간의 섭식장애 예방 분야의 연구 성장으로 예방이 어떻게 정의되고, 수행되고, 측정되어야 하는지에 관한 변화가 이루어졌다. 여자 청소년에게 섭식장애와 관련된 위험에 대해 가르치는 전통적 접근은 다음과 같은 노력에 의해 대체되어 왔다.

1. 미디어 소양의 증진, 자아존중감 강화, 그리고 생활 기술을 통해서 아동과 청소년의 개인적 적응유연성을 높인다(보편적인 예방).
2. 남학생, 부모, 교사 그리고 다른 의미 있는 타인들을 예방 프로그램에 포함시켜서 발달단계상 특별히 위험하거나(예: 신체상이나 섭식장애의 위험이 높은 시기인 청소년기 초기), 높은 위험 환경(예: 스포츠 환경 또는 무용학교, 선택적 예방)에 놓여 있는 여학생들을 위한 지지적인 환경을 조성한다.
3. 필요한 경우에 초기 증상이 임상적인 섭식장애로 발전하는 것을 막기 위해 보다 강도 높은 예방 프로그램에 청소년의 참여를 증가시킨다(지시적인 예방).

이 장에서 제시된 예방 연구는 청소년, 특히 여학생들이 날씬함을 추구하는 사회적 압력에 저항하는 것을 돕는 몇몇 혁신적인 방법들을 요약하였다. 이러한 노력이 우리 사회 청소년의 섭식장애와 이상섭식 행동을 감소시키는 데 기여하는지를 판단하기 위해서는 추가적인 연구가 필요할 것으로 보인다.

참고문헌

Ackard, D. M., & Peterson, C. B. (2001). Association between puberty and disordered eating, body image, and other psychological variables. *International Journal of Eating Disorders, 29,* 187-194.

American Psychiatric Association. (2000). *Diagnostic and statistical manual of mental disorders* (4th ed., text rev.). Washington, DC: Author.

Austin, S. B. (2000). Prevention research in eating disorders: Theory and new directions.

Psychological Medicine, 30, 1249-1262.

Baranowski, M. J., & Hetherington, M. M. (2001). Testing the efficacy of an eating disorder prevention program. *International Journal of Eating Disorders, 29,* 119-124.

Bost, K. K., Vaughn, B. E., Washington, W. N., Cielinski, K. L., & Bradbard, M. R. (1998). Social competence, social support, and attachment: Demarcation of construct domains, measurement, and paths of influence for preschool children attending Head Start. *Child Development, 69*(1), 192-218.

Buchholz, A., Mack, H., & McVey, G. (May, 2003). *Bodysense: A positive body image initiative for young female athletes.* Paper presented at Academy for Eating Disorders' International Conference on Eating Disorders "Athletes" Special Interest Group, Denver, Colorado.

Buddeberg-Fischer, B., Klaghofer, R., Gnam, G., & Buddeberg, C. (1998). Prevention of disturbed eating behavior: A prospective intervention study in 14- to 19-year-old Swiss students. *Acta Psychiatrica Scandinavica, 98,* 146-155.

Button, E. J., Sonuga-Barke, E. J. S., Davies, J., & Thompson, M. (1996). A prospective study of self-esteem in the prediction of eating problems in adolescent schoolgirls: Questionnaire findings. *British Journal of Clinical Psychology, 35,* 193-203.

Carlat, D. J., Camargo, C. A., & Herzog, D. B. (1997). Eating disorders in males: A report on 135 patients. *American Journal of Psychiatry, 154,* 1127-1132.

Carter, J. C., Stewart, D. A., Dunn, V. J., & Fairburn, C. G. (1997). Primary prevention of eating disorders: Might it do more harm than good? *International Journal of Eating Disorders, 22,* 167-172.

Cattarin, J. A., & Thompson, J. K. (1994). A three-year longitudinal study of body image, eating disturbance, and general psychological functioning in adolescent females. *Eating Disorders: Journal of Treatment and Prevention, 2,* 114-125.

Celio, A. A., Winzelberg, A. J., Wilfley, D. E., Eppstein-Herald, D., Springer, E. A., Dev, P., et al. (2000). Reducing risk factors for eating disorders: Comparison of an Internet-and a classroom-delivered psychoeducational program. *Journal of Consulting and Clinical Psychology, 68,* 650-657.

Cicchetti, D. (1990). A historical perspective on the discipline of developmental psycho-pathology. In J. Rolf, A. S. Masten, D. Cicchetti, K. H. Neuchterlein, & S. Weintraub (Eds.), *Risk and protective factors in the development of psychopathology* (pp. 2-28).

Cambridge, England: Cambridge University Press.

Cohane, G. H., & Pope, H. G. (2001). Body image and boys: A review of the literature. *International Journal of Eating Disorders, 29,* 373-379.

Croll, J., Neumark-Sztainer, D., Story, M., & Ireland, M. (2002). Prevalence and risk and protective factors related to disordered eating behaviors among adolescents: Relationship to gender and ethnicity. *Journal of Adolescent Health, 31,* 166-175.

Cusumano, D. L., & Thompson, J. K. (2000). Media influence and body image in 8-11-year-old boys and girls: A preliminary report on the Multidimensional Media Influence Scale. *International Journal of Eating Disorders, 29,* 37-44.

Dalle Grave, R., De Luca, L., & Campello, G. (2001). Middle school primary prevention program for eating disorders: A controlled study with a twelve-month follow-up. *Eating Disorders: Journal of Treatment and Prevention, 9,* 327-337.

Davison, K. K., & Birch, L. L. (2001). Weight status, parent reaction, and self-concept in five-year-old girls. *Pediatrics, 107,* 46-53.

Davison, K. K., Earnest, M. B., & Birch, L. L. (2002). Participation in aesthetic sports and girls' weight concerns at ages 5 and 7 years. *International Journal of Eating Disorders, 31*(3), 312-317.

Devaud, C., Jeannin, A., Narring, F., Ferron, C., & Michaud, P. A. (1998). Eating disorders among female adolescents in Switzerland: Prevalence and association with mental and behavioral disorders. *International Journal of Eating Disorders, 24,* 207-216.

Durlak, J. A., & Wells, A. M. (1998). Evaluation of indicated preventive intervention (secondary prevention) mental health programs for children and adolescents. *American Journal of Community Psychology, 26,* 775-802.

Edmunds, H., & Hill, A. J. (1999). Dieting and the family context of eating in young adolescent children. *International Journal of Eating Disorders, 25,* 435-440.

Fisher, M., Golden, N. H., Katzman, D. K., Kreipe, R. E., Rees, J., Schebendach, J., et al. (1995). Eating disorders in adolescents: A background paper. *Journal of Adolescent Health, 16,* 420-437.

Fosson, A., Knibbs, J., Bryant-Waugh, R., & Lask, B. (1987). Early onset anorexia nervosa. *Archives of Disease in Childhood, 62,* 114-118.

Franko, D. L. (1998). Secondary prevention of eating disorders in college women at risk. *Eating Disorders: Journal of Treatment and Prevention, 6,* 29-40.

Franko, D. L. (2001). Rethinking prevention efforts in eating disorders. *Cognitive and Behavioral Practice, 8,* 265-270.

Friedman, S. S. (1998). Girls in the 90s: A gender-based model for eating disorder prevention. *Patient Education and Counseling, 33,* 217-224.

Fryer, S., Waller, G., & Kroese, B. S. (1997). Stress, coping, and disturbed eating attitudes in teenage girls. *International Journal of Eating Disorders, 22,* 427-436.

Gardner, R. M., Stark, K., Freidman, B. N., & Jackson, N. A. (2000). Predictors of eating disorder scores in children ages 6 through 14: A longitudinal study. *Journal of Psychosomatic Research, 49,* 199-205.

Garfinkel, P. E., & Garner, D. M. (1982). *Anorexia nervosa: A multidimensional perspective.* New York: Brunner/Mazel.

Garfinkel, P. E., Lin, E., Goering, P., Spegg, C., Goldbloom, D. S., Kennedy, S. H., et al. (1995). Bulimia nervosa in a Canadian community sample: Prevalence and comparison of subgroups. *American Journal of Psychiatry, 152,* 1052-1058.

Garfinkel, P. E., Lin, E., Goering, P., Spegg, C., Goldbloom, D. S., Kennedy, S. H., et al. (1996). Should amenorrhea be necessary for the diagnosis of anorexia nervosa? Evidence from a Canadian community sample. *British Journal of Psychiatry, 168*(4), 500-506.

Gilligan, C. (1982). *In a different voice: Psychological theory and women's development.* Cambridge, MA. Harvard University Press.

Goldman, E. L. (1996). Eating disorders are on the rise in preteens and adolescents. *Psychiatry News, 24,* 10.

Gortmaker, S. L., Must, A., Perrin, J. M., Sobol, A. M., & Dietz, W. H. (1993). Social and economic consequences of overweight in adolescence and young adulthood. *New England Journal of Medicine, 329,* 1008-1012.

Graber, J. A., Archibald, A. B., & Brooks-Gunn, J. (1999). The role of parents in the emergence, maintenance, and prevention of eating problems and disorders. In N. Piran, M. P. Levine, & C. Steiner-Adair (Eds.), *Preventing eating disorders: A handbook of interventions and special challenges* (pp. 44-62). Philadelphia: Brunner/Mazel.

Graber, J. A., Brooks-Gunn, J., Paikoff, R. L., & Warren, M. P. (1994). Prediction of eating problems: An 8-year study of adolescent girls. *Developmental Psychology, 30,* 823-834.

Gusella, J. Butler, G., Nichols, L., & Bird, D. (2003). A brief questionnaire to assess readiness to change in adolescents with eating disorders: Its applications to group therapy. *European Eating Disorders Review, 11,* 58-71.

Heinze, V., Wertheim, E. H., & Kashima, Y. (2000). An evaluation of the importance of message source and age of recipient in a primary prevention program for eating disorders. *Eating Disorders: Journal of Treatment and Prevention, 8*(2), 131-145.

Hsu, L. K. G. (1997). Can dieting cause an eating disorder? *Psychological Medicine, 27,* 509-513.

Huon, G. F., Braganza, C., Brown, L. B., Ritchie, J. E., & Roncolato, W. G. (1998). Reflections on prevention in dieting-induced disorders. *International Journal of Eating Disorders, 23,* 455-458.

Irving, L. M. (2000). Promoting size acceptance in elementary school children: The EDAP puppet program. *Eating Disorders: Journal of Treatment and Prevention, 8*(3), 221-232.

Johnson, J. G., Cohen, P., Kasen, S., & Brook, J. S. (2002). Childhood adversities associated with risk for eating disorders or weight problems during adolescence or early adulthood. *American Journal of Psychiatry, 159,* 394-400.

Jones, J. M., Bennett, S., Olmsted, M. P., Lawson, M. L., & Rodin, G. (2001). Disordered eating attitudes and behaviors in teenaged girls: A school-based study. *Canadian Medical Association Journal, 165,* 547-552.

Kaminski, P. L., & McNamara, K. (1996). A treatment for college women at risk for bulimia: A controlled evaluation. *Journal of Counseling and Development, 74*(3), 288-294.

Kater, K. J., Rohwer, J., & Levine, M. P. (2000). An elementary school project for developing healthy body image and reducing risk factors for unhealthy and disordered eating. *Eating Disorders: Journal of Treatment and Prevention, 8,* 3-16.

Kater, K. J., Rohwer, J., & Londre, K. (2002). Evaluation of an upper elementary school program to prevent body image, eating, and weight concerns. *Journal of School Health, 72,* 199-204.

Keel, P. K., Fulkerson, J. A., & Leon, G. R. (1997). Disordered eating precursors in pre- and early adolescent girls and boys. *Journal of Youth and Adolescence, 26,* 203-216.

Killen, J. D., Taylor, C. b., Hammer, L., Litt, I., Wilson, D. M., Rich, T., et al. (1993). An attempt to modify unhealthful eating attitudes and weight regulation practices of young adolescent girls. *International Journal of Eating Disorders, 13,* 369-384.

Killen, J. D., Taylor, C. B., Hayward, C., Haydel, K. F., Wilson, D. M., Hammer, L., et al. (1996). Weight concerns influence the development of eating disorders: A 4-year prospective study. *Journal of Consulting and Clinical Psychology, 64,* 936-940.

Latzer, Y., & Shatz, S. (1999). Comprehensive community prevention of disturbed attitudes to weight control: A three-level intervention program. *Eating Disorders: Journal of Treatment and Prevention, 7*(1), 3-31.

Leon, G. R., Fulkerson, J. A., Perry, C. L., Keel, P. K., & Klump, K. L. (1999). Three to four year prospective evaluation of personality and behavioral risk factors for later disordered eating in adolescent girls and boys. *Journal of Youth and Adolescence, 28,* 181-189.

Lerner, R., & Jovanovic, J. (1990). The role of body image in psychosocial development across the life span: A developmental contextual perspective. In T. Cash & T. Pruzinsky (Eds.), *Body images: Development, deviance, and change* (pp. 110-127). New York: Guilford Press.

Levine, M. P. (2001). Commentary on Varnado-Sullivan et al. s. (2001). "development and implementation of the Body Logic Program for adolescents: A two-stage prevention program for eating disorders." *Cognitive and Behavioral Practice, 8,* 271-276.

Levine, M. P., & Piran, N. (2001). The prevention of eating disorders: Toward a participatory ecology of knowledge, action, and advocacy. In R. H. Striegel-Moore & L. Smolak (Eds.), *Eating disorders: Innovative directions in research and practice* (pp. 233-253). Washington, DC: American Psychological Association.

Levine, M. P., Piran, N., & Stoddard, C. (1999). Mission more probable: Media literacy, activism and advocacy as primary prevention. In N. Piran, M. P. Levine, & C. Steiner-Adair (Eds.), *Preventing eating disorders: A handbook of interventions and special challenges* (pp. 1-25). Philearning: Brunner/Mazel.

Levine, M. P., & Smolak, L. (1992). Toward a model of the developmental psychopathology of eating disorders: The example of early adolescence. In J. H. Crowther, D. L. Tennenbaum, S. E. Hobfoll, & M. A. P. Stephens (Eds.), *The etiology of bulimia nervosa: The individual and familial context* (pp. 59-80). Washington, DC: Hemisphere.

Levine, M. P., & Smolak, L. (1998). The mass media and disordered eating: Implications for primary prevention. In W. Vandereycken & G. Noordenbos (Eds.), *The prevention of eating disorders: Studies in eating disorders: An international series* (pp. 23-56). New York: New York University Press.

Levine, M. P., & Smolak, L. (2002). Ecological and activism approaches to the prevention of body image problems. In T. F. Cash & T. Pruzinsky (Eds.), *Body image: A handbook of theory, research, and clinical practice* (pp. 497-505). New York: Guilford Press.

Levine, M. P., Smolak, L., & Schermer, F. (1996). Media analysis and resistance by elementary school children in the primary prevention of eating problems. *Eating Disorders: Journal of Treatment and Prevention, 4*(4), 310-322.

Lewinsohn, P. M., Striegel-Moore, R. H., & Seeley, J. R. (2000). Epidemiology and natural course of eating disorders in young women from adolescence to young adulthood. *Journal of the Academy of Child and Adolescent Psychiatry, 39,* 1284-1292.

Lieberman, M., Gauvin, L., Bukowski, W. M., & White, D. R. (2001). Interpersonal influence and disordered eating behaviors in adolescent girls. The role of peer modeling, social reinforcement, and body-related teasing. *Eating Behaviors, 2,* 215-236.

Lock, J., Reisel, B., & Steiner, H. (2001). Associated health risks of adolescents with disordered eating: How different are they from their peers? Results from a high school survey. *Child Psychiatry and Human Development, 31,* 249-265.

Lunner, K., Wertheim, E. H., Thompson, J. K., Paxton, S. J., McDonald, F., & Halvaarson, K. S. (2000). A cross-cultural examination of weight-related teasing, body image, and eating disturbance in Swedish and Australian samples. *International Journal of Eating Disorders, 28*(4), 430-435.

Mann, T., Nolen-Hoeksema, S., Huang, K., & Burgard, D. (1997). Are two interventions worse than none? Joint primary and secondary prevention of eating disorders in college females. *Health Psychology, 16,* 215-225.

Marchi, M., & Cohen, P. (1990). Early childhood eating behaviors and adolescent eating disorders. *Journal of the American Academy of Child and Adolescent Psychiatry, 29,* 112-117.

Martin, G. C., Wertheim, E. H., Prior, M., Smart, D., Sanson, A., & Oberklaid, F. (2000). A longitudinal study of the role of childhood temperament in the later development of eating concerns. *International Journal of Eating Disorders, 27,* 150-162.

McCabe, M. P., Ricciardelli, L. A., & Finemore, J. (2002). The role of puberty, media and popularity with peers on strategies to increase weight, decrease weight and increase muscle tone among adolescent girls and boys. *Journal of Psychosomatic Research, 52,* 145-153.

McCreary, D. R., & Sasse, D. K. (2002). Gender differences in high school students' dieting behavior and their correlates. *International Journal of Men's Health, 1,* 195-213.

McVey, G., Davis, R., & Shaw, B. F. S. (1999, April). *Primary prevention of eating disorders: Preliminary findings of a school-based program for grade 6 girls and their parents.* Poster presented at the biennial meeting of the Society for Research in Child Development, Albuquerque, New Mexico.

McVey, G. L., Davis, R., Kaplan, A., Katzman, D. K., Pinhas, L., Geist, R. et al. (2003). *The development of a provincial network of specialized services: A community based training program for eating disorders.* Manuscript in preparation.

McVey, G. L., Davis, R., Tweed, S., & Shaw, B. (in press). *An evaluation of a school-based program designed to promote positive body image and self-esteem: A replication study.* International Journalof Eating Disorders.

McVey, G. L., Lieberman, M., Voorberg, N., Wardrope, D., & Blackmore, E. (2003). School-based peer support groups: A new approach to the prevention of eating disorders. *Eating Disorders: Journal of Treatment and Prevention, 11*(8), 169-186.

McVey, G. L., Lieberman, M., Voorberg, N., Wardrope, D., Blackmore, E., & Tweed, S. (2003). A replication of a peer support group program designed to reduce disordered eating in middle school students. *Eating Disorders: Journal of Treatment and Prevention, 11*(8), 187-195.

McVey, G. L., Pepler, D., Davis, R., Flett, G. L., & Abdolell, M. (2002). Risk and protective factors associated with disordered eating during early adolescence. *Journal of Early Adolescence, 22,* 75-95.

McVey, G. L., Tweed, S., & Blackmore, E. (2003). *Correlates of body image, dieting and muscle gain in male and female middle school students: Preliminary findings from a comprehensive prevention program.* Manuscript submitted for publication.

Mellin, L. M., Scully, S., & Irwin, C. S. (1992). Prevalence of disordered eating in girls: A survey of middle-class children. *Journal of the American Dietetic Association, 92,* 851-853.

Moorhead, D. J., Stashwick, C. K., Reinherz, H. Z., Gaiconia, R. M., & Striegel-Moore, R. M., & Paradis, A. D. (2002). Child and adolescent predictors for eating disorders in a community population of young adult women. *International Journal of Eating Disorders, 33,* 1-9.

Moreno, A. B., & Thelen, M. H. (1993). A preliminary prevention program for eating disorders in a junior high school population. *Journal of Youth and Adolescence, 22,*

109.

Muir, S. L., Wertheim, E. H., & Paxton, S. J. (1999). Adolescent girls' first diets: Triggers and the role of multiple dimensions of self-concept. *Eating Disorder: Journal of Treatment and Prevention, 7,* 259-270.

Murnen, S. K., & Smolak, L. (2000). The experience of sexual harassment among grade-school students: Early socialization of female subordination? *Sex Roles, 43*(1/2), 1-17.

Neumark-Sztainer, D. (1996). School-based programs for preventing eating disorders. *Journal of School Health, 66,* 64-71.

Neumark-Sztainer, D., Sherwood, N. E., Coller, T., & Hannan, P. J. (2000). Primary prevention of disordered eating among preadolescent girls; Feasibility and short-term effect of a community-based intervention. *Journal of the American Dietetic Association, 100,* 1466-1473.

Nichter, M., Vuckovic, N., & Parker, S. (1999). The Looking Good, Feeling Good program: A multiethnic intervention for healthy body image, nutrition, and physical activity. In N. Piran, M. P. Levine, & C. Steiner-Adair (Eds.), *Preventing eating disorders; A handbook of interventions and special challenges* (pp. 175-193). Philearning: Brunner/Mazel.

O'Dea, J. A. (2000). School-based interventions to prevent eating problems: First do no harm. *Eating Disorders: Journal of Treatment and Prevention, 8*(2), 123-130.

O'Dea, J. A. (2002). The new self-esteem approach for the prevention of body image and eating problems in children and adolescents. *Healthy Weight Journal, 16,* 89-93.

O'Dea, J. A., & Abraham, S. (2000). Improving the body image, eating attitudes, and behaviors of young male and female adolescents: A new educational approach that focuses on self-esteem. *International Journal of Eating Disorders, 28,* 43-57.

O'Dea, J. A., & Maloney, D. (2000). Preventing eating and body image problems in children and adolescents using the health promoting schools framework. *Journal of School Health, 70,* 18-21.

O'Dea, J. A., & Rawstorne, P. R. (2001). Male adolescents identify their weight gain practices, reasons for desired weight gain, and sources of weight gain information. *Journal of the American Dietetic Association, 101,* 105-107.

Paxton, S. J. (1993). A prevention program for disturbed eating and body dissatisfaction in adolescent girls: A 1 year follow-up. *Health EducationResearch, 8,* 43-51.

Paxton, S. J., Schutz, H. K., Wertheim, E. H., & Muir, S. L. (1999). Friendship clique and peer influences on body image concerns, dietary restraint, extreme weight-loss behaviors, and binge eating in adolescent girls. *Journal of Abnormal Psychology, 10,* 255-266.

Phelps, L., Sapia, J., Nathanson, D., & Nelson, L. (2000). An empirically supproted eating disorder prevention program. *Psychology in the Schools, 37*(5), 443-452.

Pike, K. M., & Walsh, B. T. (1996). Ethnicity and eating disorders: Implications for incidence and treatment. *Psychopharmacology Bulletin, 32,* 265-274.

Pine, D. S., Cohen, P., Brook, J., & Coplan, J. D. (1997). Psychiatric symptoms in adolescence as predictors of obesity in early adulthood: A longitudinal study. *American Journal of Public Health, 87,* 1303-1310.

Piran, N. (1995). Prevention: Can early lessons lead to a delineation of an alternative model? A critical look at prevention with schoolchildren. *Eating Disorders: Journal of Treatment and Prevention, 3,* 28-36.

Piran, N. (1996). The reduction of preoccupation with body weight and shape in schools: A feminist approach. *Eating Disorders: Journal of Treatment and Prevention, 4,* 323-333.

Piran, N. (1998). A participatory approach to the prevention of eating disorders in a school. In G. Noordenbos & W. Vandereycken (Eds.), *Prevention of eating disorders. Studies in eating disorders: An international series* (pp. 173-186). New York: New York University Press.

Piran, N. (1999). Eating disorders: A trial of prevention in a high risk school setting. *Journal of Primary Prevention, 20*(1), 75-90.

Piran, N., Levine, M. P., & Steiner-Adair, C. (1999). *Preventing eating disorders: A handbook of interventions and special challenges.* Philadelphia: Brunner/Mazel.

Polivy, J., & Herman, C. P. (1985). Dieting and binging: A causal analysis. *American Psychologist, 40*(2), 193-201.

Porter, J. E., Morrell, T. L., & Moriarty, D. (1986, July/August). Primary prevention of anorexia nervosa: Evaluation of a pilot project for early and preadolescents. *Canadian Association for Health, Physical Education and Recreation Journal,* 21-26.

Powers, P. S., & Johnson, C. (1999). Small victories: Prevention of eating disorders among athletes. *Eating Disorders, 4,* 364-377.

Ricciardelli, L. A., & McCabe, M. P. (2001). Self-esteem and negative affect as moderators of sociocultural influences on body dissatisfaction, strategies to decrease weight, and strategies to increase muscles among adolescent boys and girls. *Sex Roles, 33,* 189-207.

Robb, A. S. (2001). Eating disorders in children. *Psychiatric Clinics of North America, 24,* 259-270.

Roberts, S. J., McGuiness, P. J., Bilton, R. F., & Maxwell, S. M. (1999). Dieting behavior among 11-15-year-old girls in Merseyside and the North West of England. *Journal of Adolescent Health, 25,* 62-67.

Rosenvinge, J. H., & Borresen, R. (1999). Preventing eating disorders?time to change programs or paradigms? Current update and further recommendations. *European Eating Disorders Review, 7*(1), 5-16.

Rutter, M. (1990). Psychosocial resilience and protective mechanisms. In J. Rolf, A. S. Masten, D. Cicchetti, K. H. Neuchterlein, & S. Weintraub (Eds.), *Risk and protective factors in the development of psychopathology* (pp. 181-214). Cambridge, England: Cambridge University Press.

Santonastaso, P., Zanetti, T., Ferrara, S., Olivotto, M. C., Magnavita, N., & Favaro, A. (1999). A preventive intervention program in adolescent schoolgirls: A longitudinal study. *Psychotherapy and Psychosomatics, 68,* 46-50.

Seaver, A., McVey, G. L., Fullerton, Y., & Stratton, L. (1997). *Every BODY is a somebody: An active learning program to promote healthy body image, positive self-esteem, healthy eating and an active lifestyle for female adolescents.* Brampton, ON: Body Image Coalition of Peel.

Shisslak, C. M., & Crago, M. (1993). Toward a new model for the prevention of eating disorders. In P. Fallon, M. A. Katzman, & S. Wooley (Eds.), *Feminist perspectives on eating disorders* (pp. 419-437). New York: Guilford Press.

Shisslak, C. M., & Crago, M. (2001). Risk and protective factors in the development of eating disorders. In J. K. Thompson & L. Smolak (Eds.), *Body image, eating disorders, and obesity in youth: Assessment, prevention, and treatment* (pp. 103-125). Washington, DC: American Psychological Association.

Shisslak, C. M., Crago, M., Estes, L. S., & Gray, N. (1996). Content and method of developmentally appropriate prevention programs. In L. Smolak, M. P. Levine, & R. H. Striegel-Moore (Eds.), *The developmental psychopathology of eating disorders* (pp. 341-363). Mahwah, NJ: Erlbaum.

Shisslak, C. M., Crago, M., & Neal, M. E. (1990). Prevention of eating disorders among adolescents. *American Journal of Health Promotion, 5,* 100-106.

Shisslak, C. M., Crago, M., Renger, R., & Clark-Wagner, A. (1998). Self-esteem and the prevention of eating disorders. *Eating Disorders: Journal of Treatment and Prevention, 6,* 105-117.

Smolak, L. (1999). Elementary school curricula for the primary prevention of eating problems. In N. Piran, M. P. Levine, & C. Steiner-Adair. *Preventing eating disorders: A handbook of interventions and special challenges* (pp. 85-104). Philadelphia: Brunner/Mazel.

Smolak, L., Harris, B., Levine, M. P., & Shisslak, C. M. (2001). Teachers: The forgotten influence on the success of prevention programs. *Eating Disorders: Journal of Treatment and Prevention, 9,* 261-265.

Smolak, L., & Levine, M. P. (1996). Adolescent transitions and the development of eating problems. In L. Smolak, M. P. Levine, & R. H. Striegel-Moore (Eds.), *The developmental psychopathology of eating disorders: Implications for research, prevention, and treatment* (pp. 207-233). Mahwah, NJ: Erlbaum.

Smolak, L., & Levine, M. P. (2001). A two-year follow-up of a primary prevention program for negative body image and unhealthy weight regulation. *Eating Disorders: Journal of Treatment and Prevention, 9,* 313-325.

Smolak, L., Levine, M. P., & Schermer, F. (1998). A controlled study evaluation of an elementary school primary prevention program for eating problems. *Journal of Psychosomatic Research, 44,* 339-353.

Smolak, L., Levine, M. P., & Schermer, F. (1999). Parental input and weight concerns among elementary school children. *International Journal of Eating Disorders, 25,* 263-271.

Springer, E. A., Winzelberg, A. J., Perkins, R., & Taylor, C. B. (1999). Effects of a body image curriculum for college students on improved body image. *International Journal of Eating Disorders, 26,* 13-20.

Steiner-Adair, C., & Purcell, A. (1996). Approaches to mainstreaming eating disorders prevention. *Eating Disorders: Journal of Treatment and Prevention, 4,* 294-309.

Steiner-Adair, C., Sjostrom, L., Franko, D. L., Pai, S., Tucker, R., Becker, A. E., et al. (2002). Primary prevention of risk factors for eating disorders in adolescent girls: Learning from practice. *International Journal of Eating Disorders, 32*(4), 401-411.

Steiner-Adair, C., & Vorenberg, A. P. (1999). Resisting weightism: Media literacy for elementary-school children. In N. Piran, M. P. Levine, & C. Steiner-Adair. *Preventing eating disorders: A handbook of interventions and special challenges* (pp. 105-121). Philadelphia: Brunner/Mazel.

Stewart, D. A., Carter, J. C., Drinkwater, J., Hainsworth, J., & Fairburn, C. G. (2001). Modification of eating attitudes and behavior in adolescent girls: A controlled study. *International Journal of Eating Disorders, 29*(2), 107-118.

Stice, E. (1994). Review of the evidence for a sociocultural model of bulimia nervosa and an exploration of the mechanisms of action. *Clinical Psychology Review, 14,* 633-661.

Stice, E. (2001). Risk factors for eating pathology: Recent advances and future directions. In R. H. Striegel-Moore & L. Smolak (Eds.), *Eating disorders: Innovative directions in research and practice* (pp. 51-73). Washington, DC: American Psychological Association.

Stice, E., Agras, W. S., & Hammer, L. D. (1999). Risk factors for the emergence of childhood eating disturbances. *International Journal of Eating Disorders, 25,* 375-387.

Stice, E., Mazotti, L., Weibel, D., & Agras, W. S. (2000). Dissonance prevention program decreases thin-ideal internalization, body dissatisfaction, dieting, negative affect, and bulimic symptoms: A preliminary experiment. *International Journal of Eating Disorders, 27,* 206-217.

Stice, E., & Ragna, J. (2002). A preliminary controlled evaluation of an eating disturbance psychoeducational intervention for college students. *International Journalof Eating Disorders, 31,* 159-171.

Striegel-Moore, R. H. (1997). Risk factors for eating disorders. In M. S. Jacobson, J. M. Rees, N. H. Golden, & C. E. Irwin (Eds.), *Adolescent nutritional disorders: Prevention and treatment* (pp. 98-109). New York: New York Academy of Sciences.

Striegel-Moore, R. H., Silberstein, L. R., & Rodin, J. (1986). Toward an understanding of risk factors in bulimia. *American Psychologist, 41,* 246-263.

Striegel-Moore, R. H., & Smolak, L. (1996). The role of race in the development of eating disorders. In L. Smolak, M. P. Levine, & R. H. Striegel-Moore (Eds.), *The developmental psychopathology of eating disorders: Implications for research, prevention, and treatment* (pp. 259-284). Mahwah, NJ: Erlbaum.

Taylor, C. B., & Altman, T. (1997). Priorities in prevention research for eating disorders. *Psychopharmacology Bulletin, 33,* 413-417.

Taylor, C. B., Sharpe, T., Shisslak, C. M., Bryson, S., Estes, L. S., Gray, N., et al. (1998). Factors assocaited with weight concersn in adolescent girls. *International Journal of*

Eating Disorders, 34, 31-42.

Thompson, R. A., & Sherman, R. T. (1993). Reducing the risk of eating disorders in athletics. *Eating Disorders: Journal of Treatment and Prevention, 1,* 65-78.

Vandereycken, W., & Noordenbos, G. (1998). *The prevention of eating disorders.* New York: New York University Press.

Varnado-Sullivan, P. J., Zucker, N., Williamson, D. A., Reas, D., Thaw, J., & Netemeyer, S. B. (2001). Development and implementation of the Body Logic Program for adolescents: A two-stage prevention program for eating disorders. *Cognitive and Behavioral Practice, 8,* 248-259.

Winzelberg, A. J., Taylor, C. B., Sharpe, T., Eldredge, K. L., Dev, P., & Constantinou, P. S. (1998). Evaluation of a computer-mediated eating disorder intervention program. *International Journal of Eating Disorders, 24,* 339-349.

Zabinski, M. F., Wilfley, D. E., Pung, M. A., Winzelberg, A. J., Eldredge, K. L., & Taylor, C. B. (2001). An interactive Internet-based intervention for women at risk of eating disorders: A pilot study. *International Journal of Eating Disorders, 30,* 129-137.

Children Adolescent

제14장

비 만

*Lois Ann Wodarski & John S. Wodarski

비만의 유행

비만(obesity)(과체중 포함)은 주로 성인과 아동에게서 발병률이 증가하고 있으며 만성질환의 위험을 높일 수 있다는 점 때문에 미국에서는 주요한 보건 · 영양 문제이다(Nestle, 2003, p. 39). 사실 Rippe(1998)가 말한 것처럼 미국 내 비만은 '전염병(epidemic)'으로 설명되며, 다른 선진국들에서도 비만은 가장 우선시되고 있는 공중보건 문제이다(U.S. Department of Health and Human Services[USDHHS], 2000). 몸의 체지방지수가 나이와 성별에 따른 기준치보다 높은 것을 비만으로 정의하며, 성인의 22.5%를 비만으로, 그 밖의 32%를 과체중으로 간주한다(Flegal, Caroll, Kuczmarski, & Johnson, 1998). 아동과 청소년의 수치는 놀랄 만큼 증가하는 중이다. 1999년 미국(National Center for Health Statistics, 2001)에서 발표된 청소년 위험 행동 감독기관(Youth Risk Behavior Surveillance)의 자료에 따르면 어림잡아 6~11세 아동의 13%, 12~19세 청소년의 14%가 과체중인 것으로 예측된다. 이 보고서는 1988~1994년까지 6~19세 아동과 청소년의 11%를 비만 또는 과체중

*Lois Ann Wodarski, PhD, RD
John S. Wodarski, PhD, MSSW University of Tennessee-Knoxville College of Social Work

으로 보고 있다. 이 수치는 1980년에 기록된 아동 비만 수치의 2배이며, 같은 해에 기록된 청소년 비만 수치의 3배이다(National Center for Health Statistics, 2001; Troiano, Flegal, Kuczmarski, Campbell, & Johnson, 1995).

비만의 발생률은 어떤 특정 지역의 사람들에게 예외가 있는 것은 아니지만, 나이, 성별, 인종, 민족성에 따라 다양하게 나타난다. 그러나 1988~1994년, 그리고 1999~2000년에 10% 이상 증가했으며, 특히 흑인과 히스패닉계 청소년에게서 높게 나타났다(Strauss & Pollack, 2001).

비만의 결과

주로 부실한 식단과 운동 습관에서 기인하는 과체중과 비만은 관상동맥질환, 특정 암, 고혈압, 제2형 당뇨, 골관절염, 이상지질형증 그리고 수명의 단축과 관련이 있다(American Dietic Association, 1997). 음식과 부적절한 신체 활동은 담배 이용의 뒤를 이어 1990년 미국에서 두 번째로 많이 발생한 사망 원인이었다(McGinnis & Foege, 1993). 특히 아동기나 청소년 비만의 결과는 심각하다. 아동기 비만의 경우, 비만 아동이 비만 성인이 될 수 있는 위험성이 높은 장애이다(Gortmaker, Dietz, Sobol, & Wehler, 1987; Price, Stunkard, & Ness, 1990; Troiano et al., 1995). 연구들은 과체중과 비만인 아동이나 청소년의 70~80%는 성인이 되어서도 그냥 그 상태로 있다는 것을 시사한다(Moran, 1999). 청소년 시기에 비만이 시작되면, 성인기에 시작된 사람과는 달리 50년 후에 질병에 걸릴 확률과 사망할 확률이 높다(Epstein, 1995a).

아동기와 청소년에게 발생하는 비만은 성인기에 발생한 비만보다 치료하기가 훨씬 어렵고 훨씬 심각한 개인적 · 심리적 문제를 야기할 수 있다(Klesges, Coates, & Brown, 1983). 과체중이거나 비만인 아동들은 정서 발달의 결함, 우울증, 낮은 자아존중감, 그리고 사회적 고립의 특징을 보인다(Stunkard & Wadden, 1992). 가족 내에서 이 아동들은 종종 양육 갈등의 중심, 골칫거리, 또는 형제나 자매의 희생양이 된다(Hammar et al., 1972). 그리고 또래 사이에서 과체중 아동은 종종 매력이 부족하거나 게으르거나 혐오스러운 대상으로 인식된다(Hill & Silver, 1995; Tiggemann & Wilson-Barrett, 1998). 사회, 경제적으로는 과체중인 사람들이 대학에 입학할 때나 직장을 구할 때 차별을 받는다(Puhl & Brownell, 2001). 과체중이나 비만인 젊은이들은 결혼할 가능성도 낮다(Gortmaker, Must, Perrin,

Sobol, & Dietz, 1993).

비만에 대한 생리학적이고 심리사회적인 비용 이외에도, 사회의 경제적인 부담이 엄청나다. 미국에서 비만에 관련되어 사용되는 직접적인 비용은 700억 달러로 추산된다. 이는 전체 보건 비용의 약 7%에 해당되는 것이다(Field, Barnoya, & Colditz, 2002). 아동기 비만과 관련된 병원 비용은 연간 1억 2천 7백만 달러로 지난 20년 동안 3배 증가했다(Frist, 2002).

아동 · 청소년 비만의 원인

과체중이거나 비만인 아동과 청소년에 대한 원인과 치료는 광범위한 관심을 받아 왔으나 이에 대한 확실한 지식이 아직은 축적되지 않았다. 항상 그런 것은 아니지만 과체중과 비만이 에너지의 섭취와 배출의 불균형에서 기인한다는 것에는 일반적으로 이의가 없다(Lewis et al., 1997; Stock & Rothwell, 1982). 개인이 소모시키는 것(에너지 사용)보다 더 많은 열량을 흡수(에너지 섭취)할 때 체중이 늘어나게 된다. 비만의 근본 원인을 설명하는 지나치게 단순화한 공식에도 불구하고, 많은 요인이 아동이나 청소년들의 운동 습관과 음식에 관련되어 나타난다. 이 요인들은 유전학적, 생물학적, 심리사회적, 환경적 그리고 행동적인 것을 포함한다(Wadden & Stunkard, 2002). 대부분의 경우 유전적인 차이는 유전-환경의 상호작용을 통해 문화적 변화에 대한 반응의 조절변인으로서 작용한다(Price, 2002).

유전 대 생활 습관

유전적 특징은 비만 성향이 있는 특정 개인이나 집단의 신체사이즈의 발달과 비만에 중요한 역할을 한다(Price, 2002). 예를 들어, 대사에너지 소비의 경우, 개인에 따라 그 차이가 200킬로칼로리까지 관찰되어 왔다(Ravussin et al., 1988). 그러나 지난 세기 동안 4%에서 30%로 비만율이 급등했다는 사실은 유전적 효과가 행동에 의해 매개되었음을, 혹은 "유전자는 그렇게 빨리 변하지 않는다"는 것을 암시한다(Stice, 2002, p. 33). 따라서 유전이 영향을 준다 하더라도, 비만의 발생은 개인의 행동에 의해 크게 좌우되며 비만의 기하급수적인 증가에 대한 가장 그럴듯한 설명은 "건강하지 못한 생활습관, 우리는 앉아서 지내는 생활양식을 통해 대부분의 열량을 소비하고 있다"이다(Lewis et al., 1997; Stice, 2002, p. 33). 일반적으로 비만인 사람들은 비만이 아닌 사람들에 비해 훨씬 많이 먹고 훨씬 적게 운동한다(Drogas, Redd, & Hill, 1992; Heitmann, Sorensen, & Bengtsson, 1995; Lichtman et al., 1992; Livingstone et al., 1990; Maffeis, Schutz, Zafanello, Piccoli, & Pinelli, 1994; Schoeller et al., 1990). 청소년들에게 그 범위는 먹는 것의 증가보다 앉아서 생활하는 습관의 증가 쪽으로 더 기운 듯이 보인다. 보갈루사 심장 연구(Bogalusa Heart Study)의 결과에 따르면, 아동들의 에너지 섭취는 지난 15년 동안 비교적 안정적으로 지속되고 있음을 지적한다(Nicklas, 1995). 만약 열량의 섭취와 사용의 균형을 맞추면서 삶의 방식을 변화시킬 수 있다면 비만율, 그리고 병적 상태와 사망률을 극적으로 줄일 수 있을 것이라고 전문가는 제안한다(Stice, 2002). 이것은 이 나라의 취약한 청소년들에게 특히 효과적일 수 있는 처방으로 보인다.

비만의 예방과 치료를 위한 종합적인 중재요인

아동비만을 예방하려는 전문가들에게 비만이 가지고 있는 심각성과 복잡성은 예방을 매우 어렵게 만드는 요인이다. 특별히 비만 가족력을 가지고 있는 고위험군 아동의 경우에는 더욱더 그러하다. 하지만 체중을 통제하기 위해 필요한 행동과 지식을 얻을 수 있도록 청소년을 돕는 효과적인 종합 프로그램은 여전히 더욱 개발될 필요가 있다. 비만은 다면적인 성향을 갖고 있으므로, 치료와 예방을 위한 개입이 종합적이어야 하고, 문제를 다루는 관점 또한 다양해야 한다. Goldfield, Raynor 및 Epstein(2002)은 임상기반 연구 39개와 학교기반 연구 6개로 비만 치료 연구를 조사했다. 이들은 식사, 운동, 그리고 주요한 행동수정 원칙의 적용을 포함한 다차원적인 접근이 가장 성공적인 프로그램이라고 결론 내렸다. 또한 아동기 비만의 치료를 위해 성장과 발달을 고려해서 충분한 영양을 공급하면서 체중을 조절하는 목표를 제안했다. Rees(1990)가 요약한 것처럼 자연적 성장을 돕고 지방제외체중[1)]의 손실을 최소화하며 내분비장애를 예방함으로써 신체적 및 심리적

1) 역자 주: 지방제외체중(lean body mass)이란 체중에서 지방의 무게를 뺀 것을 말한다. 비만자와 비(非)비만자와의 체중 차이는 주로 지방량의 차이이고 골격이나 근육, 내장실질량, 즉 lean body mass는 차이가 적다.

면의 긍정적인 변화를 이끌어 내는 것이다. 그들은 이런 행동을 규제할 수 있는 다른 요인들과 더불어, 먹는 것과 운동 행동을 수정하는 치료를 제안한다. 이를 통해 변화가 일어나면 성장하면서 보다 건강한 행동이 지속될 것이다. 같은 목표를 지닌 종합적인 치료 프로그램은 식이요법, 운동, 생활 습관, 그리고 가족이나 또래와 같은 사회적 환경의 행동에 관한 요인들을 다룰 수 있어야 한다. 게다가 치료는 특히 개개인에게 현실적으로 가장 적합한 체중의 신체 모습을 인지하도록 돕는 데 특별한 주의를 기울일 수 있어야 한다.

행동적 요인

건강하지 않은 식습관과 부적절한 신체 활동은 비만과 과체중으로 이어지는 가장 일반적인 원인이다. 국립 보건원(National Institute of Health)에서는 이러한 두 행동을 모두 "위험한 행동"으로 정의하였으며, 이러한 행동은 신체에 부정적 영향을 미칠 가능성이 있는 행동을 의미한다. 이러한 특정한 위험 행동들은 주로 청소년기에 시작되어 성인기에 지속된다(National Center for Health Statistics, 2001). 식습관과 신체 활동은 학습된 행동이며, 그러므로 변할 수 있는 것이다. 이러한 행동들이 어쩌면 다양한 건강 증진과 예방 효과로 이어질 가능성이 있다고 믿을 수도 있다. 그러나 체중 감량과 유지를 위한 음식물 섭취와 에너지 소비의 변화에 대한 개입은 그 성공이 제한적이다.

식이요법

일반적으로 아동과 청소년은 고열량의 음식들을 섭취한다. 특히 지방이 많거나 포화지방 함량이 높은 음식, 그리고 전곡류와 과일, 채소류 같은 영양분의 밀도가 낮은 음식들을 섭취한다(Subar, Krebs-Smith, Cook, & Kahle, 1998). 학령기 아동의 단 2%만이 식품안내 피라미드(Food Guide Pyramid)가 제공하는 5가지 식품군에 맞게 음식물을 섭취하고 있는 것으로 보고되었다. 따라서 학령기 아동이 칼슘, 비타민 A, 비타민 B6,[2] 철분이 함유된 영양소를 충분히 섭취하지 못하고 있다는 것이다(U.S. Department of Agriculture [USDA], 1998). Goldfield와 동료들(2002)의 선행연구 분석에 따르면, 가장 효과적인 식이처방이 무엇인지 결론 내리는 것은 불가능하다. 왜냐하면 연구가 거의 없기 때문인데,

2) 역자 주: 비타민 B6(Vitamin B6)는 비타민 B군의 하나로, 효력이 같은 피리독신(pyridoxine), 피리독사민(pyridoxamine), 피리독살(pyridoxal)의 3개의 화합물이 있다. 비타민 B6을 일반적으로 피리독신이라고 부르는 경우가 많다. 비타민 B6이 부족하면 요증, 경련, 빈혈, 지적장애 등이 나타난다.

만약 있다고 하더라도 치료와 관련된 다른 요인들을 배제하고, 식이처방의 효과만을 알려 주는 연구가 거의 없기 때문이다. 그러나 어떤 식이처방이든 성장과 발달에 필요한 필수 영양소와 필수 열량이 제시되는 충분한 영양 섭취의 원칙이 포함되어야 한다. 뿐만 아니라 성공적인 식이요법의 개입을 위해서는 영양적으로 건강한 식품을 선택하는 것에 대해서도 논의되어야 할 것이다. 식품을 선택할 때에는 그 식품을 선택함으로써 이뤄질 수 있는 보다 장기적인 변화를 고려해야 한다. 다음의 사항은 미국 심장 협회(American Heart Association, 1996)에서 제안하는 식습관을 위한 권고사항인데, 2세 이상의 모든 아동과 청소년에게 필요한 필수 조건을 제시하였다.

1. 갖가지 다양한 음식물 섭취를 통해 적절한 영양을 이루어야 한다.
2. 성장과 발달을 위해, 그리고 적정한 체중 달성 혹은 유지를 위해 에너지(열량) 섭취가 적절해야 한다.
3. 영양소 섭취 유형은 다음과 같이 추천한다.
   - 포화지방산은 전체 열량의 10% 이하
   - 전체 지방 섭취량은 평균적으로 전체 열량의 30% 이내
   - 식이 콜레스테롤 함량은 하루 300mg 이하

식이요법에 대한 주의사항

과체중 혹은 비만 아동과 청소년은 식이요법이나 열량 제한에 특별히 어려움을 겪는다. 영양학적인 조정은 에너지소모와 함께 열량 섭취를 고려해야 한다. 대부분의 경우, 체중감량 혹은 체중 유지를 위해서는 신장을 더 크게 하기 위한 것에 비해 더 많은 식단 개선이 요구된다. 그러나 아동과 청소년의 체중 조절을 위해서는 반드시 운동을 해야 한다는 사실을 기억해야 한다. 건강하지 못한 체중 감량의 시도는 엄청나게 바람직하지 못한 결과를 초래하기 때문이다. 아동과 청소년의 과도한 다이어트는 영양학적, 신체적, 심리적으로 부정적인 결과를 초래한다(Neumark-Sztainer, Wall, Story, & Perry, 2003). 음식 제한, 완하제(laxative)[3] 사용, 구토 유발과 같은 행동을 종종 하며, 이러한 행동은 폭식증과 같은 식이장애를 일으키게 된다(Marchi & Cohen, 1990; Neumark-Sztainer et al., 2003;

3) 역자 주: 완하제(laxative)는 변비 등에 효과가 있는 약제로서 몇 그램만 복용해도 분변(糞便)을 죽같이 묽게 하는 강도를 가진 하제를 말한다.

Patton, Johnson-Sabine, Wood, Mann, & Wakeling, 1990). 뿐만 아니라 이러한 건강하지 못한 체중조절 행동은 오히려 청소년기 비만의 위험을 증가시킬 가능성이 있는 것으로 나타났다(Stice, Cameron, Killen, Hayward, & Taylor, 1999). 심리적인 결과의 측면에서 아동과 청소년은 그들의 가치와 소중함이 체중에 따라 결정된다고 믿는다. 또한 개인적 안녕은 무시한 채, 낮은 자존감은 우울로 이어지게 되거나 술이나 약물을 사용하는 것과 같은 다른 위험한 특성으로 이어지게 된다(Neumark-Sztainer, Story, Dixon, & Murray, 1988). Neumark-Sztainer와 동료들(2003)은 이론 모형의 검증을 통해 남녀 다문화 청소년을 대상으로 건강하지 못한 체중 조절 행동을 설명하고, 체중 조절 관심도가 남학생과 여학생 모두의 건강하지 못한 체중 조절 행동과 강한 연관성이 있음을 밝혔다. 이러한 다이어트의 부정적인 결과를 감안하여 체중 감량 그 자체보다 건강한 식습관 유형의 발달이 강조되어야 한다.

운동

청소년들은 식습관이 올바르지 못한 경우가 많고 동시에 신체 활동도 부족한 편이다. 신체 활동은 건강에서 직간접적으로 긍정적 영향을 준다. 운동은 비만의 예방과 처방 모두에 매우 중요하다(Clark, Niaura, King, & Pera, 1996). 신체 활동의 증가는 에너지 사용의 증가로 이어지며, 이는 체중 감량과 체중 유지를 위해 중요하다. 또한 운동은 다이어트를 통해 발생한 기초대사율의 저하를 상쇄시키고 식욕 억제를 통해 체중 감량을 촉진한다(Fletcher et al., 1995). 뿐만 아니라 신체 활동은 체중을 감소시키고, 체중 감량 동안 지방제외체중의 감소를 막아 준다(Marks & Rippe, 1996). 또한 신체 활동은 체중 감량 이외에도 심혈관 질병과 당뇨병에 걸릴 위험을 줄여 준다. 운동은 에너지 사용 이외에도 혈장 인슐린 농도와 혈압, 관상동맥 효율계수(coronary efficiency)에 긍정적인 영향을 미친다(King, Taylor, Haskell, & DeBusk, 1989; Morris, Clayton, Everitt, Semmence, & Burgess, 1990).

신체 활동에 적극적인 사람은 활동적이지 않은 사람들에 비해 생활면에서 비만으로 이어질 확률이 적다(Ching et al., 1996). 청소년기 좋은 운동 습관의 형성은 성인기에도 계속해서 이어진다는 장점이 있다. Tammelin, Nayha, Hills 및 Jarvelin(2003)은 청소년기에 다양한 스포츠 활동에 참여하는 것이 성인기의 신체 활동과 어떻게 연관되는지에 대해 연구하였다. 핀란드 북부 지역 1966년 출생자 중 남녀 7,794명을 대상으로 한 연구를 실시한 결과, 여학생의 경우 적어도 1주일에 1회 스포츠 활동에 참여한 경우, 남학생은 1주일에 2회 참여한 청소년의 경우 성인이 되어서도 지속적으로 신체 활동에 참여하는 것으로 나타났다. 스포츠에서 형태의 차이는 어느 정도 있지만, 크로스컨트리 스키(cross-country skiing)[4]나 달리기와 같은 지구력을 함양시키는 스포츠에 참여하는 것과 트랙이나 경기장에서 남학생들이 즐기는 구기종목과 같은 다양한 스포츠 기술을 요하는 몇몇 스포츠에 참여하는 것이 성인기에도 신체 활동의 참여를 촉진시키는 면에서 가장 유익한 것들로 보인다.

청소년의 단 27%만이 현재 권장하는 적절한 강도의 신체 활동에 참여하고 있다(USDHHS, 2000). 「건강한 사람들 2010(Healthy People 2010)」에서는 심혈관의 건강을 향상시키기 위해 신체 활동을 1회 최소 20분, 주 3회 혹은 그 이상 참여하는 청소년의 비율을 증가시키는 것에 중점을 두고 있다(USDHHS, 2000). 뿐만 아니라 TV 시청은 줄이고 학교나 다른 마련된 장소에서 자전거 타기나 걷기로 완주하는 것을 늘려서 일상적 학교 체육 활동을 증가시키는 것을 목적으로 한다(USDHHS, 2000).

비만 청소년이 신체 활동에 참여하는 것은 중요하다. 왜냐하면 비만 청소년은 비만이 아닌 또래에 비해 훨씬 덜 활동적이고, 심지어는 신체적으로 활동적이라 할지라도 최선을 다하지 않기 때문이다(Epstein, Smith, Vara, & Rodefer, 1991). Goldfield와 동료들(2002)의 아동 비만 연구에서 임상기반과 학교기반의 효과를 실험한 결과, 운동만 한 경우에는 체중 변화에 많은 영향을 미치지 않는 것으로 나타났으나, 식이요법과 운동을 병행한 경우 체중 감량이 촉진되고 장기적인 유지 면에서도 향상되는 것으로 나타났다. 너무 구조화되지 않고 융통성 있는 생활 운동이 고강도의 에어로빅 운동보다 체중 조절에 더 효과적이다. 구조적인 식단 계획을 활용하고 동시에 앉아서 지내는 생활양식을 감소시키는 식의 아동 강화 활동은 신체 활동의 증가와 체중 감량에 효과적인 대안 방안인 것으로 보인다.

생활 습관 개선

환경적 영향력은 비만이 생기는 데 중요한 작용을 한다. 미국인들은 열량이 높고 맛이 좋은 음식이 풍부하지만 신체적 활동을 필요로 하는 기술은 점점 줄어드는 환경에서 살고 있다(Rippe, Crossley, & Ringer, 1998). TV 리모컨, 자동차 셔터문, 자동세차기, 세탁

4) 역자 주: 크로스컨트리 스키(cross-country skiing)는 스키를 산과 들을 횡단하면서 타는 것을 말한다.

기, 건조기와 같은 노동절약형 장치들이 보급되었고, 인스턴트 식품, 패스트푸드 회사는 사람들로 하여금 신체적으로 덜 활동적인 삶을 살게 하고 있다(Coulston, 1998). 2세 이상이 먹을 수 있는 여러 조각으로 이루어진 음식의 한 조각의 크기가 지난 10년 동안 계속 증가한 것으로 보고되었다(Smiciklas-Wright, Mitchell, Mickle, Goldman, & Cook, 2003). Nestle(2003)은 외식할 때 먹는 이처럼 증가된 크기의 조각 음식이 열량소비의 증가를 가져왔다고 주장한다. 그녀는 이러한 음식의 증가는 소비자와 정부, 기업 모두가 주도했기 때문에 증가한 것이라고 이야기한다. 소비자의 입장에서 싼 물건을 그냥 지나치기는 어렵다. 정부와 기업의 관점에서 기업의 농산물 가격 유지와 시장정책은 증가한 음식 소비와 생산, 포장, 광고에 쓰인 상품을 통해 더 큰 이윤을 가져오도록 만들어진다.

생활 습관과 환경의 변화는 아동의 식습관 패턴과 음식 선택에 중요한 변화를 초래하였다(Crockett & Sims, 1995). 텔레비전과 컴퓨터 게임의 영향이 과소평가될 수는 없을 것이다. 텔레비전 시청은 미국에서 비만을 증가시키는 주요한 원인으로 제시되어 왔다(Gortmaker et al., 1996). 12~17세 청소년의 경우 텔레비전을 1시간 더 시청할 때마다 비만 발생률이 2% 증가하는 것으로 나타났다(Dietz & Gortmaker, 1985). 아동과 청소년은 텔레비전 시청과 같이 앉아서 지내는 생활을 1주일에 24시간 하는 것으로 관찰되었다. 텔레비전 시청은 신체적 활동을 하는 데 소비하는 시간을 감소시킬 뿐 아니라, 텔레비전을 시청하는 것과 텔레비전에서 광고하는 고지방, 고열량의 식품을 섭취하고 간식을 먹는 것 사이에 상관관계가 문제를 악화시키는 것으로 나타났다(Dietz & Gortmaker, 1985). 비만과 텔레비전 시청 시간에 따른 혈중 콜레스테롤 간에 정적인 상관관계가 나타난다는 점(Stunkard & Wadden, 1992)에서 우리는 이를 주목해야 한다. 생활 습관을 바꾸는 것은 체중관리 프로그램의 성공을 예측하는 주요한 변인 중 하나임이 분명하다(Coulston, 1998).

생활 습관의 중요성을 이해함으로써, 우리 인생 후반부에 발생할 수 있는 만성적인 질병을 예방하고 늦출 수 있는 열쇠를 가진 아동이 건강한 식습관 패턴을 갖도록 도울 수 있다(Nicklas, 1995). 교육하는 것만으로 반드시 개인의 생활 습관에 변화가 일어나는 것은 아니다. 일반적으로 과체중과 비만 아동은 식이요법과 비만의 원인에 대한 지식을 잘 알고 있다. 그리고 이것은 지식이 변화에 필수적이긴 하지만 반드시 변화를 위한 중요한 조건은 아니라는 것을 보여 준다(Dwyer, Feldman, & Mayer, 1967). 그러나 영양물 섭취에 대한 교육은 행동적 개입 프로그램에 가장 필요한 것이다. 행동적 개입 프로그램은 음식과 신체적인 활동에 민감한 태도를 지니게 할 수 있고 동시에 비만의 취약성과 비만으로 인한 어려움을 이용하여 영양에 관한 거짓 메시지를 반박할 수 있도록 돕는다.

Lytle과 Achterberg(1995)는 긍정적인 행동 변화를 가져온 많은 영양 개입 프로그램이 행동에 기반을 두고 있으며 이론 지향적이라는 점을 언급하였다. 행동적 치료는 식이요법과 활동을 조절하는 것을 촉진시키는 데 적용될 수 있다. 성공적인 체중 감량/유지 개입에 포함되는 구체적인 행동 전략에는 음식 섭취와 자기 신체 활동 관찰, 녹음, 피드백, 힘든 상황에서 적용할 수 있는 스트레스 관리, 자극 통제, 즉 장애물 혹은 과식을 일으키는 환경이 무엇인지 명확히 이해하고 극복하기, 문제 해결, 수반성 관리(contingency management),[5] 행복한 삶에 집중하기 위한 인지재구조화, 신체상, 개인의 이상적인 체중, 건강한 행동 패턴, 사회적 지지가 포함된다(Coulston, 1998). 식이요법 개입 프로그램을 할 때에도 마찬가지로 개인적인 동기와 행동적인 변화를 불러일으키고 여러 가지 강화 기술을 통합할 수 있는 요인을 인식하는 것이 포함되어야 한다. 효과적이고 포괄적인 개입 프로그램은 신체적 외모와 건강 및 관련된 음식과 영양에 대한 지식을 증가시켜야 하고, 아동과 청소년의 흥미와 동기를 불러일으켜야 하며, 궁극적으로 새로 알게 된 지식을 보다 나은 행동으로 적용할 수 있도록 해야 한다. 부가적으로, 모든 효과적인 프로그램은 여러 자극과 식습관의 결과를 행동적으로 분석하는 것을 포함하고 있어야 한다. 개입은 먹는 것을 촉진하는 자극을 변화하고 제거하는 데 초점이 맞춰져야 하며 개인의 행동을 친사회적으로 변화시키고 신체사이즈에 대한 인지적인 상에 대한 강화를 제공해야 한다.

사회 환경요인

행동 변화를 위해 부모와 아동 모두 개입할 때 아동의 체중이 감량되는데, 이러한 결과는 새로운 식습관과 운동 습관을 격려하고 지지하는 부모–아동 간 상호작용의 변화를 포함한 공유된 가족 환경의 일반적인 요인들이 행동 변화의 성공에 중요하다는 것을 암시한다(Epstein, Valoski, Wing, & McCurley, 1990, 1994). Neumark-Sztainer와 동료들(2003)은 가족과 또래가 생각하는 체중에 대한 규준이 청소년의 개인적 체중 염려와 강

5) 역자 주: 수반성(contingency)이란 어떤 현상이 일어날 때 다른 현상이 그것에 따라서 일어날 확률을 일컫는다. A가 일어날 때마다 B가 뒤따라 일어난다면 수반성이 높은 경우이다. 즉, 어떤 특정한 상황에서 주로 과식을 하게 된다면 상황과 과식의 수반성을 파악하여 관리하는 것이다.

하게 연관되어 있기 때문에, 예방과 개입 프로그램은 반드시 가족뿐만 아니라 또래 집단도 다루어야 한다고 덧붙였다.

가족 개입

아동기 동안 비만이 시작되고 유지되는 가장 중요한 원인 중의 하나는 모델링과 강화를 통해 비만과 연관된 식습관과 행동을 습득하고 유지하기 때문이다(Johnson & Birch, 1994; Klesges et al., 1983). 개입에 대해 살펴보면, Goldfield와 동료들(2002)은 종합적인 가족 기반 행동 개입에 부모를 포함시키는 것이 단기와 장기적인 관점에서 체중관리를 촉진시킨다는 것에 주목하였다. 그들은 오직 아동의 식습관과 운동에만 초점을 둔 프로그램보다는 부모와 아동의 식습관과 운동을 개선시키는 것에 초점을 둔 가족기반 식사 프로그램이 더 효과적이라고 제안한다.

아동의 식습관에 영향을 미치는 가장 뚜렷한 환경적인 요인이 가족이기 때문에(Crockett & Sims, 1995), 부모에게 건강한 식습관을 모델링하고 강화할 수 있는 적절한 도구를 제공해야 한다. 이런 도구가 있다면 건강한 음식을 선택할 수 있을 것이며, 또한 비만과 과식을 예방하는 건강한 식사 습관의 개발을 촉진할 수 있을 것이다. 자녀의 식습관 방식을 통제함으로써(예: 건강하지 않은 음식의 섭취를 제한) 아동의 건강한 음식의 섭취를 관리하려는 부모들은 의도치 않게 아동이 건강한 음식을 섭취하려는 것을 오히려 감소시킬 수 있다는 사실이 관찰되었다(Birch, 1999). 최근 사회 학습 이론에 기반을 둔 프로그램 중, 아동에게 초점을 맞춘 상호작용 수업과 기술 훈련 활동을 아동의 식습관 전략을 위한 부모 중심 수업과 결합한 것이 있다. 예를 들어, 아동의 과일 섭취를 증가시키고 자녀의 식습관에 대한 부모의 통제를 감소시키는 전략들을 함께 제공하는 경우이다(Gribble, Falciglia, Davis, & Couch, 2003). 프로그램을 시행한 결과, 이 프로그램은 아동의 지식을 늘리고 과일을 섭취하게 하는 데 성공적이었으며, 개입 집단에서 부모가 자녀의 식습관을 통제하는 전략을 사용하는 데 뚜렷한 감소를 보였다.

Golan과 Weizman(2001)은 비만 아동에 직접적으로 변화를 일으키는 것과 반대로 부모를 통해 변화가 이루어지는 가족기반 접근을 사용하였다. 체중 감소보다는 건강한 생활 습관에 강조를 두는 것이었다. 개입은 행동적 접근법, 사회 학습적 접근법, 가족 체계적 접근법을 통합한 것이었다. 부모의 인지와 행동 변화는 부모의 영양과 부모 기술에 의해 촉진되고, 환경 변화는 가족의 식사 시간과 여가 활동 시간을 조정하고 적절한 식습관의 자극을 강화하는 것에 의해 촉진된다는 것을 알게 되었다.

또래 집단 개입

효과적인 개입은 행동 변화와 지지에서 또래의 역할을 다루어야 한다. 가족치료와 유사하게, 행동 모델에 기반한 또래집단 치료는 10~14세 비만 아동의 지방 대 무지방 질량 비율, 체질량지수(body mass index: BMI),[6] 일상적인 섭식 행동 변화에 효과적임이 증명되었다. Lehrke, Becker 및 Laessle(2002)의 연구에 따르면, 집단 치료를 받거나 가족치료를 받은 비만 아동들은 체질량지수가 현저하게 감소했고 체지방이 감소했으며, 전반적인 열량 섭취와 지방 섭취의 비율이 감소했다.

개인 치료에 비하여 소아비만 집단 치료의 부가적 이득은 이전에 비해 비용 대비 효과가 높다는 것이다. Goldfield, Epstein, Kilanowski, Paluch 및 Kogut-Bossler(2001)은 모집과 치료에 사용된 1달러 대비 체질량지수와 과체중 비율 감소의 정도를 측정한 결과, 집단 개입이 개인 개입에 비하여 비용 면에서 유의미하게 효과적임을 확인하였다.

Wodarski의 연구에서, Wodarski와 Parris(출판 중)는 아동 및 청소년 행동의 획득, 변형, 강화에서 또래 강화는 가장 강력한 변수임을 증명했다. 그들은 아동 및 청소년의 예방적 보건 개입에 대한 많은 연구 결과에 근거하여, 교육적·행동적 변화 접근을 제시했다. 선택과 관련된 개입은 수많은 연구 결과를 통해 얻어진 지식을 결합한 것이다. 연구들은 행동 분석에 근거한 또래 학습팀 기술(peer learning team techniques)이 다양한 차원에서 긍정적인 효과를 달성하고 또한 많은 이점을 가지고 있다는 점을 지적하였다. 이러한 기술들은 다양한 이름으로 알려져 있으나 이 책에서는 그들 모두가 협동적인 학습팀에서 함께 참여하기 때문에 집단보상구조(group reward structure)라고 명명한다. 집단보상구조를 통해 각 집단 구성원의 지식과 행동은 집단 행동의 목표를 촉진한다. 이러한 방식은 다양한 환경에서 스스로의 수행을 증가시키고 적절한 사회적 행동의 횟수를 증가시키는 것으로 밝혀졌다.

요약하면, 아동 및 청소년의 체중 조절을 위한 보편적 개입 프로그램은 행동을 증진시키는 것뿐만 아니라 음식 선택과 식이요법 구성에 관한 것을 포함해야 한다. 프로그램은 가족에 기반을 두어야 한다. 이러한 프로그램은 환경을 정비하고 건강에 좋은 행동 모범을 보이며, 섭식과 운동 습관에서 바람직한 변화를 지지하는 긍정적 강화를 사용하게 하

6) 역자 주: 체질량지수(BMI)는 키와 몸무게를 이용하여 지방의 양을 추정하는 비만 측정법으로 몸무게를 키의 제곱으로 나눈 값이다. 예를 들어, 키가 160cm이고 몸무게가 60kg인 사람의 체질량지수는 23.4(60÷(1.6×1.6))가 된다. 그 수치가 20 미만이면 저체중, 20~24이면 정상체중, 25~30이면 경도비만, 30 이상이면 비만으로 간주된다.

는 부모 훈련을 포함해야 한다. 행동 변화에 영향을 미치고 지지를 제공하는 데 있어서 또래의 중요한 역할을 감안하면, 또래 집단 치료를 선택해야 한다.

다음은 지금까지 언급한 증거에 근거한 체중 조절 개입의 주요 구성요소를 요약한 것이다. 이것은 아동 및 청소년을 위한 예방과 처치 프로그램을 개발하고 실행하는 데 지침으로 활용할 수 있다.

1. 충분한 생물학적 · 신체적 · 심리사회적 평가가 개입 이전에 선행되어야 한다. 모든 아동과 청소년이 동일한 개입을 받을 수 있다고 가정하는 것은 적절하지 않다. 평가에 근거하여 치료 목적과 세부 목표는 아동과 청소년의 특별한 개인적 상황에 맞게 개발되어야 한다.
2. 적절한 식이요법은 평가 결과에 기초하여 결정되어야 한다. 성장기 동안 성장과 발달을 위해 적당한 열량과 영양이 제공되어야 한다는 점은 매우 중요하다. 키가 크는 동안에 적당하게 체중을 감소하거나 유지하도록 하는 에너지 섭취와 소비 사이의 균형이 유지되어야 한다. 생활 방식뿐만 아니라 개인적 또는 문화적으로 선호되는 음식의 선택도 고려되어야 한다. 장기적으로 지속될 수 있는 건강한 식습관의 개선은 다이어트나 편식을 피하면서 강조되어야 한다. 규칙적인 식사와 계획된 간식을 섭취하는 경우, 과일과 채소는 늘려서 섭취하고 지방과 설탕 함량이 높은 음식은 적게 섭취하도록 해야 한다.
3. 개인 평가에 따라 에너지 사용을 증가시키기 위한 운동 목표와 방법이 설정되어야 한다. 평생에 걸친 습관으로 정착시키기 위해서는 식이요법의 경우, 개인적인 선호와 생활 방식이 고려되어야 한다. 엘리베이터 대신 계단 사용하기 또는 건물로부터 멀리 주차하기와 같이 일상적으로 에너지 사용을 촉진하는 간단한 방법이 강조되어야 한다.
4. 행동 변화의 원칙은 준수되어야 한다. 음식 섭취와 운동에 관한 일지는 기본 정보뿐만 아니라 건강에 해로운 식습관과 앉아 있는 행동을 유발하는 환경적 단서를 확인할 수 있는 기제를 제공한다. 건강에 해로운 식습관과 앉아 있는 행동을 유발하는 특별한 자극이 무엇인지 결정한 후 가능하면 그러한 자극들을 피해야 한다. 체중 감소를 유지하고 증가된 신체활동을 강화시키는 것을 개입에 포함하여야 한다. 신체적 활동을 늘리는 것에 의해 체중 변화가 강화되면 그로 인한 이득은 배가 된다. 예를 들어, 설정한 목표 체중이 성취되었을 때 보상으로 온 가족이 볼링, 수영, 승

마를 하기 위해 소풍을 갈 수 있다. 피드백은 필수적이다. 예를 들어, 매일 일지에 음식 섭취와 신체 활동에 대해 지속적으로 기록하는 것은 문제점을 정확하게 지적하기 위해 필요한 자료를 제공한다. 그리고 가족들로부터의 모니터링, 또는 임상적 수치에 의해 체중에 대한 빈번한 모니터링을 받는 것은 목표 향상에 대한 정보를 알려 준다.

5. 변화 유지에 대한 지지는 중요하다. 한 데이터에 따르면, 체중 감량에 성공한 사람은 매우 드물고, 감량한 것을 유지하는 데 성공한 사람은 더욱더 적다(Epstein, 1995b). 이를 위해 정기적인 클리닉이나 지지 집단과의 만남이 추천된다. 동료체제(Buddy system)는 행동 변화와 유지에 대한 또래 지지를 제공하는 하나의 방법이다. 마찬가지로 가족의 관여도 성공을 돕는다.
6. 개입은 재발하는 것에 대한 대처 방법을 포함해야 한다. 재발하는 것은 예상되어야 하고, 일시적 실수를 어떻게 다루어야 하는지에 대한 정보가 주어져야 한다. 프로그램은 문제해결, 문제 상황에 대한 예상, 유혹과 방해를 다루는 계획에 대한 설명에 초점을 두어야 한다.
7. 인지적 재구조화에 대한 정보를 포함하는 것은 중요하다. 이를 통해 청소년들로 하여금 행동 변화가 불가능한 것이 아니고 가능한 것이라고 바라볼 수 있게 해야 한다. 체중 변화에 대한 이상적인 목표를 포함하여 긍정적인 신체상의 개선에 강조를 두어야 한다. 포괄적인 건강의 관점에서 가능한 가장 적절한 체중 달성을 목표로 하되 체중을 관리하는 것에 초점을 두어야 한다(American Dietetic Association, 1997).

이러한 개입의 원리에 더하여, 청소년들의 의견을 듣는 것과 개입을 계획함에서 그들을 포함하는 것은 바람직한 일이다. Neumark-Sztainer와 Story(1997)는 과체중 청소년들의 요구에 바탕을 둔 과체중 청소년을 위한 학교기반 프로그램을 제안했다. 임상적 상황에서 개인 또는 집단상담에 적용 가능한 이러한 제안은 다음과 같은 아이디어들을 포함하고 있다. 프로그램 계획과 실행의 모든 단계에서 청소년을 포함시키기, 과체중 청소년들을 집단의 리더로 참여시키기, 모집과 프로그램 계획에서 과체중에 대한 사회적 수치심(social stigma)을 민감하게 다루기, 자아존중감 증진을 목적으로 한 토론을 포함하여 참가자들을 지지하고 수용하는 환경을 제공하기, 음식과 영양에 대한 정보를 포함하고 다양한 신체 활동을 요구하는 재미있는 활동 제공하기, 프로그램 평가에서 체중 변화뿐만 아니라 자아인식, 먹는 것과 운동에 대한 기술과 행동의 개선을 강조하기, 시간, 장소, 비용과 같은 참여에 대한 기술적 장벽을 줄이기 등이다.

예방에 집중하기

Neumark-Sztainer와 동료들(2003)은 청소년들 사이에 만연한 건강하지 못한 방식의 체중 조절 행동과 그로 인해 야기될 수 있는 심각한 결과를 고려하여 예방 전략의 중요성을 강조한다. 일단 비만이 되면 체중을 줄이고 음식을 멀리하는 것이 힘들다. 고지방 저영양 식품을 섭취하거나 주로 앉아 있기를 좋아하는 등 유년기나 청소년기에 형성된 습관을 성인기에 고치는 것은 어렵다. 예를 들어, Stice(2002)는 고지방 식단으로 발생한 생물학적 변화가 저지방 식단으로 전환하는 것을 더 힘들게 할 수 있다고 지적한다(예: 특정 고지방 음식의 아편 효과(opiate effect)에 반응하는 인체 감각기). 그러므로 건강한 체중 형성을 돕는 건강한 생활 습관을 촉진하기 위한 노력에 관심을 기울여야 한다.

Wodarski와 Thyer(1998)는 성공적인 예방적 노력의 요소들을 검토하였다. 그들은 문헌 고찰을 통해서 충분한 기간 동안 이루어질 것, 명확한 목표와 예상 결과를 설정할 것, 소규모 집단을 대상으로 할 것, 가족을 포함할 것 등을 행동 개입의 원칙으로 명시하였다. 그들이 검토한 성공적 예방 노력의 요건들은 다음을 포함한다.

1. 가장 성공적인 프로그램들은 종합적이고 다양한 요소들을 가지고 있으며, 개인, 가족, 동료, 학교, 지역사회, 매체, 직장에 직접적으로 적용된다(제언 및 예시를 참고하려면 Kahn et al., 2002; Task Force on Community Preventive Services, 2002 참조).
2. 예방 전략에는 지역사회 교육을 통해 대중인식을 고양하고, 지역사회의 지원을 개발하며, 이미 확립된 예방 전략의 추진력을 유지하기 위한 매체의 노력이 포함되어야 한다(제언 및 예시를 위해서는 Kahn et al., 2002; Task Force on Community Preventive Services, 2002 참조).
3. 예방 전략이 목표하는 효과를 얻기 위해서는 충분한 강도와 기간이 필요하다. Goldfield와 동료들(2002)은 아동을 위한 개입의 경우, 15개월의 치료 기간 한도 내에서 치료 기간이 길어질수록 일반적으로 과체중의 비율이 낮아진다고 지적했다. 이는 12~15개월 정도로 치료의 기간을 연장하는 것이 결과를 향상시킬 수 있음을 의미한다.

4. 추후 보강 회기(booster session)는 초기의 진전사항을 확고히 하고 시간이 지난 후에도 그 효과를 유지하기 위해서 중요하다.
5. 예방 프로그램을 설계할 때는 대규모의 다양한 구성 집단을 대상으로 하는 기본 모델을 따라야 하지만 성별, 문화 혹은 민족성, 사회경제적 지위(SES), 청소년 발달 단계(예: 청소년 혹은 사춘기 이전)의 차이를 설명하기 위하여 특정한 하위 집단(예: 고위험 청소년)에게도 적용할 수 있도록 해야 한다.
6. 프로그램은 요구 조사, 프로그램 검토, 정교화 과정, 지역사회와의 상호 피드백을 포함할 수 있도록 하는 구조화된 조직적 계획을 따라야 한다. 이와 같은 목적들은 각 프로그램별 능력과 구성요소에 따라 정해진 시간 내에 성취되어야 하며 또한 실행 가능해야만 한다.
7. 개입은 문화적 요소를 고려해서 적용되어야 한다.

미래의 방향

Stice(2002)는 비만의 원인, 예방, 치료에 관한 우리의 지식 사이에 몇 가지 중요한 차이가 있다고 지적한다. 그는 비만 개입의 중요한 요소 몇 가지를 설명한다. 첫 번째, 비만을 시작하게 하는 위험요소에 대한 추가적 요인 분석이 필요하다. 예를 들면, 체중 증가의 위험을 높이는 특정한 음식들이 있는가에 대한 분석이다. 두 번째, 예방 프로그램은 비만과 섭식병리에 공통적으로 적용되는 위험요인을 고려하여 이 두 증상의 상반된 결과를 모두 대상으로 해야 한다. 최근의 자료에 따르면, (분별 있는) 다이어트는 섭식장애를 초래하지 않는다. 사실 Stice에 따르면, 진실은 그 반대로, 섭식병리의 악화 위험을 증가시키는 것 보다 다이어트를 하는 편이 오히려 섭식장애를 더 감소시키는 것처럼 보인다. 과체중인 사람들에게 저열량 다이어트를 시키거나, 아직 과체중이 아닌 사람들에게 균형 잡힌 열량을 섭취하는 다이어트를 시키는 것은 폭식과 대식 병리를 감소시킨다.

아동 비만의 경우(Epstein, Valoski, Koeske, & Wing, 1986; Epstein et al., 1985)에는 치료, 단기 및 장기적 체중 조절, 그리고 이에 따른 섭식과 운동의 변화에서 큰 진전이 있었다(Epstein et al., 1990, 1994). 이와 관련된 연구들은 비만 예방을 위한 토대를 제공하지만, 위험에 처한 아동의 비만 예방에 관해서는 연구가 거의 이루어지지 않았다. 성인기의 비만은 치료 이후에 원상태로 복원되는 성향이 있기 때문에 비만 상태에서 벗어나

건강한 체중을 유지하는 성인이 거의 없다(Abraham, Collins, & Nordsieck, 1971). 이를 고려하여 Epstein, Coleman 및 Myers(1996)는 이미 비만인 아동을 치료하여 성인 비만을 예방하는 프로그램을 개발하기 위한 추가적 연구가 필요하며, 특히 부모의 비만으로 인해 위험에 처한 아동들의 비만이 진행되는 것을 예방하는 것이 매우 중요하다고 주장한다. Neumark-Sztainer와 동료들(2003)은 이에 추가하여, 비만의 위험에 처한 다문화 인구와 사회경제적 소외계층의 건강하지 못한 체중 조절을 야기하는 원인과 과정을 더욱 깊이 이해하는 것이 중요함을 지적한다.

O'Neill(2003)은 과체중과 비만을 줄이기 위하여 사회복지사가 개입할 수 있는 몇몇 거시적 수준의 영역을 구분하였다. 그는 과체중과 비만 감소를 위한 미국의 연방 보건국장의 대책 촉구서(Surgeon General's Call to Action to Prevent and Decrease Overweight and Obesity)에서 제안하는 5가지 영역의 강력한 사회적 활동에 관하여 설명한다.

1. 가족과 지역사회 영역에서, 여가 활동의 기회 증진 지원 및 저열량 고영양식 섭취의 가능성을 증가시키기 위한 지역사회의 협력을 촉구하기
2. 학교 영역에서, 일생 동안 건강한 체중을 유지하기 위한 올바른 영양섭취와 신체활동의 역할에 대한 교사와 교직원의 인식을 증진하기
3. 보건 영역에서, 영양학적 교육과 신체 활동 프로그램을 포함한 체중 관리 지원 보건의료서비스의 가입자 혜택을 지원하기 위한 방법을 고안하기
4. 매체와 통신 영역에서, 대중매체 전문가들에게 저소득층 및 인종과 민족적 소수자들에게서 불평등하게 많이 나타나는 과체중 및 비만 문제와, 문화적으로 민감한 건강관련 메시지 전달의 중요성을 강조하기
5. 직장 영역에서, 고용주들에게 직장 비만 예방 및 치료 전략에 대한 투자수익률 관련 정보를 제공하기

요 약

비만은 복잡한 원인을 지닌 만성적인 상태를 일컫는다. 이에 대한 치료적 개입은 다면적 원인을 설명할 수 있어야 할 뿐만 아니라, 비만을 야기하고 유지시키는 다양한 요인들을 설명할 수 있는 구성요소를 포함해야만 한다. 비만은 치료의 예후가 좋지 않기 때

문에 이로 인해 고통받는 사람들을 줄이기 위해서는 예방만이 희망이다.

미래에는 비만의 원인 및 치료에서 문제를 이해하는 통찰력이 심화되고 새로운 발전이 이루어지리라 본다. 비만 해결을 위한 돌파구로 약물요법, 유전자 조작, 수술 치료가 일상적으로 이루어지고, 이를 통해 체중을 줄이고 조절하기 위해 고군분투하고 있는 이들은 작은 희망이라도 찾으려 한다. 하지만 모두에게 적합한 마술과 같은 해결책은 존재하지 않는다. 음식을 절제하여 선택하고 정기적으로 신체 활동을 하며 건강한 생활 습관을 유지하기 위해 평생에 걸친 결단을 하고 실천하는 편이 현실적으로 훨씬 효과적인 치료 방법이다. 이와 같은 실천을 위해서는 개인뿐 아니라 가족, 지역사회, 사업체, 산업, 정부를 포함한 거시적 수준의 노력이 반드시 필요하다.

참고문헌

Abraham, S., Collins, G., & Nordsieck, M. (1971). Relationship of childhood weight status to morbidity in adults. *Public Health Records, 85,* 273-284.

American Dietetic Association. (1997). Position of the American Dietetic Association: Weight management. *Journal of the American Dietetic Association, 97*(1), 71-74.

American Heart Association. (1996). *Dietary guidelines for healthy children.* Dallas, TX: American Heart Association.

Birch, L. L. (1999). Development of food preferences. *Annual Review of Nutrition, 19,* 41-62.

Ching, P., Willett, W. C., Rimm, E. B., Colditz, G. A., Gortmaker, S. L., & Stampfer, M. J. (1996). Activity level and risk of overweight in male health professionals. *American Journal of Public Health, 86,* 25-30.

Clark, M. M., Niaura, R., King, T., & Pera, V. (1996). Depression, smoking, activity level, and health status: Pretreatment predictors of attrition in obesity treatment. *Addictive Behaviors, 21*(4), 509-513.

Coulston, A. M. (1998). Obesity as an epidemic: Facing the challenge. *Journal of the American Dietetic Association, 98*(10, Suppl. 2), S6-S8.

Crockett, S. J., & Sims, L. (1995). Environmental influences on children's eating. *Journal of Nutrition Education, 27,* 235-250.

Dietz, W. H., & Gortmaker, S. L. (1985). Do we fatten our children at the television set? Obesity and television viewing in children and adolescents. *Pediatrics, 75*(5), 807-812.

Drogas, H. J., Redd, G., & Hill, J. O. (1992). Comparison of dietary self-reports with energy expenditure measured using a whole room indirect calorimeter. *Journal of the American Dietetic Association, 92,* 1073-1077.

Dwyer, J. T., Feldman, J. J., & Mayer, J. (1967). Adolescent dieters: Who are they? *American Journal of Clinical Nutrition, 20,* 1045-1050.

Epstein, L. H. (1995a). Application of behavioral economic principles to treatment of childhood obesity. In D. B. Allison & F. X. Pi-Sunyer (Eds.), *Obesity treatment* (pp. 113-119). New York: Plenum Press.

Epstein, L. H. (1995b). Management of obesity in children. In K. D. Brownell & C. G. Fairburn (Eds.), *A comprehensive handbook of eating disorders and obesity* (pp. 516-519). New York: Guilford Press.

Epstein, L. H., Coleman, K. J., & Myers, M. D. (1996). Exercise in treating obesity in children and adolescents. *Medicine and Science in Sports and Exercise, 28,* 428-435.

Epstein, L. H., Smith, J. A., Vara, L. S., & Rodefer, J. S. (1991). Behavioral economic analysis choice in obese children. *Health Psychology, 10,* 311-316.

Epstein, L. H., Valoski, A. M., Koeske, R. O., & Wing, R. R. (1986). Family-based behavioral weight control in obese young children. *Journal of the American Dietetic Association, 86,* 481-484.

Epstein, L. H., Valoski, A. M., Wing, R. R., & McCurley, J. (1990). Ten-year follow-up of behavioral family based treatment for obese children. *Journal of the American Medical Association, 264,* 2519-2523.

Epstein, L. H., Valoski, A. M., Wing, R. R., & McCurley, J. (1994). Ten-year outcomes of behavioral family based treatment for childhood obesity. *Health Psychology, 13,* 373-383.

Epstein, L. H., Wing, R. R., Woodall, K., Penner, B. C., Kress, M. H., & Koeske, R. O. (1985). Effects of family based behavioral treatmenton obese 5-8 year old children. *Behavior Therapy, 16,* 205-212.

Field, A. E., Barnoya, J., & Colditz, G. A. (2002). Epidemiology and health and economic consequences of obesity. In T. A. Wadden & A. J. Stunkard (Eds.), *Handbook of obesity treatment* (pp. 3-18). New York: Guilford Press.

Flegal, K. M., Caroll, M. D., Kuczmarksi, R. J., & Johnson, C. L. (1998). Overweight and obesity in the United States: Prevalence and trends, 1960-1994. *International Journal of Obesity, 22,* 39-47.

Fletcher, G. F., Balady, G., Froelicher, V. F., Hartley, L. H., Haskell, W. L., & Pollock, M. L. (1995). Exercise standards: A statement for healthcare professionals from the American Heart Association. *Circulation, 91*(2), 596-601.

Frist, B. (2002, September 19). Obesity poses serious health challenge. *Knoxville News Sentinel,* p. B5.

Golan, M., & Weizman, A. (2001). Familial approach to the treatment of childhood obesity: Conceptual model. *Journal of Nutrition Education, 33,* 102-107.

Goldfield, G. S., Epstein, L. H., Kilanowski, C. K., Paluch, R. A., & Kogut-Bossler, B. (2001). Cost-effectiveness of group and mixed family based treatment for childhood obesity. *International Journal of Obesity and Related Metabolic Disorders, 25,* 1843-1849.

Goldfield, G. S., Raynor, H. A., & Epstein, L. H. (2002). Treatment of pediatric obesity. In T. A. Wadden & A. J. Stunkard (Eds.), *Handbook of obesity treatment* (pp. 532-555). New York: Guilford Press.

Gortmaker, S. L., Dietz, W. H., Sobol, A. M., & Wehler, C. A. (1987). Increasing pediatric obesity in the United States. *American Journal of Disease in Children, 141,* 535-540.

Gortmaker, S. L., Must, A., Perrin, J. M., Sobol, A. M., & Dietz, W. H. (1993). Social and economic consequences of overweight in adolescence and young adulthood. *New England Journal of Medicine, 329,* 1008-1012.

Gortmaker, S. L., Must, A., Sobol, A. M., Peterson, K., Colditz, G. A., & Dietz, W. H. (1996). Television viewing as a cause of increasing obesity among childrenin the United States, 1986-1990. *Archives of Pediatric Adolescent Medicine, 150,* 356-362.

Gribble, L. S., Falciglia, G., Davis, A. M., & Couch, S. C. (2003). A curriculum based on social learning theory emphasizing fruit exposure and positive parent child-feeding strategies: A pilot study. *Journal of the American Dietetic Association, 103*(1), 100-103.

Hammar, S. L., Campbell, M. M., Campbell, V. A., Moores, N. L., Sareen, C., Gareis, F. J., et al. (1972). An interdisciplinary study of adolescent obesity. *Journal of Pediatrics, 80,* 373-380.

Heitmann, B. L., Sorensen, T. I., & Bengtsson, C. (1995). Dietary fat intake and weight gain in women genetically predisposed for obesity. *American Journal of Clinical Nutrition, 61,* 1213-1217.

Hill, A. J., & Silver, E. K. (1995) Fat, friendless and unhealthy: 9-year-old children's perception of body shape and stereotypes. *International Journal of Obesity, 19,* 423-430.

Johnson, S. L., & Birch, L. L. (1994). Parents' and children's adiposity and eating style. *Pediatrics, 94,* 653-661.

Kahn, E. B., Ramsey, L. T., Brownson, R. C., Health, G. W., Howze, E. H., Powell, K. E., et al. (2002). The effectiveness of interventions to increase physical activity. *American Journal of Prevention Medicine, 22*(4S), 73-107.

King, A. C., Taylor, C. B., Haskell, W. L., & DeBusk, R. F. (1989). Influence of regular aerobic exercise on psychological health. *Health Psychology, 8,* 305-324.

Klesges, R. C., Coates, T. J., & Brown, G. (1983). Parental influences on children's eating behavior and relative weight. *Journal of Applied Behavioral Analysis, 16,* 371-378.

Lawrence, S. A. Zittel, K. M., Wodarski, L. A., & Wodarski, J. S. (in press). Behavioral health: Treatment and prevention of chronic disease and the implications for social work practice. *Journal of Health and Social Policy.*

Lehrke, S., Becker, S., & Laessle, R. G. (2002). Structured behavioral therapy with obese children: Therapeutic effects in nutrition. *Verhaltenstherapie, 12*(1), 9-16.

Lewis, C. E., Smith, D. E., Wallace, D. D., Williams, O. D., Bild, D. E., & Jacobs, D. R. (1997). Seven-year trends in body weight and associations with lifestyle and behavioral characteristics in Black and White young adults: The CARDIA study. *American Journalof Public Health, 87*(4), 635-642.

Lichtman, S. W., Pisarski, K., Berman, E. R., Prestone, M., Dowling, H., Offenbacher, E., et al. (1992). Discrepancy between self-reported and actual food intake and exercise in obese subjects. *New England Journal of Medicine, 327,* 1893-1898.

Livingstone, M. B. E., Prentice, A. M., Strain, J. J., Coward, W. A., Black, A. E., Barker, M. E., et al. (1990). Accuracy of weighed dietary records in studies of diet and health. *British Medical Journal, 300,* 708-712.

Lytle, L., & Achterberg, C. (1995). Changing the diet of America's children: What works and why? *Journal of Nutrition Education, 27,* 235-250.

Maffeis, C., Schutz, Y., Zafanello, M., Piccoli, R., & Pinelli, L. (1994). Elevated energy expenditure and reduced energy intake in obese prepubertal children: Paradox of poor dietary reliability in obesity. *Journal of Pediatrics, 124,* 348-354.

Marchi, M., & Cohen, P. (1990). Early childhood eating behaviors and adolescent eating disorders. *Journal of the American Academy of Child and Adolescent Psychiatry, 29,* 112-117.

Marks, B. L., & Rippe, J. M. (1996). The importance of fat free mass maintenance in weight loss program. *Sports Medicine, 5,* 273-281.

McGinnis, J. M., & Foege, W. H. (1993). Actual causes of death in the United States. *Journal of the American Medical Association, 270,* 2201-2212.

Moran, R. (1999). Evaluation and Treatment of Childhood Obesity. *American Family Physician, 59*(4), 861.

Morris, J. N., Clayton, D. G., Everitt, M. G., Semmence, A. M., & Burgess, E. H. (1990). Exercise in leisure time: Coronary attack and death rates. *British Heart Journal, 63,* 325-334.

National Center for Health Statistics. (2001). *Prevalence of overweight among children and adolescents: United States 1999.* Washington, DC: National Center for Health Statistics.

Nestle, M. (2003). Increasing portion sizes in American diets: More calories, more obesity. *Journal of the American Dietetic Association, 103*(1), 39-40.

Neumark-Sztainer, D., & Story, M. (1997). Recommendations from overweight youth regarding school-based weight control programs. *Journal of School Health, 67*(10), 428-433.

Neumark-Sztainer, D., Story, M., Dixon, L. B., & Murray, D. M. (1988). Adolescents engaging in unhealthy weight control behaviors: Are they at risk for other health-compromising behaviors? *American Journalof Public Health, 88,* 952-955.

Neumark-Sztainer, D., Wall, M. M., Story, M., & Perry, C. (2003). Correlates of unhealthy weight-control behaviors among adolescents: Implications for prevention programs. *Health Psychology, 22*(1), 88-98.

Nicklas, T. A. (1995). Dietary studies of children: The Bogalusa Heart Study experience. *Journal of the American Dietetic Association, 95,* 1127-1133.

O'Neill, J. (2003, March 5). Field of overeating offers opportunities. *NASW News,* 27.

Patton, G. C., Johnson-Sabine, E., Wood, K., Mann, A. H., & Wakeling, A. (1990). Abnormal eating attitudes in London schoolgirls: A prospective epidemiological study: Outcome at twelve-month follow-up. *Psychological Medicine, 20,* 383-394.

Price, R. A. (2002). Genetics and common obesities: Background, current status, strategies, and future prospects. In T. A. Wadden & A. J. Stunkard (Eds.), *Handbook of obesity treatment* (pp. 73-94). New York: Guilford Press.

Price, R. A., Stunkard, A. J., & Ness, R. (1990). Childhood onset (age〈10) obesity has high familial risk. *International Journal of Obesity, 14,* 185-195.

Puhl, R., & Brownell, K. D. (2001). Bias, discrimination, and obesity. *Obesity Research, 9,* 788-805.

Ravussin, E., Lillioja, S., Knowler, W. C., Christin, L,. Freymond, D., Abbott, W., et al. (1988). Reduced rate of energy expenditure as a risk factor for body-weight gain. *New England Journal of Medicine, 318,* 467-472.

Rees, J. M. (1990). Management of obesity in adolescence. *Medical Clinics of North America, 74,* 1275-1292.

Rippe, J. M. (1998). The obesity epidemic: A mandate for a multidisciplinary approach. *Journal of the American Dietetic Association, 98*(10), S5.

Rippe, J. M., Crossley, S., & Ringer, R. (1998). Obesity as a chronic disease: Modern medical and lifestyle manuscript. *Journal of the American Dietetic Association, 98*(10, Suppl. 2), S9-S15.

Schoeller, D. A. (1990). How accurate is self-reported dietary energy intake? *Nutrition Review, 48,* 373-387.

Smiciklas-Wright, H., Mitchell, D. C., Mickle, S. J., Goldman, J. D., & Cook, A. (2003). Foods commonly eaten in the United States, 1989-1991 and 1994-1996: Are portion sizes changing? *Journal of the American Dietetic Association, 103*(1), 41-47.

Stice, E. (2002, March). The neglect of obesity. *Monitor on Psychology,* 33.

Stice, E., Cameron, R. P., Killen, J. D., Hayward, C., & Taylor, C. B. (1999). Naturalistic weight-reduction efforts prospectively predict growth in relative weight and onset of obesity among female adolescents. *Journal of Consulting and Clinical Psychology, 67,* 967-974.

Stock, M., & Rothwell, N. (1982). *Obesity and leanness: Basic aspects.* New York: Wiley.

Strauss, R. D., & Pollack, H. A. (2001). Epidemic increase in childhood obesity. *Journal of the American Medical Association, 286,* 2845-2848.

Stunkard, A. J., & Wadden, T. A. (1992). Psychological aspects of human obesity. In P. Bjorntorp & B. N. Brodoff (Eds.), *Obesity* (pp. 352-360). Philadelphia: Lippincott.

Subar, A. F., Krebs-Smith, S. M., Cook, A., & Kahle, L. L. (1998). Dietary sources of nutrients among, U.S. children, 1989-1991. *Pediatrics, 102,* 913-923.

Tammelin, T., Nayha, S., Hills, A. P., & Jarvelin, M. (2003). Adolescent participation in sports and adult physical activity. *American Journal of Prevention Medicine, 24*(1), 22-29.

Task Force on Community Prevention Services. (2002). Recommendations to increase physical activity in communities. *American Journal of Prevention Medicine, 22*(4S), 67-72.

Tiggemann, M., & Wilson-Barrett, E. (1998). Children's figure ratings: Relationship to self-esteem and negative stereotyping. *International Journal of Eating Disorders, 23*, 83-88.

Troiano, R. P., Flegal, K. M., Kuczmarski, R. J., & Campbell, S. M., & Johnson, C. L. (1995). Overweight prevalence and trends for children and adolescents: The National Health and Nutrition Examination Surveys, 1963 to 1991. *Archives of Pediatric Adolescent Medicine, 149*, 1085-1091.

U.S. Department of Agriculture, Agricultural Research Service. (1998). *The 1994-96 Continuing Survey of Food Intakes by Individuals and the 1994-96 Diet and Health Knowledge Survey.* (Available from the National Technical Information Service, Springfield, VA, Accession No. PB98-500457)

U.S. Department of Health and Human Services. (2000). *Healthy People 2010* (Conference edition). Washington, DC: Author.

Wadden, T. A., & Stunkard, A. J. (Eds.). (2002). *Handbook of obesity treatment.* New York: Guilford Press.

Wodarski, J. S., & Thyer, B. (1998). *Handbook of empirical social work* (Vol. 2). New York: Wiley.

Wodarski, J. S., Wodarski, L. A., & Parris, H. (in press). Teams-Games-Tournaments: Four decades of programmatic research. *Journal of Evidence-Based Social Work: Advances in Practice, Programming, Research and Policy.*

Children

제 4 부

아동과 청소년의 사회적 문제를 위한 예방적 개입

Adolescent

Children Adolescent

제15장

가정위탁 표류

*Susan Klein-Rothschild & Adrienne Ekas

가정위탁(foster care)은 생물학적인 가족이 안전한 환경을 제공해 주지 못하는 아동에게 임시적으로 안전한 양육 환경을 제공해 준다. 원가족으로부터 학대, 방임 또는 유기를 경험하는 가정 환경에서 양육되는 아동의 경우에 장래에 또 다른 위험을 경험할 가능성이 높기 때문에 위탁 가정에 맡겨진다. 학대당하거나 방임된 아동 중 많은 경우 그들의 가정에 서비스나 개입이 제공된다면 아동들은 가정 내에서 안전하게 자랄 수도 있다. 학대받는 아동들의 일부는 가족으로부터 격리된 아동들이다(이 책의 제18장에서 위탁 가정에 맡겨지는 아이들이 겪는 학대의 요인이나 상황에 대해 더 많은 정보가 제공된다).

가정위탁이 임시적이라는 생각은 점점 희박해지고 있다. 1970년대에 상당수의 아동들이 일시적인(temporary) 위탁 가정에서 오랜 기간 괴로운 생활을 한다는 것이 밝혀졌다. 이러한 아동들이 위탁 가정에 맡겨지는 기간이 길어질수록 아동들은 더 많은 위탁 가정을 옮겨야 하고, 그 과정에서 전환을 경험해야 하며 지속적으로 머무를 가능성이 떨어지게 된다. 이것을 가정위탁 표류(foster care drift)라고 일컫는다. 가정위탁 표류는 아동에게 좋지 않은 영향을 미친다.

*Susan Klein-Rothschild, MSW Clark County Family Services Department
Adrienne Ekas, MSW University of Nevada, Las Vegas School of Social Work

위탁 가정에 맡겨진 모든 아동들은 재결합(reunification), 입양(adoption) 및 법적 보호(legal guardianship)를 통해 정서적 · 법적 영구성(emotional and legal permanency)을 갖게 된다. 대다수의 아동에게 가족 개입을 제공하면 미래에 겪을 수 있는 손해를 줄일 수 있고, 아동은 그들의 가족과 안전하게 재통합할 수 있게 된다. 가정으로 안전하게 돌아갈 수 없거나 친척, 위탁 가정 그리고 다른 가족에게 돌아갈 수 없는 아이들은 입양이나 법적 보호의 대상이 된다. 영구성의 관점에서 덜 바람직한 대안이 있다면 정서적 · 법적 조치를 취하지 않은 채 아동을 또 다른 곳에 보내는 것이다. 모든 아동에게 그들의 삶을 위한 가족을 제공하는 것이 목표가 되어야 한다.

가정위탁 표류를 예방하면 위탁된 가정에 맡겨진 아동은 그 시간 동안 영구성을 경험하게 되고 위탁 가정에서 더 좋은 예후를 보이게 된다. 이 장은 안전을 위해 가정 이외의 장소에 맡겨진 아이들의 가정위탁 표류를 어떻게 예방할 것인지에 초점을 맞춘다.

경향과 발생률

부모의 사망이나 양육 포기, 또는 다른 가족 상황 때문에 원래의 가족 밖에서 양육되는 아동은 항상 있어 왔다. 1875년 어린 아동이 학대를 당하여 양육자로부터 격리된 사건이 발생한 이후 뉴욕에 가장 처음으로 아동학대 예방 협회(Society for the Prevention of Cruelty to Children)가 설립되었다. 1974년 아동학대 예방 및 치료에 관한 법(Child Abuse and Prevention Treatment Act)이 제정된 이후 모든 주에서는 아동학대 사례가 발견되면 이를 보고하고, 조사해야 하며, 아동에게 필요한 치료를 제공하는 것이 의무화되었다. 장기적인 경향으로 보았을 때 아동학대 보고는 상당한 발전이 있었다. 또한 아동학대의 보고가 증가했는데, 이는 학대에 대한 대중의 인식이 향상되었기 때문이다. 그러나 해가 거듭될수록 보고의 비율은 점점 낮아지는 추세에 있다(Children's Bureau, http://www.acf.hhs.gov/programs/cb).

아동학대에 대한 보고와 인식이 증가해 온 것과 동시에, 원가족과 격리된 아동이 겪는 트라우마에 대한 이해가 증가하였다. 이로 인해 아동을 가족과 격리하는 대신에 가족이 아동을 안전하게 양육할 수 있도록 가족을 강화하기 위한 노력이 생겨났다. 1980년 미국 의회는 입양 지원 및 아동복지법(Adoption Assistance and Child Welfare Act)으로도 알려진 공법 96-272(Public Law 96-272)를 통과시켰다. 이 법은 아동이 부모로부터 격리되는 것을 막고, 오히려 부모와 재결합하는 데 상당한 노력을 기울여야 한다고 명시했다. 이 법 조항은 아동의 안전과 복지, 그리고 영속성에 초점을 맞춘다. '아동을 구하는 것'이라는 철학에서 '아동을 위해 가족을 구하는 것'이라는 철학으로 바뀌었다. 아동을 위탁 가정에 배치하는 비율은 공법 96-272의 시행과 전문적인 실행, 그리고 약물 남용과 같은 지역사회 동향의 영향을 받았다.

1970년대에 전국적으로 50만 명 이상의 아동이 위탁 가정에 맡겨졌다. 이 수치는 강화된 가정 서비스, 영속성을 강조한 사례의 관찰과 검토, 그리고 집중적인 사례별 사회복지 사업 및 부모와의 계약을 실행하면서 감소되었다. 위탁 가정에 맡겨진 아이들의 숫자는 1980년대 후반에 증가하기 시작하였다. 1980년대 후반과 1990년대 초반 사이에 연방 정부는 전국적으로 매달 위탁 가정에 맡겨진 아이들 수의 평균을 집계하였는데 그 기간에 28만 명에서 42만 9천 명으로 증가했다(Zlotnick, 1999). 1999년 9월 30일에는 58만 1천 명이 위탁 가정에 맡겨진 것으로 집계되었다(Children's Bureau 웹사이트는 http://www.acf.hhs.gov/programs/cb). 위탁 가정에 맡겨진 아동의 평균 연령은 10세이다. 위탁 가정에 맡겨지는 아이들의 수가 위탁 가정을 떠나는 아이들의 수보다 훨씬 많은 것은 미국에서 위탁 가정에 맡겨진 아동인구가 증가하는 것에 영향을 미쳤다. 위탁 가정에 맡겨지는 많은 아이들은 만 1세 이하이다. 이러한 어린 아동은 종종 어머니의 약물 남용 때문에 위탁 가정에 맡겨진다. 연방 회계연도인 1999년에 25만 1천 명이 위탁 가정을 떠난 반면, 29만 7천 명이 위탁 가정에 맡겨졌다. 전체 58만 1천 명의 아동이 가정위탁을 통해 양육된 것으로 집계되었고, 12만 7천 명이 입양되기를 기다리고 있는 것으로 나타났다.

위탁 가정에 맡겨진 아이들과 관련된 가장 큰 특징 중 하나는 아동의 인종과 민족성이다. 1999년에 위탁 가정에서 양육을 받고 있는 흑인 아동의 수는 다른 어떤 인종의 아동 수보다 많았다. 입양 및 가정위탁 분석 및 보고 시스템(Adoption and Foster Care Analysis and Reporting System: AFCARS)은 1999년에 위탁 가정에 맡겨진 아동 중 34%(199,735명)가 백인, 17%(98,396명)가 라틴아메리카계 미국인, 39%(223,751명)가 흑인이라고 보고했다(AFCARS, 2001). 2000년에 백인 아동은 미국 아동인구(만 18세 이하)의 69%를 차지했고, 라틴아메리카계 미국인 아동은 17%, 그리고 흑인 아동은 15%를 차지했다(U.S. Census, 2000). 미국 아동인구 중 흑인 아동이 차지하는 비율을 감안하면, 위탁 가정에 맡겨진 흑인 아동의 비율은 아동복지체계에서 일정 비율 이상으로 높다는 것을 알 수 있다.

위탁 가정에 맡겨지는 아동의 수가 증가할수록, 가정위탁 표류와 계획 없는 장기 가정

위탁을 경험하는 아동의 수 또한 증가할 것이다. 장기적인 가정위탁이 지니는 가장 심각한 문제는 아동을 새롭게 배치할 때 한 양육자에서 다른 양육자로 바뀌면서 발생하는 문제의 비율이 높아진다는 것이다. "1960년대에는 모든 아동 배치의 40~50%가 재배치의 문제를 겪는 것으로 나타났다. 그리고 그 이후로 이러한 비율은 크게 향상되지는 않았다." (Minty, 1999) 이처럼 가정위탁의 다중배치는 청소년에게 부정적인 결과를 야기할 수 있다(Greenblatt & Day, 2000). 가정위탁 과정에서 다중배치를 경험한 청소년은 가정위탁을 마친 후에 법률을 위반하거나 수감되거나 노숙할 가능성이 높다. 뿐만 아니라 임신을 하거나 데이트 관계에서 폭력을 행사할 가능성이 높아지는 등 다양한 문제를 일으킬 수 있다(Reilly, 출판 중).

이러한 문제에 대응하기 위해, 1997년 입양 및 안전한 가족법(Adoption and Safe Families Act)이 제정되었다. 이러한 입법을 통해 아동의 안전과 복지가 중요하다는 점이 강조되었고, 아동을 위해 가정위탁 표류를 지양하고 적절한 영속성을 제공하는 필요조건이 추가되었다. 이 법안은 입양을 늘리고 아동을 위한 영속적인 배치 결정을 위해 시간관리를 잘하는 주에 대해서는 상여금을 지급하였다. 1~2년 이내에 아동을 임시적인 위탁 가정에서 영속적인 가족 환경으로 옮기는 전략을 강구하기 위해 전국적인 노력이 이루어지고 있다.

위험요인

가정위탁의 표류와 관련된 위험요인으로 흑인 아동과 장애 아동이 있다.

흑인 아동

한 연구에서 흑인 아동이 위탁 가정에 맡겨지는 수가 증가하고 있으며 백인 아동보다 더 긴 시간 동안 가정 외 양육을 받는다고 보고했다. 또한 흑인 아동은 가정 서비스를 더 적게 받으며 불공평하게도 부정적인 경험을 더 많이 한다고 밝혀졌다(Gould, 1991). 이미 포화 상태로 자금 부족을 겪는 아동복지 제도에서 이처럼 흑인 아동의 비율이 지나치게 높은 사실은 개입을 시행한다 할지라도 가정위탁의 표류와 이로 인한 부정적 결과를 가져올 위험을 증가시킨다(Brown & Bailey-Etta, 1997). 흑인 아동이 그들의 가족과 재결합될 가능성은 백인 아동에 비해 절반밖에 되지 않는다(Barth, 1997; McMurtry & Lie, 1992; Wells & Guo, 1999). 이와 유사하게 흑인 아동이 입양되기 위해 위탁 가정에 맡겨져 있을 가능성은 백인 아동보다 적다(Barth, Courtney, & Berry, 1994). 이처럼 흑인 아동은 감소된 영속성과 증가된 가정위탁 표류의 위험성을 가지고 있다.

장애 아동

위탁 가정에서 지내면서 힘들어 하는 아동에 대한 위험요인 중에는 장애 아동이 포함된다. 장애 아동은 의학적으로 몸이 허약하며 감정 및 행동장애를 지니거나 특별한 서비스를 필요로 하는 다른 장애를 지니고 있다. 건강문제를 가진 아동은 재결합될 가능성이 적고 만약 재결합이 된다고 하더라도 다시 위탁 보호소로 돌아올 가능성이 높다(Courtney, 1994, McMurtry & Lie, 1992; Wells & Guo, 1999). 또한 이러한 아동은 입양을 위해 위탁 가정을 떠날 가능성도 적다(McMutry & Lie, 1992). 행동적 문제를 가진 아동은 배치에 더 큰 어려움을 경험할 가능성이 높다(Barth, Berry, Yoshiakami, Goodfield, & Carson, 1988; Barth et al., 1986). 장애 아동은 더 짧은 영속성과 더 많은 가정위탁의 표류를 경험할 가능성이 높다.

효과적인 보편적 예방 개입

보편적 예방 개입은 개인적인 위험을 기반으로 확인되지 않은 일반 대중 혹은 전체 집단을 대상으로 한다. 위탁 가정의 표류에 대한 예방을 고려할 때, 보편적 예방 개입의 주요 대상은 일반 대중으로 아동의 안전을 지키고 가정위탁을 미리 줄이기 위한 것이다. 가정위탁의 표류는 오직 위탁 가정에 맡겨진 아동과 관련이 있다. 가정위탁을 줄이기 위해서는 아동학대를 미리 예방하고 약물 남용을 미연에 방지해야 한다.

아동학대 예방

위탁 가정에 맡겨지는 아동의 대다수는 신체적 학대, 방치, 부적절한 감시, 감정적인 학대, 성적인 학대, 그리고 의학적 방치와 같은 모든 형태의 아동학대를 포함하는 아동학대 및 방임으로 인해 위탁 가정에 보내진다. Thomlison은 "일반 대중을 대상으로 한 연구 중에서 아동학대 예방에 초점을 맞춘 대규모의 보편적 개입은 확인하기 힘들다." 라고 말한다(이 책 제18장). 수많은 양육 개선과 부모 지지 집단 프로그램, 그리고 성적 학대 예방 및 개입 프로그램들이 있다. 그러나 이러한 프로그램들은 다른 프로그램에 포함되어 실행되기 때문에 구별하기 어렵고 엄격한 평가에 제한을 받는다. 아동학대 예방은 가정위탁의 필요성을 줄이는 데 직접적인 영향을 미치고, 그렇게 함으로써 가정위탁 표류를 예방한다.

약물 남용 예방

아동학대 예방이 가정위탁의 필요성과 가정위탁의 표류를 줄여 주는 것처럼, 약물 남용의 예방도 아동학대와 가정위탁의 감소를 가져오며 이를 통해 가정위탁 표류를 예방할 수 있다. 약물 남용은 많은 가정이 아동복지단체에 관심을 갖게 되는 요소라고 알려져 있다(Administration for Children and Families, 2002; Child Welfare League of America, 1999; Chaffin, Kelleher, & Hollenberg, 1996; Harrington, Dubowitz, Black, & Binder, 1995; Peterson, Gable, & Saldana, 1996). 모든 아동복지 사례의 13~70%는 약물 남용 문제를 포함하는 것으로 추정된다(SAMHSA grant references; Magura & Laudet, 1996). 한 국가 수준의 연구(U.S. Department of Health and Human Services[HSDHHS], 1997)에 따르면, 약물 남용은 아동방치 사례의 26%에서 나타나는 문제라고 한다. 알코올과 약물 남용은 자녀에게 안전한 보살핌을 제공하는 부모의 능력을 방해한다. 청소년의 약물 남용 예방에 대한 이 책 제10장은 가정위탁 표류의 보편적인 예방 개입으로서 제공되는 효과적인 개입의 보편적 원칙과 전략을 제공한다.

가정 외 배치의 위험성을 지닌 아동을 위한 가정위탁 예방

일반 대중을 대상으로 위탁 양육을 예방하기 위한 보편적 예방 개입과 더불어, 개입 없이는 가정 내에서 불안전한 위탁 양육의 긴박한 위험에 처한 아동을 대상으로 하는 예방 개입이 있다. 이러한 개입 중 가장 면밀히 검토된 것은 집중적 가정 보호이다. 집중적 가정 보호 프로그램에 참가한 가족은 가정 외 배치를 예방하는 데 성공적이었는데 40~95%까지 가정 외 배치를 예방할 수 있었다(Fraser, Pecora, & Haapala, 1991; Schuerman,

Rzepnicki, & Littell, 1994). 집중적 가정 보호 서비스는 나라마다 다양한데, 다음과 같은 기본적인 요소를 공유한다.

- 아이는 가정에 남겨지고 서비스는 그 가정에 즉시 제공된다.
- 서비스는 짧은 기간(보통 최대 12주까지)에 가족들과 빈번한 만남(최소 1주일에 한 번)의 형태로 이루어진다.
- 다양한 형태로 진행되며 융통성 있는 구체적인 임상적 서비스가 가정에 제공된다.
- 가족들과 함께 기술을 향상시키는 것에 중점을 둔다.

효과적인 선택적 예방 개입

선택적 예방 개입은 일반적인 사람들에 비해 문제를 경험할 위험요소를 보다 많이 지닌 하위 집단을 대상으로 한다. 가정위탁 표류를 예방하기 위해서 선택적 예방 개입은 위탁 아동 전체를 대상으로 한다.

전반적인 전략

앞에서 다루었듯이, 가정위탁 표류를 예방하기 위해 노력을 강화하고 아동이 임시 위탁 가정에서 보내는 시간에 제한을 두는 것은 상대적으로 최근의 움직임이다. 폭넓은 연구 기반이 없어 가정위탁 표류를 효과적으로 예방하는 개입의 분명한 증거를 제공하지 못하고 있다. 헌터 사회복지 대학교에 있는 가정위탁과 영구 계획을 위한 국립 자료 센터(National Resource Center for Foster Care and Permanency Planning, 1999)에 따르면, 다음에 제시된 광범위한 전략들은 아동과 청소년들에게 안전과 안정성을 제공하는 최고의 실행 방법으로, 가족들은 다음의 사항을 평생에 걸쳐 실행해야 한다.

- 안전을 확보해 주고, 영속성을 이루어 주며, 가정의 역량을 강화하고, 자녀의 안녕을 신장시키기 위한 목표에 기반한 적절한 노력을 제공한다.
- 안전이 보장될 수 있다면, 불필요한 가정 외 위탁을 막기 위한 적절한 노력을 통해 조기에 개입하고 예방한다.

- 사례에서 가장 중요한 것은 안전이다. 따라서 가족을 유지하거나 재결합하는 것이 안전을 더욱 위협하는 상황이라면 이러한 노력이 필요하지 않을 수도 있다.
- 적절한 가정 외 배치가 제한을 최소화시킨다면(least restrictive) 가족과 아동에 대한 종합적인 평가를 바탕으로 시행되어야 한다. 사례 계획이 작성되어야 하며, 목표 지향적인 실행과 함께 바로 시행할 수 있는 영구 계획(permanency plan)의 사용도 권장되어야 한다.
- 안전이 보장된다면 가족의 재결합을 위해 적절한 노력을 실시하고, 아동이 가족과 관계를 유지할 수 있도록 노력한다.
- 아동이 부모에게 돌아올 수 없을 때 아동의 복지 시스템 밖에서 다른 형태로 영속성을 제공할 수 있는 적당한 노력을 기울여야 한다. 예를 들어, 입양이나 후견인을 통해서, 또는 특별한 환경의 경우에는 또 다른 계획된 대안적 형태의 영구 주거를 제공해 주어야 한다.
- 서비스를 종료하는 것이 아동에게 가장 필요하고 그 밖에 예외 상황이 아니라면 아동이 배치된 후 15개월이 지났을 때 부모 권리 탄원을 종료하는 서류 작업을 한다.
- 공동으로 협력하는 사례 활동은 친부모와 양부모, 기관의 직원, 법원과 법무사, 그리고 지역사회 서비스 제공자 사이의 파트너십을 포함한다.
- 부모-자녀 방문권을 자주 허용하고 질 높은 방문을 유지해야 한다.
- 적절한 시기마다 사례를 검토하고, 영속성 청문회를 실시하며, 아동이 인식하는 시간관념에 기초하여 아동이 어디에서 자랄 것인지에 대해 의사를 결정하도록 한다.

친족에 의한 양육

이전에 확인된 전반적인 전략들의 범위를 넘어 선택적 예방 개입은 안전을 위해서 가정 외 양육에 배치되어야만 하는 아이들에게 효과적이라고 여겨져 왔다. 친족에 의한 양육(kinship care)은 그러한 개입의 예이다. 친족에 의한 양육은 아동을 가족과 특정한 연관이 없는 낯선 가족 대신에 혈족 또는 가상의 가족에 배치하는 것이다. 안전을 위해서 가정 외에 배치되어야만 하는 아동들을 위해 친족에 의한 양육배치는 관련이 없는 양육 배치보다 더 안정적이고 오래 지속되는 경향이 있다(Inglehart, 1994; Scannapieco & Hegar, 2002; Scannapieco & McAlpine, 1997; Wulczyn & Goerge, 1992). 친족 배치에 의해 제공된 안정성은 이런 아이들의 가정위탁 표류를 예방한다. 위탁 가정으로부터 떠나기 전에 추가적으로 위탁 가정에 머무는 시간은 아동복지 분야에서 문제가 되어 왔다. 왜냐하면 비록 친족에 의한 양육이 안정적이라 할지라도 이러한 친족 배치는 입양, 후견인 또는 부모 양육권의 법적인 영속성이 없기 때문이다(Testa, 2001). Testa는 이전에 여겨졌던 것보다 친족에게 법적인 영속성에 대한 잠재력이 더 있다는 것을 알아냈다. 하지만 친족에 의한 양육의 기간이 길어질수록 친족에 의한 추가적인 안정성이 감소됨을 발견하였다. 이러한 발견은 친족에 의한 양육이 이뤄지는 경우 적절한 시기에 법적인 영속성으로 전환시킴으로써 가정위탁의 표류를 예방할 수 있음을 시사한다.

가족 참여

가정위탁 표류를 예방하기 위한 효과적인 전략의 확실한 증거를 제공하는 연구 중에서 많은 수의 아동과 가족을 대상으로 실시한 엄격한 연구는 없다. 하지만 가족의 관여와 관련된 연구 중에서 구체적으로 효과가 기대되는 실행 방법이 있다. 효과적인 참여 전략을 통해 활발한 가족 참여와 가족 사이의 긍정적인 관계를 신장시킬 수 있었으며, 이러한 변화가 긍정적인 사례 결과에 기여한 것으로 확인되었다(Dawson & Berry, 2002; Petras, Massat, & Essex, 2002).

가정위탁의 영역에서 대다수의 내담자들은 비자발적이다. 법정과 공공기관은 가족에 해가 될 위험에서 아동을 보호하기 위해 그들을 가정 외에 배치시킨다. 부모들은 자발적으로 서비스를 찾지 않으며 그것을 원하지도 않는다. 하지만 만약 부모 자신들이 아이를 양육하고 싶어 하고 자녀가 돌아오길 원한다면, 부모는 안전을 위협하는 문제를 해결하기 위한 서비스에 참여해야만 한다. 가족 참여를 증진시키는 개입은 비자발적 내담자들에게 특히 효과적인 것처럼 보인다.

가족 참여는 기존의 서비스 구조에 통합될 수 있는 전략임과 동시에 관련자들의 행동 개선을 위한 전략이다. 예를 들어, 집중적 가정 보호(Intensive Family Preservation) 서비스 모델은 가족에 대한 즉각적인 반응과 가족과의 빈번한 접촉을 포함하는 모형으로 가족 참여의 개념을 통합하고 있다. 가족 집단 회의(Familly group conference)는 영속성을 증진시키고 가정위탁 표류의 예방 가능성을 높이는 개입 전략이다. 가족 집단 회의 접근에서 가족 구성원, 친척 그리고 가족을 위한 비형식적 네트워크에 속한 개인들은 아동의 안전과 영속성에 관련된 결정을 함께 한다. Dawson과 Berry(2002)는 연구를 검토한 후 다음과 같이 치료에 참여하는 가족에게 효과적인 서비스 구성요소를 확인하였다.

- 즉각적인 가정 내에서의 서비스
- 가족에 대해 융통성 있으며 구체적인 서비스
- 가족의 장점을 사용하며 가족의 요구에 기초하여 결정을 하고, 계획 과정에서 부모와 연구자의 협력을 허용하는 가족 중심의 서비스

최근의 한 연구(Potte & Klein-Rothschild, 2002)는 어린 아동에게 가정 외 배치를 시작한 후 12개월 이내에 영속성을 얻게 하는 것과 관련된 요소들을 조사하였다. 이 연구는 영속성을 이루고 가족의 참여를 촉진하는 추가적인 서비스 요소로서 다음과 같은 것들을 제안하였다.

- 서비스 제공자와 가족 간 관계에서의 안정성(한 가족당 보다 적은 수의 연구자)
- 부모와 자녀 사이에 제공하는 방문 횟수의 증가
- 적절한 시기의 법정 청문회(청문회 사이에 시간 간격 줄이기)

서비스 구성요소 이외에, 서비스 제공자의 구체적인 행동은 가족의 참여와 치료 목적 달성을 증가시키는 협동적이고 상호적인 관계의 형성을 돕는다. 가정위탁 표류를 예방하는 치료의 목표는 안전하고 영속적인 가정의 획득이다. 예를 들어, 공감, 신뢰, 존중과 같은 행동은 비자발적인 참가자들의 성공에 특히 효과적인 것처럼 보인다(Rooney, 1992). Ronney는 다음과 같이 권고사항을 요약한다.

- 모호한 것보다는 구체적인 요구를 하라.
- 내담자가 준수해야 할 구체적인 행동을 요구하라.
- 과업을 수행할 때 훈련을 제공하라.
- 과업에 대한 긍정적인 강화를 제공하라.
- 불편함이나 어려움을 느끼지 않게 하는 과업을 선택하라.
- 과업의 선택과 설계에서 내담자의 참여를 보장하라.

효과적인 예방 전략은 프로그램의 특징 이외에도 프로그램을 실행하는 실무자의 기술에 달려 있다.

효과적인 지시적 예방 개입

지시적 예방 개입은 위탁 가정에 보내진 아동 중에서 특정 위험을 지니고 있는 대상을 위한 것이다. 이러한 특정 위험에 처한 아동 중에는 흑인 아동과 장애를 지닌 아동이 포함된다. 가정위탁 표류를 예방하기 위한 모든 유형 및 수준의 노력에 대해 이러한 노력의 효과성을 입증하는 엄격한 연구는 매우 제한적이다. 몇몇 접근들과 실행 방법들이 평가되었고 효과성에 대한 전망을 보여 주었다. 위탁 가정에 속한 청소년의 지시적 예방 영역의 경우, 최근에는 위탁 부모와 위탁 서비스 제공자에게 초점이 맞춰지고 있다. 왜냐하면 여러 곳을 전전하며 표류하여 여러 명의 위탁 서비스 제공자가 존재하게 되면 아동이 건강한 관계와 정서적 애착을 형성하는 데 어려움을 겪기 때문에 위탁 서비스 제공자 측면에서 안정성을 제공하는 것은 아동이 위탁 가정에서 보내는 시간에 상관없이 매우 중요하다. 위탁 가정에서 안정성(stability)을 이루는 것은 위탁 부모에 초점을 둔 서비스의 목표이다. 이러한 개입은 배치와 적절한 영속성의 성취에서 안정성을 촉진하기 위한 준비, 훈련, 그리고 양육 부모의 지지와 관련이 있다.

위탁 부모의 준비, 훈련 및 지지

위탁 부모의 준비, 훈련 및 지지는 모든 종류의 가정위탁 프로그램에서 매우 중요한 요소이다. 전문화된 새로운 프로그램과 지지를 제공하는 구성요소를 통해서 위탁 부모들에게 기술을 가르치고 위탁에서 겪게 되는 여러 도전들을 효과적으로 다루는 방식을 교육한다. 위탁 부모에 관한 종단연구에 따르면, 연구 참여자의 2/3가 한 번 이상의 스트레스 상황을 경험했다고 보고했다. 이러한 스트레스 상황은 대부분 배치하는 과정에서 겪는 어려움과 실패이거나 이로 인해 가정이 겪는 심적 고통이다(Wilson, Sinclair, & Gibbs, 2000). 이 연구에 참여한 위탁 부모의 약 60%는 과거에 위탁을 포기하는 것을 고려해 보았다고 응답했다. 흥미로운 점은 위탁은 아동의 나이가 많을수록 위탁 부모가 더 많은 어려움을 겪는다는 점이다. 가정위탁의 표류 위험성이 높은 장애를 지닌 위탁 아동을 맡은 경우, 위탁 부모는 더 많은 스트레스를 받았으며 위탁을 중도에 포기하고 아동을 다른 곳으로 보낼 가능성이 높았다. 이러한 경우는 결국 아동이 또 다른 곳으로 옮겨지는 것을 수반한다. 위탁 부모들에게 이러한 내용을 준비시키고 훈련과 지지를 제공하며 기술을 가르침으로써, 위탁 부모들이 어려운 아동들을 보다 효과적으로 다루도록 돕고 보다 현실적인 기대감을 가지도록 하며 아동의 재배치와 표류로 인한 스트레스를 최소화시킬 수 있다(Redding, Fried, & Britner, 2000).

또한 위탁 부모들에게 준비와 훈련 및 지지를 제공하는 개입은 위탁 아동과 그들의 생물학적 부모가 서로 연계할 수 있도록 돕는 것의 중요성을 가르친다. "방문과 다른 형태의 접촉을 통해서 위탁 아동과 부모를 연결시키는 것은 재결합을 위해 매우 중요하다. 왜냐하면 이러한 시도는 재결합을 도우며 가정 외 배치 시기에도 가족과의 유대감을 지속시키기 때문이다."(Sanchirico, & Jablonka, 2000) 뉴욕 주의 650개 위탁 가정을 대상으로 실시한 연구에 따르면, 맞춤형 전문 훈련을 받고 지속적으로 지지를 받은 위탁 부모들은 그렇지 않은 위탁 부모들에 비해 보다 많은 방문, 비방문 및 종합적 활동을 수행한 것으로 확인되었다(Sanchirico & Jablonka, 2000). 이러한 개입 방법은 특히 연령이 높은 아동과 청소년들에게 효과적일 수 있는데, 부모와 접촉하지 못한 경우 나이가 많을수록 가정위탁의 실패를 경험할 가능성이 높기 때문이다(Smith, 1986). 재결합(reunification), 적시에 이루어진 영속성(timely permanency) 및 배치의 안정성(placement stability)은 전문적인 위탁 부모 훈련과 지지를 통해 성취될 수 있다.

실행 및 정책적 함의

아동복지와 관련된 많은 실행들은 이 분야에 현존하는 연구가 많지 않아 상당히 어려움을 겪고 있다. 미국의 경우 50만 명이 넘는 아동과 청소년들이 위탁 가정에서 생활하지만 어떻게 해야 가정위탁을 예방할 수 있으며 이러한 아동과 청소년에게 안정과 영속성을 제공할 수 있는지에 대한 확실한 증거는 없다. 따라서 아동과 그들의 가족에게 서비스를 제공하는 실무자조차도 어떠한 서비스가 가장 좋은 결과를 가져오는지에 대한 충분한 정보 없이 서비스를 제공하고 있다. 그래서 이 분야에서 엄격한 연구와 평가가 더욱 절실히 필요하다.

입양 및 안전한 가족법이 1997년에 통과되면서 이러한 상황은 더욱 부각되었다. 연방법은 아동이 영속성과 안전성을 성취할 것을 요구하지만 그 결과를 얻기 위한 최적의 방법에 대해서는 아직 명확한 답이 없다. 새로운 법령의 출현과 더불어 많은 전략들이 생겨났지만, 이들 전략이 정말 원하는 결과를 성취하는 데 도움이 되는지를 밝히는 평가가 필요한 상황이다.

미래의 방향

이 장 전반에 걸쳐 언급했듯이, 가정위탁에 관한 연구가 제한되어 있고 가정위탁 표류를 예방하는 개입의 대규모 평가가 거의 없는 실정이다. 친족에 의한 양육과 집중적인 가정 보호 서비스는 증거 기반의 실천 영역이다. 가족 참여 기술의 분야 또한 효과성이 입증되었다. 위탁 가정 아동을 위한 모든 영역에 대해 예방적인 실천에 대한 더 많은 연구가 필요하다. 영구 가족이 제공하는 안도감과 안정감이 없이 이 집 저 집을 전전하는 위험에 처해 있는 청소년도 대상에 포함시키는 것을 필요로 한다.

몇몇 유형의 개입과 실천들은 가정위탁 표류를 예방하는 데 높은 효과성을 보일 가능성을 지니고 있다. 이러한 개입 전략은 가까운 시일 내에 연구되어야 할 것이다.

동시 계획

한 가지 유망한 개입 방법은 동시 계획(concurrent planning)이다(Katz, 1999). 아동이 위탁 가정에 맡겨졌을 때 아동과 가족의 필요와 장점을 평가하는 과정이 포함되어야 아동의 안전에 걸림돌이 되는 요소들을 다루는 프로그램을 개발할 수 있다. 각각의 계획은 아동을 위한 영속적인 목표를 포함해야 한다. 이 영속적인 목표는 부모와의 재결합일 수도 있고 친족을 통한 보호일 수도 있으며 입양이나 후견인, 또는 또 다른 형태의 계획된 생활 환경의 제공일 수 있다. 전통적인 서비스 방식은 대부분의 아동들을 위한 최초의 영속성 목표로서 아동과 부모의 재결합을 시도하였다. 이러한 재결합이 시기적절하게 이루어지면 가정위탁 표류를 예방할 수 있다. 그러나 부모가 성공적으로 사례 계획을 완수할 의지가 없거나 수행할 능력이 없어서 재결합이 달성되지 못한 경우에는 대안적인 영속성 목표를 바탕으로 후속 사례 계획을 개발해야 한다. 이처럼 두 번째 사례 계획에 대한 작업은 첫 번째 사례 계획이 실패한 경우에 시작된다. 이러한 과정은 본질적으로 두 번째 사례 계획이나 대안적인 영속성의 형태로 이동한 아동들에게 오랜 시간의 지연을 야기한다. 동시 계획은 이러한 시간 지연의 문제점을 다룬다.

동시 계획은 처음부터 2개의 영속성 목표와 관련된 사례 계획들의 개발을 포함한다.

영속성 목표와 관련된 작업 및 서비스와 함께 최초의 계획은 (주로 재결합) 계획대로 진행한다. 두 번째 계획과 예비 영속적 목표는 첫 번째 목표가 실패했을 경우 실시한다. 만일 2차 목표가 개입의 초기 단계부터 가족과의 협력 속에서 설정되고 2차 사례 계획 역시 목표와 조화를 이룬다면 2차 영속성 목표를 달성하는 데 걸리는 시간이 단축될 것이다. 이와 같은 방식의 접근은 결과적으로 아동이 위탁 가정에서 체류하는 시간을 줄이게 된다. 따라서 이러한 동시 계획이 가정위탁에 머무르는 기간이 연장되는 것을 예방하는 데 정말로 효과적인지 아닌지를 확인해 주는 연구가 필요하다.

동시 계획은 전국에 걸쳐 다양한 수준에서 시행되고 있다. 실제로 동시 계획은 각각 다른 장소에서 다르게 시행되고 있다. 만약 두 번째 계획이 있다면 기관은 언제 이것을 시행하기 위해 적극적인 조치를 취해야 하는가? 사회복지사는 어떻게 하면 입양 가족이나 대안적인 양육자가 관련되기 전에 부모에게 이용가능한 모든 서비스와 기회를 일관적으로 제공할 수 있는가? 임시 위탁 가정에서 살고 있는 아동은 언제 영구적인 부모가 될 양육자가 있는 가정에 배치되어야 하는가? 이와 같이 아직 실행에 관한 많은 쟁점들이 있으며 연구들이 이러한 쟁점에 대해 답을 해야 할 것이다.

정신건강 서비스

가정위탁 표류의 위험에 처한 대부분의 아동 중에는 가정의 보호를 받지 못해 정신건강 서비스가 필요한 아동과 청소년이 포함된다. 대부분의 가정위탁 아동은 신체적 학대, 성적 학대, 방임, 그리고 기본적 욕구가 충족되지 못한 경험 등을 통해 트라우마를 경험한다. 많은 아동은 그들에게 필요한 수준의 정신건강 서비스를 받지 못한다. 심리적, 정서적 문제는 그들이 가정위탁하에 있는 동안 나아지기보다 더 악화된다(Simms, Dubowits, & Szilagyi, 2000). 이러한 현상은 특히 가정위탁하에 있는 유색인종 아동에게 더욱 그러하다(Garland et al., 2000). 정신건강 치료가 필요함에도 치료를 받지 않았거나 치료가 부족한 아동과 청소년은 다루기 힘들고 양육하기가 더욱 어렵다. 생물학적 부모뿐만 아니라 아동을 돌봐주고 있는 위탁 부모 역시 그들의 행동에 압도당한다. 그래서 많은 위탁 부모는 그들의 행동 때문에 심각한 정서 및 행동장애를 갖고 있는 아동이 자신의 집에서 나가 주기를 요청한다. 이로 인해 아동이 최초로 위탁된 가정을 떠나며 그 이후에 더 많은 표류를 하게 되고 나아가 더 긴 가정위탁 생활에 대한 위험성을 증가시킨다. 약물 남용과 아동학대를 예방하는 것이 가정위탁 표류를 줄여 주는 역할을 하는 것처럼, 필요한 수준의 정신건강 서비스를 제공하는 것 또한 가정위탁 표류를 줄일 것이다.

이처럼 충족되지 못한 다양한 정신건강에 대한 요구 이외에도 어떠한 임상적 개입이 가정위탁 아동에게 가장 효과적인지에 대해서는 몇 가지 논란이 있다. 많은 위탁 부모, 입양 부모, 그리고 전문가는 전통적인 심리치료가 위탁 가정 아동에게 효과적이지 않을 것이라는 점에 동의했다. 많은 위탁 가정 아동은 애착과 유대관계의 형성을 어렵게 만드는 유년 시절의 경험을 가지고 있다(Bowlby, 1969, 1988). 가정위탁 표류를 예방하는 개입에 관한 지식을 늘리기 위해서는 정신건강 치료와 가정위탁 배치 사이의 관계에 관한 보다 많은 연구가 필요하다.

참고문헌

Administration for Children and Families Children's Bureau. (2002). *Recent trends affecting child welfare populations and programs.* Available from www.acf.dhhs.gov/programs.

Adoption and Foster Care Analysis and Reporting System. (2001). AFCARS data. Report transmitted by states to the Administration and Families (ACF). Available from www.acf.dhhs.gov/programs.

Barth, R. P. (1997). Effects of age and race on the odds of adoption versus remaining in long-term out-of-home care. *Child Welfare, 76,* 285-308.

Barth, R. P., Berry, M., Yoshiakami, R., Goodfield, R. K., & Carson, M. L. (1988). Predicting adoption disruption. *Social Work, 33*(3), 227-233.

Barth, R. P., Courtney, M., & Berry, M. (1994). Timing is everything: An analysis of the time to adoption and legalization. *Social Work Research, 18*(3), 139-148.

Barth, R. P., Snowden, L. R., Broeck, E. T., Clancy, E., Jordan, C., & Barusch, A. S. (1986). Contributors to reunification or permanent out-of-home care for physically abused children. *Journal of Social Service Research, 9*(2/3), 31-45.

Bowlby, J. (1969). *Attachment and loss: Volume I. Attachment.* New York: Basic Books.

Bowlby, J. (1988). *A secure base: Parent-child attachment and healthy human development.* New York: Basic Books.

Brown, A. W., & Bailey-Etta, B. (1997). An out-of-home care system in crisis: Implications for African American children in the child welfare system. *Child Welfare, 76*(1), 65-84.

Chaffin, M., Kelleher, K., & Hollenberg, J. (1996). Onset of physical abuse and neglect:

Psychiatric, substance abuse, and social risk factors form prospective community data. *Child Abuse and Neglect, 20*(3), 191-203.

Child Welfare League of America. (1999, January/February). Family foster care in the next century [Special issue]. *Child Welfare Journal of Policy, Practice and Program.*

Courtney, M. E. (1994). Factors associated with the reunification of foster children with their families. *Social Service Review, 68*(1), 81-108.

Dawson, K., & Berry, M. (2002, March/April). Engaging families in child welfare services: An evidence-based approach to best practice. *Child Welfare, 81*(2), 293-317.

Fraser, M. W., Pecora, P. J., & Haapala, D. A. (1991). *Families in crisis: The impact of intensive family preservation services.* New York: Aldine de Gruyter.

Garland, A., Hough, R., Landsverk, J., McCabve, K., Yeh, M., Ganger, W., et al. (2000). Racial and ethnic variations in mental health care utilization among children in foster care. *Children's Services: Social Policy, Research, and Practice, 3*(3), 133-146.

Gould, K. H. (1991). Limiting damage is not enough: A minority perspective on child welfare. In J. E. Everett, S. S. Chipungu, & B. R. Leashore (Eds.), *Child welfare: An Africentric perspective* (pp. 58-78). New Brunswick, NJ: Rutgers University Press.

Greenblatt, S. B., & Day, P. (2000). *Renewing our commitment to permanency for children: Wingspread conference summary report.* Washington, DC: Child Welfare League of America Press.

Harrington, D., Dubowitz, H., Black, M. M., & Binder, A. (1995). Maternal substance use and neglectful parenting: Relations with children's development. *Journal of Clinical Child Psychology, 24*(3), 258-263.

Inglehart, A. P. (1994). Kinship foster care: Placement, service and outcome issues. *Children and Youth Services Review, 16*(1/2), 107-122.

Katz, L. (1999). Concurrent planning: Benefits and pitfalls. *Child Welfare, 78*(1), 71-87.

Magura, S., & Laudet, A. B. (1996). Parental substance abuse and child maltreatment: Review and implications for intervention. *Children and Youth Services Review, 18*(3), 193-220.

McMurtry, S. L., & Lie, G. L. (1992). Differential exit rates of minority children in foster care. *Social Work Research and Abstracts, 28*(1), 42-48.

Minty, B. (1999). Annotation: Outcomes in long-term foster family care. *Journal of Child Psychology and Psychiatry, 40*(7), 991-999.

National Resource Center for Foster Care and Planning. (1999). *Concurrent planning and permanency planning* [Handout]. New York: Hunter College, School of Social Work.

Peterson, L., Gable, S., & Saldana, L. (1996). Treatment of maternal addiction to prevent child abuse and neglect. *Addictive Behaviors, 21*(6), 789-801.

Petras, D., Massat, C. R., & Essex, E. L. (2002, March/April). Overcoming hopelessness and social isolation: The engage model for working with neglecting families toward permanence. *Child Welfare, 81*(2), 225-248.

Potter, C. C., & Klein-Rothschild, K. (2002, March/April). Getting home on time: Predicting timely permanence for young children. *Child Welfare, 81*(2), 123-150.

Redding, R., Fried, C., & Britner, P. (2000, December). Predictors of placement outcomes in treatment foster care: Implications for foster parent selection and service delivery [Special issue]. *Journal of Child and Family Studies, 9*(4), 425-447.

Reilly, T. (in press). Transition from care: The status and outcomes of youth who have aged out of the foster care system. *Child Welfare.*

Rooney, R. H. (1992). *Strategies for work with involuntary clients.* New York: Columbia University Press.

Sanchirica, A., & Jablonka, K. (2000, June). Keeping foster children connected to their biological parents: The impact of foster parent training and support. *Child and Adolescent Social Work Journal, 17*(3), 185-203.

Scannapieco, M. H., & Hegar, R. (2002, August). Kinship care providers: Designing an array of supportive services. *Child and Adolescent Social Work Journal, 19*(4), 315-327.

Scannapieco, M. H., & McAlpine, C. (1997). Kinships care and foster care: Comparison characteristics and outcomes. *Families and Society, 78*(5), 480-488.

Schuerman, J. S., Rzepnicki, T. L., & Littell, J. H. (1994). *Putting families first.* Hawthorne, NY: Aldine de Gruyter.

Simms, M., Dubowitz, H., & Szilagyi, M. (2000, October). Health care needs of children in the foster care system. *Pediatrics, 106*(4), 909-918.

Smith, P. M. (1986). Evaluation of Kent placements. *Adoption and Fostering, 10,* 29-33.

Testa, M. (2001). Kinship, care and permanency. *Journal of Social Service Research, 28*(1), 25-42.

U.S. Bureau of the Census. (2000). *Population estimates.* Washington, DC: U.S. Government Printing Office.

U.S. Department of Health and Human Services. (1997). *National study of protective, preventive, and reunification services delivered to children and their families.* Washington, DC: Author.

Wells, K., & Guo, S. (1999). Reunification and reentry of foster children. *Children and Youth Services Review, 22*(4), 273-294.

Wilson, K., Sinclair, I., & Gibbs, I. (2000, April). The trouble with foster care: The impact of stressful events on foster care. *British Journal of Social Work, 39*(2), 193-209.

Wulczyn, F. H., & Goerge, R. M. (1992). Foster care in New York and Illinois: The challenge of rapid change. *Social Science Review, 66*(2), 278-294.

Zlotnick, C., Kronstadt, D., & Klee, L. (1999, October). Essential case management services for young children in foster care. *Community Mental Health Journal, 35*(5), 421.

Children
제16장
Adolescent

학교폭력

*Gary L. Bowen, Joelle D. Powers, Michael E. Woolley, & Natasha K. Bowen

우리의 학교는 모든 학생이 안전하게 성장하고 학습할 수 있는 안식처가 되어야 한다. 그러나 불행하게도 많은 학생들은 학교가 안전하지 않다고 느끼고 있다. 아동들과 부모, 또는 보호자들은 따돌림에서부터 교내 총기 사건, 일상적인 피해 사건과 전국적 매체를 통해 끊임없이 전해지는 충격적인 이야기들에 이르기까지 학교에서 일어나고 있는 이러한 국가적 위기를 통감할 수밖에 없다. 그로 인해 최근 수년 동안 학교폭력 예방 프로그램의 개발과 평가가 크게 증가했다. 이 장은 학교폭력 감소에 효과적이었던 예방 프로그램들을 보편적 · 선택적 · 지시적 수준에서 설명하는 것이 목적이다. 우선적으로 학교폭력의 경향과 발생률을 살펴보고, 이어서 학생 수준 및 각기 다른 생태학적 수준에서 학교폭력 발생과 관련된 위험요인들을 논의할 것이다. 그리고 정책과 프로그램의 시행 및 미래의 방향에 대한 논의로 이 장을 마무리하고자 한다.

---

*Gary L. Bowen, ACSW, PhD University of North Carolina-Chapel Hill School of Social Work
Joelle D. Powers, MSW University of North Carolina-Chapel Hill School of Social Work
Michael E. Woolley, MSW, DCSW University of North Carolina-Chapel Hill School of Social Work
Natasha K. Bowen, MSW, PhD University of North Carolina-Chapel Hill School of Social Work

경향과 발생률

경험적 연구문헌의 경우, 널리 인정되거나 명확하게 제시되는 학교폭력의 정의를 찾아보기 힘들며, 학교폭력에는 종종 문제 행동부터 불법적 행동에 이르기까지 광범위한 행동들이 포함된다. 이 장에서는 Astor, Vargas, Pitner 및 Meyer(1999)가 제시한 다음의 정의를 기준으로 사용하고자 한다. "학교폭력은 신체적 피해, 정신적 피해, 재산 피해를 포함하여 의도적으로 혹은 무분별하게 일어나는 광범위한 행동을 의미한다."(p. 140) 이 장에서 초점을 두고자 하는 것은 교내나 등굣길에서 일어나는 폭력의 예방이며 가해와 피해의 경험 모두를 포함하였다.

1990년대 후반 매체의 전면을 장식했던 일련의 끔찍한 교내 총기 사건들이 있었지만, 미국 공립학교에서 폭력으로 인한 사망은 흔하다고 볼 수 없다(Kaufman et al., 2001). 1998~1999년 동안 5~19세의 청소년 2,407명이 미국에서 살해되었는데, 그중 학교에서 일어난 사건은 33건에 불과했다. 1999년 교내에서 학생이 피해자가 된 강력한 폭력적 범죄는 18만 6천 건이었던 것에 비해 학교 밖에서는 그 수가 47만 6천 건에 이르렀다. 전체적으로 학교에서 보고된 범죄는 250만 건이었다. 그러나 1992~1999년 학교에서 발생한 강력한 폭력적 범죄율은 전반적으로 감소하였다(Kaufman et al., 2001).

Cantor과 Wright(2002)는 단지 4%의 학교에서 전체 폭력 사건의 60%가 발생한다고 설명하며, 폭력 발생률에 따라 학교를 4가지 범주로 구분하였다.

1. 무(無)범죄(No crime)
2. 단편적 범죄(Isolated crime)
3. 중간 수준의 범죄(Moderate crime)
4. 폭력적 범죄(Violent crime)

연구자들은 상위 3가지 범주의 학교들은 학교폭력 예방을 위해 교육에 초점을 두는 반면, 폭력적 범죄 범주에 포함된 학교들은 학교폭력 예방을 위해 개인 학생의 행동 수정에 초점을 둔다는 사실을 발견했다.

교장들을 통해 수집한 국가 수준의 설문 자료들을 분석한 결과(Crosse, Burr, Cantor, Hagen, & Hantman, 2002) 중학교, 고등학교, 초등학교 순으로 폭력의 비율이 높았다. 같은 연구에 따르면, 학생들 간의 신체적 싸움을 보고한 비율이 중학교는 72%, 고등학교는 56%, 초등학교는 11%였다. 전체적으로, 덜 심각한 폭력범죄(예: 싸움, 기물 파손, 절도)를 경험한 학교는 66%였으며 한 가지 이상의 강력한 폭력적 범죄를 경험한 학교(예: 무기를 사용한 싸움, 협박이나 폭력을 사용한 강탈)는 10%로 나타났다.

이에 더하여 Crosse와 동료들(2002)은 학교에서 위험과 위협을 느끼는 학생과 교사의 비율을 보고하였다. 18%의 학생들이 맞으며 협박당해 왔다고 답했고, 13%는 공격을 당해 왔으며, 11%는 강력한 폭력 행위의 희생자가 되어 왔다고 대답했다. 이와 비슷하게 교사의 62%가 학생으로부터의 위협이나 절도, 그리고 재산 피해와 같은 폭력 및 소유물 범죄 사건을 한 가지 이상 경험했다고 응답했으나, 강력한 폭력적 범죄의 경우에는 이를 경험한 교사가 3%에 그쳤다.

이러한 통계치에 비추어 봤을 때, 많은 학생들이 학교에서 안전을 느끼지 못하는 것은 놀랄 만한 사실이 아니다. 지난 10년간 학교 성공 프로필(School Success Profile)[1]을 통해서 중고등학생을 파악한 결과에 따르면, 많은 학생들은 교내 및 등하굣길에서 두려움을 느끼고 있다(G. L. Bowen & Richman, 1993, 1997, 2001). 전국 학생 표본 중에서 중학생 38%와 고등학생 24%가 교내에서 피해를 입거나 괴롭힘을 당할까 봐 "가끔 혹은 종종 두렵다"고 응답했다(G. L. Bowen, Bowen & Richman, 1998). 이와 유사하게 중학생 32%와 고등학생 21%가 등하굣길에서 피해를 입거나 괴롭힘을 당할까 봐 "가끔 혹은 종종 두렵다"고 답했다. 이러한 두려움은 범죄 및 폭력 관련 활동을 '큰 문제'라고 답한 학생들의 응답 결과와도 일치하는 것으로 보인다. 학생 설문 결과에 따르면, 학생 간 싸움(28%), 절도(27%), 학교 기물 파괴(27%), 학생 음주(28%), 불법 약물 사용(30%; G. L. Bowen et al., 1998)이 문제가 되고 있는 것으로 드러났다.

이처럼 미국 대부분의 학교들이 매우 심각한 형태의 폭력으로부터는 비교적 안전하다고 볼 수 있지만, 보통 수준의 폭력과 문제 행동은 중 · 고등학교에 만연한 문제로 자리잡고 있다. 더불어 많은 학생들은 교내에서뿐만 아니라 등하굣길에서도 폭력에 대한 두려움을 느낀다. 다음 부분에서는 학교폭력 발생률과 관련된 위험요인을 생태학적 관점의 맥락에서 확인할 것이다.

1) 역자 주: 학교 성공 프로필(School Success Profile)은 학교의 학문적 성취를 촉진하고 성취 격차를 없애기 위한 강력하고 종합적인 평가도구로, 중고등학교 학생을 대상으로 하는 온라인 자기보고 설문 시스템이다. 설문 문항은 자신, 이웃, 학교, 가족, 또래 집단에 대한 학생들의 신념을 묻도록 구성되어 있으며, 보다 자세한 정보는 http://www.schoolsuccessprofile.org/에서 확인할 수 있다.

위험요인

이 장은 Richman과 Bowen(1997)이 정리한 생태학적 관점에서 문제를 살펴볼 것이다. 생태학적 관점은 학교에서 학생들의 폭력적인 행동을 예방하기 위해서 학교 내외의 환경을 고려한다. 학생들을 둘러싼 생태학적 환경에는 중요한 미시체계(microsystems)인 이웃, 가족, 학교, 또래 집단이 포함된다(Bronfenbrenner, 1992). 아동과 청소년이 긍정적으로 발달하기 위해서는 이러한 각각의 체제 속에서 신체적 안전감을 얻고 정신적 위협으로부터 자유로워야 한다. 바꾸어 말하면, 이 환경들 중 어디에서든 폭력이 발생할 경우에는 다른 환경에서의 안전 수준과 학생의 건강 및 발달에 영향을 미치게 된다는 것을 의미한다.

또한 생태학적 관점은 학생과 주변 환경을 평가할 때 위험요인과 보호요인의 개념을 채택하고 있다. Nash와 Bowen(2002)은 위험요인을 "빈약한 발달 혹은 긍정적 결과의 획득 실패"와 연관 짓는 반면 "긍정적인 발달은 다양한 체계 수준에서 보호요인이 작용할 때 얻어질 수 있다"고 주장한다(p. 248).

이와 같은 위험요인과 보호요인이 개인의 내부 및 주변 환경에서 작용한 결과로서 얻어지는 것을 우리는 적응유연성(resilience)이라고 하는데, 이것은 학생의 발달에 영향을 미친다. 적응유연성이 개인적 특성이기는 하지만, 우리는 "적응유연성이 반드시 개인적 특성에 근거하지는 않으며 높은 위험과 예외적인 자원(보호요인)이 연쇄적으로 결합할 때 발생하는 것으로 그러한 자원들은 본질적으로 개인적인 것일 수도 있고 환경적인 것일 수도 있다."라고 말한 Richman과 Fraser의 주장에 동의한다(p. 7). 학교폭력 예방 프로그램은 위험 감소, 보호 강화, 그리고 궁극적으로는 학생 개인 및 집단의 적응유연성 향상을 목표로 해야 한다.

비록 학교폭력의 정의가 기본적으로 학교에서 발생하는 해로운 개인의 행동을 의미하기는 하지만, 학교폭력은 동시에 학교 전체 수준에서 관찰되는 현상이기도 하다. 어떤 학교들은 다른 학교들보다 더욱 폭력적인데, 그와 같은 학교폭력의 원인은 학교의 생태와 학생 개인의 내면 모두에 기인한다. 그러므로 전반적인 청소년 폭력에 관련된 문헌처럼, 구체적으로 학교폭력을 다루는 문헌이 미시적 요소(micro factors)와 거시적 요소(macro factors)를 학교폭력의 상관 및 예측요인으로 함께 규명하고 있는 것은 당연한 일이다. 다음에서는 각기 다른 생태학적 영역에서 일어나는 학교폭력 위험요인을 간략하게 살펴보고, 특히 이제까지 예방과 개입의 대상에서 덜 주목받아 왔던 학교와 지역사회 수준에서의 요인에 초점을 맞추고자 한다.

학생의 특성

학교폭력과 성별, 성적 지향(sexual orientation),[2] 인종/민족, 나이와 같은 요소들 간의 관계는 여러 연구에서 검토되었다(Alexander & Curtis, 1995; N.K. Bowen & Bowen, 1999; Harris & Associates, 1999; Singer & Miller, 1999; Snyder & Sickmund, 1999; Youth Pride, 1997). 학교폭력의 주된 가해자와 피해자는 여전히 남학생이다(Singer & Miller, 1999; Snyder & Sickmund, 1999). 또한 학교에 무기를 소지하고 가는 것도 대부분 남학생이다(Snyder & Sickmund, 1999). 성적 지향은 학교폭력의 피해자가 되는 것과 관련이 있다(Youth Pride, 1997). 몇몇 연구는 흑인이 백인보다 학교폭력에 더 자주 노출된다고 지적한다(N. K. Bowen & Bowen, 1999). 흑인과 히스패닉계 청소년들은 다른 인종이나 민족의 학생들보다 학교에서 싸움을 더 많이 하고 등하굣길에서의 불안을 이유로 결석을 하는 경향이 있다(Snyder & Sickmund, 1999). 마지막으로 Hawkins와 동료들(1998)은 종합적이고 엄격한 검토를 통해 청소년 폭력에 관한 개인적 수준에서의 예측요인을 정리하였는데, 여기에는 임신 및 출산 시에 발생한 문제나 주의력결핍과잉행동장애와 같은 초기 발달요인과 아동기의 공격성과 부정직함, 폭력에 대한 호의적인 태도, 경찰에 대한 적대감과 같은 후기 발달요인이 포함된다.

가족의 특성

사회 · 경제적 지위가 낮거나 한부모 가구와 같은 가족의 특정한 인구학적 특징은 학교폭력과 관련이 있다(Barton, Coley, & Wenglinsky, 1998; N. K. Bowen & Bowen, 1999; Orpinas & Murray, 1999). 나아가 부모의 양육 행동과 태도 등도 상관이 있는데 자녀를 잘 돌보지 않거나 자녀와 관계가 안 좋은 경우, 그리고 부모가 싸움에 호의적인 태도를 보이는 경우이다. 이와 같은 부모의 요인들은 학교폭력을 포함하는 공격적인 행동과 상관이 있다(Orpinas & Murray, 1999). 청소년 폭력에 관한 Hawkins와 동료들(1998)의 광범위

2) 역자 주: 동성애(homosexual), 이성애(heterosexual), 양성애(bisexual)에 관련한 개인의 성적 성향을 일컫는다.

한 문헌 분석에 따르면, 범죄 경력이 있는 부모, 일관성이 없거나 비효과적인 훈육, 가족 갈등, 생활 스트레스, 주거 유동성(residential mobility)과 부모-자녀 관계의 문제 등이 폭력 행동을 예측하는 부가적인 가족요인으로 확인되었다.

또래의 특성

청소년이 비행 또래 집단이나 불량배와 연관된 또래 집단에 노출될 경우에 폭력을 포함한 반사회적 행동 위험이 증가한다(Hawkins et al., 1998; Henggeler, Schoenwald, Borduin, Rowland, & Cunningham, 1998). 그러므로 학교폭력을 감소시키려면 학교의 개입 노력은 반드시 또래체제를 대상으로 삼고 평가해야 한다. 청소년 비행에 대한 부정적인 또래 집단의 영향력이 자녀에 대한 부모의 관심을 통해 완화될 수 있다는 증거들이 있다. 그러므로 또래 집단에 의해 발생되는 청소년의 부정적 행동을 줄이기 위해 개입할 때 가족을 평가하고 가족에 초점을 두는 것도 중요할 것으로 보인다.

학교의 특성

학교폭력은 학교의 구조적인 특성과 분위기 모두와 관련이 있다. 재학생 수가 많을수록(G. L. Bowen, & Richman, 2000; Cantor & Wright, 2002), 소수민족 학생의 비율이 높을수록(Cantor & Wright, 2002), 또는 교내에 불량배가 존재할 경우 모두 학교폭력과 밀접한 연관이 있다. Barton과 동료들의 조사에 따르면, 공립학교 8학년 학생들은 같은 조건의 사립학교 학생에 비해 덜 안전하다고 느끼며 미국의 남동부 학생들이 북동부 학생들보다 덜 안전하다고 느낀다고 보고되었다. Cantor와 Wright의 조사에 따르면, 폭력적 범죄가 발생한 학교 중의 36%는 시골 지역에 있는 학교였다. 이는 학교폭력이 도시만의 문제라는 고정관념에 반하는 결과이다. 중·고등학교의 폭력에 관한 상대적인 결과는 일관적이지 않다. 어떤 결과들은 중학교가 폭력에 더욱 연루되었다고 말하지만(Cross et al., 2002), 그 반대의 결과를 낸 연구들도 있다(N. K. Bowen & Bowen, 1999; Singer & Miller, 1999).

학교폭력의 정도와 관련 있는 학교의 사회적 환경요인과 분위기는 다음의 것들을 포함한다. 행동과 상호작용에 대한 기대, 교사-학생 간의 관계, 교육 방침, 그리고 행정적인 리더십이다(Alexander & Curtis, 1995; Welsh, 2000; Yogan, 2000). Welsh는 6천 명 이상의 필라델피아 중학생들을 대상으로 한 연구에서 학교 분위기의 여러 측면, 즉 규칙의 공평함과 투명함, 학생에 대한 존중, 학교 행사에 관한 학생들의 영향력, 학교 발전을 위한 계획과 시행을 위한 노력 등의 요소들이 학교폭력과 무질서에 어떠한 연관이 있는지 조사하였다. 연구 결과에 따르면 학교 무질서의 정도가 학교의 분위기와 관련이 있다는 것을 발견했다. Welsh는 구체적으로 다음과 같이 결론지었다. 학생과 교직원 사이의 관계에 대한 특징과 기대는 학교에 대한 안전감, 규율위반, 폭력으로 인한 피해와 다른 형태의 학교 무질서와도 상관이 있다는 것이다.

마찬가지로 전국적인 자료를 활용한 조사에서 Oesterle, Stoner-Eby 및 Elder(2002)는 학교의 분위기와 학생 개개인의 특성은 각각 독립적으로 안전에 대한 학생의 인식에 영향을 준다는 결과를 얻었다. 학생들은 스스로가 학교 공동체에 속한다고 느낄 때, 또한 선생님들에게 존중받는다고 느낄 때, 범죄율이 낮은 지역의 학교에 다니거나 학교의 정원이 적다고 느낄 때 더 안전하다고 느꼈다.

Hawkins와 동료들(1998)은 학교 관련 요인들 중에서 일반적으로 학업의 부진이나 교내 생활에 대한 소홀함이 청소년 폭력과 연관된 것이라고 주장한다. 그러므로 학교 관계자들이 학업 성취도와 학생들 사이의 소속감을 성공적으로 높이는 것이 학교폭력의 비율을 줄이는 역할을 할 수 있다. 대부분의 학교 분위기를 결정하는 요인 중에서 학생의 행동과 관련된 요인들은 학생-교사 사이의 관계와 상호작용과 상관이 있다. 이는 비행을 방지하기 위해 노력해야 할 실현 가능한 목표이다.

지역사회의 특성

학교폭력은 학교가 위치해 있는 지역과 학생들이 살고 있는 이웃, 혹은 지역공동체의 특성과 관련되어 있다. 예를 들어, 부적절한 학교 시설(지역 공동체 시설에서 비롯된)과 사회적 불이익이 만연한 지역사회에 위치한 학교, 높은 주거 이동성, 높은 범죄율과 빈곤 및 실업 경험 등은 더 많은 학교폭력 및 폭력의 피해와 상관이 있다(G. L. Bowen & Van Dorn, 2002; N. K. Bowen & Bowen, 1999; Cantor & Wright, 2002; Welsh, 2000). 이웃의 사회적 무질서와 부모의 양육 행동이 청소년의 학교 행동에 미치는 영향을 조사한 연구에 따르면, 이웃의 특성과 학생들의 학교 행동 간에 직접적인 관련이 있다는 것을 알 수 있다(N. K. Bowen, Bowen, & Ware, 2002). 그 연구는 특별히 문제 행동이나 싸우는 행동에 초점을 맞추지는 않았지만 그러한 행동들을 포함하며, 이웃이 가족보다 학교 행동에 더 큰 효과를 미친다는 것을 발견하였다. 보다 일반적인 청소년 폭력에 대한 연구를 보면, Hawkins와 동료들(1998)은 청소년 폭력을 예측하는 지역사회 수준의 변인의 예로 빈곤과 사회적 무질서, 약물과 범죄율, 폭력에의 노출과 인종에 대한 편견 등을 들었다.

학교 안팎에서 청소년의 행동에 지역의 환경이 영향을 미치기 때문에, 청소년 폭력을 감소시키기 위한 개입들은 청소년이 이웃에서 어떤 경험을 하고 있는지를 평가하는 것에 초점을 맞춰야 한다. 지역사회의 사회적 통합을 증진시키고 사회적 통제기제를 강화하면 폭력을 예방하고 감소시킬 가능성이 높다. 실제로 연구자들은 법률 시행, 청소년 사법, 사회적 봉사와 같은 학교와 지역 공동체 기관과의 협력이 학교폭력을 효과적으로 감소시키고 예방할 수 있다고 결론지었다(Vera Institute of Justice, 1999).

전문가들이 학교폭력에 대해 효과적인 예방 전략을 적절하게 수립하기 위해서는 학교폭력이 여러 생태학적 수준에서 일어나는 복합적인 요인에 의해 발생된다는 점을 이해하는 것이 필요하다. 또한 이처럼 복합적인 요인을 인식함으로써 전문가들은 다양한 위험요인들을 고려하여 전략을 세우고 폭력적인 개별 학생 외부의 요인을 고려할 수 있다.

효과적인 예방적 개입

예방은 최근 문헌에서 복합적인 개념으로 쓰이는 용어이다(Clayton, Ballif-Spanvill, & Hunsaker, 2001). 이 장은 Gordon(1983, 1987)의 위험(risk)-이득(benefit)의 관점에 기초하여 예방의 종류를 3가지 범주로—보편적 예방, 선택적 예방, 지시적 예방—제한하려 한다. Gordon(1983)은 신체적 질병 예방의 대안적 분류로서 이 모델을 만들었다. 미국 약물 남용 및 정신건강 서비스 관리국(The Substance Abuse and Mental Health Services Administration[SAMHSA], 2000a, 2002b)은 폭력 예방 프로그램의 접근 수준을 구별하기 위해 Gordon의 정의에서 조금 변형된 미국 의학 연구소(Institute of Medicine)의 정의를 사용한다. 이 2가지 정의는 현재 연구들에서 빈번하게 사용되고 있기 때문에, 이 장에서 효과적인 학교폭력 예방 프로그램의 예를 설명할 때 Gordon과 의학 연구소의 정의를 모두 사용하고자 한다.

효과적인 프로그램의 주요 특징

효과성에 관한 경험적 증거를 지닌 프로그램들은 다음과 같은 다양한 핵심적인 특징을 가지고 있다.

1. 각각의 프로그램들은 프로그램 실행에서 충실도(fidelity)와 일관성(consistency)을 증진시키는 매뉴얼이나 교육과정을 포함하고 있다.
2. 프로그램은 아동들의 보호요인으로 작용하는 친사회적인 행동을 통해 부정적인 행동을 바꾸는 데 목표를 두고 있다.
3. 대부분의 프로그램은 부모교실, 가정 방문 혹은 멘토링과 같은 요소를 제공함으로써 아동을 둘러싼 환경의 복합적인 영역에 목표를 두고 있다.
4. 대다수의 프로그램은 어린 나이의 학생들을 대상으로 삼고 있으며, 장기적인 관점에서 꾸준히 실행되는 것을 목표로 두고 있다.
5. 여러 프로그램들은 교직원의 전문성 신장을 위한 연수를 제공함으로써 학교 분위기와 문화를 개선하기 위해 노력한다.

우리는 예방의 각 유형에서 3가지 혹은 4가지 프로그램을 상세하게 기술하고자 한다. 상세히 기술된 프로그램을 제공함으로써 학교에서 서비스를 제공하는 사람들이 학생들의 구체적인 요구에 부응하는 적절한 예방 프로그램을 찾는 데 도움을 주고자 하였다. 우리는 Catalano, Berglund, Ryan, Lonczak 및 Hawkins(1998)와 Greenberg, Domitrovich 및 Bumbarger(1999)이 이전에 수행한 청소년 예방 프로그램에 관한 개관이 매우 많은 정보를 담고 있음을 발견하게 되었다. 학교폭력 관련 프로그램은 〈부록 2〉를 참조하기 바란다.

보편적 프로그램

약물 남용 및 정신건강 서비스 관리국(SAMHSA)과 의학 연구소는 보편적 예방 개입(universal preventive interventions)을 "개인적 위험성이 아직 확인되지 않은 일반적인 사람들 혹은 전체적인 집단들을 대상으로 하는 활동"으로 정의한다(SAMHSA, 2002a). 유사하게, Gordon은 보편적 예방을 모든 사람들에게 필요한 조치로 명명하였다(Gordon,

1983, p.24). 이 장에 기술된 보편적 예방 프로그램은 Second Step, 평화롭고 긍정적인 방법으로 대응하기(Responding in Peaceful and Positive Ways: RIPP), 시애틀 사회 개발 계획(Seattle Social Development Project: SSDP)이다. 대안적 사고 전략 향상 프로그램(Promoting Alternative Thinking Strategies: PATHS) 또한 보편적 프로그램이지만 복합적인 구성요소를 설명한 부분에서 논의하였다. 왜냐하면 종종 이 프로그램은 선택적 예방 프로그램인 Fast Track과 관련이 있기 때문이다.

Second Step

아동 위원회(Committee for Children)는 Second Step을 개발했다. 이 프로그램은 학교를 기반으로 하는 사회적 기술 프로그램으로, 인지적-행동적 원리와 사회학습 원리를 통합적으로 사용하며 4~14세를 대상으로 한다. 프로그램의 3가지 핵심 기술 발달 구성요소는 공감(empathy), 충동 통제(impulse control) 및 분노 조절(anger management)이다(Leff, Power, Manz, Costigan, & Nabors, 2001). Second Step 교육과정은 학급 교사가 가르치는 것이며, 여러 상황을 보여 주는 사진 카드를 사용하여 토론을 하고 기술을 신장시킬 수 있는 기회를 제공한다(Frey, Hirschstein, & Guzzo, 2000; Greenberg et al., 1999). 또한 가정에서 새로운 기술을 강화시킬 수 있도록 안내하는 부모용 비디오도 사용한다. Second Step 프로그램의 평가 결과를 보면 학급에서 신체적 공격이 줄어든 것을 확인할 수 있다. 한 연구는 통제 집단 연구에 참여한 49개 학급의 2학년과 3학년 학생들 790명을 대상으로 평가를 하였다(Grossman et al., 1997). 2주 후 실시한 사후 검증 결과, 친사회적 행동이 증가하고 신체적 공격이 줄어드는 것으로 나타났다. 프로그램 시행 6개월 후 추수 검증에서는 교실 안에서의 신체적 공격이 뚜렷하게 감소한 것을 확인하였다(Frey et al., 2000).

평화롭고 긍정적인 방법으로 대응하기(Responding in Peaceful and Positive Ways: RIPP)

Albert Farrell이 개발한 이 프로그램은 중학생을 대상으로 한다(Farrell, Meyer, & White, 2001). RIPP 프로그램은 위험을 줄이는 것과 폭력적인 행동을 감소시키기 위한 방법, 그리고 친사회적인 행동을 증가시키는 것에 초점을 둔다(SAMHSA, 2002b). 이 프로그램은 사회 인지 학습에 기반하고 있으며 비폭력적인 대안 행동의 사용을 증진시킨다. RIPP 교육과정은 6학년의 경우 25회기를 실시하는 것으로 되어 있으며, 7학년과 8학년은 12회기를 실시하는 것으로 되어 있다. 또한 학교 전체의 또래 중재 프로그램이 학급 교육과정에 따라 시행된다. 교육과정은 매주 45~50분 단위로 가르치게 되며 팀 작업 활동, 반복과 연습, 기술 획득과 일반화를 위한 역할 놀이와 같은 기술을 사용한다(Greenberg et al, 1999).

RIPP 프로그램에는 몇 가지 독특한 특징들이 있다. 먼저 강의하는 성인을 역할 모델로 사용하며 예방 촉진자로서의 역할을 수행한다. 역할 모델을 포함하는 것은 비폭력적 문제 해결을 하는 데 필요한 기술과 태도를 적극적으로 보여 주기 위한 것이다. RIPP의 또 다른 독특한 특징은 이 프로그램에 참가했던 학생들은 주로 도시에 살았던 흑인 학생들이었다는 점이다(Greenberg et al., 1999).

RIPP에 관한 연구 결과에 따르면, 프로그램 참가자들이 징계를 거의 받지 않았으며 프로그램이 끝난 후에도 학교에서 정학을 거의 당하지 않았고 이러한 감소는 프로그램이 끝난 후 12개월 후까지 유지된 것으로 나타났다(Farrell et al., 2001). 연구 표본은 602명의 6학년 학생들로 구성되었으며, 그 표본 중 50%은 남학생이었고 96%는 흑인 학생들이었다. 무선배정을 사용한 통제 집단 비교 연구에서 RIPP 참가자들이 속한 집단의 경우, 학교에 무기가 될 물건을 가져오는 비율이 감소하고 싸워서 학교에서 정학 당하는 비율이 통제 집단에 비해 줄어든 것으로 나타났다(Greenberg et al., 1999).

시애틀 사회 개발 프로젝트(The Seattle Social Development Project: SSDP)

David Hawkins와 Richard Catalano는 사회 개발 모델에 근거한 시애틀 사회 개발 프로젝트(SSDP)를 시작했다. 학교와 가정에 기반을 둔 이 프로그램은 1~6학년 학생들을 대상으로 보호요인을 증가시켜 약물 남용과 비행에 대한 아동기의 위험 감소를 추구한다. 프로그램의 목적은 친사회적 유대감을 증가시키고 학교에 대한 애착을 강화하여 부정적인 행동을 감소시키는 것이다. SSDP는 강점에 초점을 둔 교수 훈련(teaching training)과 부모의 효율성 증진을 결합하였다(Greenberg et al., 1991). 교사들은 협동학습과 학급경영 훈련을 받는 반면, 학부모들은 가정에서의 관리와 가정의 학습 환경을 포함한 자녀의 성장과 안녕에 대한 주제에 대해 선택적으로 훈련을 받는다.

한 연구 결과에 따르면 SSDP는 교사가 보고한 학생의 공격성을 감소시키고 가족의 대화와 가족의 관리 및 가정 학습 환경이 개선되었음이 학생의 보고를 통해 확인되었다(Greenberg et al., 1991). 한 연구에 따르면, 개입을 받은 학생은 통제 집단의 학생들보다 성취에서 향상을 보였고 학교에서 문제 행동이 유의미하게 감소되었다(Catalano et al., 1998).

선택적 프로그램

의학 연구소는 선택적 예방 개입을 "장애로 발전될 위험이 평균 이상으로 높은 집단의 개인이나 하위 집단을 대상으로 한 활동"으로 분류했다(SAMHSA, 2002a). Gordon(1983)에 따르면 선택적 예방은 바람직하지 않은 결과를 경험할 가능성이 더 높은 집단의 하위 그룹에 초점이 맞춰져 있다. 이러한 지침에 기초하여, 이 절에서 강조하여 설명한 선택적 프로그램은 가족과 학교 협력 프로그램(Famillies and Schools Together: FAST)과 성공을 향한 첫걸음(First Steps to Success: FSS)이다. Fast Track 또한 선택적 접근 프로그램의 하나이지만, 이것은 보편적 프로그램인 PATHS와 결합되어 사용되기 때문에 이 프로그램은 다중구성요소 부문에서 상세히 다루어진다.

가족과 학교 협력 프로그램(Families and Schools Together: FAST)

Lynn McDonald이 개발한 FAST 프로그램은 학교, 가정, 지역사회에 기반한 가족치료 프로그램이다. 이 프로그램은 약물과 알코올남용, 학교생활 실패, 청소년 비행의 위험 가능성이 있는 4~13세의 학생을 대상으로 한다. 부모-전문가로 구성된 협력팀을 사용하는 FAST 프로그램은 체계적인 방식을 사용하여 전체 가족들을 대상으로 시행되며 위기에 처한 청소년 부모의 관여를 증진시키기 위해 다가구의 그룹을 조직한다(Bilchik, 1999). FAST 가족 회기는 1주일에 한 번, 2시간 30분간 진행되며, 8~10주에 걸쳐 지속되고 2년 동안 1개월에 한 번의 추수 회기를 갖게 된다. 이러한 집단 과정의 목적은 사회적 고립을 줄여서 청소년 비행과 약물 남용을 예방하는 것이다.

FAST 프로그램에 포함된 많은 개별적 활동은 각각에 대해 개별적으로 평가되었고 성공적임이 증명되었다. 게다가 종합적 FAST 프로그램의 평가는 교실과 가정에서 학생의 긍정적인 행동이 증가되었음을 보여 주었다. 그리고 개입 이후 학교 차원에서 긍정적인 성과가 2년 동안 지속적으로 유지됨을 보여 주었다(McDonald, Billingham, Conrad, Morgan, & Payton, 1997). 예를 들어, 개입 후 2년과 4년이 지난 후에 FAST 참여자 그룹 249명의 부모들을 대상으로 인터뷰를 실시하였다. 기능과 행동에 대한 표준화된 검사를 실시한 결과 아동의 행동이 유지되거나 향상되었음이 나타났다(McDonald et al., 1997).

성공을 향한 첫걸음(First Steps to Success: FSS)

Hill Walker가 개발한 FSS 프로그램은 반사회적 행동양식으로 악화될 수 있는 위험이 있는 유치원 아동을 대상으로 한다(Walker, Stiller, Severson, Feil, & Golly, 1998). 이 개입은 가정에서 부정적인 행동양식을 배운 아동은 장차 미래에 부적응 행동을 보일 수 있다는 가정에 기반하고 있다(Greenberg et al., 1999). 이 프로그램의 목적은 유치원 아동들이 반사회적 행동을 발전시키는 것을 예방하고 사회적 기술을 가르치는 데 있다(Walker et al., 1998).

2~3개월 과정의 FSS 프로그램은 특별한 과정보다는 체계적인 행동을 가르친다. 이 프로그램의 목적은 교수 기술과 양육 기술을 가르쳐서 프로그램이 끝난 후에도 기술이 지속될 수 있게 하는 것이다. 이 프로그램은 검사를 실시하여 대상을 평가하고 고위험군 유치원생들을 선별한다. 공격성을 줄이고 사회적 기술을 높이기 위해 교실에서 개입을 한다. 그리고 가정에서는 부모의 효과적인 양육 기술을 신장시키기 위해 부모와 함께 작업한다(Leff et al., 2001; Walker et al., 1998). 이 프로그램은 점수를 부여하는 시스템을 사용하고 바람직한 행동에 대한 보상을 제공하며 아동에게 매일 지속적인 피드백을 제공하는 전략을 포함하고 있다. 또한 자문가는 교사와 부모를 돕는다(Greenberg et al., 1999).

연구에 따르면 FSS 참여자는 통제 집단에 비하여 더 많은 적응적 행동을 보이고 더 적은 반사회적 행동을 보인다고 한다(Greenberg et al., 1999). 한 연구에서 46명의 학생들을 실험 집단과 대기 통제 집단(wait-list control groups)으로 무선배치하였다. 개입 종료 1년 후와 2년 후에 교사들은 개입 집단이 공격성을 덜 보이고 더 많은 적응적 행동을 보인다는 것을 확인하였다(Walker et al., 1998).

지시적 프로그램

약물 남용 및 정신건강 서비스 관리국(SAMHSA)과 의학 연구소는 지시적 예방 개입을 "최소의 증상이지만 확인할 수 있는 정도의 장애 증상이 확인되거나, 장애 성향을 나타내는 생물학적 표시를 지니고 있어 위험 환경에 있는 개인을 위한 활동"으로 정의한다(SAMHSA, 2002a). Gordon(1983)은 지시적 개입을 "개인적으로 위험한 요인과 조건, 비정상성이 명백히 확인되고, 예방적 개입이 요구될 만큼 충분히 고위험군인 아동을 대상으로 하는 것"이라고 정의했다(p. 24). 이 절에서 구체적으로 설명된 지시적 수준의 예방 프로그램은 분노 대처 프로그램(Anger Coping Program: ACP), 조기개입: 성공을 위한 기술 프로그램(Early Risers-Skills for Success: ER), 다중체계 가족치료(Multisystemic Family Therapy: MST)를 포함한다.

분노 대처 프로그램(The Anger Coping Program: ACP)

John Lochman이 개발한 이 프로그램은 분노 자극에 대한 사회・인지적 모델에 기반한다. 학교기반 프로그램은 공격적이거나 파괴적인, 또는 분노 조절에 어려움을 겪는 9~12세의 학생들을 대상으로 한다. 개입의 목적은 미래의 행동장애, 약물 남용, 비행을 줄이는 데 있다(Greenberg et al., 1999). 소그룹(4~6학생) 개입 프로그램으로 1주일에 한 번 45~60분간씩 18주 동안 실시된다(Lochman, Dunn, & Klimes-Dougan, 1993). 건강 전문가/학교 종사자가 진행하는 수업은 자기모니터링, 관점 취하기(perspective-taking), 사회적 문제 해결 기술에 초점을 둔다. 이 프로그램은 8~14세 청소년기 전의 남학생을 대상으로 이전에 사용된 적이 있지만, 5~7세의 남자 아동에게 맞게 변형되었다(Leff et al., 2001). 또한 양육에 대한 구성요소가 최근 추가되었다.

이 프로그램에 대한 평가가 8개 학교의 76명의 남학생을 표본으로 하여 실시되었다. 대상은 9~12세였고, 56%가 흑인 학생이었다. 교실 관찰을 통한 평가에서 실험 집단의 남학생들은 통제 집단의 남학생들보다 파괴적인 문제 행동을 덜 보였다. 또한 7개월간 후속 관리 개입을 받은 남학생은 과업에 집중하는 행동을 더 많이 보여 주었다(Greenberg et al., 1999). 또 ACP 프로그램의 참여자를 평가한 또 다른 평가에서는 목표를 설정하는 과정을 점검하고 매주 각 학생에 대해 평가를 실시한 경우, ACP에서 배운 기술을 교실 환경에서 보다 잘 적용한다는 것이 확인되었다(Lochman et al., 1993).

조기개입: 성공을 위한 기술 프로그램(Early Risers: Skills for Success Program: ER)

Gerald August, Gorge Realmuto 및 Michael Bloomquist가 개발한 ER 프로그램은 반사회적 행동이 이른 시기에 시작된다는 조기 진입자 모형(early starter model)에 근거하고 있으며 행동장애를 발전시킬 위험에 있는 6~10세의 학생을 대상으로 한다(August, Realmuto, Hektner, & Bloomquist, 2001). 이 프로그램의 목적은 문제 해결, 의사결정, 조절 기술과 함께 긍정적인 자아상(self-image)을 증진시키는 데 있다. 이 프로그램은 일반적인 사회 기술에 초점을 두는 것뿐만 아니라 부가적으로 읽기와 수학 교육을 포함한다. 공격적이거나 파괴적인 문제 행동에는 특별한 관심을 기울여야 한다. 이에 더하여, 이 프로그램은 부모-학교 상호작용과 스트레스 관리 내용을 다루는 가족 지지 구성요소를 통합한다(SAMHSA, 2002b).

개입 처치를 받은 10개 학교와 10개 통제 학교를 대상으로 ER에 관한 연구가 실시되었다. 최근 2년의 연구 결과에 따르면, 개입을 받은 집단은 학업 능력이 향상된 반면, 통제 집단에서는 학업 능력이 다소 감소하였다. 개입 2년 후에 학생들은 통제 집단에 비해 학교적응 행동 또한 향상되었음을 보여 주었다(August et al, 2001).

다중체계 가족치료(Multisystemic Family Therapy: MST)

Scott Henggeler가 개발한 MST 프로그램은 12~17세의 청소년을 대상으로 한다(Henggeler & Borduin, 1990). MST는 주로 학교를 기반으로 하기보다는 가족 지향, 가정 기반 프로그램이므로 이 장에서 소개할 프로그램들 중에서 특별하다. 이 프로그램은 양육 기술과 가족 구성원들 사이의 관계를 강화시킴으로써 청소년들의 반사회적인 행동, 약물 남용, 그리고 범죄 행동을 줄이는 것을 목표로 한다(SAMHSA, 2002b). 이 중다체제적 접근은 청소년을 서로 연결된 체제의 참여자로 생각한다. 이 접근은 하나 이상의 체제에 개입해야 치료가 효과적일 수 있다고 강조한다(Kazdin, 2000).

MST는 4개월에 걸쳐 거의 60시간의 회기를 통해 시행된다. 이것은 부모의 역량을 강화시키고 강점과 지지체제를 확인하는 것에 초점을 맞춘다. 상당수의 연구는 이 접근이 청소년 범죄 활동의 장기적인 감소를 가능하게 한다는 것을 보여 준다(Henggerler, Melton, Brondino, Scherer, & Hanley, 1997). 개입 이후 2~5년 뒤의 추수연구 평가는 다른 처치와 비교했을 때 정서적이고 행동적인 문제와 비행의 감소, 그리고 가족 기능이 향상되었음을 보여 준다(Kazdin, 2000).

다중요인 프로그램

다중요인으로 분류되는 프로그램들은 Gordon이 최초로 제시한 유형을 2가지 이상 결합한 것을 의미한다. 즉, 여러 가지 수준의 예방 접근을 결합한 경우이다. 이 절에서는 따돌림 예방 프로그램(Bullying Prevention Program: BPP), 가족 강화 프로그램(Strengthening Families Program: SFP), 대안적인 사고 전략 증진(Promoting Alternative Thinking Strategies: PATHS)과 결합된 Fast Track(FT)의 3개의 프로그램에 대해서 자세하게 설명하고자 한다.

따돌림 예방 프로그램(Bullying Prevention Program: BPP)

Dan Olweus가 개발한 이 프로그램은 6~15세 학생들을 대상으로 하는 보편적이고 선택적인 개입이 함께 있는 다중요인 프로그램이다. 이 프로그램은 학교를 기반으로 하고 있고 지속적인 회기를 포함하며, 교육과정이라기보다는 구조화된 접근이다. BPP는 모든 학생을 대상으로 하는 익명의 설문지, 학급 규칙과 모임, 그리고 가해자 혹은 피해자로 확인된 아동들의 부모와 자녀들에게 제공하는 별개의 개입을 포함한다(Olweus, Limber, & Mihalic, 1999). 이 프로그램은 학생들의 긍정적인 관심을 유도하고, 명확하고 분명한 행동의 한계선을 제공한다. 폭력을 행사하면 적대적이진 않지만 부정적인 결과를 경험한다는 것을 배우게 하고 동시에 성인을 통한 역할 모델을 제시함으로써 또래 간의 관계를 개선하고 긍정적인 학교 풍토를 조성한다(Olweus, 1994).

한 조사 연구에 따르면, 4~7학년 학생 2,500명을 표본으로 동년배 집단설계(cohort group design)를 사용했다(Olweus, 1994). 연구는 학급과 따돌림 문제의 수준에서 따돌림의 수가 또래평정 결과 감소했음을 보였다. 또한 학교생활에 대한 학생들의 만족이 증가했다고 보고했다. 나아가 이 연구는 BPP가 개입된 지 2년 이후에 따돌림, 반사회적인 행동, 새로운 피해자에 관한 보고가 줄어든다는 것을 밝혔다.

가족 강화 프로그램(Strengthening Families Program: SFP)

Karol Kumpfer가 개발한 이 프로그램은 이전에는 아이오와 가족 강화 프로그램(Spoth, Redmond, & Shin, 1998)으로 알려졌다. 이 프로그램은 6~14세 학생들을 대상으로 하는 보편적 · 선택적 · 지시적 개입을 포함하는 다중요인 프로그램이다. 학교와 가정을 기반으로 하며, 학생과 가족에게 7~14회기의 형태로 진행된다. 인지 행동 접근을 사용하며, 청소년의 알코올 · 약물 남용과 파괴적 · 공격적 행동의 시작을 지연시키는 것을 목표로 한다. 제목이 의미하는 것처럼, 이 프로그램은 가족 내의 관계를 강화시키고 부모와 자녀의 생활 기술을 증가시키기 위해 사용된다(SAMHSA, 2002b).

이 프로그램에 관한 한 연구는 개입을 받은 238팀의 가족과 통제를 받은 208팀의 가족을 표본으로 사용하였다. 프로그램의 참여자들은 통제 집단의 참여자들에 비해 양육행동, 자녀관리, 그리고 아동의 정서적인 질 측면에서 상당히 긍정적인 효과를 보여 주었다(Spoth et al., 1998). 또한 SFP는 공격적인 행동을 줄이는 데도 효과적이라는 것이 증명되었다(Spoth, Redmund, & Shin, 2000).

Fast Track(FT)과 대안적인 사고 전략 증진(Promoting Alternative Thinking Strategies: PATHS)

품행 문제 예방 연구 집단(Conduct Problems Prevention Research Group: CPPRG)이 개

발한 이 다요인 프로그램은 위험에 처한 아동들의 품행 문제를 예방하는 것을 목표로 한다. 이 프로그램은 학교와 가정에 기반을 둔 프로그램으로 1~6학년에게 시행된다(CPPRG, 2002). 이 개입은 품행장애의 발달적인 이론에 기반을 두고 있으며, 다중적인 영향의 상호작용이 청소년에게 부정적인 결과를 이끌 것이라고 가정하고 있다(Greenberg et al., 1999). Fast Track 하나만 보면 분명하게 선택적인 학교기반 예방 프로그램이다. 하지만 보편적인 접근의 성격을 지닌 대안적인 사고 전략 증진(PATHS) 교육과정과 결합되어 다요인 예방 프로그램이 되었다.

FT 프로그램은 특별히 유치원에서 또래관계가 좋지 못하고 문제 행동과 공격적인 행동을 보이는 아동들을 대상으로 한다(PATHS, 1999). 이 프로그램은 인지적 기술, 사회적 기술, 문제 해결 기술의 신장을 목표로 한다(Greenberg et al., 1999). 이 프로그램은 고위험으로 확인된 학생의 부모, 학급 또래, 그리고 고위험 학생을 위한 내용을 포함한다. 학생은 매주 사회적 기술 훈련 집단에 참여한다. 그리고 사회적으로 능숙한 또래와 함께 회기에 참가하며, 읽기 영역의 개인 튜터링을 받는다(Clayton et al., 2001).

FT프로그램은 1학년에게 1주일에 3번씩 총 57번의 강의를 제공한다(Greenberg et al., 1999). 덧붙여 120분으로 구성된 22번의 부모-훈련 회기는 분노 통제, 효과적인 훈육 기술, 그리고 학업 수행과 학교 참여 육성을 촉진한다(Mytton, DiGuiseppi, Gough, Taylor, & Logan, 2002). 마지막으로 이 프로그램은 부모의 문제 해결 기술을 강화하고 부모의 역량과 효율성에 관한 부모의 자신감을 높이기 위해 12번의 격주 가정 방문을 포함한다(Greenberg, Kusche, & Mihalic, 1998).

Mark Greenberg가 만든 PATHS 교육과정은 사회적이고 정서적인 상황에서의 반응과 행동관리능력 강화에 초점을 둔 보편적인 학교기반 역량 강화 수업으로 구성되어 있다(Greenberg et al., 1998). 이 프로그램은 정서적-행동적-인지적 역동 발달 모델(Affective-Behavioral-Cognitive-Dynamic model of development)에 기반을 두고 있다.

교육자와 상담자는 1주일에 3번, 131번의 강의 교육과정을 5년까지 실행한다. 교사는 일관성을 증진시키기 위해 교육과정 자문위원과 격주로 회의하는 것뿐만 아니라 2~3일간 훈련 연수에 참석한다(Greenberg et al., 1998). 교사는 고위험 학생들에게 Fast Track 개입을 시작하는 동시에 학급 전체를 대상으로 PATHS를 시행한다.

PATHS 개입을 받은 학생들은 상당한 개선을 보였다(Greenberg et al., 1998). 한 연구는 정규 교육과정을 수행 중인 1학년 학생 200명의 표본을 사용했다(백인 65%). 2년 후의 추수연구에서 개입 집단의 학생들은 품행 문제에서 상당히 낮은 비율을 자기보고했고,

교사들은 통제 집단에서의 학생들보다 개입 집단의 학생들이 문제 행동을 거의 보이지 않는다고 보고하였다(Greenberg et al., 1998).

또한 연구는 Fast Track 다요인 프로그램을 받았던 학생들이 통제 집단의 학생들에 비해 품행 문제를 거의 보이지 않는다는 것을 보여 준다(CPPRG, 1999, 2000). 한 연구는 9천 명 이상의 유치원생들을 네 곳에서 선발하여 평가했다. 그중 891명은 고위험으로 확인되었고 그 학생들을 무선배정을 통해 개입 집단과 통제 집단으로 배정했다. 여러 해 동안 다요인 Fast Track 프로그램이 시행되었다. CPPRG(2002)에 따르면, 당시의 고위험 학생들이 3학년이 되었을 때 통제 집단의 학생 중 27%가 품행 문제에서 벗어난 것에 비해 개입 집단 학생의 37%가 품행 문제에서 벗어난 것으로 확인되었다.

함의와 미래의 방향

1990년대 후반 세간의 주목을 끄는 학교 총기 사건들이 발생하면서 학교폭력에 대한 일반인들의 격렬한 항의가 지속되었다. 그리고 학교에서 공적으로나 사적으로나 학생들의 안전을 개선시키기 위해 자금을 상당히 늘리는 결과를 가져왔다. 지금까지 살펴본 수많은 획기적이고 효과적인 예방 프로그램들이 학교폭력의 발생과 강도를 줄이고자 전국에 있는 학교에서 시행되었다. 그 프로그램들은 변화 이론(theory-of-change) 모델에 따라 구성되었고, 그들의 효과성을 지지하는 경험적 증거를 가지고 있다.

이 장에서 제시된 모든 예방 프로그램들은 현재 가장 잘 실행되고 있는 것들을 대표하고 있으며, 이들은 학교폭력 감소를 위한 중요한 기반을 제공한다. 그러나 이러한 프로그램의 상당 부분은 오히려 폭력과 관련이 있는 대상에게만 부분적으로 행해지고 있고, 학교기반 및 학생중심의 개념으로 이해되고 있다. 뿐만 아니라 부모 개입에 대한 예방의 효과나 개입의 효과를 제외하면 대부분의 프로그램들은 학교의 문제 행동을 악화시키는 학교 밖의 상황들과 보다 넓은 환경적 조건들을 무시하고 있다.

프로그램들이 일반적으로 이러한 쟁점을 다루는지 못하였지만, 학교폭력에 대한 연구는 이웃공동체와 지역사회와 같은 보다 넓은 사회적 맥락의 중요성을 지적한다. 예를 들어, G. L. Bowen과 동료들(1998)은 학교에서 인식되는 위험요인과 이웃 공동체에서 인식되는 위험요인 간에 중요한 정적 상관이 있다고 밝혔다. 이와 유사하게 G. L Bowen과 Van Dorn(2002)은 폭력범죄 비율이 높은 지역에 사는 남학생들이 학교에서 훨씬 위험하다고 보고한다는 것을 알아냈다. 학교에서 학생들의 안전을 향상키는 것은 단순히 갈등 해결 기술을 보다 향상시키고 가정과 학교의 지원을 통해 분위기를 쇄신하는 것 이상을 포함한다. 또한 안전의 향상은 보다 넓은 지역사회에서 학생들이 참여할 수 있는 기회와 관계의 본질을 강화하는 것 포함한다.

생태학적 관점은 학생과 학교 수준의 결과가 학생이 포함된 여러 체제의 상호작용의 결과로 발생한다고 설명한다. 예를 들어, 이 장의 앞에서 학생, 가족, 또래, 학교와 지역사회의 많은 위험요인들이 학교폭력과 연관성이 있다고 설명하였다. 이러한 체제들 속의 위험요인을 줄이고 보호요인을 형성하여 학교폭력 감소와 같은 원하는 결과를 이루는 것이 중요하다.

뿐만 아니라 이 장에서 제시한 예방적 개입들을 보다 주의 깊게 살펴보면, 보다 종합적이고 다면적인 학교폭력 예방 프로그램을 위해 학교와 지역사회의 협력관계 형성에 중점을 두어야 할 필요성을 깨닫게 된다. 학교들은 학교폭력 문제를 결코 혼자서 해결할 수 없다는 것을 인식해야 한다. 또한 학교라는 건물 밖의 상황에서 학교폭력을 일으키는 많은 위험요인들이 존재하고 있다. 효과적인 해결책들은 지역사회와 함께 접근하는 것을 필요로 한다. 예를 들면, 공식적/비공식적 지원체제들과 연합하여 학생들을 위한 안전한 학습 환경을 만들기 위해 공동 책임을 가지고 함께 일해야 한다(G. L. Bowen, Richman, & Woolley, 2002). 학생 집단은 이러한 협력관계에서 중요한 구성원이다. 최근에 가족 및 직장연구소(Families and Work Institute)에 의해 효과성이 입증된 보고서 「청소년과 폭력: 시민 사회를 촉구하는 콜로라도 주 학생(Youth and Violence: Colorado Students Speak Out for a More Civil Society)」에 따르면 학생들이 이미 학교폭력을 줄이는 방법에 대한 많은 아이디어를 가지고 있음을 알 수 있다(Galinsky & Salmond, 2002).

이러한 협력관계에서 중요한 점은 첫 번째로 학교폭력 발생률을 측정하고 실행 기준을 정한 후 원하는 결과를 이루기 위한 기한을 정하는 것이다. 학교와 관련된 한 연구(G. L. Bowen et al., 2002)는 다음과 같이 질문한다. "이 지역사회에서 특정한 기간 안에 원하는 수준으로 학교폭력 비율을 줄이기 위해 필요한 것은 무엇인가?" 학교폭력의 현재 수준(현재 상황)은 학교폭력을 줄이고 예방하기 위하여 지역사회에서 할 수 있는 것이 무엇인지를 잘 반영해 준다. 그러므로 학교폭력 비율을 줄이기 위해서는, 즉 현재의 배치된 가용 자원을 최대로 활용하거나 이와는 조금 다르게 가용 자원을 재배치하는 것이 필요하다.

이를 해결하는 데는 먼저 성공적인 학교폭력을 예방하기 위해 협력 가능한 기관으로는 무엇이 있는지 확인하고 이들과 협력관계를 맺는 것이 필요하다. 이러한 협력기관들로는 경찰, 지역사회 단체, 종교/신앙 단체, 이웃 공동체, 교사, 또래 집단 혹은 부모가 있다. 다음으로 각각의 협력기관 내에서 학교폭력을 줄이기 위해 알아야 하는 것과 신뢰하는 것과 해야 하는 것이 무엇인지를 확인한다. 지식과 태도가 어떤 행동에서 중요한 전제조건이긴 하지만 지식이나 태도보다 행동에 대해 비교적 깊이 살펴보아야 한다. 마지막으로, 학생보다 다른 관련 집단에 먼저 초점을 두지만, 그럼에도 불구하고 학생들은 여전히 중점적으로 살펴보아야 하는 대상이다. 이에 대해 우리는 다음과 같이 질문한다. "학교폭력을 원하는 수준으로 달성하기 위해서는 학생들이 무엇을 알아야 하고, 무엇을 믿어야 하며, 어떻게 행동해야 하는가?" 학교폭력에 대한 다양한 문헌들은 이러한 질문에 대한 논의 방식과 정보를 제공해 준다.

이러한 과정은 종합적인 변화 이론(theory-of-change) 모델에 기초하고 있는데 이 모형은 원하는 목표를 설정하고 그 목표를 이루기 위해 영향력을 극대화시키는 요소(leverage point)를 파악한다. 협력관계를 통해 학생 및 동료들(이들이 변화의 중심)의 지식, 태도 및 행동에 영향을 미칠 수 있는 개입과 예방 활동을 선정한다. 현재 활용할 수 있는 정보들을 바탕으로 협력관계를 통해 실행을 위한 활동 계획을 작성하며 이 계획에 근거하여 활동을 실행하는데, 이러한 활동에는 필요한 자원을 배분하고 활동을 점검할 구체적인 계획과 전반적인 변화 이론에 대한 평가가 포함된다. 우리의 경험을 통해 보았을 때, 이러한 과정을 통해 종합적인 학교폭력 감소 계획이 마련되고 효과적인 예방적 개입을 통합하면 결과적으로 프로그램이 목표하는 대상에 영향을 미치게 된다.

학교폭력 발생률을 줄이기 위한 우리의 노력은 흥미진진하다. 왜냐하면 수많은 예방적 프로그램들이 학교폭력 발생의 감소에서 그 효과성을 검증했기 때문이다. 물론 예방 프로그램을 선택할 때에는 학생의 요구와 사용가능한 자원에 대한 주의 깊은 평가에 기초해야 하지만, 지역사회와 협력관계를 형성하고 전체 학교 분위기를 개선하는 종합적이고 다면적인 예방책 마련을 위해 노력해야 한다. 또한 단일 초점의 예방적 개입뿐만 아니라 공격적인 학생으로 확인된 학생들을 위한 지원 서비스를 제공하려는 종합적인 노력도 요구된다.

참고문헌

Alexander, R., & Curtis, C. M. (1995). A critical review of strategies to reduce school violence. *Social Work in Education, 17,* 73-82.

Astor, R. A., Vargas, L. A., Pitner, R. O., & Meyer, H. A. (1999). School violence: Research, theory, and practice. In J. M. Jenson & M. O. Howard (Eds.), *Youth violence: Current research and recent practice innovations* (pp. 139-172). Springfield, VA: Sheridan Books.

August, G. J., Realmuto, G. M., Hektner, J. M., & Bloomquist, M. L. (2001). An integrated components preventive intervention for aggressive elementary school children: The early risers program. *Journal of Consultingand Clinical Psychology, 69*(4), 614-626.

Barton, P. E., Coley, R. J., & Wenglinsky, H. (1998). *Order in the classroom: Violence, discipline, and student achievement* (Policy Information Report). Princeton, NJ: Educational Testing Service, Policy Information Center.

Bowen, G. L., Bowen, N. K., & Richman, J. M. (1998). *Students in peril: Crime and violence in neighborhoods and schools.* Chapel Hill: University of North Carolina, Jordan Institute for Families, School of Social Work.

Bowen, G. L., Bowen, N. K., & Richman, J. M. (2000). School size and middle school students' perceptions of the school environment. *Social Work in Education, 22,* 69-82.

Bowen, G. L., Bowen, N. K., Richman, J. M., & Woolley, M. E. (2002). Reducing school violence: A social capacity framework. In L. A. Rapp-Paglicci, A. R. Roberts, & J. S. Wodarski (Eds.), *Handbook of violence* (pp. 303-325). Hoboken, NJ: Wiley.

Bowen, G. L., & Richman, J. M. (1993). *The School Success Profile.* Chapel Hill: University of North Carolina.

Bowen, G. L., & Richman, J. M. (1997). *The School Success Profile.* Chapel Hill: University of North Carolina.

Bowen, G. L., & Richman, J. M. (2001). *The School Success Profile.* Chapel Hill: University of North Carolina.

Bowen, G. L., & Van Dorn, R. A. (2002). Community violence crime rates and school danger. *Children and Schools, 24,* 90-104.

Bowen, N. K., & Bowen, G. L. (1999). Effects of crime and violence in neighborhoods and schools on the school behavior and performance of adolescents. *Journal of Adolescent Research, 14,* 319-342.

Bowen, N. K., Bowen, G. L., & Ware, W. B. (2002). Neighborhood social disorganization, families, and the educational behavior of adolescents. *Journal of Adolescent Research, 17,* 468-490.

Bronfenbrenner, U. (1992). Ecological systems theory. In R. Vasta (Ed.), *Six theories of child development: Revised formulations and current issues* (pp. 187-248). Philadelphia: Jessica Kingsley.

Cantor, D., & Wright, M. M. (2002). *School crime patterns: A national profile of U.S. public schools using rates of crime reported by police.* Rockville, MD: Westat.

Catalano, R. F., Berglund, M. L., Ryan, J. A. M., Lonczak, H. S., & Hawkins, J. D. (1998). *Positive youth development in the United States: Research findings on evaluations of positive youth development programs.* Washington, DC: U.S. Department of Health and Human Services.

Clayton, C. J., Ballif-Spanvill, B., & Hunsaker, M. D. (2001). Preventing violence and teaching peace: A review of promising and effective anti-violence, conflict-resolution, and peace programs for elementary school children. *Applied and Preventive Psychology, 10,* 1-35.

Conduct Problems Prevention Research Group. (1999). Initial impact of the fast track prevention trial for conduct problems: II. Classroom effects. *Journal of Consulting and Clinical Psychology, 67*(5), 648-657.

Conduct Problems Prevention Research Group. (2002). Evaluationof the first 3 years of the Fast Track prevention trial with children at high risk for adolescent conduct problems. *Journal of Abnormal Child Psychology, 30*(1), 19-35.

Crosse, S., Burr, M., Cantor, D., Hagen, C. A., & Hantman, I. (2002). *Wide scope, questionable quality: Drug and violence prevention efforts in American schools.* Rockville, MD: Westat.

Farrell, A. D., Meyer, A. L., & White, K. S. (2001). Evaluation of Responding in Peaceful and Positive Ways (RIPP): A school-based prevention program for reducing violence among urban adolescents. *Journal of Clinical Child and Adolescent Psychology, 30,* 451-463.

Frey, K., Hirschstein, M., & Guzzo, B. (2000). Second step: Preventing aggression by promoting social competence. *Journal of Emotional and Behavioral Disorders, 8,* 102-113.

Galinsky, E., & Salmond, K. (2002). *Youth and violence: Colorado students speak out for a more civil society*. New York: Families and Work Institute.

Gordon, R. (1983). An operational classification of disease prevention. *Public Health Reports, 98,* 107-109.

Gordon, R. (1987). An operational classification of disease prevention. In J. A. Steinberg & M. M. Silverman (Eds.), *Preventing mental disorders: A research perspective* (pp. 20-26). Rockville, MD: U.S. Department of Health and Human Services.

Greenberg, M. T., Domitrovich, C., & Bumbarger, B. (1999). *Preventing mental disorders in school-age children: A review of the effectiveness of prevention programs.* Available from www.psu.edu/dept/prevention/CMHS.htm.

Greenberg, M. T., Kusche, C. A., & Mihalic, S. F. (1998). *Blueprints for violence prevention, book ten: Promoting alternative thinking strategies (PATHS).* Boulder, CO: Center for the Study and Prevention of Violence.

Grossman, D. C., Neckerman, H. J., Koepsell, T. D., Liu, P. Y., Ahser, K. N., Beland, K., et al. (1997). Effectiveness of a violence prevention curriculum among children in elementary school. *Journal of the American Medical Association, 277*(20), 1605-1611.

Harris & Associates. (1999). *The Metropolitan Life survey of the American teacher, 1999: Violence in America's public schools? five years later.* New York: Metropolitan Life Insurance Company.

Hawkins, J. D., Herrenkohl, T., Farrington, D. P., Brewer, D., Catalano, R. F., & Harachi, T. (1998). A review of predictors of youth violence. In R. Loeber & D. P. Farrington (Eds.), *Serious and violent juvenile offenders* (pp. 106-146). Thousand Oaks, CA: Sage.

Henggeler, S. W., & Borduin, C. M. (1990). *Family therapy and beyond: A multisystemic approach to treating the behavior problems of children and adolescents.* Pacific Grove, CA: Brooks/Cole.

Henggeler, S. W., Melton, G., Brondino, M., Scherer, D., & Hanley, J. (1997). Multisystemic therapy with violent and chronic juvenile offenders and their families: The role of treatment fidelity in successful dissemination. *Journal of Consulting and Clinical Psychology, 65,* 821-833.

Henggeler, S. W., Schoenwald, S. K., Borduin, C. M., Rowland, M. D., & Cunningham, P. B. (1998). *Multisystemic treatment of antisocial behavior in children and adolescents.* New York: Guilford Press.

Kaufman, P., Chen, X., Choy, S. P., Peter, K., Ruddy, S. A., Miller, A. K., et al. (2001).

Indicators of school crime and safety, 2001 (NCES 2002-113). Washington, DC: U.S. Departments of Education and Justice.

Kazdin, A. E. (2000). Treatments for aggressive and antisocial children. *Child and Adolescent Psychiatric Clinics of North America, 9,* 841-859.

Leff, S., Power, T., Manz, P., Costigan, T., & Nabors, L. (2001). School-based aggression prevention progrmas for young children: Current status and implications for violence prevention. *School Psychology Review, 30,* 344-362.

Lochman, J. E., Dunn, S. E., & Klimes-Dougan, B. (1993). An intervention and consultation model from a social-cognitive perspective: A description of the Anger Coping Program. *School Psychology Review, 22,* 456-469.

McDonald, L., Billingham, S., Conrad, T., Morgan, A., & Payton, E. (1997). Families and schools together (FAST): Integrating community development with clinical strategies. *Families in Society: Journal of Contemporary Human Services, 78,* 140-155.

Mytton, J. A., DiGuiseppi, C., Gough, D. A., Taylor, R. S., & Logan, S. (2002). School-based violence prevention programs: Systematic review of secondary trials. *Archives of Pediatric and Adolescent medicine, 156,* 752-762.

Nash, J. K., & Bowen, G. L. (2002). Defining and estimating risk and protection: An illustration from the School Success Profile. *Child and Adolescent Social Work Journal, 19,* 247-261.

Oesterle, S., Stoner-Eby, S., & Elder, G. H., Jr. (2002). *The influence of school and student characteristics on perceived school safety.* Chapel Hill: University of North Carolina, Carolina Population Center.

OJJDP Juvenile Justice Bulletin (1999, November). *Families and schools together: Building relationships.* Retrieved August 29, 2002, from http://www.ncjrs.org/html/ojjdp/9911_2/contents.html.

Olweus, D. (1994). Annotation: Bullying at school: Basic facts and effects of a school based intervention program. *Journal of Child Psychology and Psychiatry, 35,* 1171-1190.

Olweus, D., Limber, S., & Mihalic, S. F. (1999). The bullying program. In D. S. Elliott (Series Ed.), *Blueprints for violence prevention.* Boulder: University of Colorado at Boulder, Institute of Behavioral Science, Center for the Study and Prevention of Violence.

Orpinas, P., & Murray, N. (1999). Parental influences on students' aggressive behavior and weapon carrying. *Health and Education Behavior, 26,* 774-788.

Poole, E. D., & Regoli, R. M. (1979). Parental support, delinquent friends, and delinquency: A test of interaction effects. *Journal of Criminal Law and Criminology, 70,* 188-193.

Richman, J. M., & Bowen, G. L. (1997). School failure: An ecological-interactional-developmental perspective. In M. W. Fraser (Ed.), *Risk and resilience in childhood: An ecological perspective* (pp. 95-116). Washington, DC: National Association of Social Workers Press.

Richman, J. M., & Fraser, M. W. (Eds.). (2001). *The context of youth violence: Resilience, risk, and protection.* Westport, CT: Praeger.

Singer, M. I., & Miller, D. B. (1999). Contributors to violent behavior among elementary and middle school children. *Pediatrics, 104,* 878-885.

Snyder, H. N., & Sickmund, M. (1999). *Juvenile offenders and victims: 1999 national report.* Washington, DC: Office of Juvenile Justice and Delinquency Prevention.

Spoth, R., Redmund, C., & Shin, C. (1998). Direct and indirect latent-variable parenting outcomes of two universal family focused preventive interventions: Extending a public health-oriented research base. *Journal of Consulting and Clinical Psychiatry, 66,* 385-399.

Spoth, R., Redmund, C., & Shin, C. (2000). Reducing adolescents' aggressive and hostile behavior. *Archives of Pediatric and Adolescent Medicine, 154,* 1248-1257.

Substance Abuse and Mental Health Services Administration. (2002a). *Institute of Medicine (IOM) classifications.* Retrieved September 30, 2002, from http://modelprograms.samhsa.gov/IOMClass.cfm.

Substance Abuse and Mental Health Services Administration. (2002b). *SAMHSA model programs.* Retrieved September 30, 2002, from http://modelprograms.samhsa.gov/matrix_all.cfm.

Vera Institute of Justice. (1999). *Approaches to school safety in America's largest cities* (Prepared for Lt. Governor's Task Force on School Safety). New York: Author.

Walker, H., Stiller, B., Severson, H., Feil, E., & Golly, A. (1998). First steps to success: Intervening at the point of school entry to prevent antisocial behavior patterns. *Psychology in the Schools, 35*(3), 259-269.

Welsh, W. N. (2000). The effects of school climate on school disorder. *Annals of the American Academy of Political and Social Science, 567,* 88-108.

Yogan, L. J. (2000). School tracking and student violence. *Annals of the American Academy of Political and Social Science, 567,* 108-123.

Youth Pride. (1997). *Creating safe schools for lesbian and gay students: A resource guide for school staff.* [Electronic version]. Retrieved November 5, 2000, from http://members.tripod.com/~twood/guide.html.

Children 제17장 Adolescent

학업 중단

*Beth Doll & Robyn Hess

40년 전 미국 교육 협회(National Education Association)는 하나의 보고서를 발표했는데, 이 보고서는 고등학생의 학업 중단에 관한 연구 계획을 국가적 차원에서 채택해야 함을 촉구하는 보고서였다(Schreiber, Kaplan, & Strom, 1965). 겉으로 보면 미국이 교육화된 사회로 성공적인 전환을 이룬 것처럼 보인다. 고등학교를 졸업하는 학생의 비율은 금세기 초부터 꾸준히 증가했고 1950년에는 처음으로 50%를 넘었다. 여전히 학교를 중단한 학생들의 경제적 결과는 점점 더 심각해지고 있다. 고등학교를 졸업하지 않은 남학생의 경제적 지위는 그들의 부모에 비해 낮아졌고 미숙련 노동자를 위한 직업이 급속하게 사라졌다. 그리고 학교를 중단하는 경우 낮은 계층의 가족들은 전쟁 후 급성장을 통해 얻게 된 경제적 이익을 박탈당하게 된다(Hathaway, Reynolds, & Monachesi, 1969). 연구자들은 1911년 이래로 학교를 중단하는 원인을 확인하기 위해 연구하였고 이러한 시도는 1950년대에 행해진 수많은 국가 지원 연구를 통해 증가하였다. 그러나 현존하는 연구를 재검토한 결과, 미국 교육 협회는 그동안의 연구들은 방법론적 결함으로 인해 학생들이 고등학교를 중단하는 원인을 이해하지 못하고 있으며 학교 수료 비율을 높이는 정책

*Beth Doll, PhD　University of Nebraska-Lincoln School Psychology Program
Robyn Hess, PhD　University of Northern Colorado Division of Professional Psychology

및 실행 또한 국가 수준에서 충분히 이해하지 못한다고 결론지었다(Schreiber et al, 1965).

첫 번째, 지난 40년 동안 이 부분에서 진전은 거의 없었다. 1960년대의 학업 중단에 대해 국가는 이 현상을 충분히 이해하지 못했다. 이로 인해 졸업률을 90%까지 향상시키려는 1990년대의 미국 교육 목표는 달성되는 데 어려움을 겪었다(Doll & Hess, 2001; U.S. Department of Education, 1990). 그때나 지금이나 연구자들과 현장의 교육청들은 고등학생의 학업 중단에 대해 명확한 정의를 내리는 것이 거의 불가능하다는 것을 발견했다. 정확한 방식은 아니지만 흔히 일어나는 것으로 학생이 어떤 학교에 더 이상 출석하지 않고 다른 학교에서도 그 학생에 대한 학생 기록 파일을 요구하지 않으면 추정된 중단자(presumed dropouts)로 규정된다. 항상 그런 것은 아니지만 일부 경우에는 원래 학교에서 학업을 중단한 것으로 보이는 학생이 혹시 다른 곳에 재입학했는지를 인근 학교나 교육청을 통해 조사한다. 추정된 중단자들은 이들의 이름이 고등학교 출석부에서 사라질 경우 확인이 가능한 반면, 다수의 중학교 중단자들은 간과되고 있다. 학교를 중단한 많은 청소년, 또는 졸업하지 않고 학교를 나간 후에 검정고시합격증(GED)을 받은 학생의 경우 학교등록상태를 추적하기 위한 분명한 방법은 아직 고안되지 않았다.

두 번째, 1960년대와 1990년대에 압도적으로 많은 연구들은 학교 중단과 인종, 성별, 사회계층(예: Fernandez, Paulsen, & Hirano-Nakanishi, 1989; Rumberger, 1995)과 같은 학생들의 고정 위험요인 사이의 관계를 조사했다. 그러나 이러한 연구들의 결과를 개입에 활용하는 것은 거의 힘들다. 왜냐하면 연구를 통해 발견한 특징들은 변화하지 않는 변인들이기 때문이다(극단적인 예를 들자면, 고등학교를 수료하는 학생들의 비율을 높이기 위한 전략으로써 빈곤한 학생들을 중산층으로 이동시킬 수 없기 때문에 활용도가 높지 않다). 대부분의 이러한 연구는 전형적인 학업 중단 학생의 프로파일을 제공해 주지만 정확성이 떨어지고 실제적 유용성도 의심스러운 경우가 많다.

세 번째, 학교를 중단하는 학생들의 비행이 초등학교 4학년 시기에 시작한다는 설득력 있는 증거가 있음에도 불구하고, 잠재적인 고등학교 중단자들을 연구하고 그들에게 개입하기 위한 대부분의 노력은 고등학교에 집중되어 있다(Barclay, 1966; Barclay & Doll, 2001; Fitzsimmons, Cheever, Leonard, & Macunovich, 1969). 실제로 중단하는 학생들의 상당수는 고등학교의 문턱에도 발을 들여놓지 못하는데 대부분의 학업 중단 예방 프로그램이 고등학교에서 실행되고 있다.

네 번째, 학교를 중단하는 것이 학업 및 사회적 실패라는 보다 큰 문제의 성격을 지니고 있지만, 대부분의 노력들은 학생들이 고등학교 졸업장을 따는 것에 초점이 맞춰지고 있다(Christenson, Sinclair, Lehr, & Godgber, 2001). 학업을 중단한 학생들은 재학 시절에는 전형적으로 학년 유급, 낮은 학업 성취, 제한된 사회적 능력 때문에 어려움을 겪는 반면, 학교를 떠난 후에는 불완전 고용, 재정상의 어려움, 사회적·심리적 장애, 그리고 어린 나이에 부모가 되는 것을 경험하게 된다(Dryfoos, 1990; Kaplan, Damphousse, & Kaplan, 1994). 학업을 중단한 학생들이 사회적 문제를 겪게 되는 경로에서 이들의 고등학교 졸업장이 도움이 된다는 충분한 증거는 없다. 대신에 학교 졸업에 대한 보다 폭넓은 목표를 설정하고 다양한 역량을 함양하는 것에 재초점을 맞춰야 한다. 다양한 역량이란 기본적인 교육과정의 숙지 능력, 학생들이 주위 사람과 어울릴 수 있는 사회적 능력, 자제력과 지속적으로 노력하는 능력, 그리고 생산적인 고용을 위한 준비를 수반한다. 학업 중단(school dropout)에서 학교 수료(school completion)로 어휘를 바꾸는 것은 학생들이 학교를 수료하고 성공적인 삶으로 이끌기 위한 필수적인 기술에 초점을 맞추는 관점의 변화를 보여 준다.

실제로 학교 수료에 영향을 미치는 요인은 상당히 복잡하고 알기 힘들지만, 이와는 대조적으로 이를 설명하기 위한 많은 실증적 연구는 간단, 명료하며 학교 수료를 증진하려는 학교와 지역사회의 노력 역시 단순하게 진행된다. 이 장의 뒷부분에서는 학업 중단에 관한 확인된 동향과 발달 궤도를 기술하고, 학생들을 졸업 전에 중단하게 하는 위험요인에 대해 상세히 기술하며, 학교 수료를 증진시키기 위한 효과적인 프로그램과 실행에 대해 재검토하고자 한다. 실증적인 결과에 기반한 실행 및 프로그램이 강조되지만, 학교 수료에 대한 질 높은 연구의 제한점이 존재한다. 따라서 철저한 실증적 연구를 통해 효과가 확인되지 않은 여러 실행 방법에 대해 논의하는 것이 필요한 실정이다.

경향과 발생률

고등학교를 졸업하지 못한 학생들의 비율을 나타내는 정확한 통계를 인용하는 것은 거의 불가능하다. 자주 인용되는 중단률은 오해의 소지가 있는데 이는 학교에서 여러 해에 걸친 학업 중단자들의 조합을 드러내지 못하기 때문이다. 예를 들어, 미국 국립 교육통계 센터(National Center for Educational Statistics)는 1999년 10월부터 2000년 10월 사이에 10~12학년 학생이 중단한 전국가적 발생 중단 비율(event dropout rates)이 4.8%라고 발표했다(NCES, 2002). 이 숫자는 오로지 1년 동안에 중단한 비율만을 나타낸다. 만약 이와 같은 비율이 고등학교 시절 전체에 걸쳐 계속되었다면, 1학년에 입학한 학생 중 95.2%가 2학년으로 진급하고 원래 집단 중 90.6%가 3학년으로 진급할 것이다. 그리고 86.3%가 4학년으로 진급하며 82.1%만이 고등학교의 마지막 학년을 졸업할 것이다. 따라서 4.8%의 발생 중단 비율의 이면에는 고등학교 4년에 걸친 약 18%의 비율이 포함되는 것이다. 발생 비율은 또한 중단자의 수를 과대평가한다. 왜냐하면 발생 비율은 다른 학교로 전학을 가거나 다른 형태로 졸업 자격증에 합격했을 수 있는 학생들을 설명하지 못하기 때문이다(National Reesarch Council, 2001).

표 17-1 2000년도 상태 중단 비율과 학교 수료 비율

특징	2000년 10월에 학교를 중단한 16~24세의 비율	2000년 10월에 고등학교를 수료한 16~24세의 비율
전체	10.9	86.5
성별		
남성	12.0	84.9
여성	9.9	84.1
인종/민족		
백인, 히스패닉계 제외	6.9	91.8
흑인, 히스패닉계 제외	13.1	83.7
히스패닉계	27.8	64.1
아시아계	3.8	94.6
연령		
16세	3.9	
17세	7.6	
18세	11.6	84.0
19세	13.5	
20~21세	12.4	86.4
22~24세		88.1
국가의 지역		
북동부	8.5	89.1
중서부	9.2	88.9
남부	12.9	84.4
서부	11.3	85.5

출처: National Center for Educational Statistics (2002).

발생 비율의 대안으로서 상태중단비율(status dropout rates)은 학교에 입학하지 않았거나, 고등학교 졸업증서, 고졸학력인증서 또는 다른 수료 증서를 받지 못한 연령 집단의 비율을 나타낸다(NCES, 2002). 2000년도의 상태 중단 비율은 〈표 17-1〉에 제시되었다. 표를 통해 2000년도에 16~24세의 거의 11%가 고등학교의 졸업증명서 없이 학교를 그만두었다는 것을 알 수 있다. 남학생의 중단 비율이 여학생보다 약간 더 높고 중단 문제가 북동부나 중서부보다 남부와 서부에서 더 많이 발생한다. 게다가 상태 비율에 반영되지 않은 자료 중 일관된 동향은 하위 20%의 가정에서 자란 청소년이 소득분포 상위 20%인 또래 아이들보다 학교를 중단할 가능성이 6배 더 높은 것으로 나타났다(NCES, 2002).

〈표 17-1〉은 또한 고등학교 수료 비율을 보여 주는데, 이 비율은 고등학교 수료를 증명하는 다양한 증서를 받은 연령 집단의 비율을 나타낸다. 2000년도에 18~24세 중 86.5%가 고등학교를 수료하였다. 학교 수료 비율은 흑인 청소년이 다소 낮았고 히스패닉계 청소년이 현저하게 낮았다. 이러한 고등학교 수료 비율의 불공평성은 현대 미국 사회가 직면한 가장 중요한 사회적 딜레마 중 하나이다. 이와 같이 학교를 수료하지 못한 효과는 특정 집단에게 불균형적으로 부과되는데, 예를 들어 빈곤한 사람들, 소수민족, 영어를 제2의 언어로 사용하는 사람들처럼 주로 소수 집단에 속한 사람들이다(Velez & Saenz, 2001). 보다 중요한 점이라면, 히스패닉계 학생들의 매우 높은 중단상태비율이 1972,1994년에 거의 변화하지 않았다는 점이다(각각 34.3%와 27.8%). 반면 동일한 기간에 흑인 학생과 히스패닉계가 아닌 백인 학생 사이의 중단 비율은 상당히 줄어들었다(NCES, 2002). 최근 히스패닉계 이민자들 사이의 높은 중단 비율은 일부 설명된다. 예를 들어, 미국에서 태어나지 않은 16~24세의 히스패닉계 사람들 중 약 44%는 학교에 입학하지 못했으며 고등학교 수료 증명서를 받지 못했고, 이러한 비율은 히스패닉계 1세대 혹은 2세대에 비해 약 2배가 높다. 또한 미국에서 태어난 히스패닉계 청소년의 비율은 히스패닉계가 아닌 다른 아닌 이민자의 비율(7.4%)보다 약 6배가 높다.

상태 비율과 학교 수료 비율은 비교하기 위해 선택하는 연령 범위(예: 16~24세와 18~24세를 비교하는 경우)에 따라 상당히 다른 결과를 보이기 때문에 동일한 기준을 사용하지 않는다면 비교하기가 쉽지 않다. 이러한 방법은 검정고시합격증(GED)이나 이와 유사한 자격증으로 개인의 수를 산출하는데, 실제적으로 이러한 숫자는 불공평성을 잘 드러내지 못한다. 예를 들어, 히스패닉계와 흑인 청소년의 경우 검정고시합격증을 받는 비율은 급격히 증가하기 때문에 학업 중단 비율에 큰 차이가 없는 것처럼 보인다. 그러나 학업 중단자와 검정고시합격증을 받은 사이에 임금, 노동 시간, 실업 경험, 정규직 여부가 비슷하기 때문에 학업을 수료하지 못한 학생을 산출할 때 검정고시합격증을 사용하는 것에 의혹이 제기된다(Cameron & Heckman, 1993). 이처럼 고등학교 졸업 상태를 보다 복잡하게 만드는 또 다른 요인은 많은 주가 성취도 수준에 따라 매우 다양한 형태의 졸업증서를 수여한다는 점이다. 예를 들어, 플로리다 주에서는 현재 6가지 유형의 졸업장을 제공하고 있으며, 다른 주에서도 이러한 방법을 적용하기 시작했다(National Research Council, 2001). 따라서 학교 수료를 추적하기 위한 업무는 더욱 복잡해지고 있으며 이처럼 다양한 유형의 졸업증서를 받는 개인의 장기적인 사회 및 경제적 결과는 거의 알려져 있지 않다.

이와 같은 각각의 자료 수집 방법은 학교 중단을 하나의 일회적 사건으로 간주하지만 사실상 학교 중단은 장기적인 과정으로 이해해야 한다(Christenson et al., 2001; Jimerson, Egelund, Sroufe, & Carlson, 2000). 이르게는 이미 초등학교 4학년 때부터 미래에 고등학교에서 학업을 중단할 학생들의 패턴들이 나타나는데, 결석의 증가, 훈육 문제, 낮은 학업 성취와 같은 형태를 나타내기 시작한다(Roderick, 1993). 게다가 이러한 학생들은 종종 일시적으로 학업을 중단하다가 다시 학교에 복귀한 후 다시 중단한다(National Research Council, 2001). 이러한 각각의 요인은 학생들의 학교 참여가 점점 줄어들게 되는 패턴을 설명해 준다.

위험요인

연구자들은 위험요인을 신중하게 다음과 같이 3가지로 구분한다.

1. 변하지 않는 고정요인(fixed factors)
2. 변하지만 결과에 대한 명백하거나 즉각적인 효과가 없는 가변요인(variable factors)
3. 변할 수 있으며 변화를 통해 결과를 개선시킬 수 있는 인과요인(causal factors) (Kramer et al., 1997)

이러한 분류는 학업 중단 예방을 위한 실행 측면에서 특별한 관련성을 지니는데, 그 이유는 많은 고정 위험요인이 밝혀졌지만 이러한 요인 중에서 학교를 끝마치는 것에 도움을 주는 요인은 거의 없기 때문이다. 게다가 고등학교를 중단하게 하는 위험요인의 오직 몇몇 요인만이 학생 관련 특징이며, 그 외 다수의 요인들은 학생들이 다니는 학교나 그들의 가족과 관련된 특징이다(Christenson et al., 2001). 보다 많은 맥락적인 위험요인들을 감안하면 학업 중단은 모든 학생들의 성공을 충분히 촉진해 주지 못하는 학교 정책에도 일부 원인이 있다. 또한 혜택을 받지 못하는 가족들에게 부당하게 부과되는 지역사회의 압력도 일부 원인이라고 볼 수 있다.

고정요인

여학생보다는 남학생이 조금 더 많이, 부자인 학생보다는 가난한 학생이 조금 더 많이, 그리고 유색인종의 학생이 조금 더 많이 학교를 졸업하지 못하고 떠난다. 성별, 민족, 사회경제적 수준(SES)의 상호작용에 따라 이러한 학업 중단의 유형은 상당히 변화하는 것으로 확인되었다(Fine, 1991). 예를 들어, 낮은 사회경제적 수준의 학생이 높은 사회경제적 수준의 학생보다 학업 중단을 더 많이 하는 경향이 있지만, 히스패닉 학생의 경우 학교를 끝마치는 것에 대한 낮은 사회경제적 수준의 영향은 상대적으로 적다(Fernadez et al., 1989). 실험을 통해 확인된 것은 아니지만, 이러한 고정요인에 관한 정보가 개입을 실행하는 것에 큰 정보를 제공해 주지 못하며 이러한 고정요인을 많이 지니고 있는 도시의 대규모 학생 중에서 위험에 처한 학생들을 선별하는 것에도 큰 도움을 주지 못한다.

가변요인

환경적 요인에 관한 연구는 학생들이 학교를 졸업하지 못하도록 하는 환경적 요인들에 초점을 맞춘다. 예를 들어, 학교의 규모가 클수록 규모가 작은 학교에 비해 학생들의 출석률이 낮고, 학업 성적과 표준화 시험 점수가 낮으며, 학업 중단율이 높고, 범죄율 역시 높은 것으로 알려져 있다(Klonsky, 1995; Raywid, 1996). 수준별 교육과정(tracking)과 같은 구조적인 실행은 학생의 능력 수준과 상관없이 학교를 끝마치는 비율과 부적인 상관관계를 가진다(Baker et al., 2001). 그밖의 다른 학교 관련 요인으로는 성적이 낮은 학생의 비율이 높은 경우나 교사의 자질이 부족한 경우, 보다 높은 학업 중단율을 보이는 것으로 알려져 있다(National Research Council, 2001).

인과요인

학업 중단의 가장 강력한 예측변수는 유급이다. Roderick(1994)은 유치원부터 6학년 중에서 유급한 경험이 있는 학생은 학생의 배경, 유급 후 성적, 출석률의 차이와 같은 변수를 통제한 후에도 이후에 학업을 중단할 확률이 높은 것으로 나타났다. 본질적으로, 유급을 정기적으로 시키는 학교는 높은 중퇴율 문제를 겪는 것으로 보인다(G. A. Hass & Greer, 1987). 이와 관련된 인과요인으로는 낮은 학업 성취, 낮은 또래 수용 및 낮은 학업 참여도가 있는데, 이러한 요인은 결석, 지각, 만성적으로 일을 끝내지 못하는 것, 그리고 교실과 학교 활동에 관심이 없는 행동을 통해 파악된다(Rumberger, 1995). 유사하게, 학교의 사회적 활동에 잘 참여하지 않는 경우와 친구들 사이에서 어울리지 못하는 경우에 학업 중단을 보일 가능성이 높다(Wehlage, Rutter, Smith, Lesko, & Femandez, 1989).

학생이 어떠한 심리적 요인에 의해서 학교를 떠나려고 하는지에 관한 연구는 아직 잘 알려지지 않고 있다. 연구자들은 학생의 자아존중감, 학교에 대한 태도 및 교육적 열망을 조사해 왔음에도 불구하고, 고등학교를 마치는 것에 영향을 미치는 개인적인 요인들을 이해하는 것에 대해서 충분한 성공을 거두지 못했다(Ekstrom, Goertz, Pollack, & Rock, 1986). 학업을 중단한 학생들의 전반적인 자아존중감은 중단하지 않은 학생과 차이를 나타내지 않았다(Ekstrom et al., 1986). 하지만 보다 구체적으로 측정하였을 때, 예를 들어 학업적 자기 유능감, 학생으로서 자신에 대한 자각(예: 똑똑한, 야망 있는, 책임감 있는, 다른 사람에게 도움이 되는) 및 교육적 목표 성취에 대한 기대와 같은 변인의 경우에는 학업을 중단한 학생이 낮은 수치를 보였다(Catterall, 1998; Ekstrom et al, 1986; Persaud & Madak, 1992).

학업 중단은 오랜 시간에 걸쳐 발생하는 과정이며, 하나의 위험한 사건이라기보다는 고정변인, 가변요인 및 인과요인들이 결합하여 나타나는 결과로 이해할 수 있다(Dryfoos, 1990; Jimerson et al., 2000). 실제로 이러한 많은 위험요인들은 누적 효과(cumulative effects)를 가지는 경향이 있고 요인들이 함께 응집되는 성향이 있는데, 낮은 사회경제적 지위나 대규모의 도시 학교에 다니는 것 역시 이러한 특징을 지니고 있다. 나중에 고등학교에서 학업 중단을 하게 되는 어린 유치원생들의 가정은 자녀와 부모 사이에 애착이 부족하고 자녀에 대해 엄마의 민감성이 결여되는 경우가 많다(Jimerson et al., 2000). 초등학교의 경우 학생들은 낮은 학업 성취, 학교 성취에 대한 낮은 기대 및 높은 결석률을 보인다(R. S. Hess & D'Amate, 1996). 만성적인 학업 실패는 학교를 달갑지 않은 장소로 인식하게 한다

(Kaplan, Peck, & Kaplan, 1997). 중학교의 경우에는 낮은 학업 성취, 잦은 결석, 문제 행동 및 이사와 같은 요인이 학업 중단을 예측한다(Rumberger, 1995). 자기 자신에 대해 더 좋게 느끼기 위해 학생들은 반항적인 다양한 행동에 참여하고, 저항하는 태도를 취하게 되고, 점점 학교 활동에 참여하지 않게 되면서 자연스럽게 학업 중단을 선택하게 된다(Alezander, Entwisle, Horsey, 1997; Kaplan et al., 1997; Wehlage et al., 1989). 어떤 학생들의 경우, 특히 소수민족 학생들은 고등학교에 입학하기 전에 중퇴를 하기도 한다(Oetting & Beauvais, 1990).

현재 학업 중단에 대한 많은 연구는 학교가 학업 중단의 위험에 처한 학생들을 확인하고 이러한 집단을 대상으로 개입을 제공할 수 있는 모델을 개발하는 것에 집중해 왔다. 불행하게도 어떤 학생에게 개입해야 하는지 결정하기 위한 예측 변수로서 개인적인 위험요인들을 사용하는 것은 상당히 효과적이지 못하다. 예를 들어, 학업 중단 설명 지원 프로그램(School Dropout Demonstration Assistance Program)에서 Gleason과 Dynarski (1998)는 잦은 결석률이 학업 중단의 분명한 예측변수임에도 불구하고, 학업 중단의 오직 16%만이 결석률에 의해 설명됨을 확인하였다. 만약 학업 중단을 막기 위해 위험에 처한 60명의 학생들을 이 요인을 바탕으로 선별하였다면, 오직 9~10명의 학생들만이 이 개입을 통해 중단이 예방되고 나머지 학생들은 이 개입과 상관이 적은 학생들이 참여하게 된 셈이다. 심지어 40개에 이르는 다양한 위험요인을 고려하여 보다 복잡한 예측 공식을 개발했지만, 연구자들은 최종적으로 학교를 중단한 중학생의 오직 23%만을, 고등학생은 오직 42%만을 정확하게 확인할 수 있었다.

효과적인 개입

1950년대 이후로 대부분의 교육청은 학업 중단 예방 프로그램들을 실시해 왔다. 가장 먼저 실시된 예는 1920년대에 설립된 대안적 고등학교인 보습학교(continuation schools)이다. 이곳은 청소년 및 노동자 계급의 이민자들에게 학교를 다닐 수 있는 기회를 제공해주며 특별한 기술이 없는 노동자들이 파트 타임으로 일을 하면서 공부할 수 있는 기회를 제공한다(Kelly, 1996). 보습학교의 원래 임무는 직업 교육이었고, 보습학교를 위한 연방기금은 국회가 1963년에 직업 교육법을 통과시킨 후 없어졌는데, 전통적인 일반 학교에 직업 프로그램을 제공하였기 때문이다. 그러나 몇몇 보습학교는 학업을 중단한 많은 청소년들의 특별한 요구를 충족시키기 위한 전략으로서 적응교육(adjustment education)을 지속적으로 제공했다. 마침내 이러한 학교들은 대안학교(alternative schools)로 알려졌는데 이 학교들은 학업 중단의 위험이 높은 학생들을 위하여 전문화된 프로그램을 제공하는 명시화된 목표를 지니게 되었다. 그러나 아쉽게도 이러한 대안학교는 일반적으로 학업 중단을 감소시키는 데 효과적이지 못하다(Dynarski & Gleason, 1998).

대신에 학업 중단의 복잡성과 지속성을 고려한 프로그램들은 지역사회에서 학교를 졸업하거나 수료하는 가능성을 증가시킨다. 보편적인 예방 프로그램은 교육청 내의 모든 학생들을 위하여 학교를 마치는 학생의 비율을 증가시키는 방식으로 현행 교육적 방식을 변화시킨다. 선택적인 예방 프로그램은 미래에 학업 중단의 위험성이 높은 학생들로 이루어진 선택 집단에게 제공된다. 지시적인 예방 프로그램은 학업 중단의 조기징후를 이미 보인 매우 위험한 학생들에게 제공되며, 이들이 고등학교 졸업장을 받을 수 있도록 교육적 활동에 다시 참여시키는 시도이다. 이러한 3개 집단에 대해 성공적인 프로그램이라는 실제적 증거가 있는 프로그램들을 이 장에서는 강조할 것이다.

효과적인 보편적 예방 개입

보편적 예방 프로그램 서비스는 교육청에 속한 모든 학생들에게 제공하는 서비스로 교육청 단위에서 전반적인 고등학교 학업 중단을 낮추고자 시도된다. 선택적 · 지시적 예방 프로그램과 달리 보편적 프로그램은 학업 중단의 원인이 시작되는 초등학교나 중학교 수준에서 자주 제공된다. 이러한 프로그램을 평가하는 연구는 사실상 종단적이다. 왜냐하면 궁극적인 프로그램의 결과는 실제 프로그램을 실행한 후부터 몇 년 후에 나타나기 때문이다. 대부분의 경우 프로그램의 효과성에 대한 증거는 준실험 설계를 통해 입증되었는데, 그 지역사회에서 내에서 자연적으로 발생하는 학업 중단의 비율을 프로그램에 참여한 집단과 비교하는 방식이다. 이러한 프로그램과 학교를 끝마치는 비율 사이의 관계는 보다 엄격한 통제 실험 연구에 비해 설득력이 낮지만 교육청에서 실제로 실행한 프로그램으로부터 나온 결과이기 때문에 의미가 있다.

학업적 지원/개선

학업 영역에서 부진한 학생들이 학업적 실패를 극복하도록 돕기 위해서 조기개입이 강조되어 왔다. 아동이 초등학교에 들어가기 전에 질이 높은 취학 전 프로그램을 제공하게 되면 아동의 학교 준비도를 높일 수 있다. 예를 들어, Perry 어린이집 프로젝트(Perry Preschool Project)에 대한 종단연구에 따르면, 높은 질의 유치원 프로그램에 단지 2년 참가한 학생이 높은 졸업율과 높은 지능을 보일 뿐만 아니라 특수학급에 배치되는 비율도 낮았다(Barnett, 1996).

타이틀 원(Title 1)[1]과 같은 보충 프로그램은 학업에 어려움을 겪는 학생 중에서 사회적 배려 학생뿐만 아니라 그렇지 않은 학생들도 성취도의 향상을 가져왔다. 유사하게, 모두를 위한 성공(Success for All) 읽기 회복(Reading Recovery) 및 이중언어의 읽기 쓰기 통합(Bilingual Cooperative Integrated Reading and Composition)과 같은 프로그램의 시행을 통해 학업의 향상이 명백하게 증명되어 왔다(Fashola, Slavin, Calderon, & Duran, 2001). 영어를 배우는 학생의 수는 늘어나고 있는데 이들에게 적절한 학업적 지원을 제공하는 것은 특히 중요하다. 가능하다면 학생이 모국어를 공식적으로 계속 배우도록 하는 것이 바람직하다. 왜냐하면 모국어로 읽기를 배운 다음 영어로 전환한 아동들이 오직 영어만으로 읽기를 배운 학생보다 궁극적으로 영어 읽기 능력이 뛰어나기 때문이다(Garcia, 1991).

유급에 대한 대안

학생이 학업 면에서 성공하지 못했을 때, 일부 교육청에서는 학생을 유급시켜 학생이 학업적인 손실을 따라잡을 수 있는 기회를 제공한다. 사실 학년 유급은 이 학생들이 고등학교 교육과정을 모두 마치지 못하게 할 위험을 증가시킨다. 반면 학생을 진급시키는 것과 함께 교정 교육을 제공하는 것은 단지 유급시키거나, 유급과 동시에 교정 교육을 제공하거나, 혹은 단지 진급만 시키는 것보다 단기적으로 학업에 대한 효과가 더 크다(Karweit, 1991). Roderick(1994)은 유급의 장기 효과에 관한 연구에서, 중학교 및 고등학교 수준에서 실시할 수 있는 유급에 대한 다음의 3가지 대안을 제시했다. 비전통적인 그룹 형성 및 학년 배치, 교정 교육 및 보충 교육 제공, 그리고 대안 학급과 대안 프로그램의 운영이 해당된다. 중학교 수준의 경우, 추가적인 교정 교육 대신에 선택 과목을 듣거나 여름학교에 참여하는 것이 학생의 성취를 높이는 데 가장 효과적인 전략이었다(MacIver & Epstein, 1991).

1) 역자 주: 타이틀 원(Title 1)은 연방 정부에서 제공하는 교육보조금 중에서 가장 큰 규모의 프로그램으로, 빈곤 정도가 높은 지역의 학교에 추가적인 재정을 지원하여 학교의 교육적 목표를 달성하도록 돕는 프로그램이다. 중식 지원을 받는 학생의 비율이 75%가 넘는 학교는 이 서비스를 받을 수 있다.

공동체 만들기

부정적인 또래 상호작용과 학업 중단의 상관이 높기 때문에(Wehlage et al., 1989), 개입 프로그램은 학생들에게 사회문제 해결을 가르치거나(Elias & Clabby, 1992), 또래 지지 집단을 형성(Wassef, Mason, Collins, O'Boyle, & Ingham, 1996)함으로써 학생들의 사회적 능력을 향상시키는 것에 주력해 왔다. 종종 학교 활동에 잘 참여하지 않는 학생들은 자신처럼 학교 활동에 참여하지 않는 비슷한 또래들을 찾아내고, 이러한 학생들이 부진 학생 집단으로 분류되면 이들의 부정적인 또래 선택이 강화된다(Kubitschek & Hallinan, 1998). 학교는 추가적인 보충 교육과정 활동의 기회를 증가시키고, 이러한 학생들과 성공적인 또래들을 맺어 주는 전략을 사용할 수 있다.

학부모를 개입에 포함시키기

학교의 교육과정을 마치는 학생들에 비해 중단하는 학생들의 부모가 학교 교육에 덜 참여하는 것으로 나타났다(Ekstrom et al., 1986; Rumberger, Ghatak, Poulos, Ritter, & Dornbusch, 1990). 가족 참여를 증진시키는 전략들은 성공적인 것으로 평가되지만, 학부모의 참여가 학생의 졸업률을 높인다는 것을 증명하는 장기적인 연구는 없다(Schargel & Smink, 2001). 그러나 부모가 아동의 학업에 참여하는 것은 아동이 보다 높은 학업적 성취를 거두는 것에 기여하는 것으로 여겨져 왔다(Kohl, Lengua, & McMahon, 2000; Peña, 2000).

조기 경고 신호에 주의 기울이기

학생들이 학교 활동에 잘 참여하지 않으면서부터 무단결석과 결석, 또는 반항하는 행동 문제가 늘어난다. 이에 대응하여 학교에서는 출석을 정확하게 기록하고 학생의 출석률에 대해 교육하며 결석하는 즉시 학교 교직원이 확인하는 시스템을 사용한다. 이와 같은 종합적인 확인 시스템의 예로, 확인 및 연결 프로그램(Check and Connect Program)이 있는데, 이 프로그램은 선택적 예방 프로그램으로 학생들이 학교의 활동에 잘 참여하지 않는 경향을 보이면 개입하는 전략을 활용한다(Sinclair, Christenson, Evelo, & Hurley, 1998).

반사회적 행동과 공격적인 행동은 고등학교 중단에 대한 강력한 조기 예측변수이다(Cairns, Cairns, & Neckerman, 1989). 이에 대해 학교는 행동적 문제를 예방하고, 학생들의 학습을 증진시키기는 종합적인 학교 차원의 프로그램을 만들 수 있다(Nelson, Martella, & Marchand-Martella, 2002). 어린 청소년들은 공정성을 매우 중요하게 생각하기 때문에 학교가 공정한 훈육 정책을 실시하고 있다고 판단한다면 중퇴하는 일이 적어질 것이다

(Rumberger, 1995).

학교 개혁

1980년대와 1990년대 동안 학교 재구조화와 학교 개혁에 대한 강조가 힘을 얻음에 따라, 일부 정책 입안자들은 학교 졸업률을 향상시키기 위한 전체 학교 개혁을 최고의 전략으로 간주하게 되었다. Dynarski 및 Gleason(1998)은 이 전략을 사용한 5개의 중등학교를 연구하였다. 그러나 이 전략이 학업 중단에 대해 무시해도 될 정도의 미미한 효과만 있는 것을 확인하였다. 이들이 또한 발견한 것은 학업 성취도 향상 또는 긍정적 학교 분위기에 대한 인식과 같이 학업 중단과 관련하여 효과를 보인 프로그램들은 몇 가지 공통점을 가지고 있는데 그것은 교직원 향상, 여름학기 과정, 그리고 학급 변화를 통해 교육과정과 교수를 향상시킨 경우 개선을 보인다는 것이다. 학생에 대한 서비스만 향상시킨 학교에서는 교사나 학생 모두에서 향상된 결과가 나타나지 않았다. 이 연구의 대상이 된 5개의 학교는 재구조화 시행에 단지 5년을 할애하였다. 만약 학교 개혁을 저학년부터 시작하고, 학문의 영역을 넘나들며 적용하고, 장기간에 걸쳐 유지했다면 학교 개혁이 졸업률의 향상을 가져왔을 가능성은 존재한다.

효과적인 선택적 예방 개입

선택적인 예방 프로그램은 종합고등학교(comprehensive high school),[2)] 중학교 또는 지역 단체 내에서 더 작은 프로그램으로 시행된다. 이들 프로그램에서는 학업 중단의 가능성이 높은 위험군에 속하는 학생들이 그 대상이 되고, 학업 성취, 출석 또는 또래관계와 같은 위험요인들을 다룬다. 대부분의 경우 학생들은 하루의 대부분을 자신의 학교 환경에서 보내고 교육 프로그램의 일환으로써 특별 프로그램을 이수하게 된다.

학교 참여의 증진

학업 중단과 관련된 무단결석과 행동 문제, 그리고 낮은 학업 성취도는 학생이 학교로부터 유리되어 있다는 것으로 볼 수 있다(Finn, 1993; Wehlage et al., 1989). 결과적으로

2) 역자 주: 우리나라의 고등학교는 일반계, 전문계, 특목고, 종합고 등 다양한 유형이 존재하지만 대부분의 미국 고등학교는 이러한 유형을 통합한 종합고등학교(comprehensive high school)의 성격이 강하다.

점검 및 연결 프로그램(Check and Connect Program)은 개입의 주 초점을 장애 학생들이 학교 활동에 참여할 수 있도록 돕는 것에 두었다(Sinclair et al., 1998). 이 프로그램에서는 지각과 무단결석, 그리고 행동적 문제를 정규적으로 추적함으로써 계속하여 학생들의 학교 참여를 평가하였다. 계속 진행되는 상담을 통해 위험에 처해 있는 학생들은 관찰 시스템을 통해 정기적으로 정보를 제공받았고, 그들의 교육적 진보에 대해 정기적으로 피드백을 받았으며, 학교를 계속 다니는 것이 왜 중요한지에 대해서 자주 설명을 들었다. 그리고 학업 중단의 위험에 처하게 만든 문제의 일부를 해결할 수 있도록 도움을 받았다. 추적 기록을 통해 학생의 학교 참여가 저조하다고 판단될 때에는 학교 출석을 방해하는 문제를 해결하기 위해서 학부모를 학교에 소집하고, 강도 높은 학업 지도를 실시하며, 학생의 교과과정 이외의 활동을 증가시키는 등의 서비스를 프로그램 차원으로 추가적으로 제공하였다. 이 프로그램에 참여한 학생들은 프로그램에 참여한 지 2년 후의 평가에서 통제 집단에 속한 비슷한 학생들과 비교했을 때 학교에 보다 잘 참여하였고, 졸업 학점을 더 많이 이수하였다(Christenson & Carroll, 1999). 프로그램 시행 결과, 9학년 말까지 프로그램에 참여한 학생의 91%가 학교에 남아 있었던 반면, 통제 집단에서는 오직 70%의 학생이 학교에 남아 있었다.

학교 전환을 수월하게 하기

초등학교에서 중학교로, 중학교에서 고등학교로의 학교급 간 전환은 모든 학생에게 쉽지 않은 일이지만, 특별히 학업 중단의 위험에 처해 있는 학생들에게는 더욱 어렵다. 학교 전환 환경 프로젝트(The School Transitional Environment Project: STEP)는 학생의 학교 이탈과 중단을 줄이기 위해 학교 전환의 부정적 효과를 줄이는 것을 목표로 설계되었다(Felner et al., 1993). STEP은 학교 전환을 성공적으로 이끌기 위해 2가지의 전략을 사용했다. 새로운 학교의 요구를 감소시키기 위해 STEP에 참여한 학생들은 소수의 학생으로 구성된 학습 환경을 제공받았다. STEP 교실 가까이에 위치한 학급에서 학습하였고 STEP에 참여한 다른 학생들과 구성된 작은 집단 내에서 학습했다. 학생들의 참여를 증가시키기 위해 담임교사는 조언자로서의 역할을 하면서 학생과 학부모, 그리고 학교 졸업을 위한 동반자로 기능할 수 있도록 연계하는 역할을 했다. STEP은 비교 집단을 사용하여 해마다 효과를 평가하였는데 비교 집단은 STEP 집단과 비교하여 인적 정보와 학교 적응의 수준(예: 성적, 출석)이 동일했던 집단이 활용되었다. 5년간의 종단연구 결과, 비교 집단의 학생들은 STEP에 참여한 학생들에 비해 중퇴한 비율이 상당히 높았다는 것을 알 수 있었다. STEP에 참여한 첫 4년 후까지, 비교 집단의 학생들 중 43%가 중퇴한 것에 비해 프로젝트에 참여한 학생의 중퇴 비율은 오직 24%였다. 또한 STEP에 참여한 학생들은 고등학교에 진학한 후 2년 동안 보다 높은 성적을 받았다.

서비스 학습

Schargel 및 Smink(2001)는 지역 서비스 활동이 학업 중단 예방 프로그램에 긍정적인 영향을 미칠 수 있다고 제시했다. 의미 있는 지역 서비스 경험을 통해 학업적 · 개인적 지지를 얻을 수 있다면, 동시에 이러한 경험을 통해 학업을 중단하는 학생들의 특징인 낮은 학습 기술과 또래관계의 어려움, 그리고 소속감의 결여를 다룰 수 있다. Coca-Cola 회사의 Valued Youth Program(VYP)은 지역 서비스 활동을 통해 영어를 제2외국어로 사용하는 라틴계 미국인 학생들의 학업 중단을 줄이는 데 성공적인 결과를 냈다(Fashola & Slavin, 1998). 이 프로그램은 영어 유창성이 떨어지고 학업 중단의 위기에 처한 중등학생들을 모집했고, 그들이 초등학생의 개인지도 교사가 되도록 하여서 지도비를 제공하였다. 이 개인 지도교사들은 특별 수업에 참여했고 현장 학습에 참여했으며 역할 모델로 소개되었다. 또한 그들의 이러한 노력은 인정을 받았다. 또한 이 프로그램은 프로그램을 통한 지지의 수준을 향상시키기 위해 가정과 학교가 동반자 관계를 형성했다. 이 프로그램에 대한 주요 평가는 텍사스 주의 샌안토니오에 위치한 4개의 학교에서 실시되었다(Fashola & Slavin, 1998). 2년 후에 비교 집단의 학생들 중 12%가 학업을 중단한 반면, VYP에 참여한 학생들은 오직 1%가 학업을 중단했다. 이에 더해, VYP에 참여한 학생들은 비교 집단 학생에 비해 보다 높은 읽기 점수를 얻었고, 자아개념과 학교에 대한 만족감이 상대적으로 높았다.

효과적인 지시적 예방 개입

한 번 학생들의 성적이 일정 수준 이하로 떨어지고 오랜 기간에 걸쳐 자신감을 잃고 학업 목표로부터 소외된다면, 학생들이 다시 학교에 참여하게 될 가능성은 그리 높지 않다(Alexander et al., 1997). 많은 프로그램이 검정고시합격증이 고등학교 졸업장을 대체할 수 있다고 본다. 그러나 몇몇 연구들은 추가적인 자격증 없이 오로지 검정고시합격증만 받은 학업 중단자들은 검정고시에도 합격하지 못한 것에 비해 특별히 나을 것이 없다고 보고한다(Cameron & Heckman, 1993). 반면에 연구 결과에 따르면, 검정고시 합격을 위한 과정에서 더 많은 직업 훈련의 기회를 받게 되고 이러한 직업 훈련을 거치면서 자연스럽게 더 많은 기술을 얻게 되는 장점은 있다고 제시한다(Murname, Willett, & Boudett, 1995; Murname, Willett, & Tyler, 1999).

성공적인 지시적 개입 프로그램들은 개인의 필요에 맞춰 보다 강력하고 종합적인 노력을 기울인다. 학생이 미래를 준비하도록 준비시키고, 학생에게 재학 기간 중에 일할 기회를 제공하며, 학업적인 도움을 제공하고, 학교에서 학생에게 높은 역할 지위를 부여한다(Fashola & Slavin, 1998). 생활 속에서 일어나는 사건들로 인해 학생들이 학업 중단을 결심할 수밖에 없다면, 스케줄을 유연하게 조정하거나 정규 학교 내에서 대안(예: 수업일수 줄이기, 일한 만큼 학점 주기, 보육 프로그램)들을 설계하여 실행함으로써 학생들을 도울 수 있다. 적어도 학생들은 그들이 다시 학교로 돌아오게 되면 환영받을 것이며, 다시 학교로 돌아왔을 때 누구로부터 도움을 받게 되는지에 관한 정보를 제공받게 된다.

학교의 집중 프로그램

집중 지원 프로그램 중 성공적인 사례는 학업 성공을 통한 라틴계의 성취(Achievement for Latinos through Academic Success: ALAS) 프로그램이다(Rumberger & Larson, 1994). 이 프로그램은 고위험군 라틴계 학생들에게 종합적인 지원을 제공한다. 참가한 학생들은 중학교에 재학한 3년간(7~9학년) 프로그램을 받는다. ALAS 프로그램에 참여한 학생들은 이들을 돕는 옹호자(advocate)와 연결되는데, 이들은 프로그램 참여 학생들을 직접적으로 돕고 학생들이 학교에 계속 나올 수 있도록 학교, 가족 그리고 지역사회의 노력을 조율하는 역할을 한다.

ALAS 프로그램은 다음의 4가지 단계를 포함한다.

1. 학생들을 위한 사회적 문제 해결 훈련
2. 출석과 학업에 대한 집중적인 모니터링과 빈번한 교사의 피드백
3. 가족을 위한 학교 참여 훈련 및 지역사회 자원으로의 연결
4. 지역사회의 라틴계 가족에게 적절하고 다양한 서비스를 제공

ALAS 프로그램에 무선배정된 학생들과 처치를 받지 않은 통제 집단의 학생들에 대해 프로그램이 실행되는 동안 이들의 학교 등록을 주의 깊게 모니터링하였다. 프로그램이 지속되는 동안 ALAS 프로그램 참여 학생들은 놀랄 만한 결과를 보였다. 9학년을 마치는

시점에서 ALAS 프로그램 참여 학생들은 100% 학교에 남아 있었던 반면, 통제 집단 학생들은 83%가 학교에 남아 있었다. 또한 ALAS 프로그램 참여 학생들의 79%가 4년 이내에 졸업을 할 수 있는 학점을 이수한 반면, 통제 집단은 오직 47%만이 이수를 하였다. 개입이 종료된 1년 후인 10학년 말에는 ALAS 프로그램 참여학생들의 91%가 학교에 남아 있었던 반면, 통제 집단은 오직 69%의 학생이 학교에 재학하고 있었다. 그러나 프로그램 종료 후 4년이 지난 시점에서 확인한 결과, 아쉽게도 ALAS 프로그램 참여 학생들의 34%가 고등학교를 졸업한 반면, 통제 집단의 26%가 고등학교를 졸업한 것으로 확인되었다(Rumberger & Larson, 1994). 이 연구자들은 고등학교에서도 지속적으로 지원을 했더라면 보다 성공적인 결과가 나왔을 것이라고 제안하였다.

대안학교

기존의 학교 환경이 학생에게 부적절하다고 여겨질 경우, 대안학교에서 고등학교 졸업장을 받게 하는 것도 하나의 방법이다. 유감스럽게도, 대안학교에 다닌다고 해도 높은 학업 중단율이 개선되거나 학습을 증진시키는 것은 아니다(Dynarski & Gleason, 1998). 3개의 대안학교에 관한 Kelly의(1996) 질적 연구에 따르면, 대안학교를 선택하는 것이 반드시 최고의 질을 보장해 주는 것은 아니기 때문에 위험이 뒤따른다. 학생들은 자기 자신이나 부모의 불안을 무릅쓰고 대안학교로 전학하는 경우가 있다. 일단 대안학교로 옮기면 지각이나 학업 준비에 대해 덜 엄격한 학교 정책 때문에 학업 중단율은 가속화된다. 학교에 거의 참여하지 못하는 학생들은 학교를 떠나는 것이 권고되기도 하기 때문에 결과적으로 대안학교는 보다 열성적인 학생들로 채워지게 된다. 이로 인해 결국 학생들은 자기 미래의 직업이나 교육적 기회를 제약하는 대안학교의 제한적인 학업 준비에 대해 불평하게 된다. 그래서 많은 학생들에게 대안학교로 전학하는 것은 암묵적으로 실패를 인정하는 것이 되고 학업을 중단하는 또 다른 방식의 기준을 제공하게 된다.

Dynarski와 Gleason(1998)은 대안 중학교가 작은 학급 규모와 개별화 환경에서 수업이 이뤄지고 교수-학습에 집중한다면, 학업 중단을 막는 데 효과적일 것이라는 사실을 발견했다. 이와 같은 학교를 다니는 학생은 대안 중학교를 다니지 않는 비교 학생보다 높은 학년 진급률과 낮은 학업 중단율을 보였다. 이 연구의 한 프로그램인 ACCEL(Accelerating the Learning of At-Risk Student) 프로젝트는 이전에 유급된 학생들에게 집중적인 학업 지도를 제공함으로써 적절한 학년으로 또래들과 합류할 수 있도록 설계되었다. ACCEL 프로젝트는 집중적인 훈련을 통해 중학교 2년 과정을 1년으로 압축하도록 시도했고, 부모의 개입, 지역사회 파트너십, 그리고 상담 활동을 강화하였다. 첫 번째 집단에 대한 최초의 평가 결과는 통제 집단보다 19% 낮은 중단율을 보여 고무적이었다. 그러나 두 번째 집단은 중단율이 고작 2% 낮아 근소한 차이를 보였다. 두 집단 모두 동일한 프로그램을 받았기 때문에 이러한 결과는 이 프로그램이 성공적이지만 그 효과가 일정하지 않다는 것을 시사한다(Dynarski, Gleason, Rangarajan, & Wood, 1998).

학업 중단 복귀 프로그램

시애틀에 있는 미들 칼리지 고등학교는 학업 중단 복귀를 위해 설계된 몇 안 되는 소규모 프로그램의 표본이 된다. 이 프로그램은 지역의 대학 캠퍼스에서 실시되었고, 고등학교에 입학하지 못한 학생들을 위해 제공되었다. 지원자들은 전형적으로 최소 2학년을 유급한 상태였고, 저조한 학교 출석의 전력이 있었으며, 정규 고등학교를 다니기에는 '너무 나이 들었다'고 느꼈다(Houston, Byers, & Danner, 1992). 프로그램의 평가 결과, 학업적 위험요소가 4개 미만인 미들 칼리지 학생들은 학업 중단을 적게 하고, 고등학교 졸업장(diploma)을 받는 경향이 높음을 알 수 있었다. 이는 통제 집단의 학생들이 검정고시합격증(GED)을 받는 경향이 있다는 점과 대조된다. 하지만 4가지 이상의 위험요소를 지닌 학생들 사이에는 학교 졸업률에 차이가 없었다. 전체 학생에서 통제 집단의 23%만이 3년 뒤 고등학교를 마친 데 비해 미들 칼리지 학생은 고등학교 수료율이 31%에 달했지만 이러한 차이는 통계적으로 유의미하지 않았다.

실행 및 정책적 함의

학교 중단과 관련된 문제의 규모는 사회요인에 따라, 교육청에 따라 매우 다르다. 사회요인의 예로는 지역사회의 빈곤율, 인종 및 언어권 분포, 그리고 교육청의 지리적 위치를 들 수 있다. 그러나 학업 중단 문제의 심각성은 모든 주에 걸쳐, 모든 인종에 대해, 모든 언어권과 모든 계층을 막론하고 보편적이다. 고등학교를 마치지 못한 학생은 저임금으로 격하되어 고용될 위험이 높다. 또한 그들의 가족과 자녀의 경제적 안정을 제한하는 본인의 흥미와 상관없는 직업을 가지게 될 수 있다. 이러한 높은 위험성이 있기에, 모든 지역사회는 지역 상황에 적절한 학교 수료 프로그램을 실시하거나, 정책을 지원하는 것이 매우 중요하다. 학교에서 유급된 학생들에 대한 책임의 범위를 보다 넓혀야 한다.

그리고 학업 중단을 하게 되는 학생들의 과정은 그들이 유아기 때 시작되어 초등학교 때 명백해지고, 중학교 때 심해지며, 고등학교 때 위기를 맞게 된다는 것을 인지해야 한다. 결과적으로, 학년의 범위를 넘어서는 공동팀을 통해 지역사회의 중단 문제에 대한 특징과 규모를 밝히고, 문화적으로 민감한 해결책을 제안할 책임이 있다. 이 해결책은 지역적 가치와 학교교육에 대한 기대를 아우를 수 있어야 한다.

학교 수료는 학교의 책임 못지않게 지역사회에도 책임이 있기 때문에 학교 수료를 조성하는 정책과 실행이 절대적으로 교육만의 책임이라고 볼 수는 없다. Jumerson과 동료(2000)의 연구에 따르면, 유아기 양육의 질이 18년 이후의 학교 수료에 대한 강력한 예측변수라고 했다. 이들의 종단연구는 지역사회 내에 사회적으로 혜택을 받지 못한 빈곤 가정에게 필수적인 지원 서비스가 부족할 때 빈곤층 아동들이 높은 학교실패율을 보이는 경향이 있음을 밝혔다. 결론적으로 지역사회는 아동의 발전적인 성공을 조성하는 프로그램을 개발하고 제공하는 필수적인 역할을 다해야 한다.

교육청이 학생들의 결석 기록, 학업 중단, 대안학교로 전학하는 학생들에 관해 정확한 기록을 남기지 않으면 그 어떤 지역사회라도 학업 중단 문제의 특징과 규모를 밝히는 일은 불가능하다. 해결책으로 국립 교육 통계 센터(NCES)는 통계 자료를 유지하기 위해 중단(dropping out)에 대한 정의를 통일하고 중단에 관한 통계를 관리하기 위해 통일된 조항을 만들었다. 이 지침에서 학업 중단으로 여겨지는 학생이란, 지난해 등록했으나 올해 9월 1일 등록하지 않은 학생들과, 고등학교를 졸업하지 않았거나 국가 혹은 지역에서 승인한 교육 프로그램을 수료하지 못한 학생들을 포함한다. 특정한 배제 조항이 적용되는데, 예를 들어 전학으로 인한 경우나 사망으로 인한 경우는 배제되지만 질병이나 정학에 의한 것은 중단으로 간주된다. 그러나 유감스럽게도 오직 22개 주만이 NCES 조약을 채택하고 있다(Schargel & Smink, 2001).

학교는 높은 고등학교 중단율과 상호 관련이 있는 정책을 그만두어야 한다. 정학, 퇴학, 무단결석과 같은 징벌적 혹은 일방적인 정책은 단기적인 필요 측면에서 만족스러울 수 있다. 그러나 이와 같은 정책들은 이미 학업 중단의 높은 위험을 지니고 있는 학생들을 밀어내는 모순적인 효과를 지닌다. 지역사회는 학교 수료에 우선순위를 두어야 하고, 높은 위험군의 학생들을 밀어내기(push out)보다 유지하려는(hold in) 실행에 대해 보다 효과적인 인센티브를 제공하지 않는 한 낮은 취업률과 경제적 의존이라는 무거운 부담을 지게 될 것이다.

미래의 방향

미래의 연구는 선택적 및 지시적 학교 수료 프로그램에 대한 국가의 시급한 요구를 다루어야 한다. 해당 프로그램의 효과성은 이미 잘 설계된 연구에서 실증적으로 검증되었다. 유용한 연구들은 프로그램 참가자와 통제 집단을 비교하고, 프로그램 참가자들을 계획된 졸업일에 따라 몇 년에 걸쳐 추적조사하고, 질적 방법과 양적 방법을 모두 사용하여 철저하게 학업 중단의 결정을 조사한다. 연구를 통해 여러 경쟁적인 프로그램의 장점을 비교할 필요가 있다. 초등학교, 중학교 그리고 고등학교 수준에서 프로그램을 제공할 때 상대적 이득에 대해 비교해야 한다. 그리고 프로그램의 재정적 · 인적 비용에 관한 이득을 분석해야 한다. 실증적으로 효과성이 입증된 프로그램들을 학교와 지역사회가 사용하기 편하게 제공하여 학교 수료를 증진시키기 위한 종합적이고 효과적인 방법을 찾을 수 있도록 해야 한다.

이민자들, 언어소수자(language minority) 학생들, 그리고 특히 히스패닉 학생들의 학교 수료율을 어떻게 높일지에 대한 이해는 특히 강조해야 할 부분이다. 국가는 이민자들이 2세대에 걸친 문화변용을 통해 학교 수료율이 스스로 상승할 때까지 기다릴 여유가 없다. 예전에 이민의 큰 물결이 있었던 시기에 비해, 지금은 미국 시민으로서 누릴 수 있는 사회 및 경제적 혜택에 대한 공정한 접근성이 학교 수료와 더욱 밀접한 관련이 있다. 이러한 공정성(equity)의 문제는 검정고시 프로그램만으로 해결될 수 없을 것이다. 이 문제를 해결하기 위해서는 모든 집단이 높은 수준의 고등교육을 받을 수 있어야 한다. 검정고시의 유용성은 좀 더 철저한 조사가 필요하다. 논란이 되고 있는 연구에 따르면, 검정고시합격증으로는 좋은 고용기회나 학생들의 인식을 끌어낼 수 없음을 시사한다. 그러나 검정고시와 추가적인 교육 프로그램을 결합하면, 학생들에게 보장된 미래로 가는 티켓을 제공할 수 있다. 추가적인 연구를 통해서 학생들에게 검정고시 프로그램이 헛된 약속을 하는 것은 아닌지, 그리고 이미 존재하고 있는 불공정성을 지속시키는 것은 아닌지를 확인하는 것이 필요하다.

마지막으로, 인구학적 특징으로 인해 높은 학업 중단율의 위험을 지녔으나 학교를 끝마친 학생들에 대한 더 많은 관심이 필요하다. 역경에도 불구하고 성공한 학생들의 특징은 학교 수료의 보호적 요인으로 작용하는 필수적인 지원을 강조한다. 일단 이러한 보호 요인을 확인하면, 계획된 프로그램은 지역사회의 지원을 회복시킬 수 있고 학생들의 성공 가능성을 향상시킬 수 있다. 보호요인을 기반으로 한 프로그램은 장점에 기반을 둔 개입으로 상당한 영향력을 지닌다. 예를 들어, 지원이 필요한 집단에 대한 낙인이나 우열 구분, 그리고 차별 없이도 학교 수료를 지원할 수 있는 개입을 의미하는 것이다.

참고문헌

Alexander, K. L., Entwisle, D. R., & Horsey, C. S. (1997). From first grade forward: Early foundations of high school dropout. *Sociology of Education, 70,* 87-107.

Baker, J. A., Derrer, R. D., Davis, S. M., Dinklage-Travis, H. E., Linder, D. S., & Nicholson, M. D. (2001). The flip side of the coin: Understanding schools' contribution to dropout and completion. *School Psychology Quarterly, 16,* 406-426.

Barclay, J. R. (1966). Sociometric choices and teacher ratings as predictors of school dropouts. *Journal of School Psychology, 4,* 40-44.

Barclay, J. R., & Doll, B. (2001). Early prospective studies of the high school dropout. *School Psychology Quarterly, 16,* 357-369.

Barnett, W. S. (1996). *Lives in the balance: Age-27 benefit-cost analysis of the High/Scope Perry Preschool Program* (Monographs of the High/Scope Educational Research Foundation No. 11). Ypsilanti, MI: High/Scope Press.

Cairns, R. B., Cairns, B. D., & Neckerman, H. J. (1989). Early school dropout: Configurations and determinants. *Child Development, 60,* 1437-1452.

Cameron, S. V., & Heckman, J. L. (1993). The nonequivalence of high school equivalents. *Journal of Labor Economics, 1,* 1-47.

Catterall, J. (1998). Risk and resilience in student transitions to high school. *American Journal of Education, 106,* 302-333.

Christenson, S. L., & Carroll, E. B. (1999). Strengthening the family school partnership through check and connect. In E. Frydenberg (Ed.), *Learning to cope: Developing as a person in complex societies* (pp. 248-273). New York: Oxford University Press.

Christenson, S. L., Sinclair, M. F., Lehr, C. A., & Godber, Y. (2001). Promoting successful school completion: Critical conceptual and methodological guidelines. *School Psychology Quarterly, 16,* 468-484.

Doll, B., & Hess, R. S. (2001). Through a new lens: Contemporary psychological perspectives on school completion and dropping out of high school. *School Psychology Quarterly, 16,* 351-356.

Dryfoos, J. G. (1990). *Adolescents at risk: Prevalence and prevention.* New York: Oxford University Press.

Dynarski, M., & Gleason, P. (1998). *How can we help? What we have learned from evaluations of federal dropout-prevention programs.* Princeton, NJ: Mathematica Policy Research. Available from http://www.mathematica-mpr.com/PDFs/dod-syn.pdf.

Dynarski, M., Gleason, P., Rangarajan, A., & Wood, R. (1998). *Impacts of dropout prevention programs: Final report.* Princeton, NJ: Mathematica Policy Research. Available from http://www.mathematica-mpr.com/PDFs/dod-fr.pdf.

Ekstrom, R. B., Goertz, M. E., Pollack, J. M., & Rock, D. A. (1986). Who drops out of high school and why? Findings from a national study. *Teachers College Record, 87,* 356-373.

Elias, M. J., & Clabby, J. F. (1992). *Building social problem-solving skills: Guidelines from a school-based program.* San Francisco: Jossey-Bass.

Fashola, O. S., & Slavin, R. E. (1998). Effective program prevention and college attendance programs for students placed at risk. *Journal for the Education of Students Placed at Risk, 3,* 159-183.

Fashola, O. S., Slavin, R. E., Calderon, M., & Duran, R. (2001). Effective programs for Latino students in elementary and middle schools. In R. E. Slavin & M. Calderon (Eds.), *Effective programs for Latino students* (pp. 67-100). Mahwah, NJ: Erlbaum.

Felner, R. D., Brand, S., Adan, A. M., Mulhall, P. F., Flowers, N., Sartain, B., et al. (1993). Restructuring the ecology of the school as an approach to prevention during school transitions: Longitudinal follow-ups and extensions of the School Transitional Environment Project (STEP). *Prevention in Human Services, 10,* 103-136.

Fernandez, R. M., Paulsen, R., & Hirano-Nakanishi, M. (1989). Dropping out among Hispanic youth. *Social Science Research, 18,* 21-52.

Fine, M. (1991). *Framing dropouts: Notes on the politics of an urban public high school.* Albany: State University of New York Press.

Finn, J. D. (1993). *School engagement and student at risk.* Washington, DC: National Center for Education Statistics.

Fitzsimmons, S. J., Cheever, J., Leonard, E., & Macunovich, D. (1969). School failures: Now and tomorrow. *Developmental Psychology, 1,* 134-146.

Garcia, E. E. (1991). Bilingualism, second language acquisition, and the education of Chicano language minority students. In R. R. Valencia (Ed.), *Chicano school failure and success: Research and policy agendas for the 1990s* (pp. 93-118). New York: Falmer Press.

Gleason, P., & Dynarski, M. (1998). *Do we know whom to serve? Issues in using risk factors to identify dropouts.* Princeton, NJ: Mathematica Policy Research. Available from http://www.mathematica-mpr.com/PDFs/dod-risk.pdf.

Hathaway, S. R., Reynolds, P. C., & Monachesi, E. d. (1969). Follow-up of the later careers and lives of 1,000 boys who dropped out of high school. *Journal of Consulting and Clinical Psychology, 33,* 370-380.

Hess, G. A., & Greer, J. L. (1987). *Bending the twig: The elementary years and dropout rates in the Chicago public schools.* Chicago: Chicago Panel on Public School Policy and Finance. (ERIC Document Reproduction Service No. ED287951)

Hess, R. S., & D'Amato, R. C. (1996). High school completion among Mexican American children: Individual and familial risk factors. *School Psychology Quarterly, 11,* 353-368.

Houston, A. V., Byers, S. M., & Danner, D. (1992). A successful alternative to traditional education: Seattle Middle College High School at Seattle Central Community College. *Journal of Negro Education, 61,* 463-470.

Jimerson, S., Egelund, B., Sroufe, L. A., & Carlson, B. (2000). A prospective, longitudinal study of high school dropouts: Examining multiple predictors across development. *Journal of School Psychology, 38,* 525-549.

Kaplan, D. S., Damphousse, K. R., & Kaplan, H. B. (1994). Mental health implications of not graduating from high school. *Journal of Experimental Education, 62,* 105-123.

Kaplan, D. S., Peck, B. M., & Kaplan, H. B. (1997). Decomposing the academic failure-dropout relationship: A longitudinal analysis. *Journal of Educational Research, 90,* 331-343.

Karweit, N. L. (1991). *Repeating a grade: Time to grow or denial of opportunity* (Report No. 16). Baltimore: Johns Hopkins University, Center for Research on Effective School for Disadvantaged Students.

Kelly, D. M. (1996). "Choosing" the alternative: Conflicting missions and constrained choice in a drop out prevention program. In D. Kelly & J. Gaskell (Eds.), *Debating dropouts: Critical policy and research perspectives on school leaving* (pp. 101-122). New York:

Teachers College Press.

Klonsky, M. (1995). *Small schools: The numbers tell a story. A review of the research and current experiences.* Chicago: University of Chicago. (ERIC Document Reproduction Service No. ED386517)

Kohl, G. O., Lengua, L. J., & McMahon, R. J. (2000). Parent involvement in school: Conceptualizing multiple dimensions and their relations with family and demographic risk factors. *Journal of School Psychology, 38,* 501-523.

Kraemer, H. C., Kazdin, A. E., Offord, D. R., Kessler, R. C., Jensen, P. S., & Kupfer, D. J. (1997). Coming to terms with the terms of risk. *Archives of General Psychiatry, 54,* 337-343.

Kubitschek, W. N., & Hallinan, M. T. (1998). Tracking and students' friendships. *Social Psychology Quarterly, 61,* 1-15.

MacIver, D. J., & Epstein, J. L. (1991). Responsive practices in the middle grades: Teacher teams, advisory groups, remedial instruction, and school transition programs. *American Journal of Education, 99,* 587-622.

Murname, R. J., Willett, J. B., & Boudett, K. (1995). Do high school dropouts benefit from obtaining a GED? *Educational Evaluation and Policy Analysis, 17,* 133-147.

Murname, R. J., Willett, J. B., & Tyler, J. (1999). Who benefits from obtaining a GED? Evidence from high school and beyond. *Review of Economics and Statistics, 82,* 23-37.

National Center for Educational Statistics. (2002). *Dropout rates in the United States: 2000.* Washington, DC: U.S. Department of Education.

National Research Council. (2001). *Understanding dropouts: Statistics, strategies, and high-stakes testing.* Washington, DC: National Academy Press.

Nelson, J. R., Martella, R. M., & Marchand-Martella, N. (2002). Maximizing student learning: The effects of a comprehensive school-based program for preventing problem behaviors. *Journal of Emotional and Behavioral Disorders, 10,* 136-148.

Oetting, E. R., & Beauvais, F. (1990). Adolescent drug use: Findings of national and local surveys. *Journal of Consulting and Clinical Psychology, 58,* 385-394.

Peña, D. C. (2000). Parent involvement: Influencing factors and implications. *Journal of Educational Research, 94,* 42-54.

Persaud, D., & Madak, P. R. (1992). Graduates and dropouts: Comparing perceptions of self, family, and school supports. *Alberta Journalof Educational Research, 38,* 235-250.

Raywid, M. A. (1996). *Taking stock: The movement to create mini-schools, schools-within-schools, and separate small schools.* Madison, WI: Center on Organization and Restructuring of Schools. (ERIC Document Reproduction Service No. ED393958)

Roderick, M. (1993). *The path to dropping out: Evidence for intervention.* Westport, CT: Auburn House.

Roderick, M. (1994). Grade retention and school dropout: Investigating the association. *Journal of Educational Research, 31,* 729-757.

Rumberger, R. W. (1995). Dropping out of middle school: A multilevel analysis of students and schools. *American Educational Research Journal, 32,* 583-625.

Rumberger, R. W., Ghatak, R., Poulos, G., Ritter, D. L., & Dornbusch, S. M. (1990). Family influences on dropout behavior in one California high school. *Sociology of Education, 63,* 283-299.

Rumberger, R. W., & Larson, K. A. (1994). Keeping high-risk Chicano students in school: Lessons from a Los Angeles middle school dropout prevention program. In R. J. Rossi (Ed.), *Schools and students at risk: Context and framework for positive change* (pp. 141-162). New York: Teachers College Press.

Schargel, F. P., & Smink, J. (2001). *Strategies to help solve our school dropout problem.* Larchmont, NY: Eye on Education.

Schreiber, D., Kaplan, B. A., & Strom, R. D. (1965). *Dropout studies: Design and conduct.* Washington, DC: National Education Association.

Sinclair, M. F., Christenson, S. L., Hurley, C., & Evelo, D. (1998). Dropout prevention for high-risk youth with disabilities: Efficacy of a sustained school engagement procedure. *Exceptional Children, 65,* 7-21.

U.S. Department of Education. (1990). *National goals for education* (Publication No. 455-B-2). Washington, DC: U.S. Government Printing Office.

Velez, W., & Saenz, R. (2001). Toward a comprehensive model of the school leaving process among Lations. *School Psychology Quarterly, 16,* 445-467.

Wassef, A., Mason, g., Collins, M. L., O'Boyle, M., & Ingham, D. (1996). In search of effective programs to address students emotional distress and behavioral problems: Part III. Student assessment of school-based support groups. *Adolescence, 31,* 1-16.

Wehlage, G. G., Rutter, R. A., Smith, G. A., Lesko, N., & Fernandez, R. R. (1989). *Reducing the risk: Schools as communities of support.* New York: Falmer Press.

Children
제18장
Adolescent

아동학대

*Barbara Thomlison

아동학대(child abuse)와 방임(neglect)은 심각한 공중보건 문제이며 이러한 문제를 파악하고 예방적 개입을 적용하는 것은 시급하다. 아동학대의 발생률이 모든 암의 형태보다 10배 이상 높지만, 아동학대 관련 정책수립자는 다른 신체적인 전염병보다 이를 심각하게 보지 않는다. 이로 인해 이 문제는 모든 면에서 주목받지 못하고 경제적인 관점에서 인식되지 않는다(Sadler, Chadwick, & Hensler, 1999). 최근 지난 10년간 아동과 가족에게 혜택을 제공하는 예방 과학에 상당한 진전이 있었지만, 더 많은 연구의 확장과 더불어 효과적인 개입 단계의 개선이 필요하다. 학대가 미치는 영향과 아동학대 및 방임과 관련 있는 보호요인과 위험요인에 대한 이해가 많이 증진되어, 이제는 어떠한 예방 접근들이 효과적인지 확인할 수 있게 되었다(Thomlison, 2004). 아동 초기에 실행되었던 가족중심 전략과 다요인전략들은 학대 아동의 건강 관련 행동을 향상시켰고 관련 부모들의 양육기술의 향상을 가져왔다. 가족요인은 아동학대에 매우 중요한 역할로 작용할 뿐만 아니라 아동의 발달적 결과에도 보호요인으로 작용한다. 자료에 따르면, 위험요인의 조기징후에 대해 개입할 경우 부모의 양육에 향상을 가져오고, 부모의 양육이 개선됨으로써 아동의 결과도 향상된다는 것이 확인되었다.

*Barbara Thomlison, PhD Florida International University School of Social Work

이 장에서는 아동학대의 보편적 · 선택적 · 지시적 예방의 개입을 사용한 현재의 접근들과 이러한 접근의 진보를 입증하는 연구 결과들을 정리한다. 이처럼 선택된 소수의 모범적인 프로그램 개입은 아동학대 문제에 대해 긍정적인 영향을 미친다. 각각의 개입은 다음과 같다.

1. 대표성을 지닌 지역적 표본을 사용한 개입이거나, 적절한 통제 집단을 사용하고 임상적 표집을 이용한 개입
2. 개입이 목표로 하는 학대의 종류를 명확하게 규정한 개입
3. 반복해서 실행할 수 있을 만큼 세부사항이 충분하게 기술된 개입

몇몇의 경우에는 치료 매뉴얼을 이용할 수 있다. 역학(epidemiology)과 발달 이론에 근거한 간호사-가족 협력(Nurse-Family Partnership) 프로그램(Olds, 2002)을 제외한 나머지 프로그램들은 공중보건에 그리 큰 영향을 미치지 못했다. 미국 의학 연구소(Institute of Medicine)가 제시한 지침에 따라 여러 연구를 다음과 같이 3가지로 분류하여 조직하였다(Mrazek & Haggerty).

1. 보편적 예방 개입은 일반적인 대중을 목표로 하거나 전체 대상에 관심을 둔다(예: 아동기의 예방접종, 대중매체에 기반한 부모 양육 정보 캠페인).
2. 선택적 예방 개입은 일반적인 대상과 비교하여 더 높은 위험을 지닌 일반 대상의 하위집단을 목표로 한다(예: 가임연령의 여성을 위한 엽산(folic acid)[1]의 사용, 아동의 행동과 발육을 걱정하는 부모를 위한 특별한 양육 정보와 조언).
3. 지시적 예방 개입은 감지할 수 있는 문제의 증상을 보이는 개인을 목표로 하는데 그러한 문제가 오래 지속된 심각한 문제가 아니거나 완전한 임상적 장애가 아닌 경우이다(예: 다양한 행동 문제 혹은 공격적 행동이나 학습에 지연을 보이는 아동의 부모를 위한 양육 교육과 기술 훈련).

이 장에서는 학대의 경향과 발생률을 제시하며 위험요인과 보호요인, 그리고 개입과

1) 역자 주: 엽산(Folic acid: 葉酸)은 비타민의 일종으로, 비타민 B9 또는 비타민 M이라고도 불린다. 태아의 신경과 혈관 발달에 중요하기 때문에, 임신 전과 임신 초기의 임신부에게 권장된다.

관련된 연구를 요약하고 이를 통한 정책과 실행을 위한 함의를 제시하였다.

경향과 발생률

1990년대 초반 증가 추세를 보이던 학대와 방임에 의해 고통을 받는 아동의 추정 수는 1994년 100만 명에서 2000년도에는 87만 9천 명으로 감소하였다. 방임은 지속적으로 학대의 대부분(62.8%)을 차지한다. 19.3%는 신체적 학대, 10.1%는 성적 학대, 그리고 방임과 학대 및 다른 형태의 학대가 복합적으로 나타나는 경우는 나머지 7% 정도를 차지한다. 그러나 대부분의 아동은 하나 이상의 학대를 통해 고통을 받는다(U. S Department of Health and Human Services[USDHHS], 2001).

피해자

입증된 피해는 1993년 아동 1천 명당 15.3명에서 1997년 1천 명당 13.8명으로 감소했다. 덧붙여, 1999년에는 1천 명당 11.8명으로 감소했고, 2000년에는 1천 명당 12.2명으로 다시 증가했다(USDHHS, 2001). 남아의 경우 1천 명당 0.4명인 성적 학대가 여아의 경우 1천 명당 1.7명인 경우를 제외하고는, 남자와 여자의 피해율은 각각 1천 명당 11.2명과 12.8명으로 유사하게 나타났다. 1999년 방임의 피해율(의료적 방임을 포함)은 1천 명당 6.9명이었다. 신체적 학대의 비율은 1천 명당 2.5명이었고, 성적 학대의 비율은 1천 명당 1.3명이었다(p. 22). 전체 피해자의 절반 이상이 백인(50.6%)이었고, 1/4(24.7%)이 흑인이었으며, 1/6(14.2%)이 히스패닉이었다. 피해를 입은 경험이 있는 아동은 피해 경험이 없는 아동에 비해 반복적으로 피해를 당할 가능성이 3배 이상 높았다.

가해자

전체 신체적 학대 발생 중 59.9%에 대한 책임이 여성들에게 있으며, 모든 학대 형태 중 다수는 부모에 의해 발생했다(USDHHS, 2001). 위탁보호 가정에서 자란 아동들은 가족과 함께 사는 아동에 비해 학대와 방임을 경험할 가능성이 20% 이상 높았다.

사망률

아동 사망은 아동학대의 수준을 보여 주는 가장 신뢰할 수 있는 지표이며, 1993년과 2000년에 나타난 아동 사망률은 약간 증가했다. 3명 혹은 그 이상의 아동이 학대로 인해 매일 사망하며, 이 죽음의 86%를 차지하는 어린 아동(0~6세)의 사망률이 가장 높다(USDHHS, 2001). 덧붙여 모든 아동학대와 관련된 사망자의 43%는 학대가 일어난 첫 해에 발생한다. 이러한 사망자는 방임과 더 관련되어 있다. 1993년 학대로 인한 사망자는 10만 명당 1.62명이었고(Sedlak & Broadhurst, 1996), 2000년에는 10만 명당 1.71명으로 사망률이 증가하였고, 1,200명이 아동학대로 인해 사망했다(USDHHS, 2001, p. 42). 아동 사망자의 2.7%는 위탁보호 가정에서 발생했다.

빈곤

빈곤한 가정은 아동학대 통계에서 지나치게 부각되어 왔다. 연수입이 3만 달러 이상인 가정의 아동과 비교했을 때, 연수입이 1만 5천 달러 이하인 가정의 아동은 학대로 인해 피해를 입을 가능성이 22배나 높았다(Sedlak & Broadhurst, 1996). 최저소득 가정의 아동은 성적 학대를 당할 가능성이 18배나 높았으며, 교육적으로 방임될 가능성은 거의 56배나 높았다(Sedlak & Broadhurst, 1996). 전문가들은 민족, 문화, 인종은 아동학대의 비율과 직접적으로 관련된 것이 아니라고 말한다(Korbin, 1994, p. 195). 하지만 인종차별주의 및 다른 형태의 차별적인 경험은 학대와 방임에 대한 위험요인을 악화시킬 수 있다(Chaffin, Keelleher, & Hollenberg, 1996; Kendall-Tackett & Eckenrode, 1996; Schumacher, Smith Slep, & Heyman, 2001).

개념적 기초

아동학대의 개념적 기초와 구조에 대한 인식은 개입을 시행하기 위해서 중요하다. 2가지 주요 구성 개념은 개입을 위한 기반을 제공한다. 아동학대의 정의 및 아동의 정신병리 발달과 관련 있는 특정한 위험요인과 보호요인의 확인을 위한 발달정신병리가 2가지 주요 개념이다(Rutter, 2000).

학대의 정의

문헌적으로 확인된 학대의 주된 형태에는 교육적 방임이나 의료적 방임뿐만 아니라, 신체적 학대, 방임, 불충분한 감독, 정서적 · 언어적 학대 및 성적 학대가 있다. 학대와 관련하여 관심이 증가된 영역은 위험한 부모의 행동과 흔들린 아이 증후군(shaken baby syndrome),[2] 부모의 폭력에 노출된 아동, 형제자매 학대, 뮌하우젠 신드롬 바이 프록시(Munchausen syndrome by Proxy)[3]와 같은 구체적인 학대의 형태와 관련된 것에 초점을 맞추고 있다. 유사하게, 문헌은 이러한 상황들이 복잡한 과정을 포함한다고 지적한다(USDHHS, 2001). 국가와 문화에 따라 학대의 정의는 다양하다. 그리고 학대의 실체에 대한 기준은 해석과 논쟁의 여지가 있으며, 그 기준은 많은 아동이 다양한 형태의 학대와 방임에 의한 피해자라는 요인들로 인해 복잡하다.

아동학대를 확인하기 위한 정의에는 합치된 의견이 없다. 정신장애 진단 및 통계 편람 4판(Diagnostic and Statistical Manual of Mental Disorders 4th ed.: DSM-IV, American Psychiatric Association[APA], 1994)이 아동의 신체적 학대, 성적 학대, 방임을 위한 진단 V코드(V61.21)를 제공하고 있기는 하나 정서적인 학대에 대한 진단 규정은 없다. 학대의 개념적 정의에 관한 연구(Korbin, Coulton, Lindstrom-Ufuti, & Spilsbury, 2000; Portwood, 1999)에 따르면, 학대에 대한 법적 정의에 약간의 차이가 있지만 지역 주민, 전문가, 학자들은 학대와 방임 행동에 대한 규정의 범주를 공유하고 있음을 확인하였다. 그리고 합치된 의견에 바탕을 둔 조작적 정의를 채택하고 있는데, 이러한 조작적 정의는 부모나 책임 있는 양육자가 아동에게 해롭거나 상처를 입힐 수 있는 행동을 하는 경우이고 이로 인해 아동에게 상당한 위험이 발생할 수 있는 경우를 의미한다(Korbin et al., 2000; Portwood, 1999). 그 밖의 여러 자료는 학대의 정의에 관한 심도 있는 논의를 제공한다(Coulton, Korbin, Su, & Chow, 1995; Korbin, 1994; Korbin, Coulton et al., 2000).

2) 역자 주: 부모나 어른들이 아기를 많이 흔들어 생기는 질병으로 뇌출혈이나 늑골골절 등을 유발하는 것을 말한다. 일단 흔들린 아이 증후군으로 진단되면 30%가 사망하고 생존할 경우에도 60%는 실명하거나 사지마비, 지적장애, 성장장애, 간질 등 영구적인 후유증으로 고통을 받는다.

3) 역자 주: 부모나 간병인이 자신이 돌보는 자녀나 애완동물, 중환자 등을 끊임없이 학대하며 타인의 이목을 받고 자신의 보호본능을 만족시키려는 정신질환이다.

위험요인과 보호요인

발달적 원인에 관한 연구는 아동학대의 위험요인과 보호요인을 확인했다. 생리심리사회학적 위험요인과 보호요인(Biopsychosocial risk and protective factors)은 다양한 삶의 환경 맥락적 관점에서 아동학대 행동의 시작, 발달, 유지에 영향을 미치며 상호작용하는 개인, 부모, 가족, 환경적 요인들의 다양성을 지적한다(Hansen, Sedlar, & Warner-Rogers, 1999; Mrazek & Haggerty, 1994; Rutter, 2000; Thomlison, 1997). 이것은 복합적이고 역동적인 일련의 과정으로 개인적인 특성이나 성격이 아니다. 위험요인은 부정적인 발달적 결과가 잘 일어나도록 하는 것에 영향을 미친다. 어떤 위험요인은 부정적인 결과와 우연하게 관련되어 있지만, 다른 요인은 때때로 잠재적인 부정적 결과의 징후라고 불릴 정도로 명확하게 상관관계가 있기도 하다. 어떤 위험요인은 동시다발적으로 발생해서 학대의 위험성을 고조시킨다. 그리고 위험요인의 수가 증가할수록 축적된 위험요인은 아동에게 더욱더 강한 영향을 미친다. Fraser, Kirby 및 Smokowski(2004, p. 21)는 다음과 같이 말한다. "위험에 대한 개념은 지속적으로 정교화되고 있다. 스트레스가 많은 사건이나 개인적 · 맥락적 위험을 포함한 다른 형태의 위험이 존재한다는 것이 폭넓은 동의를 얻고 있다. 위험을 이해하는 것은 축적되는 위험, 연쇄적으로 일어나는 위험, 위험기제 등과 같은 개념이 추가됨으로써 더욱 복잡해졌다. 명확한 것은 위험이 확률적(probabilistic)이라는 것이다. 이것은 위험요인에 노출된 아동이 부정적인 결과를 경험할 가능성이 높다는 의미이다. 높은 수준의 위험에 노출된 어떤 아동이 그 역경을 가까스로 극복할 가능성도 동일하게 존재한다. 그들은 적응유연하다고 본다." (Rutter, 2001; Werner & Smith, 1992)

보호요인은 위험을 바꿀 수 있는 개인적인 태도와 환경적인 자산으로, 외적 · 내적 자원으로 인식된다. 여러 연구를 검토하여 〈표 18-1〉에 수준과 원인별로 학대와 관련된 구체적인 위험요인과 보호요인을 제시하였다(위험과 보호요인에 관해 다시 보려면 Thomlison (2004) 참조, 위험, 적응유연성 개념과 과정에 관한 심도 있는 논의를 보려면 Fraser et al. (2004) 참조).

개입의 목적은 위험요인이 목표로 하는 효과를 줄이는 것이다(Fraser & Galinsky, 1997). 위험요인은 평가 과정을 통해 치료 효과를 최대화할 수 있는 초점뿐만 아니라 시작점(point of entry)도 제공한다. 학대에 노출된 아동의 많은 수가 표준화된 검사에서 명확한 임상 기능장애를 보이지 않는 반면, 어떤 아동은 임상 기능장애의 심각함에 대해 높은 가변성을 보인다. 그리고 또 어떤 아동들은 성적 학대에서와 같이 아무런 증상도 보이지

표 18-1 아동학대의 위험요인과 보호요인

아동 개인과 관련된 위험요인과 보호요인	
위험요인	보호요인
어머니와 유아의 낮은 애착	외향적이거나 수월한 기질
아동의 좋지 못한 건강/질병	다정한 성향
발달적 어려움	어머니와의 긍정적이거나 안정적인 애착
조산이나 합병증	활동적이고 기민한 성향
까다로운 기질, 행동, 감정	좋은 영양과 의료 서비스
인지적 장애	지속적인 질 높은 보육
낮은 지력	낮은 스트레스
	심화된 자조 기술(self-help skills)
아동의 역량	아동의 역량
긍정적이고 건강한 성인 모델의 부족	발달적 측면에서의 유능성
조기 교육의 실패	교육적 성취
부정적인 또래 역할 모델	정상적/평균 이상의 지능과 언어 기술
성인의 부실한 관리 감독	높은 사교성
부족한 문제 해결 기술	높은 인지적 기능
	자기효능감/능력에 대한 통찰력
	높은 자아존중감
	아동과 성인의 원만한 관계
	능숙한 문제 해결 기술
	친밀함과 안도감
	성인과 아동의 친밀함
	지지를 위한 외적 자원을 갖는 것
부모와 가족과 관련된 위험요인과 보호요인	
위험요인	**보호요인**
부모의 삶과 스트레스	부모의 삶과 스트레스
부족한 주택	관리감독, 일상적인 일, 의례적인 일
부족한 물질 자원	가족과 부부의 조화로움
장기적인 경제적 스트레스	가족 응집력
고용 스트레스와 실업	긍정적이고 보호적인 가족 상호작용
급속하고 스트레스 많은 삶의 변화	경제적 안정
한부모	고용 일관성
높은 수준의 갈등이나 폭력	
별거/이혼의 위협	
많은 자녀	

부모의 장애	부모의 능력
약물을 남용하는 부모	조절 가능한 스트레스
정신적 장애/우울증이 있는 부모	좋은 양육의 이력
반사회적 행동을 하는 부모	심리적으로 안정적인 부모
낮은 추리력과 문제 해결 기술	역할과 책임의 능력
미흡한 감정 통제	양육 역할의 만족
따뜻함의 부족	높은 자아존중감
부족한 양육 기술	긍정적인 성인 모델의 제공
높은 비판	아동을 관리하는 환경 제공
거칠고 일관성이 없는 훈육의 사용	
가족의 사회적 지지	가족의 사회적 지지
다른 사람에 지나치게 의존	가족, 친구와의 정서적 친밀감
고립	좋은 사회적 기술
다른 사람으로부터의 지지 부족	가족과 친구의 사회적 네트워크
부부/관계의 불화	부부의 긍정적인 지지
부모의 경험	
양육에 대한 왜곡된 인식	
자녀와의 정서적 친밀감 부족	
긍정적인 가족 상호작용의 제한	
지역사회와 환경과 관련된 위험요인과 보호요인	
위험요인	**보호요인**
사회 문화적 환경	사회 문화적 환경
이용하기 힘들거나 너무 비싼 건강 및 아동 관리	다수의 긍정적인 성인과 또래 역할 모델
이웃의 범죄/폭력의 높은 수준	안정적이고 화합하는 이웃
이웃과의 부정적인 상호작용 혹은 상호작용의 부족	강한 비공식적 네트워크 및 사회적 지지
사회적 붕괴나 혼란	건강 · 교육 · 지지 서비스에의 접근
사회적 편협함이나 차별	안전한 지역사회
사회적으로 빈곤한 지역사회	좋은 학교와 교사
환경적 독소에의 노출	

출처: Fraser (Ed.). (2003). Child Maltreatment: A Risk and Protective Factors Perspective (pp. 26-27).

않는다(Kolko, 1992). 위험(risk)이라는 용어는 이런 불확실성을 반영한다. 그러므로 개입을 통해 모든 위험 조건에 영향을 미치는 것은 불가능하다. 〈표 18-1〉에서 알 수 있듯이, 위험요인들은 서로 겹치며 영향력이 각기 다르다. 그러므로 개입 전략은 모든 위험 조건에 영향을 미치려는 것이 아니라는 사실을 강조하고 있으며, 특별하게 목표로 삼은 위험요인의 효과를 줄이는 것을 목표로 한다(Fraser & Galinsky, 1997).

학대가 최초로 발생하는 것을 막거나 미래에 다시 학대받는 것을 예방하기 위해서는 변화시킬 수 있는 위험요인을 가능한 일찍 파악하여 개입해야 한다. 위험요인이 변화될 수 있는 만큼 발달적으로 적절하고 문화적으로 민감한 다수준 개입 접근을 사용하면 그러한 위험요인을 다룰 수 있다(위험요인, 적응유연성 발달의 과정과 이론적 구성 개념에 관한 더 심도 있는 논의를 보려면 Fraser(2003), Fraser & Galinsky(1997), Fraser et al. (2004) 참조). 이 장에서 살펴볼 개입은 위험요인과 보호요인의 효과를 사용하여 학대 유형에 따른 구체적 개입을 구별하고 생태학적 발달체계를 적용한다. 심지어 가족 중심의 선택적 · 지시적 예방 개입의 시행이 초기 아동기 동안 효과적인 결과를 나타냈었음에도 불구하고 아동학대를 예방하기 위한 시도는 매우 적다. 가족에 초점을 둔 예방적 접근은 개입의 방법이라기보다는 철학이라고 볼 수 있다. 이를 통해 가족의 장점과 보호요인을 확장하고 성장시키며 아동과 가족의 문제를 해결할 수 있다.

보편적 예방 개입

일반적 대중을 대상으로 하고 엄격한 연구를 통해 아동학대 예방에 초점을 둔 대규모의 보편적 개입 프로그램은 찾아보기가 힘들다. 물론 가족지원이나 양육 기술을 가르치는 좋은 프로그램들도 많이 있고, 이러한 개입이 부모-자녀 문제 행동을 성공적으로 감소시키고 축소시킬 뿐만 아니라 부정적인 정신건강 문제가 일어날 위험을 줄이면서 부모의 사회적, 정서적 기능을 향상시켰다는 엄격한 연구 결과도 있다. 그러나 그 어떤 개입도 대규모 인원을 대상으로 하거나 전국적으로 시행되는 프로그램은 없었다(Hawkins et al., 1992; Mrazek & Haggerty, 1994; Olds, 2002; Spoth, Kavanagh, & Dishion, 2002). 과학적 결과에 기초한 개입이 존재하지만, 이러한 보편적 개입을 실행하는 것을 저해하는 요인들이 있는데 주로 현존하는 서비스 체제와 정책들이 저해요인으로 작용한다.

인쇄물 및 전자매체, 그 외 건강증진 전략들을 사용한 정보 캠페인을 통해 양육 관련 문제들에 대한 인식을 높이는 것, 그리고 양육 프로그램 참가를 일반화(normalize)하는 것을 목적으로 구성된 양육 강화 및 부모 지원 프로그램에 관한 연구는 가능하다. 프로그램 자원과 참여에 대한 인식을 높이기 위해서 이와 같은 프로그램들을 정책 및 다른 공공서비스 체계에 적용시킬 필요가 있다(Sanders, Turner, Markie-Dadds, 2002). 변화하는 건강 위험 행동들에 관한 보건 연구에 따르면, 이와 같은 접근법이 효과적이기는 하지만 이에 부응하여 프로그램을 실행하기 위해서는 정책 및 정치적 지지가 모두 요구된다.

프로그램을 통해 성공적으로 성적 학대 예방을 위한 개입이 이루어지는 경우도 있다. 예를 들어, '누구에게 말해야 하나요? 아동 성학대 교육 프로그램(Who Do You Tell? Child Sexual Abuse Education Program)'[4)]은 초등학교 연령의 아동들에게 성폭행을 예방하고 그로부터 자신들을 보호하기 위한 기본적인 개념을 가르치기 위해 설계되었다. 프로그램은 유치원~초등학교 2학년, 3~4학년, 5~6학년의 각 발달 단계를 고려한 교육과정으로 구성되어 있다. 이 프로그램은 성적 학대에 관한 지식의 수준에는 영향을 미쳤으나, 아동들이 성적 학대에 노출되거나 경험하는 횟수를 감소시켰다는 증거는 없다(Tutty, 1997, 2000). 성적 학대 예방적 개입에 관한 향후의 연구는 프로그램의 초점을 학대의 개념 자체에서 확장시켜서 불편한 경험을 하게 되었을 때 신뢰할 수 있는 성인에게 알리고 접촉할 수 있는 기술을 아동에게 가르칠 수 있어야 한다고 권고한다(Tutty, 2000).

임상 실험의 수준을 넘어 광범위한 생태적·조직적 맥락을 설명해 낼 수 있는 예방적 개입 전략의 개발, 평가, 보급이 더욱 철저하게 검토되어야 한다. 연구자들과 실천가들은 증거 기반의 예방적 노력을 옹호하여 관련 연구에 연구자금을 유치할 수 있어야 한다.

선택적 예방 개입

선택적 개입은 위험에 처한 하위 집단의 구성원으로서 가장 심각한 위험에 노출되어 있는 개인이나 가족만을 대상으로 한다. 이 수준의 개입은 소요 기간이 더 길고, 종종 부모와 자녀를 모두 참여시키며, 심리사회적·환경적 위험요인처럼 경험적으로 증명된 위험요인들을 감소시키기 위해 노력한다. 이 범주에서 실증적 기반을 갖고 있는 프로그램들은 다음과 같다.

4) 역자 주: 누구에게 말해야 하나요? 아동 성학대 교육 프로그램(Who Do You Tell? Child Sexual Abuse Education Program)은 초등학교 학생, 교사, 부모를 위한 아동 성학대 관련 교육 프로그램이다. 유치원부터 6학년 사이의 개별 학급을 대상으로 2명의 교육자가 WDYTTM 프로그램을 진행한다. 보다 자세한 정보는 http://calgarycasa.com/programs/who-do-you-tell-program/에서 확인할 수 있다.

The Incredible Years Training Series[5)]

이 프로그램은 부모, 교사, 아동을 위한 종합적이고 다층적인 프로그램으로, 발달 단계에 근거하여 3단계로 구성된 연속적 교육과정이다. 이 일련의 교육과정은 선택적 · 지시적 프로그램으로 사용되었다(Webster-Stratton, 1990, 1998a, 1998b, 2000, 2001).

프로그램의 대상

대상 집단은 공격적 · 반항적 · 대립적 · 충동적 행동과 같은 품행 문제를 보이는 2~8세의 위기에 처한 아동이다. 특히 입학과 같은 과도기적 발달 단계에 악화될 가능성이 있는 문제 행동에 대한 지시적 개입으로서, 개입의 초점은 Head Start[6)] 프로그램에 참여하고 있는 고위험 아동이나 3학년까지의 초등학생이다.

프로그램에서 다루는 위험요인

환경적 차이에 관계없이, 품행장애 행동과 관련된 다양한 위험요인들을 다룬다. 아동을 위험에 처하게 하는 문제 행동에는 공격적 행동, 사회적 기술 결핍, 초기 읽기 문제와 같은 성취도에 영향을 미치는 어려움 등이 포함된다. 개입의 목표는 아동의 정서적 · 사회적 기능을 증진시켜 아동이 학교에서 학습하고 성공할 수 있도록 돕는 것이다. 어린 아동들이 자신이 처한 환경(가정과 학교) 속에서 경험하는 행동 · 정서 문제를 예방하고, 감소시키며, 해결할 수 있도록 돕는 것이 그 목적이다.

프로그램 요약

The Incredible Years Training 시리즈는 지난 18년간 무선배정을 활용한 6번의 시험을 통해 현장에서 효과 검증이 이루어졌는데, 주로 Head Start나 다른 다양한 배경, 그리고 저소득 가정을 대상으로 연구되었다(Sanders et al., 2002; Webster-Stratton, 2001). 여러 언어로 번역되어 매뉴얼로 제작된 이 프로그램은 부모와 교사를 위한 양육 기술을 포함하며 훈련된 프로그램 진행자, 집단 토론과 문제 해결 행동을 촉진하기 위한 250개의 내

5) 역자 주: 보다 자세한 정보는 http://www.incredibleyears.com/에서 확인할 수 있다.

6) 역자 주: Head Start는 빈민구제사업의 일환으로 저소득층 자녀가 충분한 교육을 받지 못해 빈곤의 악순환을 겪는 것을 막기 위해 취학 전 아동을 대상으로 시행하는 미국의 교육 지원 제도를 말한다. 보다 자세한 정보는 http://www.acf.hhs.gov/programs/ohs/에서 확인할 수 있다.

용이 담긴 비디오테이프, 일반적인 아동 문제 해결에 초점을 둔 가정방문 등의 방법을 활용한다. 인지적 · 사회적 학습과 관련된 개입은 부모와 교사들에게 아동의 자신감, 친사회적 행동, 학업적 성공을 촉진시키기 위한 지지적 양육 방식을 제공할 수 있도록 돕고, 긍정적이고 비폭력적인 훈육법을 가르치기 위해 사용된다.

이 교육과정은 3가지 요소로 구성된다. (1) 기초(BASIC), (2) 심화(ADVANCE), (3) SCHOOL(학교)이다. 핵심 프로그램인 BASIC은 예방적 요소로서, 고위험군이거나 행동 문제를 보이는 아동의 부모를 대상으로 하는 부모 훈련 프로그램이다. BASIC 프로그램에는 긍정적 놀이, 명확한 제한 설정, 아동의 학습 원조, 칭찬 및 격려 사용, 동기부여를 위한 유인 제공, 부적절한 행동 관리 등이 포함된다. 기초 프로그램에는 2개의 종류가 있는데, 하나는 2~7세 아동의 부모를 위한 것이고 다른 하나는 5~12세 취학연령 아동의 부모들을 위한 것이다. 두 번째 요소인 ADVANCE 부모 훈련 프로그램은 4~10세 아동의 가족을 위한 것이다.

ADVANCE는 기초 훈련을 보충하는 지시적 개입으로서 우울, 부부간 불화, 대처 기술 부족, 분노 조절 기술 부족, 지지 부족 등의 기타 가족의 위험요소들을 다루고 있다. EDUCATION 혹은 SCHOOL 양육 프로그램 역시 아동기나 학령기 초기의 BASIC 프로그램을 보충하는데, 아동의 학업 역량을 발달시키고 가정과 학교 간의 강력한 연결고리를 강화하는 방법에 관심을 둔다. 부모들은 자녀의 읽기 및 학업 기술을 강화시키고, 부모-교사 간의 긍정적인 의사소통을 증가시키며, 과제를 하는 규칙적 습관을 기르도록 돕고, 학교와의 협력적 관계를 발전시킬 수 있는 전략들을 배운다.

교사 훈련 프로그램은 Head Start의 교사들과 유치원~3학년 교사들을 대상으로 실시한 2개의 서로 다른 연구에 의해 평가되었는데 이 연구는 무선배정 방법과 통제 집단을 사용한 연구였다. 이 프로그램에서 다루고 있는 기술에는 다음과 같은 교실 관리 기법들이 포함된다. 교사의 관심과 칭찬, 격려의 효과적 사용, 어려운 행동 문제를 다루기 위한 유인책의 사용, 상황 주도적 교수 전략, 교실에서의 부적절한 행동을 다루는 방법, 학생과의 긍정적 관계 형성, 교실에서의 공감, 사회적 기술, 문제 해결 등이 포함된다(Webster-Stratton, 1998b, 2001).

프로그램의 결과

일련의 양육 프로그램에 대하여 6가지의 무선배정을 실시하고 통제 집단을 사용한 연구(Webster-Stratton & Hammond, 1997; Webster-Stratton & Taylor, 2001)를 실시한 결과,

칭찬과 같은 긍정적 양육 효과는 현저히 증가한 반면, 비판 및 부정적인 지적은 감소한 것으로 나타났다. 더불어 자녀의 행동에 대해 한계를 정하는 제한 설정(limit setting)은 개선된 반면, 엉덩이를 때리는 체벌이나 가혹한 훈육은 감소하였고, 아동에 대한 감독은 증가하였다. 가족 간 의사소통과 문제 해결도 긍정적으로 변화했다. 일련의 아동 훈련에 관한 2가지의 무선배정을 실시하고 통제 집단을 사용한 연구에 따르면, 아동의 사회적 기술과 긍정적인 또래 갈등 관리 능력은 현저히 증가하였고 공격성은 감소하였으며 학업 기술은 개선되었다. 또한 학교와 집에서도 품행 문제가 줄어들었다. 일련의 교사 훈련에 관한 2가지의 무선배정을 실시하고 통제 집단을 사용한 연구에 따르면, 교사의 칭찬과 격려는 현저히 증가한 반면, 비판과 가혹한 훈육은 감소하였다. 또래, 교사, 타인과의 긍정적인 상호작용, 학교 준비도, 학교 활동 참여도는 모두 현저히 증가하였다(Webster-Stratton & Taylor, 2001). 이와 같은 결과는 아동의 문제 행동이 사회적 역량과 학업 참여도가 증가함에 따라 감소한다는 사실을 나타낸다. 마지막으로, 부모와 자녀가 함께 훈련을 진행하는 경우는 부모 훈련만 하는 경우에 비해 훨씬 더 효과적이었다. 부모와 자녀 모두 통제 집단과 비교하여 훨씬 좋은 결과를 보였다.

Webster-Stratton(개인적 대화, 2001)은 이러한 연구에 참여했던 많은 가족들과 아동들에게 학대의 위험 요인이 존재하였으며 실제로 학대가 발생했었다는 것을 지적하였다. 양육 방식과 가족지지에 관한 연구 결과들은 점차 증가하고 있는데(Sanders et al., 2002; Webster-Stratton & Taylor, 2001), 이러한 연구들은 낮은 학업 성취와 품행장애가 서로 연관이 있으며, 2가지 모두 이 장 앞에서 논의했던 학대와 관련된 아동 및 가족 위험 요소와 관련이 있다는 사실을 증명한다. 마지막으로 Incredible Years Training Series가 아동학대를 예방하는지는 완벽하게 확신할 수 없지만, 부모의 양육 기술을 증가시키고 아동의 또래 및 교사에 대한 공격성은 감소시키며 가정과 학교에서 품행 문제를 줄어들게 함으로써 아동학대의 고위험과 관련된 요소들에 영향을 미친다는 사실은 분명하다.

간호사-가족 협력(The Nurse-Family Partnership)[7]

이 종합적인 프로그램은 어머니와 아동의 건강과 발달에 초점을 둔 가족 중심, 가정기반 개입이다(이전 명칭은 '간호사 가정 방문 프로그램'(Nurse Home Visitation Program)이었다.

7) 역자 주: 보다 자세한 정보는 http://www.nursefamilypartnership.org/에서 확인할 수 있다.

Olds, 2002; Olds et al., 1997).

프로그램의 대상

간호사-가족 협력 프로그램은 저소득층의 초산인 젊은 어머니들과 아기들을 대상으로 태아기와 유아기를 거쳐 아기가 2세가 될 때까지 진행되는 선택적 개입 프로그램이다.

고려된 위험요인

위험요인으로는 높은 빈곤율과 학대율을 보이는 지리적 위치, 어머니 및 부모의 건강 관련 행동, 부모의 보살핌, 가족의 관리 상태 및 경제적 빈곤이 있다.

프로그램 요약

간호사-가족 협력 프로그램은 상담, 가족 계획, 양육 교육, 영양학 교육, 약물 남용 및 관련 정보를 제공한다. 물론 간호사들이 개별 가족의 장점과 필요에 따라 가정 방문 지침을 조정할 수는 있지만, 프로그램의 정확한 시행을 위해 간호사들은 다음의 규칙을 따른다. 간호사들은 2년에 걸쳐 폭넓은 훈련과 기술적 지원을 받는다. 가족들은 프로그램 등록 이후 첫 1개월간은 매주, 여성의 임신 기간 동안은 2주에 한 번, 산후 첫 6주간은 매주, 그 이후부터 아이가 21개월이 될 때까지는 2주에 한 번, 그리고 아이가 2세가 되는 마지막 3개월 동안은 1개월에 한 번 간호사의 방문을 받는다. 프로그램은 어머니-자녀 애착 또는 관계적 행동, 지속적으로 아동에게 음식을 제공하고 돌보는 행위 및 영유아에게 자극을 제공하는 방법을 가르치고 가정 경영 방법을 가르쳐 줌과 동시에 양육자-아동 간의 관계 형성 과정에 초점을 둔다(Carnegie Task Force on Meeting the Needs of Young Chidren, 1994; Olds, 2002).

프로그램의 결과

1977년 이후 이 프로그램은 2번의 대규모 무선배정을 적용하고 통제 집단을 사용한 연구와 3번의 현장 연구를 통해 평가되었는데 이러한 연구 모두 다양한 환경적 맥락에 속한 대상을 상대로 실시되었다(Olds, 2002). 연구에 참여한 젊은 여성들은 다양한 출신 배경을 가지고 있었다. 45%는 히스패닉계, 34%는 백인, 16%는 흑인, 4%는 미국 원주민, 1%는 아시아계였다. 2번에 걸쳐 무선배정을 적용한 연구와 15년 후에 실시된 후속 연구 결과에 따르면, 참가자들은 프로그램 참여 이후에 임신율에서 43%의 감소를 보였고, 아기가 1세가 되었을 무렵의 경제활동 참가율에서 통제 집단에 비해 83%의 증가를 보였으며, 아기가 2세가 될 때까지의 아동학대와 방임 검증 사례 발생률에서는 통제 집단에 비해 80% 낮은 비율을 보였다. 응급실 방문률 역시 32%가 낮았는데, 이는 통제 집단에 비해 부상이나 섭식 문제로 응급실을 찾는 비율이 56% 감소했기 때문이었다. 간호사의 방문을 받은 어머니들은 통제 집단에 비해 아동학대와 방임과 관련된 믿음(예: 공감의 부족, 신체적 처벌이 필요하다는 양육 철학, 자녀에 대한 비현실적인 기대)이 현저하게 낮았다. 간호사들은 준전문가 이상의 자격을 가진 사람들로 어머니들과 연락을 유지하고 아동이 2세가 될 때까지 프로그램을 완수하였다. 이외에도 프로그램의 다양한 기능적 이익과 경제적 효과가 연구를 통해 밝혀져 왔다(Olds, 2002). 프로그램으로 인한 이득은 가장 극심한 위험에 처한 가족들에게서 가장 많이 나타났다(Guterman & Embry, 2004; Olds, 2002).

엄선된 15년간의 평가에 따르면, 치료 집단에 속했던 어머니의 자녀는 통제 집단의 아동에 비해 프로그램을 통해 얻은 변화를 더 오래 지속시키고 있었다. 치료 집단에 참여한 어머니를 둔 아동은 성장 이후 체포되거나, 유죄 판결을 받거나, 보호 관찰을 받거나, 음주를 하는 비율이 현저히 낮았다(Olds et al., 1999, 2002; Olds et al., 1997). 이러한 결과를 통해, 아동학대를 예방하기 위해서는 부모를 감독하고 지원 및 기술 훈련을 제공하는 복합적인 가정기반 개입이 임신 초기부터 산후까지 정기적으로, 또한 집중적으로 이루어져야 한다는 사실을 알 수 있다(Kendall-Tackett & Eckenrode, 1996; Kitzman, 1997; Olds & Kitzman, 1993; Olds et al., 1997, 1999). 15년에 걸친 후속연구를 통한 비용 대비 효과를 보면, 고위험 가족의 경우 전반적으로 프로그램 실행 비용의 4배에 이르는 비용 절감 효과가 있는 것으로 나타났다($24, 694; Olds, 2002). 이 프로그램은 다양한 위험요인을 가진 초산모에게 가장 효과적이었다. 현재 20개 이상의 주에서 이 프로그램이 실행되고 있다.

지시적 예방 개입

지시적 예방 프로그램은 문제를 지닌 것으로 밝혀진 개별 가정의 복합적인 위험요인들을 다룬다. 지시적 예방 프로그램은 보다 직접적으로 개입하고 장기적 개입을 제공하며 복합적인 요인들을 다룬다. 또한 많은 연구와 검증을 통해 밝혀진 위험요인과 문제들을 예방하거나 지연함으로써 효과가 있는 것으로 밝혀진 프로그램들과 전략들이다.

적응유연한 또래 훈련 개입(Resilient Peer Training Intervention)

이 개입은 학교기반 프로그램으로 학대 경험이 있는 미취학 아동의 사회적 능력을 향상시킨다(Fantuzzo, Sutton-Smith, Atkins, & Meyers, 1996; Fantuzzo, Weiss, & Coolahan, 1998).

프로그램의 대상

이 프로그램은 도심에 사는 저소득의 취약한 가족들로서 학대당한 미취학 아동들 중에서 고위험군에 속하는 가족들을 대상으로 한다. 개입은 Head Start 교실의 치료적 보육시설에서 제공되었다.

고려된 위험요인

사회적 기능 면에서 부적응의 위험 정도가 평균보다 높고 신체적 학대 및 방임 경험이 있는 미취학 아동들을 대상으로 하며, 사회성 능력과 정서 능력을 향상시키기 위해 사회적 상호작용 기술을 적용한다.

프로그램 요약

프로그램의 핵심은 신체적 학대와 방임을 경험한 고위험의 미취학 아동과 그의 가족에게 초기의 긍정적 또래관계를 증진시키는 것이다. 적응유연성이 높은 또래 집단을 선정한다. 교사와 학부모 자원봉사자들은 아동의 사회성 능력과 정서 능력 발달의 향상을 돕는다. 아동은 8주가 넘는 시간 동안 20회기의 활동에 참여하게 된다. 치료를 제공하는 어린이집이나 Head Start 교실에서 활동을 진행하는데, 각 회기의 초기에 학부모 지원자들은 선정된 적응유연한 또래들이 놀이터에서 활동하도록 돕고 이들이 학대를 당한 경험이 있는 아동 중에서 내성적이고 기능이 약화된 아동들과 짝을 이루어 놀이에 참여하도록 한다.

개입 기술로는 간단한 설명, 그림 메시지(pictorial prompts), 행동 분석, 모델링, 예행연습, 역할 놀이, 피드백, 토큰 강화, 행동 계약 및 새로운 기술을 가르치기 위한 긍정적 강화가 있다.

프로그램 효과

적응유연한 또래 집단 훈련의 효과성 연구를 위해 46명의 아동을 대상으로 실시한 실험 연구에서 긍정적 또래 상호작용이 상당히 향상된 것으로 밝혀졌다. 또한 사회적 고립은 감소하였고, 치료 종결 및 2개월 후 후속연구에서는 무작위로 지명된 통제 집단과 비교했을 때 프로그램에 참여한 학대 아동의 공격성이 줄어드는 경향이 있는 것으로 밝혀졌다(Corcoran, 2000a, 2000b, 2000c; Fantuzzo et al., 1998; Wevster-Stratton & Taylor, 2001). 사회적으로 위축되고 방임된 아동과 신체적으로 학대 경험이 있는 아동을 위한 개입에 대해, 상호작용을 성인이 주도하는 경우와 또래가 주도하는 경우를 비교하여 개입의 효과성을 비교하였다. 그 결과 모든 아동이 또래가 주도하는 상호작용에 보다 더 긍정적으로 반응하였다. 또한 이러한 반응의 결과로 학교와 가정의 다양한 상황에서 긍정적 사회 행동이 상당히 증가하였다. 반면 학대를 당한 아동 중에서 신체적으로 공격적인 아동은 성인을 더 선호하는 것으로 나타났는데 이들은 성인들과의 상호작용을 주도하는 경향을 보였다. 이처럼 긍정적 결과를 보인 또래 개입은 학대 아동과 방임 아동에게 친사회적 행동, 긍정적 자아개념, 인지적 발달을 향상시켰다.

홈빌더(Homebuilders)

홈빌더(English, 1999, Fraser, Nelson, & Rivard, 1997; Fraser, Pecora, & Haapala, 1991; Kinney, Haapala, & Booth, 1991) 프로그램은 가정에 기반을 두고 가족에 초점을 둔 위기 개입 및 부모교육 프로그램으로서 가족의 기능을 향상시킴으로써 아동이 불필요하게 가정을 떠나 정부 보호소로 보내지는 것을 예방하기 위해 만들어졌다(Staudt & Drake, 2002).

프로그램의 대상

참여 대상은 가정 밖의 다른 장소에서 위탁 양육, 집단보호시설, 혹은 다른 정신병원이나 관련 기관에서 생활을 하는 위험에 처한 아동의 가족이다. 또한 학대나 행동 문제로 인해 정신장애의 초기 증상을 보여 차후의 위험이 나타날 수도 있는 아동의 가족들을 대상으로 한다.

고려된 위험요인

아동학대의 위험을 감소시키고 가출을 예방하기 위해 만들어진 이 서비스는 부모 양육 기술을 다루며 자녀를 돌보는 데 필요한 다양한 기술들을 고려한다.

프로그램 개요

홈빌더 프로그램은 다양한 가족보호 강화 서비스 모델의 하나이다(Tracy, Haapala, Kinney, & Pecora, 1991). 홈빌더 프로그램의 목적은 문제를 일으킨 아동이 가정에서 지낼 수 있도록 제한된 시간 동안 가정을 집중적으로 돕는 서비스로, 짧게는 4주에서 6주 동안 진행된다. 임상적 서비스와 물질적 서비스를 결합하여 제공하는데, 가족은 사례 담당자(caseworker)를 매주 8~10시간 정도 직접 만날 수 있고 전화를 통해서 하루 24시간 내내 서비스를 받을 수 있다. 이러한 서비스의 주요 방법은 사례관리(case management)와 서비스 조정(service coordination)으로 위험요인에 초점을 두어 진행된다. 서비스는 매우 다양하지만, 주로 부모 양육 기술, 분노 조절, 가정의 위기에 초점을 둔 것들이다. 부모와 가족의 기능을 향상시키고, 아동이 가정에 머무를 수 있도록 도우며, 학대와 방임의 충격을 완화하기 위하여 가족체계 이론을 사용하고, 행동관리 기술 및 가족의 요구에 부응하는 구체적인 서비스를 제공한다. 이 서비스의 치료요소는 주로 인지 행동 요소로서 확인된 문제 영역을 다룬다.

프로그램 효과

연구 결과(Corcoran, 2000c, Fraser et al., 1997; Lindsey, Martin, & Doh, 2002; Satudt & Drake, 2002)에 따르면, 홈빌더의 복합 서비스 접근 방식은 통제 집단과 비교했을 때 부모-자녀의 기능 향상을 돕고 가족 기능이 향상되는 장점을 지닌 것으로 나타났다. 뿐만 아니라 메타 분석을 이용한 Corcoran(2000c)의 연구에 따르면, 통제 집단과 비교하여 프로그램 참가 집단은 큰 차이는 아니지만 통계적으로 유의미한 차이를 보였는데, 홈빌더 참여 아동이 이후에 다시 학대받은 비율(21.3%)은 일반적인 보호 서비스 집단의 아동과 비교하여(28.5%) 차이가 있었다. 단기간에 이루어진 서비스였지만 아동의 가정 외 배치(out-of-home placement)의 위험을 줄였고, 위기의 가족들을 안정시켰으며, 가족의 역량과 지원을 향상시켰다. 청소년 범죄와 연루된 학생들의 경우 가정기반의 가족보호 서비스가 긍정적인 결과를 보인 반면, 아동복지와 관련된 학생들의 경우 가족 강화 접근의 효과성 연구 결과는 긍정과 부정적 결과가 혼재한다. 이러한 연구 결과가 시사하는 점은 어린 아동의 경우에는 조기에 개입하는 것이 바람직하고 아동학대의 특정한 위험요인에 초점을 둔 개입과 서비스 기간을 연장하는 것이 효과적이라는 점이다(Fraser et al., 1997

참조). 홈빌더 프로그램에 참여한 가족을 평가한 결과, 통제 집단 가족(16.5%)과 비교하여 홈빌더 참여 가족 아동(6%)의 가정 외 배치가 적었으며, 홈빌더 프로그램 참여 가족들의 사회적 지지 관계망은 향상되었다. 또한 이들의 가족 갈등은 감소되었으며 가족 유대감은 강화되었다. 연구 후 12개월 후에 수행된 후속연구에서 가정 외 배치 비율이 치료 집단은 42.7%, 통제 집단은 56.7%로 나타났다. 이러한 비율을 통해 서비스가 단기적으로는 효과적이었으나, 장기적인 관점에서 보면 그리 인상적인 것은 아닌 것으로 나타났다(Mrazek & Haggerty, 1994). 그래서 Fraser와 동료들(1997)은 이러한 결과로 홈빌더의 효과성 결론을 내리는 것은 시기상조이며 가족보호 서비스의 효과성이 아직 확실하지 않다고 제시했다. 이에 연구자들(Fraser et al., 1997; Littell & Schuerman, 2002)은 향후 연구에서는 보다 특정한 정보를 포함해야 한다고 제안하였다 즉, 가족의 문제와 특징, 가족에게 맞는 지침서와 서비스를 개발하는 것이 필요하다고 제안하였다. 홈빌더 개입을 받은 가족들은 주로 다른 서비스도 받게 되는데, 홈빌더 프로그램이 종결된 이후에도 서비스를 지속적으로 제공받는 것이 필요하다. 예를 들어, 개입은 아동학대의 위험요인에 관한 지식에 기초를 두어야 한다. 즉, 개입을 통해 가정폭력과 빈곤과 같은 위험요인을 다루어야 하며 이러한 요인들은 다른 문제와도 관련이 높다. 또한 가족의 요구에 부응하는 개입이어야 한다.

조기개입 위탁보호

조기개입 위탁보호(Early Intervention Foster Care: EIFC)는 종합적이고 강력한 치료 프로그램으로서 심각한 학대를 받은 아동과 가족들을 위해 제공하며 지역사회에서 제공하며 특별한 위탁보호시설에서 시행된다(Fisher & Chamberlain, 2001; Fisher, Ellis, & Chamberlain, 1999).

프로그램 대상

청소년 학대와 방임을 경험한 아동(3~7세)들을 보호하고 있는 이들의 부모와 위탁 부모들이 프로그램의 대상이 된다.

고려된 위험요인

조기개입 위탁보호는 친부모를 통한 양육과 위탁 부모의 양육을 모두 다루며, 아동학대로 인해 발생할 수 있는 인지적 · 사회적 · 정서적 · 발달적 지연을 감소시키고, 부모 양육 기술을 향상시키기 위한 서비스이다.

프로그램 개요

보호양육이 필요한 학대 및 방임 경험이 있는 아동들은 특별한 위탁 가정의 위탁 부모에게 보내진다. 위탁 부모는 집중적으로 여러 영역에 걸쳐 부모 관리 훈련(parent management training: PMT)[8)]을 받는다. 이미 매뉴얼화되어 있고 광범위하게 연구가 된 이 부모 관리 훈련(PMT) 모델이 사용되는데, 훈련받은 전문가는 아동의 부모 및 위탁 부모를 상담하는 역할을 한다. 부모-관리 기술을 소개하기에 앞서 아동의 가족과 지지적이고 건설적인 작업동맹(working alliance)을 형성한다. 부모들이 특정 기술을 배워 가면서—첫 회기는 센터기반의 치료를 받고 이후에는 계속해서 가정에서 이루어짐—배운 기술을 연습한다. 처음에는 치료센터의 감독 보호 아래에 있는 아동을 방문하고, 이러한 방문은 궁극적으로 그 아동의 집으로 확장된다. 아동의 치료는 위탁 가정에서도 동시에 이루어진다. 아동에게 제공하는 개입은 정서 조절 능력의 발달에 초점을 두되, 필요에 따라 학대의 다른 결과와 관련 있는 사회적 기술 능력이나 행동 변화와 같은 것들을 다룬다. 위탁부모는 다양한 지지 서비스를 받는데, 예를 들어 매일 전화를 통한 정보 제공, 지침 안내, 아동의 행동과 상태를 점검하는 계획안을 제공받으며 매주 지지 집단에 참여하게 된다. 아동의 행동을 변화시키고 사회 및 정서적 역량을 증진시키는 데 효과적인 것으로 밝혀진 기술들로는 아동을 집중적으로 면밀하게 감독하기, 친사회적 행동에 대한 보상을 포함하는 행동 계약, 행동적 강화 계획, 타임아웃 및 한계 설정(limit setting) 등이 있다(Chamberlain & Reid, 1991; Patterson, Reid, & Dishion, 1992). 똑같은 부모 관리 기술을 친부모에게도 가르치는데, 친부모들은 가정 방문 시 그러한 기술들을 연습하게 된다. 서비스는 부모, 교사, 위탁 부모, 가족치료사, 아동과 가족의 치료를 위한 여러 분야에 걸친 다학제적팀(multidisciplinary team)의 형태로 구성된다. 가족치료사는 아동이 가정으로 보내진 이후에도 3개월까지는 가족과의 만남을 유지한다.

---

8) 역자 주: 부모 관리 훈련(parent management training: PMT)은 1960년대부터 행동수정의 실천의 하나로 진행되어 온 프로그램으로 여러 가지 요인으로 행동장애를 갖게 된 아동과 아동을 양육하는 부모 간의 상호작용 기술을 습득시킨다. 미국에서는 훌륭한 성과를 거두고 있으며, 실제로 여러 유명 대학이 전문 센터를 개설하여 실제로 응용하고 있다.

프로그램 결과

예비 조사는 보호 양육 중인 학대 아동 30명의 서로 다른 3가지 양육 환경을 비교하였다. 전문적인 위탁보호, 일반적인 위탁보호 및 비교를 위한 지역의 표집을 비교하였다. 전문적인 위탁보호인 조기개입 위탁보호(EIFC) 치료는 훈육의 일관성이 높고, 아동이 어디에 있는지에 대한 감시가 일관적이며 좀 더 잘 시행되었다. 또한 일반적인 위탁보호 부모나 지역의 비교 집단에 속한 아동보다 긍정적 강화 방법들이 더 많이 사용되었다. 일반적인 위탁보호 부모의 아동은 지역단체 비교 집단과 유사하였다. 분석 결과, 전문적인 위탁 부모의 아동에 대한 양육 전략이 긍정적 영향을 미치는 것으로 나타났다. 치료를 받은 지 3주째부터 12주간의 치료 동안 지속된 EIFC를 받은 아동들은 정서 조절과 스트레스에 대한 반응(학대로 인해 영향을 받는) 면에서 향상을 보였다. 이 연구는 환경적 개입을 통해서 감정 조절과 관련된 생리적 변화가 일어날 수 있다는 가능성을 시사하였다.

예비 조사의 한계점으로는 작은 표본 크기와 충분하지 못한 후속연구 기간 등이 지적되었다. 현재 180명의 학대 아동을 대상으로 한 새로운 종단연구가 진행 중이다. 예비연구에서 EIFC가 지역사회 차원의 심각한 학대 아동의 치료에는 효과적인 접근으로 보이는 반면, 아동학대와 관련 있는 인지적 · 사회적 · 정서적 · 발달적 지연을 줄이는 면에서는 효과성이 아직 확실하지 않다. 그러나 이 프로그램은 본래의 가정과 위탁 가정을 보다 안정적이고 안전한 곳으로 변화시키는 것에 도움을 주는 것으로 보인다(Fisher & Chamberlain, 2000; Fisher et al., 1999; Meadowcroft, Thomlison, & Chamberlain, 1994).

신체적 학대 경험이 있는 부모-자녀 교육 프로그램

부모-자녀 교육(Parent-Child Education)은 가정에서 행해지거나 클리닉에서 시행되는 부모 향상 개입으로 부모와 자녀 간의 긍정적인 상호작용을 증진시키고 자녀양육을 위한 지지를 제공하는 개입이다(Wolfe, 1987, 1994, 2001; Wolfe, Edwards, Manion, & Koverola, 1988; Wolfe & Sandler, 1981).

프로그램 대상

언어적/신체적 학대와 같이 자녀양육을 강압적이고 단호하게 하는 부모들을 대상으로 하며, 이러한 부모들의 자녀들이 어린이집에 다니는 경우를 대상으로 한다.

고려된 위험요인

부모와 자녀의 관계 및 아동의 행동, 인지적 기술 개발 등이 이 개입에서 다루는 위험요인이다.

프로그램 요약

자녀에게 신체 학대를 한 부모들을 위한 부모-자녀 교육의 목표는 부모-자녀 간 관계를 강화시키고, 부모가 스트레스에 잘 대처하도록 도우며, 사회학습의 원리를 적용하여 부모가 효과적으로 자녀를 양육하는 방법을 가르치는 것이다. 교육과 생활지도를 제공하되, 가족과 아동의 요구에 따라 다소 유동적인 방식으로 제공한다. 주간 프로그램으로 운영하며 4~12개월 지속된다. 추후지도의 경우 2년까지 지속될 수 있다. 이 프로그램이 3가지 개입 구성요소는 다음과 같다.

1. 자녀의 사회 및 정서적 요구에 민감하게 반응하는 방법을 부모에게 가르친다.
2. 자녀의 사회적 · 정서적 · 행동적 발달에 대해 부모가 현실적인 기대를 설정할 수 있도록 가르친다.
3. 부모에게 분노 조절과 효과적인 훈육 전략을 가르친다.

기술 향상을 촉진하기 위하여 모델링, 연습, 리허설 및 피드백(언어적 피드백 및 비디오 녹화 피드백)과 같은 절차가 사용된다. 이를 통해 비폭력적인 훈육 방식, 자기 통제 및 지역사회의 자원을 얻는 방법을 가르치게 된다.

프로그램 결과

이 개입은 3가지 연구를 통해 평가되었다(Wolfe, Sandler, & Kaufman, 1981 ; Wolfe et al., 1988, 1992). 통제 집단은 보호관찰소를 통해 양육 정보만을 제공받은 반면, 치료 집단은 양육 정보 이외에 부모지지를 위한 행동 훈련을 제공받았다. 1년 후에 이뤄진 평가에서, 치료 집단은 자녀 문제의 감소와 자녀 관리 기술의 향상을 보였고, 치료 집단에 참여한 그 어떠한 가정도 1년 동안 아동학대와 관련된 보고를 하지 않았다(Lyons, 1998; Wolfe, 1987, 1994). 통제 집단에 대한 이후의 학대 비율은 보고되지 않았다(Wolfe, 1987, 1994). 이러한 결과는 부모 훈련이 부모와 자녀의 부정적 행동을 감소시키는 면에서 효과적임을 보여 준다. 그러나 아동방임의 경우에도 효과적인지는 아직 의문으로 남아 있다.

다중체계 가족치료

다중체계 가족치료(Multisystemic Family Treatment: MST)는 가족체계의 맥락에서 아동의 문제 행동에 초점을 둔 종합적인 가족치료 접근이다(Henggeler, Schoenwald, Borduin, Rowland, & Cunningham, 1998).

프로그램 대상

이 프로그램의 대상은 아동학대와 방임으로 인해 조사받은 적이 있는 부모와 학령기의 아동을 대상으로 한다.

고려된 위험요인

낮은 분노 조절력, 약물 남용, 아동 감독을 포함한 양육 기술의 부족 등이 이 프로그램에서 다루는 위험요인이다.

프로그램 요약

행동은 다양한 요인에 의해 결정된다. 그래서 다중체계 개입은 다양한 수준의 체제(예: 가족, 또래, 학교 및 지역사회)에 초점을 두어 문제 행동을 유지시키는 다양한 상호작용을 다룬다. 위험요소를 다루기 위하여 실증적으로 효과가 입증된 현재에 초점을 둔 개입과 행동지향적인 개입이 사용된다(예: 분노 관리 및 양육 기술을 위한 인지-행동 기법). MST는 집중적인 가정 프로그램으로 원래는 반사회적 행동과 청소년 범죄와 관련된 가정을 위해 고안된 가정기반 치료 프로그램이다. MST 개입은 가족 구성원의 상호작용을 향상시키고 기능을 높이기 위하여 재구성(reframing), 합류(joining)와 같은 기술을 사용하며 가족체계를 재구조화하는 과업들을 다룬다. 이외에도 부모교육, 부모-자녀의 기대에 관한 정보, 부부치료, 옹호(advocacy), 코칭 및 정서적 지지와 같은 기법들을 가정이나 학교, 혹은 지역사회와 같은 환경에서 적용한다. 청소년과 그들의 가족들은 그들이 속한 환경에서 어떻게 보다 효과적으로 기능할 수 있는지를 배우게 되며 이를 통해 치료가 종료된 후에도 지속적으로 그러한 변화를 유지할 수 있게 된다. 개입 서비스는 4~6개월간 지속되며 주당 몇 시간은 직접적 개입이 이뤄진다. 전반적인 수련감독을 통해 잘 훈련받은 석사 수준의 치료사가 개입을 하게 되는데, 치료 매뉴얼 및 계획서가 사용된다.

프로그램 결과

원래 청소년의 반사회적 행동 문제를 다루기 위해 개발된 MST는 다른 심각한 문제에도 매우 긍정적인 결과를 보여 준다. 현장에서 무선배정을 활용한 8개의 임상적 실험은 청소년과 그들의 가정을 대상으로 이루어졌다(Henggeler, Melton, Brondino, Scherer, & Hanley, 1997; Henggeler et al., 1999). 통제 집단과 비교하여 MST 개입 집단은 일관되게 양육 기술, 가족관계 및 가족의 기능에서 향상을 보였으며 학생의 출석률도 향상되었고 장기적인 결과에서 약물 사용이 25~70% 감소하였다. 또한 가정 외 배치율 역시 47~64% 감소하는 결과를 보였다. 43개 가정을 대상으로 MST의 효과성을 측정하기 위하여 무선배정을 활용한 한 연구에 따르면, 일반적 양육 훈련을 실시한 집단과 비교하여 MST 프로그램이 학대와 방임 가정에게 개인의 기능, 가족관계 및 스트레스/사회적 지지에 미치는 영향을 조사하였다(Brunk, Henggeler, & Whelan, 1987).

치료 집단의 경우 부모의 정신과적 증상이 감소되었고 스트레스가 줄어들었으며 개인과 가족의 문제가 개선되었다. MST는 일반적 부모 훈련에 비해 학대와 관련된 부모-가정의 상호작용에서 훨씬 높은 개선을 보였다. MST 서비스를 받은 부모들은 자녀의 행동을 통제하는 면에서 개선을 보였으며 학대받았던 자녀들은 수동적 순종이 감소하였고 방임했던 부모들은 자녀에게 보다 잘 반응하게 되었다. 일반적인 부모 훈련이 MST에 비하여 한 가지 측면에서 보다 우월한 것으로 확인되었는데, 그것은 사회적 고립이 감소하고 사회적 지지가 증가한 면으로 이것은 아마도 일반적 부모 훈련이 집단의 형태로 진행되었기 때문인 것으로 보인다.

물론 부모 훈련이 다양한 부모-자녀 문제의 치료에 효과적이지만(Gershater-Molko, Lutzker, & Sherman, 2002), 다중체계 개입은 학대하는 가정의 요구에 탄력적으로 부응할 수 있고, 그들의 가정에서 직접 서비스를 제공한다는 점이 다르다. 이 연구는 MST 집단뿐만 아니라 통제 집단의 학대율을 보고하지 않았고, 추후평가에 관한 내용을 포함하지 않았다(Brunk et al., 1987). 이 연구의 결과는 MST가 학대를 하는 가정에게 효과적이라는 점을 제시하기는 하지만, 후속연구를 통해서 학대 가정과 방임 가정을 분리하여 시행하는 것이 필요해 보인다. 또한 추후평가에 관한 결과를 포함하는 것이 필요해 보인다. MST는 주로 신체적으로 학대를 한 가정에 대해 무선배정을 활용한 방식의 연구가 진행되었다(Saunders, Berliner, & Hanson, 2001).

가족 연계 개입

가족 연계(Family Connections)는 지역사회에 기반을 두고 가족에 초점을 둔 조기개입으로서 아동학대를 예방하기 위한 접근이다. 이 프로그램은 가족 구성원의 요구를 긍정적인 관점에서 파악하여 가족과 자녀의 안전과 건강을 증진시키는 프로그램이다(http://www.family.umaryland.edu, D. Depanfilis; U.S. Department of Health and Human Services, 2003).

프로그램 대상

가족 연계 프로그램은 아동학대와 방임의 위험은 지니고 있으나 아동보호소에 보내진 경험이 아직 없는 5~11세 아동을 둔 가족을 대상으로 한다.

고려된 위험요인

이 프로그램에서 다루는 위험요인은 부모-자녀 관계, 부모의 우울 및 자녀의 행동 문제이다. 가족 연계 프로그램은 가족의 갈등을 줄이고, 사회적 고립을 감소시키며, 보호자의 정신적 · 신체적 건강 문제를 줄임으로써 위험요인들을 다룬다.

프로그램 요약

가족 연계 프로그램 개입은 고위험 가족에게 효과적이라고 알려진 원칙들에 기초하고 있다. 지역사회 연계, 가족 평가 및 맞춤형 개입이 그것이다. 이 서비스에는 3가지의 중요한 요소가 있는데 위기 지원, 가족 평가 및 사회적 지지이다.

프로그램 결과

이 개입은 짧은 기간 동안 서비스를 받은 통제 집단 가정과 비교하여 사전, 사후 실험연구 설계를 사용하여 평가되었다(U.S. Department of Health and Human Services, 2003; www.calib.com/nccanch/prevention/emerging/report.pdf). 2개 집단에 개입을 하였는데 한 집단은 3개월간 서비스를 제공하였고 다른 집단은 9개월간 서비스를 제공하였으며 각 집단에 가족은 무선배정되었다. 26가지의 결과 척도를 사용하였고 표본 크기는 보호자 1,154명과 자녀 473명이었다. 연구 결과에 따르면 가족 연계 개입은 방임된 아동의 보호요인을 증가시키며, 아동학대와 방임의 사례를 줄이고 아동방임의 위험요인을 감소시키며, 아동의 안전과 안녕을 향상시키는 것으로 확인되었다(http://www.family.umaryland.edu).

Project 12 Ways

Project 12 Ways는 자녀를 방임한 가족을 대상으로 실시하는 종합적인 다차원 개입으로 환경과 사회적 지지를 향상시키기 위한 프로그램이다(Gershater-Molko & Lutzker, 1999; Gershater-Molko, Lutzker, & Wesch, 2002; Lutzker, Bigelow, Doctor, & Kessler, 1998).

프로그램 대상

이 프로그램은 자녀를 방임했던 부모를 대상으로 하며 자녀양육 및 양육 방식을 개선시킴으로써 자녀의 행동 문제를 개선하고 자녀의 발달적 지연을 줄인다.

고려된 위험요인

양육 방식을 향상시키는 개입을 통해 자녀양육의 요구와 부모-자녀의 상호작용을 다룬다.

프로그램 요약

Project 12 Ways는 다면적 개입으로 3가지 요소의 향상을 목적으로 하며—자녀의 건강, 가정의 안전 및 부모-자녀의 상호작용—자녀를 방임한 적이 있는 복잡하고 어려운 가정을 대상으로 한다. 실제적이고 직접적 교수 방식인 계획된 활동 훈련(Planned Activities Training: PAT)을 사용하여 부모들은 활동을 조직하는 방법을 배우고 자녀양육 기술을 배운다. 이 개입 방식은 부모-자녀 훈련, 스트레스 줄이기, 자기 조절, 사회적 지지, 건강 및 영양 관련 정보 및 직업 배치를 포함한다(Lutzker & Rice, 1984). 이웃이나 자녀양육 관련 종사자, 자원봉사자와 같은 준전문가(paraprofessionals)를 활용하여 부부상담, 재정 계획, 가족의 건강 및 비슷한 주제들을 다루게 되며 이를 통해 부모와 자녀의 요구를 채워 주는 도움을 가정에 제공하게 된다.

프로그램 결과

Project 12 Ways를 평가하기 위한 (무선배정을 사용하지 않은) 준실험에서 352개의 방임적 가정이 12 Ways 치료를 받았고 358개의 방임적 가정이 일반적 서비스를 받았다. 아동학대 등록(Child Abuse Registry) 기록에 따르면(Lutzker & Rice, 1987), 1년 후 실시된 추후 결과 Project 12 Ways 치료를 받은 가정(21.3%)은 비교 가정(28.5%)에 비해 아동학대나 방임이 적었다. 또한 Project 12 Ways는 아동방임과 상관이 있는 여러 환경 면에서도 개선을 보이는 성공적 결과를 보였다.

사회적 지지망 개입

사회적 지지망 개입(Social Support Network Intervention)은 방임 가족의 사회적 고립을 줄이는 것에 초점을 둔다(Gaudin, Wodarski, Arkinson, & Avery, 1990/1991; Lutzker et al., 1998; Webster-Stratton, 1998a, 1998b).

프로그램 대상

자녀를 방임했던 가족을 대상으로 한다.

고려된 위험요인

사회적 고립을 주요 위험요인으로 다룬다.

프로그램 요약

이 프로그램의 목적은 가족에 대한 비공식적인 사회적 지지 수준을 높임으로써 양육을 위한 개인적 · 사회적 자원을 향상시키는 것이다. 부모와 가족의 지지망을 강화하게 되면 스트레스와 고립은 감소하는 반면, 환경에 대한 통제력은 증가하고 자녀의 행동문제를 효과적으로 다루기 위한 자원을 얻게 될 것으로 여겨진다(Bronfenbrenner, 1986; Clark & Clarke, 1996; Garbarino & Kostelny, 1992, 1994; Gudin et al., 1990/1991).

프로그램 결과

Gaudin과 동료들(1990, 1991)은 아동보호 서비스를 받고 있는 가정 중에서 방임을 했던 가족들을 무선으로 배정하였다. 한 집단은 평소에 받던 서비스를 제공하였고(36개 가정), 다른 집단은 다면적 개입을 제공하였다(52개 가정). 다면적 개입을 받은 집단은 가족 지지망을 제공받았고 상호 협력 집단에 속했으며 사회 기술 훈련을 실시하고 자원봉사자 혹은 이웃으로부터 지원을 받았다. 이 개입은 10주에서 23개월간 지속되었다. 이러한 집중적인 사회적 지지망 개입은 가족의 비공식적 네트워크를 강화시키는 데 성공적이었다. 6개월 및 12개월 후에 실시한 후속연구 결과에서도 부모의 양육 기술은 충분히 향상되었다. 치료를 받은 가정의 거의 60%는 서비스를 더 이상 받을 필요가 없는 상태가 되었고, 치료를 9개월 이상 받았던 가정의 80%는 양육 기술 척도에서 유의미한 향상을 보였다. 치료 이후에는 방임이 보고되지 않았지만 사회적 지지망 개입의 효과성에 관한 정보는 여전히 제한적이다. 장기간에 걸친 방임이 아동의 인지적 · 사회적 발달 및 심리적 발달에 미치는 결과는 정리되어 있는 반면, 실제로 이러한 대상으로 실시한 실증적 연구는 매우 적은 형편이다.

트라우마 중심 인지-행동 치료

트라우마 중심 인지-행동 치료(Trauma-Focused Cognitive-Behavioral Therapy)는 학대 관련 치료로서 성적 학대에 대한 부정적인 정서 및 행동 반응을 다루며 성학대와 관련된 부적응적 신념과 귀인을 교정한다. 또한 학대하지 않은 부모들이 성학대를 경험한 자녀들에게 긍정적으로 반응할 수 있도록 지지를 제공하고 기술을 가르치는 접근이다(Cohen & Mannarino, 1993, 1997; Deblinger, Steer, & Lippmann, 1999).

프로그램 대상

성적 학대로 인해 트라우마 증상을 경험하는 아동과 그들의 부모를 대상으로 한다.

고려된 위험요인

학대로 인한 트라우마 증상을 다루며, 부정적인 정서와 행동 반응, 아동의 비합리적 혹은 부적응적 신념과 귀인 및 부모의 정서적 괴로움을 포함한다.

프로그램 요약

아동과 부모를 대상으로 하며, 인지적인 학대 관련 개입은 다음의 6가지 요소로 구성되어 있다.

1. 성적 학대에 관해 교육하기

2. 학대와 관련된 감정을 촉진하기
3. 왜곡된 혹은 비적응적인 인지를 규명하고 교정하기
4. 스트레스 관리 기술을 가르치기
5. 자기보호 기술을 가르치기
6. 학대와 관련된 문제 행동에 개입하기

아동을 위한 인지-행동 개입은 학대에 대한 기억과 학대를 연상하게 하는 것과 연관된 조건화된 정서적 연관, 사건에 관한 왜곡된 인지, 그리고 자신과 타인 및 세상에 대한 부정적 귀인에 초점을 맞춘다(Cohen & Mannarino, 1997). 학대를 하지 않은 부모들도 다음의 내용을 배우게 된다.

1. 지지를 제공하는 것
2. 스트레스를 감소시키는 것
3. 아동의 반응을 다루기 위한 인지-행동 전략

개인/가족/집단 회기는 12~16주에 걸쳐 상담실과 학교에서 실시된다. 아동과 부모를 위한 교육적 · 인지적 전략에는 아동학대 및 학대에 대한 전형적인 반응에 관한 심리교육이 포함된다. 구체적인 내용으로는 안전에 관한 기술과 건강한 성, 학대 사건을 언어, 문자, 그리고 상징을 통해 이야기할 때 단계적으로 회상하는 기술, 학대 경험의 원인, 책임감, 결과에 관한 정확하지 않은 귀인을 인지적으로 재구조화하는 것, 근육이완 훈련과 같은 스트레스 관리 기술, 사고 중지(thought stopping) 기법 등이다. 부모들은 아동과 별개로 활동을 하다가 나중에 아동과 함께 회기에 참여하게 된다. 그 밖에 부모들은 아동과의 의사소통과 상호작용을 개선하기 위한 돌봄과 양육 기술을 배운다. 그렇게 함으로써 아동의 행동적 · 정서적 어려움이 감소된다.

프로그램 결과

치료 후 사후 검증 결과, 성적으로 학대받은 아동의 외현화 행동이 나아졌고(비교 집단 아동들의 22%에 비교해 볼 때 56%의 아동들이 정상범위에 있었음), 우울과 외상후스트레스장애(PTSD)도 감소하였다. 이런 개선은 치료 후 2년 동안 유지되었다. 또한 부모도 치료 후 2년 동안 효과가 유지되었으며(Deblinger et al., 1999), 이것은 성적 학대 아동을 위한 인지-행동 개입의 효과성이 장기간 유지되었다는 뚜렷한 증거이다. 치료 효과가 2년간 유지되었다는 것은 PTSD와 성적 학대 증상과 관련된 것이 종종 만성적이고 재발된다는 사실을 감안하면 특별히 의미 있는 것이다. 이 개입의 치료 매뉴얼은 유용하다 (Deblinger & Heflin, 1996). 부모와 아동 모두에게 동시에 도움을 제공하는 프로그램이 아동 혹은 부모만 대상으로 하는 프로그램보다 더 유용하다는 증거들이 있다. 인지-행동 치료는 성적으로 학대받은 아동과 부모의 개입을 위한 강한 경험적 증거를 가지고 있다(Cohen & Mannarino, 1997; Deblinger et al., 1999).

실행 및 정책을 위한 함의

치료 효과성 연구는 초기 아동기 동안 아동학대를 감소시키고 재발되는 것을 예방하기 위한 효과적인 개입을 규명해 왔다. 양육 행동을 촉진하고 기술과 행동을 초점으로 하는 가족 중심의 접근을 사용하는 개입들이 대부분 효과적이다. 특별히 현재 진행 중인 아동의 사회적·인지적 발달을 돕는 부모-아동 의사소통 개입의 경우는 보다 효과적이다. 그러나 연구 관점에서 보면 아직 완벽하게 확증된 치료는 없다. 어떠한 개입이 다른 개입에 비해 보다 효과적인지, 또는 어떠한 대상으로 개입하는 경우가 보다 효과적인지에 관한 질문은 늘 제기된다. 아동학대와 관련된 모든 개입은 우선 아동의 안전을 보장해야 하며 이러한 안전은 가정 외 배치를 경험하는 아동의 경우에도 해당된다. 모든 개입은 아동의 성과를 더 좋게 하기 위한 교육뿐만 아니라 발달을 위한 아동의 건강을 다루어야 한다. 따라서 연구 결과에 기초한 개입을 실행할 경우에는 주의 깊은 관리가 필요하며, 가능한 위험에 처해 있는 아동이 더 큰 해를 입지 않도록 안전하게 해야 한다. 이러한 연구 결과로부터 우리는 실제적인 교훈을 얻게 된다.

개입 시점

아동과 부모의 위험요인은 초기에 다루어져야 하며, 양육 행동과 가족 환경을 개선하기 위한 양질의 예방적 노력과 가족 접근을 즉시 사용해야 한다는 뚜렷한 증거가 있다. 위험요인이 감소하는 시점은 프로그램들에 의해 드러난 가장 중요한 요인일 것이다. 아동과 가족에게서 보호요인의 수가 증가한다면, 적응유연성이 증가하고 위험을 피할 수 있게 될 것이다.

임상 장면

가정기반 개입은 학대를 하는 가정과 학대의 위험을 지닌 가정의 다양한 요구에 부합하는 개입으로 알려져 왔다. 특히 개입이 가족 지지를 포함한 복합적인 요인에 초점을 둔 행동적 개입을 포함할 때 더욱 그러하다. 더 나아가 이러한 개입 서비스는 아동보호소에 체류하는 학대받은 아동에게 제공될 때 더 효과적일 수 있다. 그러나 부모 집단 활동과 부모의 참여를 모두 포함하고 있어야만 효과적이다. 또한 효과적인 개입은 부모와 교사의 장점(단점이 아닌)에 초점을 맞추고 수입이 낮은 가정과 문화적으로 다양한 가정들의 요구에 민감한 개입이다. 가정을 방문하는 동안 양육 행동 기술에 초점을 맞추어 도와주는 가정 내 서비스는 부모-아동 관계의 질을 높일 수 있으며 높은 위험에 처한 아동의 학습 필요를 높이는 보호 전략으로 작용할 수 있다. 따라서 아동들은 그들의 사회적 · 정서적 삶뿐만 아니라 학교에서도 성공적으로 생활할 수 있게 된다(Stormshak, Kaminski, & Goodman, 2002).

학대별 맞춤형 개입

학대받은 아동에 대한 개입이 가장 효과적인 경우는 학대의 후유증을 구체적으로 다룬 경우이다(Macdonald, 2001). 어떤 행동 문제들은 학대받은 아동들 간에 공통적으로 나타나지만, 그 행동 문제들의 원인은 서로 다를 수 있다. 행동 문제는 성적으로 학대받은 아동의 약 1/3 정도에서 나타나지만, 신체적으로 학대받은 아동도 종종 공격성이나 분노 조절의 문제를 나타낸다(Saunders et al., 2001). 이러한 공통적인 문제를 다루기 위해 부모 기술과 훈련에 초점을 둔 개입이 사용된다. 이 개입은 인지적 · 행동적 · 정서적 능력을 가르치는 것이며, 특별히 가족의 필요와 문화적인 가치에 맞춘 것이다(Daro & Cohn-Donnelly, 2002). 가족의 참여는 필수적이며 아동의 행동에 영향을 끼치는 단일 요소 중에서 가장 중요한 사회 환경이다. 가정을 대상으로 하는 전략은 아동만 대상으로 하는 것 혹은 부모에게만 초점을 맞추는 접근보다 더 효과적인 것으로 보인다. 아동에게만 개입하고 부모나 가정과 연결하여 개입하지 않는 것은 오히려 가족의 기능에 부정적인 영향을 미칠 수 있다. 그다음으로 효과적인 전략은 부모, 교사, 지역 공동체의 다른 사람들과 협력적인 노력을 하는 것이다. 효과적이며 보호요인을 강화시키고 적응유연성을 촉진하는 개입이 되기 위해서는 구체적인 학대의 위험요인에 초점을 맞추어야 한다.

미래의 방향과 도전

이 장에서 살펴본 개입들은 완전한 리스트라고 볼 수 없으며 이러한 개입들이 지닌 잠재적인 효과성에 대한 실제적이고 보다 분명한 실증적 증거가 나오기 전까지는 주의 깊게 살펴보아야 한다. 덧붙여 개입 전략을 평가한 연구, 즉 프로그램이 얼마나 정확하게 수행되었는지를 평가한 연구는 거의 없다. 이 요인은 중요하다. 왜냐하면 프로그램이 계획된 대로 진행되지 않는다면 프로그램을 만든 사람들과 진행자는 의도한 프로그램이 실제로 진행되었는지를 알 수 없기 때문이다. 대체로 아동학대의 영향을 개선하기 위한 치료 전략에서 나온 데이터는 부족한 편이다(American Psychological Association, 1995; Saunders et al., 2001).

여기에서 제시한 성과 연구는 학대받은 아동이 개입을 통해 도움을 받았다는 것을 보여 주지만, 간호사-가족 협력(Nurse-Family Partnership: NFP) 프로그램(Olds, 2002)과 성폭력 피해 아동에 대한 인지-행동 치료(Cognitive-Behavior Therapy for Sexual Abuse, Cohen & Mannarino, 1996; Deblinger, Steer, & Lippmann, 1999)를 제외하고 명확한 결론을 제시하며 장기의 성과를 제공해 주는 연구는 거의 없다. 학대와 방임에 대한 치료 개입 프로그램의 대부분은 부모를 치료하는 것에 초점을 둔다. 반면 아동에게 직접적인 치료적 개입은 거의 제공하지 않는다. 부모의 개입을 의뢰하는 형식의 지역 공동체 부모 양육 강화 프로그램이 정말 효과적인지 대해서는 의문을 제기할 필요가 있어 보인다. 이 장에서 제시한 개입들은 본보기가 될 만한 프로그램들인 반면, 지역 공동체에 기반한 양육 프로그램은 이 장에서 제시한 개입만큼 집중적이며 체계적으로 전달되지 않을 수도 있다. 개입 기간은 변화할 수 있으며, 짧은 기간의 개입은 학령기 아동의 정신장애 예방 프로그램의 효과성에서 밝혀진 것처럼 시간이 많이 걸리지 않는다는 장점을 지닐 수 있다(Greenberg, Domitrovich, & Bumbarger, 2001).

아동학대 연구자들은 다른 분야의 연구 결과로부터 도움을 받을 수 있다. 예를 들어, 아동 초기에 관한 연구들은 학대 과정을 이해하는 데 도움을 줄 수 있다. 더 많은 연구들이 학령기 전에 부모-아동 관계를 촉진시키는 것에 집중할 필요가 있다. 왜냐하면 이러한 조기개입은 학대로부터 아동을 보호하고 피해당한 아동의 적응유연성을 기르는 데 가장 중요한 요인 중의 하나로 작용할 수 있기 때문이다. 발달정신병리 연구 또한 유용하다. 물론 아동이 학교에 들어갈 때까지 양육자는 중요한 역할을 하지만, 다른 과정들도 아동의 발달을 돕고 아동에게 긍정적인 가치를 느끼게 하며 적응유연적인 발달 경로를 만드는 데 중요한 역할을 한다. 매우 어린 아동들과 가족들을 위한 효과적인 개입이 무엇인지 확인함으로써 초기의 위험요인을 조절할 수 있지만, 그래도 학대받은 학령기 아이들과 청소년들의 사회적 관계와 가족들을 지속적으로 이해할 필요가 있다. 학대에 대한 적응유연성에 영향을 미치는 과정의 관점에서 보면 가정에 대한 내적, 외적 지지와 학교 및 사회의 관계가 어떠한 영향을 미치는지는 아직 충분히 이해되지 못하고 있다.

결국 새로운 서비스 모델과 일상적인 아동복지 서비스를 비교하는 무선배정을 활용한 연구가 매우 많이 필요하다. 아동복지기관은 엄격한 연구에 참여하는 것을 선호하지 않으며, 조기개입을 지원할 수 있는 자원도 거의 가지고 있지 않다. 현재 퍼져 있는 서비스의 결과를 보면 모든 주가 그런 것은 아니지만 몇몇 주는 좋지 않은 편이다. 따라서 현재 수행되고 있는 일반적인 서비스가 윤리적인 관점에서 보면 표준 서비스로 간주되어서는 안 된다(Lindsey et al., 2002). 이 장에서 검토한 연구 결과에 따르면, 학대와 관련하여 보다 많은 것들이 시도될 수 있고 또 시도되어야 한다는 것을 알 수 있다. 따라서 새로운 서비스를 실험해 보고 개발하는 데 참여하지 않는 것은 비윤리적이라고 볼 수 있다. 이러한 연구들은 시사점을 제시하는 수준이며 사후 데이터도 부족한 실정이다. 효과적인 연구 결과를 파악하면서 더 효과적이거나 덜 효과적일 수 있는 프로그램의 요소들을 구분해 낼 필요가 있다. 빈곤, 약물 남용, 어머니의 우울과 같은 문제들은 아동학대에 영향을 미치는 중요한 요인이며, 특히 양육을 소홀히 하는 것은 더욱 그러하다. 그리고 아동복지 서비스의 맥락에서 이런 것들을 설명할 수 있는 개입 연구들은 없다. 특히 아동방임에 관심을 두는 연구는 거의 없다. 일련의 개입에 관한 노력을 통해 이러한 여러 도전을 다루어야 하고 이를 통해 가장 심각한 건강 문제 중 하나인 학대와 방임 문제에 적용되어야 한다. 이 연구에 소개된 개입의 형태들은 아동학대의 예방적인 노력을 촉진시킬 수 있을 것이다. 이를 통해 더 큰 규모의 프로그램을 수행함으로써 공중보건 분야에 더 큰 영향력을 미칠 수 있는 예방적 개입의 목록을 만드는 것에 기여할 수 있을 것이다.

참고문헌

American Psychiatric Association. (1994). *Diagnostic and statistical manual of mental disorders* (4th ed.). Washington, DC: Author.

American Psychiatric Association. (1995). Training in and dissemination of empirically validated psychological treatments: Report and recommendations. *The Clinical Psychologist, 48*(1), 3-23.

Bronfenbrenner, U. (1986). Ecology of the family as a context for human development research perspectives. *Developmental Psychology, 22,* 723-742.

Brunk, M., Henggeler, S. W., & Whelan, J. P. (1987). A comparison of multisystemic therapy and parent training in the brief treatment of child abuse and neglect. *Journal of Consulting and Clinical Psychology, 55,* 311-318.

Carnegie Task Force on Meeting the Needs of Young Children. (1994). *Starting points: Meeting the needs of our youngest children.* New York: Carnegie Corporation of New York.

Chaffin, M., Kelleher, K., & Hollenberg, J. (1996). Onset of physical abuse and neglect: Psychiatric, substance abuse, and social risk factors from prospective community data. *Child Abuse and Neglect, 20*(3), 191-203.

Chamberlain, P., & Reid, J. B. (1991). Using a specialized foster care treatment model for children and adolescents leaving the state mental hospital. *Journal of Community Psychology, 19,* 266-276.

Clark, H. B., & Clarke, R. T. (1996). Research on the wraparound process and individualized services for children with multisystem needs. *Journal of Child and Family Studies, 5,* 1-5.

Cohen, J. A., & Mannarino, A. P. (1993). A treatment model for sexually abused preschoolers. *Journal of Interpersonal Violence, 8,* 115-131.

Cohen, J. A., & Mannarino, A. P. (1997). A treatment study of sexually abused preschool children: Outcome during a one year follow-up. *Journal of the Academy of Child and Adolescent Psychiatry, 36*(9), 1228-1235.

Corcoran, J. (2000a). Family treatment with child abuse and neglect. In J. Corcoran (Ed.), *Evidence-based social work practice with families* (pp. 3-75). New York: Springer.

Corcoran, J. (2000b). Family interventions with child physical abuse and neglect: A critical review. *Children and Youth Services Review, 22,* 563-591.

Corcoran, J. (2000c). Family treatment with child maltreatment using family preservation approaches. In J. Corcoran (Ed.), *Evidence-based social work practice with families* (pp. 76-123). New York: Springer.

Coulton, C. J., Korbin, J. E., Su, M., & Chow, J. (1995). Community level factors and child maltreatment rates. *Child Development, 66,* 1262-1276.

Daro, D., & Cohn-Donnelly, A. (2002). Charting the waves of prevention: two steps forward, one step back. *Child Abuse & Neglect, 26,* 731-742.

Deblinger, E., & Heflin, A. H. (1996). *Treating sexually abused children and their nonoffending parents.* Thousand Oaks, CA: Sage.

Deblinger, E., Steer, R., & Lippmann, J. (1999). Two-year follow-up study of cognitive behavioral therapy for sexually abused children suffering posttraumatic stress symptoms. *Child Abuse & Neglect, 23*(12), 1371-1378.

English, D. (1999). *Family preservation services and intensive family preservation services evaluation progress report.* Office of Children's Administration Research, State of Washington.

Fantuzzo, J., Sutton-Smith, B., Atkins, M., & Meyers, R. (1996). Community-based resilient peer treatment of withdrawn maltreated preschool children. *Journal of Clinical and Consulting Psychology, 64,* 1377-1368.

Fantuzzo, J., Weiss, A., & Coolahan, K. (1998). Community-based partnership-directed research: Actualizing community strengths to treat victims of physical abuse and neglect. In R. J. Lutzker (Ed.), *Child abuse: A handbook of theory, research, and treatment* (pp. 1213-1238). New York: Pergamon Press.

Fisher, P. A., & Chamberlai, P. (2000). Multidimensional treatment foster care: A program for intensive parenting, family support, and skill building. *Journal of Emotional and behavioral Disorders, 8*(3), 155-164.

Fisher, P. A., Ellis, B. H., & Chamberlain, P. (1999). Early intervention foster care: a model for preventing risk in young children who have been maltreated. *Children's Services: Social Policy, Research, and Practice, 2*(3), 159-182.

Fraser, M. W. (Ed.). (2003). *Risk and resilience in childhood: An ecological perspective* (2nd ed.). Washington, DC: National Association of Social Workers Press.

Fraser, M. W., & Galinsky, M. J. (1997). Toward a resilience-based model of practice. In M.

W. Fraser (Ed.), *Risk and resilience in childhood. An ecological perspective* (pp. 265-275). Washington, DC: National Association of Social Workers Press.

Fraser, M. W., Kirby, L. D., & Smokowski, P. R. (2004). Risk and resilience in childhood. In M. W. Fraser (Ed.), *Risk and resilience in childhood. An ecological perspective* (2nd ed., pp. 13-16). Washington, DC: National Association of Social Workers Press.

Fraser, M. W., Nelson, K. E., & Rivard, J. C. (1997). Effectiveness of family preservation services. *Social Work Research, 21,* 138-153.

Fraser, M. W., Pecora, P. J., & Haapala, D. A. (1991). *Families in crisis: The impact of intensive family preservation services.* New York: Aldine de Gruyter.

Garbarino, J., & Kostelny, K. (1992). Child maltreatment as a community problem. *Child Abuse and Neglect, 16,* 455-464.

Gaudin, J. M., Wodarski, J. S., Arkinson, M. K., & Avery, L. S. (1990/1991). Remedying child neglect: Effectiveness of social network interventions. *Journal of Applied Social Science, 15,* 97-123.

Gershater-Molko, R. M., & Lutzker, J. (1999). Child neglect. In R. T. Ammerman & M. Hersen (Eds.), *Assessment of family violence. A clinical and legal sourcebook* (2nd ed., pp. 157-183). New York: Wiley.

Gershater-Molko, R. M., Lutzker, J., & Sherman, J. (2002). Intervention in child neglect: An applied behavioral perspective. *Aggression and Violent Behavior, 7,* 103-124.

Gershater-Molko, R. M., Lutzker, J., & Wesch, D. (2002). Using recidivism data to evaluate Project Safecare: Teaching bonding, safety, and health care skills to parents. *Child Maltreatment, 7,* 277-285.

Greenberg, M. T., Domitrovich, C., & Bumbarger, B. (2001). Effectiveness of prevention programs for mental disorders in school-age children. In C. Newman, C. Liberton, K. Kutash, & R. M. Friedman (Eds.), *The 13th annual Research Conference Proceedings, A system of Care for Children's Mental Health: Expanding the research base* (pp. 179-181). Tampa: Universityof South Florida, The Louis de la Parte Florida Mental Health Institute, Research and Training Center for Children's Mental Health.

Guterman, N. B., & Embry, R. A. (2004). Prevention and treatment strategies targeting physical child abuse and neglect. In P. Allen-Meares & M. Fraser (Eds.), *Intervention with children and adolescents: An interdisciplinary perspective* (pp. 130-158).

Hansen, D. J., Sedlar, G., & Warner-Rogers, J. E. (1999). In R. T. Ammerman & M. Hersen

(Eds.), *Assessment of family violence. A clinical and legal sourcebook* (2nd ed., pp. 127-156). New York: Wiley.

Hawkins, J. D., Catalano, R. F., Morrison, D. M., O'Donnell, J., Abbott, R. D., & Day, L. E. (1992). The Seattle Social Development Project: Effects of the first four years on protective factors and problem behaviors. In J. McCord & R. E. Tremblay (Eds.), *Preventing antisocial behavior* (pp. 139-161). New York: Guilford Press.

Henggeler, S. W., Melton, G., Brondino, M., Scherer, D., & Hanley, J. (1997). Multisystemic therapy with violent and chronic juvenile offenders and their families: The role of treatment fidelity in successful dissemination. *Journal of Consulting and Clinical Psychology, 65,* 821-833.

Henggeler, S. W., Rowland, M. D., Randall, J., Ward, D., Pickrel, S., Cunningham, P. B., et al. (1999). Home-based multisystemic therapy as an alternative to the hospitalization of youths in psychiatric crisis: Clinical outcomes. *Journal of the American Academy of Child and Adolescent Psychiatry, 38,* 1331-1339.

Henggeler, S. W., Schoenwald, S. K., Borduin, C. M., Rowland, M. D., & Cunningham, P. B. (1998). *Multisystemic treatment of antisocial behavior in children and adolescents.* New York: Guilford Press.

Kendall-Tackett, K., & Eckenrode, J. (1996). The effects of neglect on academic achievement and disciplinary problems: A developmental perspective. *Child Abuse and Neglect, 20,* 161-171.

Kinney, J. M., Haapala, D., & Booth, C. L. (1991). *Keeping families together: The Homebuilders model.* New York: Aldine de Gruyter.

Kitzman, H. (1997). Effects of prenatal and infancy home visitation by nurses on pregnancy outcomes, childhood injuries, and repeated childbearing: A randomized controlled trial. *Journal of the American Medical Association, 278,* 644-652.

Kolko, D. (1992). Characteristics of child victims of physical violence: Research findings and clinical implications. *Journal of Interpersonal Violence, 7*(2), 244-276.

Korbin, J. (1994). Sociocultural factors in child maltreatment. In Melton, G. B., & Barry, F. D. (Eds.), *Protecting children from abuse and neglect. Foundations for a new national strategy* (pp. 182-223). New York: Guilford Press.

Korbin, J., Coulton, C., Lindstrom-Ufuti, H., & Spilsbury, J. (2000). Neighborhood views on the definition and etiology of child maltreatment. *Child Abuse & Neglect, 24,* 1509-1527.

Lindsey, D., Martin, S. K., & Doh, J. (2002). The failure of intensive casework services to reduce foster care placements; and examination of family preservation studies. *Children and Youth Services Review, 24,* 743-775.

Littell, J. H., & Schuerman, J. R. (2002). What works best for whom? A closer look at intensive family preservation services. *Children and Youth Services Review, 224,* 673-699.

Lutzker, J. R., Bigelow, K. M., Doctor, R. M., & Kessler, M. L. (1998). Safety, health care, and bonding within an ecobehavioral approach to treating and preventing child abuse and neglect. *Journal of Family Violence, 13,* 163-185.

Lutzker, J. R., & Rice, J. M. (1984). Project 12 Ways: Measuring outcome of a large in-home service for treatment and prevention of child abuse and neglect. *Child Abuse and Neglect, 8*(4), 519-524.

Lutzker, J. R., & Rice, J. M. (1987). Using recidivism data to evaluate Project 12 Ways: An ecobehavioral approach to the treatment and prevention of child abuse and neglect. *Journal of Family Violence, 2,* 283-290.

Lyons, P. (1998). Child maltreatment. In J. S. Wodarski & B. A. Thyer (Eds.), *Handbook of empirical practice: Social problems and practice issues* (Vol. 2, pp. 33-53). New York: Wiley.

Macdonald, G. (2001). *Effective interventions for child abuse and neglect: An evidence-based approach to planning and evaluating interventions.* New York: Wiley.

Meadowcroft, P., Thomlison, B., & Chamberlain, P. (1994). Treatment foster care services: A research agenda for child welfare [Special issue]. *Child Welfare, 73*(5), 565-581.

Mrazek, P. J., & Haggerty, R. J. (Eds.). (1994). *Reducing risks for mental disorders. Frontiers for preventive intervention research.* Washington, DC: National Academy Press.

Olds, D. L. (2002). Prenatal and infancy home visiting by nurses: From randomized trials to community replication. *Prevention Science, 3*(2), 153-172.

Olds, D. L., Eckenrode, J. J., Henderson, C. R., Kitzman, H. J., Powers, J., Cole, R., et al. (1997). Long-term effects of home visitation on maternal life course and child abuse and neglect: Fifteen-year follow-up of a randomized trial. *Journal of the American Medical Association, 278,* 637-643.

Olds, D. L., Henderson, C. R., Kitzman, H. J., Eckenrode, J. J., Cole, R. E., & Tatelbaum, R. C. (1999). Prenatal and infancy home visitation by nurses: Recent findings. *The Future of Children, 9,* 44-65.

Olds, D. L., & Kitzman, H. J. (1993). Review of research on home visits for pregnant women and parents of young children. *The Future of Children* (Center for the Future of Children), *3,* 53-92.

Patterson, G. R., Reid, J. B., & Dishion, T. J. (1992). *A social learning approach: IV. Antisocial boys.* Eugene, OR: Castalia.

Portwood, S. (1999). Coming to terms with a consensual definition of child maltreatment. *Child Maltreatment, 4,* 56-68.

Rutter, M. (2000). Resilience reconsidered: Conceptual considerations, empirical findings, and policy implications. In J. P. Shonkoff & S. J. Meisels(Eds.), *Handbook of early childhood intervention* (2nd ed., pp. 651-683). New York: Cambridge University Press.

Sadler, B. L., Chadwick, D. L., & Hensler, D. J. (1999). The summary chapter? The national call to action: Moving ahead. *Child Abuse & Neglect, 23,* 1011-1018.

Sanders, M. R., Turner, K. M., & Markie-Dadds, C. (2002). The development and dissemination of the Triple P-Positive Parenting Program: A multilevel, evidence-based system of parenting and family support. *Prevention Science, 3*(3), 173-189.

Saunders, B. E., Berliner, L., & Hanson, R. F. (2001, July 30). *Guidelines for the psychosocial treatment of intrafamilial child physical and sexual abuse* (Final draft report). Charleston, SC: Authors.

Schumacher, J. A., Smith Slep, A. M., & Heyman, R. E. (2001). Risk factors for child neglect. *Aggression and Violent Behavior, 6,* 231-254.

Sedlak, A. J., & Broadhurst, D. D. (1996). *Third national incidence study of child abuse and neglect: Final report.* Washington, DC: U.S. Department of Health and Human Services.

Spoth, R. L., Kavanagh, K. A., & Dishion, T. J. (2002). Family-centered preventive intervention science: Toward benefits to larger populations of children, youth, and families. *Prevention Science, 3*(3), 145-152.

Staudt, M., & Drake, B. (2002). Research on services to preserve maltreating families. *Children and Youth Services Review, 24,* 645-652.

Stormshak, E. A., Kaminski, R. A., & Goodman, M. R. (2002). Enhancing the parenting skills of Head Start families during the transition to kindergarten. *Prevention Science, 3*(3), 223-233.

Thomlison, B. (1997). Risk and protective factors in child maltreatment. In M. W. Fraser (Ed.), *Risk and resilience in childhood: An ecological perspective* (pp. 50-72). Washington,

DC: National Association of Social Workers Press.

Thomlison, B. (2004). Child maltreatment: A risk and protective factor perspective. In M. W. Fraser (Ed.), *Risk and resilience in childhood: An ecological perspective* (2nd ed., pp. 89-131). Washington, DC: National Association of Social Workers Press.

Tracy, E. M., Haapala, D. A., Kinney, J., & Pecora, P. J. (Eds.). (1991). *Intensive Family Preservation Services: An instructional sourcebook.* Cleveland, OH: Case Western Reserve University, Mandel School of Applied Social Sciences.

Tutty, L. M. (1997). Child sexual abuse prevention programs; Evaluating "Who Do You Tell." *Child Abuse and Neglect, 21,* 869-881.

Tutty, L. M. (2002). What children learn from sexual abuse prevention programs: Difficult concepts and developmental issues. *Research on Social Work Practice, 10,* 275-300.

U.S. Department of Health and Human Services, Administration for Children and Families. (2003). Emerging practices in the prevention of child abuse and neglect. Washington, DC: U.S. Government Printing Office.

U.S. Department of Health and Human Services. (2001). *Child maltreatment 1999.* Washington, DC: U.S. Government Printing Office, Administration on Children, Youth, and Families.

Webster-Stratton, C. (1990). Long-term follow-up with young conduct problem children: From preschool to grade school. *Journal of Clinical Child Psychology, 19*(2), 144-149.

Webster-Stratton, C. (1998a). Parent training with low-income families: Promoting parental engagement through a collaborative approach. In J. R. Lutzker (Ed.), *Handbook of child abuse research and treatment* (pp. 183-211). New York: Plenum Press.

Webster-Stratton, C. (1998b). Preventing conduct problems in Head Start children: Strengthening parenting competencies. *Journal of Consultingand Clinical Psychology, 66*(5), 715-730.

Webster-Stratton, C. (2000). *The Incredible Years Training Series* [Juvenile Justice Bulletin]. Washington, DC: Office of Juvenile Justice and Delinquencey Prevention.

Webster-Stratton, C. (2001, July 26-28). *Prevention and treatment for young children with conduct problems: The Incredible Years Training Series.* Paper presented at the second biennial Niagara Conference on Evidence-Based Treatments for Childhood and Adolescent Mental Health Problems, Niagara-on-the-Lake, Ontario, Canada.

Webster-Stratton, C., & Hammond, M. (1997). Treating children with early onset conduct problems: Comparison of child and parent training interventions. *Journal of Consulting and Clinical Psychology, 65*(1), 93-109.

Webster-Stratton, C., & Taylor, T. (2001). Nipping early risk factors in the bud: Preventing substance abuse, delinquency, and violence in adolescence through interventions targeted at young children (0-8 years). *Prevention Science, 2*(3), 165-192.

Wolfe, D. A. (1987). *Child abuse: Implications for child development and psychopathology.* Newbury Park, CA: Sage.

Wolfe, D. A. (1994). The role of intervention and treatment services in the prevention of child abuse and neglect. In G. B. Melton & F. D. Barry (Eds.), *Protecting children from abuse and neglect: Foundations for a new national strategy* (pp. 224-304). New York: Guilford Press.

Wolfe, D. A. (2001, July). *Interventions for physically abused children and adolescents.* Paper presented at the second biennial Niagara Conference on Evidence-Based Treatments for Childhood and Adolescent Mental Health Problems, Niagara-on-the-Lake, Ontario, Canada.

Wolfe, D. A., Edwards, B., Manion, I., & Koverola, C. (1988). Early intervention for parents at-risk for child abuse and neglect: A preliminary investigation. *Journal of Consulting and Clinical Psychology, 56,* 40-47.

Wolfe, D. A., & Sandler, J (1981). Training abusive parents in effective child management. *Behavior Modification, 5,* 320-335.

Wolfe, D. A., Sandler, J., & Kaufman, K. (1981). A competency-based parent training program for child abusers. *Journal of Consulting and Clinical Psychology, 49,* 633-640.

Wolfe, D. A., St. Lawrence, J., Graves, K., Brehony, K., Bradlyn, A., & Kelly, J. A. (1982). Intensive behavioral parent training for a child abusive mother. *Behavior Therapy, 13,* 438-451.

Children
제19장
Adolescent

데이트 폭력

*Gretchen E. Ely

청소년들은 진지한 성적 데이트 관계를 맺는데, 이러한 관계가 종종 자신과 사회에 부정적인 결과를 낳기도 한다(Miller, Christopherson, & King, 1993). 데이트 폭력 범죄는 청소년에게 심각한 신체적 상처의 결과를 낳기도 한다(Carlson, 1987; Simons, Lin & Gordon, 1998; Williams & Martinez, 1999). 성적인 데이트 행동은 전형적으로 십대 시절에 시작되며 청소년의 성적 행동은 흔히 강압적이다(Miller et al., 1993). 성병은 청소년들 사이에서 계속적으로 확산되어 가며 해마다 대략 1만 명의 청소년이 임신을 한다(Guloota, Adams, & Montemayou, 1993). 미국 청소년들의 경우 아는 사람에게 성폭행을 당하는 것은 놀랄만큼 빈번하다(Miller et al., 1993). 그리고 청소년 사이의 관계는 우리 사회의 다른 부분에서 발견되는 폭력을 모방한다. 몇몇 전문가들은 많게는 십대의 60%가 데이트 관계에서 폭력을 경험한다고 추정했다. 이러한 청소년기의 폭력 유형은 우리 사회에 경제적, 사회적으로 피해를 준다. 그러므로 청소년의 데이트 폭력 문제를 효과적으로 예방하기 위해서 이 문제를 체계적으로 이해하는 것은 필수적이다.

*Gretchen E. Ely, MSW, PhD University of Tennessee-Chattanooga Department of Social Work College of Education and Applied Professional Services

발생률

청소년의 연애관계는 종종 이상화되며 아무 걱정이 없는 순수한 관계로 여겨진다(Henton, Cate, Koval, Lloyd, & Christopher, 1983; Makepeace, 1981). 그러나 의사들은 고의적인 상해에 대한 청소년 부상의 10%가 데이트 폭력의 결과라고 추정한다(Sege, Stigol, Perry, Goldstein, & Spivak, 1996). 데이트 폭력에 관한 초기 연구들은 청소년의 데이트 관계가 종종 밀고 당기는 것과 같은 공격적 행동을 통해 발생하고 유지된다고 했다(Carlson, 1987; Cate, Henton, Koval, Christopher, & Lloyd, 1982; Henton et al., 1983; Makepeace, 1981). 미국 질병 관리 본부(Centers for Disease Control)의 1997년 청소년 위험 행동 조사(Youth Risk Behavior Survey, 1998)에서는 100명당 9~12명의 학생들이 조사 이전의 12개월 동안 115회의 몸싸움에 참여했다고 밝혔다. 이 연구 대상에 대한 후속연구에서 남성의 1.8%, 여성의 4.2%가 최근 데이트 상대와의 신체적 논쟁을 보고했다(Krieter et al., 1999). 다른 조사 결과는 더 높은 발생률을 보고한다. 전문가들은 여성의 32~60%가 데이트 폭력의 피해자이며, 소년과 소녀의 약 40~50%가 데이트 폭력 범죄를 보고했다는 것을 알아냈다(Bergman, 1992; Foshee, 1996; Jezl, Molidor, & Wright, 1996; Molidor & Tolman, 1998; Watson, Cascardi, Avery-Leaf, & O'Leary, 2001).

위험요인

위험요인이란 청소년에게 나타나는 특징이자 변인으로 위험요소를 의미하며 이 요인이 특정 청소년에게 나타난다면 일반 청소년에 비해 데이트 폭력의 희생자나 가해자가 될 가능성이 높은 경우이다(Werner & Smith, 1992). 예방 모델을 사용해서 청소년 데이트 폭력의 발생과 연관 있는 것으로 알려진 생물학적 · 심리적 · 사회적 위험요인을 기초로 위험 집단을 확인할 수 있다. 일단 확인이 되면 위험한 개인 또는 집단은 적절한 예방적 개입의 목표 대상이 될 수 있다. 데이트 폭력에 관한 중요한 문헌조사를 통해 청소년 데이트 폭력의 위험요인들은 다음과 같은 영역에서 발생한다는 것이 확인되었다. 개인, 가족, 사회 영역 및 성별 차이의 영역이다. 이러한 영역들은 청소년이 데이트 폭력에 연루될 위험에 영향을 끼치는 유전적 요인과 환경적 요인 모두를 포함한다.

개인적 위험요인

다음에 제시된 개인적 요인들은 청소년의 데이트 폭력과 관련하여 문헌을 통해 확인된 위험요인들이다(Bergman, 1992; Carlson, 1987; Chase, Treboux, & O'Leary, 2002; Krieter et al., 1999; Molidor & Tolman, 1998; Reuterman & Burcky, 1989; Williams & Martinez, 1999).

- 질투하는 성향
- 상대에게 힘을 행사하려 하는 성향
- 상대를 통제하려 하는 성향
- 성관계와 성행위에 관한 의견 충돌
- 높은 자살 시도의 횟수
- 많은 수의 성적 파트너
- 술을 마신 사람과 함께 차를 타기
- 불법 약물의 주입
- 성적 경험 전에 술을 마심
- 술과 대마초의 일반적 사용
- 계획되지 않은 임신
- 강요된 성적 접촉
- 흡입제 사용
- 일반적인 성행위
- 누군가를 임신시킨 횟수
- 데이트 경험의 빈도수
- 다른 사람의 행복에 대한 경계심
- 최근 12개월 동안 신체적 폭력으로 위협받은 횟수
- 어린 시기에 약물을 사용하는 것

성행위를 이끌어 내는 폭력은 검토된 문헌에서 가장 빈번하게 보고된다. 성관계를 요구하는 접근의 결과로서의 폭력, 질투의 결과로서의 폭력 및 술과 약물을 사용하는 동안의 폭력 또한 이 문헌에서 데이트 폭력과 관련된 위험요인으로 자주 보고된다.

역기능적 갈등 접근(dysfunctional conflict approaches), 개인적 공격성(personal aggressiveness) 및 폭력 지향적인 기질은 데이트 폭력을 하나의 전략으로 사용하는 남성의 경향과 관련되어 있다. Billingham과 Sack(1986)은 데이트 폭력을 하나의 현상으로 보기보다는 갈등 해결의 실패로 보아야 한다고 지적했다. 연구자들은 무례하며 모욕적이고 분노를 유발하는 언어를 사용하는 역기능적 갈등 협상(dysfnctional conflict negotiation) 접근은 데이트 폭력과 연루될 높은 가능성과 상관이 있다고 본다(Bird, Stith, & Schladale, 1991; Riggs & O'Leary, 1996).

이 분야의 청소년 연구가 한정되어 있기 때문에 Ryan(1995)의 연구를 주목할 필요가 있다. 이 연구는 교제 기간에 폭력적인 남성의 구타 성향을 검사하기 위하여 3가지 연구를 수행했다. 연구를 통해 협박, 언어적 학대, 공격성이 교제 기간 폭력을 가장 잘 예언한다는 것을 발견하였다. 이후 Ryan(1998)은 언어적 공격과 같이 한 범주에서의 공격성은 데이트 상대에 대한 성적 또는 신체적 공격과 같은 다른 유형의 높은 공격성과도 연관이 있다고 보고했다. 이러한 연구 결과는 한 범주에서의 공격성이 다른 범주의 공격성과 관련된다는 선행연구들을 지지한다(Riggs & Caufield, 1997).

만일 공격성과 갈등을 잘 다루지 못해서 데이트 폭력과 관련된 문제가 발생된다면, 역기능적인 문제 해결 전략을 사용하기 이전에 갈등과 공격성을 잘 다룸으로써 문제를 예방할 수 있을 것이다. 향후 수행될 연구는 초등학교부터 시작하는 갈등 해결 훈련 프로그램에 대한 효과성을 평가할 필요가 있다. 이처럼 조기에 갈등 해결을 가르치는 접근법은 청소년의 데이트 폭력을 포함해서 모든 유형의 청소년 폭력을 줄일 수 있다.

남학생의 경우, 데이트 폭력을 행사하는 것은 폭력을 통해 이득을 볼 수 있다는 인식과 관련되어 있다(M. O'Keefe, 1998; Williams & Martinez, 1999). 데이트 폭력에 연루된 청소년의 보고에 따르면, 폭력을 행사한 청소년은 이러한 생각을 더 잘 받아들인다. 또한 결혼 전에 폭력을 행사했던 응답자들도 결혼 후의 폭력에 대해서 보다 긍정적인 태도를 보였다(Foshee, Bauman, & Fletcher, 1999; Henton et al., 1983). 다른 전문가들은 데이트 관계에서 상대에 대한 지배력을 얻으려는 욕구가 있는 경우와 관계를 통해 얻을 수 있는 지배력에 불만족하는 경우가 신체적 · 심리적 데이트 폭력을 잘 예측한다고 지적한다(Ronfeldt, Kimerling, & Arias, 1998). M. O'Kfee(1998)는 여학생들이 데이트 관계에서 보다 폭력적인 경우는 여성이 남성에게 폭력을 행사하는 것은 괜찮지만 남성이 여성에게 폭력을 행사하는 것은 안 된다고 믿는 경우라는 것을 확인하였다. Bethke와 DeJoy(1993)는 관계에서의 지위(relationship status)가 폭력을 인정하는 것에 영향을 미치며 동시에 폭력 후에 뒤따르는 행동(예: 헤어지는 것)에 대한 수용에도 영향을 미친다는 것을 확인하였다. 또 다른 연구에 따르면, 폭력을 당했을 때 어떻게 반응하느냐가 데이트 폭력의 사용과 매우 높은 상관이 있음을 확인하였다. 또한 연애에 대한 질투심이 매우 높은 경우도 높은 언어적 공격성과 상관이 있었다(Bookwala, Frieze, Smith, & Ryan, 1992). Foshee와 동료들(1999)은 데이트 폭력의 가해자들은 가해자가 아닌 경우에 비하여 데이트 폭력에 대해 더 관용적이라는 것을 발견하였다.

Riggs와 Caufield(1997)는 비폭력적인 남성에 비해 폭력적인 남성은 연애관계의 싸움에서 이기려면 폭력을 사용해야 한다고 더 믿는 경향이 있음을 지적한다. 또한 폭력적인 남성에 비해 비폭력적인 남성은 폭력을 사용하면 연애관계가 완전히 끝날 것이라고 더 믿는 경향이 있음을 확인하였다.

데이트를 한 기간과 데이트를 한 횟수는 청소년의 데이트 폭력 연루 가능성에 영향을 미친다. 몇몇 전문가들은 폭력의 35%까지가 6개월 이하의 짧은 기간에서 발생한다고 보고했다(Bergman, 1992; Roscoe & Callahan, 1985). 이와 비교했을 때 2년 이상의 관계에서 발생하는 폭력은 6%이다(Roscoe & Callahan, 1985). 반면 또 다른 전문가는 데이트 관계가 더 오래 지속될수록 폭력의 가능성이 높다고 제시했다(M. O'Keefe, 1997). Reuterman과 Burcky(1989)는 데이트 폭력을 경험한 청소년들은 데이트 경험의 횟수가 높다는 것을 발견했다. 놀랍게도 십대들은 매우 진지한 관계에서 심각한 학대 경험을 최소화하거나 합리화하려는 경향이 있다(Becky & Farren, 1997). Miller와 동료들(1993)은 14세 이전에 데이트를 시작한 청소년들은 더 많은 상대와 성관계를 가질 가능성이 높음을 경고한다. 그들은 교제의 시작이 어린 나이일수록 많은 성적 파트너 수를 가지며, 데이트 폭력과 같은 데이트와 관련된 부정적인 결과에 대한 개인적인 위험이 높다고 보고했다.

청소년이 데이트를 시작하는 나이는 데이트 폭력에 연루될 가능성에 영향을 미친다. 전문가들은 데이트 폭력이 청소년 중기에 더 빨리 빈번하게 발생하는데, 이것은 대부분의 학생들이 14~16세에 데이트를 시작하기 때문이라고 지적한다(Bethke & DeJoy, 1993; Krieter et al., 1999; Sigelman, Berry, & Wiles, 1984; Wekerle & Wolfe, 1999). 이러한 결과는 많게는 청소년의 12.1%가 15세 이전에 데이트 폭력을 보고한 초기의 연구 결과와 일치한다(Henton et al., 1983). Burcky, Reuterman 및 Kopsky(1988)는 데이트 폭력 피해자의 28.5%가 12~13세, 40%는 14~15세, 28.5%는 16~17세, 2.3%는 18세 이상이었다고 보고했다. 그 연구에서 여학생들 파트너의 35%는 18세 이상이었다. 반대로 Reuterman과 Burcky(1989)는 데이트 폭력의 시작 나이를 조사했지만 데이트 폭력의 비율과 데이트를 시작한 나이 사이에 통계적으로 유의미한 관계를 발견하지 못했다.

N. K. O'Keefe, Brockopp 및 Chew(1986)는 데이트 관계에서 계속 진행되는 폭력은 청소년의 자아존중감을 파괴시킨다고 보고했다. 다른 연구들에서 낮은 자아존중감은 데이트 폭력에 연루될 가능성을 예측하는 변인으로 지적되어 왔다(Ackard & Neumark-Sztainer, 2002; Burke, Stets, & Pirog-Good, 1988; M. O'Keefe, 1998; Sharpe & Taylor, 1999; Stets & Pirog-Good, 1987). 또한 데이트 폭력에 연루되면 자아존중감이 저하되는 것으로 보고되었다(Kasian & Painter, 1992). 반면 자아존중감은 데이트 폭력과 관계가 없다고 발견되기도 했다(Bird et al., 1991; Makepeace, 1981). 자아존중감과 데이트 폭력에 관련된 일관되지 않은 이러한 결과 때문에 이 2개의 변수 사이의 관계에 대한 분명한 결론을 내리기 위해서는 연구자들이 앞으로 데이트 폭력과 관련하여 자아존중감을 포함하여 연구할 필요가 있다.

반사회적 성격장애와 같은 정신건강장애는 데이트 폭력에 영향을 미칠 수 있다. 이러한 상관성에 관한 연구는 비교적 최근에야 연구되기 시작하였다(Williams & Martinez, 1999). 아동의 비행 행동 참여는 데이트 폭력과 같은 이후 청소년 비행 행동의 가능성을 높인다(Andrews, Foster, Capaldi, & Hops, 2000; Giordano, Milhollin, Cernovich, Pugh, & Rudolph, 1999).

9~12학년 8만 1천 명 이상의 십대들에 대한 최근 연구에서 Ackard와 Neumark-Sztainer (2002)는 데이트 폭력이 여학생과 남학생의 식사 거르기, 폭식, 금식, 완하제(laxative) 복용, 다이어트약 복용과 같은 높은 섭식장애 비율과 관련이 있다고 보고했다. 이 연구는 표본의 규모가 크기 때문에 중요시되며, 청소년들 사이에서 데이트 폭력이 극심하게 퍼진 것을 설명하는 데 도움이 된다.

가족 관련 위험요인

가정 내 폭력에 노출되어 성장한 청소년들은 폭력에 대해 둔감해질 수 있기 때문에 데이트 폭력으로 연장되어 나타날 수 있다(Williams & Martinez, 1999). 가정 내에서 폭력의 경험은 청소년이 친밀한 관계에서 거칠게 상호작용하는 데이트 폭력에 연루될 가능성을 증가시킬 수 있다(Carlson, 1987; Foshee et al., 1999; Gwartney-Gibbs, Stockard, Smith & Williams, 1992). Roscoe와 Callahan(1985)는 데이트 폭력에 연루된 청소년 중 59%가 가정 내에서 폭력을 당했다고 밝혔다. M. O'Keefe(1998)는 폭력적인 배경을 가진 모든 학생이 데이트 상대에게 난폭한 것은 아니지만, 가정에서 폭력을 목격한 고등학교 학생이 피해자 혹은 가해자로서 데이트 폭력에 참여할 가능성이 높다는 증거를 찾았다. Riggs와 O'Leary(1996)는 데이트 공격성이 가정 내의 폭력 노출과 연관되어 있다는 것을 밝혔는데 이는 남성이 아닌 대학생 여성에게만 해당한다. 또 다른 한 연구에서는 가족 간의 부정적인 의사소통이 남녀 간의 신체적 공격성을 예측한다고 밝혔다(Andrews et al., 2000). 반면, 몇몇 연구들은 부모의 폭력이 십대 데이트 폭력의 한 요인이라는 것을 밝히는 데 실패했다(Riggs & O'Leary, 1996; Sigelman et al., 1984; Simons et al., 1998).

가정에서의 가혹한 체벌은 청소년기 데이트 폭력과 관련이 있다(Foshee et al., 1999; Gershoff 2002; O'Leary et al., 1989; Simons et al., 1998; Staus & Smith, 1990). Reuterman과 Burcky(1989)는 데이트 폭력을 경험한 청소년은 그렇지 않은 청소년들보다 그들의 부모가 훈육의 한 방법으로써 다양한 형태의 폭력을 행사했을 가능성이 높다고 밝혔다. 특히 아버지의 가혹한 처벌은 데이트 폭력의 행사를 예측할 수 있게 했다. 그리고 데이트 폭력과 연관된 청소년은 그렇지 않은 청소년에 비해 그들의 아버지와의 관계가 친밀하지 않은 경향이 있다. 또한 어머니에게 구타당한 경험은 여성이 가해자로서 데이트 폭력에 연루되는 것과 관련이 없는 반면, 남성이 가해자로서 연루되는 것과는 상관이 있다는 것을 밝혀 냈다. 또 다른 연구에 따르면 아버지에게 구타를 당하는 것은 남성 또는 여성이 가해자로서 데이트 폭력과 연루되는 것과 상관이 있다(Foshee et al., 1999).

몇몇 저자들은 이전의 아동기 학대 경험이 청소년의 데이트 폭력 참여에 영향을 미칠 수 있다고 제안한다(M. O'Keefe 1998; Wekerle & Wolfe, 1999). 부모와 자식 간의 폭력은 데이트 폭력을 행하는 예측변수로 여겨지는데 이는 남자가 여자에게 행하는 데이트 폭력만 해당한다(Tontodonato & Crew, 1992). Wolfe, Wekerle, Reitzel-Jaff 및 Lefebvre (1998)는 15세 청소년 300명 이상으로 구성된 표본 중에서 12세 이전에 학대를 당한 청소년은 그렇지 않은 이들보다 데이트 상대와 상당히 심한 언어 및 신체적 갈등을 경험한다고 밝혔다(Marshall & Rose, 1988; Riggs, O'Leary, & Breslin, 1990). Simons와 동료들(1998)은 범죄학 문헌을 조사하였고 청소년 데이트 폭력이 종종 효과적이지 못한 육아 전략을 가진 반사회적 부모의 영향으로 인해 아동기에 발달된 반사회적 성향의 징후일 수도 있다고 결론지었다. 3개 지역의 카운티에서 행해진 부모와 자식에 관한 3년간의 종단연구에 따르면, 그들의 가설을 지지하는 강력한 증거를 제공했다. 다른 전문가들은 미숙한 육아와 가정 불안정은 청소년 데이트 폭력과 같은 반사회적 행동 발달에 영향을 준다는 증거를 찾았다(Capaldi & Clarke, 1998; Wekerle & Wolfe, 1999). 최근 연구 결과는 데이트 폭력에 관여하지 않은 여성과 비교하여 데이트 폭력에 관여한 여성은 그들의 부모가 덜 친밀하고 덜 개방적이며 의사결정을 하는 데 있어 덜 상호적일 뿐만 아니라 그들의 행방과 안녕에 대해 관심을 덜 가진다고 인지했다는 점을 제시하였다(Chase et al., 2002). 미숙한 육아 방식은 세대를 넘어서 애인에 대한 공격성과 연관이 있다(Capaldi & Clark, 1998).

한 연구는 가정 내의 이혼이 청소년기의 데이트 폭력에 기여할 수 있다는 점을 설명했다. Billingham과 Notebaert(1993)은 이혼한 가정의 학생이 폭력에 관한 하위 척도에서 폭력 행동에 높은 점수를 보였다고 밝혔다. 또한 자신의 데이트 상대에게 행하는 폭력에 관한 하위 척도와 언어적 공격에 관한 척도 모두에서 높은 점수를 보였다.

사회적 위험요인

청소년들은 종종 학교나 지역사회의 폭력에 노출되는데(Krieter et al., 1999), 이러한 노출 경험은 데이트 폭력의 행사로 이어진다고 보고한다(Bergman, 1992; M. O'Keefe, 1998; Williams & Martinez, 1999). 특히 가정 내 폭력에 관한 스트레스요인을 가진 남녀일 때 더욱 그렇다(M. O'Keefe, 1998). Malik, Sorenson 및 Aneshensel(1997)은 무기 소유권을 가진 고등학교 학생 700명 이상을 대상으로 한 연구를 통해 지역사회 폭력의 피해를 입은 남녀가 데이트 폭력에 관여할 가능성이 높다는 것을 밝혔다. 그들은 지역사회와 같은 맥락에서 폭력에 노출된 고등학생은 데이트 폭력과 같은 또 다른 맥락에서의 피해 및 범행에 관한 교차 효과(crossover effect)를 보인다고 결론지었다. 데이트 폭력에 관여했던 남성의 경우 미래 데이트 폭력을 예측할 수 있다는 결과가 최근에 밝혀졌다. 서로 싸우는 지역에서 성장한 여학생은 데이트 폭력에 관여하거나 이를 수용하는 것과 같은 범죄 행동을 저지르기가 더 쉽다는 것 또한 밝혀졌다(Giordano et al., 1999). 이처럼 한 맥락에서 십대 폭력은 다른 맥락에서 폭력 사용의 연관성으로 드러난다.

M. O'Keefe(1998)는 데이트 폭력에 관여한 남자 청소년이 낮은 사회경제적 지위의 영향에 의해 매개되는 것을 확인하였다. 이것은 경제적으로 침체된 지역에서 자란 여성이 데이트 폭력에 더 관련된다는 이후의 연구 결과를 뒷받침한다(Giordano et al., 1999). 다른 전문가들은 데이트 폭력을 경험한 피실험자가 시골에 살 가능성이 높다고 밝혔다(Reuterman & Burcky, 1989). 종종 빈곤한 지방/도시 생활 조건과 연관된 경제적 스트레스요인은 높은 데이트 폭력 비율과 상관이 있다.

성에 대한 사회적 통념(Anderson, 2000)은 보고된 데이트 폭력의 높은 비율을 근본적으로 촉진시키고 기여한다. 우리 사회의 많은 성적인 언어는 지배적이고 폭력적인 행동의 맥락에서 낭만적인 사랑을 조성하고 만든다(Anderson, 2000). 폭력적으로 변하는 질투심은 매체에서 자주 등장한다. 십대는 그것을 사랑 관계에 대한 진정한 메시지로 오해할 수도 있다. 한 연구는 대중문화가 청소년기의 데이트 폭력을 조장한다고 밝혔다(Bergman, 1992). 십대는 종종 여성에게 폭력을 가하는 것을 허용하고 때로는 기대하게 만드는 음악과 매체에 노출된다. 또래 남자들끼리 여성에 대한 적대적인 이야기를 하는 것은 남성이 여성 상대에게 데이트 공격을 하는 것과 관련이 있다(Capal, Dishion, Stoolmiller, & Yoerger, 2001; Sharpe & Taylor, 1999). 한 연구는 11~16세의 연령 범위에 속하는 흑인 남학생과 여학생 60명에 대해 조사하였는데, 남성이 여성에게 폭력을 가하는 것을 묘사한 랩 음악 비디오에 노출된 청소년들이 여학생에게 불리한 폭력을 가하는 것을 유의미하게 수용하는 것을 확인하였다(Johnson, Adams, Ashburn, & Reed, 1995).

성별 차이와 관련된 위험요인

성별은 청소년 데이트 폭력으로 인한 피해에 관여하는 중요한 위험요인으로 설명된다(Ely, Dulmus, & Wodarski, 2002). 남학생과 여학생은 심지어 데이트 폭력 사건의 원인이 무엇인지에 대해 그들 스스로 표현하는 내용이 다르다. Riggs(1993)에 따르면, 남학생들은 관계의 전략으로써 그들이 데이트 폭력을 사용하는 이유가 여자친구의 부모님, 그녀의 친구들, 그녀와 연관된 다른 남학생, 사랑의 부족, 좋지 못한 성관계 때문이라고 가장 많이 답했다. 이 연구에서 여학생들은 데이트 폭력이 발생할 것으로 우려되는 문제로서 부모님, 남자친구의 알코올/약물 사용, 언어적 데이트 싸움과 같은 개인적인 문제들을 언급했다. 또한 Riggs는 데이트 공격성과 갈등의 상관관계가 여학생에게 더 높다는 것을 밝혔는데, 이는 잠재적인 갈등에 대한 여성의 공격성이 데이트 관계에서 폭력으로 표현되는 경우가 더 많다는 것을 시사한다. 또 다른 연구는 데이트 폭력에 참여하는 학생 가해자와 피해자의 동기에 대해 조사했다(Follingstad, Wright, Lloyd, & Sebastian, 1991). 연구자들은 여학생들의 경우 데이트 폭력을 그들 자신에 불리하게 행해지는 것으로 여기며 이를 통해 남학생들이 행동을 통제하는 힘을 과시하려 하는 것으로 인지한다고 밝혔다. 반면 남학생은 여학생이 극도로 감정이 상하거나 화를 내기 때문에 데이트 폭력이 발생한다고 말했다. 이와 같은 연구를 통해 데이트 폭력 사용에 관한 동기요인들은 다르다는 것이 확인되었다. 남학생은 처음 맞았던 것에 대한 보복이나 질투심에 대한 반응으로 폭력을 행한다고 말했지만, 여학생은 그들이 감정적으로 기분이 상하거나 화가 나기 때문에 폭력을 사용한다고 말했다. 이와 같은 연구는 데이트 폭력의 인지 효과에 대해 분석하였다. 여자가 남자에게 폭력을 행사하는 것에 남자들은 관용적일 것이라고 여학생들은 믿고 있었다. 또한 여학생은 만약 자신이 남학생들에게 가벼운 폭력을 사용한다면, 남학생에게 어떤 감정적인 상처를 입혔을지라도 이를 통해 남학생이 죄책감을 느끼게 될 것이라 생각했다. 반면 남학생은 남성이 여성에게 가하는 폭력은 여학생에게 두려움, 우울증, 불안을 일으킬 것이라고 생각했다(Follingstad et al., 1991).

성인 여성과 비교하여 성인 남성은 상대를 제지하거나 상대에게 강압적인 행동을 하는 것에 대해 덜 심각하게 여기는 경향이 있다(Ehrensaft & Vivian, 1999). 한 연구에 따르면, 여성의 데이트 폭력을 가장 강력하게 예측하는 변수는 남성으로부터 폭력을 당한 경험이다. 이러한 결과는 여성들이 남성에게 폭력을 행사하는 것은 종종 폭력에 대한 자기방어의 형태일 수 있다는 점을 시사한다(Bookwala et al., 1992). 가정학대와 관련하여 수집된 이전의 정보는 이처럼 여성이 자기를 방어하는 전략으로써 폭력을 행사한다는 것을 지지한다(Saunders, 1986). Harned(2001)은 남학생보다 여학생이 자기방어 전략으로 데이트 폭력을 사용할 가능성이 더 높다는 것을 밝혔다.

성별은 데이트 폭력으로 인한 피해의 발생 여부를 결정하는 매우 중요한 위험요인이다. 이것은 예방과 개입의 관점에서 중요한다. 왜냐하면 성별에 따라 연구 결과가 다르고 개입 결과가 성별에 따라 좌우되기 때문이다. 각각의 성별이 요구하는 특수한 필요를 충족시키기 위해 연구 프로젝트와 개입을 조정함으로써 전문가들은 더욱 효과적으로 문제를 감소시킬 수 있다.

예방적 개입

분명히 청소년 데이트 폭력은 예방적 개입 접근을 통해 해결되어야 하는 사회적 문제이다. 십대 자신은 연애를 시작하기 전에 예방적 개입이 이루어지는 것을 찬성한다(Jaff & Reitzel, 1990). Barker(1995)는 예방을 다음과 같이 정의했다. "신체적·감정적 질병, 때로는 경제적 문제를 야기하거나 이에 기여한다고 알려져 있는 사회적 조건들을 최소화하고 제거하기 위해 사회복지사와 다른 사람들에 의해 행해지는 행동이다." (p. 292)

예방적 개입은 대상의 유형에 따라 그 범주를 나눌 수 있다. 보편적 · 선택적 · 지시적 개입이다(Gordon, 1987). 청소년 데이트 폭력의 개입에 이러한 범주를 적용하면, 보편적 예방 개입은 데이트 폭력에 참여할 개인적 위험의 근거가 아직 확인되지 않은 일반적인 청소년/아동을 대상으로 한다. 선택적 예방 개입은 개별 청소년/아동 또는 청소년 데이트 폭력을 행사할 위험이 높은 청소년의 하위 집단을 대상으로 한다. 지시적 예방 개입은 아직 데이트 폭력을 경험하지는 않았지만 폭력과 관련하여 심하지는 않더라도 확인 가능한 징후가 있는 고위험 청소년을 대상으로 한다. 예방적 개입 연구는 청소년에 대한 연구 측면에서 특정 도전을 지니고 있는 비교적 신생 분야이다. 청소년 데이트 폭력의 원인과 발달에 대한 제한된 지식과 일관성 없는 결과는 예방적 개입 노력을 완전하게 시행하려는 전문적 능력을 제한한다. 게다가 기존의 데이트 폭력 예방 프로그램의 효과를 조사한 실증적인 프로그램의 평가 역시 부족하다. 그러나 비교적 적은 수일지라도, 청소년 데이트 폭력과 상당히 관련 있는 예방 개입에 대한 프로그램 평가 중 몇몇 훌륭한 사례가 있다(Avery-Leaf et al., 1997; Foshee et al., 1998; Hilton et al., 1998; Jaffe et al., 1992; La Voie et al., 1995; MacGowan, 1997; Pacifici, Stoolmiller & Nelson, 2001; Weisz & Black, 2001).

효과적인 보편적 예방 개입

보편적인 예방 프로그램은 중요하다. 왜냐하면 이러한 프로그램은 개인에게 특정 사회적 문제와 관련된 데이트 폭력의 존재와 이의 잠재적인 피해에 대해 교육하고 정보를 제공하기 때문이다. 많은 청소년 예방 프로그램은 주로 학교 현장에서 운영된다. 왜냐하면 학교는 청소년을 대규모 집단으로 접근할 수 있는 최적의 장소이기 때문이다. 따라서 학생들이 문제에 직면하기 전에 개입을 시행할 수 있다. 보편적인 학교기반 예방 프로그램은 일반적으로 건강, 성교육, 욕설, 그리고 마약과 알코올 사용에 관련된 문제를 다룬다. 예를 들어, 일부 주와 교육청은 특정 학년 수준에서 임신 예방을 목표로 하는 성교육 프로그램을 의무적으로 시행한다. 반면 다른 곳에서는 마약 사용과 음주 운전을 막기 위해 특정 간격을 두고 마약 교육 프로그램을 도입해야하는 실정이다.

이러한 맥락에서 보면 한 지역이나 학교 시스템 내의 데이트 폭력과 성적 강압을 다루기 위해 고안된 프로그램은 극히 제한적이다. 이와 같은 프로그램은 주로 중학교 혹은 고등학교 수준에서 운영되며 이 프로그램에 참가하는 청소년은 이미 데이트 경험이 있는 경우가 많다.

다음에 제시된 프로그램들은 미국과 캐나다의 보편적인 데이트 폭력 예방 프로그램의 사례이다. 해당 프로그램은 최근 5년 이내에 출판된 프로그램 평가에서 효과적인 것으로 판명되었다. (이 장에서 검토된 실증적 데이트 폭력 문헌과 관련하여 모든 데이트 폭력 프로그램의 전체 목록을 보려면 〈부록 3〉을 참조하기 바란다.)

십대의 성적 강압 예방 프로그램(Prevention Program for Teenagers on Sexual Coercion)

Pacifici, Stoolmiller 및 Nelson(2001)은 잠재적으로 강제적인 성적 데이트 행동이 될 수 있는 청소년의 행동을 개선하도록 고안된 프로그램을 시행했다. 참가자는 Pacific Midwest의 교외 지역에 있는 2개의 고등학교에서 보건 교육 수업을 등록한 학생으로 구성되었다. 참가자는 10학년이었고 거의 고르게 성별에 따라 나뉘어 진행되었다.

6명의 숙련된 보건 교육 교사가 보건 수업 시간에 데이트와 성적 책임(Dating and Sexual Responsibility)이라는 제목으로 상세한 멀티미디어 교육과정을 운영했다. 이 수업은 학생들이 잠재적으로 강제적인 성적 데이트 행동이 될 수 있는 개인적 · 사회적 태도를 검토하는 데 도움을 주기 위해 고안되었다. 뿐만 아니라 사전에 원하지 않는 성적 데이트를 예방하거나 혹은 다루기 위한 의사소통 기술을 가르치기 위한 수업이기도 했다. 교육과정은 80분씩 3번의 지도 회기와 가상 데이트 시나리오로 구성된 활동에 참가하고 평가하며 한 번의 추가적인 회기를 더 하는 것으로 구성되었다. 이 교육과정은 학생들이 참여하는 방식으로 진행되었고 비디오, 역할극, 토론 형식을 포함했다. 교육과정의 일부는 강압에 대한 회기로 구분되었다. 믿음, 태도 그리고 기대, 거절과 반응으로 구분되었다.

이 예방 프로그램의 효과성을 평가하기 위해 Northwest Media(1998)가 개발한 상호작용적인 컴퓨터 프로그램을 사용하여 학생들의 사전/사후 설문을 시행했다. 이 혁신적인 시험 방법은 학생들의 전/후 검사 절차의 상호작용을 촉진시켰고, 키보드 대신에 마우스 클릭으로 데이터가 입력될 수 있도록 했다. 연구실 컴퓨터와 연결되었고, 데이터는 인스트림(instream) 형식으로 기록되었으며 평가를 위해 네트워크 서버의 중앙 데이터베이스로 보내졌다.

이 연구의 결과는 혁신적이고 상호적인 데이트 폭력 예방 프로그램이 고등학교 학생의 성적 강압을 줄이는 데 효과적이라는 것을 보여 주었다. 사전 검사에서 가장 높은 위험을 보인 학생들은 명백한 변화를 보였다. 사전 검사에서 평균 혹은 그 이상의 위험 수준을 보인 학생은 개입을 통해 개선되었다. 반면 사전 검사에서 위험 수준에 미달을 보인 학생은 개입의 효과가 없었던 것으로 확인된다. 여학생은 일반적으로 남학생과 비교해 성적 강압에 대해 기준치보다 더 못 견뎌 했다. 그러나 후속 검사에서는 성별을 뛰어넘어 유사하게 효과적이라는 결과를 보였다.

도시 청소년을 위한 성폭행과 데이트 폭력 예방 프로그램
(Sexual Assault and Dating Violence Prevention Program for Urban Youths)

중학교에 데이트 폭력 예방의 필요성에 부응하기 위해 Weisz와 Black(2001)은 도시의 중학교 학생들을 대상으로 데이트 폭력과 성폭력 프로그램을 시행했다. 지역의 강간 위기 센터(Rape Crises Center)와 연계하여, 연구자는 대학 부속 중학교의 흑인 학생을 대상으로 방과 후 필수 교육과정의 일환으로 12회기의 프로그램을 시행했다. 각 프로그램의 회기는 1시간 30분 동안 지속되었다. 이 프로그램의 참가자는 성별로 나뉘어졌다. 이는 그 이전의 실증적인 데이트 폭력 문헌에서 존재했던 성별 차를 다룰 수 있는 좋은 방법이었다. 집단의 진행자는 태도, 지식, 행동의 목표 설정을 위해 네브라스카 가정폭력 및 성폭행 연합(Nebraska Domestic Violence Sexual Assault Coalition, 1995)에서 개발한 활동을 사용했다. 또한 이 활동은 데이트 폭력의 원인과 지역사회 자원에 관한 지식을 증진시키고, 성폭력과 데이트 폭력에 대한 관용을 줄이며, 데이트 폭력을 어떻게 예방하고 반응해야 하는지에 대한 지식을 늘리기 위해 사용되었다.

이 교육과정은 중학생용으로 개발되었으며 집단에 맞춰 문화적으로 적합하도록 고안되었다. 집단은 토론, 모델링, 체험 활동 그리고 역할극의 형태로 진행되었다. 역할극은 이 집단에서 사용된 기술들 중에서 가장 유용한 활동으로 기술되었다. 왜냐하면 학생들이 이 기법에 가장 긍정적으로 반응했기 때문이다.

평가 결과는 이 프로그램이 데이트 폭력과 관련된 지식을 증진시키고 태도를 개선하는 데 효과적임을 시사했다. 또한 이러한 효과가 6개월 이후의 후속 평가에서도 지속되었음을 보였다. 성별에 따른 차이의 경우, 후속 평가 결과는 프로그램 참여 이후 지식의 변화에 대해 어떠한 성차도 없었다는 것을 나타냈다. 그러나 프로그램을 적용한 바로 직후에는 태도에서 성별의 차이가 있었다고 밝혀졌다.

온타리오 주 데이트 폭력 프로그램(Dating Violence Program in Ontario)

캐나다 온타리오 주 프로그램의 목표는 감독이 가능한 데이트 폭력 개입을 한 지역에 지속적으로 제공하는 것이었다. 이는 폭력의 위험요인에 대한 실질적인 정보에 대한 지식을 증진시키기 위해 고안된 개입이다. 또 다른 목표로는 폭행 및 성폭행 법에 관한 정보를 제공하고, 어떻게 대인관계 폭력에 관해 도움을 받을 수 있는지에 대한 정보를 제공하는 것이다(Hilto, Harris, Rice, Krans, & Varigne, 1998). 연구자들은 반폭력(antiviolence) 태도 변화에 관련된 다른 연구에서 나타난 반발 효과(backlash effects)가 예상된다고 언급했다(Winkel & DeKleuver, 1997). 이 개입의 참가자는 4개의 고등학교 학생이었는데, 캐나다 온타리오 주의 도시와 시골 지역을 섞어서 400명에서 1천 200명의 학생까지 등록했다. 1회의 개입은 이 학교들의 모든 11학년 학생들에게 제공되었다. 학생은 대규모 집회와 워크숍 토론을 포함한 다양한 활동을 통해 데이트 폭력 프로그램에 참여했다.

반나절에 걸쳐 실시된 반폭력 세미나는 예상했던 반발 효과 없이 폭력 예방에 관한 유망한 결과를 나타내었다. 대규모 집회보다 소규모 워크숍이 바라던 변화를 더 이끌어 낸다는 몇 가지 증거가 있었다. 그러나 가장 개입이 필요했던 학생은 가장 적게 참석하는 경향을 보였다. 결과에 따르면, 개입에 참여한 피해자와 가해자가 과거에 피해자 혹은 가해자의 경험이 없는 일반적인 학생과 비교하여 많이 배우지 못했다는 결과가 나타났다.

뉴욕 주 롱아일랜드의 데이트 공격 모의 프로그램
(Dating Aggression Pilot Program in Long Island, New York)

롱아일랜드에서 실시한 데이트 공격 모의 프로젝트의 목표는 데이트 공격을 다중결정의 현상으로 다루는 개입을 실시하기 위해서였다. 이 개입은 태도 변화와 기술 향상에 초점을 맞추어 직접 설명을 하는 기술기반 접근을 제공하였다. 또한 성별에 따른 불공평을 민감하게 다루었으며 남성과 여성이 모두 가해자이자 피해자일 수 있다는 것을 가정하였다(Avery-Leaf, Cascardi, O'Leary, & Cano, 1997). 이 목적을 달성하기 위해서 프로그램은 다음과 같은 목표를 포함한다.

1. 성별 불공평이 어떻게 폭력을 조장하는지 설명함으로써 데이트 관계에서의 공평함을 촉진시킨다.
2. 갈등을 해결하기 위한 방책으로 폭력에 도전하는 태도를 지닌다.
3. 건설적인 의사소통 기술을 알아본다.
4. 도움을 구하는 피해자를 위한 지원 자원을 증진시킨다.
5. 공격적 관계에 관련된 모든 도움 요청을 다룬다.
6. 폭력적인 데이트 관계의 대안을 보여 준다.

데이트 공격 프로그램은 뉴욕 주 롱아일랜드 고등학교의 3, 4학년 수준의 보건 교육 시간에 193명의 학생을 대상으로 실시되었다. 사전/사후 평가 결과, 이와 같은 유형의 단기 데이트 폭력 교육과정은 데이트 폭력을 수용하는 청소년의 태도를 변화시키는 데 효과적인 도구가 될 수 있음이 나타났다. 치료 집단 참가자는 통제 집단 참가자와 비교해 봤을 때 데이트 공격을 정당화하는 태도의 감소를 보였다.

플로리다 주 데이드 카운티의 십대 데이트 폭력 프로그램
(Teen Dating Violence Program of Dade County, Florida)

데이드 카운티에서 실시한 개입의 목표는 학생들이 데이트 폭력을 인식하며 그것의 원인을 이해하고 폭력적인 관계를 피하거나 끝내는 결정을 하도록 도와주는 것이다(MacGowan, 1997). 이 예방적 개입의 참가자는 플로리다 주 데이드 카운티의 중학교 6~8학년의 모든 학생이었다.

프로그램은 5일간 시행되는 5번의 1시간 회기로 구성된다. 프로그램은 5명의 훈련된 교사에 의해 진행되며, 교사–학생 간 토론 및 체험 활동을 포함했다. 이 교육과정은 학생에게 데이트 폭력을 인식하고 이해하고 결정하는 것을 가르치기 위해 오클라호마 주 가정폭력 중재 서비스(Domestic Violence Intervention Services)가 개발한 것이다(Krazier & Larson, 1993; MacGowan, 1997). 이 프로그램의 평가 결과, 데이트 폭력 프로그램이 사후 검사에서 나타난 지식, 태도 및 데이트 폭력을 다루기 위한 태도의 향상에 상당히 기여했음을 시사했다.

신체적 · 성적 폭력의 문제에서 남학생의 태도는 여학생만큼 개선되지 않았다. 이 결과는 남학생이 예방적 개입을 한 이후에도 아직 데이트 폭력 행동을 받아들이는 경향이 있음을 시사한다(MacGowan, 1997).

지금까지 논의한 프로그램들은 모두 효과적이라고 입증되었기에 전망이 밝은 편이다. 그러나 이러한 프로그램이 지금까지 보여 준 유익한 변화가 장기간 지속될 것인지에 대한 것은 아직 결정하기 어렵다. 한 학년 수준에서 1회 제공된 프로그램은 태도, 지식 그리고 행동에서 개선이 있을 수 있다. 그러나 프로그램이 끝난 6개월이 지난 이후에 시행된 후속 평가 연구는 여전히 드물다. 데이트 폭력 정보는 모든 학교에서 주요한 관심사로 주목할 필요가 있다. 정기적으로 행하는 데이트 폭력 워크숍은 데이트 폭력 감소를 위한 현재의 접근 방식이 놓치고 있는 부분을 충족시켜 주는 중요한 과정으로 보인다. 데이트 적령기의 모든 학생은 데이트 폭력 예방 프로그램에 지속적으로 노출되어야만

한다. 이는 데이트 폭력이 청소년에게 중요한 일이라는 것을 설명하기 위해서이다.

대부분의 데이트 폭력 예방은 첫 번째 예방을 실시하는 시점이 너무 늦다. 앞에서 살펴본 효과적인 보편적 데이트 폭력 예방 프로그램들은 주로 중학교와 고등학교에 시행되었다. 이 시기의 학생은 이미 데이트 관계를 가졌을 수 있다. 왜냐하면 대부분의 학생 중 특히 여학생은 12세 혹은 더 어린 나이에 데이트를 한다고 보고되기 때문이다. 나이에 적절한 보편적 데이트 폭력 예방 프로그램은 유치원 시기에 시작되어 정기적인 간격을 두고 계속되어 대학교 시기까지 시행될 필요가 있다.

효과적인 선택적 · 지시적 예방 개입

선택적 예방 개입은 특정 사회적 문제와 그와 관련된 부정적인 영향과 관련하여 높은 위험을 가진 개인이나 하위 집단을 대상으로 설계된다는 점에서 중요하다. 청소년을 위한 선택적 프로그램 개입은 학교 시스템 안에서 제공되거나 다른 사회적 서비스를 통해 이루어진다. 예를 들어, 경제적으로 열악한 배경을 가진 청소년들을 대상으로 서비스를 제공하는 일부 지역 센터는 폭력을 휘두를 위험성이 높은 도시 남학생들을 대상으로 심야 야구와 같은 특별 운동 프로그램을 제공한다. 이러한 선택적 개입은 청소년이 자아존중감을 형성하는 데 필요한 긍정적이며 합법적인 활동을 하도록 돕고, 파괴적인 행동을 하는 것을 차단하기 위해 사회적으로 받아들여질 만한 대안을 제공한다.

이 장의 집필을 위하여 문헌을 조사한 결과, 데이트 폭력에 관한 선택적 예방 프로그램은 없었다. 이러한 사실은 데이트 폭력에 관한 실증적인 자료에 기초해 볼 때 데이트 폭력에 연관될 가능성이 높은 위험군 학생들의 이익을 위해 데이트 폭력에 대한 선택적인 예방 프로그램이 개발되고, 경험적으로 검증될 필요성이 있음을 시사한다.

예를 들어, 연구자들은 학업적 문제를 가진 적이 없는 학생에 비해 평점이 낮은 학생, 덜 심화된 학업 프로그램을 따르는 학생, 그리고 학교에서 정학이나 퇴학을 당한 학생들이 데이트 폭력에 관련될 가능성이 크다는 것을 지적한다(Bergman, 1992; Reuterman & Burcky, 1989). 이러한 정보에 기초하면, 학교 출석에 문제가 있는 경우나 학업 성적이 하락하는 경우, 그리고 학업에 대해 소홀함을 보이는 학생들을 대상으로 데이트 폭력에 대한 선택적 예방 프로그램을 개발하는 데 초점을 맞춰야 한다는 사실을 알 수 있다.

이 장을 집필하기 위하여 문헌을 조사하였을 때, 청소년 데이트 폭력에 관한 지시적인 프로그램에 대한 평가 역시 찾을 수 없었다. Gordon(1987)의 모델에 기초하면, 청소년 데이트 폭력에 대한 지시적 개입은 데이트 폭력에 대한 모든 기준을 충족시키지는 않지만, 일부 위험요인을 경험하고 있는 학생들을 대상으로 하는 개입이라고 설명할 수 있다.

예를 들면, 원가족에서 가혹한 신체적 처벌을 받고 있거나 학대를 당하는 것과 같은 가족 관련 문제는 십대 데이트 폭력과 연관되어 있다. 따라서 아동보호 시스템의 도움을 받고 있는 가족의 아동이나 청소년은 데이트 폭력 개입의 실제적인 대상이 된다. 이러한 프로그램들은 지역 도서관, 병원, 또는 학교 시스템과 같은 대안적인 환경에서 제공될 수도 있다. 아동과 청소년들은 가족 개입 전략의 일환으로써 아동보호 사회복지사에 의해 이 프로그램에 참여할 수 있다. Wolfe와 Jaffe(1999)는 아동보호 서비스와 관련되어 있는, 높은 위험을 가진 가족에게 가정방문 프로그램을 통해 시행되는 지시적인 개입을 추천한다.

이전에 논의한 것과 같이 폭력의 한 형태를 경험하는 것은 청소년들이 다른 종류의 폭력에 연관될 위험을 높인다. 이러한 지식에 기초한다면, 폭력 범죄를 저질러서 소년 법원에 출두하는 청소년이 데이트 폭력에 연관될 위험성이 높다는 가정은 논리적으로 타당하다. 실제로 많은 청소년 범죄자들이 이미 데이트 폭력에 연관되어 있다. 따라서 데이트 폭력 개입은 폭력 범죄를 저지른 청소년들을 포함해야 하며, 현재의 폭력 범죄의 심각성뿐만 아니라 범죄를 저지른 연령의 문제도 적절하게 다룰 수 있도록 개발되어야 한다. 처음으로 범죄를 저지른 경우에는 감금되지 않는데, 이러한 청소년들은 사법제도나 가석방 감독관에 의해 대안적인 지역 환경에서 제공되는 지시적인 정신의학적 데이트 폭력 프로그램에 참여할 수 있다. 감금되지 않은 청소년들에게는 데이트 폭력의 요소를 포함하는 반폭력 개입이 재활 프로그램의 중요한 일부분이다. 이러한 프로그램을 더 개발하는 것이 필요하다.

학교 시스템 안에서는 기존에 존재하는 보편적인 프로그램과 더불어 현재 폭력적인 데이트 관계를 맺고 있거나 이전에 데이트 폭력을 경험한 학생들을 대상으로 하는 예방적 개입이 필요하다. 이러한 개입은 자격을 갖춘 학교사회복지사에 의해 소집단 형태로 이루어질 수 있고, 폭력을 종결시키고 폭력의 재발을 막기 위해 개발되어야 할 것이다.

실행 및 정책에 대한 함의

우리 사회는 청소년 데이트 폭력을 다루기 위한 가장 효과적인 실행 접근에 대해 아직 충분히 알고 있지 못한 실정이다. 이러한 문제에 대해 사회적으로 개입을 제공해야 하는 것은 명백한 사실이다. 청소년 폭력의 영향을 다루는 전문가들은 최근 20년간 축적된 많은 양의 광범위한 실증적 문헌을 통해 데이트 폭력 청소년과 관련된 위험요인과 결과의 일부분에 대해 이제 막 이해하기 시작하였다. 그러나 프로그램의 효과에 대한 연구는 매우 미미한 수준이다. 데이트 폭력 프로그램을 제공하는 교육청의 수는 제한적이며, 학생들에게 이미 데이트 폭력이 발생한 후에 개입이 이루어진다. 경험적으로 그 효과성을 평가받은 프로그램은 거의 없다. 효과성에 대해 평가를 받은 프로그램은 긍정적인 결과를 내는 것으로 나타났다. 그러나 그 효과가 얼마나 지속되는가에 대해선 검증된 바가 없다. 평가 문헌에는 아직도 개입 이후 6개월 이상 지났을 때 데이트 폭력 프로그램의 효과가 지속되는지를 알아보는 장기 연구가 부족하다.

더 나아가 어떠한 유형의 프로그램이 가장 적합한지에 대해 생각해 볼 수 있다. 평가 결과에 따르면, 상호작용 활동과 통합 기술을 사용하는 것은 학생들에게 반데이트 폭력 메시지를 전달하는 좋은 방법이라는 것을 알 수 있다. 그러나 어떤 활동들로 구성해야 이 복잡한 사안에 효과적으로 접근할 수 있는지에 대해 내려진 결론은 없다.

더 나아가 가장 효과적인 프로그램은 도대체 어떠한 것인가? 프로그램의 실행자들이 짧은 반나절 동안 활동하는 것이 좋은지, 또는 몇 달에 걸쳐 1주일에 1회기씩 진행하는 것이 좋은지에 대해서 논의가 필요하다. 아동과 청소년의 발달상 가장 이로운 시점에 긍정적인 영향을 줌과 동시에, 연령에 적합한 메시지를 전달하기 위해 적절한 개입의 빈도를 파악해야 할 것이다.

데이트 폭력의 정확한 비율은 아직 밝혀지지 않았으나, 연구에 따르면 청소년 데이트 폭력이 빈번하게 일어나며 이에 대해 이제 일반인이 관심을 쏟아야 함을 시사한다. 또한 다양한 수준의 프로그램 개발, 시행 그리고 평가가 이루어져야 하며 실증적 가치가 있는 프로그램들을 보편화시키기 위한 노력이 필요하다. 데이트 폭력에 가장 위험한 피해를 입을 수 있는 청소년들을 대상으로 하는 추가적인 프로그램에 대한 노력 역시 이루어져야 한다. 아동과 청소년 전문가는 학교 시스템 안에서 대인관계와 관련하여 얼마나 심각한 문제가 발생할 수 있는지에 대해 알릴 필요가 있다. 데이트 관계에서 폭력의 사용과 폭력에 대한 용인을 감소시키기 위해서 학제적 노력이 필요하다. 청소년들은 데이트에 대한 그들의 접근에 대해 다시 생각해 보고, 도움을 구하는 행동을 향상시키며 그들의 권리에 대한 지식을 습득하도록 교육받아야 한다(Hilton et al., 1998). 위험이 더 높은 학생들에게 보다 매력적인 개입을 고려하는 것은 중요하다. 적어도 이러한 반폭력 개입은 필수적으로 시행되어서 모든 학생이 그러한 개입에 참여할 때까지 반복적으로 제공될 필요가 있다.

또한 청소년 데이트 폭력의 높은 비율과 이 문제의 심각성에 대해 교직원이 알 수 있도록 교직원을 교육하는 데 초점을 맞추는 프로그램을 개발하고 시행해야 한다. 청소년들은 이전 세대보다 일찍 데이트를 시작하고, 보다 성적이며 깊은 데이트 관계를 가진다(Dryfoos, 1990). 이 문제를 다루는 정책과 프로그램 개발과 관련된 증거로 알 수 있듯이, 학생들에게 의미 있는 타인들과 학교 교직원들은 이러한 관계의 잠재적 위험과 심각한 속성에 대해 늦게 지각하는 경향이 있다. 종합적인 데이트 폭력 예방 프로그램은 교사와 학부모, 그리고 다른 개인들에게 학교 시스템 안에서 학생들의 데이트 폭력을 어떻게 이해하고 예방하며 다루고 종결시킬 수 있는지를 교육하는 요소를 포함해야 할 것이다.

사회정책은 데이트 폭력을 포함한 폭력 주제를 다루는 보편적 심리사회적 교육 프로그램을 위한 자금 조성을 포함하도록 개혁되어야 할 것이다. 미국의 경우 이 사회에 만연한 청소년 폭력을 다루고자 한다면 사회정책의 초점이 예방으로 이동되어야 한다. 한 연구에 따르면, 43%의 학생들이 교내에서 데이트 폭력을 했다고 보고했는데, 이러한 연구 결과에 비추어 보면 중등학교에서는 학생들을 데이트 폭력으로부터 보호하기 위한 정책을 시행해야 한다(Molidor & Tolman, 1998).

미래의 방향

청소년기의 데이트 폭력 문제를 근절하기 위해서는 데이트 폭력 및 가정폭력에 대한 무관용(zero tolerance) 원칙에 근거한 종합적인 예방 전략, 즉 과학적 연구와 결과에 의해 입증된 전략을 사용해야 한다.

반복되는 내용이지만, 남성이 대부분의 해로운 폭력 사건에서 폭력의 가해자가 된다는 증거에 비춰 볼 때, 문헌에서 나타나는 주요한 성별의 차이는 문제가 된다. 프로그램 개발의 노력 시 특별히 남학생들을 대상으로 하거나, 남학생과 여학생을 다른 집단으로 분리시켜서 각 집단에 맞는 특별한 주제에 대해 상세히 다룰 수 있도록 하는 반데이트 폭력 개입에 초점을 맞추는 것도 필요하다. 아마도 남학생들을 위한 개입은 남학생들의 성적합 태도(gender-appropriate attitudes)를 바꾸는 데 초점을 둘 수 있을 것이다(즉, 남성이 여성에게 성적 호의를 받을 자격이 있다는 남성들의 인식을 바꾸는 것). 반면 여학생들을 위한 프로그램은 여학생들의 성적합 태도(즉, 여성을 폭력적으로 다루어져도 된다든지 또는 폭력적으로 다루어지는 것 역시 사랑의 표현이라고 생각하는 것)을 바꾸는 데 초점을 둘 수 있다. 치료와 또래 상담, 그리고 지지 집단에서 가해자와 피해자 모두를 대상으로 하는 것은 데이트 폭력 관계에 관계된 학생들에게 가장 적합한 접근 방식이 될 것이다(La Voie, Vezina, Piche, & Boivin, 1995).

예방을 위한 노력들은 기존의 자원들을 미성년자 데이트 폭력의 피해자들이 이용할 수 있도록 만드는 데 초점을 둘 필요가 있다. 왜냐하면 종래의 가정폭력 자원들은 십대가 이용하기에는 어려운 실정이었기 때문이다(Molidor & Tolman, 1998; Wekerle & Wolfe, 1999). 청소년들은 서비스에 접근할 때 실제로 존재하는, 또는 가상의 장애물 모두에 직면하는 것으로 보이는데(Williams & Martinez, 1999), 이것이 바로 전문가들이 어떻게 하면 피해자들이 서비스를 쉽게 얻고 이용하며, 그들의 나이에 상관없이 비밀이 보장되도록 도울 것인가에 초점을 두어야 하는 이유이다.

청소년 데이트 폭력은 우리 사회에서 매우 흔한 문제이므로 청소년을 다루는 임상 전문가들은 이 문제에 관심을 기울여야 한다(Adams, 1997). 또한 전문가들은 경험적으로 타당하다고 입증된 데이트 폭력 평가도구들을 개발하고 사용하는 데 집중해야 할 것이다.

청소년 데이트 폭력은 미국 문화에서 실제적인 문제이고 매일의 현장에서 청소년을 접하는 전문가들에 의해 다루어져야 할 문제이다. 청소년들은 데이트 폭력에 대해 정보를 제공받을 필요가 있으며, 스스로 그 문제를 어떻게 효과적으로 해결할 수 있을지 배울 필요가 있다. 데이트 폭력이 청소년의 발달에 미치는 장기적인 영향은 아직 불명확하다. 명확한 것은 청소년들이 폭력적인 관계에 노출될 때 고통을 받는다는 것이다. 청소년 관계에 종종 수반되는 폭력을 이제는 심각한 공중보건 문제로 고려할 때이다.

참고문헌

Ackard, D. N., & Neumark-Sztainer, D. (2002). Date violence and date rape among adolescents: Associations with disordered eating behaviors. *Child Abuse and Neglect, 26,* 455-473.

Adams, J. A. (1997). Sexual abuse and adolescents. *Pediatric Annals, 26,* 299-304.

Andersen, M. L. (2000). *Thinking about women: Sociological perspectives on sex and gender.* Needham Heights, MA: Allyn & Bacon.

Andrews, J. A., Foster, S. L., Capaldi, D. M., & Hops, H. (2000). Adolescent and family predictors of physical aggression, communication and satisfaction in young adult couples: A prospective analysis. *Journal of Consulting and Clinical Psychology, 62,* 195-208.

Avery-Leaf, S., Cascardi, M., O'Leary, K. D., & Cano, A. (1997). Efficacy of a dating violence prevention program on attitudes justifying aggression. *Journal of Adolescent Health, 21,* 117-17.

Barker, R. L. (1995). *The social work dictionary* (3rd ed.). Washington, DC: National Association of Social Workers Press.

Becky, D., & Farren, P. M. (1997). Teaching students how to understand and avoid abusive relationships. *School Counselor, 44,* 303-308.

Bergman, L. (1992). Dating violence among high school students. *Social Work, 37,* 21-27.

Bethke, T., & DeJoy, D. (1993). An experimental study of factors influencing the acceptability of dating violence. *Journal of Interpersonal Violence, 8,* 36-51.

Billingham, R. E., & Notebaert, N. L. (1993) Divorce and dating violence revisited: Multivariate analyses using Straus's conflict tactics subscores. *Psychological Reports, 73,* 679-684.

Billingham, R. E., & Sack, A. R. (1986). Courtship violence and the interactive status of the relationship. *Journal of Adolescent Research, 1,* 305-325.

Bird, G. W., Stith, S. M., & Schladale, J. (1991). Psychological resources, coping strategies, and negotiation styles as discriminators of violence in dating relationships. *Family Relations, 40,* 45-50.

Bookwala, J., Frieze, L. H., Smith, C., & Ryan, K. (1992). Predictors of dating violence: A multivariate analysis. *Violence and Victims, 7,* 297-311.

Burke, P. J., Stets, J. E., & Pirog-Good, M. A. (1988). Gender identity, self-esteem, and physical and sexual abuse in dating relationships. *Social Psychology Quarterly, 15,* 272-285.

Burcky, W., Reuterman, N., & Kopsky, S. (1988). Dating violence among high school students. *School Counselor, 35,* 353-358.

Capaldi, D. M., & Clark, S. (1998). Prospective family predictors of aggression toward female partners for at-risk young men. *Developmental Psychology, 34,* 1175-1188.

Capaldi, D. M., Dishion, T. J., Stoolmiller, M., & Yoerger, K. (2001). Aggression toward female partners by at-risk young men: The contribution of male adolescent friendships. *Developmental Psychology, 37,* 61-73.

Carlson, B. E. (1987). Dating violence: A research review and comparison with spouse abuse. *Social Casework, 68,* 16-23.

Cate, R., Henton, J., Koval, J., Christopher, F. S., & Lloyd, S. (1982). Premarital abuse: A social psychological perspective. *Journal of Family Issues, 3,* 79-90.

Centers for Disease Control and Prevention. (1998). Youth Risk Behavior Surveillance, United States, 1997. *Morbidity and Mortality Weekly report CDC Surveillance Summary, 47,* 1998.

Chase, K. A. Treboux, D., & O'Leary, K. D. (2002). Characteristics of adolescents' dating violence. *Journal of Interpersonal Violence, 1,* 33-49.

Dryfoos, J. G. (1990). *Adolescents at risk.* New York: Oxford University Press.

Ehrensaft, M. K., & Vivian, D. (1999). Is partner violence related to appraisals of coercive control by a partner? *Journal of Family Violence, 14,* 251-266.

Ely, G. E., Dulmus, C. N., & Wodarski, J. S. (2002). Adolescent dating violence. In L. Rapp-Paglicci, A. Roberts, & J. Wodarski (Eds.), *Handbook of violence* (pp. 34-53). Hoboken, NJ: Wiley.

Follingstad, D. R., Wright, S., Lloyd, S., & Sebastian, J. A. (1991). Sex differences in motivations and effects in dating violence. *Family Relations, 40,* 51-57.

Foshee, V. A. (1996). Gender differences in adolescent dating abuse prevalence, types and injuries. *Health Education Research, 11,* 275-286.

Foshee, V. A., Bauman, K. E., Arragia, X. B., Helms, R. W., Koch, G. G., & Linder, G. F. (1998). An evaluation of safe dates, an adolescent dating violence prevention program. *Journal of Public Health, 88,* 45-50.

Foshee, V. A., Bauman, K. E., & Fletcher, L. G. (1999). Family violence and the perpetration of adolescent dating violence: Examining social learning and social control processes. *Journal of Marriage and the Family, 61,* 331-342.

Gershoff, E. T. (2002). Corporal punishment and associated child behaviors and experiences: A meta-analytic and theoretical review. *Psychological Bulletin, 4,* 539-579.

Giordano, P. C., Millhollin, T. J., Cernovich, S. A., Pugh, M. D., & Rudolph, J. L. (1999). Delinquency, identity and women's involvement in relationship violence. *Criminology, 37,* 17-29.

Gordon, R. (1987). An operational classification of disease prevention. In J. A. Steinberg & M. M. Silverman (Eds.), *Preventing mental disorders: A research perspective* (pp. 20-26). Rockville, MD: U.S. Department of Health and Human Services.

Gullotta, T. P., Adams, G. R., & Montemayor, R. (Eds.). (1993). *Adolescent sexuality* (introduction). Newbury Park, CA: Sage.

Gwartney-Gibbs, P. A., Stockard, J., & Bohmer, S. (1987). Learning courtship aggression: The influence of parents, peers and personal experiences. *Family Relations, 36,* 276-282.

Harnet, M. S. (2001). Abused women or abused men? An examination of the context and outcomes of dating violence. *Violence and Victims, 16,* 269-285.

Henton, J., Cate, R., Koval, J., Lloyd, S., & Christopher, S. (1983). Romance and violence in dating relationships. *Journal of Family Issues, 4,* 467-482.

Hilton, N. Z., Harris, G. T., Rice, M. E., Krans, T. S., & Varigne, S. E. (1998). Antiviolence education in high schools: Implementation and evaluation. *Journal of Interpersonal Violence, 13,* 726-742.

Jaffe, P., & Reitzel, D. (1990). Adolescents' views on how to reduce family violence. In R. Roesch, D. G. Dutton, & V. F. Sacco (Eds.), *Family violence: Perspectives on treatment, research and policy* (pp. 51-66). Burnaby, British Columbia, Canada: Simon Frasier University.

Jaffe, P. G., Sudermann, M., Reitzel, D., & Killop, S. M. (1992). An evaluation of a secondary school prevention program on violence in intimate relationships. *Violence and Victims, 7,* 129-146.

Jezl, D. R., Molidor, C. E., & Wright, T. L. (1996). Physical, sexual and psychological abuse in high school dating relationships: Prevalence rates and self-esteem issues. *Child and Adolescent Social Work Journal, 13,* 69-87.

Johnson, J. D., Adams, M. S., Ashburn, L., & Reed, W. (1995). Differential gender effects of exposure to rap music on African American adolescents' acceptance of teen dating violence. *Sex Roles, 33,* 597-605.

Kasian, M., & Painter, S. L. (1992). Frequency and severity of psychological abuse in a dating population. *Journal of Interpersonal Violence, 7,* 350-364.

Krazier, S., & Larson, C. L. (1993). *Dating violence: Intervention and prevention for teenagers.* Tulsa: University of Oklahoma, College of Continuing Education, National Resource Center for Youth Services.

Krieter, S. R., Krowchuk, D. P., Woods, C. R., Sinal, S. H., Lawless, M. R., & DuRant, R. H. (1999). Gender differences in risk behaviors among adolescents who experience date fighting. *Pediatrics, 104,* 1286-1298.

LaVoie, F., Vezina, L., Piche, C., & Boivin, M. (1995). Evaluation of prevention program for violence in teen dating relationships. *Journal of Interpersonal Violence, 10,* 516-524.

MacGowan, M. J. (1997). An evaluation of a dating violence program for middle school students. *Violence and Victims, 12,* 223-235.

Makepeace, J. M. (1981). Courtship violence among college students. *Family Relations, 30,* 97-102.

Malik, S., Sorenson, S. B., & Aneshensel, C. S. (1997). Community and dating violence among adolescents: Perpetration and victimization. *Journal of Adolescent Health, 21,* 291-302.

Marshall, L. L., & Rose, P. (1988). Family of origin and courtship violence. *Journal of Counseling and Development, 66,* 414-418.

Miller, B. C., Christopherson, C. R., & King, P. K. (1993). Sexual behavior in adolescents. In T. P. Gullotta, G. R. Adams, & R. Montemayor (Eds.), *Adolescent sexuality* (pp. 55-76). Newbury Park, CA: Sage.

Molidor, C., & Tolman, R. M. (1998). Gender and contextual factors in adolescent dating violence. *Violence Against Women, 4,* 180-194.

Nebraska Domestic Violence Sexual Assault Coalition. (1995). *Reaching and teaching teens to stop violence.* Lincoln, NE: Author.

Northwest Media, Inc. (1998). *Dating and Sexual Responsibility Curriculum* (computer program, video and teacher's guide). Eugene, OR: Author.

O'Keefe, M. (1997). Predictors of dating violence among high school students. *Journal of Interpersonal Violence, 12,* 546-569.

O'Keefe, M. (1998). Factors mediating the link between witnessing interparental violence and dating violence. *Journal of Family Violence, 13,* 39-57.

O'Keefe, N. K., Brockopp, K., & Chew, E. (1986). Teen dating violence. *Social Work, 46,* 3-8.

O'Leary, K. D., Barling, J., Arias, I., Rosenbaum, A., Malone, J., & Tyree, A. (1989). Prevalence and stability of physical aggression between spouses: A longitudinal analysis. *Journal of Consulting and Clinical Psychology, 57,* 263-268.

Pacifici, C., Stoolmiller, M., & Nelson, C. (2001). Evaluating a program for teenagers on sexual coercion: A differential effectiveness approach. *Journal of Consulting and Clinical Psychology, 69,* 552-559.

Reuterman, N. A., & Burcky, W. D. (1989). Dating violence in high schools: A profile of the victim. *Psychology, 26,* 1-9.

Riggs, D. S. (1993). Relationship problems and dating aggression. *Journal of Interpersonal Violence, 8*(1), 18-35.

Riggs, D. S., & Caufield, M. B. (1997). Expected consequences of male violence against their female dating partners. *Journal of Interpersonal Violence, 12,* 229-240.

Riggs, D. S., & O'Leary, K. D. (1996). Aggression between heterosexual dating partners: An examination of a causal model of courtship aggression. *Journal of Interpersonal Violence, 11,* 519-540.

Riggs, D. S., O'Leary, K. D., & Breslin, F. C. (1990). Multiple correlates of physical aggression in dating couples. *Journal of Interpersonal Violence, 5,* 61-73.

Ronfeldt, H. M., Kimerling, R., & Arias, I. (1998). Satisfaction with relationship power and the perpetration of dating violence. *Journal of Marriage and the Family, 60,* 70-79.

Roscoe, B., & Callahan, J. (1985). Adolescents' self-reports of violence in families and dating relationships. *Adolescence, 20,* 545-553.

Ryan, K. M. (1995). Do courtship-violent men have characteristics associated with a "battering personality?" *Journal of Family Violence, 10,* 99-120.

Ryan, K. M. (1998). The relationship between courtship violence and sexual aggression in college students. *Journal of Family Violence, 13,* 377-394.

Saunders, D. G. (1986). When battered women use violence: Husband abuse or self-defense? *Violence and Victims, 1,* 47-60.

Sege, R., Stigol, L. C., Perry, C, Goldstein, R., & Spivak, H. (1996). International injury surveillance in a primary care pediatric setting. *Archives of Pediatric and Adolescent*

Medicine, 150, 277-283.

Sharpe, D., & Taylor, J. K. (1999). An examination of variables from a social-developmental model to explain physical and psychological dating violence. *Canadian Journal of Behavioral Science, 31,* 165-175.

Sigelman, C. K., Berry, C. J., & Wiles, K. A. (1984). Violence in college students dating relationships. *Journal of Applied Social Psychology, 5,* 530-548.

Simons, R. L., Lin, K. H., & Gordon, L. C. (1998). Socialization in the family of origin and male dating violence: A prospective study. *Journal of Marriage and the Family, 60,* 467-478.

Smith, J. P., & Williams, J. G. (1992). From abusive household to dating violence. *Journal of Family Violence, 7,* 153-165.

Stets, J. E., & Pirog-Good, M. A. (1987). Violence in dating relationships. *Social Psychology Quarterly, 50,* 237-246.

Straus, M. A., & Smith, C. (1990). Family patterns and primary prevention of family violence. In M. A. Straus & R. J. Gelles (Eds.), *Physical violence in American families* (pp. 507-528). New Brunswick, NJ: Transaction.

Tontodonato, P., & Crew, B. K. (1992). Dating violence, social learning theory and gender: A multivariate analysis. *Violence and Victims, 7,* 3-14.

Watson, J. M., Cascardi, M., Avery-Leaf, S., & O'Leary, K. D. (2001). High school students' responses to dating aggression. *Violence and Victims, 16,* 339-348.

Weisz, A. N., & Black, B. M. (2001). Evaluating a sexual assault and dating violence prevention program for urban youths. *Social Work Research, 25,* 89-106.

Wekerle, C., & Wolfe, D. A. (1999). Dating violence in mid-adolescence: Theory, significance and emerging prevention issues. *Clinical Psychology Review, 19,* 435-456.

Werner, E. E., & Smith, R. S. (1992). *Overcoming the odds: High risk children from birth to adulthood.* Ithaca, NY: Cornell University Press.

Williams, S. E., & Martinez, E. (1999). Psychiatric assessment of victims of adolescent dating violence in a primary care clinic. *Clinical Child Psychology and Psychiatry, 4,* 427-439.

Winkel, F. W., & DeKleuver, E. (1997). Communication aimed at changing cognitions about sexual intimidation: Comparing the impact of a perpetrator-focused versus a victim-focused persuasive strategy. *Journal of Interpersonal Violence, 12,* 513-529.

Wolfe, D. A., & Jaffe, P. G. (1999). Emerging strategies in the prevention of domestic violence. *Future of Children, 9,* 133-144.

Wolfe, D. A., Wekerle, C., Reitzel-Jaffe, D., & Lefebvre, L. (1998). Factors associated with abusive relationships among maltreated and nonmaltreated youth. *Development and Psychopathology, 10,* 61-85.

Children

제5부

결 론

Adolescent

Children 제20장 Adolescent

예방의 미래

*Lisa A. Rapp-Paglicci & Catherine N. Dulmus

아동과 청소년의 문제는 미리 예방하는 것이 중요하며 예방이 필요한 연구 영역이라는 점이 최근에 부각되고 있다. 연구자와 실무자 모두 예방적 조치가 지니는 엄청난 이익과 상당한 잠재력을 인식하기 시작하였다. 이 책에서 설명한 것과 같이 몇몇 문제들에 대해서는 잘 개발되고 연구된 예방 조치가 있는 반면, 예를 들어 데이트 폭력, 아동학대, 미해결 슬픔, 가정위탁 표류, 선천적 결함, 화학물질 노출과 같은 문제들의 경우에는 연구가 미흡한 편이다. 이 장은 마지막 장으로서 아동과 청소년의 예방적 개입에 대한 현재의 도전, 제언 및 미래의 방향에 대해 설명하고자 한다.

도전과 제언

예방에 관한 연구가 많은 발전을 하였지만, 여전히 많은 쟁점은 더 연구되고 개선될 필요가 있다. 이러한 개선을 통해 예방 프로그램과 개입을 통한 이익이 보다 극대화될

---

*Lisa A. Rapp-Paglicci, PhD, MSW University of South Florida-Lakeland School of Social Work
Catherine N. Dulmus, PhD, ACSW University of Tennessee-Knoxville College of Social Work

수 있을 것이다. 다음 내용은 예방적 중재와 관련하여 이 책의 저자와 관련 전문가들이 제시하는 제언이다.

1. 효과적인 프로그램들이 개발되고 검증되어 사용 가능하지만, 여전히 효과적이지 못한 프로그램들도 실행되고 있는 실정이다. 예를 들면, DARE 프로그램이 있는데 이 프로그램의 효과성은 거의 입증되지 않았음에도 불구하고 계속하여 활용되고 있다. 기술에 초점을 두지 않은 교육적 프로그램들은 지식을 변화시킬 수는 있어도 청소년의 실제 행동을 변화시키지 못한다는 점에서는 여전히 비효과적이라고 볼 수 있다. 예방 연구에 관한 연구비와 지원을 받는 연구자라면 이러한 프로그램들을 더 이상 실행해서는 안 된다. 이러한 프로그램들은 적어도 비효과적이며 어떻게 보면 비윤리적이고 잠재적으로 해를 끼친다고도 볼 수도 있다. 왜냐하면 이런 프로그램을 통해 예방을 해도 효과가 없다는 믿음이 확산되면 좋은 예방 프로그램의 효과성이 희석될 수 있기 때문이다.
2. 연구를 통해 효과성이 입증된 프로그램의 경우 정확하게 실행되지 않는 경우가 있다. 그러면 연구 상황이 아닌 경우에는 프로그램이 효과적이지 않다고 여겨질 수 있다. 프로그램을 실행할 때 충실도(fidelity)는 엄격하게 평가되어야 하고 정확성(accuracy) 역시 엄밀하게 지켜져야 한다. 그렇지 않으면 시간과 돈이 낭비될 뿐이다. 프로그램은 매뉴얼에 제시된 절차를 따라 정확하게 실행되어야 하고 구체적인 지시사항들이 모두 지켜져야 한다. 또한 프로그램을 수정하여도 효과성이 지속된다는 연구가 있는 경우에 한해서 프로그램을 수정할 수 있다.
3. 아동과 청소년이 경험하는 문제들은 보편적일 수 있다. 그러나 그러한 문제들은 지역과 대상에 따라 다를 수 있다. 예를 들어, 학교폭력의 유형, 지속성 및 심각성 등의 특징들은 지역에 따라 차이를 보인다. 따라서 학교폭력 예방 프로그램을 실행하기 이전에 지역의 자료를 반드시 수집해야 하고 적절한 형태의 프로그램을 찾기 위해서는 엄격한 평가가 선행되어야 한다. 이러한 지역 자료를 통해서 그 지역의 독특한 위험요인과 보호요인을 파악할 수 있다. 그러므로 이러한 관련 자료를 충분히 수합하기 이전까지는 적절한 프로그램을 찾는 것이 쉽지 않다. 문제와 예방적 개입, 이 둘을 잘 연결하는 것은 효과적인 결과를 얻기 위해서 매우 중요하다.
4. 여러 연구에 따르면 서비스를 제공하는 다양한 주체들의 협력을 포함하는 경우에 예방 프로그램이 가장 효과적이다. 실제로 다양한 서비스 주체들을 조정하고 통합

하는 개입이 가장 효과적이라는 것이 밝혀졌기 때문에 이러한 결과는 결코 놀라운 것은 아니다. 따라서 예방 프로그램은 참여하는 서비스 주체들이 프로그램의 중복을 피하고 격차를 줄인다면 보다 영향력 있는 프로그램이 될 것이다.

5. 다양한 수준의 개입을 포함하는 예방 프로그램 또한 가장 효과적인 것으로 밝혀졌다. 다시 말해, 내담자의 미시적인 요구(microneeds)뿐만 아니라 거시적인 요구(macroneeds)를 포함하는 종합적인 개입이 보다 영향력이 있다. 예를 들어, 사회·정서적인 지원(기술)과 동시에 구체적인 서비스(음식, 주택)를 제공해 주는 경우가 오직 정서적인 지원만을 제공한 경우에 비해 훨씬 큰 효과성이 나타났다. 이러한 접근은 다면적인 접근을 통해 문제를 해결하려는 우리의 개입 의도와 부합한다. 예방 연구는 보다 구체적인 수준에서 수행될 필요가 있다. 연구들은 효과적인 예방 프로그램의 유형(보편적, 선택적, 지시적)을 확인할 수 있어야 하며 어떠한 대상(여자, 남자, 인종, 아동, 청소년, 기타)에게 가장 효과적인지 제시할 수 있어야 한다. 예를 들어, 어떤 형태의 개입이 12세 이하의 흑인 남학생들에게 가장 효과적인지를 알 수 있어야 한다. 좀 더 심화된 질문들, 예를 들어 어디에서 프로그램을 실행해야 하며 누가 프로그램을 실행하는 것이 가장 효과적인지 등에 관한 질문에 답할 수 있어야 한다. 마지막으로, 예방 프로그램의 강도와 지속 기간 등에 관해서도 심화된 연구가 필요하다. 프로그램들이 16주간 실행되어야 할 필요가 있는지, 아니면 12주만 실행해도 충분한지에 대해 답할 수 있어야 한다. 또한 비용과 효과를 비교하여 효과성을 검증하는 것이 필요하다.
6. 보다 많은 종단연구가 실시되어 이러한 프로그램의 효과성이 어느 정도 지속되는지를 평가하는 것이 필요하다. 많은 프로그램들은 프로그램이 실행된 지 1년 후에 사후검증을 하는 것에 그치고 있어서 프로그램의 장기 효과에 대해서는 알 수 없는 실정이다. 나아가 추후 보강(booster) 회기가 프로그램이 끝난 이후 효과성을 지속시키는 것에 도움이 되는지를 확인하는 연구도 필요하다. 추후 보강 회기는 배운 정보를 재확인하도록 돕는 효과를 지니고 있고 청소년이 성장함에 따라 이들의 연령에 적합한 형태로 자료를 제공해 주는 장점을 지니고 있다. 예를 들어, 10세 아동을 위한 약물 관련 기술은 이들이 14세가 되었을 때 더 이상 효과가 없을 수 있다. 추후 보강 회기는 이러한 문제점을 해결할 수 있다. 수학이나 영어 과목의 경우 단지 1년간만 공부하고 그만두지는 않는다. 약물 관련 교육이라고 무슨 차이가 있겠는가?
7. 많은 프로그램이 오직 부분적인 효과를 보이는 이유 중 하나는 프로그램이 너무 늦

게 실행되었기 때문이다. 문제가 이미 발생한 후에 개입하는 경우가 많고, 경우에 따라서는 그 문제가 심각한 수준에 이를 때까지 방치하는 것이 하나의 유형이 되어 우리의 방식으로 자리 잡고 있다. 진정한 예방을 위한 Gordon의 모델은 이론에 지나치게 초점을 두는 생각의 전환을 요구한다. 청소년들에게 예방적 개입을 할 때 가장 좋은 결과를 낳을 수 있으며 모든 학문 분야는 예방에 초점을 두는 것이 필요하다.

8. 여전히 예방보다는 개입에 보다 초점이 모아지고 있고, 그로 인해 예방 프로그램을 연구하기 위해 연구비를 수주하는 것이 힘들고 어렵다. 예방하는 것은 모험처럼 보인다. 문제가 발생하기 이전에 돈을 투자하는 것이기 때문에 연구기관들은 이러한 모험을 선호하지 않는다. 그러나 예방에 보다 많은 연구비가 투자되지 않는다면 예방 연구는 제한될 것이고 결과적으로 예방 프로그램의 수는 부족해질 것이다. 연방 정부는 예방을 연구하는 연구자들에게 보다 많은 연구비를 제공하는 것이 필요하다.
9. 우리는 인터넷을 통해 아동과 청소년의 사회성 문제와 관련된 다양한 정보와 기회를 얻을 수 있다. 인터넷은 부모와 전문가들을 위해 과학적이고 교육적인 자료들을 제공해 주며 온라인상에서 전문가 및 준전문가들이 여러 개입을 시행하고 있다. 예방 프로그램은 이와 같은 인터넷의 영향력과 융통성을 활용할 수 있을 것이다. 보편적 프로그램은 인터넷에 적합한 형태로 쉽게 변형이 가능하다. 부모, 교사, 상담자, 사회복지사, 의사들은 정보가 담긴 이러한 웹페이지로 청소년들을 직접 안내할 수 있으며 집단의 형태로 웹페이지에서 제공하는 다양한 기술을 연습해 볼 수도 있다. 창의적인 예방 연구자 및 실무자들은 예방의 이념과 실제를 한 단계 향상시키기 위해 이러한 도구를 활용할 필요가 있다.

미래의 방향

이번 장을 통해 저자들은 예방 연구의 미래와 관련하여 다양한 도전과 제언을 설명하였다. 아동과 청소년이 직면하고 있는 다양한 사회적 · 정서적 · 건강 관련 문제들을 미리 예방할 수 있다는 점에서 예방의 미래는 전망이 밝다고 볼 수 있다. Gordon의 모형을 활용하여 진정으로 예방하기 위해 최선을 다하는 것이 가장 중요한 우선순위를 차지해야 한다. 예방이라는 이름으로 많은 연구들은 연구비를 수주한 이후 오히려 문제에 대한 개입과 재활을 위한 것에 목표를 두는 경우가 매우 흔하다. 연구자들은 위험요인과 보호요인을 다루는 예방적 개입을 개발하고 검증해야 한다. 일단 그러한 개입이 개발되고 효과성에 대한 경험적 증거를 확보한 후에 현장의 실무자들은 그러한 프로그램을 실제로 활용해야 한다. 나아가 정책입안자들은 예방을 정책의 우선에 두고 경험적 효과성이 입증된 예방 전략을 실행하기 위한 연구비를 확보하는 것이 필요하고 동시에 비효과적인 프로그램에 대한 지원은 중단해야 한다. 효과성이 입증된 예방 접근은 현장에 필요할 뿐만 아니라 이를 실행하는 것은 윤리적으로도 적절하다. 이 책은 실무자, 정책 입안자, 연구자들에게 오늘날 직면하고 있는 수많은 정서적 · 사회적 및 보건 관련 문제에 대한 예방과 관련하여 다양한 최신 정보를 제공하였다. 예방에 관한 미래는 예방에 관한 경험적 지식의 기반을 보다 강화하고 예방 관련 연구 결과를 배포하며 예방 부분에 더 많은 연구비를 투자하는 것에 달려 있다.

부 · 록 I

예시 프로그램 목록

볼티모어 완전 학습(Baltimore Mastery Learning)

(구 Good Behavior Game & Mastery Learning Interventions)

Sheppard G. Kellam

American Institutes for Reasearch

1000 Thonas Jefferson Street, NW PRC, Suite 400

Washington, DC 20007

(202) 944-5418

E-mail: skellam@air.org

Web site: http://www.bpp.jhu.edu

아동 발달 프로젝트(Child Development Project)

Denis Wood

Developmental Studies Center

200 Embareadero, Suite 305

Oakland, CA 94606-5300

(800) 666-7270, ext.239

E-mail: info@devstu.org

Web site: www.devstu.org

Dare to Be You

Jan Miller-Heyl

Colorado State University

Cooperative Extension

215 N. Linden, Suite E Cortez, CO 81321

(970) 565-3606

E-mail: darecort@coop.ext.colostate.edu

Fast Track

Kenneth Dodge

Center for Child and Family Policy

Duke University

P. O. Box 90264

Durham, NC 27708-90264

(919)613-7319

E-mail: Dodge@duke.edu

Web site: http://www.fasttrackproject.org/default.htm

The Incredible Years

Lisa St. George

Parenting Clinic

University of Washington

1411 8th Avenue West

Seattle, WA 98119

Seattle area phone: (206) 285-7565

Toll Free Phone: (888)506-3562

E-mail: incredivleyears@seanet.com

Web site: www.incredibleyears.com

가정과 교사의 연계 프로그램(Linking the Intersects of Families and Teachers)

Rebecca Fetrow

Oregon Social LEarning Center

160E. 4th Avenue

Eugene, OP97401

(541) 485-2711

Web site: http://www.oslc.org/dprojfram.html

간호사-가족 협력(Nurse-Family Partnership)

(구 Nurse Home Visitation Program)

Matthew Buhr-Vogl

National Center for Children, Families and Communities

4200 E. 9th Avenue

P.O. Box C288-13

Denver, CO 80218

(303) 315-0896

E-mail: matt.buhr-vogl@uchsc.edu

시애틀 사회 개발 프로젝트(Seattle Social Development Project)

Chris Abbott

Social Development Research Group

University of Washington

9725 3rd Avenue NE, Suite 401

Seattle, WA 98115-2024

(206) 685-5208

E-mail: chabbott@u.washington, edu

Web site: http://depts, washington.edu/ssdp/

부 · 록 II

학교폭력 관련 프로그램

보편적 프로그램	웹사이트
Second Step	www.cfchildren.org
Responding in Peaceful and Positive Ways(RIPP)	ameyer@vcu.edu(Dr. Aleta Meyer)
Seattle Social Development Project	www.channing-bete.com

선택적 프로그램	웹사이트
Families and Schools Together (FAST)	www.wcer.wisc.edu/FAST
First Steps to Success	www.sopriswest.com/swstore/findresults.asp
Positive Alternative Thinking Strategies(PATHS)	www.prevention.psu.edu/PATHS

지시적 프로그램	웹사이트
Anger Coping Program	jlochman@gp.as.ua.edu
Early Risers: Skills for Success	Augus001@umn.edu (Dr. G. August)
Multisystemic Family Therapy (MST)	www.mstservices.com

다요인 구성 프로그램	웹사이트
Bullying Prevention Program	www.coloradoe.edu/csvp/blueprints/model/BPPmaterials.html
Strengthening Families Program	www.projectfamily.isbr.iastate.edu (project information) www.extension.iastate.edu/sf (website for parents and youth)
Fast Track	www.fasttrackproject.org

부 · 록 III

데이트 폭력 프로그램 평가

인용	프로그램 목표	참여자	평가 목표	결과
P. G. Jaffe, M. Sudermann, D. Reitzel, & S. M. Killip, 1992, "An Evaluation of a Secondary School Primary Prevention Program on Violence in Intimate Relationship," *Violence and Victims, 7,* pp. 126-146.	• 학교 전체에 메시지를 전달하기 • 여성에 대한 폭력 관련 지식을 습득하기 • 성차별주의자의 태도를 파악하기 • 위험한 징후에 관한 지식을 습득하기 • 학대의 개념을 확장하기 • 지역사회에 관련 정보 제공하기 • 지역사회를 위한 반폭력 활동을 개발하기	Ontario 주 London에 위치한 고등학교 학생들	• 여성에 대한 폭력 관련 지식, 데이트 폭력에 대한 태도 및 데이트 폭력의 의도적 관점에서 프로그램의 긍정적 효과를 검증	• 전반적으로 긍정적 • 사후 검사에서 48문항 중 28문항에서 지식과 행동의 변화 • 남학생의 경우 8문항에서 부정적인 변화
F. LaVoie, L.Vezina, C. Piche, and M. Boivin, 1995, "Evaluation of a Prevention Program for Violence in Teen Dating Realationships," *Journal of Intererersonal Violence, 10,* pp. 516-524.	단기 프로그램 • 데이트하는 과정에서 학생들이 어떻게 파트너를 통제하려는지 보여 주기 • 데이트 시 통제를 확인하고 이를 고발할 수 있도록 가르치기 장기 프로그램 • 데이트 파트너의 권리를 세워 주기 • 그러한 권리를 데이트 상황에 적용하는 방법을 가르치기 • 파트너가 서로 존중해야 할 책임이 있다는 것을 가르치기	Quebec City 고등학교의 10학년 학생들	• 단기 성과를 평가 • 단기와 장기의 효율성을 비교 • 여학생과 비교하여 남학생의 효과를 평가 • 부정적인 지식을 가지고 있는 학생에 대한 효과를 평가	• 사전 검사 및 사후 검사에서 나타난 뚜렷한 차이 • 두 프로그램 모두 태도의 향상 • 단기 프로그램에서 더 큰 향상

S. Avery-Leaf, M Cascardi, K.D. O'Leary, and A. Cano, 1997, "Efficacy of a Dating Violence Prevention Program on Attitudes Justifying Aggression," *Journal of Adolescent Health, 21,* pp. 11-17.	다음의 사항에 대해 중재하기: • 데이트 폭력은 여러 가지 요인에 의해 발생하는 현상으로 이해하기 • 성적 불평등을 민감하게 다루기 • 태도를 바꾸기 • 기술을 향상시키기 • 남성과 여성 모두가 폭력을 행할 수 있다는 것을 인식하기 목적을 달성하기 위한 목표들: • 데이트에서 공평성을 촉진하기 • 폭력에 대한 태도 바꾸기 • 건설적인 의사소통 기술을 확인하기 • 피해자에게 지원을 제공하기 • 도움을 구하는 것을 가르치기 • 폭력의 대안을 보여 주기	New York의 Long Island에 위치한 중/고등학교의 보건 수업에 참여한 193명의 학생들	• 측정학적으로 타당화가 잘된 평가도구로 평가	• 실험 집단과 통제 집단 사이의 공격성, 피해 입히기, 부상의 비율에서는 큰 변화 없음. 지난해 더 많은 여학생들이 적극적임(being aggressive)을 보고함. 공격적인 태도에 대한 실험 집단에서 사전 · 사후 프로그램 간의 의미 있는 점수가 발견됨
M. J. MacGowan, 1997, "An Evaluation of a Dating Violence Prevention Program for Middle School Students," *Violence and Victims, 12,* pp. 223-235.	• 학생들이 폭력과 폭력의 원인에 대해 깨닫고 이해하도록 도와주기 • 학생들이 폭력을 이해하고 상대에 대한 학대를 그만두고 이를 피할 수 있는 결정을 내리도록 도와주기	Florida 주 Dade County에 위치한 6~8학년의 모든 학생들, 중학교 학생 440명(11~16세)	• 통제 집단과 비교해서 다음의 가설들을 검사: 실험 집단은 사후 검사의 종합 측정에서 더 높은 점수를 기록할 것이다, 실험 집단의 종합점수는 사후 검사에서 더 높을 것이다, 실험 집단의 여학생들은 남학생과 비교해서 더 높은 점수를 얻을 것이다.	• 실험 집단 점수는 사후 검사에서 통제 집단보다 현격하게 높음. 일반 학생들(regular students)보다 우수한 학생들(advanced students)이 더 높은 점수를 받음. 남자 우등생들이 가장 높은 점수를 받음. 전반적으로 뚜렷한 긍정적인 결과가 통제 집단과 비교하여 실험 집단에서 나타남. 처음 2개의 가설은 검증되었으나, 세 번째 가설은 검증되지 않음
V. A. Foshee, K. E. Baumann, X. B. Arrigia, and others, 1998, "An Evaluation of Safe Dates, an Adolescent Dating Violence Prevention Program." *American Journal of Public Health, 88,* pp. 45-50	• 활동에 기초한 학교와 지역사회를 통한 데이트 폭력의 1차와 2차 예방	14 North Carolina 공립학교에 다니는 8~9학년 학생들	• 데이트 폭력의 1, 2차 예방에 대한 Safe Date의 효율성 평가, 이론적으로 다양성을 중재하는 것에 기초하는 프로그램의 효과 평가, 프로그램이 데이트 폭력을 예방하는지에 대한 평가	• 전반적으로 실험 집단의 학생들은 통제 집단보다 심리적인 폭력과 현재의 범죄가 줄었다고 보고함

N. Z. Hilton G. T. Harris, M. E. Rice, T.S. Krans, and S. E. Vavigne, 1998, "Antiviolence Education in High Schools," *Journal of Interpersonal Violence, 13*, pp. 726-742.	• 학교 지역에서 위험요소들에 대한 지식을 증가시키기 위해 만들어진 통제된/일관된 데이트 폭력 개입을 제공하기, 법에 대한 정보 제공하기, 도움을 구하는 것에 대한 정보 제공하기, 반발 효과(backlash effects) 찾아보기	4개의 고등학교에 있는 모든 학년의 11명의 학생들	• 지식이 증가했는지, 태도가 긍정적으로 변화했는지를 결정. 프로그램이 반발의 결과를 가져오고 긍정적인 변화들이 지속되지 않을 것이라고 가설이 세워짐	• 전반적으로 예상되었던 반발 효과 없이 폭력 예방과 관련된 희망적인 결과들이 발견됨
C. Pacifici, M. Stoolmiller, and C. Nelson, 2001, "Evaluating a Prevention Program for Teenagers on Sexual Coercion: A Differential Approach" *Journal of Clinical Psychology, 69*, pp. 552-559.	• 강압적인 성적 행동에 대한 성적 태도 변화시키기와 원하지 않는 성적 접근을 예방하고 해결하는 것에 목적을 둔 의사소통 기술을 향상시키기	458명의 고등학교 학생들	• 성적 태도 척도를 사용한 성적 태도에서 변화 평가	• 초기에 평균 또는 평균 이상의 강압적인 태도 점수를 가진 실험 집단의 학생들은 통제 집단의 같은 점수 범위의 학생들보다 훨씬 더 많은 혜택을 받음
A. N. Weisz and B. Black, 2001, "Evaluating a Sexual Assault and Dating Program for Urban Youths," *Social Work Research, 25*, pp. 89-106	• 자원(resources)에 대한 지식을 포함한, 데이트 폭력의 범위와 원인에 대한 지식 높이기 • 성폭행과 데이트 폭력에 대한 과민성 증가시키기 • 적절한 예방 행동 증가시키기	도시 지역의 charter school에 다니는 250명의 7학년 중학생들	• 비교 집단과 개입 집단에 대한 지식과 태도 검사	• 개입 집단의 점수는 후속 검사에서 현격하게 향상된 반면, 통제 집단은 변화가 없다고 보고됨

찾 · 아 · 보 · 기

인 명

Abbott 148, 149, 155
Abdolell 344
Abraham 108, 352, 355, 391
Achterberg 384
Ackard 347, 518
Adam 119
Adams 513, 521, 532
Adix 123
Agras 346, 353
Airhihenbuwa 289, 305
Aisenberg 85
Albee 25
Alexander 423, 424, 459, 453
Allison 102
Alpert-Gilles 104
Altman 355
Alvarado 272
Amaya-Jackson 86
Anderka 330
Anderson 521
Andrews 518, 519
Aneshensel 520
Angelini 293
Anthony 154
Archibald 355
Arias 516
Armstrong 46
Arnold 20
Arthur 145
Aseltine 330
Ashburn 521
Asher 33, 34, 35, 51, 53, 54, 60
Astone 291
Astor 420
Atkins 486
August 147, 432, 433
Augustine-Reeves 235
Austin 355
Avery-Leaf 514, 523, 526
Azar 202

Bacallao 148
Bachman 254
Backinger 333
Baer 259
Bagwell 32, 39, 40
Bailey-Etta 404
Baker 25, 109, 451
Balch 333
Baldwin 292
Ballif-Spanvill 426
Bandura 292, 297
Baradaran 40
Baranowski 351
Barber 294
Barclay 446
Barker 522
Barnett 267, 455
Barnoya 377
Barrera 147
Barrett 109
Barth 290, 405
Barton 423, 424
Bass 148
Batchelor 202
Bates 44, 144
Batsche 149
Battaglia 181
Battin-Pearson 144
Battistich 149, 156, 157
Bauman 328, 516
Baumrind 326
Baxley 260, 269, 274
Beamer 292
Beardslee 23, 106
Beauvais 453
Becker 107, 386
Becky 517

Beiter 292
Bengtsson 378
Bennett 344
Bentler 258
Bentovim 71, 72
Berglund 150, 427
Bergman 514, 515, 517, 521, 528
Berliner 494
Berndt 34
Berrueta-Cement 267
Berry 324, 405, 409, 517
Bethke 516, 517
Betts 119
Biedell 330
Biener 330, 336
Bienert 56, 57
Bierman 44, 45, 46, 53, 55, 58, 135, 136
Bifulco 78
Bigbee 136
Bigelow 496
Biglan 147, 150, 291, 293
Bilchik 430
Billingham 430, 516, 520
Bilton 344
Binder 406
Binham 292
Birch 35, 346, 348, 385
Bird 354, 516, 518
Bishop 233
Bithoney 200
Black 71, 72, 74, 78, 79, 81, 87, 406, 523
Blackmore 350, 351, 356
Bloomquist 147, 432
Blumemthal 120, 121
Blumstein 138
Bogo 123
Boivin 532
Bookwala 517, 522
Booraem 46
Booth 487
Borden 35
Borduin 141, 424, 493
Borresen 356
Bost 344
Botvin 125, 276, 277, 327
Boudett 460
Bowen 421, 422, 423, 424, 425, 436
Bowes 71, 77
Bowlby 74, 415
Boyd 125
Boyer 292
Bracht 129
Bradbard 344
Bradley 22
Braganza 355
Braungart 44
Breen 260
Breier 78
Brent 120
Bresalu 72
Breslin 519
Breton 202
Brewster 296
Briggs 103
Britner 412
Broadhurst 474
Brockopp 518
Brondino 433, 494
Bronfenbrenner 141, 290, 422, 497
Brook 346, 347
Brooks-Gunn 291, 347, 355
Brounstein 260, 273, 274
Brown 44, 49, 78, 125, 153, 233, 277, 289, 305, 328, 355, 37, 404
Brownell 376
Brunk 494
Bruschi 45
Bry 258, 272
Bryan 298
Bryant-Waugh 344
Buchholz 352
Buchsbaum 43
Buddeberg-Fischer 353
Buhrmester 76
Buhs 35, 45
Bukowski 32, 40, 347
Bumbarger 150, 427, 502
Burch 49
Burcky 515, 517, 519, 520, 528
Burgard 349
Burgess 35, 42, 381
Burke 518
Burler 43
Burnett 74, 288
Burr 420
Busch 71
Buth 36
Butkovsoky 44
Butler 108, 354
Button 344, 347, 350
Byers 462

Cairns 42, 456
Calderon 455
Calhoun 120, 121
Callahan 517, 518
Camargo 344
Cameron 381, 450, 459
Campbell 376
Campello 351
Cano 526
Cantor 420, 424, 425
Capal 521
Capaldi 146, 158, 518, 519
Carlat 344

Carlson 246, 450, 513, 514, 515, 518
Caroll 375
Carroll 458
Carter 348, 351
Carusa 73
Cascardi 514, 526
Caspi 136
Cassidy 44
Casto 267
Catalano 148, 149, 150, 155, 258, 272, 326, 427, 429
Cate 514
Cattarello 159, 270
Cattarin 347
Catterall 452
Cauce 294
Caufield 516, 517
Celio 359
Cerel 77
Cernovich 518
Chadwick 471
Chaffin 406, 474
Chaloupka 328, 330, 335
Chamberlain 158, 490, 491
Charkow 78, 79, 80, 82, 83, 86
Chase 353, 515, 520
Cheever 446
Cheifetz 74
Chen 331
Chesney 289
Chew 518
Chilcoat 72
Ching 381
Choi 47, 324
Chow 475
Christ 73, 74, 75, 78, 83, 84
Christenson 447, 450, 451, 456, 458
Christopher 514
Christopherson 513
Chung 144
Cicchetti 76, 22, 346
Cielinski 344
Ciffone 119, 120, 126, 127
Cillessen 32, 40
Clabby 456
Clark 332, 381, 497
Clarke 106, 497, 519
Clark-Wagner 345
Claxton 321
Clayton 74, 75, 159, 270, 381, 426, 435
Coates 376
Cohane 345, 355
Cohen 72, 75, 78, 79, 80, 81, 82, 83, 84, 85, 86, 87, 272, 323, 330, 346, 347, 380, 498, 499, 500, 502
Cohn 277
Cohn-Donnelly 501
Coie 32, 33, 34, 36, 38, 40, 41, 42, 45, 54, 56, 60, 136, 148
Colditz 377
Cole 151
Coleman 32, 35, 58, 391
Coley 423
Coll 144
Coller 349
Collins 391, 456
Conger 291
Conners 183
Conrad 430
Cook 148, 181, 379, 383
Coolahan 486
Cooper 149, 159, 293
Coplan 347
Coppotelli 33
Corcoran 487, 488
Costanzo 87
Costello 108
Costigan 428
Couch 385
Coulston 383, 384
Coulton 475
Courtney 405
Cowen 20, 103, 104, 123
Coyle 303
Craft 125
Crago 345, 346, 347, 348, 350
Crespi 119, 120
Crew 519
Crick 35, 42, 43, 136
Crockett 292, 383, 385
Croll 344, 348
Crone 183
Crosse 420, 421
Crossley 382
Croughan 122
Csapo 52, 60
Cummings 335
Cunningham 141, 424, 493
Curran 147
Curry 49
Curtis 423, 424
Cusumano 347

D'Amate 452
Dadds 108, 109
Daley 261
Dalke 83
Dalle Grave 351, 355
Damphousse 447
Danner 462
Daro 501
Darwin 158
Davies 76, 77, 344
Davis 72, 333, 344, 354, 356, 385
Davison 346, 347
Dawson 198, 409

Day 148, 155, 404
De Luca 351
Deater-Deckard 143
Deblinger 498, 499, 502
DeBusk 381
DeCARLO 292
DeGarmo 158
Dejou 517
DeJoy 516
DeKleuver 526
DenHoute 118, 119, 126, 127
Dennstedt 199
Derenowski 295
DeRosier 34, 35
Devaud 344
DeVaul 74, 75, 84
Devine 293
Diana Neumark-Sztainer 112
Diaz 125, 272
DiClemente 289, 305
Dietz 345, 376, 377, 383
DiFanza 331
DiGuiseppi 435
Dishion 44, 139, 146, 149, 479, 490, 521
Dixon 381
Dodge 33, 34, 40, 42, 43, 44, 45, 143, 147
Doh 488
Dolan 154
Dolan-Mullen 178
Doll 446
Domitrovich 150, 427, 502
Dorfman 327
Dornbusch 456
Dorsey 295
Dowdney 71, 72, 74, 86
Drake 487, 488
Drinkwater 351
Drogas 378
Drotar 198, 199
Dryfoos 123, 447, 531
Dubow 23
Dubowits 414, 406
Dudley 128
Dulmus 117, 18, 20, 96, 97, 99, 521
Duncan 293
Duniz 200
Dunn 50, 330, 348, 432
Duran 455
DuRant 289, 292
Dwyer 383
Dynarski 453, 454, 457, 461, 462

Earnest 347
Eckenrode 474, 485
Eckhardt 327
Eddy 145, 146, 147, 148
Edmunds 346
Edwards 491
Egelund 450
Eggert 125, 126, 127
Ehrensaft 522
Eisenberg 44
Ekstrom 452, 456
Elder 323, 327, 330, 425, 456
Elizur 77, 78
Elkind 121
Ellickson 298
Elliott 150
Ely 521
Emans 289
Embry 485
Emswiler 81
English 487
Entwisle 453
Epstein 125, 267, 272, 376, 378, 382, 384, 386, 388, 390, 391, 455
Ernst 185
Essex 409
Estes 350
Eth 85
Evans 119
Evelo 456
Everitt 381

Faber 119
Fabes 44
Fairburn 348, 351
Falciglia 385
Fantuzzo 486, 487
Farber 123
Farkas 324
Farley 117, 323
Farmer 135, 147
Farrell 102, 428, 429
Farren 517
Farrington 145, 150
Fashola 455, 459, 460
Fauroux 238
Feigelman 291
Feil 431
Feldman 383
Felix-Oritz 257
Felner 118, 123, 458
Femandez 452
Ferguson 118
Fernadez 451, 446
Ferrare 202
Ferriera 199
Ferron 344
Fetro 290
Fetrow 147
Field 377
Findlay 78, 79
Fine 451
Fisher 158, 298, 344, 491

Fitzsimmons 446
Flay 327, 328
Flegal 375, 376
Fletcher 381, 516
Flett 344
Foege 376
Follingstad 521, 522
Fong 291, 302
Forehand 58, 291, 292, 294, 295
Forgatch 136, 146, 158
Forster 321, 331
Foshee 514, 516, 517, 518, 519, 523
Fosson 344
Foster 73, 518
Foxcroft 260, 262, 276
Franko 353, 356, 357
Frase 117
Fraser 24, 145, 148, 158, 422, 476, 479, 487, 488
Freidman 346
Frey 428
Fried 412
Friedman 347
Frieze 517
Frisrad 77
Frist 377
Fristad 71, 77, 78
Frits 152
Fryer 347
Fulkerson 347
Fullerton 350
Furlong 330
Furman 53, 74, 78, 80
Furstenberg 102

Gable 406
Gaillard 292
Galbraith 291
Galinsky 24, 148, 158, 437, 476, 479
Garbarino 497
Garber 347
Garcia 455
Gardner 260, 273, 274, 346
Garfinkel 124, 344, 345
Garland 117, 118, 124, 125, 414
Garmezy 19, 20, 21, 22, 144
Garner 345
Garrido 181
Gaudin 497
Gauvin 347
Geis 86
Gershater-Molko 494, 496
Gershoff 519
Gerstein 180
Ghatak 456
Giammarino 45
Gibbs 411
Gillham 106, 107
Gilligan 347
Gillmore 295
Gilpin 324
Giordano 518, 520
Gladstone 106
Glantz 328
Gleason 453, 454, 457, 461, 462
Gnam 353
Godgber 447
Goenjian 87
Goerge 408
Goertz 452
Goffman 120
Golan 385
Goldenberg 178
Goldfield 378, 379, 382, 385, 386
Goldman 328, 344, 383
Goldson 197
Goldstein 514
Golly 431
Golstein 237
Gomez 303
Gonso 51
Gonzales 294
Goodman 501
Goplerud 265
Gordon 18, 19, 25, 124, 173, 175, 184, 259, 327, 426, 427, 430, 431, 433, 513, 523, 528, 546
Gore 147
Gorman 277
Gortmaker 345, 376, 383
Gottfredson 147, 148
Gottman 51
Gough 216, 435
Gould 126, 404
Graber 355
Graham 49
Grant 185
Gray 77, 78
Green 35
Greenberg 106, 148, 150, 427, 428, 429, 431, 432, 435, 502
Greenblatt 404
Greer 452
Gregorich 303
Grennberg 72
Gresham 54, 60
Gribble 385
Grieve 71
Griffiths 117, 119
Grillo 231
Grizenko 74
Groff 178
Grossman 103, 148, 158, 335, 428
Grotpeter 42, 136, 158
Grunbaum 288, 289
Gudin 497
Guloota 513

Guo 405
Gurney 238
Gusella 354
Guterman 485
Gutman 145
Guzzo 428
Gwartney-Gibbs 518

Haapala 487, 488
Habicht 198
Hafstad 336
Hagen 420
Haggerty 472, 476, 479, 489
Haight 103
Hains 108
Halland 409
Hallinan 45, 456
Halper 327
Ham 295
Hamilton 290
Hammer 346, 376
Hammond 49, 104, 152, 153, 482
Hampton 213
Hankin 181
Hanks 206, 213
Hanley 433, 494
Hannan 349
Hansen 260, 476
Hanson 494
Hantman 420
Hardy 291
Hare 82
Harned 522
Harrington 406
Harris 78, 120, 357, 423
Harros 120
Hart 42, 44
Harvey 293
Haskell 381
Hathaway 199, 200, 445
Hauser 19, 20, 21, 23
Hawkins 144, 145, 148, 149, 150, 155, 258, 272, 326, 423, 424, 425, 426, 427, 429, 479
Hayward 381
Hechenlaible-Gotto 47
Heckman 450, 459
Heflin 500
Hegar 408
Heinze 351
Heitmann 378
Hektner 147, 432
Helson 351
Helzer 122
Hembree 35
Hemming 118
Henderson 151
Henggeler 141, 158, 424, 433, 493, 494
Henshaw 290
Hensler 471
Henton 514, 516
Hepler 47, 48
Herbert 193, 202
Herlocher 292
Herman 345
Herrenkohl 144
Herting 125
Herzog 107, 344
Hess 446, 452
Hetherington 351
Heyman 474
Hhainsworth 351
Hill 144, 149, 346, 378
Hills 381
Hilton 523, 531
Hingson 293
Hipper 121
Hipple 120, 127
Hiraga 294
Hirano-Nakanishi 446
Hirschfeld 120
Hirschstein 428
Hitzman 151
Hobbs 206, 213
Hoff 292
Hollenberg 406, 474
Holmes 146
Homer 196
Hops 106, 518
Horowitz 74
Horsey 453
Houston 462
Howard 333
Howe 181
Howell 150
Hoza 32
Hu 327
Huang 349
Hudley 49
Hunsaker 426
Huon 355
Hurd 78
Hurley 456
Hurt 333
Huselid 293
Hutcheson 200
Hwang 86
Hwussner 181
Hyland 335
Hymel 34, 35, 43, 53, 60

Ialongo 49, 147, 149, 153, 154, 159
Ingersoil 292
Ingham 456
Inglehart 408
Iniguez 323

Ireland 260, 344
Irving 351
Irwin 344
Iwaniec 193, 194, 202, 203, 205, 213, 214

Jablonka 412
Jaccard 261, 292
Jackson 346
Jacobs 74, 75
Jacobson 19
Jaffe 529, 529
James 119, 120, 123
Jansen 260
Jarvelin 381
Jason 123
Jaycox 106, 107
Jeannin 344
Jedel 78
Jeffrey 332
Jemmott 291, 292, 293, 302
Jessor 271
Jezl 514
Jiang 86
Jimerson 450, 452
Johnson 256, 346, 352, 375, 376, 385, 521
Johnson-Sabine 381
Johnston 139, 254
Johnstone 159, 270
Jones 147, 198, 344
Joseph 289
Jovanovic 344
Jumerson 463

Kachur 119
Kaffman 77, 78
Kahle 379
Kahn 389
Kakuma 86
Kalafat 117, 118, 120, 121
Kaljee 291
Kalodner 154
Kaminski 353, 501
Kandel 258
Kann 288
Kaplan 445, 447, 453
Kaplow 147
Karmen 333
Karpe 109
Karweit 455
Kasen 346
Kashani 146
Kashima 351
Kasian 518
Kater 350, 355
Katz 413
Kaufman 149, 325, 420, 492
Kavanagh 149, 479
Kazdin 99, 148, 433
Keel 347
Keeler 327
Keelleher 474
Kegeles 288, 293
Kellam 49, 153, 154
Kelleher 406
Kellermann 119
Kelly 453, 461
Kelsoe 78
Kendall-Tackett 474, 485
Kerig 147
Kessler 72, 496
Kilanowski 386
Killen 347, 352, 381
Kim 74, 321
Kimble 71
Kimerling 516
King 381, 513
Kingsley 237
Kinney 487, 488
Kirby 158, 290, 297, 299, 303, 305, 476
Kirvy 290
Kirwin 78
Kiselica 109
Kitzman 485
Klaghofer 353
Klein-Rothschild 410
Klepp 327, 332
Klesges 376, 385
Klibanski 107
Klimes-Dougan 50, 432
Klonsky 451
Klump 347
Kmietowicz 71
Knibbs 344
Knoff 149
Koch 328
Kochanek 117
Kochenderfer 35
Koegler 330
Koeppl 60
Koeske 390
Kogut-Bossler 386
Kohl 456
Kopsky 517
Korbin 475
Korchick 295
Kostelny 497
Kosterman 148, 149
Kotchick 291, 292, 294, 295, 308
Kottman 82, 126, 127
Kovacs 122
Koval 514
Koverola 491
Krakow 332
Kramer 126, 450

Kranzler 76, 78
Krazier 527
Krebs-Smith 379
Krehbiel 54
Kreiner 332
Krieter 514, 515, 517, 520
Krisberg 150
Kroese 347
Kubitschek 456
Kuczmarski 375, 376
Kumaraiah 109
Kumpfer 260, 269, 272, 274, 434
Kupersmidt 34, 35, 42
Kupfer 120, 121
Kusche 148, 435
Kush 123

La 523
La Greca 53
La Voie 532
Ladd 32, 34, 35, 36, 41, 42, 43, 44, 45, 51, 52, 54, 55, 58, 59, 60
Laessle 386
Lamkin 333
Lampron 49
Landrigan 246
Langer 292
Lantz 326, 334
LaPrelle 328
Larimer 259
Larios 323
Larson 460, 461, 527
Lask 37, 344
Lattimore 158
Latzer 353, 359
Laudet 406
Lauren 109
Lawerence 292, 296
Lawry 293
Lawson 344
Layne 85
LeCroy 261
Lecroy 276
Leenaars 120, 121
Lefebvre 519
Leff 428, 431, 432
Lehr 447
Lehrke 386
Leland 290
LeMare 35, 42
Lemoullec 238
Lengua 456
Lenhart 50
Lenings 120
Leon 347
Leonard 446
Leoschow 333
Lerner 344
Lernihan 216
Lesko 452
Lester 74, 119, 120, 121
Levine 344, 345, 346, 347, 349, 350, 352, 355, 356, 357
Levinson 292
Lewinsohn 106, 119, 120, 344
Lewis 40, 149, 197, 295, 377
Li 291
Lichtman 378
Lie 405
Lifshitz 199
Limber 110, 434
Lin 513
Lindsey 488
Lindstrom-Ufuti 475
Linet 238
Ling 49, 153
Linton 272
Lippmann 498, 502
Lister-Sharp 260
Littell 489
Livingood 334
Livingstone 378
Llieberman 350, 351
Lloyd 514, 521
Lochman 32, 49, 50, 56, 58, 148, 159, 272, 432
Lock 345
Logan 326, 435
Lohr 295
Lollis 42
Lonczak 148, 150, 156, 427
Londre 350
Long 58
Lorion 265
Lowe 260, 289, 305
Ludwig 196
Lunner 347
Lurie 123, 129
Luster 288, 291, 294
Lutzker 494, 496, 497
Luvin 295
Lyons 492
Lytle 384

Macdonald 501
MacDougall 34, 36
MacGowan 523, 527
MacIver 455
Mack 352
MacMillan 23, 196
MacPhee 152
Macunovich 446
Madak 452
Maffeis 378
Maggioni 199
Magnuson 144
Magura 406

Makepeace 514, 518
Malik 520
Malley 123
Malloy 298
Malone 199
Maloney 355
Manion 491
Mann 348, 381
Mannarino 72, 498, 499, 500, 502
Mannino 237
Manz 428
March 86
Marchand-Martella 456
Marchi 346, 380
Marcotte 121
Marin 303
Maris 118, 119
Markie-Dadds 479
Marks 381
Marlatt 259
Marshall 519
Marte 119
Martella 456
Martin 290, 346, 488
Martinek 74
Martinez 513, 515, 516, 518, 520, 532
Marwit 73
Mason 294, 456
Massat 409
Masse 159
Masten 145
Mastrepieri 267
Maswell 344
Matei 332
Mathisen 200
Maumary-Gremaud 136
Mayer 154, 383
Mazotti 353
McAlpine 408
McCabe 344, 345
McCarthy 112
McCaul 181
McCown 76
McCreary 345
McCurley 384
McDermott 74
McDonald 86, 430
Mcfee 332
McGill 158
McGinnis 376
McGuiness 344
McKay 308
McKeon 258
McMahon 456
McMillen 206
McMurtry 405
McNamara 353
McNeish 193, 202
McVey 344, 347, 348, 350, 351, 352, 354, 356, 359
Meadowcroft 491
Mechanic 271
Melcher 288
Meller 329
Mellin 344
Melton 433, 494
Melvin 178
Menacher 290
Mercer 34
Merisca 49, 153
Mestsch 86
Metha 124
Metzler 291
Meyer 101, 102, 420, 428
Meyers 486
Michaud 344
Mickle 383
Middleton 74
Mihalic 158, 434, 435
Milhollin 518
Miller 55, 73, 74, 122, 126, 128, 258, 291, 292, 293, 294, 295, 296, 326, 423, 424, 513, 517
Miller-Heyl 152
Miller-Johnson 136
Millstein 292, 293
Milton 78, 79, 80, 82
Minty 404
Mishra 109
Mitchell 383
Mixe 46
Mize 44, 51, 52, 54, 58
Moffitt 136, 144
Molgaard 272
Molidor 514, 515, 531, 532
Monachesi 445
Monahan 123, 129
Montemayou 513
Montminy 46, 58
Moore 158, 180
Moorhead 346
Moorman 237
Moran 376
Moreno 32, 348
Morgan 102, 430
Moriarty 352
Moritsugu 123
Morrell 352
Morris 381
Morrison 272
Morse 181
Moscicki 125, 292, 293, 295
Mosovich 298
Mott 332
Moye 71
Mrazek 472, 476, 479, 489

Muir 347, 348
Mullaney 295
Murname 460
Murnen 347
Murphy 43, 117
Murray 24, 321, 381, 423
Must 345, 376
Myers 325, 391
Mytton 435

Nabors 428
Nagle 54, 60
Najaka 148
Narring 344
Nash 158, 422
Nathanson 351
Nayha 381
Neal 348
Neckerman 456
Negray 199
Neigher 118, 120, 121
Neimeyer 73, 80
Nelson 149, 456, 487, 523, 524
Nemark-Sztainer 355
Nesheim 198
Ness 376
Nestle 375, 383
Neumark-Sztainer 107, 108, 344, 349, 356, 359, 380, 381, 384, 388, 389, 391, 518
Newcomb 33, 40, 258
Niaura 381
Nicholas 125
Nichols 354
Nichter 359
Nicklas 378
Noell 291
Nolen-Hoeksema 348
Noordenbos 352
Nordsieck 391
Norman 260, 273
Norris-Shortle 72, 80, 86
Northman 326
Northup 101
Notebaert 520

O'Boyle 456
O'Connor 54
O'Dea 107, 345, 348, 350, 352, 355
O'Donnell 155
O'Keefe 516, 517, 518, 520
O'Leary 514, 515, 516, 519, 526
O'Malley 254
O'Neil 40
O'Neill 391
Ochs 291
Oden 51, 53, 54
Oesterle 425
Oetting 453
Olds 151, 472, 479, 484, 485, 502
Ollendick 35
Olmsted 344
Olsen 294
Olweus 101, 433
Orpinas 423
Orr 292
Osborn 23
Osgood 331
Ostfeld 74
Ottinger 199
Ouska 333
Overby 288, 293

Paavola 333
Pacifici 523, 524
Pacula 330
Padgett 328
Padlo 72
Pagani-Kurtz 159
Paglia 259, 260, 272
Paikoff 347
Painter 518
Palos 295
Palti 108
Paluch 386
Pandina 258
Parad 45, 123
Park 289, 290, 305
Parke 40, 44
Parker 34, 35, 51, 359
Parkes 74
Parris 386
Patterson 35, 44, 135, 136, 139, 146, 158, 490
Patton 381
Paulsen 446
Paxton 348
Payton 430
Peck 453
Pecora 487, 488
Pedro-Carroll 103, 104, 111
Peirce 293
Pellegrini 41
Pendergrast 292
Pentz 262, 273, 334
Pepler 344
Pera 381
Perkins 353
Perrin 345, 376
Perry 327, 347, 380, 514
Persaud 452
Peters 117
Petersin 121
Peterson 347, 406
Petras 409
Pettit 44, 144
Pfeffer 86, 120, 127

Pfefferbaum 86
Phelps 351
Phil 260
Phillips 273
Piccoli 378
Piche 532
Pick 295
Pickar 78
Pickles 198
Pierce 324
Pihl 159
Pike 126, 359
Pine 347
Pinelli 378
Piran 347, 351, 352, 355, 356
Pirog-Good 518
Pitner 420
Polan 200
Polivy 345
Pollack 376, 452
Pollard 145
Pope 345, 355
Popham 327
Porter 352
Portwood 475
Potte 410
Potter 119
Poulos 456
Powell 119
Power 428
Powers 352
Price 34, 42, 376, 377
Prigerson 74, 75
Pugh 518
Puhl 376
Puig-Antich 122
Purcell 347
Pynoos 85

Quamma 148
Quenel 238
Quirk 327

Rabinner 40
Radecki 261, 331
Radloff 122
Ragan 353
Ramirez 178
Randall 127
Rangarajan 462
Raphael 74
Rappaport 25
Rapp-Paglicci 18, 20
Ratcliff 122
Rathburn 200
Raths 122
Rathus 126, 128
Ravussin 377
Rawstorne 345, 355
Raynor 378
Realmuto 147, 432
Rebok 154
Redd 378
Redding 412
Redmond 434
Reed 521
Reedy 109
Reid 44, 135, 145, 146, 147, 148, 153, 157, 158, 490
Reilly 198
Reilly 404
Reinholtz 293
Reis 238
Reisel 345
Reitman 291, 292
Reitzel-Jaff 519
Reivich 106, 107
Renger 345
Renshaw 35
Repace 237
Resnick 288
Reuterman 515, 517, 519, 520, 528
Reynolds 121, 122, 445
Rhodes 103
Ribisl 321
Ricciardelli 344, 345
Rice 497
Richard 331
Richman 421, 422, 424, 437
Rieder 288
Riggs 516, 517, 519, 521
Rinemore 345
Ringer 382
Rippe 375, 381, 382
Ritchie 355
Ritter 456
Rivard 487
Robb 344
Roberts 344
Robins 122
Robinson 127
Rock 452
Rodefer 382
Roderick 450, 452, 455
Rodgers 294
Rodin 344, 345
Rogosch 76
Rohde 119
Rohwer 350
Romer 289, 294, 295
Roncolato 355
Ronfeldt 516
Room 259, 260, 272
Rooney 410
Roosa 293
Roscoe 517, 518
Rose 48, 74, 237, 519

Rosen 73, 107
Rosenberg 119
Rosenvinge 356
Ross 265
Roth 179
Rotheram 46
Rothwell 377
Rowan 233
Rowden 35
Rowland 141, 424, 493
Rubin 34, 42
Rudolph 518
Rumberger 446, 452, 453, 456, 457, 460, 461
Rutter 20, 22, 98, 136, 144, 346, 452, 474, 476
Ryan 150, 427, 516, 517

Sack 516
Sadler 471
Saenz 449
Saffer 328
Saldana 406
Saleebey 144
Sallis 323
Salmond 437
Saltzman 85
Sameroff 145
Sampil 238
Sampson 144
Sanchez 71
Sanchirico 412
Sanders 479, 481, 483
Sandler 491, 492
Santogrossi 53
Sapia 351
Sargent 332
Sasse 345
Satudt 488
Saunders 494, 501, 502, 522
Savageau 331
Sayre 334
Scannapieco 408
Scaramella 291, 293, 294, 296
Schaps 149
Schargel 459, 463
Scherer 433, 494
Scherman 103
Schermer 346, 347, 349
Schinke 125
Schlachter 127
Schladale 516
Schneider 51, 56, 57
Schneidman 121
Schneiger 149
Schnike 272
Schoeller 378
Schoendorf 231
Schoenwald 141, 424, 493
Schreiber 445, 446
Schroeder 84
Schubiner 333
Schuerman 489
Schuler 51
Schumacher 474
Schutz 347, 378
Schweinhart 267
Schwenzfeier 327
Scribner 323
Scully 344
Seaver 350
Sebastian 521
Sedlak 474, 476
Seeley 120, 344
Sege 514
Seidman 288
Sekaer 73, 80, 81
Selekman 71, 72, 75
Seligman 106, 107
Semmence 381
Severson 431
Shafer 292
Shaffer 76, 124, 125, 291
Shagle 294
Shapiro 291
Sharpe 518, 521
Shatz 353, 359
Shaw 356
Shear 75
Sherman 352, 494
Sherwood 349
Sheshadri 109
Shin 434
Shipley 72
Shisslak 345, 346, 347, 348, 350, 357
Shrier 289
Shure 23
Sice 353
Sider 295
Siegel 148, 196, 336
Sigelman 295, 517, 519
Silberstein 345
Silliman 119
Silva 136
Silverman 75, 78, 118, 123
Simmons 199
Simms 414
Simons 291, 513, 519
Sims 383, 385
Sinclair 411, 447, 456, 458
Singer 423, 424
Skinner 82
Skuse 198, 199, 200
Slaughter 146
Slavin 149, 159, 455, 459, 460
Small 288, 294
Smedley 326

Smiciklas-Wright 383
Smink 456, 459, 463
Smith 19, 86, 238, 288, 334, 382, 412, 452, 476, 514, 517, 518
Smokowski 148, 158, 476
Smolak 344, 345, 346, 347, 348, 349, 355, 357, 359
Smolkowski 291
Sneddon 193, 194, 202, 205
Sntonastaso 353
Snyder 135, 423
Sobol 345, 376, 377
Sokol 181
Soldz 332
Solomon 149
Sonuga-Barke 344
Sood 77
Sorenson 260, 262, , 378, 520
Spence 54, 108, 109
Spencer 295
Spigner 293
Spilsbury 475
Spinner 196
Spivack 23
Spivak 514
Spoth 272, 434, 479
Springer 273, 353
Sroufe 450
Stabb 55
Stanton 291, 296, 334
Staudt 487, 519
Stavrakakis 74
Steer 498, 502
Steinberg 85, 294
Steiner 345
Steiner-Adair 347, 349, 351, 352
Stern 326
Stets 518
Stevens 332
Stewart 348, 351
Stice 345, 346, 347, 353, 377, 378, 389, 390
Stigol 514
Stiles 126, 127
Stiller 431
Stillson 260
Stith 516
Stock 377
Stockard 518
Stoddard 347
Stone 260
Stoner-Eby 425
Stoolmiller 136, 146, 147, 157, 521, 523, 524
Stormshak 45, 501
Storr 154
Storshak 45
Story 344, 380, 381, 388
Stouthamer-Loeber 145, 293
Strand 40
Stratton 181, 182, 260, 270, 275, 350
Strauss 376
Streiner 119
Streissguth 185
Striegel-Moore 344, 345, 359
Strom 445
Strunin 293
Strycker 293
Stunkard 376, 377, 383
Sturm 199
Su 475
Subar 379
Sung 327
Sutton 104
Sutton-Smith 486
Syme 326
Szapocznik 272
Szilagyi 414

Taggart 158
Tammelin 381
Taylor 147, 150, 154, 179, 347, 353, 355, 381, 435, 482, 483, 487, 518, 521
Tein 293
Tengs 331
Terry 32, 42, 56, 87, 148
Testa 409
Thelen 348
Thomas 109
Thomlison 406, 471, 476, 491
Thompson 125, 344, 347, 352
Thyer 389
Tierney 103
Tiffen 54
Tiggemann 376
Tisak 23
Tobler 260, 270, 275, 276
Tolman 514, 515, 531, 532
Tontodonato 519
Toth 76
Tracy 488
Treboux 515
Tremblay 159
Troiano 376
Troop 45
Trost 353
Tubman 288, 292
Tuman 293
Turner 103, 260, 479
Tutty 480
Tweed 351, 356, 359
Tyler 460

Underwood 56, 148
Urbanowicz 72, 78

Vaillancourt 34

Valoski 384, 390
Van Dorn 425, 436
Van Eerdewegh 75, 78
Van Slyck 326
Vandell 35
Vandereycken 352
Vara 382
Vargas 420
Varnado-Sullivan 351, 353, 355, 356
Vartiainenm 333
Vaughn 344
Velez 449
Ventura 290
Vezina 532
Vida 74
Vieyra 19
Vitaro 159
Vivian 522
Volling 40
Voorberg 350, 351
Vorenberg 349
Vuckovic 359

Wadden 376, 377, 383
Wagenaar 321
Wagner 43, 60
Wakeling 381
Walker 51, 430
Wall 380
Wallack 327
Waller 347
Wallman 138
Walsh 359
Wang 40
Ward 123, 125, 126
Wardrope 350, 351
Ware 425
Warner-Rogers 476
Warren 347
Washington 344
Wassef 456
Wasserman 76
Watson 149, 514
Webb 124
Weber 124
Webster-Stratton 49, 147, 148, 152, 153, 154, 481, 482, 483
Wechsler 335
Wehlage 452, 453, 456, 457
Wehler 376
Wei 145, 293
Weibel 353
Weikart 267
Weiner 181
Weintraub 232
Weiss 486
Weist 35
Weisz 58, 523
Weizman 385
Wekerle 202, 517, 519, 532
Weller 71, 77, 78
Wells 405
Welsh 40, 424
Wenglinsky 423
Werner 19, 147, 476, 514
Wertheim 347, 351
Wertlieb 19
Wesch 496
Wetzler 119, 120
Wevster-Stratton 487
Whelan 494
Wherry 119, 120, 123
Whitaker 295
Whitbeck 291
White 102, 295, 347, 428
Whitely 292
Whiteside-Mansell 183
Whittle 124
Whittlesey 86
Wierson 295
Wikstrom 145
Wildey 323, 327, 331
Wiles 517
Willett 460
Williams 72, 260, 298, 308, 321, 513, 515, 516, 518, 520, 532
Wilson 148, 150, 411
Wilson-Barrett 376
Windle 288
Windsor 178
Wing 384, 390
Wingood 289, 305
Winkel 526
Winzelberg 353, 359
Wludyka 334
Wodarski 18, 96, 97, 99, 117, 120, 122, 386, 389, 521
Wolfe 202, 203, 491, 492, 517, 519, 529, 532
Wolfenstein 73
Wolfson 321
Wolgenstein 74
Wolin 257
Wolke 198, 200
Wolkowitz 78
Wood 381, 462
Woodhouse 334
Woodruff 231, 323, 327
Woods 289
Woolley 437
Woolston 196
Worden 75, 76, 78
Work 20
Wright 42, 45, 420, 424, 425, 514, 521
Wulczyn 408
Wyman 104

Wynne 196

Xu 295

Yoerger 136, 139
Yoerger 521
Yogan 424
Yoon 174
Young 72, 111
Yung 104

Zabinski 359
Zafanello 378
Zigler 117, 118, 124, 125
Zill 103
Zimet 291, 292
Zisook 74, 75, 84
Zlotnick 403
Zunz 260
Zweig 260

내 용

BALANCE 프로젝트 183, 184
BBBS 프로그램 103
CAST 127
C-CARE 127
CHOICES 183
CHOICES 프로젝트 183
Dare to Be You(DTBY) 152
DSM 105
DSM-IV-TR 121
Fast Track(FT) 154
Good Behavior Game(GBG) 153
Incredible Years(IY) 152
Mastery Learning(ML) 153
Nurse Home Visitation(NHV) 151
PCB 239, 245
Project 12 Ways 496
Reynolds Adolescent Depression Scale 122
RIPP 프로그램 102
SAMHSA 95
Second Step 428
SHOUT 프로젝트 327
The Center for Epidemiological Studies Depression Scale 122
The Children's Depression Inventory 122
The Diagnostic Interview for Children and Adolescent 122
TRUST 프로젝트 331
UL 241
WEP 프로그램 108, 112

가정 외 배치 488
가정과 교사의 관심을 연결하기 157
가정위탁 401
가정위탁 표류 401
가족 센터 202
가족 연계 495
가족 유대감 258
가족 집단 회의 409
가족지원 205
가족치료 272
각본 144
간접흡연 329
간학문적 협동 206
간호사-가족 협력 483, 502
간호사-가족 협력 프로그램 472
감정 조절 43
감정부전장애 105
강제 이론 146
개인-집단 유사성 45
개입 통제 46
거시적 요소 422
거식증 107, 343, 344
건강 149
건강한 사람들 2010 320
검정고시합격증 459
경계선 성격장애 128
고혈압 376
골관절염 376
공격성 36, 40, 259
공법 96-272 402
공중보건 모형 18
공중보건 서비스법 128
공황발작 200
과제수행 50
과제이탈 50
과학기반 275
관계에서의 지위 516
관상동맥 효율계수 381
관상동맥질환 376
관심통제 52
괴롭힘 예방 프로그램 101, 110
구(舊)논리적 사고 120
구순열 196
국립 보건원 379
국립 암 연구소 327
국립 정신보건원 25
국립 직업안전 보건 연구소 245
규범적 스트레스 요인 346
긍정적 청소년 선택 훈련 104

긍정적 청소년 선택 훈련 프로그램 111
기분장애 105, 344
기형발생물질 174
긴급 직통전화 118, 124

낙인 271
납 231, 239
납 중독 241
내적 타당도 276
놀이치료 82
뇌성마비 232
니코틴 236

다발성 경화증 248
다중조작 50
다중체계 가족치료 158, 493
다학제적팀 490
단일 준실험 연구 107
당뇨병 381
대기자 통제 집단 49
대량 음주 180, 182
대리보호 217
대안학교 461
대처 및 지지 훈련 126
데이트 폭력 513
도식 144
독성물질 및 질병사고 대응 관리국 228
동기강화면담 333
동년배 집단설계 434
동반장애 77
동시 계획 413
등교회피 35
따돌림 419
또래 거절 기술 259
또래 따돌림 31
또래 수용 43, 48, 51, 350
또래 집단 수용 36, 43
또래지명 32, 47

레인보우 84

마리화나 255
마약 없는 지역 261
만성질환 위원회 18
만화경 아이 79
매개요인 60
매독 287
메타 분석 276
멘토링 158
모델링 46, 54, 271
무관용 531
무력감 118
무선 혼합 내포설계 106
뮌하우젠 신드롬 바이 프록시 475
미국 국립 약물 남용 연구소 254
미국 국립 정신건강 협회 128
미국 국립 환경보건 과학 연구소 243
미국 농무부 227
미국 대기청정법 246
미국 독성물질 및 질병사고 대응 관리국 245
미국 보건사회복지부 247
미국 식품의약국 236, 245
미국 약물 남용 및 정신건강 서비스 관리국 98, 254
미국 연방 보건국장 320
미국 의학 연구소 18, 96
미국 직업안전 위생 관리국 245
미국 질병 관리 본부 319, 322
미국 통계국 235
미국 환경보호국 233, 236, 245
미국의 약물 남용에 대한 가정조사 254
미디어 소양 350
미시적 요소 422
미시체계 422
미해결 슬픔 72, 73, 78, 85, 86, 87

반(反)이성적 사고 120
반사회적 성격장애 518
발달정신병리 474
발생률 37
방임 471
법적 영구성 402
변증법적 행동치료 126
변질된 사고 120
변화 이론 436
변화 이론 모델 438
보강 회기 265, 271
보호요인 41
부모 관리 훈련 490
부모 양육 훈련 158
부모의 역기능 120
부모-자녀 교육 491
부모-자녀 방문 408
부인 80
부착 81
분리 81
분진 231
불안 71, 74, 97
불안장애 108
불안정한 애착 212
불행감 75
비가역성 82
비경구 영양 197
비만 375
비처치 통제 46

사람들의 다양성 107, 111
사별 73
사별상담 72
사회 인지 이론 292
사회 인지적 편향 49
사회 학습 이론 297
사회 · 인지적 모델 432
사회경제적 지위 291
사회적 기술 훈련 56
사회적 면역 326

사회적 선호 점수 33
사회적 수치심 388
사회적 영향 또는 예방 모델 297
사회적 영향력 점수 33
사회적 예방 모델 298
사회적 은둔 36
사회적 인지 기술 154
사회적 지지 47
사회적 지지망 개입 497
사회적 풍토 101
사회측정법 32
사회화 44
상담자의 치료 프로그램 126
생태체계 이론 290
생태학적 관점 422
선행요인 120, 300
섭식장애 97, 107, 343, 344, 345
성공 149
성병 287, 288, 299, 305
성인식 273
성장급등 345
성장장애 193, 194
성적합 태도 532
성폭력 피해 아동에 대한 인지-행동 치료 502
세대 간의 부재 216
소아암 238
손상 모델 257
수면장애 76
수반성 관리 384
수은 236
수줍음 36
숙제 기법 106
스트레스 관리 23, 152, 350
스트레스 대처 과정 111
스트레스 면역 훈련 108
스트레스에 대처하기 106
슬픔 73
시애틀 사회 개발 프로젝트 155, 429
시연 271
식욕부진 76
식용수 안전법 246
식품안내 피라미드 379
식품품질보호법 246
신경성 과식증 107
신경성 식욕부진 343
신경성 식욕항진 343
신체 만족도 350
신체상 346
신체적 부담 234
신체존중감 351

아동 발달 프로젝트 156
아동 환경보건 및 질병 예방 연구 센터 243
아동학대 471
아동학대 예방 협회 402
아황산가스 231
알츠하이머 248
알코올 남용 180
알코올 의존증 180
알코올과 관련된 선천적 장애 175
알코올과 관련된 신경발달장애 175
애도 73
애도의 부재 74
애착 대상 81
약물 남용 253, 406
약물 남용 저항 교육 270
양극성장애 105
양육 개입 146
에이즈 299
에이즈 바이러스 287, 288, 305
엑스터시 255
역기능적 갈등 접근 516
역량 20
역학 37, 472
역할극 271
영구 계획 408
예방 및 치료에 관한 법 402
예방적 접근 18
오존 231
완벽주의 347
완하제 518
왜곡된 인식 201
왜소증 198
외로움 35
외상후스트레스장애 74, 97
외적 타당도 276
용량-반응 관계 226
우울 71, 74, 76, 97, 105, 117
우울증 97, 200, 376
우정 31, 96
위약처치 100
위탁 가정 403
위험 추구 259
위험요인 41
유뇨증 76
유병률 37, 40
유아 돌연사 증후군 175, 179
은둔 행동 42, 75
의사결정 기술 152
이산화질소 231
이상섭식 343, 345
이상지질형증 376
이성적 사고 120
이완 기법 79
이완 운동 207
이혼가정 자녀를 위한 개입 프로그램 103, 111
인과적 관계성 347
인종 차별적 환경 정책 228
인지 행동 이론 297
인지발달장애 239
인지적 재구조화 85
인지적인 재구조화 203
인지치료 23
인지-행동 집단 치료 87

일괄적 개입 59
일산화탄소 230, 231
일산화탄소(CO) 중독 241
일탈행동 36
임신 299
임질 289
입양 402
입양 및 가정위탁 분석 및 보고 시스템 403
입양 및 안전한 가족법 404, 412
입양 지원 및 아동복지법 402

자기 통제력 258
자기주장 훈련 46, 47
자기효능감 152, 258, 292, 310
자부심 258
자살 74, 96, 117, 119
자살 경향 119
자살 생각 118, 120
자살 시도 119
자살 위협 119
자살 충동 344
자살 표시 119
자아존중감 152, 201, 351, 376
자아존중감 향상 350
작업동맹 490
재결합 402
재활 18
적대적 귀인 편견 147
적대적 반항장애 152
적대적인 편향 50
적응유연성 17, 23, 422
적응유연한 또래 훈련 개입 486
적응적 반응 56
전 학교적 접근 356
전치 태반 174
점검 및 연결 프로그램 458
정보 결핍 모델 326
정보-동기-행동 기술 모델 297, 298
정서 조절 44, 154
정서 해석 44
정서적 안녕감 35
정신운동 194
정신장애 예방 위원회 24
정신장애 진단 및 통계편람 97, 121, 475
정신적 외상 71
정신질환 17
조기 진입자 모형 432
조기개입 위탁보호 489
조작적 분류 175
조절변인 377
종단연구 40, 41
죄악세 330
주거 유동성 424
주거 이동성 425
주의력결핍과잉행동장애 97, 239
죽음 72
준실험설계 104, 301
준실험평가 106
중금속 230
증거기반 275
증폭치료 58
지방제외체중 378, 381
지역표본 39
지적장애 232
지지 집단 84, 350
질병 관리 본부 230, 247
질병 예방의 조작적 분류 173
집단 따돌림 31
집단 수용 32
집단효능감 144
집중적 가정 보호 409

천식 238
철회 73, 81, 84
청소년 위험 행동 감독기관 375
청소년 자살 예방법 124
청소년기 95
체질량지수 347, 386
촉발요인 120
촉진적 효과 145
총체적 건강 접근법 332
취약성 20
층화추출표본 38
친사회적 행동 43
친족에 의한 양육 408

코칭 46, 51, 53, 54, 55, 271
코카인 254
코티닌 236
퀸즈랜드 조기개입 및 불안 예방 프로젝트 109
크랙 256
큰형/큰언니 프로그램 103, 110
클라미디아 287, 289

타임아웃 152
탈리도마이드 174
태반 조기 박리 174
태아기 알코올 영향 182
태아기 알코올 증후군 , 182, 184
태아기 알코올 효과 184
통과의례 273
퇴행 80
퇴행적 행동 81
트라우마 중심 인지-행동 치료 498
트리클로로에틸렌 232

파킨슨병 248
패스트 트랙 48, 50
펜실베이니아 예방 프로그램 106
평화 149
평화롭고 긍정적인 방법으로 대응하기 101, 112, 428
포름알데히드 230
폭식장애 107

폭식증 343, 344
폭음 180, 182
품행 문제 259
품행 문제 예방 연구 집단 59
품행장애 71, 74, 76, 97, 152
풍진 바이러스 174
프로젝트 183
피임 행동 299

학교 유대감 258
학교 전환 환경 프로젝트 458
학교폭력 420
학부모 집단 215
학습 결손 35
학습장애 232
학업 중단 35
학업 실패 96
한계 설정 152
항상성 81
행동적 부모 훈련 146
행동조형 46, 55, 213
헤로인 254
혈압 381
혈중 납 농도 234, 235
홈빌더 프로그램 488
확대가족 216
환경보건 센터 247
환경보건정책 위원회 247
횡단연구 41
효과성 100
휘발성유기합성물 230, 231, 233
흔들린 아이 증후군 475
흡입제 515

편저자 소개

Lisa A. Rapp-Paglicci, Ph.D. MSW.

Rapp-Paglicci 박사는 University of South Florida-Lakeland 사회복지대학의 부교수로, 주로 청소년 폭력, 예방 및 위기에 처한 청소년을 연구하고 있다. Rapp-Paglicci 박사는 *Journal of Human Behavior in the Social Environment*와 *Journal of Evidence-Based Social Work: Advances in Practice, Programming, Research and Policy*의 편집위원으로 활동하고 있으며, 1999/2000년 Greenspun College of Urban Affairs 강의우수교수상을 수상하기도 했다.

Catherine N. Dulmus, Ph.D. ACSW.

Dulmus 박사는 University of Tennessee 사회복지대학의 조교수로, 주로 아동학대, 예방 및 폭력을 연구하고 있다. 사회복지 분야 박사학위를 취득하기 전에 약 10여 년간 사회복지사로 정신건강과 학교사회복지 분야에 종사하기도 했던 Dulmus 박사는 *Journal of Evidence-Based Social Work: Advances in Practice, Programming*과 *Research and Policy*의 공동편집위원장으로 활동하고 있으며, *Stress, Trauma, and Crisis: An International Journal*의 부편집위원장이기도 하다. 2002년에 University of Tennessee 강의우수교수상을 수상한 바 있다.

John S. Wodarski, Ph.D. MSSW.

Wodarski 박사는 University of Tennessee의 사회복지연구소 소장으로, *Journal of Human Behavior in the Social Environment*의 공동편집위원장이자 *Stress, Trauma, and Crisis: An International Journal*의 편집위원장으로 활동하고 있다. 약 400여 편의 논문을 출판하였고, 38권이 넘는 책을 저술 및 편집하였으며, 300여 편이 넘는 전문서적의 집필에 참여하였다.

역자 소개

오인수, Ph.D. NCC.

이화여자대학교 사범대학 교육학과 교수로, 미국 University of South Carolina 사범대학 교육학과 교수를 역임하였다. 학술지인 『교육과학연구』의 편집장이자 *Journal of Asia Pacific Counseling* 및 *Journal of Disability Policy Studies*의 편집위원으로 활동하고 있다. 2007년 미국 상담자교육 및 수퍼비전 협회(Association for Counselor Education and Supervision)에서 상담자교육 분야의 차세대 지도자(Emerging Leader in Counselor Education)로 선정되었고, 2010년 이화여자대학교 교육대학원 강의우수교원, 2011년 이화여자대학교 강의우수교원으로 선정된 바 있다. 저서로는 『효과적인 학급경영을 위한 집단상담 프로그램』(공저, 2002) 『상담으로 풀어가는 교실이야기』(공저, 2005) 및 『교실 밖의 아이들』(공저, 2008)이 있고, 번역서로는 『아동상담(*Counseling Children*)』(공역, 2013) 및 『다문화상담(*Counseling & Diversity*)』(2013)이 있다.

아동 · 청소년을 위한 예방적 개입

Handbook of Preventive Interventions
for Children and Adolescents

2013년 3월 25일 1판 1쇄 인쇄
2013년 3월 30일 1판 1쇄 발행

지은이 • Lisa A. Rapp-Paglicci · Catherine N. Dulmus · John S. Wodarski
옮긴이 • 오인수
펴낸이 • 김진환
펴낸곳 • (주) 학지사
121-837 서울시 마포구 서교동 352-29 마인드월드빌딩 5층
대표전화 • 02-330-5114 팩스 • 02-324-2345
등록번호 • 제313-2006-000265호

홈페이지 • http://www.hakjisa.co.kr
커뮤니티 • http://cafe.naver.com/hakjisa

ISBN 978-89-997-0054-5 93180

정가 20,000원

역자와의 협약으로 인지를 생략합니다.
파본은 구입처에서 교환해 드립니다.